U1075266

朔州市统计局
国家统计局朔州调查队 编

# 2017朔州统计年鉴

## SHUOZHOU STATISTICAL YEARBOOK

中国统计出版社
China Statistics Press

©中国统计出版社 2017
版权所有。未经许可，本书的任何部分不得以任何方式在世界任何地区以任何文字翻印、拷贝、仿制或转载。

©2017 China Statistics Press
All rights reserved. No part of the publication may be reproduced or transmitted in any form or by any means, electronic or mechanical, including photocopying, recording, or any information storage and retrieval system, without written permission from the publisher.

图书在版编目（CIP）数据

朔州统计年鉴. 2017 / 朔州市统计局, 国家统计局朔州调查队 编
-- 北京：中国统计出版社, 2017.9
ISBN 978-7-5037-8328-9
Ⅰ. ①朔…
Ⅱ. ①朔… ②国…
Ⅲ. ①统计资料—朔州—2017—年鉴
Ⅳ. ①C832.253-54
中国版本图书馆CIP数据核字(2017)第217635号

朔州统计年鉴-2017

作　　者/ 朔州市统计局　国家统计局朔州调查队
责任编辑/ 陈越月　王建生
装帧设计/ 朔州万吉包装彩印有限公司
出版发行/ 中国统计出版社
地　　址/ 北京市丰台区西三环南路甲6号　邮政编码/100073
电　　话/ 邮购（010）63376909　书店（010）68783171
网　　址/ http://csp.stats.gov.cn
印　　刷/ 朔州万吉包装彩印有限公司
经　　销/ 新华书店
开　　本/ 890mm × 1240mm　1/16
字　　数/ 977.65千字
印　　张/ 36
版　　别/ 2017年12月第1版
版　　次/ 2017年12月第1次印刷
定　　价/ 368.00元

如有印装差错，由本社发行部调换。

# 2017朔州统计年鉴
SHUO ZHOU STATISTICAL YEARBOOK

## 编辑委员会


**主　任：** 赵　琪

**副主任：** 石　斌　宁保全　刘文亮　刘金义
侯　强　王凤梅　张　波　张奇武
陈月娥　刘红刚　尹光华　王义堂
郭　厚　张耀先

**委　员：** （以姓氏笔画为序）
马天文　王　丽　王银枝　尹　权　刘　飞
安　琛　李为民　李爱萍　吕　静　苏建华
何志强　张东生　武　君　武步雄　郭玮炜
郭瑞田　赵久化　赵建民　赵　璐　贺宏宇
高云峰　贾　龙　贾志武　贾志勇　曹　智
善双叶　韩志功　董文婷　熊慧珍

**总编辑：** 侯　强　尹　权

**编辑部主任：** 张嘉琪

# 编辑说明 BIAN JI SHUO MING

一、《朔州统计年鉴—2017》是一部全面反映朔州市经济社会发展情况的资料性年刊。本年鉴收录了全市和各县区2016年经济社会发展方面的大量统计数据，具有科学性、权威性、综合性和实用性，是一部认识朔州、研究朔州的必备工具书。

二、全书内容共分为16个部分。1.综合；2.人口、从业人员和劳动报酬；3.固定资产投资；4.能源消费与库存；5.物价；6.人民生活；7.农村经济；8.工业经济；9.建筑业；10.交通运输业；11.批发零售贸易和餐饮业；12.财政、金融和保险业；13.教育、科技；14.文化、体育、旅游、卫生、环保、民政；15.县区基本情况；16.附录，包含了2017年市委党委会工作报告、2017年政府工作报告和2016年国民经济和社会发展统计公报。为了方便读者准确使用统计数据，前14部分篇末均附有《主要统计指标解释》。

三、本年鉴指标口径范围，以国家现行统计报表制度为准。资料来源于2016年度统计年报，部分反映社会发展方面的资料来源于有关部门和抽样调查。

四、本年鉴严格执行了中国统计出版社2016年发布的《统计年鉴编辑出版规范化方案》要求，所使用的度量衡单位，均采用国际统一标准计量单位。

五、本年鉴中使用的符号："#"表示主要其中项；"空格"表示无该项指标数据或数据不详；"…"表示数据不足本表最小计量单位。

六、年鉴编辑过程中得到有关方面的大力支持和帮助，在此谨致谢意。由于工作经验尚存欠缺，人员力量不足，时间要求紧张，遗漏和错误在所难免，敬请读者提出宝贵意见。

## 年末总人口（人）

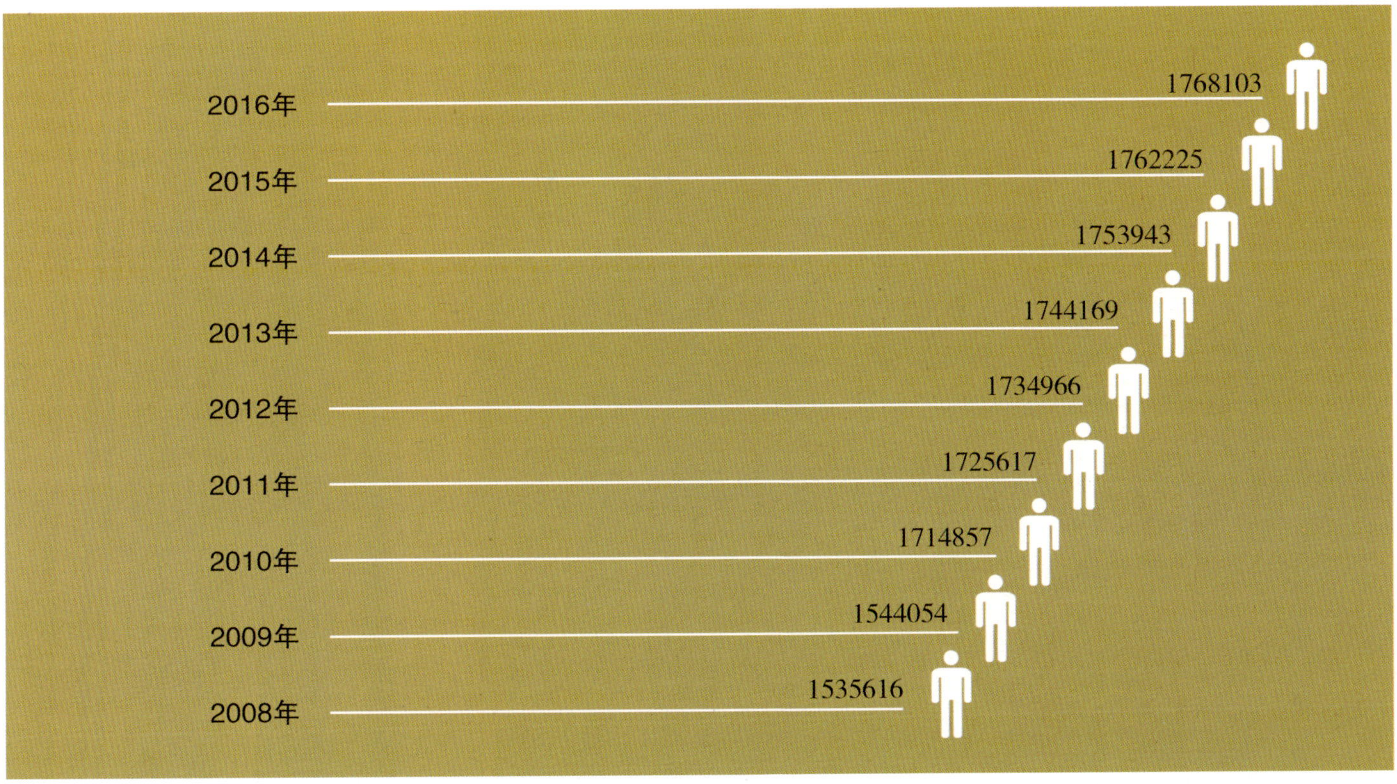


## 年末城镇人口（人）

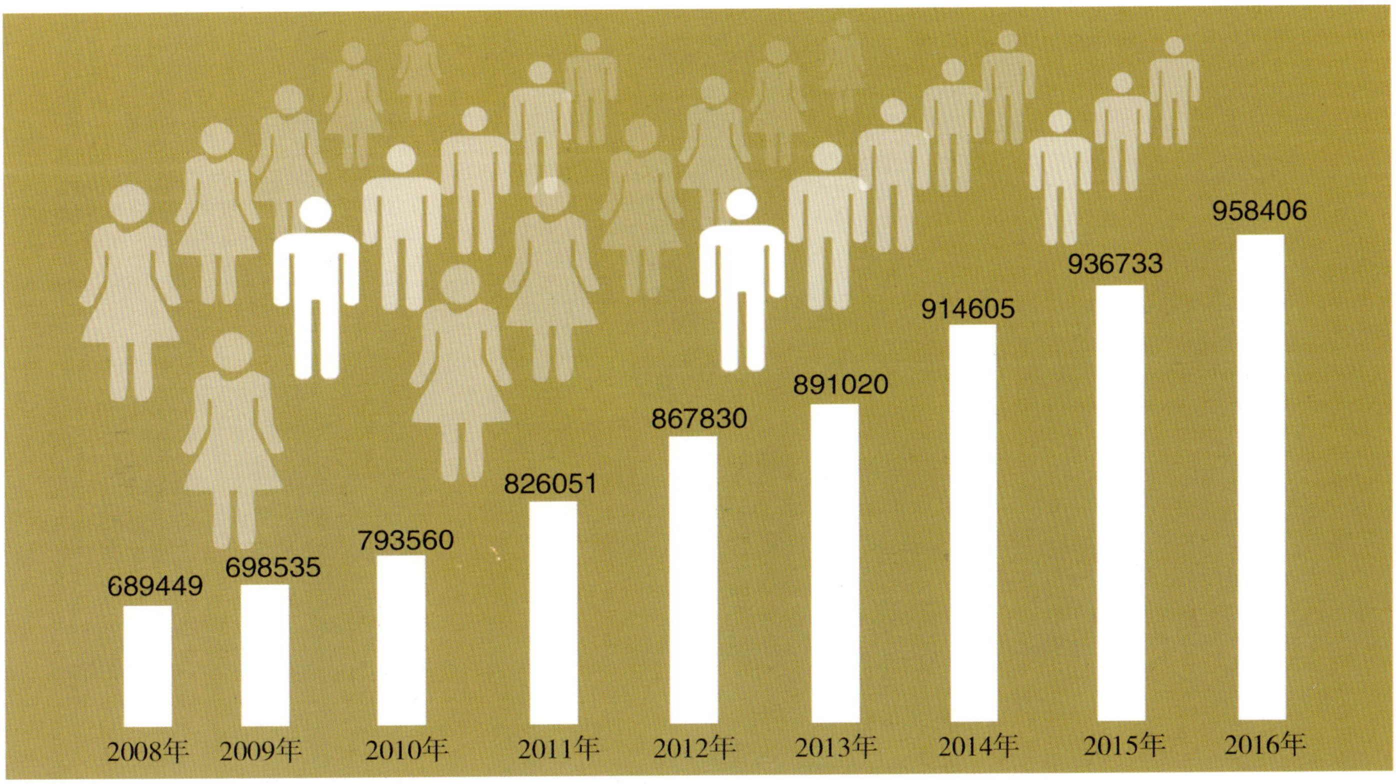

# 地区生产总值（万元）

# 第一产业增加值（万元）

# 第二产业增加值（万元）

# 第三产业增加值（万元）

# 粮食产量（吨）

# 规模以上工业增加值（万元）

# 原煤产量（万吨）

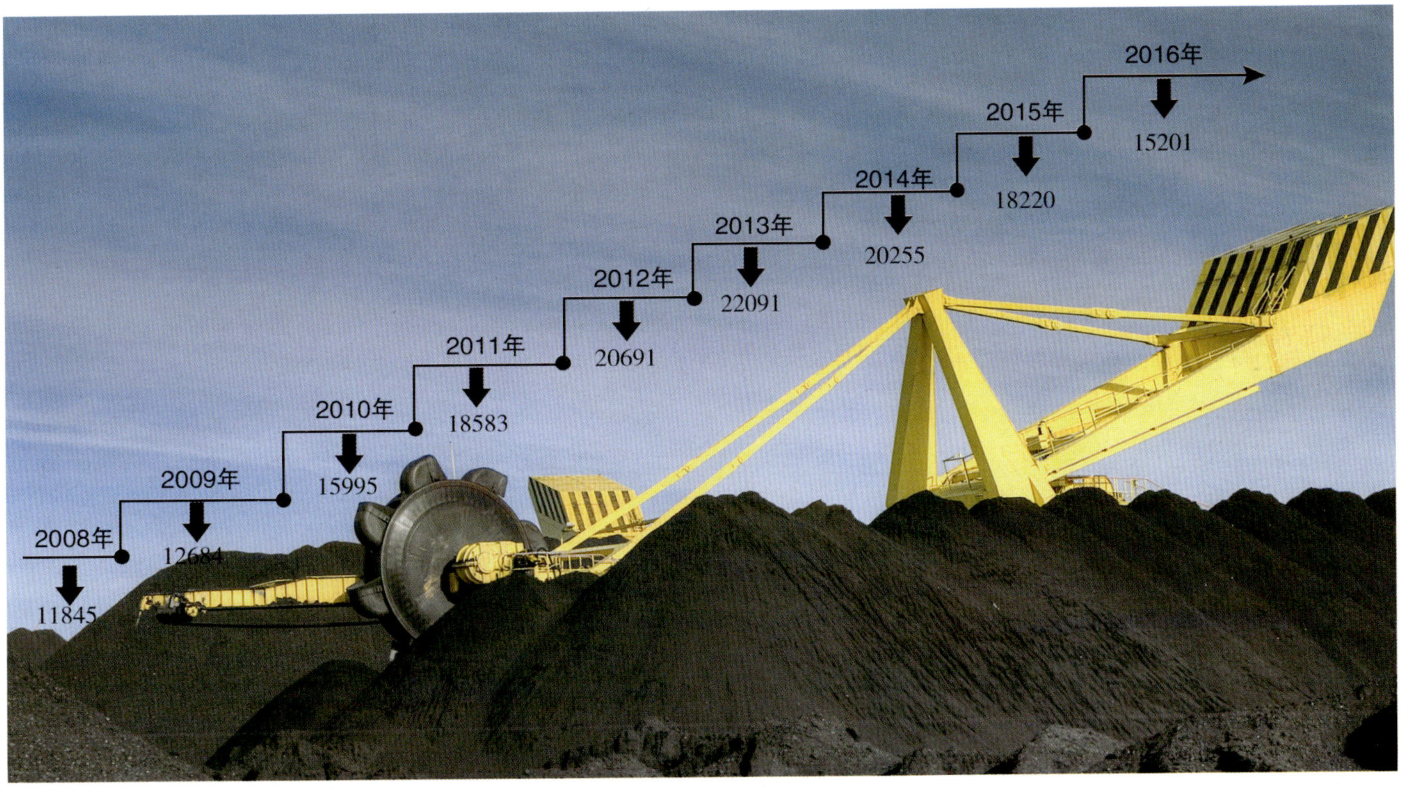


# 全社会固定资产投资（万元）

# 社会消费品零售总额（万元）

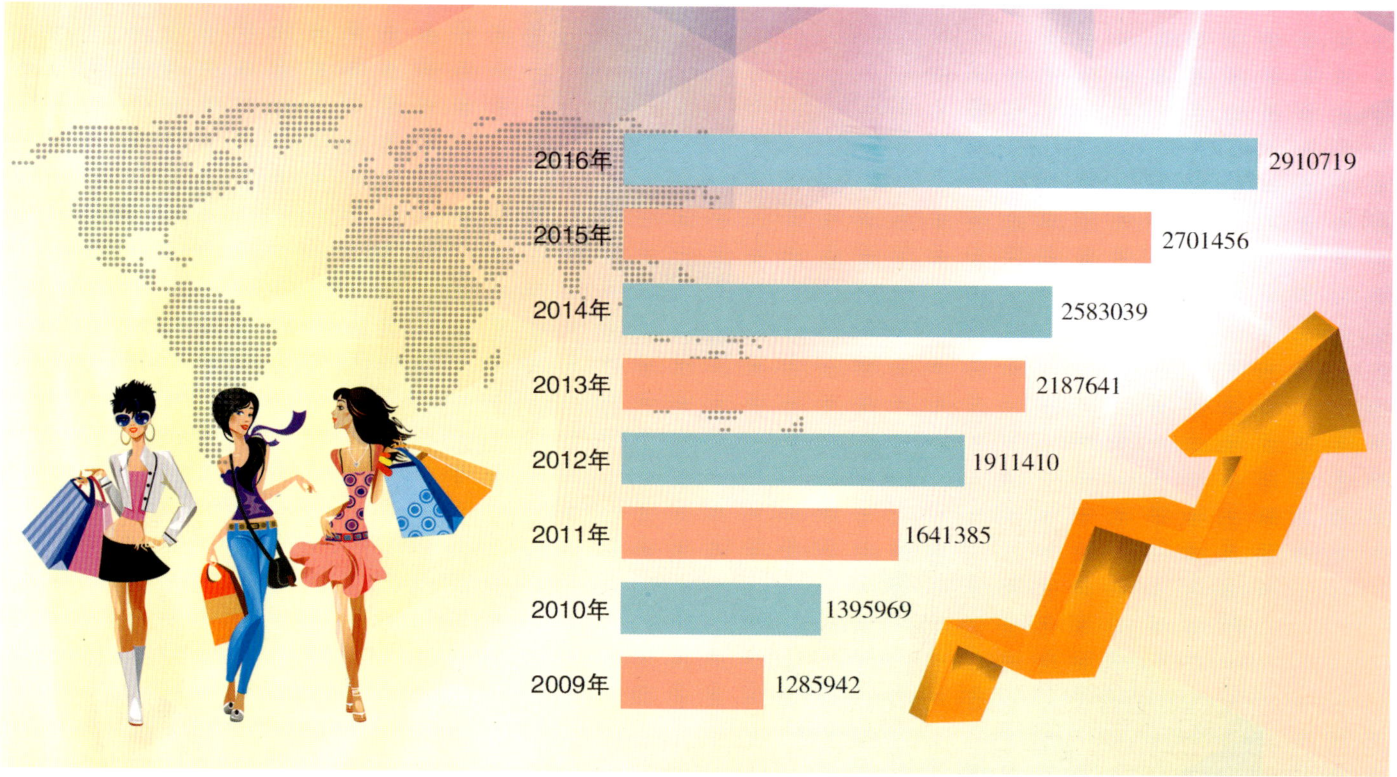


# 财政总收入（万元）

# 公共财政预算收入（万元）

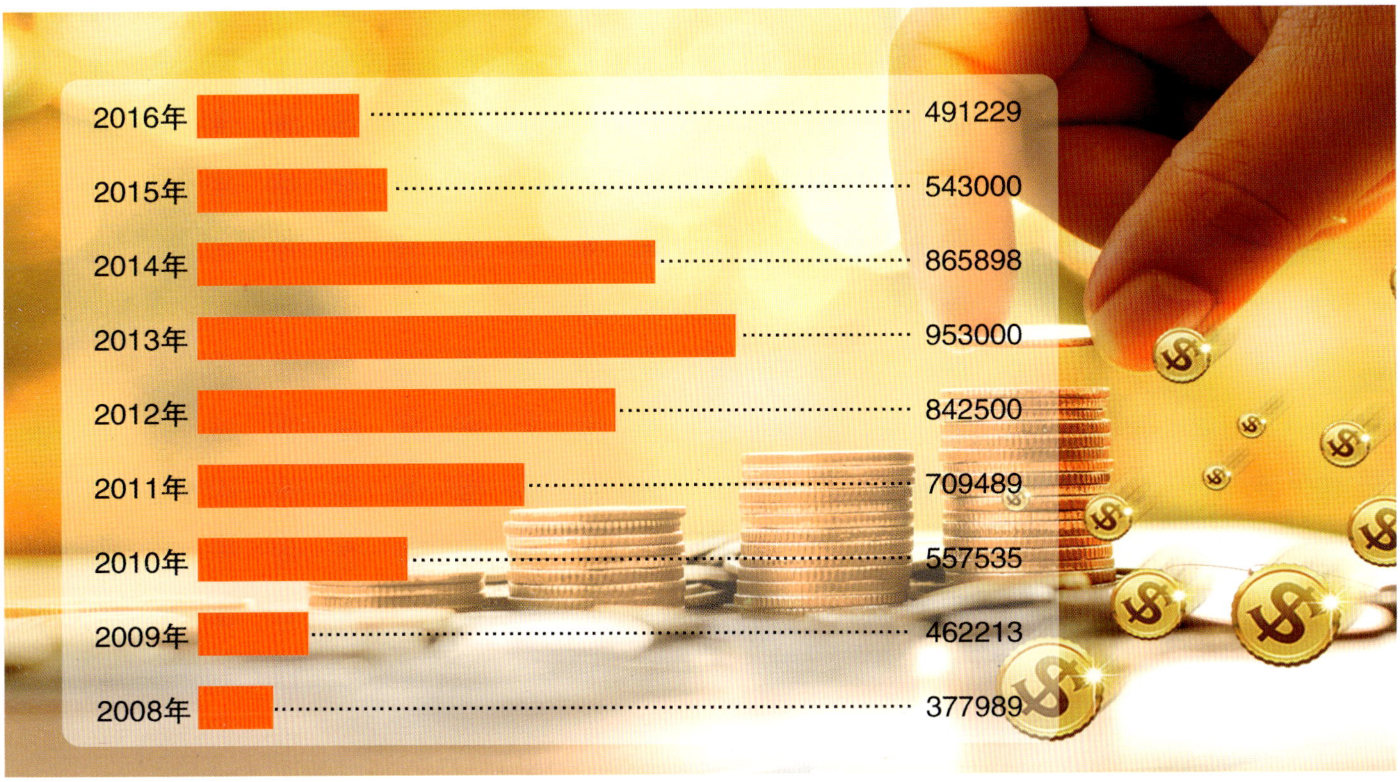


# 公共财政预算支出（万元）

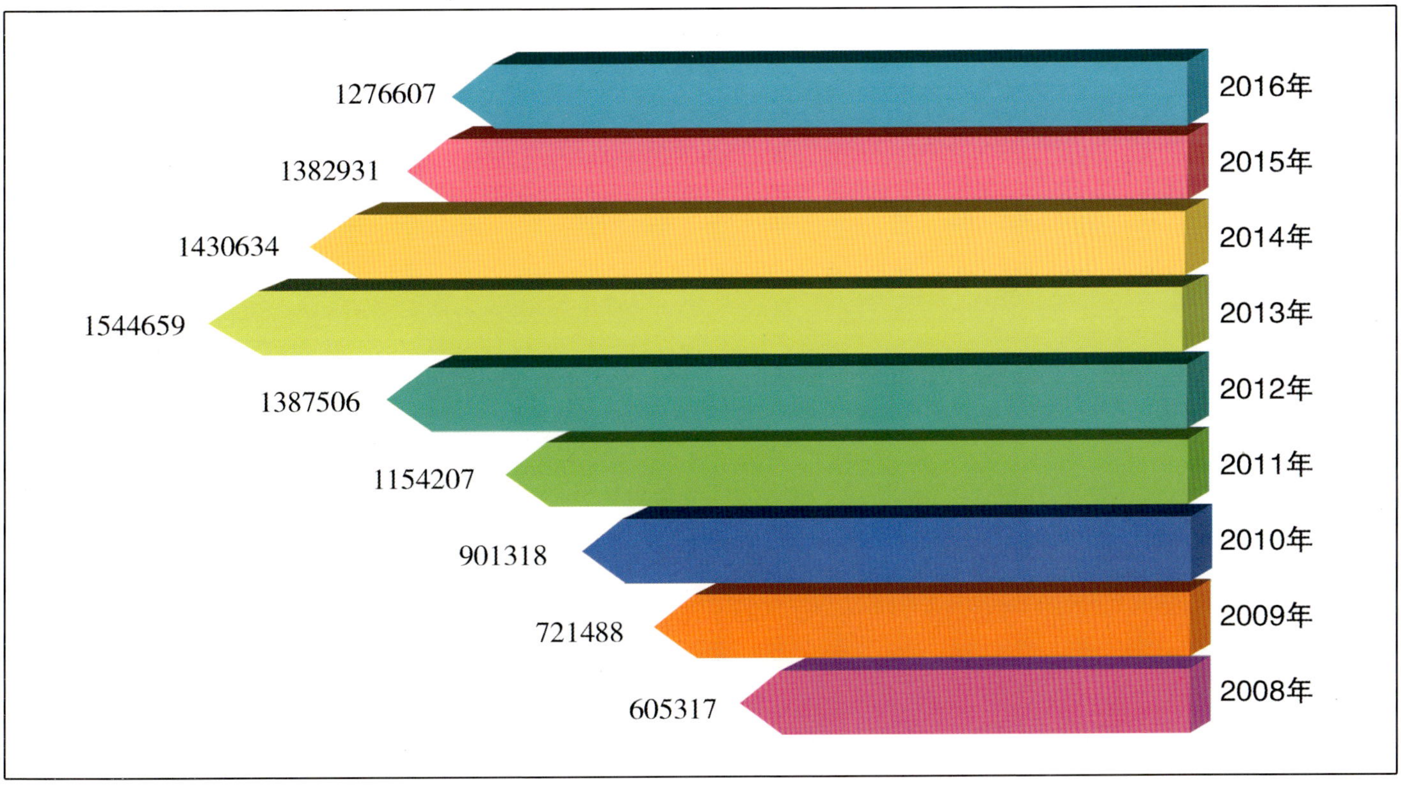

# 农村常住居民人均可支配收入（元）

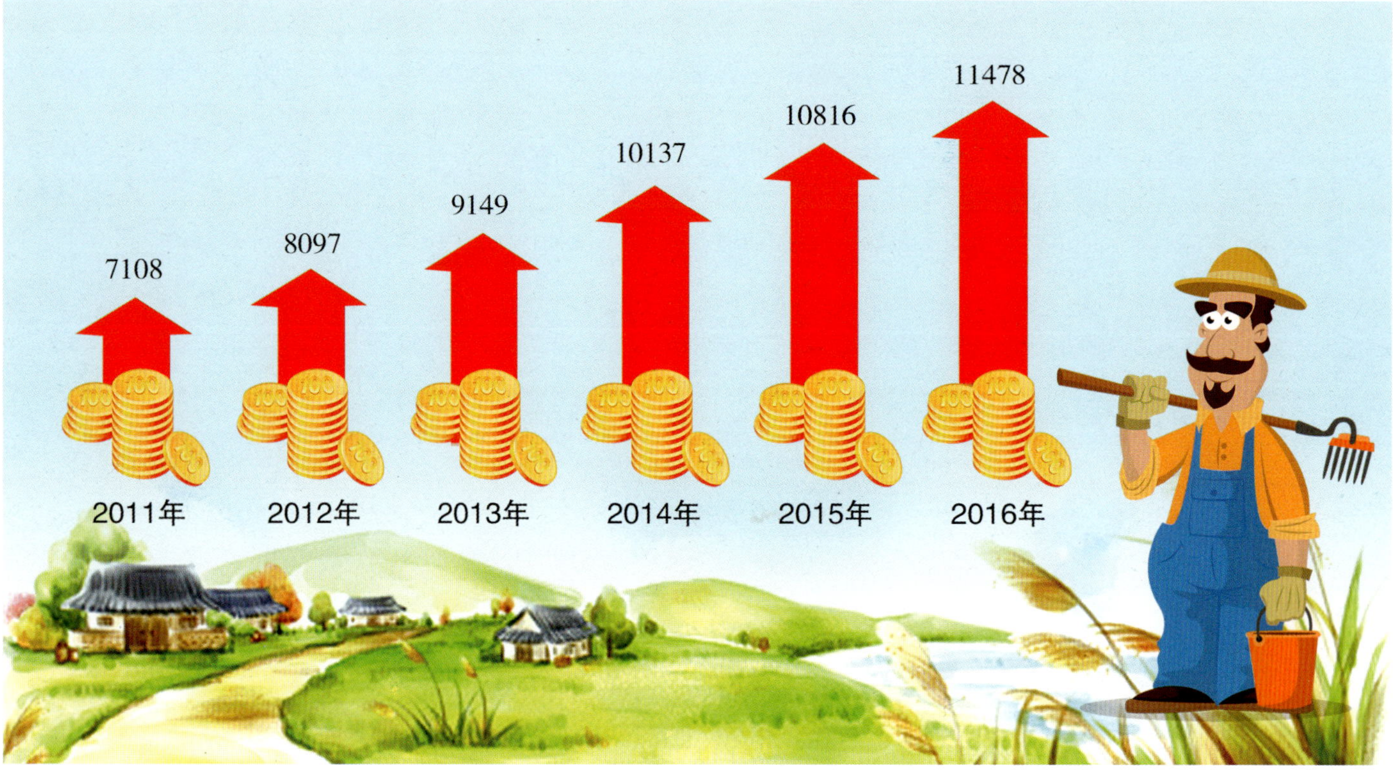


# 城镇常住居民人均可支配收入（元）

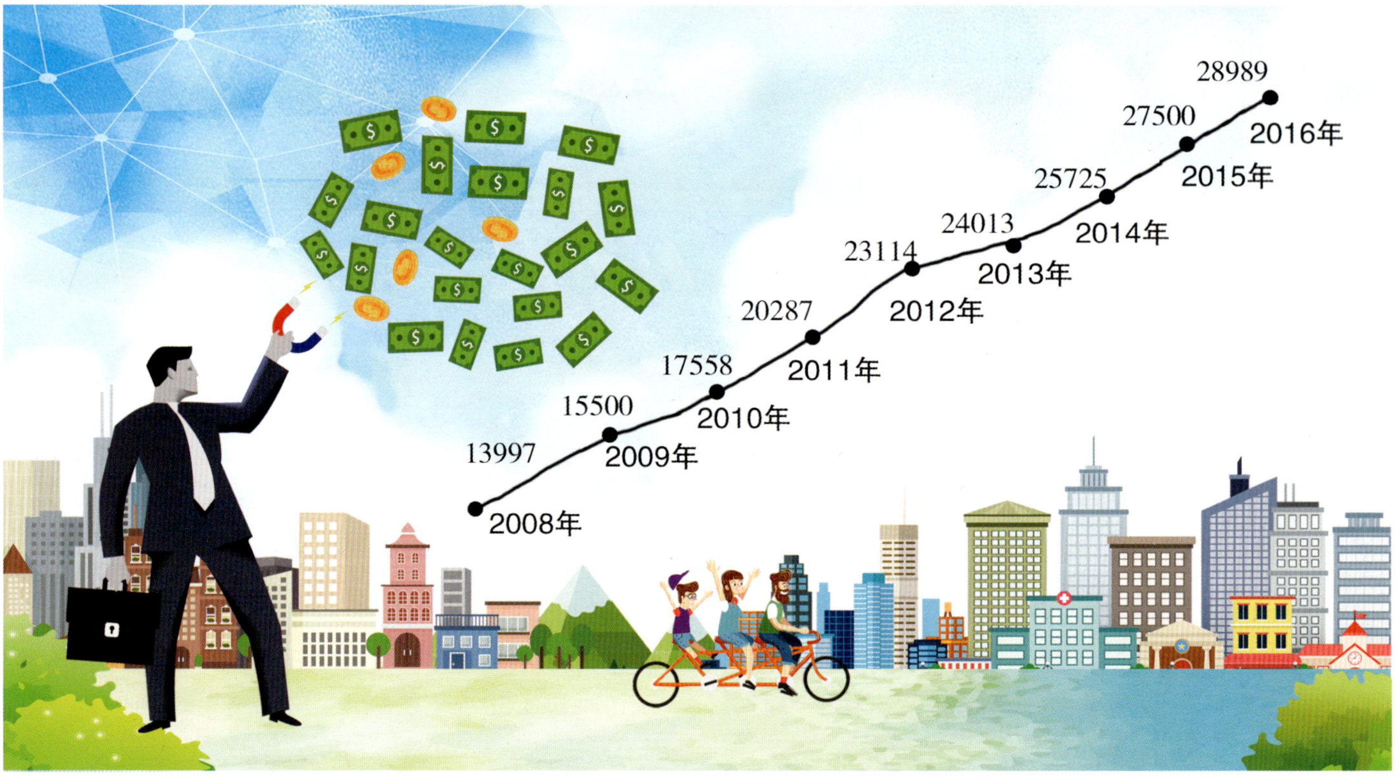

# 目 录

## 一、综合



## 二、人口、从业人员和劳动报酬

## 三、固定资产投资

## 四、能源消费与库存



## 五、物价



## 六、人民生活

## 七、农村经济



## 八、工业经济



## 九、建筑业

## 十、交能运输业



## 十一、批发零售贸易和餐饮业



## 十二、财政、金融和保险业

## 十三、教育、科技



## 十四、文化、体育、旅游、卫生、环保、民政

## 十五、县区基本情况

## 十六、附录

# 01

# 综　合

# 1-1 行政区划

单位:个

| 县 区 | 乡镇总数（含街道办） | 镇 | 乡 | 街 道 办事处 | 村 数 | 社区数 | |
|---|---|---|---|---|---|---|---|
| | | | | | 行政村 | 城市社区 | 农村社区 |
| 朔城区 | 15 | 2 | 9 | 4 | 299 | 53 | 6 |
| 平鲁区 | 13 | 2 | 11 | | 286 | 10 | 15 |
| 山阴县 | 13 | 4 | 9 | | 257 | 10 | 216 |
| 应 县 | 12 | 3 | 9 | | 298 | 9 | 3 |
| 右玉县 | 10 | 4 | 6 | | 321 | 13 | 11 |
| 怀仁县 | 10 | 4 | 6 | | 162 | 21 | 8 |
| 合 计 | 73 | 19 | 50 | 4 | 1624 | 116 | 259 |

# 1-2 自然资源

| 指　　标 | 单　位 | 全　市 | 朔城区 | 平鲁区 | 山阴县 | 应　县 | 右玉县 | 怀仁县 |
|---|---|---|---|---|---|---|---|---|
| 国土面积 | 平方公里 | 10625.4 | 1779.7 | 2314.9 | 1644.6 | 1673 | 1979.2 | 1234 |
| #平原:丘陵:山区 | | 38:36:26 | 62:11:27 | 4:51:45 | 52:07:41 | 56:09:35 | 10:60:30 | 70:0:30 |
| 年末耕地保有量 | 千公顷 | 395.29 | 70.86 | 79.55 | 71.73 | 64.35 | 57.96 | 64.35 |
| 含煤面积 | 平方公里 | 1546 | 658 | 352 | 256 | | 155 | 125 |
| 煤炭地质储量 | 亿吨 | 413 | 188 | 112 | 45 | | 33 | 35 |
| 石灰岩储量 | 亿吨 | 84.0 | 49.0 | 0.3 | 14.1 | 0.2 | 0.8 | 19.6 |
| 铁矿储量 | 万吨 | 572 | 458 | | 31 | 53 | | 30 |
| 本地水资源量 | 亿立方米 | 7.39 | 1.42 | 1.73 | 1.28 | 1.29 | 0.98 | 0.69 |
| #地下水 | 亿立方米 | 6.53 | 1.33 | 1.47 | 1.23 | 1.21 | 0.63 | 0.66 |

## 1-3 气候条件

| 县 区 | 年均气温（摄氏度） | 年无霜期(黑霜,按地面温度)(天) | 年光照时间（小时） | 年降水量（毫米） |
|---|---|---|---|---|
| 全 市 | 5.1–9.6 | 135–172 | 2375.3–2837.4 | 382.1–518.4 |
| 朔城区 | 8.3 | 157 | 2375.3 | 512.6 |
| 平鲁区 | 6.8 | 135 | 2756.2 | 500.1 |
| 山阴县 | 9.0 | 172 | 2604.4 | 428.4 |
| 应 县 | 9.5 | 157 | 2432.0 | 427.4 |
| 右玉县 | 5.1 | 134 | 2837.4 | 518.4 |
| 怀仁县 | 9.6 | 135 | 2726.4 | 382.1 |

## 1-4 交通状况

| 县 区 | 公路通车里程（公里） | | 万人拥有公路量（公里） | 公路密度（公里 / 百平方公里） |
|---|---|---|---|---|
| | | 高速公路 | | |
| 全 市 | 10215.746 | 388.691 | 57.97 | 96.16 |
| 朔城区 | 1742.110 | 69.793 | 33.7 | 97.38 |
| 平鲁区 | 1936.615 | 89.413 | 93.12 | 84.02 |
| 山阴县 | 1642.329 | 91.884 | 67.14 | 99.47 |
| 应 县 | 1775.346 | 57.127 | 52.87 | 104.43 |
| 右玉县 | 1517.908 | 44.05 | 132.39 | 77.13 |
| 怀仁县 | 1601.438 | 36.424 | 47.96 | 132.24 |

# 1-5 城市建设

| 指　　标 | 单　位 | 全　市 | 朔城区 | 平鲁区 | 山阴县 | 应　县 | 右玉县 | 怀仁县 |
|---|---|---|---|---|---|---|---|---|
| 城市建成区面积 | 平方公里 | 113.32 | 36.1 | 13.6 | 15 | 12 | 10.62 | 26 |
| 城市供水量（加自备井） | 万立方米 | 5063 | 2159 | 474 | 433 | 614 | 276 | 1107 |
| 城市供热面积 | 万平方米 | 4654.4 | 2650 | 377.2 | 302.8 | 279.8 | 196.6 | 848 |
| 城市集中供热普及率 | % | 90.27 | 90.14 | 89.81 | 90.39 | 89.39 | 85.48 | 92.37 |
| 液化石油气供应量 | 吨 | 4413 | 1300 | 0 | 1500 | 150 | 500 | 963 |
| 天然气供应量 | 万立方米 | 7649.98 | 3787.78 | 1124.5 | 212 | 900 | 17.7 | 1608 |
| 用气总户数（天然气） | 户 | 158152 | 67519 | 24612 | 6000 | 19310 | 440 | 40271 |
| 城市气化率 | % | 88.41 | 98.58 | 93.79 | 78.3 | 87.07 | 58.75 | 81.47 |
| 城市人均公园绿地面积 | 平方米 | 12.32 | 15.14 | 7.24 | 10.66 | 10.20 | 10.57 | 11.0 |
| 城市建成区绿化覆盖率 | % | 42.25 | 43.02 | 41.81 | 44.42 | 39.10 | 45.34 | 40.50 |
| 万人拥有公交车辆数 | 标台 | 8.19 | 7.6 | 9.55 | 14.2 | 15.16 |  | 4.38 |

# 1-6 社会保障

| 指标 | 单位 | 全市 | 朔城区 | 平鲁区 | 山阴县 | 应县 | 右玉县 | 怀仁县 |
|---|---|---|---|---|---|---|---|---|
| 农村低保参保人数 | 人 | 77859 | 19100 | 10095 | 7350 | 22323 | 5676 | 13315 |
| 农村低保发放标准 | 元/月 | 217.5 | 225.8 | 214.7 | 231.2 | 211.1 | 277 | 186.6 |
| 新型农村社会养老保险参保人数 | 人 | 915982 | 223437 | 131466 | 144803 | 190997 | 66242 | 159037 |
| 农村养老保险参保率 | % | 99.38 | 98.74 | 99.46 | 99.29 | 99.48 | 100 | 99.9 |
| 农村60岁以上人数 | 人 | 189988 | 42978 | 23937 | 31610 | 43625 | 16521 | 31317 |
| 农村合作医疗保险参保人数 | 人 | 915982 | 223437 | 131466 | 144803 | 190997 | 66242 | 159037 |
| 农村合作医疗保险参保率 | % | 99.38 | 98.74 | 99.46 | 99.29 | 99.48 | 100 | 99.9 |
| 城市低保参保人数 | 人 | 46472 | 9588 | 2943 | 9823 | 11120 | 2633 | 10365 |
| 城市低保发放标准 | 元/月 | 316 | 323 | 301 | 374 | 293 | 272 | 292 |
| 城镇职工失业保险参保人数 | 人 | 183258 | 32600 | 16639 | 20351 | 14200 | 9000 | 38060 |
| 城镇职工失业保险发放标准 | 元/月 | 1130 | 1130 | 1130 | 1130 | 1130 | 1130 | 1130 |
| 城镇职工医疗保险参保人数 | 人 | 193007 | 23100 | 25105 | 19158 | 18050 | 10151 | 21178 |
| 城镇职工工伤保险参保人数 | 人 | 187494 | 30000 | 30000 | 30012 | 17802 | 16516 | 30868 |
| 城镇职工基本养老保险人数 | 人 | 270218 | 44242 | 37150 | 36399 | 31561 | 17504 | 41851 |
| 城镇职工生育保险参保人数 | 人 | 180824 | 28100 | 26322 | 22068 | 16050 | 9062 | 26050 |
| 城镇居民医疗保险参保人数 | 人 | 255816 | 54666 | 27140 | 30555 | 36582 | 11785 | 57929 |
| 城镇居民养老保险参保人数 | 人 | 898889 | 200302 | 137020 | 143308 | 195217 | 63438 | 159604 |
| 城镇登记失业率 | % | 2.86 | 2.94 | 2.89 | 2.85 | 2.98 | 2.61 | 2.71 |
| 城镇新增就业人数 | 人 | 21538 | 3426 | 2644 | 2842 | 2985 | 1396 | 3408 |

# 1-7 国民经济和社会发展总量指标

| 指　　标 | 总量指标 | | | | | |
|---|---|---|---|---|---|---|
| | 2011 | 2012 | 2013 | 2014 | 2015 | 2016 |
| 一、年末常住人口(万人) | 172.6 | 173.5 | 174.4 | 175.4 | 176.2 | 176.8 |
| 二、城镇非私营单位从业人员年末人数 | 19.0 | 19.7 | 19.8 | 20.2 | 19.7 | 18.9 |
| 三、地区生产总值(亿元) | 855.2 | 1007.1 | 1027.4 | 1003.4 | 901.1 | 918.1 |
| 第一产业 | 45.4 | 50.9 | 60.3 | 61.4 | 55.5 | 56.3 |
| 第二产业 | 498.8 | 596.1 | 586.7 | 542.7 | 406.3 | 395.2 |
| 第三产业 | 311.0 | 360.1 | 380.4 | 399.3 | 439.3 | 466.6 |
| 四、农业生产 | | | | | | |
| 农林牧渔业总产值(亿元) | 88.4 | 104.7 | 127.9 | 132.4 | 119.1 | 121.3 |
| 主要农产品产量 | | | | | | |
| 粮　食(万吨) | 97.1 | 107 | 117.6 | 128.1 | 110 | 127 |
| #谷　物(万吨) | 85.9 | 95.9 | 105.5 | 113.3 | 102.9 | 117.5 |
| 油　料(万吨) | 3.4 | 3.7 | 3.4 | 3.2 | 2.5 | 2.96 |
| 肉类总产量(万吨) | 5.0 | 5.8 | 6.1 | 9 | 9.3 | 9.1 |
| 奶类总产量(万吨) | 43.6 | 47.2 | 51.4 | 51.9 | 52.3 | 49.6 |
| 禽蛋产量(万吨) | 1.7 | 1.6 | 1.7 | 1.8 | 2.4 | 2.6 |
| 农业机械总动力(万千瓦) | 214.5 | 223.1 | 233.0 | 241.4 | 245.9 | 144.3 |
| 五、工业生产 | | | | | | |
| 规模以上工业总产值(亿元) | 1169.9 | 1322.8 | 1324.1 | 1159.3 | 762.2 | 742.6 |
| 主要工业产品产量 | | | | | | |
| 原　煤(万吨) | 18583 | 20691 | 21747 | 20245 | 18220 | 15201 |
| 发电量(亿千瓦小时) | 232.9 | 264.3 | 280.1 | 315.8 | 267.5 | 267.5 |
| 乳制品(万吨) | 21.1 | 29.5 | 28.1 | 24.4 | 23.2 | 18.9 |
| 白　酒(吨) | 10342 | 13114 | 6842 | 8997 | 7663 | 7011 |
| 水　泥(万吨) | 241.0 | 397.1 | 344.0 | 251 | 205 | 218.1 |

## 1-7 续表 1

| 指　标 | 总量指标 | | | | | |
| --- | --- | --- | --- | --- | --- | --- |
| | 2011 | 2012 | 2013 | 2014 | 2015 | 2016 |
| 化 肥（万吨） | 6.5 | 5.1 | 4.3 | 3.2 | 1.8 | 1.6 |
| 铁合金(吨) | 181304 | 309230 | 234908 | 294743 | 125211 | 98021 |
| **六、邮电** | | | | | | |
| 邮电业务总量(亿元) | 11.5 | 14 | 15.30 | 12.5 | 4.4 | 11.99 |
| 移动电话(万户) | 137.4 | 131.2 | 148.8 | 161.6 | 144.8 | 153.1 |
| **七、固定资产投资(亿元)** | | | | | | |
| 固定资产投资总额 | 474.6 | 610.6 | 774.7 | 815.3 | 937.1 | 633.3 |
| #住 宅 | 35.1 | 44.0 | 82.6 | 65.2 | 60.7 | 24.8 |
| 1. 国　有 | 272.5 | 411.7 | 438.4 | 414.8 | 535.8 | 249.7 |
| 非国有 | 202.0 | 199.0 | 336.3 | 400.5 | 401.2 | 383.7 |
| 2. 第一产业 | 9.2 | 24.7 | 64.2 | 86.6 | 146.5 | 151.1 |
| 第二产业 | 303.6 | 289.3 | 345.2 | 448.9 | 425.2 | 232.6 |
| 第三产业 | 161.8 | 296.6 | 365.3 | 279.8 | 365.4 | 249.7 |

## 1-7 续表 2

| 指标 | 总量指标 | | | | | |
|---|---|---|---|---|---|---|
| | 2011 | 2012 | 2013 | 2014 | 2015 | 2016 |
| **八、国内贸易(亿元)** | | | | | | |
| 社会消费品零售总额 | 164.1 | 191.1 | 218.8 | 258.3 | 270.1 | 291.1 |
| **九、对外贸易(万美元)** | | | | | | |
| 外贸进出口总额 | 13942 | 25687 | 11698 | 9266 | 5866 | 7997 |
| 出　口 | 1481 | 1545 | 2074 | 2728 | 3061 | 3735 |
| 进　口 | 12461 | 24142 | 9624 | 6537 | 2805 | 4263 |
| **十、财　政(亿元)** | | | | | | |
| 财政总收入 | 175.0 | 210.0 | 216.1 | 169.1 | 113.1 | 102.9 |
| 一般预算收入 | 70.9 | 84.3 | 95.3 | 86.6 | 54.3 | 49.1 |
| 一般预算支出 | 115.4 | 138.8 | 154.5 | 143.1 | 138.3 | 127.7 |
| **十一、物价指数(上年 =100)** | | | | | | |
| 商品零售价格总指数 | 104.3 | 102.5 | 102.4 | 101.4 | 100.5 | 101 |
| 居民消费价格总指数 | 104.8 | 102.7 | 102.9 | 101.9 | 101.2 | 100.8 |
| **十二、工　资** | | | | | | |
| 城镇非私营单位在岗职工工资总额(亿元) | 72.9 | 87.6 | 93.7 | 100.2 | 100.7 | 94.3 |
| 城镇非私营单位从业人员年平均工资(元) | 37280 | 43964 | 46229 | 49845 | 51432 | 50869 |
| 国有单位在岗职工工资总额(亿元) | 38.6 | 41.8 | 42.5 | 45.7 | 48 | 44.7 |
| 国有单位从业人员年平均工资(元) | 34358 | 38614 | 39659 | 43322 | 47912 | 46686 |
| **十三、教育、文化** | | | | | | |
| 中等专业学校在校学生数(万人) | 0.48 | 0.39 | 0.25 | 0.12 | 0.12 | 0.1 |
| 职业中学在校学生数(万人) | 0.99 | 1.31 | 1.51 | 1.64 | 1.78 | 1.99 |
| 普通中学在校学生数(万人) | 16.17 | 16.44 | 15.17 | 14.09 | 13.18 | 12.6 |
| 小学在校学生数(万人) | 18.13 | 17.33 | 13.31 | 13.81 | 12.83 | 12.88 |
| **十四、城乡居民收入(元)** | | | | | | |
| 城镇常住居民人均可支配收入 | 18891 | 21734 | 23886 | 25725 | 27500 | 28989 |
| 农村常住居民人均可支配收入 | 7108 | 8097 | 9149 | 10137 | 10816 | 11478 |
| **十五、金融机构人民币各项存贷款余额(亿元)** | | | | | | |
| 金融机构人民币各项存款余额 | 911.8 | 1050.9 | 1092.8 | 1120 | 1189.7 | 1290.5 |
| 金融机构人民币各项贷款余额 | 262.5 | 375.0 | 467.5 | 512.9 | 558.6 | 577.3 |

# 1-8 社会经济主要指标人均水平

| 指　　标 | 单　位 | 2015 | 2016 |
|---|---|---|---|
| 一、地区生产总值(元) | 元 | 51256 | 52010 |
| 二、财政总收入(元) | 元 | 6434 | 5829 |
| 三、主要产品产量 | | | |
| 原煤(吨) | 吨 | 103.6 | 86 |
| 发电量(千瓦/时) | 千瓦时 | 15200 | 15156 |
| 粮食(公斤) | 公斤 | 626 | 720 |
| 肉类(公斤) | 公斤 | 52.4 | 51 |
| 牛奶(公斤) | 公斤 | 297.3 | 281 |
| 四、社会消费品零售额(元) | 元 | 15366 | 16490 |
| 五、人民生活(元) | | | |
| 城镇居民人均可支配收入 | 元 | 27500 | 28989 |
| 城镇居民消费支出 | 元 | 14096 | 14364 |
| 农村居民人均可支配收入 | 元 | 10816 | 11478 |
| 农村居民消费支出 | 元 | 6837 | 7698 |
| 人均储蓄存款 | 元 | 44430 | 51713 |

## 1-9 国民经济主要比例关系

| 指　　标 | 2015 | 2016 |
| --- | --- | --- |
| **一、地区生产总值三次产业比例** | | |
| 第一产业 | 6.2 | 6.1 |
| 第二产业 | 45.1 | 43.1 |
| 第三产业 | 48.7 | 50.8 |
| **二、农林牧渔总产值内部比例** | | |
| 农业产值 | 43.7 | 43.9 |
| 林业产值 | 8.1 | 7.1 |
| 牧业产值 | 45.6 | 46.1 |
| 渔业产值 | 0.2 | 0.18 |
| 农林牧渔服务业产值 | 2.4 | 2.6 |
| **三、全社会固定资产投资中** | | |
| 中央项目 | 17.0 | 9.7 |
| 地方项目 | 83.0 | 90.3 |
| **四、财政总收入占 GDP 比例** | 12.6 | 11.2 |

# 1-10 主要年份地区生产总值

按当年价格计算

| 年 份 | 地区生产总值（万元） | 第一产业 | 第二产业 | 工业 | 第三产业 | 人均地区生产总值（元/人） |
|---|---|---|---|---|---|---|
| 1957 | 8837 | 4941 | 2502 | 1291 | 1394 | 122 |
| 1962 | 8066 | 3359 | 2882 | 923 | 1825 | 107 |
| 1965 | 11382 | 4837 | 3996 | 1474 | 2549 | 142 |
| 1970 | 17689 | 8571 | 5725 | 2493 | 3393 | 195 |
| 1975 | 27400 | 12140 | 10175 | 4755 | 5085 | 274 |
| 1978 | 34555 | 13033 | 13696 | 7571 | 7826 | 334 |
| 1980 | 42070 | 16411 | 15141 | 11213 | 10518 | 400 |
| 1985 | 86879 | 29873 | 33732 | 31850 | 23274 | 784 |
| 1990 | 217145 | 53477 | 110499 | 93264 | 53169 | 1818 |
| 1995 | 523569 | 112613 | 234867 | 204257 | 176089 | 4041 |
| 2000 | 847776 | 157846 | 367205 | 321930 | 322725 | 6192 |
| 2002 | 1028679 | 141886 | 473294 | 433986 | 413499 | 7319 |
| 2004 | 1642294 | 186236 | 763999 | 709000 | 692059 | 11013 |
| 2005 | 2203492 | 185160 | 1054172 | 988774 | 964160 | 14670 |
| 2006 | 2920560 | 211496 | 1523306 | 1428204 | 1185758 | 19313 |
| 2007 | 3926164 | 291325 | 2033303 | 1911924 | 1601536 | 25798 |
| 2008 | 5105240 | 278020 | 2604165 | 2450133 | 2223055 | 33154 |
| 2009 | 5613074 | 295090 | 2937997 | 2769972 | 2379987 | 36452 |
| 2010 | 6701476 | 405421 | 3790074 | 3640950 | 2505981 | 41107 |
| 2011 | 8552006 | 453949 | 4987631 | 4785456 | 3110426 | 49692 |
| 2012 | 10071198 | 509272 | 5960522 | 5728086 | 3601404 | 58205 |
| 2013 | 10274403 | 602554 | 5867413 | 5593205 | 3804436 | 59063 |
| 2014 | 10034100 | 614332 | 5427061 | 5171026 | 3992707 | 57368 |
| 2015 | 9011301 | 555460 | 4063082 | 3816086 | 4392759 | 51256 |
| 2016 | 9180640 | 562818 | 3952240 | 3702600 | 4665582 | 52010 |

# 1-11 主要年份地区生产总值构成

单位:%

| 年 份 | 地区生产总值 | 第一产业 | 第二产业 | 工业 | 第三产业 |
|---|---|---|---|---|---|
| 1957 | 100.0 | 55.9 | 28.3 | 14.6 | 15.8 |
| 1962 | 100.0 | 41.7 | 35.7 | 11.4 | 22.6 |
| 1965 | 100.0 | 42.5 | 35.1 | 13.0 | 22.4 |
| 1970 | 100.0 | 48.4 | 32.4 | 14.1 | 19.2 |
| 1975 | 100.0 | 44.3 | 37.1 | 17.4 | 18.6 |
| 1978 | 100.0 | 37.7 | 39.6 | 21.9 | 22.7 |
| 1980 | 100.0 | 39.0 | 36.0 | 26.7 | 25.0 |
| 1985 | 100.0 | 34.4 | 38.8 | 36.7 | 26.8 |
| 1990 | 100.0 | 24.6 | 50.9 | 43.0 | 24.5 |
| 1995 | 100.0 | 21.5 | 44.9 | 39.0 | 33.6 |
| 2000 | 100.0 | 18.6 | 43.2 | 38.0 | 38.2 |
| 2002 | 100.0 | 13.8 | 46.0 | 42.2 | 40.2 |
| 2004 | 100.0 | 11.3 | 46.5 | 43.2 | 42.1 |
| 2005 | 100.0 | 8.4 | 47.8 | 44.9 | 43.8 |
| 2006 | 100.0 | 7.2 | 52.2 | 48.9 | 40.6 |
| 2007 | 100.0 | 7.4 | 51.8 | 48.7 | 40.8 |
| 2008 | 100.0 | 5.5 | 51.0 | 48.0 | 43.5 |
| 2009 | 100.0 | 5.3 | 52.3 | 49.3 | 42.4 |
| 2010 | 100.0 | 6.0 | 56.6 | 54.3 | 37.4 |
| 2011 | 100.0 | 5.3 | 58.3 | 56.0 | 36.4 |
| 2012 | 100.0 | 5.0 | 59.2 | 56.9 | 35.8 |
| 2013 | 100.0 | 5.9 | 57.1 | 54.4 | 37.0 |
| 2014 | 100.0 | 6.1 | 54.1 | 51.5 | 39.8 |
| 2015 | 100.0 | 6.2 | 45.1 | 42.3 | 48.7 |
| 2016 | 100.0 | 6.1 | 43.1 | 40.3 | 50.8 |

# 1-12 主要年份地区生产总值指数

上年 =100

| 年 份 | 地区生产总值 | 第一产业 | 第二产业 | 工业 | 第三产业 |
|---|---|---|---|---|---|
| 1957 | 99.1 | 88.9 | 122.7 | 112.0 | 103.4 |
| 1962 | 91.3 | 84.9 | 87.9 | 89.9 | 112.9 |
| 1965 | 101.7 | 85.6 | 129.3 | 129.3 | 107.4 |
| 1970 | 108.5 | 105.8 | 112.3 | 109.3 | 109.6 |
| 1975 | 104.6 | 97.4 | 114.0 | 112.5 | 106.8 |
| 1978 | 104.0 | 89.7 | 112.7 | 110.5 | 120.3 |
| 1980 | 108.1 | 109.6 | 105.0 | 137.4 | 110.3 |
| 1985 | 110.7 | 98.6 | 120.9 | 125.2 | 115.3 |
| 1990 | 111.6 | 111.5 | 115.5 | 115.6 | 104.7 |
| 1995 | 109.8 | 85.3 | 111.1 | 110.2 | 123.4 |
| 2000 | 108.3 | 123.7 | 104.8 | 106.1 | 108.4 |
| 2002 | 114.2 | 133.6 | 112.9 | 115.8 | 110.7 |
| 2004 | 116.9 | 106.0 | 121.4 | 121.8 | 114.8 |
| 2005 | 117.5 | 96.6 | 120.2 | 120.7 | 120.1 |
| 2006 | 118.3 | 105.5 | 124.7 | 125.6 | 113.8 |
| 2007 | 116.7 | 103.7 | 119.1 | 119.1 | 116.2 |
| 2008 | 113.8 | 102.6 | 110.5 | 108.9 | 119.7 |
| 2009 | 110.6 | 102.5 | 116.5 | 116.9 | 105.0 |
| 2010 | 113.8 | 108.0 | 116.0 | 117.4 | 111.9 |
| 2011 | 115.2 | 100.0 | 119.9 | 120.1 | 110.5 |
| 2012 | 111.1 | 105.5 | 112.6 | 112.8 | 109.5 |
| 2013 | 109.0 | 105.0 | 111.0 | 111.0 | 106.1 |
| 2014 | 104.5 | 104.4 | 104.2 | 104.6 | 105.0 |
| 2015 | 97.7 | 94.4 | 94.2 | 94.1 | 104.6 |
| 2016 | 104.2 | 103.1 | 102.5 | 102.7 | 106.0 |

## 1-13 地区生产总值

单位:万元

| 指　　标 | 2015 | 2016 |
|---|---|---|
| 地区生产总值 | 9011301 | 9180640 |
| 第一产业 | 555460 | 562818 |
| 第二产业 | 4063082 | 3952240 |
| # 工业 | 3816086 | 3702600 |
| 建筑业 | 246996 | 249640 |
| 第三产业 | 4392759 | 4665582 |
| 人均地区生产总值 | 51256 | 52010 |

## 1-14 地区生产总值构成

单位:%

| 指　　标 | 2015 | 2016 |
|---|---|---|
| 地区生产总值 | 100.0 | 100.0 |
| 第一产业 | 6.2 | 6.1 |
| 第二产业 | 45.1 | 43.1 |
| # 工业 | 42.3 | 40.3 |
| 建筑业 | 2.8 | 2.7 |
| 第三产业 | 48.7 | 50.8 |

## 1-15 地区生产总值指数

上年 =100

| 指　　标 | 2015 | 2016 |
|---|---|---|
| 地区生产总值 | 97.7 | 104.2 |
| 第一产业 | 94.4 | 103.1 |
| 第二产业 | 94.2 | 102.5 |
| # 工业 | 94.1 | 102.7 |
| 第三产业 | 104.6 | 106.0 |

# 1-16 按三次产业、行业门类划分的法人单位数及产业活动单位数(2016 年)

| 项　　目 | 法人单位 | | | 产业活动单位 | |
|---|---|---|---|---|---|
| | 单位数（个） | 单产法人 | 多产法人 | 单位数（个） | 多产法人所属的产业活单位 |
| 合　　计 | 25600 | 24771 | 829 | 30092 | 5321 |
| 第一产业 | 6982 | 6973 | 9 | 7003 | 30 |
| 第二产业 | 2432 | 2377 | 55 | 2677 | 300 |
| 第三产业 | 16186 | 15421 | 765 | 20412 | 4991 |
| 农、林、牧、渔业 | 6982 | 6973 | 9 | 7003 | 30 |
| 采矿业 | 298 | 290 | 8 | 322 | 32 |
| 制造业 | 1156 | 1134 | 22 | 1188 | 54 |
| 电力、燃气及水的生产和供应业 | 223 | 212 | 11 | 344 | 132 |
| 建筑业 | 755 | 741 | 14 | 823 | 82 |
| 批发和零售业 | 6619 | 6459 | 160 | 7351 | 892 |
| 交通运输、仓储和邮政业 | 714 | 693 | 21 | 920 | 227 |
| 住宿和餐饮业 | 309 | 298 | 11 | 333 | 35 |
| 信息传输、软件和信息技术服务业 | 348 | 340 | 8 | 457 | 117 |
| 金融业 | 167 | 140 | 27 | 576 | 436 |
| 房地产业 | 534 | 513 | 21 | 570 | 57 |
| 租赁和商务服务业 | 1094 | 1075 | 19 | 1227 | 152 |
| 科学研究和技术服务业 | 500 | 494 | 6 | 620 | 126 |
| 水利、环境和公共设施管理业 | 163 | 161 | 2 | 207 | 46 |
| 居民服务、修理和其他服务业 | 545 | 536 | 9 | 605 | 69 |
| 教育 | 564 | 528 | 36 | 961 | 433 |
| 卫生和社会工作 | 335 | 286 | 49 | 1289 | 1003 |
| 文化、体育和娱乐业 | 436 | 435 | 1 | 507 | 72 |
| 公共管理、社会保障和社会组织 | 3858 | 3463 | 395 | 4789 | 1326 |
| 国际组织 | | | | | |

## 1-17 按登记注册类型划分的法人单位及产业活动单位基本情况(2016年)

| 指 标 | 法人单位 | | | | 产业单位 | | |
|---|---|---|---|---|---|---|---|
| | 单位数(个) | 单产法人 | 多产法人 | 从业人数(人) | 单位数(个) | 多产法人产业 | 从业人数(人) |
| 合 计 | 25600 | 24771 | 829 | 483798 | 30092 | 5321 | 148304 |
| 内资 | 25585 | 24760 | 825 | 477005 | 30068 | 5308 | 145671 |
| 国有 | 2758 | 2445 | 313 | 117019 | 5074 | 2629 | 44620 |
| 集体 | 142 | 113 | 29 | 10736 | 520 | 407 | 3228 |
| 股份合作 | 12 | 11 | 1 | 1030 | 30 | 19 | 681 |
| 联营 | 6 | 6 | 0 | 800 | 17 | 11 | 44 |
| 国有联营 | 2 | 2 | 0 | 745 | 10 | 8 | 11 |
| 集体联营 | 1 | 1 | 0 | 15 | 2 | 1 | 12 |
| 国有与集体联营 | 1 | 1 | 0 | 12 | 2 | 1 | 0 |
| 其他联营 | 2 | 2 | 0 | 28 | 3 | 1 | 21 |
| 有限责任公司 | 775 | 730 | 45 | 70750 | 888 | 158 | 15314 |
| 国有独资公司 | 35 | 31 | 4 | 8716 | 42 | 11 | 2363 |
| 其他有限责任公司 | 740 | 699 | 41 | 62034 | 846 | 147 | 12951 |
| 股份有限公司 | 87 | 69 | 18 | 22015 | 287 | 218 | 6394 |
| 私营 | 12717 | 12515 | 202 | 166563 | 13660 | 1145 | 47653 |
| 私营独资 | 1181 | 1151 | 30 | 12951 | 1310 | 159 | 5144 |

## 1-17 续表

| 指 标 | 法人单位 单位数（个） | 单产法人 | 多产法人 | 从业人数（人） | 产业活动单位 单位数（个） | 多产法人所属的产业活动单位 | 从业人数（人） |
|---|---|---|---|---|---|---|---|
| 私营合伙 | 141 | 139 | 2 | 2540 | 157 | 18 | 554 |
| 私营有限责任公司 | 11162 | 10999 | 163 | 143687 | 11924 | 925 | 39684 |
| 私营股份有限公司 | 233 | 226 | 7 | 7385 | 269 | 43 | 2271 |
| 其他内资 | 9088 | 8871 | 217 | 88092 | 9592 | 721 | 27737 |
| 港澳台商投资 | 4 | 3 | 1 | 1463 | 8 | 5 | 495 |
| 与港澳台商合资经营 | 1 | 1 | 0 | 120 | 4 | 3 | 17 |
| 与港澳台商合作经营 | | | | | | 0 | |
| 港澳台商独资 | 2 | 1 | 1 | 946 | 2 | 1 | 377 |
| 港澳台商投资股份有限公司 | 1 | 1 | 0 | 397 | 1 | 0 | 101 |
| 其他港、澳、台商投资 | 0 | 0 | 0 | 0 | 1 | 1 | 0 |
| 外商投资 | 11 | 8 | 3 | 5330 | 16 | 8 | 2138 |
| 中外合资经营 | 4 | 4 | 0 | 3052 | 4 | 0 | 1008 |
| 中外合作经营 | | | | | | 0 | |
| 外资企业 | 7 | 4 | 3 | 2278 | 11 | 7 | 1130 |
| 外商投资股份有限公司 | 0 | 0 | 0 | 0 | 1 | 1 | 0 |
| 其他外商投资 | | | | | | | |

# 1-18 按登记注册类型、从业人员数

| 指标 | 单位数 | 7人及以下 | 8-19人 | 20-49人 | 50-99人 |
|---|---|---|---|---|---|
| 合计 | 23129 | 12875 | 6599 | 2139 | 814 |
| 一、按登记注册类型分 | 23129 | 12875 | 6599 | 2139 | 814 |
| 内资 | 23114 | 12874 | 6599 | 2136 | 813 |
| 国有 | 2734 | 859 | 809 | 553 | 275 |
| 集体 | 161 | 41 | 47 | 32 | 21 |
| 股份合作 | 13 | 6 | 2 | 1 | 2 |
| 联营 | 6 | 2 | 2 | 1 | 0 |
| 国有联营 | 2 | 1 | 0 | 0 | 0 |
| 集体联营 | 2 | 0 | 2 | 0 | 0 |
| 国有与集体联营 | | | | | |
| 其他联营 | 2 | 1 | 0 | 1 | 0 |
| 有限责任公司 | 788 | 267 | 198 | 122 | 84 |
| 国有独资公司 | 34 | 6 | 4 | 5 | 3 |
| 其他有限责任公司 | 754 | 261 | 194 | 117 | 81 |
| 股份有限公司 | 89 | 17 | 19 | 14 | 15 |
| 私营 | 10565 | 6366 | 2722 | 934 | 323 |
| 私营独资 | 1155 | 697 | 292 | 129 | 27 |
| 私营合伙 | 143 | 64 | 37 | 33 | 6 |
| 私营有限责任公司 | 9030 | 5520 | 2306 | 738 | 270 |
| 私营股份有限公司 | 237 | 85 | 87 | 34 | 20 |
| 其他内资 | 8758 | 5316 | 2800 | 479 | 93 |
| 港澳台商投资 | 4 | 0 | 0 | 1 | 0 |
| 与港澳台商合资经营 | 1 | 0 | 0 | 0 | 0 |
| 与港澳台商合作经营 | | | | | |
| 港澳台商独资 | 2 | 0 | 0 | 1 | 0 |
| 港澳台商投资股份有限公司 | 1 | 0 | 0 | 0 | 0 |
| 其他港、澳、台商投资 | | | | | |
| 外商投资 | 11 | 1 | 0 | 2 | 1 |
| 中外合资经营 | 4 | 0 | 0 | 1 | 1 |

# 组距划分的法人单位数(2016年)

单位:个

| 100-299人 | 300-499人 | 500-999人 | 1000-4999人 | 5000-9999人 | 10000人及以上 |
|---|---|---|---|---|---|
| 521 | 106 | 48 | 25 | 1 | 1 |
| 521 | 106 | 48 | 25 | 1 | 1 |
| 516 | 105 | 46 | 23 | 1 | 1 |
| 191 | 28 | 13 | 5 | 1 | 0 |
| 12 | 3 | 2 | 3 | 0 | 0 |
| 0 | 1 | 1 | 0 | 0 | 0 |
| 0 | 0 | 1 | 0 | 0 | 0 |
| 0 | 0 | 1 | 0 | 0 | 0 |
| 0 | 0 | 0 | 0 | 0 | 0 |
| | | | | | |
| 0 | 0 | 0 | 0 | 0 | 0 |
| 62 | 28 | 15 | 12 | 0 | 0 |
| 6 | 6 | 2 | 2 | 0 | 0 |
| 56 | 22 | 13 | 10 | 0 | 0 |
| 16 | 4 | 2 | 1 | 0 | 1 |
| 175 | 35 | 8 | 2 | 0 | 0 |
| 9 | 1 | 0 | 0 | 0 | 0 |
| 3 | 0 | 0 | 0 | 0 | 0 |
| 157 | 31 | 6 | 2 | 0 | 0 |
| 6 | 3 | 2 | 0 | 0 | 0 |
| 60 | 6 | 4 | 0 | 0 | 0 |
| 1 | 1 | 1 | 0 | 0 | 0 |
| 1 | 0 | 0 | 0 | 0 | 0 |
| | | | | | |
| 0 | 0 | 1 | 0 | 0 | 0 |
| 0 | 1 | 0 | 0 | 0 | 0 |
| | | | | | |
| 4 | 0 | 1 | 2 | 0 | 0 |
| 1 | 0 | 0 | 1 | 0 | 0 |

1-18 续

| 指　标 | 单位数 | 7 人及以下 | 8-19 人 | 20-49 人 | 50-99 人 |
|---|---|---|---|---|---|
| 中外合作经营 | | | | | |
| 外资企业 | 7 | 1 | 0 | 1 | 0 |
| 外商投资股份有限公司 | | | | | |
| 其他外商投资 | | | | | |
| **二、按国民经济行业门、大、中类分** | 23129 | 12875 | 6599 | 2139 | 814 |
| 农、林、牧、渔业 | 6549 | 3634 | 2435 | 393 | 66 |
| 农业 | 3284 | 1698 | 1412 | 140 | 23 |
| 谷物种植 | 2168 | 1100 | 987 | 67 | 8 |
| 豆类、油料和薯类种植 | 62 | 34 | 23 | 4 | 1 |
| 蔬菜、食用菌及园艺作物种植 | 488 | 236 | 196 | 44 | 10 |
| 水果种植 | 33 | 18 | 11 | 2 | 2 |
| 坚果、含油果、香料和饮料作物种植 | 3 | 2 | 1 | 0 | 0 |
| 中药材种植 | 105 | 44 | 52 | 9 | 0 |
| 其他农业 | 425 | 264 | 142 | 14 | 2 |
| 林业 | 622 | 339 | 208 | 59 | 13 |
| 林木育种和育苗 | 581 | 320 | 192 | 53 | 13 |
| 造林和更新 | 35 | 15 | 15 | 5 | 0 |
| 森林经营和管护 | 4 | 2 | 1 | 1 | 0 |
| 林产品采集 | 2 | 2 | 0 | 0 | 0 |
| 畜牧业 | 2161 | 1294 | 668 | 168 | 27 |
| 牲畜饲养 | 1949 | 1165 | 602 | 152 | 26 |
| 家禽饲养 | 108 | 68 | 35 | 4 | 1 |
| 狩猎和捕捉动物 | 1 | 1 | 0 | 0 | 0 |
| 其他畜牧业 | 103 | 60 | 31 | 12 | 0 |
| 渔业 | 23 | 14 | 8 | 0 | 1 |
| 水产养殖 | 23 | 14 | 8 | 0 | 1 |
| 农、林、牧、渔服务业 | 459 | 289 | 139 | 26 | 2 |
| 农业服务业 | 433 | 279 | 129 | 20 | 2 |
| 林业服务业 | 15 | 6 | 5 | 4 | 0 |

# 表 1

单位:个

| 100-299 人 | 300-499 人 | 500-999 人 | 1000-4999 人 | 5000-9999 人 | 10000 人及以上 |
|---|---|---|---|---|---|
| 3 | 0 | 1 | 1 | 0 | 0 |
| | | | | | |
| 521 | 106 | 48 | 25 | 1 | 1 |
| 19 | 2 | 0 | 0 | 0 | 0 |
| 11 | 0 | 0 | 0 | 0 | 0 |
| 6 | 0 | 0 | 0 | 0 | 0 |
| 0 | 0 | 0 | 0 | 0 | 0 |
| 2 | 0 | 0 | 0 | 0 | 0 |
| 0 | 0 | 0 | 0 | 0 | 0 |
| 0 | 0 | 0 | 0 | 0 | 0 |
| 0 | 0 | 0 | 0 | 0 | 0 |
| 3 | 0 | 0 | 0 | 0 | 0 |
| 2 | 1 | 0 | 0 | 0 | 0 |
| 2 | 1 | 0 | 0 | 0 | 0 |
| 0 | 0 | 0 | 0 | 0 | 0 |
| 0 | 0 | 0 | 0 | 0 | 0 |
| 0 | 0 | 0 | 0 | 0 | 0 |
| 4 | 0 | 0 | 0 | 0 | 0 |
| 4 | 0 | 0 | 0 | 0 | 0 |
| 0 | 0 | 0 | 0 | 0 | 0 |
| 0 | 0 | 0 | 0 | 0 | 0 |
| 0 | 0 | 0 | 0 | 0 | 0 |
| 0 | 0 | 0 | 0 | 0 | 0 |
| 0 | 0 | 0 | 0 | 0 | 0 |
| 2 | 1 | 0 | 0 | 0 | 0 |
| 2 | 1 | 0 | 0 | 0 | 0 |
| 0 | 0 | 0 | 0 | 0 | 0 |

1-18 续

| 指　　标 | 单位数 | 7 人及以下 | 8-19 人 | 20-49 人 | 50-99 人 |
|---|---|---|---|---|---|
| 畜牧服务业 | 9 | 4 | 3 | 2 | 0 |
| 渔业服务业 | 2 | 0 | 2 | 0 | 0 |
| 采矿业 | 274 | 26 | 58 | 53 | 52 |
| 煤炭开采和洗选业 | 210 | 13 | 29 | 37 | 47 |
| 烟煤和无烟煤开采洗选 | 186 | 9 | 21 | 33 | 43 |
| 褐煤开采洗选 | 5 | 1 | 2 | 2 | 0 |
| 其他煤炭采选 | 19 | 3 | 6 | 2 | 4 |
| 石油和天然气开采业 | 1 | 1 | 0 | 0 | 0 |
| 天然气开采 | 1 | 1 | 0 | 0 | 0 |
| 黑色金属矿采选业 | 7 | 3 | 1 | 1 | 2 |
| 铁矿采选 | 6 | 2 | 1 | 1 | 2 |
| 其他黑色金属矿采选 | 1 | 1 | 0 | 0 | 0 |
| 非金属矿采选业 | 52 | 9 | 26 | 13 | 3 |
| 土砂石开采 | 45 | 8 | 23 | 11 | 2 |
| 化学矿开采 | 1 | 1 | 0 | 0 | 0 |
| 石棉及其他非金属矿采选 | 6 | 0 | 3 | 2 | 1 |
| 开采辅助活动 | 1 | 0 | 0 | 1 | 0 |
| 煤炭开采和洗选辅助活动 | 1 | 0 | 0 | 1 | 0 |
| 其他采矿业 | 3 | 0 | 2 | 1 | 0 |
| 其他采矿业 | 3 | 0 | 2 | 1 | 0 |
| 制造业 | 1035 | 326 | 313 | 179 | 95 |
| 农副食品加工业 | 148 | 57 | 50 | 20 | 14 |
| 谷物磨制 | 15 | 10 | 3 | 2 | 0 |
| 饲料加工 | 14 | 6 | 3 | 2 | 3 |
| 植物油加工 | 14 | 9 | 2 | 0 | 0 |
| 制糖业 | 1 | 0 | 0 | 1 | 0 |
| 屠宰及肉类加工 | 32 | 7 | 12 | 6 | 5 |
| 蔬菜、水果和坚果加工 | 43 | 7 | 21 | 9 | 5 |
| 其他农副食品加工 | 29 | 18 | 9 | 0 | 1 |

# 表 2

单位:个

| 100-299 人 | 300-499 人 | 500-999 人 | 1000-4999 人 | 5000-9999 人 | 10000 人及以上 |
|---|---|---|---|---|---|
| 0 | 0 | 0 | 0 | 0 | 0 |
| 0 | 0 | 0 | 0 | 0 | 0 |
| 34 | 27 | 12 | 10 | 1 | 1 |
| 33 | 27 | 12 | 10 | 1 | 1 |
| 30 | 27 | 12 | 10 | 0 | 1 |
| 0 | 0 | 0 | 0 | 0 | 0 |
| 3 | 0 | 0 | 0 | 1 | 0 |
| 0 | 0 | 0 | 0 | 0 | 0 |
| 0 | 0 | 0 | 0 | 0 | 0 |
| 0 | 0 | 0 | 0 | 0 | 0 |
| 0 | 0 | 0 | 0 | 0 | 0 |
| 0 | 0 | 0 | 0 | 0 | 0 |
| 1 | 0 | 0 | 0 | 0 | 0 |
| 1 | 0 | 0 | 0 | 0 | 0 |
| 0 | 0 | 0 | 0 | 0 | 0 |
| 0 | 0 | 0 | 0 | 0 | 0 |
| 0 | 0 | 0 | 0 | 0 | 0 |
| 0 | 0 | 0 | 0 | 0 | 0 |
| 0 | 0 | 0 | 0 | 0 | 0 |
| 0 | 0 | 0 | 0 | 0 | 0 |
| 89 | 23 | 8 | 2 | 0 | 0 |
| 7 | 0 | 0 | 0 | 0 | 0 |
| 0 | 0 | 0 | 0 | 0 | 0 |
| 0 | 0 | 0 | 0 | 0 | 0 |
| 3 | 0 | 0 | 0 | 0 | 0 |
| 0 | 0 | 0 | 0 | 0 | 0 |
| 2 | 0 | 0 | 0 | 0 | 0 |
| 1 | 0 | 0 | 0 | 0 | 0 |
| 1 | 0 | 0 | 0 | 0 | 0 |

1-18 续

| 指　标 | 单位数 | 7人及以下 | 8-19人 | 20-49人 | 50-99人 |
|---|---|---|---|---|---|
| 食品制造业 | 47 | 18 | 9 | 5 | 4 |
| 焙烤食品制造 | 12 | 6 | 3 | 2 | 1 |
| 糖果、巧克力及蜜饯制造 | 2 | 0 | 1 | 0 | 1 |
| 方便食品制造 | 6 | 3 | 1 | 0 | 1 |
| 乳制品制造 | 14 | 2 | 1 | 1 | 1 |
| 调味品、发酵制品制造 | 8 | 4 | 3 | 1 | 0 |
| 其他食品制造 | 5 | 3 | 0 | 1 | 0 |
| 酒、饮料和精制茶制造业 | 53 | 19 | 17 | 11 | 3 |
| 酒的制造 | 14 | 3 | 3 | 5 | 1 |
| 饮料制造 | 38 | 16 | 14 | 6 | 1 |
| 精制茶加工 | 1 | 0 | 0 | 0 | 1 |
| 纺织业 | 11 | 0 | 5 | 4 | 1 |
| 毛纺织及染整精加工 | 3 | 0 | 1 | 2 | 0 |
| 麻纺织及染整精加工 | 1 | 0 | 0 | 0 | 0 |
| 针织或钩针编织物及其制品制造 | 4 | 0 | 4 | 0 | 0 |
| 家用纺织制成品制造 | 1 | 0 | 0 | 1 | 0 |
| 非家用纺织制成品制造 | 2 | 0 | 0 | 1 | 1 |
| 纺织服装、服饰业 | 16 | 5 | 4 | 6 | 0 |
| 机织服装制造 | 7 | 1 | 1 | 4 | 0 |
| 针织或钩针编织服装制造 | 2 | 1 | 0 | 1 | 0 |
| 服饰制造 | 7 | 3 | 3 | 1 | 0 |
| 皮革、毛皮、羽毛及其制品和制鞋业 | 10 | 2 | 5 | 2 | 0 |
| 皮革鞣制加工 | 1 | 0 | 0 | 0 | 0 |
| 皮革制品制造 | 3 | 0 | 1 | 2 | 0 |
| 毛皮鞣制及制品加工 | 5 | 2 | 3 | 0 | 0 |
| 羽毛(绒)加工及制品制造 | 1 | 0 | 1 | 0 | 0 |
| 木材加工和木、竹、藤、棕、草制品业 | 14 | 7 | 6 | 0 | 0 |
| 木材加工 | 5 | 3 | 2 | 0 | 0 |
| 人造板制造 | 2 | 0 | 1 | 0 | 0 |

**表 3**

单位:个

| 100-299 人 | 300-499 人 | 500-999 人 | 1000-4999 人 | 5000-9999 人 | 10000 人及以上 |
|---|---|---|---|---|---|
| 10 | 0 | 1 | 0 | 0 | 0 |
| 0 | 0 | 0 | 0 | 0 | 0 |
| 0 | 0 | 0 | 0 | 0 | 0 |
| 1 | 0 | 0 | 0 | 0 | 0 |
| 8 | 0 | 1 | 0 | 0 | 0 |
| 0 | 0 | 0 | 0 | 0 | 0 |
| 1 | 0 | 0 | 0 | 0 | 0 |
| 1 | 2 | 0 | 0 | 0 | 0 |
| 0 | 2 | 0 | 0 | 0 | 0 |
| 1 | 0 | 0 | 0 | 0 | 0 |
| 0 | 0 | 0 | 0 | 0 | 0 |
| 1 | 0 | 0 | 0 | 0 | 0 |
| 0 | 0 | 0 | 0 | 0 | 0 |
| 1 | 0 | 0 | 0 | 0 | 0 |
| 0 | 0 | 0 | 0 | 0 | 0 |
| 0 | 0 | 0 | 0 | 0 | 0 |
| 0 | 0 | 0 | 0 | 0 | 0 |
| 0 | 1 | 0 | 0 | 0 | 0 |
| 0 | 1 | 0 | 0 | 0 | 0 |
| 0 | 0 | 0 | 0 | 0 | 0 |
| 0 | 0 | 0 | 0 | 0 | 0 |
| 1 | 0 | 0 | 0 | 0 | 0 |
| 1 | 0 | 0 | 0 | 0 | 0 |
| 0 | 0 | 0 | 0 | 0 | 0 |
| 0 | 0 | 0 | 0 | 0 | 0 |
| 0 | 0 | 0 | 0 | 0 | 0 |
| 1 | 0 | 0 | 0 | 0 | 0 |
| 0 | 0 | 0 | 0 | 0 | 0 |
| 1 | 0 | 0 | 0 | 0 | 0 |

1-18 续

| 指　　标 | 单位数 | 7 人及以下 | 8-19 人 | 20-49 人 | 50-99 人 |
|---|---|---|---|---|---|
| 木制品制造 | 4 | 3 | 1 | 0 | 0 |
| 竹、藤、棕、草等制品制造 | 3 | 1 | 2 | 0 | 0 |
| 家具制造业 | 16 | 9 | 4 | 2 | 0 |
| 木质家具制造 | 11 | 5 | 3 | 2 | 0 |
| 塑料家具制造 | 1 | 1 | 0 | 0 | 0 |
| 其他家具制造 | 4 | 3 | 1 | 0 | 0 |
| 造纸和纸制品业 | 15 | 6 | 5 | 3 | 1 |
| 造纸 | 1 | 0 | 0 | 1 | 0 |
| 纸制品制造 | 14 | 6 | 5 | 2 | 1 |
| 印刷和记录媒介复制业 | 36 | 22 | 8 | 4 | 2 |
| 印刷 | 28 | 18 | 6 | 2 | 2 |
| 装订及印刷相关服务 | 8 | 4 | 2 | 2 | 0 |
| 文教、工美、体育和娱乐用品制造业 | 17 | 11 | 4 | 1 | 1 |
| 文教办公用品制造 | 1 | 0 | 1 | 0 | 0 |
| 工艺美术品制造 | 16 | 11 | 3 | 1 | 1 |
| 石油加工、炼焦和核燃料加工业 | 4 | 1 | 0 | 0 | 0 |
| 精炼石油产品制造 | 3 | 1 | 0 | 0 | 0 |
| 炼焦 | 1 | 0 | 0 | 0 | 0 |
| 化学原料和化学制品制造业 | 44 | 9 | 12 | 11 | 5 |
| 基础化学原料制造 | 6 | 1 | 0 | 2 | 1 |
| 肥料制造 | 15 | 1 | 6 | 4 | 2 |
| 农药制造 | 1 | 1 | 0 | 0 | 0 |
| 涂料、油墨、颜料及类似产品制造 | 1 | 0 | 1 | 0 | 0 |
| 合成材料制造 | 1 | 0 | 0 | 1 | 0 |
| 专用化学产品制造 | 11 | 2 | 3 | 3 | 2 |
| 炸药、火工及焰火产品制造 | 4 | 1 | 1 | 0 | 0 |
| 日用化学产品制造 | 5 | 3 | 1 | 1 | 0 |
| 医药制造业 | 8 | 2 | 0 | 2 | 1 |
| 化学药品原料药制造 | 4 | 1 | 0 | 1 | 1 |

# 表 4

单位:个

| 100–299 人 | 300–499 人 | 500–999 人 | 1000–4999 人 | 5000–9999 人 | 10000 人及以上 |
|---|---|---|---|---|---|
| 0 | 0 | 0 | 0 | 0 | 0 |
| 0 | 0 | 0 | 0 | 0 | 0 |
| 1 | 0 | 0 | 0 | 0 | 0 |
| 1 | 0 | 0 | 0 | 0 | 0 |
| 0 | 0 | 0 | 0 | 0 | 0 |
| 0 | 0 | 0 | 0 | 0 | 0 |
| 0 | 0 | 0 | 0 | 0 | 0 |
| 0 | 0 | 0 | 0 | 0 | 0 |
| 0 | 0 | 0 | 0 | 0 | 0 |
| 0 | 0 | 0 | 0 | 0 | 0 |
| 0 | 0 | 0 | 0 | 0 | 0 |
| 0 | 0 | 0 | 0 | 0 | 0 |
| 0 | 0 | 0 | 0 | 0 | 0 |
| 0 | 0 | 0 | 0 | 0 | 0 |
| 0 | 0 | 0 | 0 | 0 | 0 |
| 1 | 0 | 0 | 2 | 0 | 0 |
| 0 | 0 | 0 | 2 | 0 | 0 |
| 1 | 0 | 0 | 0 | 0 | 0 |
| 6 | 1 | 0 | 0 | 0 | 0 |
| 2 | 0 | 0 | 0 | 0 | 0 |
| 1 | 1 | 0 | 0 | 0 | 0 |
| 0 | 0 | 0 | 0 | 0 | 0 |
| 0 | 0 | 0 | 0 | 0 | 0 |
| 0 | 0 | 0 | 0 | 0 | 0 |
| 1 | 0 | 0 | 0 | 0 | 0 |
| 2 | 0 | 0 | 0 | 0 | 0 |
| 0 | 0 | 0 | 0 | 0 | 0 |
| 3 | 0 | 0 | 0 | 0 | 0 |
| 1 | 0 | 0 | 0 | 0 | 0 |

1-18 续

| 指　　标 | 单位数 | 7人及以下 | 8-19人 | 20-49人 | 50-99人 |
|---|---|---|---|---|---|
| 化学药品制剂制造 | 1 | 0 | 0 | 0 | 0 |
| 中成药生产 | 1 | 0 | 0 | 1 | 0 |
| 卫生材料及医药用品制造 | 2 | 1 | 0 | 0 | 0 |
| 化学纤维制造业 | 1 | 0 | 0 | 1 | 0 |
| 合成纤维制造 | 1 | 0 | 0 | 1 | 0 |
| 橡胶和塑料制品业 | 28 | 13 | 5 | 5 | 3 |
| 橡胶制品业 | 4 | 1 | 0 | 1 | 1 |
| 塑料制品业 | 24 | 12 | 5 | 4 | 2 |
| 非金属矿物制品业 | 336 | 67 | 94 | 67 | 45 |
| 水泥、石灰和石膏制造 | 45 | 5 | 13 | 7 | 8 |
| 石膏、水泥制品及类似制品制造 | 62 | 13 | 23 | 16 | 6 |
| 砖瓦、石材等建筑材料制造 | 85 | 21 | 30 | 17 | 12 |
| 玻璃制造 | 4 | 0 | 3 | 1 | 0 |
| 玻璃制品制造 | 3 | 2 | 0 | 0 | 1 |
| 陶瓷制品制造 | 75 | 12 | 10 | 11 | 5 |
| 耐火材料制品制造 | 33 | 9 | 9 | 8 | 7 |
| 石墨及其他非金属矿物制品制造 | 29 | 5 | 6 | 7 | 6 |
| 黑色金属冶炼和压延加工业 | 15 | 3 | 5 | 2 | 0 |
| 炼铁 | 3 | 1 | 0 | 1 | 0 |
| 炼钢 | 2 | 1 | 1 | 0 | 0 |
| 黑色金属铸造 | 2 | 1 | 1 | 0 | 0 |
| 钢压延加工 | 3 | 0 | 2 | 1 | 0 |
| 铁合金冶炼 | 5 | 0 | 1 | 0 | 0 |
| 有色金属冶炼和压延加工业 | 8 | 2 | 2 | 1 | 1 |
| 常用有色金属冶炼 | 5 | 0 | 2 | 1 | 1 |
| 稀有稀土金属冶炼 | 1 | 0 | 0 | 0 | 0 |
| 有色金属合金制造 | 1 | 1 | 0 | 0 | 0 |
| 有色金属压延加工 | 1 | 1 | 0 | 0 | 0 |
| 金属制品业 | 41 | 19 | 17 | 2 | 2 |

## 表 5

单位：个

| 100–299 人 | 300–499 人 | 500–999 人 | 1000–4999 人 | 5000–9999 人 | 10000 人及以上 |
|---|---|---|---|---|---|
| 1 | 0 | 0 | 0 | 0 | 0 |
| 0 | 0 | 0 | 0 | 0 | 0 |
| 1 | 0 | 0 | 0 | 0 | 0 |
| 0 | 0 | 0 | 0 | 0 | 0 |
| 0 | 0 | 0 | 0 | 0 | 0 |
| 2 | 0 | 0 | 0 | 0 | 0 |
| 1 | 0 | 0 | 0 | 0 | 0 |
| 1 | 0 | 0 | 0 | 0 | 0 |
| 42 | 16 | 5 | 0 | 0 | 0 |
| 11 | 0 | 1 | 0 | 0 | 0 |
| 4 | 0 | 0 | 0 | 0 | 0 |
| 4 | 1 | 0 | 0 | 0 | 0 |
| 0 | 0 | 0 | 0 | 0 | 0 |
| 0 | 0 | 0 | 0 | 0 | 0 |
| 19 | 14 | 4 | 0 | 0 | 0 |
| 0 | 0 | 0 | 0 | 0 | 0 |
| 4 | 1 | 0 | 0 | 0 | 0 |
| 3 | 1 | 1 | 0 | 0 | 0 |
| 1 | 0 | 0 | 0 | 0 | 0 |
| 0 | 0 | 0 | 0 | 0 | 0 |
| 0 | 0 | 0 | 0 | 0 | 0 |
| 0 | 0 | 0 | 0 | 0 | 0 |
| 2 | 1 | 1 | 0 | 0 | 0 |
| 1 | 0 | 1 | 0 | 0 | 0 |
| 0 | 0 | 1 | 0 | 0 | 0 |
| 1 | 0 | 0 | 0 | 0 | 0 |
| 0 | 0 | 0 | 0 | 0 | 0 |
| 0 | 0 | 0 | 0 | 0 | 0 |
| 1 | 0 | 0 | 0 | 0 | 0 |

1-18 续

| 指　　标 | 单位数 | 7人及以下 | 8-19人 | 20-49人 | 50-99人 |
|---|---|---|---|---|---|
| 结构性金属制品制造 | 25 | 12 | 10 | 2 | 1 |
| 金属工具制造 | 2 | 1 | 1 | 0 | 0 |
| 建筑、安全用金属制品制造 | 5 | 3 | 1 | 0 | 1 |
| 金属制日用品制造 | 1 | 0 | 0 | 0 | 0 |
| 其他金属制品制造 | 8 | 3 | 5 | 0 | 0 |
| 通用设备制造业 | 48 | 14 | 18 | 10 | 2 |
| 锅炉及原动设备制造 | 15 | 2 | 5 | 5 | 1 |
| 金属加工机械制造 | 15 | 8 | 4 | 3 | 0 |
| 物料搬运设备制造 | 1 | 0 | 0 | 1 | 0 |
| 泵、阀门、压缩机及类似机械制造 | 1 | 1 | 0 | 0 | 0 |
| 烘炉、风机、衡器、包装等设备制造 | 1 | 0 | 1 | 0 | 0 |
| 通用零部件制造 | 9 | 0 | 5 | 1 | 1 |
| 其他通用设备制造业 | 6 | 3 | 3 | 0 | 0 |
| 专用设备制造业 | 29 | 9 | 6 | 6 | 4 |
| 采矿、冶金、建筑专用设备制造 | 13 | 2 | 1 | 3 | 3 |
| 化工、木材、非金属加工专用设备制造 | 4 | 1 | 2 | 0 | 1 |
| 食品、饮料、烟草及饲料生产专用设备制造 | 1 | 0 | 1 | 0 | 0 |
| 印刷、制药、日化及日用品生产专用设备制造 | 2 | 2 | 0 | 0 | 0 |
| 电子和电工机械专用设备制造 | 1 | 0 | 1 | 0 | 0 |
| 农、林、牧、渔专用机械制造 | 4 | 2 | 0 | 2 | 0 |
| 医疗仪器设备及器械制造 | 1 | 1 | 0 | 0 | 0 |
| 环保、社会公共服务及其他专用设备制造 | 3 | 1 | 1 | 1 | 0 |
| 汽车制造业 | 3 | 1 | 0 | 0 | 2 |
| 电车制造 | 1 | 0 | 0 | 0 | 1 |
| 汽车车身、挂车制造 | 1 | 0 | 0 | 0 | 1 |
| 汽车零部件及配件制造 | 1 | 1 | 0 | 0 | 0 |
| 铁路、船舶、航空航天和其他运输设备制造业 | 2 | 0 | 2 | 0 | 0 |
| 铁路运输设备制造 | 1 | 0 | 1 | 0 | 0 |
| 自行车制造 | 1 | 0 | 1 | 0 | 0 |

# 表 6

单位:个

| 100-299 人 | 300-499 人 | 500-999 人 | 1000-4999 人 | 5000-9999 人 | 10000 人及以上 |
|---|---|---|---|---|---|
| 0 | 0 | 0 | 0 | 0 | 0 |
| 0 | 0 | 0 | 0 | 0 | 0 |
| 0 | 0 | 0 | 0 | 0 | 0 |
| 1 | 0 | 0 | 0 | 0 | 0 |
| 0 | 0 | 0 | 0 | 0 | 0 |
| 3 | 1 | 0 | 0 | 0 | 0 |
| 1 | 1 | 0 | 0 | 0 | 0 |
| 0 | 0 | 0 | 0 | 0 | 0 |
| 0 | 0 | 0 | 0 | 0 | 0 |
| 0 | 0 | 0 | 0 | 0 | 0 |
| 0 | 0 | 0 | 0 | 0 | 0 |
| 2 | 0 | 0 | 0 | 0 | 0 |
| 0 | 0 | 0 | 0 | 0 | 0 |
| 3 | 1 | 0 | 0 | 0 | 0 |
| 3 | 1 | 0 | 0 | 0 | 0 |
| 0 | 0 | 0 | 0 | 0 | 0 |
| 0 | 0 | 0 | 0 | 0 | 0 |
| 0 | 0 | 0 | 0 | 0 | 0 |
| 0 | 0 | 0 | 0 | 0 | 0 |
| 0 | 0 | 0 | 0 | 0 | 0 |
| 0 | 0 | 0 | 0 | 0 | 0 |
| 0 | 0 | 0 | 0 | 0 | 0 |
| 0 | 0 | 0 | 0 | 0 | 0 |
| 0 | 0 | 0 | 0 | 0 | 0 |
| 0 | 0 | 0 | 0 | 0 | 0 |
| 0 | 0 | 0 | 0 | 0 | 0 |
| 0 | 0 | 0 | 0 | 0 | 0 |
| 0 | 0 | 0 | 0 | 0 | 0 |
| 0 | 0 | 0 | 0 | 0 | 0 |

1-18 **续**

| 指　标 | 单位数 | 7人及以下 | 8-19人 | 20-49人 | 50-99人 |
|---|---|---|---|---|---|
| 电气机械和器材制造业 | 15 | 3 | 9 | 1 | 1 |
| 输配电及控制设备制造 | 7 | 1 | 4 | 1 | 1 |
| 电池制造 | 1 | 0 | 0 | 0 | 0 |
| 照明器具制造 | 2 | 1 | 1 | 0 | 0 |
| 其他电气机械及器材制造 | 5 | 1 | 4 | 0 | 0 |
| 计算机、通信和其他电子设备制造业 | 2 | 1 | 0 | 0 | 0 |
| 电子器件制造 | 1 | 0 | 0 | 0 | 0 |
| 其他电子设备制造 | 1 | 1 | 0 | 0 | 0 |
| 仪器仪表制造业 | 2 | 0 | 0 | 2 | 0 |
| 专用仪器仪表制造 | 1 | 0 | 0 | 1 | 0 |
| 其他仪器仪表制造业 | 1 | 0 | 0 | 1 | 0 |
| 其他制造业 | 30 | 9 | 17 | 3 | 1 |
| 日用杂品制造 | 5 | 0 | 3 | 2 | 0 |
| 煤制品制造 | 6 | 2 | 3 | 1 | 0 |
| 其他未列明制造业 | 19 | 7 | 11 | 0 | 1 |
| 废弃资源综合利用业 | 20 | 8 | 6 | 4 | 2 |
| 金属废料和碎屑加工处理 | 2 | 2 | 0 | 0 | 0 |
| 非金属废料和碎屑加工处理 | 18 | 6 | 6 | 4 | 2 |
| 金属制品、机械和设备修理业 | 16 | 9 | 3 | 4 | 0 |
| 金属制品修理 | 2 | 2 | 0 | 0 | 0 |
| 通用设备修理 | 3 | 1 | 1 | 1 | 0 |
| 专用设备修理 | 2 | 2 | 0 | 0 | 0 |
| 电气设备修理 | 3 | 2 | 0 | 1 | 0 |
| 其他机械和设备修理业 | 6 | 2 | 2 | 2 | 0 |
| 电力、热力、燃气及水生产和供应业 | 186 | 38 | 64 | 37 | 21 |
| 电力、热力生产和供应业 | 144 | 28 | 51 | 30 | 15 |
| 电力生产 | 111 | 26 | 42 | 24 | 6 |
| 电力供应 | 9 | 1 | 4 | 3 | 0 |
| 热力生产和供应 | 24 | 1 | 5 | 3 | 9 |

## 表 7

单位:个

| 100-299 人 | 300-499 人 | 500-999 人 | 1000-4999 人 | 5000-9999 人 | 10000 人及以上 |
|---|---|---|---|---|---|
| 1 | 0 | 0 | 0 | 0 | 0 |
| 0 | 0 | 0 | 0 | 0 | 0 |
| 1 | 0 | 0 | 0 | 0 | 0 |
| 0 | 0 | 0 | 0 | 0 | 0 |
| 0 | 0 | 0 | 0 | 0 | 0 |
| 1 | 0 | 0 | 0 | 0 | 0 |
| 1 | 0 | 0 | 0 | 0 | 0 |
| 0 | 0 | 0 | 0 | 0 | 0 |
| 0 | 0 | 0 | 0 | 0 | 0 |
| 0 | 0 | 0 | 0 | 0 | 0 |
| 0 | 0 | 0 | 0 | 0 | 0 |
| 0 | 0 | 0 | 0 | 0 | 0 |
| 0 | 0 | 0 | 0 | 0 | 0 |
| 0 | 0 | 0 | 0 | 0 | 0 |
| 0 | 0 | 0 | 0 | 0 | 0 |
| 0 | 0 | 0 | 0 | 0 | 0 |
| 0 | 0 | 0 | 0 | 0 | 0 |
| 0 | 0 | 0 | 0 | 0 | 0 |
| 0 | 0 | 0 | 0 | 0 | 0 |
| 0 | 0 | 0 | 0 | 0 | 0 |
| 0 | 0 | 0 | 0 | 0 | 0 |
| 0 | 0 | 0 | 0 | 0 | 0 |
| 0 | 0 | 0 | 0 | 0 | 0 |
| 0 | 0 | 0 | 0 | 0 | 0 |
| 18 | 4 | 0 | 4 | 0 | 0 |
| 13 | 3 | 0 | 4 | 0 | 0 |
| 8 | 1 | 0 | 4 | 0 | 0 |
| 1 | 0 | 0 | 0 | 0 | 0 |
| 4 | 2 | 0 | 0 | 0 | 0 |

1-18 续

| 指　　标 | 单位数 | 7人及以下 | 8-19人 | 20-49人 | 50-99人 |
|---|---|---|---|---|---|
| 燃气生产和供应业 | 16 | 4 | 5 | 3 | 2 |
| 燃气生产和供应业 | 16 | 4 | 5 | 3 | 2 |
| 水的生产和供应业 | 26 | 6 | 8 | 4 | 4 |
| 自来水生产和供应 | 12 | 2 | 4 | 1 | 1 |
| 污水处理及其再生利用 | 10 | 3 | 3 | 2 | 2 |
| 其他水的处理、利用与分配 | 4 | 1 | 1 | 1 | 1 |
| 建筑业 | 631 | 254 | 160 | 92 | 74 |
| 房屋建筑业 | 72 | 16 | 5 | 15 | 17 |
| 房屋建筑业 | 72 | 16 | 5 | 15 | 17 |
| 土木工程建筑业 | 166 | 48 | 40 | 25 | 31 |
| 铁路、道路、隧道和桥梁工程建筑 | 53 | 12 | 11 | 8 | 12 |
| 水利和内河港口工程建筑 | 19 | 6 | 6 | 1 | 4 |
| 工矿工程建筑 | 17 | 2 | 1 | 3 | 4 |
| 架线和管道工程建筑 | 21 | 4 | 5 | 4 | 7 |
| 其他土木工程建筑 | 56 | 24 | 17 | 9 | 4 |
| 建筑安装业 | 134 | 45 | 33 | 29 | 19 |
| 电气安装 | 22 | 7 | 3 | 3 | 5 |
| 管道和设备安装 | 19 | 6 | 7 | 2 | 3 |
| 其他建筑安装业 | 93 | 32 | 23 | 24 | 11 |
| 建筑装饰和其他建筑业 | 259 | 145 | 82 | 23 | 7 |
| 建筑装饰业 | 174 | 108 | 49 | 13 | 4 |
| 工程准备活动 | 25 | 16 | 6 | 2 | 0 |
| 提供施工设备服务 | 12 | 0 | 6 | 4 | 1 |
| 其他未列明建筑业 | 48 | 21 | 21 | 4 | 2 |
| 批发和零售业 | 5503 | 3769 | 1249 | 334 | 84 |
| 批发业 | 1679 | 974 | 478 | 150 | 40 |
| 农、林、牧产品批发 | 161 | 90 | 54 | 15 | 2 |
| 食品、饮料及烟草制品批发 | 158 | 113 | 33 | 7 | 1 |
| 纺织、服装及家庭用品批发 | 27 | 18 | 5 | 4 | 0 |

# 表 8

单位:个

| 100-299 人 | 300-499 人 | 500-999 人 | 1000-4999 人 | 5000-9999 人 | 10000 人及以上 |
|---|---|---|---|---|---|
| 2 | 0 | 0 | 0 | 0 | 0 |
| 2 | 0 | 0 | 0 | 0 | 0 |
| 3 | 1 | 0 | 0 | 0 | 0 |
| 3 | 1 | 0 | 0 | 0 | 0 |
| 0 | 0 | 0 | 0 | 0 | 0 |
| 0 | 0 | 0 | 0 | 0 | 0 |
| 34 | 10 | 3 | 4 | 0 | 0 |
| 11 | 4 | 2 | 2 | 0 | 0 |
| 11 | 4 | 2 | 2 | 0 | 0 |
| 14 | 5 | 1 | 2 | 0 | 0 |
| 7 | 3 | 0 | 0 | 0 | 0 |
| 1 | 0 | 1 | 0 | 0 | 0 |
| 4 | 1 | 0 | 2 | 0 | 0 |
| 0 | 1 | 0 | 0 | 0 | 0 |
| 2 | 0 | 0 | 0 | 0 | 0 |
| 8 | 0 | 0 | 0 | 0 | 0 |
| 4 | 0 | 0 | 0 | 0 | 0 |
| 1 | 0 | 0 | 0 | 0 | 0 |
| 3 | 0 | 0 | 0 | 0 | 0 |
| 1 | 1 | 0 | 0 | 0 | 0 |
| 0 | 0 | 0 | 0 | 0 | 0 |
| 0 | 1 | 0 | 0 | 0 | 0 |
| 1 | 0 | 0 | 0 | 0 | 0 |
| 0 | 0 | 0 | 0 | 0 | 0 |
| 53 | 11 | 1 | 2 | 0 | 0 |
| 30 | 6 | 0 | 1 | 0 | 0 |
| 0 | 0 | 0 | 0 | 0 | 0 |
| 2 | 2 | 0 | 0 | 0 | 0 |
| 0 | 0 | 0 | 0 | 0 | 0 |

1-18 续

| 指　　标 | 单位数 | 7人及以下 | 8-19人 | 20-49人 | 50-99人 |
|---|---|---|---|---|---|
| 文化、体育用品及器材批发 | 22 | 15 | 4 | 2 | 1 |
| 医药及医疗器材批发 | 17 | 13 | 3 | 1 | 0 |
| 矿产品、建材及化工产品批发 | 726 | 362 | 222 | 83 | 31 |
| 机械设备、五金产品及电子产品批发 | 407 | 265 | 108 | 29 | 3 |
| 贸易经纪与代理 | 9 | 5 | 3 | 0 | 1 |
| 其他批发业 | 152 | 93 | 46 | 9 | 1 |
| 零售业 | 3824 | 2795 | 771 | 184 | 44 |
| 综合零售 | 1455 | 1225 | 167 | 39 | 8 |
| 食品、饮料及烟草制品专门零售 | 305 | 215 | 71 | 14 | 4 |
| 纺织、服装及日用品专门零售 | 146 | 91 | 32 | 11 | 6 |
| 文化、体育用品及器材专门零售 | 122 | 73 | 35 | 13 | 0 |
| 医药及医疗器材专门零售 | 270 | 206 | 49 | 14 | 0 |
| 汽车、摩托车、燃料及零配件专门零售 | 450 | 268 | 129 | 36 | 14 |
| 家用电器及电子产品专门零售 | 197 | 131 | 51 | 12 | 3 |
| 五金、家具及室内装饰材料专门零售 | 464 | 323 | 112 | 21 | 6 |
| 货摊、无店铺及其他零售业 | 415 | 263 | 125 | 24 | 3 |
| 交通运输、仓储和邮政业 | 636 | 287 | 197 | 91 | 35 |
| 铁路运输业 | 4 | 1 | 0 | 0 | 1 |
| 铁路货物运输 | 4 | 1 | 0 | 0 | 1 |
| 道路运输业 | 524 | 231 | 166 | 77 | 30 |
| 城市公共交通运输 | 35 | 10 | 10 | 6 | 5 |
| 公路旅客运输 | 30 | 11 | 10 | 5 | 2 |
| 道路货物运输 | 437 | 201 | 144 | 63 | 20 |
| 道路运输辅助活动 | 22 | 9 | 2 | 3 | 3 |
| 管道运输业 | 1 | 0 | 0 | 1 | 0 |
| 管道运输业 | 1 | 0 | 0 | 1 | 0 |
| 装卸搬运和运输代理业 | 55 | 32 | 11 | 7 | 2 |
| 装卸搬运 | 33 | 15 | 9 | 4 | 2 |
| 运输代理业 | 22 | 17 | 2 | 3 | 0 |

## 表 9

单位:个

| 100-299 人 | 300-499 人 | 500-999 人 | 1000-4999 人 | 5000-9999 人 | 10000 人及以上 |
|---|---|---|---|---|---|
| 0 | 0 | 0 | 0 | 0 | 0 |
| 0 | 0 | 0 | 0 | 0 | 0 |
| 24 | 3 | 0 | 1 | 0 | 0 |
| 2 | 0 | 0 | 0 | 0 | 0 |
| 0 | 0 | 0 | 0 | 0 | 0 |
| 2 | 1 | 0 | 0 | 0 | 0 |
| 23 | 5 | 1 | 1 | 0 | 0 |
| 13 | 3 | 0 | 0 | 0 | 0 |
| 1 | 0 | 0 | 0 | 0 | 0 |
| 4 | 1 | 0 | 1 | 0 | 0 |
| 1 | 0 | 0 | 0 | 0 | 0 |
| 1 | 0 | 0 | 0 | 0 | 0 |
| 2 | 0 | 1 | 0 | 0 | 0 |
| 0 | 0 | 0 | 0 | 0 | 0 |
| 1 | 1 | 0 | 0 | 0 | 0 |
| 0 | 0 | 0 | 0 | 0 | 0 |
| 20 | 4 | 1 | 1 | 0 | 0 |
| 2 | 0 | 0 | 0 | 0 | 0 |
| 2 | 0 | 0 | 0 | 0 | 0 |
| 16 | 3 | 1 | 0 | 0 | 0 |
| 4 | 0 | 0 | 0 | 0 | 0 |
| 2 | 0 | 0 | 0 | 0 | 0 |
| 7 | 1 | 1 | 0 | 0 | 0 |
| 3 | 2 | 0 | 0 | 0 | 0 |
| 0 | 0 | 0 | 0 | 0 | 0 |
| 0 | 0 | 0 | 0 | 0 | 0 |
| 2 | 1 | 0 | 0 | 0 | 0 |
| 2 | 1 | 0 | 0 | 0 | 0 |
| 0 | 0 | 0 | 0 | 0 | 0 |

1-18 续

| 指　标 | 单位数 | 7人及以下 | 8-19人 | 20-49人 | 50-99人 |
|---|---|---|---|---|---|
| 仓储业 | 31 | 13 | 10 | 6 | 2 |
| 谷物、棉花等农产品仓储 | 16 | 6 | 5 | 3 | 2 |
| 其他仓储业 | 15 | 7 | 5 | 3 | 0 |
| 邮政业 | 21 | 10 | 10 | 0 | 0 |
| 邮政基本服务 | 3 | 1 | 1 | 0 | 0 |
| 快递服务 | 18 | 9 | 9 | 0 | 0 |
| 住宿和餐饮业 | 277 | 81 | 68 | 65 | 44 |
| 住宿业 | 92 | 23 | 24 | 23 | 12 |
| 旅游饭店 | 15 | 2 | 3 | 3 | 1 |
| 一般旅馆 | 52 | 10 | 17 | 13 | 9 |
| 其他住宿业 | 25 | 11 | 4 | 7 | 2 |
| 餐饮业 | 185 | 58 | 44 | 42 | 32 |
| 正餐服务 | 143 | 34 | 34 | 36 | 30 |
| 快餐服务 | 14 | 9 | 3 | 1 | 1 |
| 饮料及冷饮服务 | 1 | 1 | 0 | 0 | 0 |
| 其他餐饮业 | 27 | 14 | 7 | 5 | 1 |
| 信息传输、软件和信息技术服务业 | 270 | 202 | 54 | 7 | 4 |
| 电信、广播电视和卫星传输服务 | 15 | 5 | 2 | 1 | 4 |
| 电信 | 9 | 3 | 0 | 1 | 3 |
| 广播电视传输服务 | 6 | 2 | 2 | 0 | 1 |
| 互联网和相关服务 | 57 | 46 | 11 | 0 | 0 |
| 互联网接入及相关服务 | 8 | 7 | 1 | 0 | 0 |
| 互联网信息服务 | 33 | 26 | 7 | 0 | 0 |
| 其他互联网服务 | 16 | 13 | 3 | 0 | 0 |
| 软件和信息技术服务业 | 198 | 151 | 41 | 6 | 0 |
| 软件开发 | 54 | 44 | 9 | 1 | 0 |
| 信息系统集成服务 | 21 | 17 | 3 | 1 | 0 |
| 信息技术咨询服务 | 43 | 32 | 9 | 2 | 0 |
| 数据处理和存储服务 | 5 | 4 | 1 | 0 | 0 |

# 表 10

单位:个

| 100–299 人 | 300–499 人 | 500–999 人 | 1000–4999 人 | 5000–9999 人 | 10000 人及以上 |
|---|---|---|---|---|---|
| 0 | 0 | 0 | 0 | 0 | 0 |
| 0 | 0 | 0 | 0 | 0 | 0 |
| 0 | 0 | 0 | 0 | 0 | 0 |
| 0 | 0 | 0 | 1 | 0 | 0 |
| 0 | 0 | 0 | 1 | 0 | 0 |
| 0 | 0 | 0 | 0 | 0 | 0 |
| 18 | 1 | 0 | 0 | 0 | 0 |
| 10 | 0 | 0 | 0 | 0 | 0 |
| 6 | 0 | 0 | 0 | 0 | 0 |
| 3 | 0 | 0 | 0 | 0 | 0 |
| 1 | 0 | 0 | 0 | 0 | 0 |
| 8 | 1 | 0 | 0 | 0 | 0 |
| 8 | 1 | 0 | 0 | 0 | 0 |
| 0 | 0 | 0 | 0 | 0 | 0 |
| 0 | 0 | 0 | 0 | 0 | 0 |
| 0 | 0 | 0 | 0 | 0 | 0 |
| 1 | 0 | 2 | 0 | 0 | 0 |
| 1 | 0 | 2 | 0 | 0 | 0 |
| 0 | 0 | 2 | 0 | 0 | 0 |
| 1 | 0 | 0 | 0 | 0 | 0 |
| 0 | 0 | 0 | 0 | 0 | 0 |
| 0 | 0 | 0 | 0 | 0 | 0 |
| 0 | 0 | 0 | 0 | 0 | 0 |
| 0 | 0 | 0 | 0 | 0 | 0 |
| 0 | 0 | 0 | 0 | 0 | 0 |
| 0 | 0 | 0 | 0 | 0 | 0 |
| 0 | 0 | 0 | 0 | 0 | 0 |
| 0 | 0 | 0 | 0 | 0 | 0 |
| 0 | 0 | 0 | 0 | 0 | |

1-18 **续**

| 指　　标 | 单位数 | 7人及以下 | 8-19人 | 20-49人 | 50-99人 |
|---|---|---|---|---|---|
| 集成电路设计 | 2 | 0 | 2 | 0 | 0 |
| 其他信息技术服务业 | 73 | 54 | 17 | 2 | 0 |
| 金融业 | 163 | 61 | 62 | 11 | 10 |
| 货币金融服务 | 117 | 42 | 48 | 6 | 8 |
| 中央银行服务 | 2 | 0 | 1 | 0 | 0 |
| 货币银行服务 | 38 | 5 | 11 | 3 | 7 |
| 非货币银行服务 | 76 | 37 | 36 | 3 | 0 |
| 银行监管服务 | 1 | 0 | 0 | 0 | 1 |
| 资本市场服务 | 17 | 8 | 7 | 2 | 0 |
| 证券市场服务 | 3 | 1 | 2 | 0 | 0 |
| 资本投资服务 | 11 | 5 | 4 | 2 | 0 |
| 其他资本市场服务 | 3 | 2 | 1 | 0 | 0 |
| 保险业 | 18 | 6 | 2 | 2 | 2 |
| 人身保险 | 3 | 0 | 0 | 0 | 0 |
| 财产保险 | 12 | 5 | 0 | 2 | 2 |
| 保险经纪与代理服务 | 1 | 1 | 0 | 0 | 0 |
| 其他保险活动 | 2 | 0 | 2 | 0 | 0 |
| 其他金融业 | 11 | 5 | 5 | 1 | 0 |
| 金融信托与管理服务 | 1 | 1 | 0 | 0 | 0 |
| 金融信息服务 | 1 | 0 | 0 | 1 | 0 |
| 其他未列明金融业 | 9 | 4 | 5 | 0 | 0 |
| 房地产业 | 500 | 158 | 198 | 102 | 30 |
| 房地产业 | 500 | 158 | 198 | 102 | 30 |
| 房地产开发经营 | 174 | 39 | 66 | 43 | 19 |
| 物业管理 | 296 | 102 | 123 | 55 | 11 |
| 房地产中介服务 | 22 | 15 | 5 | 2 | 0 |
| 自有房地产经营活动 | 1 | 0 | 0 | 1 | 0 |
| 其他房地产业 | 7 | 2 | 4 | 1 | 0 |

# 表 11

单位:个

| 100–299 人 | 300–499 人 | 500–999 人 | 1000–4999 人 | 5000–9999 人 | 10000 人及以上 |
|---|---|---|---|---|---|
| 0 | 0 | 0 | 0 | 0 | 0 |
| 0 | 0 | 0 | 0 | 0 | 0 |
| 9 | 4 | 6 | 0 | 0 | 0 |
| 6 | 3 | 4 | 0 | 0 | 0 |
| 1 | 0 | 0 | 0 | 0 | 0 |
| 5 | 3 | 4 | 0 | 0 | 0 |
| 0 | 0 | 0 | 0 | 0 | 0 |
| 0 | 0 | 0 | 0 | 0 | 0 |
| 0 | 0 | 0 | 0 | 0 | 0 |
| 0 | 0 | 0 | 0 | 0 | 0 |
| 0 | 0 | 0 | 0 | 0 | 0 |
| 0 | 0 | 0 | 0 | 0 | 0 |
| 3 | 1 | 2 | 0 | 0 | 0 |
| 1 | 1 | 1 | 0 | 0 | 0 |
| 2 | 0 | 1 | 0 | 0 | 0 |
| 0 | 0 | 0 | 0 | 0 | 0 |
| 0 | 0 | 0 | 0 | 0 | 0 |
| 0 | 0 | 0 | 0 | 0 | 0 |
| 0 | 0 | 0 | 0 | 0 | 0 |
| 0 | 0 | 0 | 0 | 0 | 0 |
| 0 | 0 | 0 | 0 | 0 | 0 |
| 12 | 0 | 0 | 0 | 0 | 0 |
| 12 | 0 | 0 | 0 | 0 | 0 |
| 7 | 0 | 0 | 0 | 0 | 0 |
| 5 | 0 | 0 | 0 | 0 | 0 |
| 0 | 0 | 0 | 0 | 0 | 0 |
| 0 | 0 | 0 | 0 | 0 | 0 |
| 0 | 0 | 0 | 0 | 0 | 0 |

1-18 续

| 指　　标 | 单位数 | 7人及以下 | 8–19人 | 20–49人 | 50–99人 |
|---|---|---|---|---|---|
| 租赁和商务服务业 | 926 | 595 | 257 | 52 | 13 |
| 租赁业 | 122 | 71 | 43 | 7 | 1 |
| 机械设备租赁 | 119 | 70 | 41 | 7 | 1 |
| 文化及日用品出租 | 3 | 1 | 2 | 0 | 0 |
| 商务服务业 | 804 | 524 | 214 | 45 | 12 |
| 企业管理服务 | 115 | 60 | 28 | 16 | 8 |
| 法律服务 | 23 | 16 | 7 | 0 | 0 |
| 咨询与调查 | 143 | 110 | 28 | 5 | 0 |
| 广告业 | 303 | 221 | 76 | 6 | 0 |
| 知识产权服务 | 1 | 1 | 0 | 0 | 0 |
| 人力资源服务 | 48 | 26 | 14 | 6 | 0 |
| 旅行社及相关服务 | 30 | 19 | 8 | 2 | 1 |
| 安全保护服务 | 15 | 4 | 3 | 4 | 2 |
| 其他商务服务业 | 126 | 67 | 50 | 6 | 1 |
| 科学研究和技术服务业 | 449 | 245 | 141 | 46 | 11 |
| 研究和试验发展 | 47 | 22 | 16 | 6 | 3 |
| 自然科学研究和试验发展 | 7 | 3 | 3 | 1 | 0 |
| 工程和技术研究和试验发展 | 11 | 4 | 5 | 2 | 0 |
| 农业科学研究和试验发展 | 21 | 9 | 7 | 3 | 2 |
| 医学研究和试验发展 | 5 | 3 | 1 | 0 | 1 |
| 社会人文科学研究 | 3 | 3 | 0 | 0 | 0 |
| 专业技术服务业 | 261 | 128 | 89 | 32 | 8 |
| 气象服务 | 11 | 8 | 3 | 0 | 0 |
| 地震服务 | 7 | 1 | 5 | 1 | 0 |
| 海洋服务 | 2 | 1 | 1 | 0 | 0 |
| 测绘服务 | 13 | 5 | 5 | 2 | 1 |
| 质检技术服务 | 29 | 11 | 9 | 8 | 1 |
| 环境与生态监测 | 12 | 4 | 4 | 3 | 1 |

## 表 12

单位:个

| 100-299 人 | 300-499 人 | 500-999 人 | 1000-4999 人 | 5000-9999 人 | 10000 人及以上 |
|---|---|---|---|---|---|
| 3 | 2 | 2 | 2 | 0 | 0 |
| 0 | 0 | 0 | 0 | 0 | 0 |
| 0 | 0 | 0 | 0 | 0 | 0 |
| 0 | 0 | 0 | 0 | 0 | 0 |
| 3 | 2 | 2 | 2 | 0 | 0 |
| 2 | 1 | 0 | 0 | 0 | 0 |
| 0 | 0 | 0 | 0 | 0 | 0 |
| 0 | 0 | 0 | 0 | 0 | 0 |
| 0 | 0 | 0 | 0 | 0 | 0 |
| 0 | 0 | 0 | 0 | 0 | 0 |
| 0 | 1 | 0 | 1 | 0 | 0 |
| 0 | 0 | 0 | 0 | 0 | 0 |
| 0 | 0 | 2 | 0 | 0 | 0 |
| 1 | 0 | 0 | 1 | 0 | 0 |
| 5 | 1 | 0 | 0 | 0 | 0 |
| 0 | 0 | 0 | 0 | 0 | 0 |
| 0 | 0 | 0 | 0 | 0 | 0 |
| 0 | 0 | 0 | 0 | 0 | 0 |
| 0 | 0 | 0 | 0 | 0 | 0 |
| 0 | 0 | 0 | 0 | 0 | 0 |
| 0 | 0 | 0 | 0 | 0 | 0 |
| 3 | 1 | 0 | 0 | 0 | 0 |
| 0 | 0 | 0 | 0 | 0 | 0 |
| 0 | 0 | 0 | 0 | 0 | 0 |
| 0 | 0 | 0 | 0 | 0 | 0 |
| 0 | 0 | 0 | 0 | 0 | 0 |
| 0 | 0 | 0 | 0 | 0 | 0 |
| 0 | 0 | 0 | 0 | 0 | 0 |

1-18 续

| 指　　标 | 单位数 | 7人及以下 | 8-19人 | 20-49人 | 50-99人 |
|---|---|---|---|---|---|
| 地质勘查 | 6 | 1 | 2 | 3 | 0 |
| 工程技术 | 67 | 30 | 24 | 7 | 3 |
| 其他专业技术服务业 | 114 | 67 | 36 | 8 | 2 |
| 科技推广和应用服务业 | 141 | 95 | 36 | 8 | 0 |
| 技术推广服务 | 99 | 67 | 24 | 6 | 0 |
| 科技中介服务 | 7 | 4 | 2 | 1 | 0 |
| 其他科技推广和应用服务业 | 35 | 24 | 10 | 1 | 0 |
| 水利、环境和公共设施管理业 | 159 | 50 | 58 | 39 | 7 |
| 水利管理业 | 55 | 16 | 26 | 11 | 2 |
| 防洪除涝设施管理 | 4 | 1 | 2 | 0 | 1 |
| 水资源管理 | 19 | 6 | 11 | 2 | 0 |
| 天然水收集与分配 | 8 | 2 | 2 | 3 | 1 |
| 水文服务 | 3 | 1 | 1 | 1 | 0 |
| 其他水利管理业 | 21 | 6 | 10 | 5 | 0 |
| 生态保护和环境治理业 | 19 | 10 | 5 | 4 | 0 |
| 生态保护 | 4 | 3 | 1 | 0 | 0 |
| 环境治理业 | 15 | 7 | 4 | 4 | 0 |
| 公共设施管理业 | 85 | 24 | 27 | 24 | 5 |
| 市政设施管理 | 9 | 1 | 4 | 3 | 1 |
| 环境卫生管理 | 13 | 1 | 2 | 7 | 0 |
| 城乡市容管理 | 3 | 0 | 1 | 2 | 0 |
| 绿化管理 | 40 | 16 | 12 | 7 | 3 |
| 公园和游览景区管理 | 20 | 6 | 8 | 5 | 1 |
| 居民服务、修理和其他服务业 | 457 | 275 | 135 | 34 | 10 |
| 居民服务业 | 129 | 70 | 40 | 14 | 4 |
| 家庭服务 | 25 | 7 | 11 | 4 | 2 |
| 洗染服务 | 4 | 4 | 0 | 0 | 0 |
| 理发及美容服务 | 7 | 6 | 0 | 1 | 0 |

# 表 13

单位:个

| 100-299 人 | 300-499 人 | 500-999 人 | 1000-4999 人 | 5000-9999 人 | 10000 人及以上 |
|---|---|---|---|---|---|
| 0 | 0 | 0 | 0 | 0 | 0 |
| 3 | 0 | 0 | 0 | 0 | 0 |
| 0 | 1 | 0 | 0 | 0 | 0 |
| 2 | 0 | 0 | 0 | 0 | 0 |
| 2 | 0 | 0 | 0 | 0 | 0 |
| 0 | 0 | 0 | 0 | 0 | 0 |
| 0 | 0 | 0 | 0 | 0 | 0 |
| 3 | 0 | 2 | 0 | 0 | 0 |
| 0 | 0 | 0 | 0 | 0 | 0 |
| 0 | 0 | 0 | 0 | 0 | 0 |
| 0 | 0 | 0 | 0 | 0 | 0 |
| 0 | 0 | 0 | 0 | 0 | 0 |
| 0 | 0 | 0 | 0 | 0 | 0 |
| 0 | 0 | 0 | 0 | 0 | 0 |
| 0 | 0 | 0 | 0 | 0 | 0 |
| 0 | 0 | 0 | 0 | 0 | 0 |
| 0 | 0 | 0 | 0 | 0 | 0 |
| 3 | 0 | 2 | 0 | 0 | 0 |
| 0 | 0 | 0 | 0 | 0 | 0 |
| 1 | 0 | 2 | 0 | 0 | 0 |
| 0 | 0 | 0 | 0 | 0 | 0 |
| 2 | 0 | 0 | 0 | 0 | 0 |
| 0 | 0 | 0 | 0 | 0 | 0 |
| 3 | 0 | 0 | 0 | 0 | 0 |
| 1 | 0 | 0 | 0 | 0 | 0 |
| 1 | 0 | 0 | 0 | 0 | 0 |
| 0 | 0 | 0 | 0 | 0 | 0 |
| 0 | 0 | 0 | 0 | 0 | 0 |

1-18 续

| 指　　标 | 单位数 | 7人及以下 | 8-19人 | 20-49人 | 50-99人 |
|---|---|---|---|---|---|
| 洗浴服务 | 7 | 0 | 5 | 1 | 1 |
| 保健服务 | 3 | 2 | 0 | 1 | 0 |
| 婚姻服务 | 5 | 4 | 1 | 0 | 0 |
| 殡葬服务 | 3 | 1 | 2 | 0 | 0 |
| 其他居民服务业 | 75 | 46 | 21 | 7 | 1 |
| 机动车、电子产品和日用产品修理业 | 106 | 69 | 28 | 7 | 1 |
| 汽车、摩托车修理与维护 | 93 | 60 | 26 | 6 | 1 |
| 计算机和办公设备维修 | 4 | 1 | 2 | 0 | 0 |
| 家用电器修理 | 2 | 1 | 0 | 1 | 0 |
| 其他日用产品修理业 | 7 | 7 | 0 | 0 | 0 |
| 其他服务业 | 222 | 136 | 67 | 13 | 5 |
| 清洁服务 | 38 | 21 | 11 | 5 | 1 |
| 其他未列明服务业 | 184 | 115 | 56 | 8 | 4 |
| 教育 | 555 | 82 | 146 | 122 | 90 |
| 教育 | 555 | 82 | 146 | 122 | 90 |
| 学前教育 | 101 | 12 | 52 | 24 | 13 |
| 初等教育 | 136 | 5 | 7 | 33 | 45 |
| 中等教育 | 125 | 8 | 12 | 16 | 26 |
| 高等教育 | 14 | 1 | 4 | 8 | 0 |
| 特殊教育 | 4 | 0 | 1 | 2 | 1 |
| 技能培训、教育辅助及其他教育 | 175 | 56 | 70 | 39 | 5 |
| 卫生和社会工作 | 316 | 96 | 104 | 88 | 13 |
| 卫生 | 247 | 68 | 78 | 74 | 12 |
| 医院 | 67 | 11 | 17 | 22 | 2 |
| 社区医疗与卫生院 | 118 | 29 | 44 | 36 | 9 |
| 门诊部(所) | 23 | 20 | 3 | 0 | 0 |
| 计划生育技术服务活动 | 12 | 5 | 4 | 3 | 0 |
| 妇幼保健院(所、站) | 8 | 0 | 3 | 5 | 0 |

# 表 14

单位:个

| 100-299 人 | 300-499 人 | 500-999 人 | 1000-4999 人 | 5000-9999 人 | 10000 人及以上 |
|---|---|---|---|---|---|
| 0 | 0 | 0 | 0 | 0 | 0 |
| 0 | 0 | 0 | 0 | 0 | 0 |
| 0 | 0 | 0 | 0 | 0 | 0 |
| 0 | 0 | 0 | 0 | 0 | 0 |
| 0 | 0 | 0 | 0 | 0 | 0 |
| 1 | 0 | 0 | 0 | 0 | 0 |
| 0 | 0 | 0 | 0 | 0 | 0 |
| 1 | 0 | 0 | 0 | 0 | 0 |
| 0 | 0 | 0 | 0 | 0 | 0 |
| 0 | 0 | 0 | 0 | 0 | 0 |
| 1 | 0 | 0 | 0 | 0 | 0 |
| 0 | 0 | 0 | 0 | 0 | 0 |
| 1 | 0 | 0 | 0 | 0 | 0 |
| 99 | 11 | 5 | 0 | 0 | 0 |
| 99 | 11 | 5 | 0 | 0 | 0 |
| 0 | 0 | 0 | 0 | 0 | 0 |
| 45 | 1 | 0 | 0 | 0 | 0 |
| 48 | 10 | 5 | 0 | 0 | 0 |
| 1 | 0 | 0 | 0 | 0 | 0 |
| 0 | 0 | 0 | 0 | 0 | 0 |
| 5 | 0 | 0 | 0 | 0 | 0 |
| 12 | 2 | 1 | 0 | 0 | 0 |
| 12 | 2 | 1 | 0 | 0 | 0 |
| 12 | 2 | 1 | 0 | 0 | 0 |
| 0 | 0 | 0 | 0 | 0 | 0 |
| 0 | 0 | 0 | 0 | 0 | 0 |
| 0 | 0 | 0 | 0 | 0 | 0 |
| 0 | 0 | 0 | 0 | 0 | 0 |

1-18 续

| 指 标 | 单位数 | 7人及以下 | 8-19人 | 20-49人 | 50-99人 |
|---|---|---|---|---|---|
| 专科疾病防治院(所、站) | 1 | 1 | 0 | 0 | 0 |
| 疾病预防控制中心 | 8 | 1 | 1 | 5 | 1 |
| 其他卫生活动 | 10 | 1 | 6 | 3 | 0 |
| 社会工作 | 69 | 28 | 26 | 14 | 1 |
| 提供住宿社会工作 | 57 | 21 | 21 | 14 | 1 |
| 不提供住宿社会工作 | 12 | 7 | 5 | 0 | 0 |
| 文化、体育和娱乐业 | 385 | 229 | 95 | 47 | 8 |
| 新闻和出版业 | 16 | 10 | 4 | 0 | 2 |
| 新闻业 | 13 | 9 | 3 | 0 | 1 |
| 出版业 | 3 | 1 | 1 | 0 | 1 |
| 广播、电视、电影和影视录音制作业 | 38 | 14 | 15 | 6 | 1 |
| 广播 | 2 | 0 | 1 | 1 | 0 |
| 电视 | 6 | 2 | 1 | 0 | 1 |
| 电影和影视节目制作 | 17 | 8 | 6 | 3 | 0 |
| 电影和影视节目发行 | 2 | 2 | 0 | 0 | 0 |
| 电影放映 | 10 | 1 | 7 | 2 | 0 |
| 录音制作 | 1 | 1 | 0 | 0 | 0 |
| 文化艺术业 | 138 | 57 | 49 | 23 | 5 |
| 文艺创作与表演 | 43 | 10 | 16 | 11 | 3 |
| 艺术表演场馆 | 3 | 0 | 0 | 3 | 0 |
| 图书馆与档案馆 | 13 | 5 | 7 | 1 | 0 |
| 文物及非物质文化遗产保护 | 18 | 10 | 4 | 3 | 1 |
| 博物馆 | 5 | 3 | 1 | 1 | 0 |
| 烈士陵园、纪念馆 | 2 | 0 | 1 | 0 | 1 |
| 群众文化活动 | 17 | 5 | 9 | 3 | 0 |
| 其他文化艺术业 | 37 | 24 | 11 | 1 | 0 |
| 体育 | 21 | 12 | 4 | 5 | 0 |
| 体育组织 | 14 | 9 | 1 | 4 | 0 |

# 表 15

单位:个

| 100–299 人 | 300–499 人 | 500–999 人 | 1000–4999 人 | 5000–9999 人 | 10000 人及以上 |
|---|---|---|---|---|---|
| 0 | 0 | 0 | 0 | 0 | 0 |
| 0 | 0 | 0 | 0 | 0 | 0 |
| 0 | 0 | 0 | 0 | 0 | 0 |
| 0 | 0 | 0 | 0 | 0 | 0 |
| 0 | 0 | 0 | 0 | 0 | 0 |
| 0 | 0 | 0 | 0 | 0 | 0 |
| 5 | 0 | 1 | 0 | 0 | 0 |
| 0 | 0 | 0 | 0 | 0 | 0 |
| 0 | 0 | 0 | 0 | 0 | 0 |
| 0 | 0 | 0 | 0 | 0 | 0 |
| 2 | 0 | 0 | 0 | 0 | 0 |
| 0 | 0 | 0 | 0 | 0 | 0 |
| 2 | 0 | 0 | 0 | 0 | 0 |
| 0 | 0 | 0 | 0 | 0 | 0 |
| 0 | 0 | 0 | 0 | 0 | 0 |
| 0 | 0 | 0 | 0 | 0 | 0 |
| 0 | 0 | 0 | 0 | 0 | 0 |
| 3 | 0 | 1 | 0 | 0 | 0 |
| 3 | 0 | 0 | 0 | 0 | 0 |
| 0 | 0 | 0 | 0 | 0 | 0 |
| 0 | 0 | 0 | 0 | 0 | 0 |
| 0 | 0 | 0 | 0 | 0 | 0 |
| 0 | 0 | 0 | 0 | 0 | 0 |
| 0 | 0 | 0 | 0 | 0 | 0 |
| 0 | 0 | 0 | 0 | 0 | 0 |
| 0 | 0 | 1 | 0 | 0 | 0 |
| 0 | 0 | 0 | 0 | 0 | 0 |
| 0 | 0 | 0 | 0 | 0 | 0 |

1-18 续

| 指　标 | 单位数 | 7人及以下 | 8-19人 | 20-49人 | 50-99人 |
|---|---|---|---|---|---|
| 体育场馆 | 1 | 0 | 1 | 0 | 0 |
| 休闲健身活动 | 4 | 1 | 2 | 1 | 0 |
| 其他体育 | 2 | 2 | 0 | 0 | 0 |
| 娱乐业 | 172 | 136 | 23 | 13 | 0 |
| 室内娱乐活动 | 157 | 131 | 16 | 10 | 0 |
| 游乐园 | 9 | 3 | 4 | 2 | 0 |
| 其他娱乐业 | 6 | 2 | 3 | 1 | 0 |
| 公共管理、社会保障和社会组织 | 3858 | 2467 | 805 | 347 | 147 |
| 中国共产党机关 | 122 | 53 | 40 | 23 | 5 |
| 中国共产党机关 | 122 | 53 | 40 | 23 | 5 |
| 国家机构 | 1271 | 405 | 386 | 262 | 131 |
| 国家权力机构 | 21 | 11 | 3 | 6 | 1 |
| 国家行政机构 | 1227 | 392 | 378 | 252 | 121 |
| 人民法院和人民检察院 | 17 | 1 | 2 | 2 | 9 |
| 其他国家机构 | 6 | 1 | 3 | 2 | 0 |
| 人民政协、民主党派 | 23 | 15 | 6 | 2 | 0 |
| 人民政协 | 13 | 5 | 6 | 2 | 0 |
| 民主党派 | 10 | 10 | 0 | 0 | 0 |
| 社会保障 | 76 | 38 | 30 | 8 | 0 |
| 社会保障 | 76 | 38 | 30 | 8 | 0 |
| 群众团体、社会团体和其他成员组织 | 570 | 350 | 176 | 30 | 10 |
| 群众团体 | 77 | 38 | 32 | 5 | 2 |
| 社会团体 | 395 | 230 | 134 | 22 | 6 |
| 基金会 | 2 | 2 | 0 | 0 | 0 |
| 宗教组织 | 96 | 80 | 10 | 3 | 2 |
| 基层群众自治组织 | 1796 | 1606 | 167 | 22 | 1 |
| 社区自治组织 | 109 | 58 | 32 | 19 | 0 |
| 村民自治组织 | 1687 | 1548 | 135 | 3 | 1 |

# 表 16

单位:个

| 100-299 人 | 300-499 人 | 500-999 人 | 1000-4999 人 | 5000-9999 人 | 10000 人及以上 |
|---|---|---|---|---|---|
| 0 | 0 | 0 | 0 | 0 | 0 |
| 0 | 0 | 0 | 0 | 0 | 0 |
| 0 | 0 | 0 | 0 | 0 | 0 |
| 0 | 0 | 0 | 0 | 0 | 0 |
| 0 | 0 | 0 | 0 | 0 | 0 |
| 0 | 0 | 0 | 0 | 0 | 0 |
| 0 | 0 | 0 | 0 | 0 | 0 |
| 84 | 4 | 4 | 0 | 0 | 0 |
| 1 | 0 | 0 | 0 | 0 | 0 |
| 1 | 0 | 0 | 0 | 0 | 0 |
| 79 | 4 | 4 | 0 | 0 | 0 |
| 0 | 0 | 0 | 0 | 0 | 0 |
| 76 | 4 | 4 | 0 | 0 | 0 |
| 3 | 0 | 0 | 0 | 0 | 0 |
| 0 | 0 | 0 | 0 | 0 | 0 |
| 0 | 0 | 0 | 0 | 0 | 0 |
| 0 | 0 | 0 | 0 | 0 | 0 |
| 0 | 0 | 0 | 0 | 0 | 0 |
| 0 | 0 | 0 | 0 | 0 | 0 |
| 0 | 0 | 0 | 0 | 0 | 0 |
| 4 | 0 | 0 | 0 | 0 | 0 |
| 0 | 0 | 0 | 0 | 0 | 0 |
| 3 | 0 | 0 | 0 | 0 | 0 |
| 0 | 0 | 0 | 0 | 0 | 0 |
| 1 | 0 | 0 | 0 | 0 | 0 |
| 0 | 0 | 0 | 0 | 0 | 0 |
| 0 | 0 | 0 | 0 | 0 | 0 |
| 0 | 0 | 0 | 0 | 0 | 0 |

# 主要统计指标解释

**地区生产总值** 是按市场价格计算的一个地区所有常住单位在一定时期内生产活动的最终成果。地区生产总值有三种表现形态，即价值形态、收入形态和产品形态。从价值形态看，它是所有常住单位在一定时期内所生产的全部货物和服务价值超过同期投入的全部非固定资产货物和服务价值的差额，即所有常住单位的增加值之和；从收入形态看，它是所有常住单位在一定时期内所创造并分配给常住单位和非常住单位的初次分配收入之和；从产品形态看，它是最终使用的货物和服务减去进口货物和服务。在核算中，地区生产总值的三种表现形态表现为三种计算方法，即生产法、收入法和支出法。三种方法分别从不同的方面反映地区生产总值及其构成。

**三次产业** 三次产业的划分是世界上较为通用的产业结构分类，但各国的划分不尽一致。我国的三次产业划分是：

第一产业：农业、林业、牧业、渔业。

第二产业：工业和建筑业。

第三产业：除第一、二产业以外的其他各业。

**总产出** 指一定时期内一个地区常住单位生产的所有货物和服务的价值，既包括新增价值，也包括被消耗的货物和服务价值以及固定资产的转移价值。总产出按生产者价格计算，它反映常住单位生产活动的总规模。

**中间投入** 指常住单位在生产或提供货物与服务过程中，消耗和使用的所有非固定资产货物和服务的价值。中间投入也称为中间消耗，一般按购买者价格计算。

**增加值** 指常住单位生产过程创造的新增价值和固定资产的转移价值。它可以按生产法计算，也可以按收入法计算，按生产法计算，它等于总产出减去中间投入；按收入法计算，它等于劳动者报酬、生产税净额、固定资产折旧和营业盈余之和。

**劳动者报酬** 指劳动者因从事生产活动所获得的全部报酬。包括劳动者获得的各种形式的工资、奖金和津贴，既有货币形式的，也有实物形式的，还包括劳动者所享受的公费医疗和医药卫生费、上下班交通补贴、单位支付的社会保险费、住房公积金等。对于个体经济来说，其所有者所获得的劳动报酬和经营利润不易区分，这两部分统一作为劳动者报酬处理。

**生产税净额** 指生产税减生产补贴后的差额。生产税指政府对生产单位从事生产、销售和经营活动以及因从事生产活动使用某些生产要素（如固定资产、土地、劳动力）所征收的各种税、附加费和规费。生产补贴与生产税相反，指政府对生产单位的单方面转移支付，因此视为负生产税，包括政策性亏损补贴、价格补贴等。

**固定资产折旧** 指一定时期内为弥补固定资产损耗按照规定的固定资产折旧率提取的固定资产折旧，或按国民经济核算统一规定的折旧率虚拟计算的固定资产折旧。它反映了固定资产在当期生产中的转移价值。各类企业和企业化管理的事业单位的固定资产折旧是指实际计提的折旧费；不计提折旧的政府机关、非企业化管理的事业单位和居民住房的固定资产折旧是按照统一规定的折旧率和固定资产原值计算的虚拟折旧。原则上，固定资产折旧应按固定资产的重置价值计算，但是目前我国尚不具备对全社会固定资产进行重估价的基础，所以暂时还不能采用这种办法。

**营业盈余** 指常住单位创造的增加值扣除劳动者报酬、生产税净额和固定资产折旧后的余额。它相当于企业的营业利润加上生产补贴，但要扣除从利润中开支的工资和福利等。

**支出法地区生产总值** 指一个地区所有常住单位在一定时期内用于最终消费、资本形成总额，以及货物和服务净出口的总额，它反映本期生产的地区生产总值的使用情况。

**最终消费** 指常住单位在一定时期内对于货物和服务的全部最终消费支出，也就是说常住单位为满足物质、文化和精神生活的需要，从本地区经济领土和地区外购买的货物和服务的支出，不包括非常住单位在本地区经济领土内的消费支出。最终消费分为居民消费和政府消费。

**居民消费** 指常住住户对货物和服务的全部最终消费支出。它除了常住住户直接以货币形式购买货物和服务的消费之外，还包括以其他方式获得的货物和服务的消费，即单位以实物报酬及实物转移的形式提供给劳动者的货物和服务；住户生产并由住户自己消费的货物和服务，其中的服务仅指住户的自有住房服务和付酬的家庭服务；金融机构提供的金融媒介服务；保险公司提供的保险服务。

**政府消费** 指政府部门为全社会提供公共服务的消费支出和免费或以较低价格向住户提供的货物消费和服务的净支出。前者等于政府服务的产出价值减去政府单位所获得的经营收入后的价值，政府服务的产出价值等于它的经常性业务支出加上固定资产折旧；后者等于政府部门免费或以较低价格向住户提供的货物和服务的市场价值减去向住户收取的价值。

**资本形成总额** 指常住单位在一定时期内获得的减去处置的固定资产加存货的净变动额，包括固定资本形成总额和存货增加。

**固定资本形成总额** 指生产者在一定的时期内获得的固定资产减处置的固定资产的价值总额。固定资产是通过生产活动生产出来的，其使用年限在一年以上，单位价值在规定标准以上的资产，不包括自然资产。固定资本形成总额分有形固定资本形成总额和无形固定资本形成总额。有形固定资本形成总额包括一定时期内完成的建筑工程、安装工程、设备工器具购置(减处置)价值以及土地改良、新增役、种、奶、毛、娱乐用牲畜和新增经济林木价值。无形固定资本形成总额包括矿藏的勘探、计算机软件等获得减处置。

**存货增加** 指常住单位存货实物量变动的市场价值，即期末价值减期初价值的差额，再扣除当期由于价格变动而产生的持有收益。存货增加可以是正值，也可以是负值；正值表示存货增加，负值表示存货减少。它包括生产单位购进的原材料、燃料和储备物资等存货，以及生产单位生产的产成品、在制品存货等。

**货物和服务净出口** 指货物和服务出口减货物和服务进口的差额。出口包括常住单位向非常住单位出售或无偿转让的各种货物和服务的价值；进口包括常住单位从非常住单位购买或无偿得到的各种货物和服务的价值。由于服务活动的提供与使用同时发生，因此服务的进出口业务并不发生出入境现象，一般把常住单位从国外得到的服务作为进口，常住单位向国外提供的服务作为出口。

**法人单位** 指有权拥有资产、承担负债，并独立从事社会经济活动(或与其他单位进行交易)的组织。

**产业活动单位** 指位于一个地点，从事一种或主要从事一种社会经济活动的组织或组织的一部分。

02

# 人口、从业人员和劳动报酬

# 2-1 总户数

单位：户

| 年 份 | 全 市 | 朔城区 | 平鲁区 | 山阴县 | 应 县 | 右玉县 | 怀仁县 |
|---|---|---|---|---|---|---|---|
| 1990 | 316623 | 71107 | 41006 | 56358 | 67019 | 24190 | 56943 |
| 1991 | 326749 | 75006 | 42263 | 56696 | 70420 | 24717 | 57647 |
| 1992 | 333870 | 76597 | 45053 | 57546 | 70004 | 24134 | 60536 |
| 1993 | 357066 | 87100 | 45514 | 63946 | 71256 | 24743 | 64507 |
| 1994 | 376459 | 100539 | 48935 | 59928 | 72991 | 26232 | 67834 |
| 1995 | 394104 | 105809 | 51532 | 63655 | 73571 | 26897 | 72667 |
| 1996 | 404340 | 109619 | 52394 | 65375 | 74188 | 27125 | 75639 |
| 1997 | 408953 | 111376 | 52538 | 65876 | 75341 | 27290 | 76532 |
| 1998 | 415801 | 115392 | 53184 | 66317 | 75941 | 27412 | 77555 |
| 1999 | 427248 | 123818 | 53889 | 66767 | 76373 | 27560 | 78841 |
| 2000 | 389578 | 104568 | 44436 | 58539 | 74672 | 28576 | 78787 |
| 2001 | 431521 | 123628 | 54465 | 66752 | 76891 | 28539 | 81246 |
| 2002 | 442075 | 130195 | 56882 | 66756 | 76891 | 28591 | 82760 |
| 2003 | 447465 | 119780 | 54032 | 66932 | 86085 | 32429 | 88204 |
| 2004 | 450850 | 120625 | 54467 | 67294 | 86748 | 32698 | 88865 |
| 2005 | 455355 | 121925 | 54933 | 68137 | 87614 | 32982 | 89761 |
| 2006 | 458389 | 122759 | 55313 | 68597 | 88190 | 33167 | 90360 |
| 2007 | 462592 | 123932 | 55841 | 69216 | 88997 | 33444 | 91160 |
| 2008 | 466752 | 141886 | 56332 | 69849 | 89792 | 33744 | 91966 |
| 2009 | 469317 | 125785 | 56620 | 70231 | 90266 | 33927 | 92485 |
| 2010 | 485725 | 143869 | 53189 | 69156 | 92102 | 34235 | 93174 |
| 2011 | 499151 | 147866 | 55872 | 65656 | 97851 | 35690 | 96216 |
| 2012 | 538337 | 162761 | 58674 | 73255 | 103745 | 37786 | 102116 |
| 2013 | 528536 | 146429 | 56337 | 76440 | 109519 | 37264 | 102547 |
| 2014 | 531925 | 147713 | 56668 | 76920 | 110104 | 37467 | 103053 |
| 2015 | 580350 | 159263 | 62464 | 81031 | 118807 | 42370 | 109262 |
| 2016 | 575918 | 159580 | 64059 | 81101 | 119170 | 42462 | 109546 |

注：1990、2000、2010年为人口普查数据。

# 2-2 总人口

单位:人

| 年　份 | 全　市 | 朔城区 | 平鲁区 | 山阴县 | 应　县 | 右玉县 | 怀仁县 |
|---|---|---|---|---|---|---|---|
| 1990 | 1207593 | 285462 | 164032 | 189956 | 261138 | 97806 | 209199 |
| 1991 | 1229748 | 290731 | 166431 | 191403 | 261777 | 98589 | 220817 |
| 1992 | 1237372 | 295717 | 169622 | 192452 | 265146 | 97996 | 216439 |
| 1993 | 1257755 | 309462 | 171921 | 191899 | 265253 | 97077 | 222143 |
| 1994 | 1284678 | 324530 | 174264 | 194482 | 266846 | 97079 | 227477 |
| 1995 | 1305491 | 331712 | 178659 | 198649 | 267051 | 97079 | 232341 |
| 1996 | 1317518 | 337502 | 179698 | 200306 | 266291 | 96920 | 236801 |
| 1997 | 1325894 | 341528 | 181115 | 201670 | 265685 | 97003 | 238893 |
| 1998 | 1335944 | 346309 | 181887 | 204136 | 265812 | 96921 | 240879 |
| 1999 | 1348940 | 352992 | 182626 | 206267 | 265983 | 96748 | 244324 |
| 2000 | 1452078 | 388688 | 175336 | 217298 | 279511 | 105145 | 286100 |
| 2001 | 1463595 | 391943 | 176728 | 218958 | 281553 | 106029 | 288384 |
| 2002 | 1474650 | 394973 | 178068 | 220558 | 283565 | 106890 | 290596 |
| 2003 | 1485586 | 397672 | 179389 | 222216 | 285805 | 107665 | 292839 |
| 2004 | 1496824 | 400477 | 180833 | 223419 | 288006 | 108559 | 295035 |
| 2005 | 1507227 | 403575 | 181831 | 225534 | 290004 | 109171 | 297112 |
| 2006 | 1517268 | 406333 | 183088 | 227057 | 291912 | 109784 | 299094 |
| 2007 | 1526556 | 408976 | 184278 | 228413 | 293691 | 110368 | 300830 |
| 2008 | 1535616 | 411470 | 185333 | 229806 | 295417 | 111019 | 302571 |
| 2009 | 1544054 | 413835 | 186281 | 231062 | 296978 | 111622 | 304276 |
| 2010 | 1714857 | 505294 | 203793 | 238885 | 327973 | 112063 | 326849 |
| 2011 | 1725617 | 508661 | 205052 | 240302 | 329761 | 112782 | 329059 |
| 2012 | 1734966 | 511072 | 205947 | 241744 | 331984 | 113360 | 330859 |
| 2013 | 1744169 | 513754 | 207024 | 243078 | 334032 | 114028 | 332253 |
| 2014 | 1753943 | 516996 | 207975 | 244608 | 335820 | 114652 | 333892 |
| 2015 | 1762225 | 520136 | 208733 | 245754 | 337230 | 115081 | 335291 |
| 2016 | 1768103 | 521827 | 209476 | 246549 | 338445 | 115498 | 336308 |

注:1990、2000、2010年为人口普查数据。

# 2-3 男性人口

单位:人

| 年份 | 全市 | 朔城区 | 平鲁区 | 山阴县 | 应县 | 右玉县 | 怀仁县 |
|---|---|---|---|---|---|---|---|
| 1990 | 654188 | 152219 | 90343 | 104584 | 140263 | 52355 | 114424 |
| 1991 | 664034 | 154687 | 90934 | 104617 | 140532 | 52609 | 120655 |
| 1992 | 659932 | 156692 | 91614 | 106562 | 141616 | 52864 | 110584 |
| 1993 | 677915 | 164727 | 92458 | 105428 | 142071 | 51610 | 121621 |
| 1994 | 690356 | 172174 | 93799 | 105888 | 143130 | 51809 | 123556 |
| 1995 | 697343 | 176048 | 95433 | 105985 | 143238 | 51448 | 125191 |
| 1996 | 704169 | 179334 | 95737 | 106634 | 142891 | 51445 | 128128 |
| 1997 | 707843 | 181294 | 96068 | 107169 | 143035 | 51577 | 128700 |
| 1998 | 711534 | 182971 | 96569 | 108185 | 142454 | 51575 | 129780 |
| 1999 | 719157 | 186392 | 96946 | 109226 | 142382 | 51433 | 132778 |
| 2000 | 753293 | 199769 | 90977 | 112360 | 145136 | 54534 | 150517 |
| 2001 | 759245 | 201447 | 91702 | 113225 | 146194 | 54977 | 151700 |
| 2002 | 764817 | 202941 | 92364 | 114034 | 147217 | 55427 | 152834 |
| 2003 | 768218 | 203903 | 93175 | 114738 | 147845 | 55638 | 152919 |
| 2004 | 770861 | 205653 | 92392 | 115602 | 149109 | 55462 | 152643 |
| 2005 | 777654 | 206683 | 93858 | 116267 | 150006 | 56127 | 154713 |
| 2006 | 786567 | 207644 | 94215 | 118580 | 153066 | 56685 | 156377 |
| 2007 | 789763 | 209463 | 93274 | 118639 | 153547 | 57518 | 157322 |
| 2008 | 792822 | 210598 | 96835 | 117895 | 154664 | 56655 | 156175 |
| 2009 | 795936 | 212301 | 96992 | 118771 | 153607 | 57424 | 156841 |
| 2010 | 895412 | 261976 | 107223 | 124647 | 170234 | 60185 | 171147 |
| 2011 | 901090 | 261677 | 107166 | 125070 | 171669 | 62711 | 172797 |
| 2012 | 897626 | 265949 | 105695 | 124249 | 172217 | 58533 | 170983 |
| 2013 | 918322 | 273973 | 107296 | 129205 | 174806 | 59960 | 173082 |
| 2014 | 921703 | 272761 | 108714 | 129161 | 177219 | 60020 | 173828 |
| 2015 | 919459 | 270164 | 109515 | 128008 | 175581 | 60347 | 175844 |
| 2016 | 915867 | 269388 | 108678 | 128982 | 176163 | 59906 | 172750 |

注:1990、2000、2010年为人口普查数据。

# 2-4 女性人口

单位:人

| 年份 | 全市 | 朔城区 | 平鲁区 | 山阴县 | 应县 | 右玉县 | 怀仁县 |
|---|---|---|---|---|---|---|---|
| 1990 | 553405 | 133243 | 73689 | 85372 | 120875 | 45451 | 94775 |
| 1991 | 565714 | 136044 | 75497 | 86786 | 121245 | 45980 | 100162 |
| 1992 | 577440 | 139025 | 78008 | 85890 | 123530 | 45132 | 105855 |
| 1993 | 579840 | 144735 | 79463 | 86471 | 123182 | 45467 | 100522 |
| 1994 | 594322 | 152356 | 80465 | 88594 | 123716 | 45270 | 103921 |
| 1995 | 608148 | 155664 | 83226 | 92664 | 123813 | 45631 | 107150 |
| 1996 | 613349 | 158168 | 83961 | 93672 | 123400 | 45475 | 108673 |
| 1997 | 618051 | 160234 | 85047 | 94501 | 122650 | 45426 | 110193 |
| 1998 | 624410 | 163338 | 85318 | 95951 | 123358 | 45346 | 111099 |
| 1999 | 629783 | 166600 | 85680 | 97041 | 123601 | 45315 | 111546 |
| 2000 | 698785 | 188919 | 84359 | 104938 | 134375 | 50611 | 135583 |
| 2001 | 704350 | 190496 | 85026 | 105733 | 135359 | 51052 | 136684 |
| 2002 | 709833 | 192032 | 85704 | 106524 | 136348 | 51463 | 137762 |
| 2003 | 717368 | 193769 | 86214 | 107478 | 137960 | 52027 | 139920 |
| 2004 | 725963 | 194824 | 88441 | 108312 | 138897 | 53097 | 142392 |
| 2005 | 729573 | 196892 | 87973 | 109267 | 139998 | 53044 | 142339 |
| 2006 | 730701 | 198689 | 88873 | 108477 | 138846 | 53099 | 142717 |
| 2007 | 736793 | 199513 | 91004 | 109774 | 140144 | 52850 | 143508 |
| 2008 | 742794 | 200872 | 88498 | 111911 | 140753 | 54364 | 146396 |
| 2009 | 748118 | 201534 | 89289 | 112291 | 143371 | 54198 | 147435 |
| 2010 | 819445 | 243318 | 96570 | 114238 | 157739 | 51878 | 155702 |
| 2011 | 824527 | 246984 | 97886 | 115232 | 158092 | 50071 | 156262 |
| 2012 | 837340 | 245123 | 100252 | 117495 | 159767 | 54827 | 159876 |
| 2013 | 825847 | 239781 | 99728 | 113873 | 159226 | 54068 | 159171 |
| 2014 | 832240 | 244235 | 99261 | 115447 | 158601 | 54632 | 160064 |
| 2015 | 842766 | 249972 | 99218 | 117746 | 161649 | 54734 | 159447 |
| 2016 | 852236 | 252439 | 100798 | 117567 | 162282 | 55592 | 163558 |

注:1990、2000、2010年为人口普查数据。

# 2-5 人口性别比

女 =100

| 年份 | 全市 | 朔城区 | 平鲁区 | 山阴县 | 应县 | 右玉县 | 怀仁县 |
|---|---|---|---|---|---|---|---|
| 1990 | 118.21 | 114.24 | 122.60 | 122.50 | 116.04 | 115.19 | 120.73 |
| 1991 | 117.38 | 113.70 | 120.45 | 120.55 | 115.91 | 114.41 | 120.46 |
| 1992 | 114.29 | 112.71 | 117.44 | 124.07 | 114.64 | 117.13 | 104.47 |
| 1993 | 116.91 | 113.81 | 116.35 | 121.92 | 115.33 | 113.51 | 120.99 |
| 1994 | 116.16 | 113.01 | 116.57 | 119.52 | 115.70 | 114.44 | 118.89 |
| 1995 | 114.67 | 113.09 | 114.67 | 114.38 | 115.69 | 112.75 | 116.84 |
| 1996 | 114.81 | 113.38 | 114.03 | 113.84 | 115.79 | 113.13 | 117.90 |
| 1997 | 114.53 | 113.14 | 112.96 | 113.41 | 116.62 | 113.54 | 116.80 |
| 1998 | 113.95 | 112.02 | 113.19 | 112.75 | 115.48 | 113.74 | 116.81 |
| 1999 | 114.19 | 111.88 | 113.15 | 112.56 | 115.19 | 113.50 | 119.03 |
| 2000 | 107.80 | 105.74 | 107.85 | 107.07 | 108.01 | 107.75 | 111.01 |
| 2001 | 107.79 | 105.75 | 107.85 | 107.09 | 108.00 | 107.69 | 110.99 |
| 2002 | 107.75 | 105.68 | 107.77 | 107.05 | 107.97 | 107.70 | 110.94 |
| 2003 | 107.09 | 105.23 | 108.08 | 106.76 | 107.17 | 106.94 | 109.29 |
| 2004 | 106.18 | 105.56 | 104.47 | 106.73 | 107.35 | 104.45 | 107.20 |
| 2005 | 106.59 | 104.97 | 106.69 | 106.41 | 107.15 | 105.81 | 108.65 |
| 2006 | 107.65 | 104.65 | 106.51 | 109.31 | 110.24 | 106.75 | 109.57 |
| 2007 | 107.19 | 104.99 | 102.49 | 108.08 | 109.56 | 108.83 | 109.63 |
| 2008 | 106.74 | 104.84 | 109.42 | 105.35 | 109.88 | 104.21 | 106.68 |
| 2009 | 106.39 | 105.34 | 108.63 | 105.77 | 107.14 | 105.95 | 106.38 |
| 2010 | 109.27 | 107.67 | 111.03 | 109.11 | 107.92 | 116.01 | 109.92 |
| 2011 | 109.29 | 105.95 | 109.48 | 108.54 | 108.59 | 125.24 | 110.58 |
| 2012 | 107.20 | 108.50 | 105.43 | 105.75 | 107.79 | 106.76 | 106.95 |
| 2013 | 111.20 | 114.26 | 107.59 | 113.46 | 109.78 | 110.90 | 108.74 |
| 2014 | 110.75 | 111.68 | 109.52 | 111.88 | 111.74 | 109.86 | 108.60 |
| 2015 | 109.10 | 108.08 | 110.38 | 108.72 | 108.62 | 110.26 | 110.28 |
| 2016 | 107.47 | 106.71 | 107.82 | 109.71 | 108.55 | 107.76 | 105.62 |

注:性别比(女 =100)

## 2-6 城镇人口

单位:人

| 年 份 | 全 市 | 朔城区 | 平鲁区 | 山阴县 | 应 县 | 右玉县 | 怀仁县 |
|---|---|---|---|---|---|---|---|
| 1990 | 159433 | 53714 | 18637 | 21790 | 17051 | 9579 | 38662 |
| 1991 | 165160 | 56092 | 19291 | 22765 | 17247 | 9456 | 40309 |
| 1992 | 175236 | 60430 | 20088 | 23461 | 18273 | 9788 | 43196 |
| 1993 | 189331 | 64802 | 21304 | 24215 | 20092 | 10406 | 48512 |
| 1994 | 227706 | 85880 | 24284 | 29522 | 22530 | 11550 | 53940 |
| 1995 | 248689 | 93467 | 26175 | 31822 | 23774 | 12540 | 60911 |
| 1996 | 260093 | 98334 | 26691 | 32522 | 24392 | 12820 | 65334 |
| 1997 | 269394 | 102912 | 27594 | 32924 | 24786 | 13235 | 67943 |
| 1998 | 277298 | 106692 | 27953 | 33887 | 25897 | 13283 | 69586 |
| 1999 | 287670 | 111538 | 28320 | 34738 | 27507 | 13363 | 72204 |
| 2000 | 516600 | 185274 | 65669 | 50251 | 61837 | 30130 | 123439 |
| 2001 | 518540 | 186097 | 65938 | 50359 | 62092 | 30279 | 123775 |
| 2002 | 543664 | 183663 | 69857 | 83813 | 47271 | 41281 | 117779 |
| 2003 | 558345 | 187781 | 71667 | 86043 | 49702 | 42355 | 120797 |
| 2004 | 576949 | 192745 | 74082 | 88892 | 52802 | 43952 | 124477 |
| 2005 | 632532 | 210970 | 76817 | 91046 | 62296 | 47919 | 143484 |
| 2006 | 650460 | 215397 | 79662 | 92231 | 68337 | 48217 | 146616 |
| 2007 | 668889 | 220970 | 81138 | 95112 | 74098 | 48539 | 149032 |
| 2008 | 689449 | 226761 | 83604 | 98174 | 77724 | 50024 | 153162 |
| 2009 | 698535 | 231127 | 84087 | 99370 | 79342 | 50341 | 154268 |
| 2010 | 793560 | 288052 | 93514 | 103523 | 91041 | 51199 | 166231 |
| 2011 | 826051 | 297616 | 97174 | 107750 | 97996 | 53221 | 172294 |
| 2012 | 867830 | 308379 | 101222 | 115068 | 108881 | 55396 | 178884 |
| 2013 | 891020 | 314569 | 103800 | 119422 | 113694 | 56874 | 182661 |
| 2014 | 914605 | 321104 | 106252 | 123871 | 118635 | 58309 | 186434 |
| 2015 | 936733 | 327735 | 108580 | 126933 | 123821 | 59632 | 190032 |
| 2016 | 958406 | 333525 | 111078 | 130028 | 129121 | 61080 | 193574 |

注:1999 年及以上年份城镇、乡村人口为非农业、农业人口。

# 2-7 乡村人口

单位:人

| 年 份 | 全 市 | 朔城区 | 平鲁区 | 山阴县 | 应 县 | 右玉县 | 怀仁县 |
|---|---|---|---|---|---|---|---|
| 1990 | 1048160 | 231748 | 145395 | 168166 | 244087 | 88227 | 170537 |
| 1991 | 1064588 | 234639 | 147140 | 168638 | 244530 | 89133 | 180508 |
| 1992 | 1062136 | 235287 | 149534 | 168991 | 246873 | 88208 | 173243 |
| 1993 | 1068424 | 244660 | 150617 | 167684 | 245161 | 86671 | 173631 |
| 1994 | 1056972 | 238650 | 149980 | 164960 | 244316 | 85529 | 173537 |
| 1995 | 1056802 | 238245 | 152484 | 166827 | 243277 | 84539 | 171430 |
| 1996 | 1057425 | 239168 | 153007 | 167784 | 241899 | 84100 | 171467 |
| 1997 | 1056500 | 238616 | 153521 | 168746 | 240899 | 83768 | 170950 |
| 1998 | 1058646 | 239617 | 153934 | 170249 | 239915 | 83638 | 171293 |
| 1999 | 1061270 | 241454 | 154306 | 171529 | 238476 | 83385 | 172120 |
| 2000 | 935478 | 203414 | 109667 | 167047 | 217674 | 75015 | 162661 |
| 2001 | 945055 | 205846 | 110790 | 168599 | 219461 | 75750 | 164609 |
| 2002 | 930986 | 211310 | 108211 | 136745 | 236294 | 65609 | 172817 |
| 2003 | 927241 | 209891 | 107722 | 136173 | 236103 | 65310 | 172042 |
| 2004 | 919875 | 207732 | 106751 | 135022 | 235204 | 64607 | 170558 |
| 2005 | 874695 | 192605 | 105014 | 134488 | 227708 | 61252 | 153628 |
| 2006 | 866808 | 190936 | 103426 | 134826 | 223575 | 61567 | 152478 |
| 2007 | 857667 | 188006 | 103140 | 133301 | 219593 | 61829 | 151798 |
| 2008 | 846167 | 184709 | 101729 | 131632 | 217693 | 60995 | 149409 |
| 2009 | 845519 | 182708 | 102194 | 131692 | 217636 | 61281 | 150008 |
| 2010 | 921297 | 217242 | 110279 | 135362 | 236932 | 60864 | 160618 |
| 2011 | 899566 | 211045 | 107878 | 132552 | 231765 | 59561 | 156765 |
| 2012 | 867136 | 202693 | 104725 | 126676 | 223103 | 57964 | 151975 |
| 2013 | 853149 | 199185 | 103224 | 123656 | 220338 | 57154 | 149592 |
| 2014 | 839338 | 195892 | 101723 | 120737 | 217185 | 56343 | 147458 |
| 2015 | 825492 | 192401 | 100153 | 118821 | 213409 | 55449 | 145259 |
| 2016 | 809697 | 188302 | 98398 | 116521 | 209324 | 54418 | 142734 |

注:1999 年及以上年份城镇、乡村人口为非农业、农业人口。

# 2-8 城镇化率

单位：%

| 年 份 | 全 市 | 朔城区 | 平鲁区 | 山阴县 | 应 县 | 右玉县 | 怀仁县 |
|---|---|---|---|---|---|---|---|
| 1990 | 13.20 | 18.82 | 11.36 | 11.47 | 6.53 | 9.79 | 18.48 |
| 1991 | 13.43 | 19.29 | 11.59 | 11.89 | 6.59 | 9.59 | 18.25 |
| 1992 | 14.16 | 20.44 | 11.84 | 12.19 | 6.89 | 9.99 | 19.96 |
| 1993 | 15.05 | 20.94 | 12.39 | 12.62 | 7.57 | 10.72 | 21.84 |
| 1994 | 17.72 | 26.46 | 13.94 | 15.18 | 8.44 | 11.90 | 23.71 |
| 1995 | 19.05 | 28.18 | 14.65 | 16.02 | 8.90 | 12.92 | 26.22 |
| 1996 | 19.74 | 29.14 | 14.85 | 16.24 | 9.16 | 13.23 | 27.59 |
| 1997 | 20.32 | 30.13 | 15.24 | 16.33 | 9.33 | 13.64 | 28.44 |
| 1998 | 20.76 | 30.81 | 15.37 | 16.60 | 9.74 | 13.70 | 28.89 |
| 1999 | 21.33 | 31.60 | 15.51 | 16.84 | 10.34 | 13.81 | 29.55 |
| 2000 | 35.58 | 47.67 | 37.45 | 23.13 | 22.12 | 28.66 | 43.15 |
| 2001 | 35.43 | 47.48 | 37.31 | 23.00 | 22.05 | 28.56 | 42.92 |
| 2002 | 36.87 | 46.50 | 39.23 | 38.00 | 16.67 | 38.62 | 40.53 |
| 2003 | 37.58 | 47.22 | 39.95 | 38.72 | 17.39 | 39.34 | 41.25 |
| 2004 | 38.54 | 48.13 | 40.97 | 39.70 | 18.33 | 40.49 | 42.19 |
| 2005 | 41.97 | 52.28 | 42.25 | 40.37 | 21.48 | 43.89 | 48.29 |
| 2006 | 42.87 | 53.01 | 43.15 | 40.62 | 23.41 | 43.92 | 49.02 |
| 2007 | 43.82 | 54.03 | 44.03 | 41.64 | 25.23 | 43.98 | 49.54 |
| 2008 | 44.90 | 55.11 | 45.11 | 42.72 | 26.31 | 45.06 | 50.62 |
| 2009 | 45.24 | 55.85 | 45.14 | 43.01 | 26.72 | 45.10 | 50.07 |
| 2010 | 46.28 | 57.01 | 45.89 | 43.34 | 27.76 | 45.69 | 50.86 |
| 2011 | 47.87 | 58.51 | 47.39 | 44.84 | 29.72 | 47.19 | 52.36 |
| 2012 | 50.02 | 60.34 | 49.15 | 47.60 | 32.80 | 48.87 | 54.07 |
| 2013 | 51.09 | 61.23 | 50.14 | 49.13 | 34.04 | 49.88 | 54.98 |
| 2014 | 52.15 | 62.11 | 51.09 | 50.64 | 35.33 | 50.86 | 55.84 |
| 2015 | 53.16 | 63.01 | 52.02 | 51.65 | 36.72 | 51.82 | 56.68 |
| 2016 | 54.21 | 63.91 | 53.03 | 52.74 | 38.15 | 52.88 | 57.56 |

注：1999年及以上年份城镇、乡村人口为非农业、农业人口。

# 2-9 人口出生率

单位:‰

| 年 份 | 全 市 | 朔城区 | 平鲁区 | 山阴县 | 应 县 | 右玉县 | 怀仁县 |
|---|---|---|---|---|---|---|---|
| 1990 | 22.76 | 21.49 | 16.72 | 15.95 | 26.10 | 21.31 | 32.08 |
| 1991 | 15.85 | 13.75 | 15.27 | 13.32 | 16.69 | 15.21 | 20.64 |
| 1992 | 16.05 | 13.43 | 22.25 | 12.92 | 15.71 | 12.46 | 19.60 |
| 1993 | 14.48 | 12.96 | 12.96 | 13.82 | 16.29 | 9.45 | 18.36 |
| 1994 | 14.12 | 13.33 | 12.29 | 13.20 | 16.92 | 9.34 | 16.18 |
| 1995 | 14.22 | 13.01 | 12.24 | 14.25 | 14.15 | 10.20 | 19.24 |
| 1996 | 12.74 | 13.40 | 12.56 | 13.86 | 10.86 | 9.24 | 14.55 |
| 1997 | 13.03 | 13.01 | 13.26 | 14.59 | 11.83 | 11.59 | 13.48 |
| 1998 | 11.36 | 13.54 | 11.81 | 14.20 | 9.80 | 3.52 | 10.36 |
| 1999 | 13.78 | 16.71 | 13.64 | 14.33 | 12.97 | 7.43 | 12.63 |
| 2000 | 14.06 | 13.75 | 14.13 | 14.00 | 14.05 | 14.56 | 14.10 |
| 2001 | 14.12 | 14.02 | 14.29 | 14.16 | 14.13 | 14.06 | 14.10 |
| 2002 | 13.97 | 13.66 | 14.14 | 14.06 | 14.01 | 14.46 | 14.03 |
| 2003 | 14.12 | 13.45 | 14.14 | 14.03 | 14.58 | 14.50 | 14.49 |
| 2004 | 13.90 | 12.65 | 13.67 | 13.82 | 14.68 | 14.97 | 13.82 |
| 2005 | 13.19 | 13.20 | 13.28 | 13.25 | 13.13 | 12.93 | 13.22 |
| 2006 | 12.67 | 12.07 | 13.07 | 12.86 | 12.83 | 12.72 | 12.93 |
| 2007 | 11.93 | 12.00 | 11.84 | 11.87 | 11.96 | 11.78 | 11.93 |
| 2008 | 11.86 | 11.75 | 11.92 | 11.89 | 11.95 | 11.74 | 11.90 |
| 2009 | 11.55 | 11.57 | 11.36 | 11.32 | 11.83 | 11.69 | 11.49 |
| 2010 | 10.27 | 10.37 | 10.41 | 9.99 | 9.80 | 10.58 | 10.58 |
| 2011 | 10.23 | 10.32 | 10.32 | 9.90 | 9.74 | 10.34 | 10.70 |
| 2012 | 10.86 | 10.23 | 10.65 | 11.11 | 11.75 | 11.42 | 10.68 |
| 2013 | 11.28 | 10.76 | 11.55 | 11.58 | 11.81 | 11.87 | 10.96 |
| 2014 | 11.25 | 11.63 | 10.48 | 11.69 | 11.94 | 11.16 | 10.15 |
| 2015 | 10.29 | 10.78 | 9.58 | 10.28 | 11.09 | 9.57 | 9.44 |
| 2016 | 9.24 | 9.15 | 8.35 | 9.41 | 9.43 | 10.65 | 9.13 |

注:1990、2000、2010 年为人口普查数据。

# 2-10 出生人口

单位：人

| 年份 | 全市 | 朔城区 | 平鲁区 | 山阴县 | 应县 | 右玉县 | 怀仁县 |
|---|---|---|---|---|---|---|---|
| 1990 | 27185 | 6128 | 2699 | 3000 | 6747 | 2076 | 6535 |
| 1991 | 19320 | 3962 | 2523 | 2539 | 4364 | 1494 | 4438 |
| 1992 | 19804 | 3938 | 3739 | 2479 | 4138 | 1225 | 4285 |
| 1993 | 18060 | 3923 | 2213 | 2656 | 4320 | 922 | 4026 |
| 1994 | 17949 | 4224 | 2128 | 2551 | 4502 | 907 | 3637 |
| 1995 | 18478 | 4296 | 2160 | 2818 | 3778 | 988 | 4438 |
| 1996 | 16704 | 4483 | 2250 | 2764 | 2897 | 896 | 3414 |
| 1997 | 17217 | 4417 | 2392 | 2932 | 3147 | 1124 | 3205 |
| 1998 | 15115 | 4658 | 2144 | 2881 | 2605 | 341 | 2486 |
| 1999 | 18502 | 5842 | 2486 | 2941 | 3449 | 719 | 3065 |
| 2000 | 20341 | 5396 | 2467 | 3032 | 3903 | 1525 | 4018 |
| 2001 | 20654 | 5495 | 2525 | 3100 | 3978 | 1490 | 4066 |
| 2002 | 20607 | 5395 | 2517 | 3101 | 3972 | 1545 | 4077 |
| 2003 | 20976 | 5348 | 2536 | 3117 | 4161 | 1561 | 4243 |
| 2004 | 20567 | 5066 | 2485 | 3087 | 4227 | 1625 | 4077 |
| 2005 | 19880 | 5327 | 2416 | 2992 | 3807 | 1411 | 3927 |
| 2006 | 19165 | 4889 | 2385 | 2910 | 3733 | 1393 | 3855 |
| 2007 | 18211 | 4907 | 2181 | 2715 | 3512 | 1308 | 3588 |
| 2008 | 18159 | 4822 | 2203 | 2723 | 3520 | 1300 | 3591 |
| 2009 | 17785 | 4774 | 2111 | 2609 | 3504 | 1301 | 3486 |
| 2010 | 17573 | 5228 | 2117 | 2383 | 3210 | 1184 | 3451 |
| 2011 | 17596 | 5236 | 2110 | 2373 | 3203 | 1163 | 3511 |
| 2012 | 18784 | 5214 | 2188 | 2677 | 3889 | 1291 | 3525 |
| 2013 | 19620 | 5515 | 2385 | 2806 | 3932 | 1349 | 3633 |
| 2014 | 19676 | 5994 | 2174 | 2851 | 4000 | 1276 | 3381 |
| 2015 | 18094 | 5590 | 1995 | 2521 | 3732 | 1099 | 3157 |
| 2016 | 16310 | 4766 | 1746 | 2316 | 3187 | 1228 | 3067 |

注：1990、2000、2010年为人口普查数据。

# 2-11 人口死亡率

单位:‰

| 年 份 | 全 市 | 朔城区 | 平鲁区 | 山阴县 | 应 县 | 右玉县 | 怀仁县 |
|---|---|---|---|---|---|---|---|
| 1990 | 5.81 | 4.98 | 5.55 | 6.53 | 6.08 | 17.59 | 5.68 |
| 1991 | 4.82 | 4.33 | 5.02 | 5.43 | 5.18 | 10.55 | 4.21 |
| 1992 | 5.18 | 4.63 | 3.97 | 5.96 | 5.64 | 11.62 | 5.94 |
| 1993 | 5.26 | 4.40 | 4.35 | 6.01 | 6.07 | 14.98 | 5.11 |
| 1994 | 5.17 | 4.56 | 4.98 | 5.38 | 5.94 | 13.08 | 4.61 |
| 1995 | 5.06 | 3.77 | 5.21 | 5.69 | 5.85 | 15.39 | 4.80 |
| 1996 | 4.93 | 3.86 | 4.23 | 6.19 | 6.45 | 10.24 | 4.20 |
| 1997 | 4.87 | 4.04 | 4.36 | 6.49 | 6.00 | 6.40 | 3.93 |
| 1998 | 4.71 | 4.40 | 4.58 | 6.00 | 5.83 | 8.45 | 4.14 |
| 1999 | 5.11 | 4.20 | 5.85 | 6.62 | 5.58 | 4.39 | 4.34 |
| 2000 | 6.26 | 5.81 | 6.23 | 6.67 | 6.61 | 6.21 | 6.24 |
| 2001 | 6.22 | 5.68 | 6.38 | 6.55 | 6.85 | 6.23 | 6.15 |
| 2002 | 6.45 | 5.96 | 6.60 | 6.78 | 6.89 | 6.38 | 6.40 |
| 2003 | 6.75 | 6.67 | 6.75 | 6.54 | 6.75 | 7.38 | 6.80 |
| 2004 | 6.36 | 5.62 | 5.65 | 6.21 | 7.01 | 6.70 | 6.35 |
| 2005 | 6.23 | 5.48 | 7.75 | 6.02 | 6.20 | 7.27 | 6.19 |
| 2006 | 6.03 | 5.26 | 6.18 | 6.13 | 6.27 | 7.12 | 6.28 |
| 2007 | 5.87 | 5.58 | 5.38 | 5.93 | 5.89 | 6.50 | 6.15 |
| 2008 | 5.94 | 5.82 | 5.98 | 5.99 | 6.06 | 5.86 | 5.96 |
| 2009 | 6.07 | 5.84 | 6.26 | 5.87 | 6.56 | 6.27 | 5.87 |
| 2010 | 5.03 | 5.05 | 5.08 | 5.64 | 4.09 | 5.48 | 5.31 |
| 2011 | 5.22 | 4.98 | 5.35 | 5.23 | 5.51 | 5.18 | 5.23 |
| 2012 | 5.45 | 5.30 | 5.81 | 5.12 | 5.79 | 5.85 | 5.23 |
| 2013 | 5.52 | 5.26 | 5.68 | 5.51 | 5.25 | 4.80 | 6.35 |
| 2014 | 5.66 | 5.34 | 5.89 | 5.42 | 6.60 | 5.70 | 5.23 |
| 2015 | 5.58 | 4.72 | 5.94 | 5.61 | 6.90 | 5.83 | 5.25 |
| 2016 | 5.90 | 5.90 | 4.79 | 6.18 | 5.83 | 7.02 | 6.10 |

注:1990、2000、2010 年为人口普查数据。

# 2-12 死亡人口

单位:人

| 年 份 | 全 市 | 朔城区 | 平鲁区 | 山阴县 | 应 县 | 右玉县 | 怀仁县 |
|---|---|---|---|---|---|---|---|
| 1990 | 6937 | 1419 | 896 | 1227 | 1572 | 665 | 1158 |
| 1991 | 5876 | 1249 | 830 | 1035 | 1354 | 503 | 905 |
| 1992 | 6633 | 1358 | 908 | 1143 | 1485 | 441 | 1298 |
| 1993 | 6554 | 1334 | 743 | 1156 | 1609 | 592 | 1120 |
| 1994 | 6571 | 1444 | 863 | 1040 | 1581 | 606 | 1037 |
| 1995 | 6573 | 1246 | 920 | 1124 | 1561 | 615 | 1107 |
| 1996 | 6467 | 1290 | 757 | 1234 | 1722 | 478 | 986 |
| 1997 | 6430 | 1370 | 787 | 1304 | 1597 | 438 | 934 |
| 1998 | 6266 | 1516 | 832 | 1217 | 1550 | 156 | 995 |
| 1999 | 6854 | 1468 | 1066 | 1358 | 1483 | 425 | 1054 |
| 2000 | 9054 | 2251 | 1088 | 1447 | 1841 | 650 | 1777 |
| 2001 | 9148 | 2226 | 1127 | 1434 | 1928 | 660 | 1773 |
| 2002 | 9517 | 2354 | 1175 | 1495 | 1953 | 681 | 1859 |
| 2003 | 10027 | 2652 | 1210 | 1453 | 1927 | 794 | 1991 |
| 2004 | 9276 | 2250 | 1021 | 1387 | 2018 | 727 | 1873 |
| 2005 | 9390 | 2211 | 1392 | 1357 | 1798 | 793 | 1839 |
| 2006 | 9123 | 2131 | 1128 | 1378 | 1824 | 780 | 1873 |
| 2007 | 8960 | 2282 | 1011 | 1354 | 1729 | 727 | 1857 |
| 2008 | 9098 | 2388 | 1106 | 1372 | 1784 | 649 | 1799 |
| 2009 | 9347 | 2410 | 1163 | 1352 | 1943 | 698 | 1781 |
| 2010 | 8609 | 2547 | 1033 | 1345 | 1340 | 613 | 1731 |
| 2011 | 8982 | 2523 | 1093 | 1254 | 1813 | 582 | 1717 |
| 2012 | 9432 | 2702 | 1193 | 1234 | 1916 | 662 | 1725 |
| 2013 | 9603 | 2697 | 1172 | 1336 | 1748 | 546 | 2104 |
| 2014 | 9902 | 2752 | 1223 | 1321 | 2212 | 652 | 1742 |
| 2015 | 9812 | 2450 | 1237 | 1375 | 2322 | 670 | 1758 |
| 2016 | 10423 | 3072 | 1002 | 1520 | 1970 | 809 | 2050 |

注:1990、2000、2010年为人口普查数据。

# 2-13 人口自然增长率

单位:‰

| 年份 | 全市 | 朔城区 | 平鲁区 | 山阴县 | 应县 | 右玉县 | 怀仁县 |
|---|---|---|---|---|---|---|---|
| 1990 | 16.95 | 16.51 | 11.17 | 9.42 | 20.02 | 14.49 | 26.40 |
| 1991 | 11.03 | 9.42 | 10.25 | 7.89 | 11.51 | 10.09 | 16.43 |
| 1992 | 10.87 | 8.80 | 18.28 | 6.96 | 10.07 | 7.98 | 13.66 |
| 1993 | 9.22 | 8.56 | 8.61 | 7.81 | 10.22 | 3.38 | 13.25 |
| 1994 | 8.95 | 8.77 | 7.31 | 7.82 | 10.98 | 3.10 | 11.57 |
| 1995 | 9.16 | 9.24 | 7.03 | 8.56 | 8.30 | 3.85 | 14.44 |
| 1996 | 7.81 | 9.54 | 8.33 | 7.67 | 4.41 | 4.31 | 10.35 |
| 1997 | 8.16 | 8.97 | 8.90 | 8.10 | 5.83 | 7.08 | 9.55 |
| 1998 | 6.65 | 9.14 | 7.23 | 8.20 | 3.97 | 1.91 | 6.22 |
| 1999 | 8.67 | 12.51 | 7.79 | 7.71 | 7.39 | 3.04 | 8.29 |
| 2000 | 7.80 | 7.94 | 7.90 | 7.33 | 7.44 | 8.35 | 7.86 |
| 2001 | 7.90 | 8.34 | 7.91 | 7.61 | 7.28 | 8.37 | 7.95 |
| 2002 | 7.52 | 7.70 | 7.54 | 7.28 | 7.12 | 8.08 | 7.63 |
| 2003 | 7.37 | 6.78 | 7.39 | 7.49 | 7.83 | 7.12 | 7.69 |
| 2004 | 7.54 | 7.03 | 8.02 | 7.61 | 7.67 | 8.27 | 7.47 |
| 2005 | 6.96 | 7.72 | 5.53 | 7.23 | 6.93 | 5.66 | 7.03 |
| 2006 | 6.64 | 6.81 | 6.89 | 6.73 | 6.56 | 5.60 | 6.65 |
| 2007 | 6.06 | 6.42 | 6.46 | 5.93 | 6.06 | 5.28 | 5.78 |
| 2008 | 5.92 | 5.93 | 5.94 | 5.90 | 5.89 | 5.88 | 5.94 |
| 2009 | 5.48 | 5.73 | 5.10 | 5.45 | 5.27 | 5.42 | 5.62 |
| 2010 | 5.24 | 5.32 | 5.33 | 4.35 | 5.71 | 5.10 | 5.27 |
| 2011 | 5.01 | 5.35 | 4.97 | 4.64 | 4.23 | 5.17 | 5.47 |
| 2012 | 5.40 | 4.93 | 4.84 | 5.99 | 5.96 | 5.56 | 5.46 |
| 2013 | 5.76 | 5.50 | 5.87 | 6.06 | 6.56 | 7.06 | 4.61 |
| 2014 | 5.59 | 6.29 | 4.58 | 6.27 | 5.34 | 5.46 | 4.92 |
| 2015 | 4.71 | 6.06 | 3.64 | 4.67 | 4.19 | 3.73 | 4.18 |
| 2016 | 3.34 | 3.25 | 3.56 | 3.23 | 3.60 | 3.63 | 3.03 |

注:1990、2000、2010年为人口普查数据。

# 2-14 人口主要指标(2016 年)

| 指　标 | 全　市 | 朔城区 | 平鲁区 | 山阴县 | 应　县 | 右玉县 | 怀仁县 |
|---|---|---|---|---|---|---|---|
| 总户数(户) | 575918 | 159580 | 64059 | 81101 | 119170 | 42462 | 109546 |
| 总人口(人) | 1768103 | 521827 | 209476 | 246549 | 338445 | 115498 | 336308 |
| 男性人口(人) | 915867 | 269388 | 108678 | 128982 | 176163 | 59906 | 172750 |
| 女性人口(人) | 852236 | 252439 | 100798 | 117567 | 162282 | 55592 | 163558 |
| 性别比(女 =100) | 107.47 | 106.71 | 107.82 | 109.71 | 108.55 | 107.76 | 105.62 |
| 城镇人口(人) | 958406 | 333525 | 111078 | 130028 | 129121 | 61080 | 193574 |
| 乡村人口(人) | 809697 | 188302 | 98398 | 116521 | 209324 | 54418 | 142734 |
| 城镇化率(%) | 54.21 | 63.91 | 53.03 | 52.74 | 38.15 | 52.88 | 57.56 |
| 出生人口(人) | 16310 | 4766 | 1746 | 2316 | 3187 | 1228 | 3067 |
| 死亡人口(人) | 10423 | 3072 | 1002 | 1520 | 1970 | 809 | 2050 |
| 出生率(‰) | 9.24 | 9.15 | 8.35 | 9.41 | 9.43 | 10.65 | 9.13 |
| 死亡率(‰) | 5.90 | 5.90 | 4.79 | 6.18 | 5.83 | 7.02 | 6.10 |
| 人口自然增长率(‰) | 3.34 | 3.25 | 3.56 | 3.23 | 3.60 | 3.63 | 3.03 |
| 平均家庭户规模(人 / 户) | 3.07 | 3.27 | 3.27 | 3.04 | 2.84 | 2.72 | 3.07 |

# 2–15 城镇非私营单位从业人员

单位：人

| 项　目 | 2015 | 2016 |
|---|---|---|
| 总　计 | 196976 | 188946 |
| 一、按企业、事业、机关分组 | | |
| 1.企业 | 122270 | 114219 |
| 2.事业 | 47319 | 47457 |
| 3.机关 | 26084 | 25979 |
| 4.民间非营利组织 | 685 | 679 |
| 5.其他 | 618 | 612 |
| 二、按国民经济行业分组 | | |
| 1.农、林、牧、渔业 | 2202 | 2129 |
| 2.采矿业 | 51100 | 43927 |
| 3.制造业 | 11281 | 9829 |
| 4.电力、燃气及水的生产和供应业 | 10249 | 10641 |
| 5.建筑业 | 16605 | 16231 |
| 6.批发和零售业 | 10810 | 10434 |
| 7.交通运输、仓储和邮政业 | 5423 | 5809 |
| 8.住宿和餐饮业 | 1182 | 1115 |
| 9.信息传输、计算机服务和软件业 | 2220 | 2677 |
| 10.金融业 | 6815 | 7063 |
| 11.房地产业 | 2767 | 2389 |
| 12.租赁和商务服务业 | 2414 | 2505 |
| 13.科学研究、技术服务和地质勘查业 | 1671 | 1677 |
| 14.水利、环境和公共设施管理业 | 4937 | 5087 |
| 15.居民服务和其他服务业 | 541 | 631 |
| 16.教育 | 22941 | 23102 |
| 17.卫生、社会保障和社会福利业 | 7702 | 7881 |
| 18.文化、体育和娱乐业 | 1784 | 1702 |
| 19.公共管理和社会组织 | 34332 | 34117 |

# 2-16 城镇非私营单位女性从业人员

单位:人

| 项　目 | 2015 | 2016 |
| --- | --- | --- |
| 总　计 | 61641 | 59500 |
| 一、按企业、事业、机关分组 | | |
| 1.企业 | 29844 | 27234 |
| 2.事业 | 23373 | 23784 |
| 3.机关 | 7694 | 7782 |
| 4.民间非营利组织 | 477 | 465 |
| 5.其他 | 253 | 235 |
| 二、按国民经济行业分组 | | |
| 1.农、林、牧、渔业 | 608 | 584 |
| 2.采矿业 | 8632 | 6614 |
| 3.制造业 | 4206 | 3546 |
| 4.电力、燃气及水的生产和供应业 | 2703 | 2640 |
| 5.建筑业 | 1956 | 2100 |
| 6.批发和零售业 | 3711 | 3569 |
| 7.交通运输、仓储和邮政业 | 1899 | 2033 |
| 8.住宿和餐饮业 | 697 | 683 |
| 9.信息传输、计算机服务和软件业 | 1082 | 1078 |
| 10.金融业 | 3183 | 3092 |
| 11.房地产业 | 801 | 749 |
| 12.租赁和商务服务业 | 458 | 471 |
| 13.科学研究、技术服务和地质勘查业 | 525 | 523 |
| 14.水利、环境和公共设施管理业 | 2035 | 2203 |
| 15.居民服务和其他服务业 | 217 | 247 |
| 16.教育 | 13805 | 13983 |
| 17.卫生、社会保障和社会福利业 | 4024 | 4134 |
| 18.文化、体育和娱乐业 | 825 | 807 |
| 19.公共管理和社会组织 | 10274 | 10444 |

# 2-17 城镇非私营单位在岗职工

单位：人

| 项　　目 | 2015 | 2016 |
| --- | --- | --- |
| 总　　计 | 192401 | 184051 |
| 一、按企业、事业、机关分组 | | |
| 1.企业 | 119399 | 111163 |
| 2.事业 | 46487 | 46382 |
| 3.机关 | 25227 | 25220 |
| 4.民间非营利组织 | 685 | 679 |
| 5.其他 | 603 | 607 |
| 二、按国民经济行业分组 | | |
| 1.农、林、牧、渔业 | 2166 | 2091 |
| 2.采矿业 | 49438 | 42829 |
| 3.制造业 | 10854 | 9363 |
| 4.电力、燃气及水的生产和供应业 | 10155 | 10582 |
| 5.建筑业 | 16081 | 15047 |
| 6.批发和零售业 | 10694 | 10316 |
| 7.交通运输、仓储和邮政业 | 5423 | 5795 |
| 8.住宿和餐饮业 | 1174 | 1107 |
| 9.信息传输、计算机服务和软件业 | 2220 | 2677 |
| 10.金融业 | 6764 | 6979 |
| 11.房地产业 | 2749 | 2368 |
| 12.租赁和商务服务业 | 2413 | 2505 |
| 13.科学研究、技术服务和地质勘查业 | 1629 | 1656 |
| 14.水利、环境和公共设施管理业 | 4932 | 5066 |
| 15.居民服务和其他服务业 | 541 | 631 |
| 16.教育 | 22549 | 22560 |
| 17.卫生、社会保障和社会福利业 | 7551 | 7590 |
| 18.文化、体育和娱乐业 | 1725 | 1665 |
| 19.公共管理和社会组织 | 33343 | 33224 |

# 2-18 城镇非私营单位其他从业人员

单位:人

| 项目 | 2015 | 2016 |
|---|---|---|
| 总计 | 4575 | 4895 |
| 一、按企业、事业、机关分组 | | |
| 1.企业 | 2871 | 3056 |
| 2.事业 | 832 | 1075 |
| 3.机关 | 857 | 759 |
| 4.民间非营利组织 | | 0 |
| 5.其他 | 15 | 5 |
| 二、按国民经济行业分组 | | |
| 1.农、林、牧、渔业 | 36 | 38 |
| 2.采矿业 | 1662 | 1098 |
| 3.制造业 | 427 | 466 |
| 4.电力、燃气及水的生产和供应业 | 94 | 59 |
| 5.建筑业 | 524 | 1184 |
| 6.批发和零售业 | 116 | 118 |
| 7.交通运输、仓储和邮政业 | | 14 |
| 8.住宿和餐饮业 | 8 | 8 |
| 9.信息传输、计算机服务和软件业 | | 0 |
| 10.金融业 | 51 | 84 |
| 11.房地产业 | 18 | 21 |
| 12.租赁和商务服务业 | 1 | 0 |
| 13.科学研究、技术服务和地质勘查业 | 42 | 21 |
| 14.水利、环境和公共设施管理业 | 5 | 21 |
| 15.居民服务和其他服务业 | | 0 |
| 16.教育 | 392 | 542 |
| 17.卫生、社会保障和社会福利业 | 151 | 291 |
| 18.文化、体育和娱乐业 | 59 | 37 |
| 19.公共管理和社会组织 | 989 | 893 |

# 2-19 城镇非私营单位从业人员劳动报酬

单位：万元

| 项　目 | 2015 | 2016 |
| --- | --- | --- |
| 总　计 | 1019439 | 959112.4 |
| 一、按企业、事业、机关分组 | | |
| 1.企业 | 671923.7 | 615243.1 |
| 2.事业 | 216214.9 | 212337.6 |
| 3.机关 | 127740.9 | 127806.5 |
| 4.民间非营利组织 | 1956.9 | 1951.8 |
| 5.其他 | 1602.6 | 1773.4 |
| 二、按国民经济行业分组 | | |
| 1.农、林、牧、渔业 | 6015.5 | 5128.1 |
| 2.采矿业 | 342612.4 | 282819.1 |
| 3.制造业 | 44582.8 | 39443.2 |
| 4.电力、燃气及水的生产和供应业 | 84953.7 | 87535.8 |
| 5.建筑业 | 64051.3 | 62563.8 |
| 6.批发和零售业 | 37017.5 | 33615.7 |
| 7.交通运输、仓储和邮政业 | 21923.9 | 22837.1 |
| 8.住宿和餐饮业 | 2710.7 | 2564.7 |
| 9.信息传输、计算机服务和软件业 | 12214.1 | 14218.1 |
| 10.金融业 | 48915.2 | 55383.3 |
| 11.房地产业 | 7441.3 | 6237.5 |
| 12.租赁和商务服务业 | 6364.8 | 8808.5 |
| 13.科学研究、技术服务和地质勘查业 | 7171.5 | 7106.9 |
| 14.水利、环境和公共设施管理业 | 12883.7 | 12997.3 |
| 15.居民服务和其他服务业 | 997.2 | 1362.5 |
| 16.教育 | 114811.1 | 114653.3 |
| 17.卫生、社会保障和社会福利业 | 33224 | 33170.1 |
| 18.文化、体育和娱乐业 | 6153.5 | 5839.9 |
| 19.公共管理和社会组织 | 165394.8 | 162827.5 |

# 2-20 城镇非私营单位在岗职工工资总额

单位:万元

| 项　　目 | 2015 | 2016 |
| --- | --- | --- |
| 总　　计 | 1007376.5 | 943304.2 |
| 一、按企业、事业、机关分组 | | |
| 1.企业 | 663749.6 | 603559.9 |
| 2.事业 | 214562.5 | 210034.6 |
| 3.机关 | 125540.4 | 125998.5 |
| 4.民间非营利组织 | 1956.9 | 1951.8 |
| 5.其他 | 1567.1 | 1759.4 |
| 二、按国民经济行业分组 | | |
| 1.农、林、牧、渔业 | 5941.8 | 5050.3 |
| 2.采矿业 | 338800.2 | 278965.6 |
| 3.制造业 | 43472.9 | 38434.7 |
| 4.电力、燃气及水的生产和供应业 | 84751.9 | 87379.8 |
| 5.建筑业 | 61655.9 | 57109.5 |
| 6.批发和零售业 | 36542.8 | 33048 |
| 7.交通运输、仓储和邮政业 | 21923.9 | 22803.3 |
| 8.住宿和餐饮业 | 2704.2 | 2549.6 |
| 9.信息传输、计算机服务和软件业 | 12214.1 | 14218.1 |
| 10.金融业 | 48773 | 54884.8 |
| 11.房地产业 | 7374.7 | 6171.8 |
| 12.租赁和商务服务业 | 6363.8 | 8808.5 |
| 13.科学研究、技术服务和地质勘查业 | 7076.5 | 7060.4 |
| 14.水利、环境和公共设施管理业 | 12878.2 | 12965.2 |
| 15.居民服务和其他服务业 | 997.2 | 1362.5 |
| 16.教育 | 114196.7 | 113679.5 |
| 17.卫生、社会保障和社会福利业 | 32831.5 | 32511.8 |
| 18.文化、体育和娱乐业 | 6016.5 | 5712.3 |
| 19.公共管理和社会组织 | 162860.7 | 160588.5 |

# 2-21 城镇非私营单位其他从业人员劳动报酬

单位:万元

| 项　　目 | 2015 | 2016 |
|---|---|---|
| 总　　计 | 12062.5 | 15808.2 |
| 一、按企业、事业、机关分组 | | |
| 1.企业 | 8174.1 | 11683.2 |
| 2.事业 | 1652.4 | 2303 |
| 3.机关 | 2200.5 | 1808 |
| 4.民间非营利组织 | | 0 |
| 5.其他 | 35.5 | 14 |
| 二、按国民经济行业分组 | | |
| 1.农、林、牧、渔业 | 73.7 | 77.8 |
| 2.采矿业 | 3812.2 | 3853.5 |
| 3.制造业 | 1109.9 | 1008.5 |
| 4.电力、燃气及水的生产和供应业 | 201.8 | 156.1 |
| 5.建筑业 | 2395.4 | 5454.3 |
| 6.批发和零售业 | 474.7 | 567.7 |
| 7.交通运输、仓储和邮政业 | | 33.8 |
| 8.住宿和餐饮业 | 6.5 | 15 |
| 9.信息传输、计算机服务和软件业 | | 0 |
| 10.金融业 | 142.2 | 498.5 |
| 11.房地产业 | 66.6 | 65.7 |
| 12.租赁和商务服务业 | 1 | 0 |
| 13.科学研究、技术服务和地质勘查业 | 95 | 46.5 |
| 14.水利、环境和公共设施管理业 | 5.5 | 32.1 |
| 15.居民服务和其他服务业 | | 0 |
| 16.教育 | 614.4 | 973.8 |
| 17.卫生、社会保障和社会福利业 | 392.5 | 658.3 |
| 18.文化、体育和娱乐业 | 137 | 127.6 |
| 19.公共管理和社会组织 | 2534.1 | 2239 |

# 2-22 城镇非私营单位从业人员平均工资

单位:元

| 项　　目 | 2015 | 2016 |
| --- | --- | --- |
| **总　　计** | 51432 | 50869 |
| **一、按企业、事业、机关分组** | | |
| 1.企业 | 54432 | 54070 |
| 2.事业 | 45609 | 44728 |
| 3.机关 | 49018 | 49162 |
| 4.民间非营利组织 | 28568 | 28745 |
| 5.其他 | 26016 | 29168 |
| **二、按国民经济行业分组** | | |
| 1.农、林、牧、渔业 | 27281 | 24064 |
| 2.采矿业 | 67416 | 65380 |
| 3.制造业 | 40711 | 39119 |
| 4.电力、燃气及水的生产和供应业 | 80206 | 82589 |
| 5.建筑业 | 36813 | 38091 |
| 6.批发和零售业 | 31978 | 31632 |
| 7.交通运输、仓储和邮政业 | 40720 | 40391 |
| 8.住宿和餐饮业 | 22703 | 22981 |
| 9.信息传输、计算机服务和软件业 | 54944 | 59021 |
| 10.金融业 | 71797 | 78413 |
| 11.房地产业 | 27581 | 26453 |
| 12.租赁和商务服务业 | 26279 | 33582 |
| 13.科学研究、技术服务和地质勘查业 | 42662 | 42127 |
| 14.水利、环境和公共设施管理业 | 26170 | 25540 |
| 15.居民服务和其他服务业 | 18467 | 21730 |
| 16.教育 | 50081 | 49644 |
| 17.卫生、社会保障和社会福利业 | 42600 | 42121 |
| 18.文化、体育和娱乐业 | 35043 | 34312 |
| 19.公共管理和社会组织 | 48209 | 47718 |

# 2-23 国有单位从业人员

单位:人

| 项　　目 | 2015 | 2016 |
|---|---|---|
| 总　　计 | 101066 | 96514 |
| 一、按隶属关系分组 | | |
| 1.中央 | 9223 | 6109 |
| 2.省、自治区、直辖市 | 12468 | 12244 |
| 3.地区 | 15756 | 17192 |
| 4.县及县以下 | 62952 | 60455 |
| 5.其他 | 667 | 514 |
| 二、按企业、事业、机关分组 | | |
| 1.企业 | 28661 | 24146 |
| 其中:地方 | 20714 | 19298 |
| 2.事业 | 45934 | 46012 |
| 其中:地方 | 45812 | 45889 |
| 3.机关 | 26061 | 25956 |
| 其中:地方 | 24907 | 24818 |
| 5.其他 | 410 | 400 |
| 三、按国民经济行业分组 | | |
| 1.农、林、牧、渔业 | 1149 | 1093 |
| 2.采矿业 | 9229 | 5115 |
| 3.制造业 | 456 | 309 |
| 4.电力、燃气及水的生产和供应业 | 3887 | 3766 |
| 5.建筑业 | 6367 | 6010 |
| 6.批发和零售业 | 3104 | 2916 |
| 7.交通运输、仓储和邮政业 | 2404 | 2827 |
| 8.住宿和餐饮业 | 212 | 211 |
| 9.信息传输、计算机服务和软件业 | 572 | 572 |
| 10.金融业 | 1785 | 1777 |
| 11.房地产业 | 645 | 453 |
| 12.租赁和商务服务业 | 879 | 975 |
| 13.科学研究、技术服务和地质勘查业 | 1263 | 1269 |
| 14.水利、环境和公共设施管理业 | 4885 | 4953 |
| 15.居民服务和其他服务业 | 119 | 154 |
| 16.教育 | 21496 | 21611 |
| 17.卫生、社会保障和社会福利业 | 6608 | 6818 |
| 18.文化、体育和娱乐业 | 1674 | 1568 |
| 19.公共管理和社会组织 | 34332 | 34117 |

# 2-24 国有单位女性从业人员

单位:人

| 项　　目 | 2015 | 2016 |
|---|---|---|
| 总　　计 | 37375 | 37623 |
| 一、按隶属关系分组 | | |
| 1.中央 | 1862 | 1497 |
| 2.省、自治区、直辖市 | 4343 | 4327 |
| 3.地区 | 6340 | 7205 |
| 4.县及县以下 | 24673 | 24464 |
| 5.其他 | 157 | 130 |
| 二、按企业、事业、机关分组 | | |
| 1.企业 | 7037 | 6766 |
| 其中:地方 | 5555 | 5663 |
| 2.事业 | 22514 | 22964 |
| 其中:地方 | 22483 | 22928 |
| 3.机关 | 7689 | 7777 |
| 其中:地方 | 7340 | 7419 |
| 5.其他 | 135 | 116 |
| 三、按国民经济行业分组 | | |
| 1.农、林、牧、渔业 | 337 | 319 |
| 2.采矿业 | 1444 | 1099 |
| 3.制造业 | 104 | 77 |
| 4.电力、燃气及水的生产和供应业 | 982 | 919 |
| 5.建筑业 | 841 | 811 |
| 6.批发和零售业 | 1231 | 1183 |
| 7.交通运输、仓储和邮政业 | 1075 | 1179 |
| 8.住宿和餐饮业 | 121 | 115 |
| 9.信息传输、计算机服务和软件业 | 278 | 262 |
| 10.金融业 | 799 | 861 |
| 11.房地产业 | 247 | 131 |
| 12.租赁和商务服务业 | 104 | 168 |
| 13.科学研究、技术服务和地质勘查业 | 424 | 422 |
| 14.水利、环境和公共设施管理业 | 2030 | 2178 |
| 15.居民服务和其他服务业 | 44 | 58 |
| 16.教育 | 12904 | 13142 |
| 17.卫生、社会保障和社会福利业 | 3357 | 3495 |
| 18.文化、体育和娱乐业 | 779 | 760 |
| 19.公共管理和社会组织 | 10274 | 10444 |

# 2-25 国有单位在岗职工

单位:人

| 项　　目 | 2015 | 2016 |
| --- | --- | --- |
| 总　　计 | 99042 | 94351 |
| 一、按隶属关系分组 | | |
| 1.中央 | 9221 | 6067 |
| 2.省、自治区、直辖市 | 12410 | 12202 |
| 3.地区 | 15650 | 17071 |
| 4.县及县以下 | 61094 | 58497 |
| 5.其他 | 667 | 514 |
| 二、按企业、事业、机关分组 | | |
| 1.企业 | 28296 | 23813 |
| 其中:地方 | 20349 | 19006 |
| 2.事业 | 45138 | 44946 |
| 其中:地方 | 45018 | 44824 |
| 3.机关 | 25204 | 25197 |
| 其中:地方 | 24050 | 24059 |
| 5.其他 | 404 | 395 |
| 三、按国民经济行业分组 | | |
| 1.农、林、牧、渔业 | 1113 | 1055 |
| 2.采矿业 | 9160 | 5074 |
| 3.制造业 | 274 | 127 |
| 4.电力、燃气及水的生产和供应业 | 3811 | 3715 |
| 5.建筑业 | 6331 | 5993 |
| 6.批发和零售业 | 3051 | 2859 |
| 7.交通运输、仓储和邮政业 | 2404 | 2813 |
| 8.住宿和餐饮业 | 212 | 211 |
| 9.信息传输、计算机服务和软件业 | 572 | 572 |
| 10.金融业 | 1785 | 1777 |
| 11.房地产业 | 645 | 453 |
| 12.租赁和商务服务业 | 878 | 975 |
| 13.科学研究、技术服务和地质勘查业 | 1221 | 1248 |
| 14.水利、环境和公共设施管理业 | 4880 | 4932 |
| 15.居民服务和其他服务业 | 119 | 154 |
| 16.教育 | 21104 | 21069 |
| 17.卫生、社会保障和社会福利业 | 6519 | 6559 |
| 18.文化、体育和娱乐业 | 1620 | 1541 |
| 19.公共管理和社会组织 | 33343 | 33224 |

# 2-26 国有单位其他从业人员

单位:人

| 项　　目 | 2015 | 2016 |
| --- | --- | --- |
| 总　　计 | 2024 | 2163 |
| 一、按隶属关系分组 | | |
| 1.中央 | 2 | 42 |
| 2.省、自治区、直辖市 | 58 | 42 |
| 3.地区 | 106 | 121 |
| 4.县及县以下 | 1858 | 1958 |
| 5.其他 | | 0 |
| 二、按企业、事业、机关分组 | | |
| 1.企业 | 365 | 333 |
| 其中:地方 | 365 | 292 |
| 2.事业 | 796 | 1066 |
| 其中:地方 | 794 | 1065 |
| 3.机关 | 857 | 759 |
| 其中:地方 | 857 | 759 |
| 5.其他 | 6 | 5 |
| 三、按国民经济行业分组 | | |
| 1.农、林、牧、渔业 | 36 | 38 |
| 2.采矿业 | 69 | 41 |
| 3.制造业 | 182 | 182 |
| 4.电力、燃气及水的生产和供应业 | 76 | 51 |
| 5.建筑业 | 36 | 17 |
| 6.批发和零售业 | 53 | 57 |
| 7.交通运输、仓储和邮政业 | | 14 |
| 8.住宿和餐饮业 | | 0 |
| 9.信息传输、计算机服务和软件业 | | 0 |
| 10.金融业 | | 0 |
| 11.房地产业 | | 0 |
| 12.租赁和商务服务业 | 1 | 0 |
| 13.科学研究、技术服务和地质勘查业 | 42 | 21 |
| 14.水利、环境和公共设施管理业 | 5 | 21 |
| 15.居民服务和其他服务业 | | 0 |
| 16.教育 | 392 | 542 |
| 17.卫生、社会保障和社会福利业 | 89 | 259 |
| 18.文化、体育和娱乐业 | 54 | 27 |
| 19.公共管理和社会组织 | 989 | 893 |

# 2-27 国有单位从业人员劳动报酬

单位:万元

| 项　　目 | 2015 | 2016 |
|---|---|---|
| 总　　计 | 486546.1 | 451922 |
| 一、按隶属关系分组 | | |
| 1.中央 | 67272.7 | 43780.8 |
| 2.省、自治区、直辖市 | 68815.5 | 67306.5 |
| 3.地区 | 67039.2 | 78709.7 |
| 4.县及县以下 | 280475.3 | 259833.6 |
| 5.其他 | 2943.4 | 2291.4 |
| 二、按企业、事业、机关分组 | | |
| 1.企业 | 147041.4 | 116463.9 |
| 其中:地方 | 87226 | 79988.3 |
| 2.事业 | 210806.9 | 206572.5 |
| 其中:地方 | 210105.3 | 205778.1 |
| 3.机关 | 127606.9 | 127658.3 |
| 其中:地方 | 120851.2 | 121147.5 |
| 5.其他 | 1090.9 | 1227.3 |
| 三、按国民经济行业分组 | | |
| 1.农、林、牧、渔业 | 4101.1 | 3210 |
| 2.采矿业 | 60056.3 | 32827.5 |
| 3.制造业 | 1882.7 | 998.2 |
| 4.电力、燃气及水的生产和供应业 | 25120.1 | 24681.1 |
| 5.建筑业 | 19631.9 | 18031.8 |
| 6.批发和零售业 | 13568.6 | 12425.4 |
| 7.交通运输、仓储和邮政业 | 11835.5 | 12223.9 |
| 8.住宿和餐饮业 | 377.2 | 398.5 |
| 9.信息传输、计算机服务和软件业 | 3135.5 | 2838.2 |
| 10.金融业 | 13370.2 | 13989.3 |
| 11.房地产业 | 1655.3 | 1284.6 |
| 12.租赁和商务服务业 | 2144.5 | 3248.3 |
| 13.科学研究、技术服务和地质勘查业 | 5944.4 | 5860.9 |
| 14.水利、环境和公共设施管理业 | 12673.1 | 12486.4 |
| 15.居民服务和其他服务业 | 242.6 | 317.1 |
| 16.教育 | 110400.4 | 109983.4 |
| 17.卫生、社会保障和社会福利业 | 29156.2 | 28939.8 |
| 18.文化、体育和娱乐业 | 5855.7 | 5350.1 |
| 19.公共管理和社会组织 | 165394.8 | 162827.5 |

# 2-28 国有单位在岗职工工资总额

单位:万元

| 项　目 | 2015 | 2016 |
|---|---|---|
| **总　计** | 480026.5 | 446760.1 |
| **一、按隶属关系分组** | | |
| 1.中央 | 65397.8 | 43526.3 |
| 2.省、自治区、直辖市 | 68564.4 | 67081.6 |
| 3.地区 | 66810.6 | 78468.4 |
| 4.县及县以下 | 276310.3 | 255392.4 |
| 5.其他 | 2943.4 | 2291.4 |
| **二、按企业、事业、机关分组** | | |
| 1.企业 | 144172 | 115396.1 |
| 其中:地方 | 86227.3 | 79173.1 |
| 2.事业 | 209373.7 | 204300.4 |
| 其中:地方 | 208676.3 | 203507.9 |
| 3.机关 | 125406.4 | 125850.3 |
| 其中:地方 | 118650.7 | 119339.5 |
| 5.其他 | 1074.4 | 1213.3 |
| **三、按国民经济行业分组** | | |
| 1.农、林、牧、渔业 | 4027.4 | 3132.2 |
| 2.采矿业 | 58032.6 | 32574.9 |
| 3.制造业 | 1457.2 | 572.7 |
| 4.电力、燃气及水的生产和供应业 | 25009.2 | 24579.8 |
| 5.建筑业 | 19541.7 | 17998.9 |
| 6.批发和零售业 | 13295.4 | 12144 |
| 7.交通运输、仓储和邮政业 | 11835.5 | 12190.1 |
| 8.住宿和餐饮业 | 377.2 | 398.5 |
| 9.信息传输、计算机服务和软件业 | 3135.5 | 2838.2 |
| 10.金融业 | 13370.2 | 13989.3 |
| 11.房地产业 | 1655.3 | 1284.6 |
| 12.租赁和商务服务业 | 2143.5 | 3248.3 |
| 13.科学研究、技术服务和地质勘查业 | 5849.4 | 5814.4 |
| 14.水利、环境和公共设施管理业 | 12667.6 | 12454.3 |
| 15.居民服务和其他服务业 | 242.6 | 317.1 |
| 16.教育 | 109786 | 109009.6 |
| 17.卫生、社会保障和社会福利业 | 29003.3 | 28332.2 |
| 18.文化、体育和娱乐业 | 5736.2 | 5292.5 |
| 19.公共管理和社会组织 | 162860.7 | 160588.5 |

# 2-29 国有单位其他从业人员劳动报酬

单位:万元

| 项　　目 | 2015 | 2016 |
|---|---|---|
| 总　　计 | 6519.6 | 5161.9 |
| 一、按隶属关系分组 | | |
| 1.中央 | 1874.9 | 254.5 |
| 2.省、自治区、直辖市 | 251.1 | 224.9 |
| 3.地区 | 228.6 | 241.3 |
| 4.县及县以下 | 4165 | 4441.2 |
| 5.其他 | | 0 |
| 二、按企业、事业、机关分组 | | |
| 1.企业 | 2869.4 | 1067.8 |
| 其中:地方 | 998.7 | 815.2 |
| 2.事业 | 1433.2 | 2272.1 |
| 其中:地方 | 1429 | 2270.2 |
| 3.机关 | 2200.5 | 1808 |
| 其中:地方 | 2200.5 | 1808 |
| 5.其他 | 16.5 | 14 |
| 三、按国民经济行业分组 | | |
| 1.农、林、牧、渔业 | 73.7 | 77.8 |
| 2.采矿业 | 2023.7 | 252.6 |
| 3.制造业 | 425.5 | 425.5 |
| 4.电力、燃气及水的生产和供应业 | 110.9 | 101.3 |
| 5.建筑业 | 90.2 | 32.9 |
| 6.批发和零售业 | 273.2 | 281.4 |
| 7.交通运输、仓储和邮政业 | | 33.8 |
| 8.住宿和餐饮业 | | 0 |
| 9.信息传输、计算机服务和软件业 | | 0 |
| 10.金融业 | | 0 |
| 11.房地产业 | | 0 |
| 12.租赁和商务服务业 | 1 | 0 |
| 13.科学研究、技术服务和地质勘查业 | 95 | 46.5 |
| 14.水利、环境和公共设施管理业 | 5.5 | 32.1 |
| 15.居民服务和其他服务业 | | 0 |
| 16.教育 | 614.4 | 973.8 |
| 17.卫生、社会保障和社会福利业 | 152.9 | 607.6 |
| 18.文化、体育和娱乐业 | 119.5 | 57.6 |
| 19.公共管理和社会组织 | 2534.1 | 2239 |

# 2-30 国有单位从业人员平均工资

单位:元

| 项　　目 | 2015 | 2016 |
|---|---|---|
| 总　　计 | 47912 | 46686 |
| 一、按隶属关系分组 | | |
| 1.中央 | 70325 | 70060 |
| 2.省、自治区、直辖市 | 54551 | 55043 |
| 3.地区 | 42916 | 46178 |
| 4.县及县以下 | 44456 | 42753 |
| 5.其他 | 44733 | 45645 |
| 二、按企业、事业、机关分组 | | |
| 1.企业 | 50467 | 47731 |
| 其中:地方 | 41843 | 41184 |
| 2.事业 | 45858 | 44880 |
| 其中:地方 | 45826 | 44830 |
| 3.机关 | 49010 | 49148 |
| 其中:地方 | 48570 | 48793 |
| 5.其他 | 26738 | 30837 |
| 三、按国民经济行业分组 | | |
| 1.农、林、牧、渔业 | 35507 | 29315 |
| 2.采矿业 | 67050 | 63521 |
| 3.制造业 | 45697 | 34902 |
| 4.电力、燃气及水的生产和供应业 | 60399 | 67324 |
| 5.建筑业 | 28909 | 28370 |
| 6.批发和零售业 | 41956 | 40860 |
| 7.交通运输、仓储和邮政业 | 49171 | 44825 |
| 8.住宿和餐饮业 | 17962 | 18976 |
| 9.信息传输、计算机服务和软件业 | 54530 | 49274 |
| 10.金融业 | 74527 | 78769 |
| 11.房地产业 | 25664 | 28483 |
| 12.租赁和商务服务业 | 24621 | 33661 |
| 13.科学研究、技术服务和地质勘查业 | 47066 | 46185 |
| 14.水利、环境和公共设施管理业 | 26017 | 25200 |
| 15.居民服务和其他服务业 | 20387 | 20862 |
| 16.教育 | 51397 | 50909 |
| 17.卫生、社会保障和社会福利业 | 43818 | 42484 |
| 18.文化、体育和娱乐业 | 35597 | 34121 |
| 19.公共管理和社会组织 | 48209 | 47718 |

# 2-31 集体单位从业人员

单位：人

| 项　　目 | 2015 | 2016 |
| --- | --- | --- |
| 总　　计 | 8472 | 7314 |
| 一、按企业、事业、机关分组 | | |
| 1.企业 | 8356 | 7198 |
| 2.事业 | 43 | 43 |
| 3.机关 | 23 | 23 |
| 5.其他 | 50 | 50 |
| 二、按国民经济行业分组 | | |
| 1.农、林、牧、渔业 | | |
| 2.采矿业 | | |
| 3.制造业 | 432 | 103 |
| 4.电力、燃气及水的生产和供应业 | 23 | 23 |
| 5.建筑业 | 1273 | 597 |
| 6.批发和零售业 | 3292 | 3136 |
| 7.交通运输、仓储和邮政业 | 492 | 501 |
| 8.住宿和餐饮业 | 62 | 52 |
| 9.信息传输、计算机服务和软件业 | 56 | 56 |
| 10.金融业 | 2161 | 2319 |
| 11.房地产业 | | 0 |
| 12.租赁和商务服务业 | 371 | 217 |
| 13.科学研究、技术服务和地质勘查业 | 150 | 150 |
| 14.水利、环境和公共设施管理业 | | 0 |
| 15.居民服务和其他服务业 | 122 | 122 |
| 16.教育 | | 0 |
| 17.卫生、社会保障和社会福利业 | 38 | 38 |
| 18.文化、体育和娱乐业 | | |
| 19.公共管理和社会组织 | | |

# 2-32 集体单位女性从业人员

单位:人

| 项　　目 | 2015 | 2016 |
| --- | --- | --- |
| 总　　计 | 2614 | 2215 |
| 一、按企业、事业、机关分组 | | |
| 1.企业 | 2569 | 2172 |
| 2.事业 | 20 | 18 |
| 3.机关 | 5 | 5 |
| 4.其他 | 20 | 20 |
| 二、按国民经济行业分组 | | |
| 1.农、林、牧、渔业 | | 0 |
| 2.采矿业 | | 0 |
| 3.制造业 | 102 | 47 |
| 4.电力、燃气及水的生产和供应业 | 5 | 5 |
| 5.建筑业 | 168 | 125 |
| 6.批发和零售业 | 932 | 816 |
| 7.交通运输、仓储和邮政业 | 103 | 103 |
| 8.住宿和餐饮业 | 25 | 18 |
| 9.信息传输、计算机服务和软件业 | 36 | 36 |
| 10.金融业 | 994 | 883 |
| 11.房地产业 | | 0 |
| 12.租赁和商务服务业 | 150 | 85 |
| 13.科学研究、技术服务和地质勘查业 | 37 | 37 |
| 14.水利、环境和公共设施管理业 | | 0 |
| 15.居民服务和其他服务业 | 46 | 46 |
| 16.教育 | | 0 |
| 17.卫生、社会保障和社会福利业 | 16 | 14 |
| 18.文化、体育和娱乐业 | | 0 |
| 19.公共管理和社会组织 | | 0 |

# 2-33 集体单位在岗职工

单位:人

| 项 目 | 2015 | 2016 |
|---|---|---|
| 总 计 | 8375 | 7127 |
| 一、按企业、事业、机关分组 | | |
| 1.企业 | 8259 | 7011 |
| 2.事业 | 43 | 43 |
| 3.机关 | 23 | 23 |
| 4.其他 | 50 | 50 |
| 二、按国民经济行业分组 | | |
| 1.农、林、牧、渔业 | | 0 |
| 2.采矿业 | | 0 |
| 3.制造业 | 432 | 103 |
| 4.电力、燃气及水的生产和供应业 | 23 | 23 |
| 5.建筑业 | 1220 | 487 |
| 6.批发和零售业 | 3292 | 3136 |
| 7.交通运输、仓储和邮政业 | 492 | 501 |
| 8.住宿和餐饮业 | 62 | 52 |
| 9.信息传输、计算机服务和软件业 | 56 | 56 |
| 10.金融业 | 2117 | 2242 |
| 11.房地产业 | | 0 |
| 12.租赁和商务服务业 | 371 | 217 |
| 13.科学研究、技术服务和地质勘查业 | 150 | 150 |
| 14.水利、环境和公共设施管理业 | | 0 |
| 15.居民服务和其他服务业 | 122 | 122 |
| 16.教育 | | 0 |
| 17.卫生、社会保障和社会福利业 | 38 | 38 |
| 18.文化、体育和娱乐业 | | 0 |
| 19.公共管理和社会组织 | | 0 |

注:2015 年包含在岗劳务。

# 2-34 集体单位其他从业人员

单位:人

| 项　　目 | 2015 | 2016 |
|---|---|---|
| 总　　计 | 97 | 187 |
| 一、按企业、事业、机关分组 | | |
| 1.企业 | 97 | 187 |
| 2.事业 | | 0 |
| 3.机关 | | 0 |
| 4.其他 | | 0 |
| 二、按国民经济行业分组 | | |
| 1.农、林、牧、渔业 | | 0 |
| 2.采矿业 | | 0 |
| 3.制造业 | | 0 |
| 4.电力、燃气及水的生产和供应业 | | 0 |
| 5.建筑业 | 53 | 110 |
| 6.批发和零售业 | | 0 |
| 7.交通运输、仓储和邮政业 | | 0 |
| 8.住宿和餐饮业 | | 0 |
| 9.信息传输、计算机服务和软件业 | | 0 |
| 10.金融业 | 44 | 77 |
| 11.房地产业 | | 0 |
| 12.租赁和商务服务业 | | 0 |
| 13.科学研究、技术服务和地质勘查业 | | 0 |
| 14.水利、环境和公共设施管理业 | | 0 |
| 15.居民服务和其他服务业 | | 0 |
| 16.教育 | | 0 |
| 17.卫生、社会保障和社会福利业 | | 0 |
| 18.文化、体育和娱乐业 | | 0 |
| 19.公共管理和社会组织 | | 0 |

# 2–35 集体单位从业人员劳动报酬

单位：万元

| 项　　目 | 2015 | 2016 |
|---|---|---|
| **总　　计** | 32205.3 | 34553.6 |
| **一、按企业、事业、机关分组** | | |
| 1.企业 | 31875.8 | 34208.2 |
| 2.事业 | 95.3 | 97 |
| 3.机关 | 134 | 148.2 |
| 4.其他 | 100.2 | 100.2 |
| **二、按国民经济行业分组** | | |
| 1.农、林、牧、渔业 | | 0 |
| 2.采矿业 | | 0 |
| 3.制造业 | 1640.7 | 240.5 |
| 4.电力、燃气及水的生产和供应业 | 134 | 148.2 |
| 5.建筑业 | 4851.5 | 2603.1 |
| 6.批发和零售业 | 8607.8 | 8940 |
| 7.交通运输、仓储和邮政业 | 922.9 | 761.7 |
| 8.住宿和餐饮业 | 116.3 | 103.3 |
| 9.信息传输、计算机服务和软件业 | 130 | 130 |
| 10.金融业 | 13098 | 18715.4 |
| 11.房地产业 | | 0 |
| 12.租赁和商务服务业 | 2064.4 | 2264.3 |
| 13.科学研究、技术服务和地质勘查业 | 370.3 | 376 |
| 14.水利、环境和公共设施管理业 | | 0 |
| 15.居民服务和其他服务业 | 186.1 | 186.1 |
| 16.教育 | | 0 |
| 17.卫生、社会保障和社会福利业 | 83.3 | 85 |
| 18.文化、体育和娱乐业 | | 0 |
| 19.公共管理和社会组织 | | 0 |

# 2-36 集体单位在岗职工工资总额

单位:万元

| 项　目 | 2015 | 2016 |
|---|---|---|
| **总　计** | 31775.2 | 33957.7 |
| **一、按企业、事业、机关分组** | | |
| 1.企业 | 31445.7 | 33612.3 |
| 2.事业 | 95.3 | 97 |
| 3.机关 | 134 | 148.2 |
| 4.其他 | 100.2 | 100.2 |
| **二、按国民经济行业分组** | | |
| 1.农、林、牧、渔业 | | 0 |
| 2.采矿业 | | 0 |
| 3.制造业 | 1640.7 | 240.5 |
| 4.电力、燃气及水的生产和供应业 | 134 | 148.2 |
| 5.建筑业 | 4519.1 | 2469.1 |
| 6.批发和零售业 | 8607.8 | 8940 |
| 7.交通运输、仓储和邮政业 | 922.9 | 761.7 |
| 8.住宿和餐饮业 | 116.3 | 103.3 |
| 9.信息传输、计算机服务和软件业 | 130 | 130 |
| 10.金融业 | 13000.3 | 18253.5 |
| 11.房地产业 | | 0 |
| 12.租赁和商务服务业 | 2064.4 | 2264.3 |
| 13.科学研究、技术服务和地质勘查业 | 370.3 | 376 |
| 14.水利、环境和公共设施管理业 | | 0 |
| 15.居民服务和其他服务业 | 186.1 | 186.1 |
| 16.教育 | | 0 |
| 17.卫生、社会保障和社会福利业 | 83.3 | 85 |
| 18.文化、体育和娱乐业 | | 0 |
| 19.公共管理和社会组织 | | 0 |

# 2-37 集体单位其他从业人员劳动报酬

单位:万元

| 项　目 | 2015 | 2016 |
|---|---|---|
| 总　计 | 430.1 | 595.9 |
| 一、按企业、事业、机关分组 | | |
| 1.企业 | 430.1 | 595.9 |
| 2.事业 | | 0 |
| 3.机关 | | 0 |
| 4.其他 | | 0 |
| 二、按国民经济行业分组 | | |
| 1.农、林、牧、渔业 | | 0 |
| 2.采矿业 | | 0 |
| 3.制造业 | | 0 |
| 4.电力、燃气及水的生产和供应业 | | 0 |
| 5.建筑业 | 332.4 | 134 |
| 6.批发和零售业 | | 0 |
| 7.交通运输、仓储和邮政业 | | 0 |
| 8.住宿和餐饮业 | | 0 |
| 9.信息传输、计算机服务和软件业 | | 0 |
| 10.金融业 | 97.7 | 461.9 |
| 11.房地产业 | | 0 |
| 12.租赁和商务服务业 | | 0 |
| 13.科学研究、技术服务和地质勘查业 | | 0 |
| 14.水利、环境和公共设施管理业 | | 0 |
| 15.居民服务和其他服务业 | | 0 |
| 16.教育 | | 0 |
| 17.卫生、社会保障和社会福利业 | | 0 |
| 18.文化、体育和娱乐业 | | 0 |
| 19.公共管理和社会组织 | | 0 |

# 2-38 集体单位从业人员平均工资

单位:元

| 项　　目 | 2015 | 2016 |
|---|---|---|
| **总　　计** | 38032 | 46306 |
| **一、按企业、事业、机关分组** | | |
| 1.企业 | 38165 | 46567 |
| 2.事业 | 22163 | 22558 |
| 3.机关 | 58261 | 64435 |
| 4.其他 | 20040 | 20040 |
| **二、按国民经济行业分组** | | |
| 1.农、林、牧、渔业 | | 0 |
| 2.采矿业 | | 0 |
| 3.制造业 | 37979 | 23350 |
| 4.电力、燃气及水的生产和供应业 | 58261 | 64435 |
| 5.建筑业 | 37932 | 43750 |
| 6.批发和零售业 | 26179 | 28264 |
| 7.交通运输、仓储和邮政业 | 18835 | 15234 |
| 8.住宿和餐饮业 | 18758 | 19865 |
| 9.信息传输、计算机服务和软件业 | 23214 | 23214 |
| 10.金融业 | 60893 | 80914 |
| 11.房地产业 | | 0 |
| 12.租赁和商务服务业 | 54759 | 65254 |
| 13.科学研究、技术服务和地质勘查业 | 24687 | 25067 |
| 14.水利、环境和公共设施管理业 | | 0 |
| 15.居民服务和其他服务业 | 15254 | 15254 |
| 16.教育 | | 0 |
| 17.卫生、社会保障和社会福利业 | 21921 | 22368 |
| 18.文化、体育和娱乐业 | | 0 |
| 19.公共管理和社会组织 | | 0 |

# 2-39 其他单位从业人员

单位:人

| 项　　目 | 2015 | 2016 |
|---|---|---|
| 总　　计 | 87438 | 85118 |
| 一、按登记注册类型分组 | | |
| (一)内资 | 82354 | 79929 |
| 1.股份合作 | 840 | 932 |
| 2.联营 | 779 | 1292 |
| 其中:国有联营 | 742 | 1255 |
| 3.有限责任公司 | 55850 | 58000 |
| 其中:国有独资 | 4467 | 6711 |
| 4.股份有限公司 | 21117 | 16041 |
| 5.其他 | 3768 | 3664 |
| (二)港、澳、台商投资 | 1131 | 1746 |
| (三)外商投资 | 3953 | 3443 |
| 二、按企业、事业、机关分组 | | |
| 1.企业 | 85253 | 82875 |
| 2.事业 | 1342 | 1402 |
| 3.机关 | | 0 |
| 4.民间非营利组织 | 685 | 679 |
| 5.其他 | 158 | 162 |
| 三、按国民经济行业分组 | | |
| 1.农、林、牧、渔业 | 1053 | 1036 |
| 2.采矿业 | 41871 | 38812 |
| 3.制造业 | 10393 | 9417 |
| 4.电力、燃气及水的生产和供应业 | 6339 | 6852 |
| 5.建筑业 | 8965 | 9624 |
| 6.批发和零售业 | 4414 | 4382 |
| 7.交通运输、仓储和邮政业 | 2527 | 2481 |
| 8.住宿和餐饮业 | 908 | 852 |
| 9.信息传输、计算机服务和软件业 | 1592 | 2049 |
| 10.金融业 | 2869 | 2967 |
| 11.房地产业 | 2122 | 1936 |
| 12.租赁和商务服务业 | 1164 | 1313 |
| 13.科学研究、技术服务和地质勘查业 | 258 | 258 |
| 14.水利、环境和公共设施管理业 | 52 | 134 |
| 15.居民服务和其他服务业 | 300 | 355 |
| 16.教育 | 1445 | 1491 |
| 17.卫生、社会保障和社会福利业 | 1056 | 1025 |
| 18.文化、体育和娱乐业 | 110 | 134 |
| 19.公共管理和社会组织 | | 0 |

# 2-40 其他单位女性从业人员

单位:人

| 项 目 | 2015 | 2016 |
| --- | --- | --- |
| 总 计 | 21652 | 19662 |
| 一、按登记注册类型分组 | | |
| (一)内资 | 19644 | 17992 |
| 1.股份合作 | 502 | 579 |
| 2.联营 | 26 | 124 |
| 其中:国有联营 | 10 | 108 |
| 3.有限责任公司 | 11931 | 12073 |
| 其中:国有独资 | 1454 | 1620 |
| 4.股份有限公司 | 5560 | 3719 |
| 5.其他 | 1625 | 1497 |
| (二)港、澳、台商投资 | 399 | 442 |
| (三)外商投资 | 1609 | 1228 |
| 二、按企业、事业、机关分组 | | |
| 1.企业 | 20238 | 18296 |
| 2.事业 | 839 | 802 |
| 3.民间非营利组织 | 477 | 465 |
| 4.其他 | 98 | 99 |
| 三、按国民经济行业分组 | | |
| 1.农、林、牧、渔业 | 271 | 265 |
| 2.采矿业 | 7188 | 5515 |
| 3.制造业 | 4000 | 3422 |
| 4.电力、燃气及水的生产和供应业 | 1716 | 1716 |
| 5.建筑业 | 947 | 1164 |
| 6.批发和零售业 | 1548 | 1570 |
| 7.交通运输、仓储和邮政业 | 721 | 751 |
| 8.住宿和餐饮业 | 551 | 550 |
| 9.信息传输、计算机服务和软件业 | 768 | 780 |
| 10.金融业 | 1390 | 1348 |
| 11.房地产业 | 554 | 618 |
| 12.租赁和商务服务业 | 204 | 218 |
| 13.科学研究、技术服务和地质勘查业 | 64 | 64 |
| 14.水利、环境和公共设施管理业 | 5 | 25 |
| 15.居民服务和其他服务业 | 127 | 143 |
| 16.教育 | 901 | 841 |
| 17.卫生、社会保障和社会福利业 | 651 | 625 |
| 18.文化、体育和娱乐业 | 46 | 47 |
| 19.公共管理和社会组织 | | 0 |

# 2-41 其他单位在岗职工

单位:人

| 项　目 | 2015 | 2016 |
|---|---|---|
| **总　计** | 84984 | 82573 |
| **一、按登记注册类型分组** | | |
| (一) 内资 | 79902 | 77384 |
| 1.股份合作 | 813 | 932 |
| 2.联营 | 779 | 1292 |
| 其中:国有联营 | 742 | 1255 |
| 3.有限责任公司 | 53575 | 55587 |
| 其中:国有独资 | 4421 | 6350 |
| 4.股份有限公司 | 21090 | 16017 |
| 5.其他 | 3645 | 3556 |
| (二)港、澳、台商投资 | 1129 | 1746 |
| (三)外商投资 | 3953 | 3443 |
| **二、按企业、事业、机关分组** | | |
| 1.企业 | 82844 | 80339 |
| 2.事业 | 1306 | 1393 |
| 3.机关 | | 0 |
| 4.民间非营利组织 | 685 | 679 |
| 5.其他 | 149 | 162 |
| **三、按国民经济行业分组** | | |
| 1.农、林、牧、渔业 | 1053 | 1036 |
| 2.采矿业 | 40278 | 37755 |
| 3.制造业 | 10148 | 9133 |
| 4.电力、燃气及水的生产和供应业 | 6321 | 6844 |
| 5.建筑业 | 8530 | 8567 |
| 6.批发和零售业 | 4351 | 4321 |
| 7.交通运输、仓储和邮政业 | 2527 | 2481 |
| 8.住宿和餐饮业 | 900 | 844 |
| 9.信息传输、计算机服务和软件业 | 1592 | 2049 |
| 10.金融业 | 2862 | 2960 |
| 11.房地产业 | 2104 | 1915 |
| 12.租赁和商务服务业 | 1164 | 1313 |
| 13.科学研究、技术服务和地质勘查业 | 258 | 258 |
| 14.水利、环境和公共设施管理业 | 52 | 134 |
| 15.居民服务和其他服务业 | 300 | 355 |
| 16.教育 | 1445 | 1491 |
| 17.卫生、社会保障和社会福利业 | 994 | 993 |
| 18.文化、体育和娱乐业 | 105 | 124 |
| 19.公共管理和社会组织 | | 0 |

注:2015 年包含在岗劳务,2016 年劳务会计。

# 2-42 其他单位其他从业人员

单位:人

| 项　　目 | 2015 | 2016 |
|---|---|---|
| **总　　计** | 2454 | 2545 |
| **一、按登记注册类型分组** | | |
| (一)内资 | 2452 | 2545 |
| 1.股份合作 | 27 | 0 |
| 2.联营 | | 0 |
| 其中:国有联营 | | 0 |
| 3.有限责任公司 | 2275 | 2413 |
| 其中:国有独资 | 46 | 361 |
| 4.股份有限公司 | 27 | 24 |
| 5.其他 | 123 | 108 |
| (二)港、澳、台商投资 | 2 | 0 |
| (三)外商投资 | | 0 |
| **二、按企业、事业、机关分组** | | |
| 1.企业 | 2409 | 2536 |
| 2.事业 | 36 | 9 |
| 3.机关 | | 0 |
| 4.民间非营利组织 | | 0 |
| 5.其他 | 9 | |
| **三、按国民经济行业分组** | | 0 |
| 1.农、林、牧、渔业 | | 1057 |
| 2.采矿业 | 1593 | 284 |
| 3.制造业 | 245 | 8 |
| 4.电力、燃气及水的生产和供应业 | 18 | 1057 |
| 5.建筑业 | 435 | 61 |
| 6.批发和零售业 | 63 | 0 |
| 7.交通运输、仓储和邮政业 | | 8 |
| 8.住宿和餐饮业 | 8 | 0 |
| 9.信息传输、计算机服务和软件业 | | 7 |
| 10.金融业 | 7 | 21 |
| 11.房地产业 | 18 | 0 |
| 12.租赁和商务服务业 | | 0 |
| 13.科学研究、技术服务和地质勘查业 | | 0 |
| 14.水利、环境和公共设施管理业 | | 0 |
| 15.居民服务和其他服务业 | | 0 |
| 16.教育 | | 32 |
| 17.卫生、社会保障和社会福利业 | 62 | 10 |
| 18.文化、体育和娱乐业 | 5 | 0 |
| 19.公共管理和社会组织 | | |

# 2-43 其他单位从业人员劳动报酬

单位:万元

| 项 目 | 2015 | 2016 |
|---|---|---|
| 总 计 | 500687.6 | 472636.8 |
| 一、按登记注册类型分组 | | |
| (一)内资 | 461779.2 | 434162.6 |
| 1.股份合作 | 3757.1 | 4222.5 |
| 2.联营 | 3215.2 | 10338.5 |
| 其中:国有联营 | 3136 | 10259.3 |
| 3.有限责任公司 | 267786.8 | 283623.7 |
| 其中:国有独资 | 30919.4 | 41015.3 |
| 4.股份有限公司 | 177351.3 | 125995.6 |
| 5.其他 | 9668.8 | 9982.3 |
| (二)港、澳、台商投资 | 6718.9 | 9185.1 |
| (三)外商投资 | 32189.5 | 29289.1 |
| 二、按企业、事业、机关分组 | | |
| 1.企业 | 493006.5 | 464571 |
| 2.事业 | 5312.7 | 5668.1 |
| 3.机关 | | 0 |
| 4.民间非营利组织 | 1956.9 | 1951.8 |
| 5.其他 | 411.5 | 445.9 |
| 三、按国民经济行业分组 | | |
| 1.农、林、牧、渔业 | 1914.4 | 1918.1 |
| 2.采矿业 | 282556.1 | 249991.6 |
| 3.制造业 | 41059.4 | 38204.5 |
| 4.电力、燃气及水的生产和供应业 | 59699.6 | 62706.5 |
| 5.建筑业 | 39567.9 | 41928.9 |
| 6.批发和零售业 | 14841.1 | 12250.3 |
| 7.交通运输、仓储和邮政业 | 9165.5 | 9851.5 |
| 8.住宿和餐饮业 | 2217.2 | 2062.9 |
| 9.信息传输、计算机服务和软件业 | 8948.6 | 11249.9 |
| 10.金融业 | 22447 | 22678.6 |
| 11.房地产业 | 5786 | 4952.9 |
| 12.租赁和商务服务业 | 2155.9 | 3295.9 |
| 13.科学研究、技术服务和地质勘查业 | 856.8 | 870 |
| 14.水利、环境和公共设施管理业 | 210.6 | 510.9 |
| 15.居民服务和其他服务业 | 568.5 | 859.3 |
| 16.教育 | 4410.7 | 4669.9 |
| 17.卫生、社会保障和社会福利业 | 3984.5 | 4145.3 |
| 18.文化、体育和娱乐业 | 297.8 | 489.8 |
| 19.公共管理和社会组织 | | 0 |

# 2-44 其他单位在岗职工工资总额

单位:万元

| 项目 | 2015 | 2016 |
| --- | --- | --- |
| 总计 | 495574.8 | 462586.4 |
| 一、按登记注册类型分组 | | |
| (一)内资 | 456690.7 | 424149.9 |
| 1.股份合作 | 3568.1 | 4222.5 |
| 2.联营 | 3215.2 | 10338.5 |
| 其中:国有联营 | 3136 | 10259.3 |
| 3.有限责任公司 | 263349.2 | 274019 |
| 其中:国有独资 | 30753.8 | 39999.9 |
| 4.股份有限公司 | 177222.1 | 125922.3 |
| 5.其他 | 9336.1 | 9647.6 |
| (二)港、澳、台商投资 | 6694.6 | 9147.4 |
| (三)外商投资 | 32189.5 | 29289.1 |
| 二、按企业、事业、机关分组 | | |
| 1.企业 | 488131.9 | 454551.5 |
| 2.事业 | 5093.5 | 5637.2 |
| 3.民间非营利组织 | 1956.9 | 1951.8 |
| 4.其他 | 392.5 | 445.9 |
| 三、按国民经济行业分组 | | |
| 1.农、林、牧、渔业 | 1914.4 | 1918.1 |
| 2.采矿业 | 280767.6 | 246390.7 |
| 3.制造业 | 40375 | 37621.5 |
| 4.电力、燃气及水的生产和供应业 | 59608.7 | 62651.8 |
| 5.建筑业 | 37595.1 | 36641.5 |
| 6.批发和零售业 | 14639.6 | 11964 |
| 7.交通运输、仓储和邮政业 | 9165.5 | 9851.5 |
| 8.住宿和餐饮业 | 2210.7 | 2047.8 |
| 9.信息传输、计算机服务和软件业 | 8948.6 | 112499 |
| 10.金融业 | 22402.5 | 22642 |
| 11.房地产业 | 5719.4 | 4887.2 |
| 12.租赁和商务服务业 | 2155.9 | 3295.9 |
| 13.科学研究、技术服务和地质勘查业 | 856.8 | 870 |
| 14.水利、环境和公共设施管理业 | 210.6 | 510.9 |
| 15.居民服务和其他服务业 | 568.5 | 859.3 |
| 16.教育 | 4410.7 | 4669.9 |
| 17.卫生、社会保障和社会福利业 | 3744.9 | 4094.6 |
| 18.文化、体育和娱乐业 | 280.3 | 419.8 |
| 19.公共管理和社会组织 | | 0 |

注:2015 年包含在岗劳务。

# 2-45 其他单位其他从业人员劳动报酬

单位:万元

| 项　　目 | 2015 | 2016 |
|---|---|---|
| 总　　计 | 5112.8 | 10050.4 |
| 一、按登记注册类型分组 | | |
| (一)内资 | 5088.5 | 10012.7 |
| 1.股份合作 | 189 | 0 |
| 2.联营 | | 0 |
| 其中:国有联营 | | 0 |
| 3.有限责任公司 | 4437.6 | 9604.7 |
| 其中:国有独资 | 165.6 | 1015.4 |
| 4.股份有限公司 | 129.2 | 73.3 |
| 5.其他 | 332.7 | 334.7 |
| (二)港、澳、台商投资 | 24.3 | 37.7 |
| (三)外商投资 | | 0 |
| 二、按企业、事业、机关分组 | | |
| 1.企业 | 4874.6 | 10019.5 |
| 2.事业 | 219.2 | 30.9 |
| 3.民间非营利组织 | | 0 |
| 4.其他 | 19 | 0 |
| 三、按国民经济行业分组 | | |
| 1.农、林、牧、渔业 | | 0 |
| 2.采矿业 | 1788.5 | 3600.9 |
| 3.制造业 | 684.4 | 583 |
| 4.电力、燃气及水的生产和供应业 | 90.9 | 54.7 |
| 5.建筑业 | 1972.8 | 5287.4 |
| 6.批发和零售业 | 201.5 | 286.3 |
| 7.交通运输、仓储和邮政业 | | 0 |
| 8.住宿和餐饮业 | 6.5 | 15.1 |
| 9.信息传输、计算机服务和软件业 | | 0 |
| 10.金融业 | 44.5 | 36.6 |
| 11.房地产业 | 66.6 | 65.7 |
| 12.租赁和商务服务业 | | 0 |
| 13.科学研究、技术服务和地质勘查业 | | 0 |
| 14.水利、环境和公共设施管理业 | | 0 |
| 15.居民服务和其他服务业 | | 0 |
| 16.教育 | | 0 |
| 17.卫生、社会保障和社会福利业 | 239.6 | 50.7 |
| 18.文化、体育和娱乐业 | 17.5 | 70 |
| 19.公共管理和社会组织 | | 0 |

# 2-46 其他单位从业人员平均工资

单位:元

| 项 目 | 2015 | 2016 |
| --- | --- | --- |
| 总 计 | 56772 | 56078 |
| 一、按登记注册类型分组 | | |
| (一)内资 | 55526 | 54720 |
| 1.股份合作 | 42215 | 45550 |
| 2.联营 | 43923 | 79588 |
| 其中:国有联营 | 45122 | 81294 |
| 3.有限责任公司 | 47305 | 49476 |
| 其中:国有独资 | 65369 | 62994 |
| 4.股份有限公司 | 83775 | 78122 |
| 5.其他 | 25688 | 27252 |
| (二)港、澳、台商投资 | 59041 | 62103 |
| (三)外商投资 | 82771 | 84651 |
| 二、按企业、事业、机关分组 | | |
| 1.企业 | 57356 | 56627 |
| 2.事业 | 38111 | 40429 |
| 3.民间非营利组织 | 28568 | 28745 |
| 4.其他 | 26044 | 27869 |
| 三、按国民经济行业分组 | | |
| 1.农、林、牧、渔业 | 18232 | 18514 |
| 2.采矿业 | 67494 | 65632 |
| 3.制造业 | 40625 | 39410 |
| 4.电力、燃气及水的生产和供应业 | 93135 | 90747 |
| 5.建筑业 | 42414 | 44257 |
| 6.批发和零售业 | 29365 | 27697 |
| 7.交通运输、仓储和邮政业 | 36854 | 40591 |
| 8.住宿和餐饮业 | 24048 | 24156 |
| 9.信息传输、计算机服务和软件业 | 56210 | 63308 |
| 10.金融业 | 78267 | 76256 |
| 11.房地产业 | 28183 | 25972 |
| 12.租赁和商务服务业 | 18364 | 25140 |
| 13.科学研究、技术服务和地质勘查业 | 31970 | 32463 |
| 14.水利、环境和公共设施管理业 | 40500 | 38127 |
| 15.居民服务和其他服务业 | 19013 | 24343 |
| 16.教育 | 30524 | 31321 |
| 17.卫生、社会保障和社会福利业 | 35994 | 40442 |
| 18.文化、体育和娱乐业 | 26829 | 36552 |
| 19.公共管理和社会组织 | | 0 |

注:2015年包含在岗劳务。

## 2-47 城镇非私营单位主要年份从业人员平均工资

单位:元

| 年份 | 全部从业人员平均工资 | 国有从业人员平均工资 | 集体从业人员平均工资 | 其他从业人员平均工资 |
|---|---|---|---|---|
| 2006 | 18710 | 19531 | 15717 | 12970 |
| 2007 | 23422 | 24050 | 19577 | 21395 |
| 2008 | 26595 | 27134 | 24871 | 23957 |
| 2009 | 27770 | 30376 | 25224 | 21879 |
| 2010 | 32210 | 35385 | 27018 | 26185 |
| 2011 | 37280 | 34358 | 29935 | 43255 |
| 2012 | 43964 | 38614 | 29763 | 53140 |
| 2013 | 46229 | 39659 | 31461 | 55995 |
| 2014 | 49845 | 43322 | 32534 | 59556 |
| 2015 | 51432 | 47912 | 38032 | 56772 |
| 2016 | 50869 | 46686 | 46306 | 56078 |

# 主要统计指标解释

**人口数** 指一定时点、一定地区范围内有生命的个人总和。

年度统计的年末人口数指每年12月31日24时的常住人口数。

**常住人口** 包括:1.住本乡(镇)街道,户口登记地在本乡(镇)街道;2.住本乡(镇)街道半年以上,户口登记地在其他乡(镇)街道;3.住本乡(镇)街道不满半年,但是已离开户口登记地半年以上;4.户口登记地在本乡(镇)街道,离开不满半年;5.住本乡(镇)街道,户口待定;6.户口登记地在本乡(镇)街道,现居住国外。

**城镇人口和乡村人口** 城镇人口是指居住在城镇范围内的全部常住人口;乡村人口是除上述人口以外的全部人口。

城镇包括城区和镇区。城区是指在市辖区和不设区的市中,街道办事处所辖的居民委员会地域;城市公共设施、居住设施等连接到的其他居民委员会地域和村民委员会地域。

镇区是指在城区以外的镇和其他区域,其包括镇所辖的居民委员会地域;镇的公共设施、居住设施等连接到的村民委员会地域。

**出生率(又称粗出生率)** 指在一定时期内(通常为一年)一定地区的出生人数与同期内平均人数(或期中人数)之比,用千分率表示。本资料中的出生率指年出生率,其计算公式为:

出生率 = 年出生人数 / 年平均人数 × 1000‰

式中:出生人数指活产婴儿,即胎儿脱离母体时(不管怀孕月数),有过呼吸或其他生命现象。年平均人数指年初、年底人口数的平均数,也可用年中人口数代替。

**死亡率(又称粗死亡率)** 指在一定时期内(通常为一年)一定地区的死亡人数与同期内平均人数(或期中人数)之比,用千分率表示。本资料中的死亡率指年死亡率,其计算公式为:

死亡率 = 年死亡人数 / 年平均人数 × 1000‰

**人口自然增长率** 指在一定时期内(通常为一年)人口自然增加数(出生人数减死亡人数)与该时期内平均人数(或期中人数)之比,用千分率表示。计算公式为:

人口自然增长率 = (本年出生人数 - 本年死亡人数)/ 年平均人数 × 1000‰= 人口出生率 - 人口死亡率

**总抚养比** 也称总负担系数。指人口总体中非劳动年龄人口数与劳动年龄人口数之比。通常用百分比表示。用以表明每100名劳动年龄人口大致要负担多少名非劳动年龄人口。用于从人口角度反映人口与经济发展的基本关系。计算公式为:

$$GDR=(P_{0-14}+P_{65^+})/P_{15-64}\times 100\%$$

其中:GDR 为总抚养比;

$P_{0-14}$为0–14岁少年儿童人口数;

$P_{15-64}$为15–64岁的劳动年龄人口数;

$P_{65^+}$为65岁及65岁以上的老年人口数。

**老年人口抚养比** 也称老年人口抚养系数。指某一人口中老年人口数与劳动年龄人口数之比。通常用百分比表示。用以表明每100名劳动年龄人口要负担多少名老年人。老年人口抚养比是从经济角度反映人口老龄化社会后果的指标之一。计算公式为:

$$ODR= P_{65^+}/ P_{15-64}\times 100\%$$

其中:ODR 为老年人口抚养比;

$P_{15-64}$为15–64岁的劳动年龄人口数;

$P_{65^+}$为65岁及65岁以上的老年人口数。

**少年儿童抚养比** 也称少年儿童抚养系数。指某一人口中少年儿童人口数与劳动年龄人口数之比。通常用百分比表示。以反映每100名劳动年龄人口要负担多少名少年儿童。计算公式为:

$$CDR= P_{0-14} / P_{15-64}\times 100\%$$

其中:CDR 为少年儿童抚养比;

$P_{0-14}$ 为 0–14 岁少年儿童人口数；

$P_{15-64}$ 为 15–64 岁的劳动年龄人口数。

**劳动力资源总数** 指在劳动年龄内，具有劳动能力，在正常情况下，可能或实际参加社会劳动的人口数。劳动力资源的范围为：劳动年龄内(16 周岁以上)，有劳动能力，实际参加社会劳动和未参加社会劳动的人员。劳动力资源也可划分为经济活动人口和非经济活动人口。劳动力资源不包括下列人员：

(1)在押犯人；

(2)劳动年龄内丧失劳动能力的人员；

(3)16 岁以下实际参加社会劳动的人员。

**从业人员期末人数** 指报告期末最后一日 24 时在本单位工作，并取得工资或其他形式劳动报酬的人员数。该指标为时点指标，不包括最后一日当天及以前已经与单位解除劳动合同关系的人员，是在岗职工、劳务派遣人员及其他从业人员之和。从业人员不包括：

(1)离开本单位仍保留劳动关系，并定期领取生活费的人员；

(2)利用课余时间打工的学生及在本单位实习的各类在校学生；

(3)本单位因劳务外包而使用的人员，如：建筑业整建制使用的人员。

**私营企业和个体从业人员** 指在私营企业或个体经营者所经营的机构中劳动，并领取劳动报酬的人员，包括在私营或个体经营机构中劳动的帮工、学徒、雇用人员。

**在岗职工** 指在本单位工作且与本单位签订劳动合同，并由单位支付各项工资和社会保险、住房公积金的人员，以及上述人员中由于学习、病伤、产假等原因暂未工作仍由单位支付工资的人员。在岗职工还包括：

(1)应订立劳动合同而未订立劳动合同人员(如使用的农村户籍人员)；

(2)处于试用期人员；

(3)编制外招用的人员，如临时人员；

(4)派往外单位工作，但工资仍由本单位发放的人员(如挂职锻炼、外派工作等情况)。

在岗职工不包括：

(1) 本单位使用的且由本单位直接支付工资的劳务派遣人员，应统计在本单位“劳务派遣人员”指标中；

(2)本单位因劳务外包而使用的人员，由承包劳务的单位统计为在岗职工。

**在岗职工工资总额** 指本单位在报告期内直接支付给本单位全部在岗职工的劳动报酬总额。在岗职工工资总额由基本工资、绩效工资、工资性津贴和补贴、其他工资四部分组成。工资总额不包括病假、事假等情况的扣款。

各单位在填报在岗职工工资总额四项构成时，应根据实际情况调整对应项目；如不能确定调整项，可扣减基本工资项。

在岗职工平均工资 指本单位在岗职工在报告期内平均每人所得的工资额。计算公式为：

$$在岗职工平均工资=\frac{在岗职工工资总额}{在岗职工平均人数}$$

**在岗职工平均实际工资** 指扣除物价变动因素后的在岗职工平均工资。计算公式为：

$$在岗职工平均实际工资=\frac{报告期在岗职工平均工资}{报告期职工生活费价格指数}\times 100\%$$

**在岗职工平均工资指数** 指报告期平均工资与基础平均工资的比率，是反映不同时期职工货币工资水平变动情况的相对数。它表明报告期平均工资比基期平均工资提高或降低的程度。计算公式为：

$$在岗职工平均工资指数=\frac{报告期在岗职工平均工资}{基期在岗职工平均工资}\times 100\%$$

**城镇登记失业人员** 指有非农业户口，在劳动年龄内(16 周岁至退休年龄)，有劳动能力，无业而要求就业，并在当地劳动保障部门进行失业登记的人员。

$$城镇登记失业率=\frac{城镇期末实有登记失业人数}{城镇期末就业人员总数+城镇期末实有登记失业人员}\times 100\%$$

# 03

# 固定资产投资

# 3-1 全社会固定资产投资主要指标

单位:万元

| 指　　标 | 2015 | 2016 |
|---|---|---|
| 一、投资总额 | 9370608 | 6333404 |
| #住　宅 | 607245 | 248175 |
| 按登记注册类型分 | | |
| 国　有 | 5358487 | 2496577 |
| 非国有 | 4012121 | 3836827 |
| 按构成分 | | |
| 建筑、安装工程 | 6354524 | 4081452 |
| 设备工器具购置 | 1958178 | 1237107 |
| 其他费用 | 1057906 | 1018927 |
| 按三次产业分 | | |
| 第一产业 | 1465405 | 1510573 |
| 第二产业 | 4251666 | 2325893 |
| 第三产业 | 3653537 | 2496938 |
| 二、新增固定资产 | 6575452 | 5273749 |
| 三、房屋建筑面积(万平方米) | | |
| 本年施工房屋面积 | 1025.3 | 822.8 |
| #住　宅 | 647.1 | 563.7 |
| 本年竣工房屋面积 | 163 | 322.3 |
| #住　宅 | 114.3 | 239.4 |
| 四、本年资金来源小计 | 8796745 | 6022691 |
| 国家预算内资金 | 655718 | 297371 |
| 国内贷款 | 763277 | 401069 |
| 利用外资 | 200 | |
| 自筹资金 | 7127887 | 4986666 |
| #企事业单位自有资金 | 244837 | 489803 |
| 其　他 | 249663 | 317379 |

# 3-2 全社会固定资产投资

单位:万元

| 年 份 | 总 计 | 住 宅 | 第一产业 | 第二产业 | 第三产业 |
|---|---|---|---|---|---|
| 1989 | 46682 | 4013 | 277 | 39243 | 7162 |
| 1990 | 63210 | 6395 | 702 | 51779 | 4334 |
| 1991 | 81996 | 5894 | 128 | 72661 | 3643 |
| 1992 | 95601 | 7675 | 267 | 78489 | 16845 |
| 1993 | 97012 | 16330 | 106 | 61925 | 34981 |
| 1994 | 57296 | 8401 | 387 | 30927 | 17581 |
| 1995 | 44270 | 10535 | 737 | 11632 | 31901 |
| 1996 | 52159 | 10254 | 1085 | 16011 | 35063 |
| 1997 | 75143 | 15896 | 1141 | 26563 | 47439 |
| 1998 | 201878 | 26614 | 841 | 86446 | 114591 |
| 1999 | 175373 | 39347 | 291 | 102182 | 72900 |
| 2000 | 204861 | 21679 | 177 | 129966 | 53039 |
| 2001 | 253132 | 39875 | 3315 | 166505 | 83312 |
| 2002 | 314016 | 37039 | 5668 | 178454 | 129897 |
| 2003 | 506444 | 40904 | 12111 | 372401 | 121932 |
| 2004 | 620316 | 42110 | 13440 | 437803 | 169037 |
| 2005 | 727001 | 72004 | 23240 | 421665 | 282096 |
| 2006 | 950962 | 132204 | 37130 | 500605 | 413227 |
| 2007 | 1529396 | 165425 | 39154 | 937413 | 552829 |
| 2008 | 2218804 | 257622 | 76394 | 1401103 | 741307 |
| 2009 | 3015248 | 127467 | 124508 | 1744580 | 1146160 |
| 2010 | 3559528 | 255953 | 99283 | 2309623 | 1150782 |
| 2011 | 4745733 | 502343 | 92035 | 3035806 | 1617892 |
| 2012 | 6106161 | 439980 | 246688 | 2893279 | 2966194 |
| 2013 | 7747111 | 826002 | 642139 | 3451677 | 3653295 |
| 2014 | 8152983 | 651829 | 865775 | 4489213 | 2797995 |
| 2015 | 9370608 | 607245 | 1465405 | 4251666 | 3653537 |
| 2016 | 6333404 | 248175 | 1510573 | 2325893 | 2496938 |

# 3-3 按登记注册类型和控股情况分全社会固定资产投资

单位:万元

| 指　　标 | 2015 | 2016 |
|---|---|---|
| 总　　计 | 9370608 | 6333404 |
| 内　资 | 9191656 | 6120405 |
| 国　有 | 4943677 | 1918713 |
| 集　体 | | 108392 |
| 股份合作 | 9700 | 3280 |
| 国有联营 | 33478 | |
| 集体联营 | | |
| 国有与集体联营 | | |
| 其他联营 | | |
| 国有独资公司 | | 188365 |
| 其他有限责任公司 | | 735649 |
| 股份有限公司 | 817466 | 924014 |
| 私　营 | 2473580 | 2535590 |
| 个体户 | | 23999 |
| 个人合伙 | | |
| 其　他 | | |
| 港澳台投资 | 7942 | 8303 |
| 港澳台合资经营 | 7942 | 8303 |
| 港澳台合作经营 | | |
| 港澳台独资 | | |
| 港澳台股份有限 | | |
| 外商投资 | 168910 | 180697 |
| 外商合资经营 | | 19618 |
| 外商合作经营 | | |
| 外商独资 | 168910 | 161079 |
| 外商股份有限 | | |
| 外商独资 | | |
| 外商股份有限 | | |
| 其他外商投资企业 | | |
| 按控股情况分 | | |
| 国有控股 | 5358487 | 2496577 |
| 集体控股 | 49810 | 111672 |
| 私人控股 | 3581746 | 3206923 |
| 港澳台商控股 | | |
| 外商控股 | 176852 | 180697 |
| 民间投资 | 3835269 | 3661448 |

# 3-4 按国民经济行业分全社会固定资产投资

单位:万元

| 行　　业 | 2015 | 2016 |
|---|---|---|
| 总　　计 | 9370608 | 6333404 |
| 农、林、牧、渔业 | 1610451 | 1540376 |
| 采矿业 | 886978 | 492528 |
| 制造业 | 1124608 | 852134 |
| 电力、热力、燃气及水生产和供应业 | 2276879 | 989479 |
| 建筑业 | 8444 | 9048 |
| 批发和零售业 | 300329 | 156749 |
| 交通运输、仓储和邮政业 | 713912 | 391603 |
| 住宿和餐饮业 | 95671 | 9110 |
| 信息传输、软件和信息技术服务业 | 95671 | 20598 |
| 金融业 | 8461 | 893 |
| 房地产业 | 1120216 | 420214 |
| 租赁和商务服务业 | 1777 | 6745 |
| 科学研究和技术服务业 | 7767 | 188914 |
| 水利、环境和公共设施管理业 | 968463 | 1112275 |
| 居民服务、修理和其他服务业 | 17891 | 12240 |
| 教　育 | 63672 | 51799 |
| 卫生和社会工作 | 18078 | 41871 |
| 文化、体育和娱乐业 | 129409 | 32298 |
| 公共管理、社会保障和社会组织 | 26063 | 5530 |

# 3-5 按国民经济行业分固定资产投资

单位:万元

| 行业 | 2015 | 2016 |
|---|---|---|
| 总计 | 9370608 | 6333404 |
| (一)农、林、牧、渔业 | 1610451 | 1540376 |
| 农业 | 298739 | 251155 |
| 林业 | 207878 | 529859 |
| 畜牧业 | 929143 | 721889 |
| 渔业 | 29645 | 7670 |
| 农、林、牧、渔服务业 | 145046 | 29803 |
| (二)采矿业 | 886978 | 492528 |
| 煤炭开采和洗选业 | 788494 | 443924 |
| 石油和天然气开采业 | 4924 | 1200 |
| 黑色金属矿采选业 | | |
| 有色金属矿采选业 | 1789 | |
| 非金属矿采选业 | 55028 | 35352 |
| 开采辅助活动 | 36743 | 9762 |
| 其他采矿业 | | 2290 |
| (三)制造业 | 1124608 | 852134 |
| 农副食品加工业 | 141009 | 113370 |
| 食品制造业 | 54386 | 28794 |
| 酒、饮料和精制茶制造业 | | 13002 |
| 烟草制品业 | | 3500 |
| 纺织业 | | 3995 |
| 皮革、毛皮、羽毛(绒)及其制品业 | 1189 | 3850 |
| 木材加工及木、竹、藤、棕、草制 | 8974 | |
| 家具制造业 | 120 | 3200 |
| 造纸及纸制品业 | | |
| 印刷业和记录媒介的复制 | 5260 | 2100 |
| 文教体育用品制造业 | 8565 | 7400 |
| 石油加工、炼焦及核燃料加工业 | | |
| 化学原料及化学制品制造业 | 92701 | 98052 |
| 医药制造业 | 73500 | 45337 |
| 化学纤维制造业 | | |
| 橡胶和塑料制品业 | 5170 | 2000 |
| 非金属矿制品业 | 324885 | 392086 |
| 黑色金属冶炼和压延加工业 | | |
| 有色金属冶炼和压延加工业 | 50000 | 4500 |
| 金属制品业 | | 800 |
| 通用设备制造业 | 42382 | 6288 |
| 专用设备制造业 | 20060 | 10152 |
| 汽车制造业 | 43273 | 4758 |

# 3-5 续表1

单位:万元

| 行业 | 2015 | 2016 |
| --- | --- | --- |
| 铁路、船舶、航空航天等制造业 | 4116 | 6723 |
| 电气机械及器材制造业 | 111733 | 4822 |
| 计算机、通信和其他电子设备制造业 | 4984 | |
| 仪器仪表制造业 | | |
| 其他制造业 | | 34552 |
| 废弃资源综合利用业 | 121198 | 55319 |
| 金属制品、机械和设备修理业 | 8500 | 7534 |
| (四)电力、热力、燃气及水的生产和供应业 | 2276879 | 989479 |
| 电力、热力的生产和供应业 | 2018788 | 807712 |
| 燃气生产和供应业 | 149981 | 95642 |
| 水的生产和供应业 | 108110 | 86125 |
| (五)建筑业 | 8444 | 9048 |
| 房屋建筑业 | 8444 | 9048 |
| 土木工程建筑业 | | |
| 建筑安装业 | | |
| 建筑装饰和其他建筑业 | | |
| (六)批发和零售业 | 300329 | 156749 |
| 批发业 | 132126 | 89979 |
| 零售业 | 168203 | 66770 |
| (七)交通运输、仓储和邮政业 | 713912 | 391603 |
| 铁路运输业 | 275634 | 45362 |
| 道路运输业 | 370290 | 317994 |
| 水上运输业 | | |
| 航空运输业 | | |
| 管道运输业 | | 5067 |
| 装卸搬运和运输代理业 | 61388 | 9130 |
| 仓储业 | 6600 | 14050 |
| 邮政业 | | |
| (八)住宿和餐饮业 | 95671 | 8110 |
| 住宿业 | 49961 | 4610 |
| 餐饮业 | 45710 | 3500 |
| (九)信息传输、软件和信息技术服务业 | | 20598 |
| 电信、广播电视和卫星传输服务业 | | |
| 互联网和相关服务业 | | |
| 软件和信息技术服务业 | | 20598 |
| (十)金融业 | | 893 |
| 货币金融业 | | 893 |

# 3-5 续表 2

单位:万元

| 行　　业 | 2015 | 2016 |
| --- | --- | --- |
| 资本市场业 | | |
| 保险业 | | |
| 其他金融业 | | |
| (十一)房地产业 | 1120216 | 420214 |
| 房地产业 | 1120216 | 420214 |
| (十二)租赁和商务服务业 | 1777 | 6745 |
| 租赁业 | | 1700 |
| 商务服务业 | 1777 | 5045 |
| (十三)科学研究和技术服务业 | 7767 | 188914 |
| 研究与试验发展 | | 1815 |
| 专业技术服务业 | 7767 | 182072 |
| 科技交流和推广服务业 | | 5027 |
| (十四)水利、环境和公共设施管理业 | 968463 | 1112275 |
| 水利管理业 | 179453 | 170844 |
| 生态保护和环境治理业 | 32967 | 370531 |
| 公共设施管理业 | 756043 | 570900 |
| (十五)居民服务、修理和其他服务业 | 17891 | 12240 |
| 居民服务业 | | 8290 |
| 机动车、电子产品和日用产品修理业 | 17891 | 3950 |
| 其他服务业 | | |
| (十六)教育 | 63672 | 51799 |
| 教育 | 63672 | 51799 |
| (十七)卫生和社会工作 | 18078 | 41871 |
| 卫生 | 18078 | 7827 |
| 社会工作 | | 34044 |
| (十八)文化、体育和娱乐业 | 129409 | 32298 |
| 新闻和出版业 | | |
| 广播、电视、电影和影视录音制作业 | | |
| 文化艺术业 | 81628 | 18023 |
| 体育 | 19798 | 14275 |
| 娱乐业 | 27983 | |
| (十九)公共管理、社会保障和社会组织 | 26063 | 5530 |
| 中国共产党机关 | | |
| 国家机构 | 13964 | 2874 |
| 人民政协和民主党派 | | |
| 社会保障 | 12099 | 2656 |
| 群众团体、社会团体和其他成员组织 | | |
| 基层群众自治组织 | | |
| (二十)国际组织 | | |
| 国际组织 | | |

# 3-6 全社会固定资产投资主要指标

单位:万元

| 指标 | 2015 | 2016 |
| --- | --- | --- |
| **一、投资总额** | 9370608 | 6333404 |
| #国有经济控股 | 5358487 | 2496577 |
| #住　宅 | 607245 | 248175 |
| 按隶属关系分 | | |
| 中　央 | 989652 | 576777 |
| 地　方 | 8380956 | 5756627 |
| 按登记注册类型分 | | |
| 内　资 | 9191656 | 6120405 |
| 港、澳、台商投资 | 7942 | 8303 |
| 外商投资 | 168910 | 180697 |
| 按构成分 | | |
| 建筑工程 | 5083722 | 3386464 |
| 安装工程 | 1270802 | 694988 |
| 设备工器具购置 | 1958178 | 1237107 |
| 其他费用 | 1057906 | 1018927 |
| 按建设性质分 | | |
| 新　建 | 7633481 | 5182223 |
| 扩　建 | 564745 | 391277 |
| 改建和技术改造 | 284797 | 283778 |
| 单纯建造生活设施 | 138329 | 13174 |
| 按三次产业分 | | |
| 第一产业 | 1465405 | 1510573 |
| 第二产业 | 4251666 | 2325893 |
| 第三产业 | 3653537 | 2496938 |

# 3-6 续表

单位:万元

| 指　　标 | 2015 | 2016 |
|---|---|---|
| 二、新增固定资产 | 6575452 | 5273749 |
| 三、建设项目(个) | | |
| 施工项目 | 880 | 1415 |
| #本年新开工 | 682 | 1248 |
| 本年投产项目 | 762 | 1287 |
| 四、房屋建筑面积(平方米) | | |
| 本年施工房屋面积 | 10253138 | 8228605 |
| #住　宅 | 6471386 | 5637546 |
| 本年竣工房屋面积 | 1630112 | 3222747 |
| #住　宅 | 1143598 | 2393891 |
| 本年竣工房屋价值(万元) | 378166 | 682621 |
| #住　宅 | 299897 | 515378 |
| 五、投资资金来源合计 | 9061894 | 6022691 |
| 上年结余资金 | 265149 | 24736 |
| 本年资金来源小计 | 8796745 | 5997955 |
| 国家预算内资金 | 655718 | 297371 |
| 国内贷款 | 763277 | 401069 |
| 利用外资 | 200 | 0 |
| 自筹资金 | 7127887 | 4986666 |
| #企事业单位自有资金 | 244837 | 489803 |
| 其　他 | 249663 | 317379 |

## 3-7 按登记注册类型分

| 行业 | 总计 | 内资 | 国有 | 集体 |
|---|---|---|---|---|
| 总计 | 6052674 | 5839675 | 1918713 | 108392 |
| 农、林、牧、渔业 | 1540376 | 1508898 | 327771 | 41675 |
| 农业 | 251155 | 251155 | 44621 | 710 |
| 林业 | 529859 | 529859 | 246102 | 35965 |
| 畜牧业 | 721889 | 690411 | 26752 | 5000 |
| 渔业 | 7670 | 7670 | | |
| 农、林、牧、渔服务业 | 29803 | 29803 | 10296 | |
| 采矿业 | 492528 | 488528 | 190063 | |
| 煤炭开采和洗选业 | 443924 | 443924 | 182962 | |
| 石油和天然气开采业 | 1200 | 1200 | | |
| 黑色金属矿采选业 | | | | |
| 有色金属矿采选业 | | | | |
| 非金属矿采选业 | 35352 | 31352 | | |
| 开采辅助活动 | 9762 | 9762 | 4811 | |
| 其他采矿业 | 2290 | 2290 | 2290 | |
| 制造业 | 852134 | 841478 | 27849 | 3900 |
| 农副食品加工业 | 113370 | 112170 | 6921 | |
| 食品制造业 | 28794 | 28794 | | |
| 酒、饮料和精制茶制造业 | 13002 | 13002 | | |
| 烟草制品业 | 3500 | 3500 | | |
| 纺织业 | 3995 | 3995 | | |
| 纺织服装、服饰业 | 3850 | 3850 | 3850 | |
| 皮革、毛皮、羽毛及其制品和制鞋业 | | | | |
| 木材加工和木、竹、藤、棕、草制品业 | 3200 | 3200 | | |
| 家具制造业 | | | | |
| 造纸和纸制品业 | 2100 | 2100 | | |
| 印刷和记录媒介复制业 | | | | |
| 文教、工美、体育和娱乐用品制造业 | | | | |
| 石油加工、炼焦和核燃料加工业 | 7400 | 7400 | | |
| 化学原料和化学制品制造业 | 98052 | 98052 | | |
| 医药制造业 | 45337 | 45337 | | |
| 化学纤维制造业 | | | | |
| 橡胶和塑料制品业 | 2000 | 2000 | | |
| 非金属矿物制品业 | 392086 | 382630 | 8650 | |
| 黑色金属冶炼和压延加工业 | | | | |
| 有色金属冶炼和压延加工业 | 4500 | 4500 | | |
| 金属制品业 | 800 | 800 | | |
| 通用设备制造业 | 6288 | 6288 | | |

注：本表不含房地产开发投资。

# 固定资产投资（2016 年）

单位：万元

| 股份合作 | 联营企业 | 国有联营 | 集体联营 | 其他联营企业 |
|---|---|---|---|---|
| 3280 | | | | |
| 3280 | | | | |
| | | | | |
| | | | | |
| 3280 | | | | |

3-7 续

| 行　业 | 总　计 | 内　资 | 国　有 | 集　体 |
|---|---|---|---|---|
| 专用设备制造业 | 10152 | 10152 | 894 | |
| 汽车制造业 | 4758 | 4758 | | |
| 铁路、船舶、航空航天和其他运输设备制造业 | 6723 | 6723 | | |
| 电气机械和器材制造业 | 4822 | 4822 | | |
| 计算机、通信和其他电子设备制造业 | | | | |
| 仪器仪表制造业 | | | | |
| 其他制造业 | 34552 | 34552 | | |
| 废弃资源综合利用业 | 55319 | 55319 | | 3900 |
| 金属制品、机械和设备修理业 | 7534 | 7534 | 7534 | |
| 电力、热力、燃气及水生产和供应业 | 989479 | 852316 | 291035 | |
| 电力、热力生产和供应业 | 807712 | 670549 | 243273 | |
| 燃气生产和供应业 | 95642 | 95642 | | |
| 水的生产和供应业 | 86125 | 86125 | 47762 | |
| 建筑业 | 9048 | 9048 | | |
| 房屋建筑业 | 9048 | 9048 | | |
| 土木工程建筑业 | | | | |
| 建筑安装业 | | | | |
| 建筑装饰和其他建筑业 | | | | |
| 批发和零售业 | 156749 | 156749 | 7459 | |
| 批发业 | 89979 | 89979 | | |
| 零售业 | 66770 | 66770 | 7459 | |
| 交通运输、仓储和邮政业 | 391603 | 387618 | 119336 | |
| 铁路运输业 | 45362 | 45362 | | |
| 道路运输业 | 317994 | 314009 | 113910 | |
| 水上运输业 | | | | |
| 航空运输业 | | | | |
| 管道运输业 | 5067 | 5067 | 5067 | |
| 装卸搬运和运输代理业 | 9130 | 9130 | | |
| 仓储业 | 14050 | 14050 | 359 | |
| 邮政业 | | | | |
| 住宿和餐饮业 | 8110 | 8110 | | |
| 住宿业 | 4610 | 4610 | | |
| 餐饮业 | 3500 | 3500 | | |
| 信息传输、软件和信息技术服务业 | 20598 | 20598 | | |
| 电信、广播电视和卫星传输服务 | | | | |
| 互联网和相关服务 | | | | |
| 软件和信息技术服务业 | 20598 | 20598 | | |

# 表 1

单位:万元

| 股份合作 | 联营企业 | 国有联营 | 集体联营 | 其他联营企业 |
|---|---|---|---|---|

3-7 续

| 行　　业 | 总　计 | 内　资 | 国　有 | 集　体 |
|---|---|---|---|---|
| 金融业 | 893 | 893 | | |
| 货币金融服务 | 893 | 893 | | |
| 资本市场服务 | | | | |
| 保险业 | | | | |
| 其他金融业 | | | | |
| 房地产业 | 139484 | 113767 | 40176 | |
| 房地产业 | 139484 | 113767 | 40176 | |
| 租赁和商务服务业 | 6745 | 6745 | | |
| 租赁业 | 1700 | 1700 | | |
| 商务服务业 | 5045 | 5045 | | |
| 科学研究和技术服务业 | 188914 | 188914 | 74778 | 2815 |
| 研究和试验发展 | 1815 | 1815 | 1815 | |
| 专业技术服务业 | 182072 | 182072 | 72963 | 2815 |
| 科技推广和应用服务业 | 5027 | 5027 | | |
| 水利、环境和公共设施管理业 | 1112275 | 1112275 | 779034 | 60002 |
| 水利管理业 | 170844 | 170844 | 101803 | 21159 |
| 生态保护和环境治理业 | 370531 | 370531 | 234696 | 37993 |
| 公共设施管理业 | 570900 | 570900 | 442535 | 850 |
| 居民服务、修理和其他服务业 | 12240 | 12240 | | |
| 居民服务业 | 8290 | 8290 | | |
| 机动车、电子产品和日用产品修理业 | 3950 | 3950 | | |
| 其他服务业 | | | | |
| 教育 | 51799 | 51799 | 29092 | |
| 教育 | 51799 | 51799 | 29092 | |
| 卫生和社会工作 | 41871 | 41871 | 7827 | |
| 卫生 | 7827 | 7827 | 7827 | |
| 社会工作 | 34044 | 34044 | | |
| 文化、体育和娱乐业 | 32298 | 32298 | 18763 | |
| 新闻和出版业 | | | | |
| 广播、电视、电影和影视录音制作业 | | | | |
| 文化艺术业 | 18023 | 18023 | 9974 | |
| 体育 | 14275 | 14275 | 8789 | |
| 娱乐业 | | | | |
| 公共管理、社会保障和社会组织 | 5530 | 5530 | 5530 | |
| 中国共产党机关 | | | | |
| 国家机构 | 2874 | 2874 | 2874 | |
| 人民政协、民主党派 | | | | |
| 社会保障 | 2656 | 2656 | 2656 | |
| 群众团体、社会团体和其他成员组织 | | | | |
| 基层群众自治组织 | | | | |

## 表 2

单位:万元

| 股份合作 | 联营企业 | 国有联营 | 集体联营 | 其他联营企业 |
|---|---|---|---|---|

3-7 续

| 行业 | 有限责任公司 | 国有独资公司 | 其他有限责任公司 | 股份有限公司 | 私营企业 |
|---|---|---|---|---|---|
| 总　　计 | 905926 | 188365 | 717561 | 189404 | 2308466 |
| 农、林、牧、渔业 | 53174 | | 53174 | | 777494 |
| 农业 | | | | | 147082 |
| 林业 | 43344 | | 43344 | | 197225 |
| 畜牧业 | 9830 | | 9830 | | 411875 |
| 渔业 | | | | | 7670 |
| 农、林、牧、渔服务业 | | | | | 13642 |
| 采矿业 | 96247 | 6800 | 89447 | 42626 | 159592 |
| 煤炭开采和洗选业 | 90776 | 6800 | 83976 | 42626 | 127560 |
| 石油和天然气开采业 | | | | | 1200 |
| 黑色金属矿采选业 | | | | | |
| 有色金属矿采选业 | | | | | |
| 非金属矿采选业 | 520 | | 520 | | 30832 |
| 开采辅助活动 | 4951 | | 4951 | | |
| 其他采矿业 | | | | | |
| 制造业 | 52256 | | 52256 | 56498 | 659881 |
| 农副食品加工业 | 15967 | | 15967 | | 62294 |
| 食品制造业 | | | | | 28794 |
| 酒、饮料和精制茶制造业 | 150 | | 150 | | 12852 |
| 烟草制品业 | | | | | 3500 |
| 纺织业 | | | | | 3995 |
| 纺织服装、服饰业 | | | | | |
| 皮革、毛皮、羽毛及其制品和制鞋业 | | | | | |
| 木材加工和木、竹、藤、棕、草制品业 | | | | | 3200 |
| 家具制造业 | | | | | |
| 造纸和纸制品业 | | | | | 2100 |
| 印刷和记录媒介复制业 | | | | | |
| 文教、工美、体育和娱乐用品制造业 | | | | | |
| 石油加工、炼焦和核燃料加工业 | | | | | 7400 |
| 化学原料和化学制品制造业 | 4600 | | 4600 | | 79346 |
| 医药制造业 | | | | | 45337 |
| 化学纤维制造业 | | | | | |
| 橡胶和塑料制品业 | | | | | 2000 |
| 非金属矿物制品业 | 27689 | | 27689 | 4479 | 341812 |
| 黑色金属冶炼和压延加工业 | | | | | |
| 有色金属冶炼和压延加工业 | | | | 4500 | |
| 金属制品业 | | | | | 800 |
| 通用设备制造业 | | | | | 6288 |

# 表 3

单位:万元

| 私营独资企业 | 私营合伙企业 | 私营有限责任公司 | 私营股份有限公司 | 其他企业 |
|---|---|---|---|---|
| 401946 | 303320 | 1551110 | 52090 | 405494 |
| 257122 | 263017 | 249125 | 8230 | 305504 |
| 45021 | 53397 | 45064 | 3600 | 58742 |
| 61753 | 18768 | 116704 | | 7223 |
| 145358 | 174530 | 87357 | 4630 | 233674 |
| | 7670 | | | |
| 4990 | 8652 | | | 5865 |
| 14857 | 6663 | 108212 | 29860 | |
| 500 | 503 | 96697 | 29860 | |
| | 1200 | | | |
| | | | | |
| | | | | |
| 14357 | 4960 | 11515 | | |
| | | | | |
| | | | | |
| 50642 | 19460 | 578779 | 11000 | 41094 |
| 13510 | 11430 | 37354 | | 26988 |
| | | 28794 | | |
| 4643 | | 8209 | | |
| | | 3500 | | |
| | | 3995 | | |
| | | | | |
| | | | | |
| 550 | | 2650 | | |
| | | | | |
| | | 2100 | | |
| | | | | |
| | | | | |
| | | 7400 | | |
| | 560 | 78786 | | 14106 |
| 350 | 7470 | 37517 | | |
| | | | | |
| | | 2000 | | |
| 25228 | | 305584 | 11000 | |
| | | | | |
| | | | | |
| | | 800 | | |
| 1761 | | 4527 | | |

3-7 续

| 行业 | | | | 股份有限公司 | 私营企业 |
|---|---|---|---|---|---|
| | 有限责任公司 | 国有独资公司 | 其他有限责任公司 | | |
| 专用设备制造业 | | | | | 9258 |
| 汽车制造业 | | | | | 4758 |
| 铁路、船舶、航空航天和其他运输设备制造业 | 3850 | | 3850 | | 2873 |
| 电气机械和器材制造业 | | | | | 4822 |
| 计算机、通信和其他电子设备制造业 | | | | | |
| 仪器仪表制造业 | | | | | |
| 其他制造业 | | | | | 34552 |
| 废弃资源综合利用业 | | | | 47519 | 3900 |
| 金属制品、机械和设备修理业 | | | | | |
| 电力、热力、燃气及水生产和供应业 | 253170 | 60160 | 193010 | 40544 | 267567 |
| 电力、热力生产和供应业 | 247770 | 54760 | 193010 | 20975 | 158531 |
| 燃气生产和供应业 | | | | 19569 | 76073 |
| 水的生产和供应业 | 5400 | 5400 | | | 32963 |
| 建筑业 | | | | | 9048 |
| 房屋建筑业 | | | | | 9048 |
| 土木工程建筑业 | | | | | |
| 建筑安装业 | | | | | |
| 建筑装饰和其他建筑业 | | | | | |
| 批发和零售业 | 1255 | | 1255 | | 130380 |
| 批发业 | | | | | 75524 |
| 零售业 | 1255 | | 1255 | | 54856 |
| 交通运输、仓储和邮政业 | 172951 | 97974 | 74977 | 48843 | 45586 |
| 铁路运输业 | 45362 | | 45362 | | |
| 道路运输业 | 127589 | 97974 | 29615 | 48843 | 23667 |
| 水上运输业 | | | | | |
| 航空运输业 | | | | | |
| 管道运输业 | | | | | |
| 装卸搬运和运输代理业 | | | | | 9130 |
| 仓储业 | | | | | 12789 |
| 邮政业 | | | | | |
| 住宿和餐饮业 | 4610 | | 4610 | | 3500 |
| 住宿业 | 4610 | | 4610 | | |
| 餐饮业 | | | | | 3500 |
| 信息传输、软件和信息技术服务业 | 13930 | | 13930 | | 6668 |
| 电信、广播电视和卫星传输服务 | | | | | |
| 互联网和相关服务 | | | | | |
| 软件和信息技术服务业 | 13930 | | 13930 | | 6668 |

# 表 4

单位:万元

| 私营独资企业 | 私营合伙企业 | 私营有限责任公司 | 私营股份有限公司 | 其他企业 |
|---|---|---|---|---|
| 4600 | | 4658 | | |
| | | 4758 | | |
| | | 2873 | | |
| | | 4822 | | |
| | | | | |
| | | | | |
| | | 34552 | | |
| | | 3900 | | |
| | | | | |
| | | 267567 | | |
| | | 158531 | | |
| | | 76073 | | |
| | | 32963 | | |
| | | 9048 | | |
| | | 9048 | | |
| | | | | |
| | | | | |
| | | | | |
| 20568 | 920 | 105892 | 3000 | 17655 |
| 16305 | 920 | 55299 | 3000 | 14455 |
| 4263 | | 50593 | | 3200 |
| 17779 | 3100 | 24707 | | 902 |
| | | | | |
| 4870 | | 18797 | | |
| | | | | |
| | | | | |
| | | | | |
| 3220 | | 5910 | | |
| 9689 | 3100 | | | 902 |
| | | | | |
| 3500 | | | | |
| | | | | |
| 3500 | | | | |
| | | 6668 | | |
| | | | | |
| | | | | |
| | | 6668 | | |

3-7 **续**

| 行业 | | | | 股份有限公司 | 私营企业 |
|---|---|---|---|---|---|
| | 有限责任公司 | 国有独资公司 | 其他有限责任公司 | | |
| 金融业 | | | | 893 | |
| 货币金融服务 | | | | 893 | |
| 资本市场服务 | | | | | |
| 保险业 | | | | | |
| 其他金融业 | | | | | |
| 房地产业 | 60381 | 23431 | 36950 | | 13210 |
| 房地产业 | 60381 | 23431 | 36950 | | 13210 |
| 租赁和商务服务业 | 1700 | | 1700 | | 1845 |
| 租赁业 | 1700 | | 1700 | | |
| 商务服务业 | | | | | 1845 |
| 科学研究和技术服务业 | 74772 | | 74772 | | 36549 |
| 研究和试验发展 | | | | | |
| 专业技术服务业 | 74772 | | 74772 | | 31522 |
| 科技推广和应用服务业 | | | | | 5027 |
| 水利、环境和公共设施管理业 | 121480 | | 121480 | | 147869 |
| 水利管理业 | 20529 | | 20529 | | 27353 |
| 生态保护和环境治理业 | 39508 | | 39508 | | 54444 |
| 公共设施管理业 | 61443 | | 61443 | | 66072 |
| 居民服务、修理和其他服务业 | | | | | 12240 |
| 居民服务业 | | | | | 8290 |
| 机动车、电子产品和日用产品修理业 | | | | | 3950 |
| 其他服务业 | | | | | |
| 教育 | | | | | 14822 |
| 教育 | | | | | 14822 |
| 卫生和社会工作 | | | | | 16729 |
| 卫生 | | | | | |
| 社会工作 | | | | | 16729 |
| 文化、体育和娱乐业 | | | | | 5486 |
| 新闻和出版业 | | | | | |
| 广播、电视、电影和影视录音制作业 | | | | | |
| 文化艺术业 | | | | | |
| 体育 | | | | | 5486 |
| 娱乐业 | | | | | |
| 公共管理、社会保障和社会组织 | | | | | |
| 中国共产党机关 | | | | | |
| 国家机构 | | | | | |
| 人民政协、民主党派 | | | | | |
| 社会保障 | | | | | |
| 群众团体、社会团体和其他成员组织 | | | | | |
| 基层群众自治组织 | | | | | |
| 国际组织 | | | | | |

## 表 5

单位:万元

| 私营独资企业 | 私营合伙企业 | 私营有限责任公司 | 私营股份有限公司 | 其他企业 |
|---|---|---|---|---|
| | | | | |
| | | | | |
| | | | | |
| | | | | |
| | | | | |
| | 4910 | 8300 | | |
| | 4910 | 8300 | | |
| | | 1845 | | 3200 |
| | | | | |
| | | 1845 | | 3200 |
| | 4550 | 31999 | | |
| | | | | |
| | 4550 | 26972 | | |
| | | 5027 | | |
| 7267 | | 140602 | | 3890 |
| | | 27353 | | |
| | | 54444 | | 3890 |
| 7267 | | 58805 | | |
| 3655 | | 8585 | | |
| 3655 | | 4635 | | |
| | | 3950 | | |
| | | | | |
| 14822 | | | | 7885 |
| 14822 | | | | 7885 |
| 11734 | | 4995 | | 17315 |
| | | | | |
| 11734 | | 4995 | | 17315 |
| | 700 | 4786 | | 8049 |
| | | | | |
| | | | | |
| | | | | 8049 |
| | 700 | 4786 | | |

3-7 续

| 行　　业 | 港、澳、台商投资企业 | 合资经营企业(港或澳、台资) |
|---|---|---|
| **总　　计** | 8303 | 8303 |
| 农、林、牧、渔业 | | |
| 农业 | | |
| 林业 | | |
| 畜牧业 | | |
| 渔业 | | |
| 农、林、牧、渔服务业 | | |
| 采矿业 | | |
| 煤炭开采和洗选业 | | |
| 石油和天然气开采业 | | |
| 黑色金属矿采选业 | | |
| 有色金属矿采选业 | | |
| 非金属矿采选业 | | |
| 开采辅助活动 | | |
| 其他采矿业 | | |
| 制造业 | | |
| 农副食品加工业 | | |
| 食品制造业 | | |
| 酒、饮料和精制茶制造业 | | |
| 烟草制品业 | | |
| 纺织业 | | |
| 纺织服装、服饰业 | | |
| 皮革、毛皮、羽毛及其制品和制鞋业 | | |
| 木材加工和木、竹、藤、棕、草制品业 | | |
| 家具制造业 | | |
| 造纸和纸制品业 | | |
| 印刷和记录媒介复制业 | | |
| 文教、工美、体育和娱乐用品制造业 | | |
| 石油加工、炼焦和核燃料加工业 | | |
| 化学原料和化学制品制造业 | | |
| 医药制造业 | | |
| 化学纤维制造业 | | |
| 橡胶和塑料制品业 | | |
| 非金属矿物制品业 | | |
| 黑色金属冶炼和压延加工业 | | |
| 有色金属冶炼和压延加工业 | | |
| 金属制品业 | | |
| 通用设备制造业 | | |

# 表 6

单位:万元

| 外商投资企业 | 中外合资经营企业 | 中外合作经营企业 | 外资企业 |
|---|---|---|---|
| 180697 | | | 161079 |
| 26120 | 19618 | | 26120 |
| 26120 | | | 26120 |

3-7 续

| 行　　业 | 港、澳、台商投资企业 | 合资经营企业(港或澳、台资) |
|---|---|---|
| 专用设备制造业 | | |
| 汽车制造业 | | |
| 铁路、船舶、航空航天和其他运输设备制造业 | | |
| 电气机械和器材制造业 | | |
| 计算机、通信和其他电子设备制造业 | | |
| 仪器仪表制造业 | | |
| 其他制造业 | | |
| 废弃资源综合利用业 | | |
| 金属制品、机械和设备修理业 | | |
| 电力、热力、燃气及水生产和供应业 | 8303 | 8303 |
| 电力、热力生产和供应业 | 8303 | 8303 |
| 燃气生产和供应业 | | |
| 水的生产和供应业 | | |
| 建筑业 | | |
| 房屋建筑业 | | |
| 土木工程建筑业 | | |
| 建筑安装业 | | |
| 建筑装饰和其他建筑业 | | |
| 批发和零售业 | | |
| 批发业 | | |
| 零售业 | | |
| 交通运输、仓储和邮政业 | | |
| 铁路运输业 | | |
| 道路运输业 | | |
| 水上运输业 | | |
| 航空运输业 | | |
| 管道运输业 | | |
| 装卸搬运和运输代理业 | | |
| 仓储业 | | |
| 邮政业 | | |
| 住宿和餐饮业 | | |
| 住宿业 | | |
| 餐饮业 | | |
| 信息传输、软件和信息技术服务业 | | |
| 电信、广播电视和卫星传输服务 | | |
| 互联网和相关服务 | | |
| 软件和信息技术服务业 | | |

## 表 7

| 外商投资企业 | 中外合资经营企业 | 中外合作经营企业 | 外资企业 |
|---|---|---|---|
| 128860 | 19618 | | 109242 |
| 128860 | 19618 | | 109242 |

3-7 续

| 行 业 | 港、澳、台商投资企业 | 合资经营企业(港或澳、台资) |
| --- | --- | --- |
| 金融业 | | |
| 货币金融服务 | | |
| 资本市场服务 | | |
| 保险业 | | |
| 其他金融业 | | |
| 房地产业 | | |
| 房地产业 | | |
| 租赁和商务服务业 | | |
| 租赁业 | | |
| 商务服务业 | | |
| 科学研究和技术服务业 | | |
| 研究和试验发展 | | |
| 专业技术服务业 | | |
| 科技推广和应用服务业 | | |
| 水利、环境和公共设施管理业 | | |
| 水利管理业 | | |
| 生态保护和环境治理业 | | |
| 公共设施管理业 | | |
| 居民服务、修理和其他服务业 | | |
| 居民服务业 | | |
| 机动车、电子产品和日用产品修理业 | | |
| 其他服务业 | | |
| 教育 | | |
| 教育 | | |
| 卫生和社会工作 | | |
| 卫生 | | |
| 社会工作 | | |
| 文化、体育和娱乐业 | | |
| 新闻和出版业 | | |
| 广播、电视、电影和影视录音制作业 | | |
| 文化艺术业 | | |
| 体育 | | |
| 娱乐业 | | |
| 公共管理、社会保障和社会组织 | | |
| 中国共产党机关 | | |
| 国家机构 | | |
| 人民政协、民主党派 | | |
| 社会保障 | | |
| 群众团体、社会团体和其他成员组织 | | |
| 基层群众自治组织 | | |
| 国际组织 | | |

## 表 8

| 外商投资企业 | 中外合资经营企业 | 中外合作经营企业 | 外资企业 |
|---|---|---|---|
| | | | |
| 25717 | | | 25717 |
| 25717 | | | 25717 |

## 3-8 按构成分

| 行　　业 | 本年完成投资 | 住　宅 |
|---|---|---|
| 总　　计 | 6052674 | 42583 |
| 农、林、牧、渔业 | 1540376 | |
| 农业 | 251155 | |
| 林业 | 529859 | |
| 畜牧业 | 721889 | |
| 渔业 | 7670 | |
| 农、林、牧、渔服务业 | 29803 | |
| 采矿业 | 492528 | |
| 煤炭开采和洗选业 | 443924 | |
| 石油和天然气开采业 | 1200 | |
| 黑色金属矿采选业 | | |
| 有色金属矿采选业 | | |
| 非金属矿采选业 | 35352 | |
| 开采辅助活动 | 9762 | |
| 其他采矿业 | 2290 | |
| 制造业 | 852134 | 2918 |
| 农副食品加工业 | 113370 | 2918 |
| 食品制造业 | 28794 | |
| 酒、饮料和精制茶制造业 | 13002 | |
| 烟草制品业 | 3500 | |
| 纺织业 | 3995 | |
| 纺织服装、服饰业 | 3850 | |
| 皮革、毛皮、羽毛及其制品和制鞋业 | | |
| 木材加工和木、竹、藤、棕、草制品业 | 3200 | |
| 家具制造业 | | |
| 造纸和纸制品业 | 2100 | |
| 印刷和记录媒介复制业 | | |
| 文教、工美、体育和娱乐用品制造业 | | |
| 石油加工、炼焦和核燃料加工业 | 7400 | |
| 化学原料和化学制品制造业 | 98052 | |
| 医药制造业 | 45337 | |
| 化学纤维制造业 | | |
| 橡胶和塑料制品业 | 2000 | |
| 非金属矿物制品业 | 392086 | |
| 黑色金属冶炼和压延加工业 | | |
| 有色金属冶炼和压延加工业 | 4500 | |
| 金属制品业 | 800 | |
| 通用设备制造业 | 6288 | |

# 固定资产投资（2016 年）

单位：万元

| 建筑工程 | 安装工程 | 设备工器具购置 | 其他费用 |
|---|---|---|---|
| 3236963 | 599346 | 1213476 | 1006971 |
| 995392 | 52477 | 112599 | 379588 |
| 184881 | 16301 | 2986 | 46987 |
| 180184 | 11849 | 14588 | 322918 |
| 594527 | 23843 | 93836 | 9683 |
| 7670 | | | |
| 28130 | 484 | 1189 | |
| 230085 | 46907 | 183965 | 31571 |
| 200233 | 44937 | 168513 | 30241 |
| 1200 | | | |
| | | | |
| | | | |
| 23196 | 1345 | 9481 | 1330 |
| 4951 | | 4811 | |
| 505 | 625 | 1160 | |
| 296713 | 98060 | 363437 | 93924 |
| 58835 | 17126 | 22931 | 14478 |
| 7152 | 1915 | 19727 | |
| 4782 | 4019 | 4201 | |
| 918 | 1944 | 638 | |
| 1566 | 544 | 1885 | |
| 1018 | 1065 | 769 | 998 |
| | | | |
| 1836 | 275 | 458 | 631 |
| | | | |
| 2100 | | | |
| | | | |
| | | | |
| 1255 | 2480 | 1906 | 1759 |
| 18503 | 9303 | 62659 | 7587 |
| 9940 | 1433 | 33964 | |
| | | | |
| 866 | 96 | 1038 | |
| 146047 | 47681 | 175324 | 23034 |
| | | | |
| 3300 | | 1200 | |
| 800 | | | |
| 1821 | 1334 | 3133 | |

3-8 续

| 行　业 | 本年完成投资 | 住　宅 |
|---|---|---|
| 专用设备制造业 | 10152 | |
| 汽车制造业 | 4758 | |
| 铁路、船舶、航空航天和其他运输设备制造业 | 6723 | |
| 电气机械和器材制造业 | 4822 | |
| 计算机、通信和其他电子设备制造业 | | |
| 仪器仪表制造业 | | |
| 其他制造业 | 34552 | |
| 废弃资源综合利用业 | 55319 | |
| 金属制品、机械和设备修理业 | 7534 | |
| 电力、热力、燃气及水生产和供应业 | 989479 | |
| 电力、热力生产和供应业 | 807712 | |
| 燃气生产和供应业 | 95642 | |
| 水的生产和供应业 | 86125 | |
| 建筑业 | 9048 | |
| 房屋建筑业 | 9048 | |
| 土木工程建筑业 | | |
| 建筑安装业 | | |
| 建筑装饰和其他建筑业 | | |
| 批发和零售业 | 156749 | 100 |
| 批发业 | 89979 | 100 |
| 零售业 | 66770 | |
| 交通运输、仓储和邮政业 | 391603 | |
| 铁路运输业 | 45362 | |
| 道路运输业 | 317994 | |
| 水上运输业 | | |
| 航空运输业 | | |
| 管道运输业 | 5067 | |
| 装卸搬运和运输代理业 | 9130 | |
| 仓储业 | 14050 | |
| 邮政业 | | |
| 住宿和餐饮业 | 8110 | |
| 住宿业 | 4610 | |
| 餐饮业 | 3500 | |
| 信息传输、软件和信息技术服务业 | 20598 | |
| 电信、广播电视和卫星传输服务 | | |
| 互联网和相关服务 | | |
| 软件和信息技术服务业 | 20598 | |

## 表 1

单位:万元

| 建筑工程 | 安装工程 | 设备工器具购置 | 其他费用 |
|---|---|---|---|
| 6712 | 879 | 2561 | |
| 2312 | 356 | 2090 | |
| 2569 | 1072 | 3082 | |
| 4822 | | | |
| | | | |
| | | | |
| 13610 | 960 | 19982 | |
| 2797 | 1196 | 5889 | 45437 |
| 3152 | 4382 | | |
| 259307 | 248006 | 446357 | 35709 |
| 214421 | 181677 | 376678 | 34836 |
| 18632 | 24125 | 52196 | 689 |
| 26254 | 42204 | 17483 | 184 |
| 8067 | 855 | 126 | |
| 8067 | 855 | 126 | |
| | | | |
| | | | |
| | | | |
| 101101 | 20622 | 27447 | 7579 |
| 65820 | 9325 | 7735 | 7099 |
| 35281 | 11297 | 19712 | 480 |
| 300140 | 14722 | 31050 | 46262 |
| 19692 | 9000 | | 16670 |
| 260627 | 2600 | 28460 | 26878 |
| | | | |
| | | | |
| 3197 | 1870 | | |
| 4108 | 1179 | 1129 | 2714 |
| 12516 | 73 | 1461 | |
| | | | |
| 8110 | | | |
| 4610 | | | |
| 3500 | | | |
| 17277 | 2286 | 1035 | |
| | | | |
| | | | |
| 17277 | 2286 | 1035 | |

3-8 续

| 行　业 | 本年完成投资 | 住　宅 |
| --- | --- | --- |
| 金融业 | 893 | |
| 货币金融服务 | 893 | |
| 资本市场服务 | | |
| 保险业 | | |
| 其他金融业 | | |
| 房地产业 | 139484 | 39565 |
| 房地产业 | 139484 | 39565 |
| 租赁和商务服务业 | 6745 | |
| 租赁业 | 1700 | |
| 商务服务业 | 5045 | |
| 科学研究和技术服务业 | 188914 | |
| 研究和试验发展 | 1815 | |
| 专业技术服务业 | 182072 | |
| 科技推广和应用服务业 | 5027 | |
| 水利、环境和公共设施管理业 | 1112275 | |
| 水利管理业 | 170844 | |
| 生态保护和环境治理业 | 370531 | |
| 公共设施管理业 | 570900 | |
| 居民服务、修理和其他服务业 | 12240 | |
| 居民服务业 | 8290 | |
| 机动车、电子产品和日用产品修理业 | 3950 | |
| 其他服务业 | | |
| 教育 | 51799 | |
| 教育 | 51799 | |
| 卫生和社会工作 | 41871 | |
| 卫生 | 7827 | |
| 社会工作 | 34044 | |
| 文化、体育和娱乐业 | 32298 | |
| 新闻和出版业 | | |
| 广播、电视、电影和影视录音制作业 | | |
| 文化艺术业 | 18023 | |
| 体育 | 14275 | |
| 娱乐业 | | |
| 公共管理、社会保障和社会组织 | 5530 | |
| 中国共产党机关 | | |
| 国家机构 | 2874 | |
| 人民政协、民主党派 | | |
| 社会保障 | 2656 | |
| 群众团体、社会团体和其他成员组织 | | |
| 基层群众自治组织 | | |
| 房地产企业本年完成投资 | 280730 | 205592 |
| 按国民经济行业分 | | |
| (十一)房地产业 | 280730 | 280730 |
| 房地产 | 280730 | 280730 |

# 表 2

单位:万元

| 建筑工程 | 安装工程 | 设备工器具购置 | 其他费用 |
|---|---|---|---|
| 893 | | | |
| 893 | | | |
| | | | |
| | | | |
| | | | |
| 111583 | 17087 | 3311 | 7503 |
| 111583 | 17087 | 3311 | 7503 |
| 3579 | | 1845 | 1321 |
| 1700 | | | |
| 1879 | | 1845 | 1321 |
| 131139 | 19174 | 837 | 37764 |
| 1400 | | | 415 |
| 127957 | 17206 | | 36909 |
| 1782 | 1968 | 837 | 440 |
| 682005 | 51752 | 23559 | 358890 |
| 56337 | 6431 | 212 | 107864 |
| 141057 | 7221 | | 222253 |
| 484611 | 38100 | 23347 | 28773 |
| 9452 | 926 | 1648 | 214 |
| 8290 | | | |
| 1162 | 926 | 1648 | 214 |
| | | | |
| 30459 | 14008 | 7332 | |
| 30459 | 14008 | 7332 | |
| 27687 | 4718 | 4948 | 4518 |
| 4122 | 614 | 798 | 2293 |
| 23565 | 4104 | 4150 | 2225 |
| 18937 | 7746 | 3980 | 1635 |
| | | | |
| | | | |
| 11540 | 3985 | 863 | 1635 |
| 7397 | 3761 | 3117 | |
| | | | |
| 5037 | | | 493 |
| | | | |
| 2381 | | | 493 |
| | | | |
| 2656 | | | |
| | | | |
| | | | |
| 149501 | 95642 | 23631 | |
| | | | |
| 280730 | 280730 | 280730 | |
| 280730 | 280730 | 280730 | |

# 3-9 按建设性质分

| 行　业 | 新　建 | 扩　建 | 改建和技术改造 |
|---|---|---|---|
| **总　计** | 5182223 | 391277 | 283778 |
| 农、林、牧、渔业 | 1464664 | 70504 | 5208 |
| 农业 | 240955 | 6900 | 3300 |
| 林业 | 521969 | 7890 | |
| 畜牧业 | 664495 | 55714 | 1680 |
| 渔业 | 7670 | | |
| 农、林、牧、渔服务业 | 29575 | | 228 |
| 采矿业 | 286078 | 24222 | 164518 |
| 煤炭开采和洗选业 | 252539 | 13968 | 164518 |
| 石油和天然气开采业 | 1200 | | |
| 黑色金属矿采选业 | | | |
| 有色金属矿采选业 | | | |
| 非金属矿采选业 | 25098 | 10254 | |
| 开采辅助活动 | 4951 | | |
| 其他采矿业 | 2290 | | |
| 制造业 | 665571 | 26104 | 31889 |
| 农副食品加工业 | 111870 | 1500 | |
| 食品制造业 | 12479 | | |
| 酒、饮料和精制茶制造业 | 13002 | | |
| 烟草制品业 | 3500 | | |
| 纺织业 | 3995 | | |
| 纺织服装、服饰业 | 3850 | | |
| 皮革、毛皮、羽毛及其制品和制鞋业 | | | |
| 木材加工和木、竹、藤、棕、草制品业 | 2650 | 550 | |
| 家具制造业 | | | |
| 造纸和纸制品业 | | 2100 | |
| 印刷和记录媒介复制业 | | | |
| 文教、工美、体育和娱乐用品制造业 | | | |
| 石油加工、炼焦和核燃料加工业 | 7400 | | |
| 化学原料和化学制品制造业 | 45440 | | |
| 医药制造业 | 12892 | | |
| 化学纤维制造业 | | | |
| 橡胶和塑料制品业 | 2000 | | |
| 非金属矿物制品业 | 315039 | 18854 | 30995 |
| 黑色金属冶炼和压延加工业 | | | |
| 有色金属冶炼和压延加工业 | 4500 | | |
| 金属制品业 | 800 | | |
| 通用设备制造业 | 6288 | | |

注：本表不含房地产开发投资。

# 固定资产投资（2016 年）

单位：万元

| 单纯建造生活设施 | 迁　建 | 恢　复 | 单纯购置 |
|---|---|---|---|
| 13174 | 2520 | | 179702 |
| | | | 17710 |
| | | | 12899 |
| | | | 4811 |
| | | | 128570 |
| | | | 16315 |
| | | | 52612 |
| | | | 32445 |
| | | | 27198 |

3-9 续

| 行　业 | 新　建 | 扩　建 | 改建和技术改造 |
|---|---|---|---|
| 专用设备制造业 | 6158 | 3100 | 894 |
| 汽车制造业 | 4758 | | |
| 铁路、船舶、航空航天和其他运输设备制造业 | 6723 | | |
| 电气机械和器材制造业 | 4822 | | |
| 计算机、通信和其他电子设备制造业 | | | |
| 仪器仪表制造业 | | | |
| 其他制造业 | 34552 | | |
| 废弃资源综合利用业 | 55319 | | |
| 金属制品、机械和设备修理业 | 7534 | | |
| 电力、热力、燃气及水生产和供应业 | 684566 | 204042 | 67449 |
| 电力、热力生产和供应业 | 527768 | 204042 | 42480 |
| 燃气生产和供应业 | 76073 | | 19569 |
| 水的生产和供应业 | 80725 | | 5400 |
| 建筑业 | 9048 | | |
| 房屋建筑业 | 9048 | | |
| 土木工程建筑业 | | | |
| 建筑安装业 | | | |
| 建筑装饰和其他建筑业 | | | |
| 批发和零售业 | 146086 | 10663 | |
| 批发业 | 81421 | 8558 | |
| 零售业 | 64665 | 2105 | |
| 交通运输、仓储和邮政业 | 373088 | 4300 | 9148 |
| 铁路运输业 | 45362 | | |
| 道路运输业 | 308846 | | 9148 |
| 水上运输业 | | | |
| 航空运输业 | | | |
| 管道运输业 | | | |
| 装卸搬运和运输代理业 | 9130 | | |
| 仓储业 | 9750 | 4300 | |
| 邮政业 | | | |
| 住宿和餐饮业 | 8110 | | |
| 住宿业 | 4610 | | |
| 餐饮业 | 3500 | | |
| 信息传输、软件和信息技术服务业 | 20598 | | |
| 电信、广播电视和卫星传输服务 | | | |
| 互联网和相关服务 | | | |
| 软件和信息技术服务业 | 20598 | | |

## 表 1

单位:万元

| 单纯建造生活设施 | 迁　建 | 恢　复 | 单纯购置 |
|---|---|---|---|
| | | | 33422 |
| | | | 33422 |
| 5067 | | | |
| 5067 | | | |

3-9 续

| 行　业 | 新　建 | 扩　建 | 改建和技术改造 |
| --- | --- | --- | --- |
| 金融业 | 893 | | |
| 货币金融服务 | 893 | | |
| 资本市场服务 | | | |
| 保险业 | | | |
| 其他金融业 | | | |
| 房地产业 | 128855 | 2522 | |
| 房地产业 | 128855 | 2522 | |
| 租赁和商务服务业 | 6745 | | |
| 租赁业 | 1700 | | |
| 商务服务业 | 5045 | | |
| 科学研究和技术服务业 | 187694 | 1220 | |
| 研究和试验发展 | 1815 | | |
| 专业技术服务业 | 180852 | 1220 | |
| 科技推广和应用服务业 | 5027 | | |
| 水利、环境和公共设施管理业 | 1096370 | 12420 | 3485 |
| 水利管理业 | 170844 | | |
| 生态保护和环境治理业 | 367451 | 3080 | |
| 公共设施管理业 | 558075 | 9340 | 3485 |
| 居民服务、修理和其他服务业 | 12240 | | |
| 居民服务业 | 8290 | | |
| 机动车、电子产品和日用产品修理业 | 3950 | | |
| 其他服务业 | | | |
| 教育 | 23859 | 25420 | |
| 教育 | 23859 | 25420 | |
| 卫生和社会工作 | 32311 | 9560 | |
| 卫生 | 7827 | | |
| 社会工作 | 24484 | 9560 | |
| 文化、体育和娱乐业 | 32298 | | |
| 新闻和出版业 | | | |
| 广播、电视、电影和影视录音制作业 | | | |
| 文化艺术业 | 18023 | | |
| 体育 | 14275 | | |
| 娱乐业 | | | |
| 公共管理、社会保障和社会组织 | 3149 | 300 | 2081 |
| 中国共产党机关 | | | |
| 国家机构 | 493 | 300 | 2081 |
| 人民政协、民主党派 | | | |
| 社会保障 | 2656 | | |
| 群众团体、社会团体和其他成员组织 | | | |
| 基层群众自治组织 | | | |
| 国际组织 | | | |
| 国际组织 | | | |

# 表 2

单位:万元

| 单纯建造生活设施 | 迁　建 | 恢　复 | 单纯购置 |
|---|---|---|---|
| | | | |
| | | | |
| | | | |
| | | | |
| | | | |
| | | | |
| 8107 | | | |
| 8107 | | | |
| | | | |
| | | | |
| | | | |
| | | | |
| | | | |
| | | | |
| | | | |
| | | | |
| | | | |
| | | | |
| | | | |
| | | | |
| | | | |
| | 2520 | | |
| | 2520 | | |

# 3-10 按资金来源分

| 行业 | 本年资金来源小计 | 国家预算内资金 | 国内贷款 |
|---|---|---|---|
| **总　计** | 5660682 | 258500 | 24269 |
| 农、林、牧、渔业 | 1487551 | 33028 | 12988 |
| 农业 | 240865 | 6876 | |
| 林业 | 518059 | 16321 | 3580 |
| 畜牧业 | 694170 | 3976 | 9408 |
| 渔业 | 7670 | | |
| 农、林、牧、渔服务业 | 26787 | 5855 | |
| 采矿业 | 423646 | | 2500 |
| 煤炭开采和洗选业 | 381318 | | 2500 |
| 石油和天然气开采业 | 1200 | | |
| 黑色金属矿采选业 | | | |
| 有色金属矿采选业 | | | |
| 非金属矿采选业 | 28886 | | |
| 开采辅助活动 | 9762 | | |
| 其他采矿业 | 2480 | | |
| 制造业 | 846339 | 1471 | 1700 |
| 农副食品加工业 | 110620 | 800 | 700 |
| 食品制造业 | 28698 | | |
| 酒、饮料和精制茶制造业 | 12250 | | 500 |
| 烟草制品业 | 3500 | | |
| 纺织业 | 3995 | | |
| 纺织服装、服饰业 | 3850 | | |
| 皮革、毛皮、羽毛及其制品和制鞋业 | | | |
| 木材加工和木、竹、藤、棕、草制品业 | 3200 | | |
| 家具制造业 | | | |
| 造纸和纸制品业 | 2100 | | |
| 印刷和记录媒介复制业 | | | |
| 文教、工美、体育和娱乐用品制造业 | | | |
| 石油加工、炼焦和核燃料加工业 | 7400 | | |
| 化学原料和化学制品制造业 | 94085 | | |
| 医药制造业 | 45587 | | |
| 化学纤维制造业 | | | |
| 橡胶和塑料制品业 | 2000 | | |
| 非金属矿物制品业 | 394145 | | 500 |
| 黑色金属冶炼和压延加工业 | | | |
| 有色金属冶炼和压延加工业 | 4500 | | |
| 金属制品业 | 800 | | |
| 通用设备制造业 | 6757 | | |

注:本表不含房地产开发投资。

# 固定资产投资(2016年)

单位:万元

| 利用外资 | 自筹资金 | 企事业单位自有资金 | 其他资金 |
|---|---|---|---|
| | 3612347 | 269505 | 77722 |
| | 1311172 | 13119 | 19821 |
| | 193066 | | 7710 |
| | 485666 | 5050 | 10142 |
| | 605807 | 8069 | |
| | 7670 | | |
| | 18963 | | 1969 |
| | 186627 | 7090 | |
| | 144299 | 4290 | |
| | 1200 | | |
| | | | |
| | | | |
| | 28886 | 2800 | |
| | 9762 | | |
| | 2480 | | |
| | 593207 | 8572 | 223 |
| | 97591 | | |
| | 27034 | | |
| | 11750 | | |
| | 3500 | 3500 | |
| | 3995 | | |
| | 3850 | | |
| | | | |
| | 3200 | | |
| | | | |
| | 2100 | | |
| | | | |
| | | | |
| | 7400 | | |
| | 75785 | | |
| | 45587 | 5072 | |
| | | | |
| | 2000 | | |
| | 264558 | | |
| | | | |
| | 4500 | | |
| | 800 | | |
| | 1805 | | |

3-10 续

| 行　业 | 本年资金来源小计 | 国家预算内资金 | 国内贷款 |
|---|---|---|---|
| 专用设备制造业 | 10152 | 671 | |
| 汽车制造业 | 4758 | | |
| 铁路、船舶、航空航天和其他运输设备制造业 | 6767 | | |
| 电气机械和器材制造业 | 4837 | | |
| 计算机、通信和其他电子设备制造业 | | | |
| 仪器仪表制造业 | | | |
| 其他制造业 | 31004 | | |
| 废弃资源综合利用业 | 57800 | | |
| 金属制品、机械和设备修理业 | 7534 | | |
| 电力、热力、燃气及水生产和供应业 | 865602 | 41238 | 6281 |
| 电力、热力生产和供应业 | 727474 | 33422 | 6281 |
| 燃气生产和供应业 | 55995 | | |
| 水的生产和供应业 | 82133 | 7816 | |
| 建筑业 | 7592 | | |
| 房屋建筑业 | 7592 | | |
| 土木工程建筑业 | | | |
| 建筑安装业 | | | |
| 建筑装饰和其他建筑业 | | | |
| 批发和零售业 | 156633 | | |
| 批发业 | 90900 | | |
| 零售业 | 65733 | | |
| 交通运输、仓储和邮政业 | 360889 | 6250 | |
| 铁路运输业 | 50000 | | |
| 道路运输业 | 283156 | 5885 | |
| 水上运输业 | | | |
| 航空运输业 | | | |
| 管道运输业 | 5067 | | |
| 装卸搬运和运输代理业 | 8610 | | |
| 仓储业 | 14056 | 365 | |
| 邮政业 | | | |
| 住宿和餐饮业 | 8110 | | |
| 住宿业 | 4610 | | |
| 餐饮业 | 3500 | | |
| 信息传输、软件和信息技术服务业 | 20844 | | |
| 电信、广播电视和卫星传输服务 | | | |
| 互联网和相关服务 | | | |
| 软件和信息技术服务业 | 20844 | | |

## 表 1

单位:万元

| 利用外资 | 自筹资金 | 企事业单位自有资金 | 其他资金 |
|---|---|---|---|
| | 9258 | | 223 |
| | 4758 | | |
| | 3850 | | |
| | 4552 | | |
| | | | |
| | | | |
| | | | |
| | 7800 | | |
| | 7534 | | |
| | 91172 | 44790 | 6705 |
| | 32238 | 10011 | 6705 |
| | 18925 | | |
| | 40009 | 34779 | |
| | 7592 | | |
| | 7592 | | |
| | | | |
| | | | |
| | | | |
| | 104487 | | |
| | 65135 | | |
| | 39352 | | |
| | 189052 | | 1924 |
| | | | |
| | 161684 | | 1924 |
| | | | |
| | | | |
| | 5067 | | |
| | 8610 | | |
| | 13691 | | |
| | | | |
| | 8110 | | |
| | 4610 | | |
| | 3500 | | |
| | 15280 | | |
| | | | |
| | | | |
| | 15280 | | |

3-10 续

| 行　　业 | 本年资金来源小计 | 国家预算内资金 | 国内贷款 |
| --- | --- | --- | --- |
| 金融业 | 1428 | | |
| 货币金融服务 | 1428 | | |
| 资本市场服务 | | | |
| 保险业 | | | |
| 其他金融业 | | | |
| 房地产业 | 99789 | 5904 | |
| 房地产业 | 99789 | 5904 | |
| 租赁和商务服务业 | 6745 | | |
| 租赁业 | 1700 | | |
| 商务服务业 | 5045 | | |
| 科学研究和技术服务业 | 189027 | 1220 | |
| 研究和试验发展 | 1815 | | |
| 专业技术服务业 | 182072 | 1220 | |
| 科技推广和应用服务业 | 5140 | | |
| 水利、环境和公共设施管理业 | 1052966 | 158480 | |
| 水利管理业 | 167198 | 31321 | |
| 生态保护和环境治理业 | 370639 | 7989 | |
| 公共设施管理业 | 515129 | 119170 | |
| 居民服务、修理和其他服务业 | 11369 | | |
| 居民服务业 | 7419 | | |
| 机动车、电子产品和日用产品修理业 | 3950 | | |
| 其他服务业 | | | |
| 教育 | 52211 | 2849 | |
| 教育 | 52211 | 2849 | |
| 卫生和社会工作 | 37888 | 846 | |
| 卫生 | 8306 | 846 | |
| 社会工作 | 29582 | | |
| 文化、体育和娱乐业 | 27223 | 3475 | 800 |
| 新闻和出版业 | | | |
| 广播、电视、电影和影视录音制作业 | | | |
| 文化艺术业 | 14187 | 3475 | |
| 体育 | 13036 | | 800 |
| 娱乐业 | | | |
| 公共管理、社会保障和社会组织 | 4830 | 3739 | |
| 中国共产党机关 | | | |
| 国家机构 | 2874 | 2081 | |
| 人民政协、民主党派 | | | |
| 社会保障 | 1956 | 1658 | |
| 群众团体、社会团体和其他成员组织 | | | |

## 表 2

单位:万元

| 利用外资 | 自筹资金 | 企事业单位自有资金 | 其他资金 |
|---|---|---|---|
| | 1428 | | |
| | 1428 | | |
| | | | |
| | | | |
| | | | |
| | 50160 | | |
| | 50160 | | |
| | 4900 | | |
| | 1700 | | |
| | 3200 | | |
| | 181172 | 650 | 6635 |
| | 1815 | | |
| | 174217 | | 6635 |
| | 5140 | 650 | |
| | 803067 | 185724 | 30181 |
| | 132995 | | 2882 |
| | 345899 | 51417 | 10246 |
| | 324173 | 134307 | 17053 |
| | 11369 | | |
| | 7419 | | |
| | 3950 | | |
| | | | |
| | 22707 | 9560 | 9100 |
| | 22707 | 9560 | 9100 |
| | 20542 | | |
| | 5160 | | |
| | 15382 | | |
| | 10005 | | 2340 |
| | | | |
| | | | |
| | 5212 | | |
| | 4793 | | 2340 |
| | | | |
| | 298 | | 793 |
| | | | |
| | | | 793 |
| | | | |
| | 298 | | |

# 3-11 固定资产投资规模

| 生产能力(或效益) | 建设规模 | 本年施工规模 |
| --- | --- | --- |
| 原煤开采 | | |
| 洗煤 | | |
| 焦炭 | | |
| 水力发电 | | |
| 火力发电 | | |
| 核能发电 | | |
| 风力发电 | | |
| 太阳能发电 | | |
| 其他发电 | | |
| 输电线路长度(110KV 及以上) | 41.7 | 34.6 |
| 水泥 | | |
| 平板玻璃 | | |
| 新建铁路里程 | | |
| 复线里程 | | |
| 电气化铁路里程 | | |
| 新建高速铁路里程 | | |
| 新建公路 | 209 | 209 |
| 其中:高速公路 | | |
| 二级公路 | 209 | 209 |
| 改建公路 | 36 | 36 |
| 二级公路 | 36 | 36 |
| 新建独立公路桥梁 | | |
| 新建独立公路隧道 | | |
| 新扩建公路客运站(个) | 1 | 1 |
| 新扩建公路客运站(平方米) | 2000 | 2000 |
| 城市自来水供水能力 | | |
| 城市公共交通车辆购置 | | |
| 新建轿车制造 | 3000 | 1760 |

## 及新增生产能力(2016年)

单位:万元

| 本年新开工 | 累计新增生产能力 | 本年新增 |
|---|---|---|
| 34.6 | 34.6 | 34.6 |
| 209 | 209 | 209 |
| 209 | 209 | 209 |
| 36 | 36 | 36 |
| 36 | 36 | 36 |
| 1 | 1 | 1 |
| 2000 | 2000 | 2000 |
| 1760 | 1760 | 1760 |

## 3-12 固定资产投资总规模及新增固定资产(2016年)

单位:万元

| 行业 | 计划总投资 | 自开始建设至本年底累计完成投资 | 本年完成投资 | 本年新增固定资产 |
|---|---|---|---|---|
| **总计** | 14921375 | 12325201 | 6052674 | 4579421 |
| 农、林、牧、渔业 | 1903133 | 1822311 | 1540376 | 1517925 |
| 农业 | 297047 | 279577 | 251155 | 265290 |
| 林业 | 569117 | 534929 | 529859 | 519703 |
| 畜牧业 | 990309 | 967910 | 721889 | 696307 |
| 渔业 | 9328 | 7670 | 7670 | 7670 |
| 农、林、牧、渔服务业 | 37332 | 32225 | 29803 | 28955 |
| 采矿业 | 1496702 | 1488144 | 492528 | 240519 |
| 煤炭开采和洗选业 | 1444644 | 1439350 | 443924 | 194514 |
| 石油和天然气开采业 | 2430 | 1200 | 1200 | 1200 |
| 黑色金属矿采选业 | | | | |
| 有色金属矿采选业 | | | | |
| 非金属矿采选业 | 37386 | 35352 | 35352 | 32563 |
| 开采辅助活动 | 9762 | 9762 | 9762 | 9762 |
| 其他采矿业 | 2480 | 2480 | 2290 | 2480 |
| 制造业 | 1793281 | 1590012 | 852134 | 719051 |
| 农副食品加工业 | 140859 | 114810 | 113370 | 102383 |
| 食品制造业 | 41779 | 32053 | 28794 | 30389 |
| 酒、饮料和精制茶制造业 | 16412 | 14362 | 13002 | 12852 |
| 烟草制品业 | 3500 | 3500 | 3500 | 3500 |
| 纺织业 | 3995 | 3995 | 3995 | 3995 |
| 纺织服装、服饰业 | 3850 | 3850 | 3850 | 3850 |
| 皮革、毛皮、羽毛及其制品和制鞋业 | | | | |
| 木材加工和木、竹、藤、棕、草制品业 | 3200 | 3200 | 3200 | 3200 |
| 家具制造业 | | | | |
| 造纸和纸制品业 | 2100 | 2100 | 2100 | 2100 |
| 印刷和记录媒介复制业 | | | | |
| 文教、工美、体育和娱乐用品制造业 | | | | |
| 石油加工、炼焦和核燃料加工业 | 7400 | 7400 | 7400 | 7400 |
| 化学原料和化学制品制造业 | 272850 | 252559 | 98052 | 176378 |
| 医药制造业 | 49417 | 45342 | 45337 | 44987 |
| 化学纤维制造业 | | | | |
| 橡胶和塑料制品业 | 2000 | 2000 | 2000 | 2000 |

# 3-12 续表1

单位:万元

| 行业 | 计划总投资 | 自开始建设至本年底累计完成投资 | 本年完成投资 | 本年新增固定资产 |
|---|---|---|---|---|
| 非金属矿物制品业 | 636755 | 533710 | 392086 | 282004 |
| 黑色金属冶炼和压延加工业 | | | | |
| 有色金属冶炼和压延加工业 | 4500 | 4500 | 4500 | 4500 |
| 金属制品业 | 4400 | 800 | 800 | |
| 通用设备制造业 | 17180 | 13764 | 6288 | 1761 |
| 专用设备制造业 | 10376 | 10152 | 10152 | 9258 |
| 汽车制造业 | 4758 | 4758 | 4758 | 4758 |
| 铁路、船舶、航空航天和其他运输设备制造业 | 17381 | 17337 | 6723 | 3850 |
| 电气机械和器材制造业 | 13052 | 4822 | 4822 | 4552 |
| 计算机、通信和其他电子设备制造业 | | | | |
| 仪器仪表制造业 | | | | |
| 其他制造业 | 36800 | 34552 | 34552 | |
| 废弃资源综合利用业 | 493183 | 472912 | 55319 | 7800 |
| 金属制品、机械和设备修理业 | 7534 | 7534 | 7534 | 7534 |
| 电力、热力、燃气及水生产和供应业 | 4385293 | 2958830 | 989479 | 290265 |
| 电力、热力生产和供应业 | 3648020 | 2574764 | 807712 | 219515 |
| 燃气生产和供应业 | 422865 | 215411 | 95642 | 18925 |
| 水的生产和供应业 | 314408 | 168655 | 86125 | 51825 |
| 建筑业 | 9048 | 9048 | 9048 | 9048 |
| 房屋建筑业 | 9048 | 9048 | 9048 | 9048 |
| 土木工程建筑业 | | | | |
| 建筑安装业 | | | | |
| 建筑装饰和其他建筑业 | | | | |
| 批发和零售业 | 418111 | 216622 | 156749 | 115916 |
| 批发业 | 190954 | 89979 | 89979 | 65074 |
| 零售业 | 227157 | 126643 | 66770 | 50842 |
| 交通运输、仓储和邮政业 | 2275660 | 2145888 | 391603 | 199798 |
| 铁路运输业 | 1533220 | 1604967 | 45362 | |
| 道路运输业 | 713241 | 512407 | 317994 | 171649 |
| 水上运输业 | | | | |
| 航空运输业 | | | | |
| 管道运输业 | 5067 | 5067 | 5067 | 5067 |

## 3-12 续表2

单位：万元

| 行业 | 计划总投资 | 自开始建设至本年底累计完成投资 | 本年完成投资 | 本年新增固定资产 |
|---|---|---|---|---|
| 装卸搬运和运输代理业 | 9130 | 9130 | 9130 | 9130 |
| 仓储业 | 15002 | 14317 | 14050 | 13952 |
| 邮政业 | | | | |
| 住宿和餐饮业 | 8110 | 8110 | 8110 | 8110 |
| 住宿业 | 4610 | 4610 | 4610 | 4610 |
| 餐饮业 | 3500 | 3500 | 3500 | 3500 |
| 信息传输、软件和信息技术服务业 | 33280 | 20598 | 20598 | 15280 |
| 电信、广播电视和卫星传输服务 | | | | |
| 互联网和相关服务 | | | | |
| 软件和信息技术服务业 | 33280 | 20598 | 20598 | 15280 |
| 金融业 | 1428 | 893 | 893 | 610 |
| 货币金融服务 | 1428 | 893 | 893 | 610 |
| 资本市场服务 | | | | |
| 保险业 | | | | |
| 其他金融业 | | | | |
| 房地产业 | 701687 | 502695 | 139484 | 78132 |
| 房地产业 | 701687 | 502695 | 139484 | 78132 |
| 租赁和商务服务业 | 17889 | 6745 | 6745 | 4900 |
| 租赁业 | 1700 | 1700 | 1700 | 1700 |
| 商务服务业 | 16189 | 5045 | 5045 | 3200 |
| 科学研究和技术服务业 | 195561 | 189869 | 188914 | 184956 |
| 研究和试验发展 | 3444 | 1815 | 1815 | |
| 专业技术服务业 | 183027 | 183027 | 182072 | 182072 |
| 科技推广和应用服务业 | 9090 | 5027 | 5027 | 2884 |
| 水利、环境和公共设施管理业 | 1389791 | 1194390 | 1112275 | 1088564 |
| 水利管理业 | 175588 | 173933 | 170844 | 165493 |
| 生态保护和环境治理业 | 407968 | 413987 | 370531 | 411902 |
| 公共设施管理业 | 806235 | 606470 | 570900 | 511169 |

# 3-12 续表3

单位:万元

| 行 业 | 计划总投资 | 自开始建设至本年底累计完成投资 | 本年完成投资 | 本年新增固定资产 |
|---|---|---|---|---|
| 居民服务、修理和其他服务业 | 12240 | 12240 | 12240 | 12240 |
| 居民服务业 | 8290 | 8290 | 8290 | 8290 |
| 机动车、电子产品和日用产品修理业 | 3950 | 3950 | 3950 | 3950 |
| 其他服务业 | | | | |
| 教育 | 56926 | 70959 | 51799 | 34571 |
| 教育 | 56926 | 70959 | 51799 | 34571 |
| 卫生和社会工作 | 179848 | 44660 | 41871 | 18751 |
| 卫生 | 138000 | 7827 | 7827 | 3450 |
| 社会工作 | 41848 | 36833 | 34044 | 15301 |
| 文化、体育和娱乐业 | 34098 | 34098 | 32298 | 32298 |
| 新闻和出版业 | | | | |
| 广播、电视、电影和影视录音制作业 | | | | |
| 文化艺术业 | 18023 | 18023 | 18023 | 18023 |
| 体育 | 16075 | 16075 | 14275 | 14275 |
| 娱乐业 | | | | |
| 公共管理、社会保障和社会组织 | 9289 | 9089 | 5530 | 8487 |
| 中国共产党机关 | | | | |
| 国家机构 | 4111 | 3911 | 2874 | 3611 |
| 人民政协、民主党派 | | | | |
| 社会保障 | 5178 | 5178 | 2656 | 4876 |
| 群众团体、社会团体和其他成员组织 | | | | |
| 基层群众自治组织 | | | | |
| 国际组织 | | | | |

## 3-13 房地产开发施工、

| 指 标 | 合 计 | 住 宅 | 90平方米及以下住房 | 144平方米以上住房 |
|---|---|---|---|---|
| 房屋施工面积(平方米) | 7205051 | 5462547 | 1728958 | 710595 |
| 其中:本年新开工面积 | 1269774 | 887672 | 243660 | 2482 |
| 本年房屋竣工面积(平方米) | 3108448 | 2347872 | 762973 | 188794 |
| 其中:不可销售面积 | 415395 | 242774 | 132138 | |
| 本年住宅竣工套数(套) | – | 21375 | 8610 | 1219 |
| 本年房屋竣工价值 | 666864 | 502121 | 172899 | 41427 |
| 本年批准预售面积(平方米) | 589849 | 457643 | 80892 | 71171 |
| 本年批准预售住宅套数(套) | – | 3971 | 907 | 450 |
| 房屋出租面积(平方米) | 6142 | | | |
| 本年商品房销售面积(平方米) | 714686 | 533189 | 158566 | 98388 |
| 其中:本月销售面积 | 47378 | 40437 | 12418 | 12003 |
| 现房销售面积 | 681282 | 501366 | 144948 | 98388 |
| 期房销售面积 | 33404 | 31823 | 13618 | |
| 本年商品房销售额 | 242209 | 159018 | 49356 | 32139 |
| 其中:本月销售额 | 15247 | 13067 | 4217 | 4312 |
| 现房销售额 | 229877 | 147612 | 44061 | 32139 |
| 期房销售额 | 12332 | 11406 | 5295 | |
| 本年商品住宅销售套数(套) | – | 4955 | 1873 | 609 |
| 现房销售套数 | – | 4604 | 1695 | 609 |
| 期房销售套数 | – | 351 | 178 | |
| 待售面积(平方米) | 3417128 | 2736130 | 1163003 | 438024 |
| 其中:待售1-3年(含1年) | 883180 | 729455 | 550710 | 37705 |
| 待售3年以上(含3年) | 76873 | 75447 | | 28905 |

# 销售和空置情况(2016年)

单位:万元

| 别墅、高档公寓 | 办公楼 | 商业营业用房 | 其 他 |
| --- | --- | --- | --- |
| | 150359 | 1067942 | 524203 |
| | 7630 | 292695 | 81777 |
| | 15377 | 498270 | 246929 |
| | 377 | 94825 | 77419 |
| | – | – | – |
| | 3825 | 107651 | 53267 |
| | | 45199 | 87007 |
| | – | – | – |
| | | 6142 | |
| | 7000 | 119913 | 54584 |
| | 2000 | 941 | 4000 |
| | 7000 | 118332 | 54584 |
| | | 1581 | |
| | 2128 | 68274 | 12789 |
| | 608 | 356 | 1216 |
| | 2128 | 67348 | 12789 |
| | | 926 | |
| | – | – | – |
| | – | – | – |
| | – | – | – |
| | 76175 | 423963 | 180860 |
| | 54615 | 56456 | 42654 |
| | | 1426 | |

# 3-14 房地产开发财务情况

| 指　标 | 2015 | 2016 |
|---|---|---|
| 年初存货 | 493727.9 | 1092929.9 |
| 流动资产合计 | 1854942 | 1926023 |
| 应收账款 | 67886.1 | 78693.1 |
| 存货 | 1058940.6 | 1196249.5 |
| 固定资产合计 | 64700.8 | 44285.7 |
| 固定资产原价 | 40342.8 | 40542.6 |
| 累计折旧 | 6779.3 | 9228 |
| 本年折旧 | 1436.1 | 1380.2 |
| 在建工程 | 74213.7 | 32796.2 |
| 资产总计 | 2163247 | 2354877.6 |
| 流动负债合计 | 1877340.7 | 2229600.6 |
| 应付账款 | 338692.2 | 423477.9 |
| 非流动负债合计 | 34602.5 | 42342.9 |
| 负债合计 | 1911943.2 | 2271943.5 |
| 所有者权益合计 | 251303.8 | 82934.1 |
| 实收资本 | 192713.4 | 139245 |
| 营业收入 | 270614.2 | 257351.2 |
| 主营业务收入 | 270303.9 | 256979.5 |
| 土地转让收入 | 12496.2 | 2203.9 |
| 商品房屋销售收入 | 247045.2 | 254051 |
| 房屋出租收入 | 2540.4 | 232.2 |
| 其他收入 | 8222.1 | 492.4 |

## 3-14 续表

单位:万元

| 指　　标 | 2015 | 2016 |
|---|---|---|
| 营业成本 | 90467.2 | 258605.5 |
| 主营业务成本 | 81643.4 | 255240.9 |
| 营业税金及附加 | 5424.8 | 10414.7 |
| 主营业务税金及附加 | 5405.7 | 10197.3 |
| 其他业务利润 | 141.1 | 112.9 |
| 销售费用 | 4994.9 | 6929.4 |
| 管理费用 | 10518.6 | 9723.7 |
| 其中:税金 | 367 | 466.8 |
| 财务费用 | 24246.6 | 19528.7 |
| 利息收入 | 64.3 | 30.5 |
| 利息支出 | 10957.1 | 18029.7 |
| 资产减值损失 | -25.7 | 27.5 |
| 公允价值变动收益 | 4.6 | 4.6 |
| 投资收益 | -17 | -2833 |
| 营业利润 | -32186.5 | -73948.6 |
| 营业外收入 | 576.3 | 95.1 |
| 补贴收入 | 1 | |
| 营业外支出 | 99.3 | 791.2 |
| 利润总额 | -31709.5 | -74644.7 |
| 应交所得税 | -410.5 | 2480.3 |
| 本年应付职工薪酬(贷方累计发生额) | 8072.1 | 7311.5 |

## 3-15 房地产

| 指　标 | 企业个数（个） | 计划总投资 |
|---|---|---|
| **合　计** | 87 | 2528204 |
| **按登记注册类型分：** | 87 | |
| 内资企业 | 86 | 2528204 |
| 国有企业 | | |
| 集体企业 | | |
| 股份合作企业 | | |
| 国有联营企业 | | |
| 集体联营企业 | | |
| 国有与集体联营企业 | | |
| 其他联营企业 | | |
| 国有独资公司 | 2 | 270000 |
| 其他有限责任公司 | 13 | 452258 |
| 股份有限公司 | 1 | 225400 |
| 私营独资企业 | | |
| 私营合伙企业 | | |
| 私营有限责任公司 | 61 | 1529803 |
| 私营股份有限公司 | 9 | 50743 |
| 其他企业 | | |
| 港澳台商投资企业 | 1 | |
| 与港澳台商合资经营企业 | | |
| 与港澳台商合资合作经营企业 | | |
| 港澳台商独资经营企业 | 1 | |
| 港澳台商投资股份有限公司 | | |
| 其他港澳台投资 | | |
| 外商投资企业 | | |
| 中外合资经营企业 | | |
| 中外合作经营企业 | | |
| 外资企业 | | |
| 外商投资股份有限公司 | | |
| 其他外商投资 | | |
| **按控股情况分：** | 87 | |
| 国有控股 | 4 | 631338 |
| 集体控股 | | |
| 私人控股 | 81 | 1896866 |
| 港澳台商控股 | 1 | |
| 外商控股 | | |
| 其他 | 1 | |

# 开发投资(2016年)

单位:万元

| 累计完成投资 | 本年完成投资 | 配套工程投资 |
|---|---|---|
| 2239173 | 280730 | |
| | | |
| 2239173 | 280730 | |
| | | |
| 199328 | 0 | |
| 365150 | 18088 | |
| 180770 | 35518 | |
| | | |
| 1465786 | 223684 | |
| 28139 | 3440 | |
| | | |
| 432859 | 36286 | |
| | | |
| 1806314 | 244444 | |

3-15 续

| 指　　标 | 建筑工程 | 安装工程 |
| --- | --- | --- |
| **合　　计** | 149501 | 95642 |
| **按登记注册类型分:** | | |
| 内资企业 | 149501 | 95642 |
| 国有企业 | | |
| 集体企业 | | |
| 股份合作企业 | | |
| 国有联营企业 | | |
| 集体联营企业 | | |
| 国有与集体联营企业 | | |
| 其他联营企业 | | |
| 国有独资公司 | 0 | 0 |
| 其他有限责任公司 | 11227 | 2523 |
| 股份有限公司 | 23086 | 12432 |
| 私营独资企业 | | |
| 私营合伙企业 | | |
| 私营有限责任公司 | 113588 | 79147 |
| 私营股份有限公司 | 1600 | 1540 |
| 其他企业 | | |
| 港澳台商投资企业 | | |
| 与港澳台商合资经营企业 | | |
| 与港澳台商合资合作经营企业 | | |
| 港澳台商独资经营企业 | | |
| 港澳台商投资股份有限公司 | | |
| 其他港澳台投资 | | |
| 外商投资企业 | | |
| 中外合资经营企业 | | |
| 中外合作经营企业 | | |
| 外资企业 | | |
| 外商投资股份有限公司 | | |
| 其他外商投资 | | |
| **按控股情况分:** | | |
| 国有控股 | 23206 | 13080 |
| 集体控股 | | |
| 私人控股 | 126295 | 82562 |
| 港澳台商控股 | | |
| 外商控股 | | |
| 其他 | | |

## 表 1

单位:万元

| 设备工器具购置 | 其他费用 | 旧建筑物购置费 | 土地购置费 |
|---|---|---|---|
| 23631 | 11956 | 162 | 6831 |
| 23631 | 11956 | 162 | 6831 |
| 0 | 0 | 0 | 0 |
| 0 | 4338 | 0 | 3831 |
| 0 | 0 | 0 | 0 |
| 23631 | 7318 | 62 | 2800 |
| 0 | 300 | 100 | 200 |
| 0 | 0 | 0 | 0 |
| 23631 | 11956 | 162 | 6831 |

3-15 续

| 指 标 | 住 宅 | 90平方米及以下住房 | 144平方米以上住房 | 别 墅、高档公寓 |
|---|---|---|---|---|
| 合 计 | 205592 | 130116 | 7403 | 0 |
| **按登记注册类型分:** | | | | |
| 内资企业 | 205592 | 130116 | 7403 | 0 |
| 国有企业 | | | | |
| 集体企业 | | | | |
| 股份合作企业 | | | | |
| 国有联营企业 | | | | |
| 集体联营企业 | | | | |
| 国有与集体联营企业 | | | | |
| 其他联营企业 | | | | |
| 国有独资公司 | 0 | 0 | 0 | 0 |
| 其他有限责任公司 | 14793 | 13017 | 0 | 0 |
| 股份有限公司 | 35518 | 35518 | 0 | 0 |
| 私营独资企业 | | | | |
| 私营合伙企业 | | | | |
| 私营有限责任公司 | 153331 | 79631 | 7403 | 0 |
| 私营股份有限公司 | 1950 | 1950 | 0 | 0 |
| 其他企业 | | | | |
| 港澳台商投资企业 | | | | |
| 与港澳台商合资经营企业 | | | | |
| 与港澳台商合资合作经营企业 | | | | |
| 港澳台商独资经营企业 | | | | |
| 港澳台商投资股份有限公司 | | | | |
| 其他港澳台投资 | | | | |
| 外商投资企业 | | | | |
| 中外合资经营企业 | | | | |
| 中外合作经营企业 | | | | |
| 外资企业 | | | | |
| 外商投资股份有限公司 | | | | |
| 其他外商投资 | | | | |
| **按控股情况分:** | | | | |
| 国有控股 | 36286 | 35518 | 0 | 0 |
| 集体控股 | | | | |
| 私人控股 | 169306 | 94598 | 7403 | 0 |
| 港澳台商控股 | | | | |
| 外商控股 | | | | |
| 其他 | | | | |

# 表 2

单位:万元

| 办公楼 | 商业营业用房 | 其　他 | 本年新增固定资产 |
|---|---|---|---|
| 9848 | 51320 | 13970 | 694328 |
| 9848 | 51320 | 13970 | 694328 |
| 0 | 0 | 0 | 0 |
| 0 | 3295 | 0 | 20998 |
| 0 | 0 | 0 | 0 |
| 8808 | 47575 | 13970 | 673330 |
| 1040 | 450 | 0 | 0 |
| 0 | 0 | 0 | 0 |
| 9848 | 51320 | 13970 | 694328 |

## 3-16 房地产开发资金

| 指标 | 本年资金来源合计 | 上年末结余资金 | 本年资金来源小计 | 国内贷款 |
|---|---|---|---|---|
| 合　　计 | 353490 | 16217 | 337273 | 46163 |
| **按登记注册类型分:** | | | | |
| 内资企业 | 353490 | 16217 | 337273 | 46163 |
| 国有企业 | | | | |
| 集体企业 | | | | |
| 股份合作企业 | | | | |
| 国有联营企业 | | | | |
| 集体联营企业 | | | | |
| 国有与集体联营企业 | | | | |
| 其他联营企业 | | | | |
| 国有独资公司 | 0 | 0 | 0 | 0 |
| 其他有限责任公司 | 21293 | 10 | 21283 | 0 |
| 股份有限公司 | 50887 | 1334 | 49553 | 0 |
| 私营独资企业 | | | | |
| 私营合伙企业 | | | | |
| 私营有限责任公司 | 277870 | 14873 | 262997 | 46163 |
| 私营股份有限公司 | 3440 | 0 | 3440 | 0 |
| 其他企业 | | | | |
| 港澳台商投资企业 | 0 | 0 | 0 | 0 |
| 与港澳台商合资经营企业 | | | | |
| 与港澳台商合资合作经营企业 | | | | |
| 港澳台商独资经营企业 | 0 | 0 | 0 | 0 |
| 港澳台商投资股份有限公司 | | | | |
| 其他港澳台投资 | | | | |
| 外商投资企业 | | | | |
| 中外合资经营企业 | | | | |
| 中外合作经营企业 | | | | |
| 外资企业 | | | | |
| 外商投资股份有限公司 | | | | |
| 其他外商投资 | | | | |
| **按控股情况分:** | | | | |
| 国有控股 | 51655 | 1334 | 50321 | 0 |
| 集体控股 | | | | |
| 私人控股 | 301835 | 14883 | 286952 | 46163 |
| 港澳台商控股 | 0 | 0 | 0 | 0 |
| 外商控股 | | | | |
| 其他 | 0 | 0 | 0 | 0 |

# 来源情况(2016年)

单位:万元

| 利用外资 | 自筹资金 | 其他资金来源 | #定金及预付款 |
|---|---|---|---|
| 45863 | 300 | 0 | 0 |
| 45863 | 300 | 0 | 0 |
| | | | |
| 0 | 0 | 0 | 0 |
| 0 | 0 | 0 | 0 |
| 0 | 0 | 0 | 0 |
| | | | |
| 45863 | 300 | 0 | 0 |
| 0 | 0 | 0 | 0 |
| 0 | 0 | 0 | 0 |
| | | | |
| 0 | 0 | 0 | 0 |
| | | | |
| 0 | 0 | 0 | 0 |
| 45863 | 300 | 0 | 0 |
| 0 | 0 | 0 | 0 |
| 0 | 0 | 0 | 0 |

# 3-17 房地产开发企业

| 指　　标 | 年初存货 | 流动资产合计 | 应收账款 | 存货 |
|---|---|---|---|---|
| 合　　计 | 1092929.9 | 1926023 | 78693.1 | 1196249.5 |
| **按登记注册类型分：** | | | | |
| 内资企业 | 1092929.9 | 1926023 | 78693.1 | 1196249.5 |
| 国有企业 | | | | |
| 集体企业 | | | | |
| 股份合作企业 | | | | |
| 国有联营企业 | | | | |
| 集体联营企业 | | | | |
| 国有与集体联营企业 | | | | |
| 其他联营企业 | | | | |
| 国有独资公司 | 111209.5 | 157680.4 | 381.5 | 120017.4 |
| 其他有限责任公司 | 42530.8 | 223520 | 8291.2 | 142570.8 |
| 股份有限公司 | 384848.8 | 327885.4 | 12286.8 | 272530.1 |
| 私营独资企业 | | | | |
| 私营合伙企业 | | | | |
| 私营有限责任公司 | 540361.6 | 1185753.2 | 57266.2 | 659078 |
| 私营股份有限公司 | 13979.2 | 31184 | 467.4 | 2053.2 |
| 其他企业 | | | | |
| 港澳台商投资企业 | 0 | 0 | 0 | 0 |
| 与港澳台商合资经营企业 | | | | |
| 与港澳台商合资合作经营企业 | | | | |
| 港澳台商独资经营企业 | 0 | 0 | 0 | 0 |
| 港澳台商投资股份有限公司 | | | | |
| 其他港澳台投资 | | | | |
| 外商投资企业 | | | | |
| 中外合资经营企业 | | | | |
| 中外合作经营企业 | | | | |
| 外资企业 | | | | |
| 外商投资股份有限公司 | | | | |
| 其他外商投资 | | | | |
| **按控股情况分：** | | | | |
| 国有控股 | 512996.8 | 554297.7 | 13513.3 | 449630.5 |
| 集体控股 | | | | |
| 私人控股 | 575540.8 | 1365145.5 | 64859.1 | 743724.1 |
| 港澳台商控股 | 0 | 0 | 0 | 0 |
| 外商控股 | | | | |
| 其他 | 4392.3 | 6579.8 | 320.7 | 2894.9 |

# 财务状况(2016年)

单位:万元

| 固定资产合计 | 固定资产原价 | 累计折旧 | 本年折旧 | 在建工程 | 资产总计 |
|---|---|---|---|---|---|
| 44285.7 | 40542.6 | 9228 | 1380.2 | 32796.2 | 2354877.6 |
| 44239.9 | 40072.3 | 8803.5 | 1380.2 | 32796.2 | 2316268.5 |
| 53.6 | 122.5 | 68.9 | 18.2 | 0 | 158667 |
| 4283.9 | 6488.2 | 2213.9 | 379 | 14372.8 | 260934.5 |
| 7682.4 | 8667.7 | 985.3 | 295.7 | 171.5 | 335746.8 |
| 30443.8 | 22454.5 | 4937.7 | 489.3 | 18251.9 | 1516511.4 |
| 1776.2 | 2339.4 | 597.7 | 198 | 0 | 44408.8 |
| 45.8 | 470.3 | 424.5 | 0 | 0 | 38609.1 |
| 45.8 | 470.3 | 424.5 | 0 | 0 | 38609.1 |
| 11383.1 | 12611.2 | 1228.1 | 442.2 | 171.5 | 568628 |
| 32856.8 | 27461.1 | 7575.4 | 938 | 32624.7 | 1740504.7 |
| 45.8 | 470.3 | 424.5 | 0 | 0 | 38609.1 |
| 0 | 0 | 0 | 0 | 0 | 7135.8 |

3-17 续

| 指　　标 | 流动负债合计 | 其中:应付账款 | 非流动负债合计 |
|---|---|---|---|
| 合　　计 | 2229600.6 | 423477.9 | 42342.9 |
| **按登记注册类型分:** | | | |
| 内资企业 | 2195796.4 | 423477.9 | 42342.9 |
| 国有企业 | | | |
| 集体企业 | | | |
| 股份合作企业 | | | |
| 国有联营企业 | | | |
| 集体联营企业 | | | |
| 国有与集体联营企业 | | | |
| 其他联营企业 | | | |
| 国有独资公司 | 151843.5 | 3749.4 | 26 |
| 其他有限责任公司 | 195497.2 | 58448 | 22993.8 |
| 股份有限公司 | 426070.6 | 34859.2 | 0 |
| 私营独资企业 | | | |
| 私营合伙企业 | | | |
| 私营有限责任公司 | 1384429.8 | 322950.2 | 19263.1 |
| 私营股份有限公司 | 37955.3 | 3471.1 | 60 |
| 其他企业 | | | |
| 港澳台商投资企业 | 33804.2 | 0 | 0 |
| 与港澳台商合资经营企业 | | | |
| 与港澳台商合资合作经营企业 | | | |
| 港澳台商独资经营企业 | 33804.2 | 0 | 0 |
| 港澳台商投资股份有限公司 | | | |
| 其他港澳台投资 | | | |
| 外商投资企业 | | | |
| 中外合资经营企业 | | | |
| 中外合作经营企业 | | | |
| 外资企业 | | | |
| 外商投资股份有限公司 | | | |
| 其他外商投资 | | | |
| **按控股情况分:** | | | |
| 国有控股 | 640078.7 | 53932.4 | 26 |
| 集体控股 | | | |
| 私人控股 | 1549187.9 | 364036.2 | 42316.9 |
| 港澳台商控股 | 33804.2 | 0 | 0 |
| 外商控股 | | | |
| 其他 | 6529.8 | 5509.3 | 0 |

# 表 1

单位：万元

| 负债合计 | 所有者权益合计 | 实收资本 |
|---|---|---|
| 2271943.5 | 82934.1 | 139245 |
| 2238139.3 | 78129.2 | 134440.1 |
| 151869.5 | 6797.5 | 7000 |
| 218491 | 42443.5 | 39537.8 |
| 426070.6 | -90323.8 | 4000 |
| 1403692.9 | 112818.5 | 76317.5 |
| 38015.3 | 6393.5 | 7584.8 |
| 33804.2 | 4804.9 | 4804.9 |
| 33804.2 | 4804.9 | 4804.9 |
| 640104.7 | -71476.7 | 31000 |
| 1591504.8 | 148999.9 | 102834.1 |
| 33804.2 | 4804.9 | 4804.9 |
| 6529.8 | 606 | 606 |

3-17 续

| 指 标 | 营业收入 | 主营业务收入 | | |
| --- | --- | --- | --- | --- |
| | | | 土地转让收入 | 商品房屋销售收入 |
| 合 计 | 257351.2 | 256979.5 | 2203.9 | 254051 |
| **按登记注册类型分:** | | | | |
| 内资企业 | 257187.5 | 256815.8 | 2203.9 | 253887.3 |
| 国有企业 | | | | |
| 集体企业 | | | | |
| 股份合作企业 | | | | |
| 国有联营企业 | | | | |
| 集体联营企业 | | | | |
| 国有与集体联营企业 | | | | |
| 其他联营企业 | | | | |
| 国有独资公司 | 5763.2 | 5747 | 0 | 5747 |
| 其他有限责任公司 | 66295.5 | 66070 | 909.5 | 65155 |
| 股份有限公司 | 112871.1 | 112871.1 | 0 | 112871.1 |
| 私营独资企业 | | | | |
| 私营合伙企业 | | | | |
| 私营有限责任公司 | 71839.6 | 71839.6 | 1294.4 | 69826.1 |
| 私营股份有限公司 | 418.1 | 288.1 | 0 | 288.1 |
| 其他企业 | | | | |
| 港澳台商投资企业 | 163.7 | 163.7 | 0 | 163.7 |
| 与港澳台商合资经营企业 | | | | |
| 与港澳台商合资合作经营企业 | | | | |
| 港澳台商独资经营企业 | 163.7 | 163.7 | 0 | 163.7 |
| 港澳台商投资股份有限公司 | | | | |
| 其他港澳台投资 | | | | |
| 外商投资企业 | | | | |
| 中外合资经营企业 | | | | |
| 中外合作经营企业 | | | | |
| 外资企业 | | | | |
| 外商投资股份有限公司 | | | | |
| 其他外商投资 | | | | |
| **按控股情况分:** | | | | |
| 国有控股 | 119881.9 | 119865.7 | 0 | 119865.7 |
| 集体控股 | | | | |
| 私人控股 | 137105.6 | 136750.1 | 2203.9 | 133821.6 |
| 港澳台商控股 | 163.7 | 163.7 | 0 | 163.7 |
| 外商控股 | | | | |
| 其他 | 200 | 200 | 0 | 200 |

# 表 2

单位:万元

| 房屋出租收入 | 其他收入 | 营业成本 | 主营业务成本 |
| --- | --- | --- | --- |
| 232.2 | 492.4 | 258605.5 | 255240.9 |
| 232.2 | 492.4 | 258472.9 | 255108.3 |
| 0 | 0 | 4978.2 | 4966 |
| 3 | 2.5 | 63284.5 | 60637.1 |
| 0 | 0 | 121691.5 | 121691.5 |
| 229.2 | 489.9 | 68139.8 | 67434.8 |
| 0 | 0 | 378.9 | 378.9 |
| 0 | 0 | 132.6 | 132.6 |
| 0 | 0 | 132.6 | 132.6 |
| 0 | 0 | 130358 | 127775.9 |
| 232.2 | 492.4 | 127930.1 | 127147.6 |
| 0 | 0 | 132.6 | 132.6 |
| 0 | 0 | 184.8 | 184.8 |

3–17 续

| 指　　标 | 营业税金及附加 | 主营业务税金及附加 | 其他业务利润 | 销售费用 |
|---|---|---|---|---|
| 合　　计 | 255240.9 | 10414.7 | 10197.3 | 112.9 |
| **按登记注册类型分:** | | | | |
| 内资企业 | 255108.3 | 10378.5 | 10161.1 | 112.9 |
| 国有企业 | | | | |
| 集体企业 | | | | |
| 股份合作企业 | | | | |
| 国有联营企业 | | | | |
| 集体联营企业 | | | | |
| 国有与集体联营企业 | | | | |
| 其他联营企业 | | | | |
| 国有独资公司 | 4966 | 182.7 | 18.6 | 3.9 |
| 其他有限责任公司 | 60637.1 | 3983.8 | 3930.5 | 109 |
| 股份有限公司 | 121691.5 | 3344.5 | 3344.5 | 0 |
| 私营独资企业 | | | | |
| 私营合伙企业 | | | | |
| 私营有限责任公司 | 67434.8 | 2864.4 | 2864.4 | 0 |
| 私营股份有限公司 | 378.9 | 3.1 | 3.1 | 0 |
| 其他企业 | | | | |
| 港澳台商投资企业 | 132.6 | 36.2 | 36.2 | 0 |
| 与港澳台商合资经营企业 | | | | |
| 与港澳台商合资合作经营企业 | | | | |
| 港澳台商独资经营企业 | 132.6 | 36.2 | 36.2 | 0 |
| 港澳台商投资股份有限公司 | | | | |
| 其他港澳台投资 | | | | |
| 外商投资企业 | | | | |
| 中外合资经营企业 | | | | |
| 中外合作经营企业 | | | | |
| 外资企业 | | | | |
| 外商投资股份有限公司 | | | | |
| 其他外商投资 | | | | |
| **按控股情况分:** | | | | |
| 国有控股 | 127775.9 | 3752.2 | 3588.1 | 3.9 |
| 集体控股 | | | | |
| 私人控股 | 127147.6 | 6611.1 | 6557.8 | 109 |
| 港澳台商控股 | 132.6 | 36.2 | 36.2 | 0 |
| 外商控股 | | | | |
| 其他 | 184.8 | 15.2 | 15.2 | 0 |

## 表 3

单位:万元

| 管理费用 | 税金 | 财务费用 | 利息收入 | 利息支出 |
|---|---|---|---|---|
| 6929.4 | 9723.7 | 466.8 | 19528.7 | 30.5 |
| 6929.4 | 9556.7 | 466.8 | 19528.7 | 30.5 |
| 6.4 | 590.2 | 0 | -3.9 | 4.9 |
| 1255.9 | 1976.9 | 40.6 | 1386.9 | 0.7 |
| 465.4 | 1237 | 0 | 15188.7 | -1.6 |
| 5196.9 | 5390.9 | 426.2 | 2956.8 | 26.2 |
| 4.8 | 361.7 | 0 | 0.2 | 0.3 |
| 0 | 167 | 0 | 0 | 0 |
| 0 | 167 | 0 | 0 | 0 |
| 1250.3 | 2423.4 | 0 | 16102.5 | 3.3 |
| 5679.1 | 7112.2 | 466.6 | 3426.2 | 27.2 |
| 0 | 167 | 0 | 0 | 0 |
| 0 | 21.1 | 0.2 | 0 | 0 |

3-17 续

| 指 标 | 资产减值损失 | 公允价值变动收益 | 投资收益 | 营业利润 | 营业外收入 |
|---|---|---|---|---|---|
| **合 计** | 27.5 | 4.6 | -28330 | -73948.6 | 95.1 |
| **按登记注册类型分：** | | | | | |
| 内资企业 | 27.5 | 4.6 | -28330 | -73776.5 | 59 |
| 国有企业 | | | | | |
| 集体企业 | | | | | |
| 股份合作企业 | | | | | |
| 国有联营企业 | | | | | |
| 集体联营企业 | | | | | |
| 国有与集体联营企业 | | | | | |
| 其他联营企业 | | | | | |
| 国有独资公司 | 0 | 0 | 0 | 9.6 | 0 |
| 其他有限责任公司 | 57.5 | 4.6 | 3 | -5642.4 | 29.1 |
| 股份有限公司 | 0 | 0 | -28303.2 | -57359.2 | 14 |
| 私营独资企业 | | | | | |
| 私营合伙企业 | | | | | |
| 私营有限责任公司 | -30 | 0 | -29.8 | -10453.9 | 15.9 |
| 私营股份有限公司 | 0 | 0 | 0 | -330.6 | 0 |
| 其他企业 | | | | | |
| 港澳台商投资企业 | 0 | 0 | 0 | -172.1 | 36.1 |
| 与港澳台商合资经营企业 | | | | | |
| 与港澳台商合资合作经营企业 | | | | | |
| 港澳台商独资经营企业 | 0 | 0 | 0 | -172.1 | 36.1 |
| 港澳台商投资股份有限公司 | | | | | |
| 其他港澳台投资 | | | | | |
| 外商投资企业 | | | | | |
| 中外合资经营企业 | | | | | |
| 中外合作经营企业 | | | | | |
| 外资企业 | | | | | |
| 外商投资股份有限公司 | | | | | |
| 其他外商投资 | | | | | |
| **按控股情况分：** | | | | | |
| 国有控股 | 52.5 | 0 | -28303.2 | -62360.2 | 14.2 |
| 集体控股 | | | | | |
| 私人控股 | -25 | 4.6 | -26.8 | -11395.2 | 44.8 |
| 港澳台商控股 | 0 | 0 | 0 | -172.1 | 36.1 |
| 外商控股 | | | | | |
| 其他 | 0 | 0 | 0 | -21.1 | 0 |

# 表 4

单位：万元

| 补贴收入 | 营业外支出 | 利润总额 | 应交所得税 | 应付职工薪酬（贷方累计发生额） | 年末从业人员总计（人） |
|---|---|---|---|---|---|
| 0 | 791.2 | –74644.7 | 2480.3 | 30630 | 7311.5 |
| 0 | 790.2 | –74507.7 | 2480.3 | 30630 | 7186.5 |
| 0 | 0 | 9.6 | 2.4 | –34 | 165 |
| 0 | 51.5 | –5664.8 | 172.8 | –4645 | 891.9 |
| 0 | 557.6 | –57902.8 | 2288.3 | 34984 | 421.2 |
| 0 | 181.1 | –10619.1 | 16.8 | –205 | 4082.6 |
| 0 | 0 | –330.6 | 0 | 530 | 1625.8 |
| 0 | 1 | –137 | 0 | 0 | 125 |
| 0 | 1 | –137 | 0 | 0 | 125 |
| 0 | 562.8 | –62908.8 | 2290.7 | 29930 | 850.2 |
| 0 | 227.4 | –11577.8 | 189.6 | 700 | 6324.3 |
| 0 | 1 | –137 | 0 | 0 | 125 |
| 0 | 0 | –21.1 | 0 | 0 | 12 |

# 3-18 房地产开发完成情况

单位:万元

| 项　　目 | 2015 | 2016 |
| --- | --- | --- |
| 本年完成投资 | 676628 | 280730 |
| #住　宅 | 560594 | 205592 |
| 本年新增固定资产 | | |
| 本年商品房销售额 | 126177 | 242209 |
| #住　宅 | 119019 | 159018 |
| 本年商品房销售面积(万平方米) | 35 | 71.5 |
| #住　宅 | 34 | 53.3 |
| 本年房屋施工面积(万平方米) | 746 | 720.5 |
| #住　宅 | 565 | 546.3 |
| #房屋新开工面积(万平方米) | 175 | 127 |
| #住　宅 | 151 | 88.8 |
| 本年房屋竣工面积(万平方米) | 155 | 306.8 |
| #住　宅 | 114 | 230.8 |

# 主要统计指标解释

**全社会固定资产投资** 是以货币形式表现的在一定时期内全社会建造和购置固定资产的工作量以及与此有关的费用的总称。该指标是反映固定资产投资规模、结构和发展速度的综合性指标,又是观察工程进度和考核投资效果的重要依据。全社会固定资产投资按登记注册类型可分为国有、集体、个体、联营、股份制、外商、港澳台商、其他等。

从 2011 年起,城镇固定资产投资数据发布口径改为固定资产投资(不含农户),固定资产投资(不含农户)等于原口径的城镇固定资产投资加上农村企事业组织项目投资,除房地产投资、农村个人投资外,固定资产投资统计起点由 50 万元提高到 500 万元,增长速度按可比口径计算。

**房地产开发投资** 指各种登记注册类型的房地产开发法人单位统一开发的包括统代建、拆迁还建的住宅、厂房、仓库、饭店、宾馆、度假村、写字楼、办公楼等房屋建筑物,配套的服务设施,土地开发工程(如道路、给水、排水、供电、供热、通讯、平整场地等基础设施工程)和土地购置的投资;不包括单纯的土地交易活动。

**固定资产投资的资金来源** 指固定资产投资单位在报告期收到的,用于固定资产投资的各种货币资金。根据固定资产投资的资金来源不同,分为国家预算资金、同内贷款、债券、利用外资、自筹资金和其他资金。

(1)国家预算资金:自 2011 年起,各级财政的所有资金,包括税收和非税收入,均必须纳入预算管理,因此各级政府用于固定资产投资的财政资金均为预算资金。由于已经没有预算外资金,因此名称改为国家预算资金,包括中央预算资金和地方预算资金,旧的国家预算内资金的内容和现中央预算资金的内容基本一致。

国家预算包括一般预算、政府性基金预算、国有资本经营预算和社保基金预算。各类预算中用于固定资产投资的资金全部作为国家预算资金填报,其中一般预算中用于固定资产投资的部分包括基建投资、车购税、灾后恢复重建基金和其他财政投资。各级政府债券也应归入国家预算资金。

(2)国内贷款:指报告期固定资产投资项目单位向银行及非银行金融机构借入的用于固定资产投资的各种国内借款,包括银行贷款、非银行金融机构贷款等。

银行贷款:是指向各商业银行、政策性银行借入的用于固定资产投资的各项贷款。

非银行金融机构贷款:是指向除上述银行之外从事金融业务的机构借入的用于固定资产投资的各项贷款。非银行金融机构包括保险公司和养老基金(企业年金)、信托投资公司、金融租赁公司、金融资产管理公司、汽车金融服务公司,金融担保公司、证券公司、投资基金、证券交易所、其他金融辅助机构。

投资项目单位从上级部门、总公司或公司股东处取得的用于固定资产投资的资金中,来源于银行或非银行金融机构贷款的部分,也应归入国内贷款。

通过银行理财产品和信托产品筹集的资金,如果是用于固定资产投资的,也作为国内贷款统计。

报告期固定资产投资单位向银行及非银行金融机构借入的用于固定资产投资的长期借款和短期借款,均以报告期实际发生额计算。

(3)利用外资:指报告期收到的用于固定资产建造和购置的国外资金(包括设备、材料、技术在内)。包括对外借款(外国政府、国际金融组织贷款、出口信贷、外国银行商业贷款、对外发行债券和股票)、外商直接投资及外商其他投资。不包括我国自有外汇资金(国家外汇、地方外汇、留成外汇、调剂外汇和中国银行自有资金发行的外汇贷款等)。计算利用外资时,需要折算成人民币,折算中所使用的外汇汇率按现汇计算,即按使用外汇时的汇率计算。

(4)自筹资金:指固定资产投资单位在报告期收

到的，由各企事业单位筹集用于固定资产投资的资金，包括各类企事业单位的自有资金和从其他单位筹集的用于固定资产投资的资金，但不包括各类财政性资金、从各类金融机构借入资金和国外资金。自筹资金包括以下三项内容：企、事业单位自有资金、股东投入资金、借入资金。

（5）其他资金：指在报告期收到的除以上各种资金之外其他用于固定资产投资的资金，包括企业或金融机构通过发行各种债券筹集到的资金、群众集资、个人资金、无偿捐赠的资金及其他单位拨入的资金等。

**固定资产投资按国民经济行业分** 根据建设项目建成投产后的主要产品或主要用途及社会经济活动性质来确定国民经济行业。一般情况下，一个建设项目只能属于一种国民经济行业。

**固定资产投资按隶属关系分** 是按建设单位或企业、事业、行政单位的主管上级机关确定的。

（1）中央：是指中共中央、人大常委会和国务院各部、委、局、总公司以及直属机构直接领导的建设项目和企业、事业、行政单位。这些单位的固定资产投资计划由国务院各部门直接编制和下达，建设中所需物资、主要设备以及建设中的问题都由中央有关部门安排和解决。

（2）地方：是由省（自治区、直辖市）、地区（州、盟、省辖市）、县（旗、县级市）三级政府及业务主管部门直接领导和管理的建设项目、企业、事业、行政单位。地方项目还包括不隶属以上各级政府及主管部门的建设项目和企业、事业单位，如外商投资企业和无主管部门的企业等。

**固定资产投资按建设性质分** 根据整个建设项目情况来确定。建设项目的性质一般分为新建、扩建、改建和技术改造、迁建、恢复。

（1）新建：一般指从无到有"平地起家"开始建设的企业、事业和行政单位或建设项目。现有企业、事业、行政单位一般不属于新建。但如有的单位原有基础很小，经过建设后新增的固定资产价值超过该企、事业、行政单位原有固定资产价值（原值）三倍以上的也应作为新建。

（2）扩建：指在厂内或其他地点，为扩大原有产品的生产能力（或效益）或增加新的产品生产能力，而增建主要的生产车间（或主要工程）、分厂、独立的生产线。行政、事业单位在原单位增建业务用房（如学校增建教学用房、医院增建门诊部、病房等）也作为扩建。

现有企、事业单位为扩大原有主要产品生产能力或增加新的产品生产能力，增建一个或几个主要生产车间（或主要工程）、分厂，同时进行一些更新改造工程的，也应作为扩建。

（3）改建和技术改造：指现有企业、事业单位，对原有设施进行技术改造或更新（包括相应配套的辅助性生产、生活福利设施）的建设项目。现有企业、事业单位为适应市场变化的需要，而改变企业的主要产品种类（如军工企业转产民用品等）的建设项目，应作为改建。原有产品生产作业线由于各工序（车间）之间能力不平衡，为填平补齐充分发挥原有生产能力而增建不增加本企业主要产品设计能力的车间，也应作为改建。技术改造是指企业、事业单位在现有基础上，用先进的技术代替落后的技术，用先进的工艺和装备代替落后的工艺和装备，以改变企业落后的技术经济面貌，实现以内涵为主的扩大再生产，达到提高产品质量、促进产品更新换代、节约能源、降低消耗、扩大生产规模、全面提高社会经济效益的目的。技术改造具体包括以下内容：机器设备和工具的更新改造；生产工艺改革、节约能源和原材料的改造；厂房建筑和公共设施的改造；劳动条件和生产环境的改造等。

**固定资产投资按构成分** 固定资产投资活动按其工作内容和实现方式分为建筑安装工程，设备、工具、器具购置，其他费用三个部分。

（1）建筑安装工程（建筑安装工作量）：指各种房屋、建筑物的建造工程和各种设备、装置的安装工程。包括各种房屋建造工程；各种用途设备基础和各种工业窑炉的砌筑工程及金属结构工程；为施工而进行的各种准备工作和临时工程以及完工后的清理工作等；铁路、道路的铺设，矿井的开凿及石油管道的架设等；水利工程；防空地下建筑等特殊工程；列入房屋工程预算内的暖气、卫生、通风、照明、煤气等设备的价值及装设油饰工程；列入建筑工程预算内的各种管道(蒸汽、压缩空气、石油、给排水等管道)、电力、电讯电缆导线等的敷设工程;以及各种机械设备的安装工程;为测定安装工程质量,对设备进行的试运工作; 房地产开发单位进行的商品房屋开发建设工程、土地开发工程。

在安装工程中,不包括被安装设备本身的价值。

(2)设备、工具、器具购置:指建设单位或企、事业单位购置或自制的,达到固定资产标准的设备、工具、器具的价值。新建单位及扩建单位的新建车间,按照设计或计划要求购置或自制的全部设备、工具、器具,不论是否达到固定资产标准均计入“设备、工具、器具购置”中。

(3)其他费用:指在固定资产建造和购置过程中发生的, 除上述几项内容以外的各种应分摊计入固定资产的费用。

**施工项目** 指报告期内进行过建筑或安装施工活动的项目。凡是报告期内施过工的建设项目,不论施工时间长短,均作为施工项目统计。施工项目个数可以反映一定时期固定资产投资的实际规模, 与同期全部建成投产项目个数相比, 可以从建设速度的角度反映固定资产投资的效果。根据建设项目施工活动的不同性质,施工项目又分为:本年正式施工项目、本年收尾项目和以前年度全部停缓建项目。

**全部建成投产项目** 指工业项目指设计文件规定形成生产能力的主体工程及其相应配套的辅助设施全部建成,经负荷试运转,证明具备生产设计规定合格产品的条件, 并经过验收鉴定合格或达到竣工验收标准, 与生产性工程配套的生活福利设施可以满足近期正常生产的需要, 正式移交生产的建设项目。非工业项目指设计文件规定的主体工程和相应的配套工程全部建成, 能够发挥设计规定的全部效益,经验收鉴定合格或达到竣工验收标准,正式移交使用的建设项目。

**新增生产能力(或工程效益)** 指通过固定资产投资活动而增加的设计能力(或工程效益),主要指标包括建设规模、本年施工规模、自开始建设累计新增生产能力(或工程效益)、本年新增生产能力(或工程效益)。

**建设规模** 指建设项目或工程设计文件中规定的全部设计能力(或工程效益)。包括已经建成投产和尚未建成投产的工程的生产能力(或工程效益)。

**本年施工规模** 指报告期内施工的单项工程(或更新改造项目)的设计能力(或工程效益),包括报告期以前已开工跨入本年继续施工的工程的设计能力和报告期新开工工程的设计能力。也包括报告期内建成投产或报告期施工后又停缓建的单项工程设计能力。不包括在报告期以前建成投产或已经停、缓建的工程, 以及报告期内尚未正式开工的工程的设计能力。

**自开始建设累计新增生产能力(或工程效益)** 指自开始建设至本年底止建成投产的全部单项工程累计新增生产能力(或工程效益)。包括报告期以前已经建成投产和报告期内建成投产的单项工程的生产能力(或工程效益)。

**本年新增生产能力(或工程效益)** 指在本年度内按照新增生产能力(或工程效益)的计算条件和标准,实际建成投入生产或交付使用的生产能力(或工程效益)。

**房屋施工面积** 指报告期内施工的全部房屋建筑面积。包括本期新开工的面积、上期跨入本期继续施工的房屋面积、上期停缓建在本期恢复施工的房屋面积、本期竣工的房屋面积以及本期施工后又停缓建的房屋面积。多层建筑应填各层建筑面积之和。

**房屋竣工面积** 指在报告期内房屋建筑按照设计要求已全部完工,达到住人和使用条件,经验收鉴定合格或达到竣工验收标准, 可正式移交使用的各栋房屋建筑面积的总和。

**房屋竣工价值** 指在报告期内按规定已经上报竣工的房屋本身的建造价值。一般按房屋设计和预算规定的内容计算。包括竣工房屋本身的基础、结构、屋面、装修以及水、电、卫等附属工程的建造价值, 也包括作为房屋建筑组成部分而列入房屋建筑工程预算内的设备(如电梯、通风设备等)的购置和安装费用。不包括厂房内的工艺设备、工艺管线的购置和安装,工艺设备基础的建造,室外的水、暖、电、卫、道路工程、挡土墙等环境工程的费用,办公及生活用家具的购置等费用,购置土地的费用,迁移补偿费和场地平整的费用及城市建设配套投资。

**新增固定资产**　指报告期内已经完成建造和购置过程，并已交付生产或使用单位的固定资产价值。该指标是表示固定资产投资成果的价值指标，也是反映建设进度，计算固定资产投资效果的重要指标。

**项目建设投产率**　指一定时期内全部建成投产项目个数与同期施工项目个数的比率。该指标是从建设单位速度的角度反映投资效果的指标。

**固定资产交付使用率**　指一定时期新增固定资产与同期完成投资额的比率。该指标是反映固定资产动用速度，衡量建设过程中宏观投资效果的综合指标。由于新增固定资产是较长时期内形成的结果，而投资额则是当年完成的，因此，该指标一般适宜于反映较长时期内固定资产的动用情况。

# 04

# 能源消费与库存

# 4-1 主要耗能工业企业单位产品能源消耗情况

| 指　标 | 单　位 | 2015 | 2016 |
|---|---|---|---|
| 吨原煤生产综合能耗 | 千克标准煤 / 吨 | 4.22 | 4.72 |
| 吨原煤生产耗电 | 千瓦时 / 吨 | 6.78 | 6.13 |
| 选煤电力单耗 | 千瓦时 / 吨 | 5.64 | 6.17 |
| 单位合成氨生产综合能耗 | 千克标准煤 / 吨 | 1504.53 | 1556.10 |
| 单位合成氨耗电 | 千瓦时 / 吨 | 1219.23 | 1382.31 |
| 吨水泥综合能耗 | 千克标准煤 / 吨 | 84.61 | |
| 吨水泥综合电耗 | 千瓦时 / 吨 | 82.36 | |
| 硅锰合金工序单位能耗 | 千克标准煤/标准吨 | 950.91 | 947.77 |
| 硅锰合金单位电耗 | 千瓦时 / 标准吨 | 4155.78 | 3972.11 |
| 单位电解铝综合能耗 | 千克标准煤 / 吨 | 1723.44 | |
| 电厂火力发电标准煤耗 | 克标准煤 / 千瓦时 | 307.29 | 307.21 |
| 电厂火力供电标准煤耗 | 克标准煤 / 千瓦时 | 331.52 | 331.31 |

## 4-2 规模以上工业企业能源购进、

| 能源名称 | 单 位 | 年初库存量 | 购进量 | |
|---|---|---|---|---|
| | | | | 合计 |
| 原煤 | 吨 | 720933.94 | 85149308.79 | 161641045.89 |
| 其中：1.无烟煤 | 吨 | | 10100.00 | 10100.00 |
| 2.炼焦烟煤 | 吨 | | | |
| 3.一般烟煤 | 吨 | 622340.19 | 66130927.23 | 142646290.33 |
| 4.褐煤 | 吨 | 98593.75 | 19008281.56 | 18984655.56 |
| 洗精煤 | 吨 | | | |
| 其它洗煤 | 吨 | 10326.52 | 1869154.64 | 1886730.16 |
| 煤制品 | 吨 | | | |
| 焦炭 | 吨 | 4801.23 | 118283.32 | 116260.55 |
| 其它焦化产品 | 吨 | | | |
| 焦炉煤气 | 万立方米 | | | |
| 高炉煤气 | 万立方米 | | | |
| 转炉煤气 | 万立方米 | | | |
| 发生炉煤气 | 万立方米 | | 48990.22 | 48990.22 |
| 天然气（气态） | 万立方米 | 7.00 | 7420.74 | 2390.87 |
| 液化天然气（液态） | 吨 | | | |
| 煤层气（煤田） | 万立方米 | | | |
| 原油 | 吨 | | | |
| 汽油 | 吨 | 15.00 | 3687.54 | 3715.54 |
| 煤油 | 吨 | | | |
| 柴油 | 吨 | 804.35 | 182508.02 | 182517.67 |
| 燃料油 | 吨 | 190.16 | 836.72 | 818.77 |
| 液化石油气 | 吨 | | | |
| 炼厂干气 | 吨 | | | |
| 石脑油 | 吨 | | | |
| 润滑油 | 吨 | | 96.00 | 92.00 |
| 石蜡 | 吨 | | | |
| 溶剂油 | 吨 | | | |
| 石油焦 | 吨 | | | |
| 石油沥青 | 吨 | | | |
| 其它石油制品 | 吨 | | | |
| 热力 | 百万千焦 | | 1014457.00 | 2548848.00 |
| 电力 | 万千瓦时 | | 398754.86 | 592769.00 |
| 煤矸石用于燃料 | 吨 | 623.98 | 2468297.60 | 2467822.60 |
| 城市垃圾用于燃料 | 吨 | | | |
| 生物质废料用于燃料 | 吨 | | 95211.00 | 95211.00 |
| 余热余压 | 百万千焦 | | | |
| 其它工业废料用于燃料 | 吨 | | | |
| 其它燃料 | 吨标准煤 | 750.81 | 1333.24 | 1649.52 |
| 能源合计 | 吨标准煤 | | | 98890610.13 |

# 消费与库存(2016年)

| 消费量 | | | | 期末库存量 |
|---|---|---|---|---|
| 1.工业生产消费 | 用于原材料 | 2.非工业生产消费 | 合计中:运输工具消费 | |
| 161586565.11 | 9720.00 | 54480.78 | | 664973.87 |
| 10100.00 | | | | |
| | | | | |
| 142591809.55 | 9720.00 | 54480.78 | | 542754.12 |
| 18984655.56 | | | | 122219.75 |
| | | | | |
| 1886010.64 | | 719.52 | | 9607.00 |
| | | | | |
| 116260.55 | 29456.55 | | | 6824.00 |
| | | | | |
| | | | | |
| | | | | |
| | | | | |
| 48990.22 | 4032.00 | | | |
| 2331.17 | | 59.70 | | |
| | | | | |
| | | | | |
| | | | | |
| 2730.79 | | 984.75 | 467.68 | |
| | | | | |
| 175322.29 | 4450.78 | 7195.38 | 3191.27 | 806.06 |
| 818.77 | | | | 208.11 |
| | | | | |
| | | | | |
| | | | | |
| 92.00 | | | | 4.00 |
| | | | | |
| | | | | |
| | | | | |
| | | | | |
| | | | | |
| 2548848.00 | | | | |
| 581813.45 | | 10955.55 | 2554.78 | |
| 2467822.60 | | | | 1098.98 |
| | | | | |
| 95211.00 | | | | |
| | | | | |
| | | | | |
| 1649.52 | | | | |
| 98827598.32 | | 63011.81 | | |

# 4-3 规模以上工业企业能源

| 能源名称 | 单位 | 加工转换投入合计 | 火力发电 |
|---|---|---|---|
| 原煤 | 吨 | 160653599.60 | 11093510.83 |
| 其中:1.无烟煤 | 吨 | | |
| 2.炼焦烟煤 | 吨 | | |
| 3.一般烟煤 | 吨 | 141678944.04 | 8015239.05 |
| 4.褐煤 | 吨 | 18974655.56 | 3078271.78 |
| 洗精煤 | 吨 | | |
| 其它洗煤 | 吨 | 1869154.64 | 1794636.62 |
| 煤制品 | 吨 | | |
| 焦炭 | 吨 | | |
| 其它焦化产品 | 吨 | | |
| 焦炉煤气 | 万立方米 | | |
| 高炉煤气 | 万立方米 | | |
| 转炉煤气 | 万立方米 | | |
| 发生炉煤气 | 万立方米 | | |
| 天然气(气态) | 万立方米 | | |
| 液化天然气(液态) | 吨 | | |
| 煤层气(煤田) | 万立方米 | | |
| 原油 | 吨 | | |
| 汽油 | 吨 | | |
| 煤油 | 吨 | | |
| 柴油 | 吨 | 4314.13 | 4314.13 |
| 燃料油 | 吨 | 327.78 | 327.78 |
| 液化石油气 | 吨 | | |
| 炼厂干气 | 吨 | | |
| 石脑油 | 吨 | | |
| 润滑油 | 吨 | | |
| 石蜡 | 吨 | | |
| 溶剂油 | 吨 | | |
| 石油焦 | 吨 | | |
| 石油沥青 | 吨 | | |
| 其它石油制品 | 吨 | | |
| 热力 | 百万千焦 | | |
| 电力 | 万千瓦时 | | |
| 煤矸石用于燃料 | 吨 | 2449879.60 | 2348667.90 |
| 城市垃圾用于燃料 | 吨 | | |
| 生物质废料用于燃料 | 吨 | 95066.00 | 95066.00 |
| 余热余压 | 百万千焦 | | |
| 其它工业废料用于燃料 | 吨 | | |
| 其他燃料 | 吨标准煤 | | |
| 能源合计 | 吨标准煤 | 96889025.91 | 7517929.65 |

# 加工转换与回收利用(2016年)

| 供热 | 原煤入洗 | 炼焦 | 炼油及煤制油 | 制气 | 天然气液化 | 加工煤制品 | 能源加工转换产出 |
|---|---|---|---|---|---|---|---|
| 1022532.38 | 148537556.39 | | | | | | |
| | | | | | | | |
| | | | | | | | |
| 835802.60 | 132827902.39 | | | | | | |
| 186729.78 | 15709654.00 | | | | | | |
| | | | | | | | |
| 74518.02 | | | | | | | 116743535.85 |
| | | | | | | | |
| | | | | | | | |
| | | | | | | | |
| | | | | | | | |
| | | | | | | | |
| | | | | | | | |
| | | | | | | | |
| | | | | | | | |
| | | | | | | | |
| | | | | | | | |
| | | | | | | | |
| | | | | | | | |
| | | | | | | | |
| | | | | | | | |
| | | | | | | | |
| | | | | | | | |
| | | | | | | | |
| | | | | | | | |
| | | | | | | | |
| | | | | | | | |
| | | | | | | | |
| | | | | | | | |
| | | | | | | | |
| | | | | | | | |
| | | | | | | | 15423222.78 |
| | | | | | | | 2407002.64 |
| 101211.70 | | | | | | | |
| | | | | | | | |
| | | | | | | | |
| | | | | | | | |
| | | | | | | | |
| | | | | | | | |
| 648324.91 | 88722771.35 | | | | | | 82908915.85 |

## 4-4 主要能源按工业

| 能源名称 | 原煤(吨) | | 焦炭(吨) | |
|---|---|---|---|---|
| | 2015 | 2016 | 2015 | 2016 |
| 全部工业企业(按工业行业门类分) | 174687302.20 | 161641046.00 | 139372.74 | 116261 |
| **一、轻工业** | 167443.94 | 166561.00 | | |
| **二、重工业** | 174519858.26 | 161474485.00 | 139372.74 | 116261 |
| **三、采矿业** | 160478688.36 | 148804132.00 | | |
| 煤炭开采和洗选业 | 160478688.36 | 148804132.00 | | |
| 石油和天然气开采业 | | | | |
| 黑色金属矿采选业 | | | | |
| 有色金属矿采选业 | | | | |
| 非金属矿采选业 | | | | |
| 开采辅助活动 | | | | |
| 其他采矿业 | | | | |
| **四、制造业** | 655134.23 | 689495.00 | 139372.74 | |
| 农副食品加工业 | 1519.00 | 806.00 | | |
| 食品制造业 | 46347.30 | 33015.00 | | |
| 饮料制造业 | 10221.18 | 8192.00 | | |
| 烟草制品业 | | | | |
| 纺织业 | | | | |
| 纺织服装、鞋、帽制造业 | | | | |
| 皮革、毛皮、羽毛(绒)等 | 650.00 | 300.00 | | |
| 木材加工及木、竹、藤等 | | | | |
| 家具制造业 | | | | |
| 造纸及纸制品业 | 3200.00 | 2722.00 | | |
| 印刷业和记录媒介的复制 | | | | |
| 文教体育用品制造业 | | | | |
| 石油加工炼焦及核燃料 | | | | |

# 行业分组消费量

| 汽油（吨） | | 柴油（吨） | | 热力（百万千焦） | | 电力（万千瓦时） | |
|---|---|---|---|---|---|---|---|
| 2015 | 2016 | 2015 | 2016 | 2015 | 2016 | 2015 | 2016 |
| 3932.95 | 3716.00 | 149545.98 | 182518.00 | 1777117.00 | 2548848.00 | 626473.64 | 592769.00 |
| 167.38 | 352.00 | 156.05 | 155.00 | | | 23656.40 | 24410.00 |
| 3765.57 | 3364.00 | 149389.93 | 182363.00 | 1777117.00 | 2548848.00 | 602817.24 | 568359.00 |
| 3102.11 | 2888.00 | 142217.08 | 167051.00 | 1409115.00 | 1014457.00 | 223735.07 | 194741.00 |
| 3102.11 | 2888.00 | 142217.08 | 167051.00 | 1409115.00 | 1014457.00 | 223735.07 | 194741.00 |
| | | | | | | | |
| | | | | | | | |
| | | | | | | | |
| | | | | | | | |
| | | | | | | | |
| | | | | | | | |
| 631.46 | 712.00 | 4898.83 | 10175.00 | | | 211262.21 | 201286.00 |
| 1.00 | | 0.60 | | | | 681.20 | 526.00 |
| 14.00 | 18.00 | 12.72 | 14.00 | | | 3381.75 | 2677.00 |
| 12.03 | 9.00 | | | | | 2657.53 | 1517.00 |
| | | | | | | | |
| | | | | | | 466.30 | |
| | | | | | | 1.87 | 4.00 |
| | | | | | | 375.00 | 155.00 |
| | | | | | | | |
| | | | | | | | |
| 23.00 | 25.00 | 90.00 | 93.00 | | | 876.00 | 935.00 |
| | | | | | | | |
| | | | | | | | |
| 151.61 | 113.00 | 1604.77 | 2421.00 | | | 448.44 | 316.00 |

4-4 续

| 指　　标 | 原煤(吨) | | 焦炭(吨) | |
|---|---|---|---|---|
| | 2015 | 2016 | 2015 | 2016 |
| 化学原料及化学制品制造 | 134795.29 | 58967.00 | 43201.14 | 25925.00 |
| 医药制造业 | 4672.16 | 10027.00 | | |
| 化学纤维制造业 | | | | |
| 橡胶和塑料制品业 | 2358.00 | 2610.00 | | |
| 非金属矿物制品业 | 448691.30 | 571229.00 | 36185.00 | 46980.00 |
| 黑色金属冶炼和压延加工业 | | | 53395.61 | 39824.00 |
| 有色金属冶炼和压延加工业 | | | 6590.99 | 3532.00 |
| 金属制品业 | | | | |
| 通用设备制造业 | 1350.00 | 1430.00 | | |
| 专用设备制造业 | | | | |
| 汽车制造业 | 1330.00 | 198.00 | | |
| 铁路、船舶、航空航天和其他运输设备制造业 | | | | |
| 电气机械和器材制造业 | | | | |
| 计算机、通信和其他电子设备制造业 | | | | |
| 仪器仪表制造业 | | | | |
| 其他制造业 | | | | |
| 废弃资源综合利用业 | | | | |
| 金属制品、机械和设备修理业 | | | | |
| **五、电力、热力、燃气及水生产和供应业** | 13553479.61 | 12147419.00 | | |
| 电力、热力生产和供应业 | 13553479.61 | 12147419.00 | | |
| 燃气生产和供应业 | | | | |
| 水的生产和供应业 | | | | |

# 表

| 汽油(吨) | | 柴油(吨) | | 热力(百万千焦) | | 电力(万千瓦时) | |
|---|---|---|---|---|---|---|---|
| 2015 | 2016 | 2015 | 2016 | 2015 | 2016 | 2015 | 2016 |
| 10.00 | | 101.35 | 4363.00 | | | 8970.68 | 8921.00 |
| 41.91 | 25.00 | 6.31 | 9.00 | | | 1713.19 | 1539.00 |
| | | | | | | | |
| | | | | | | 979.98 | 716.00 |
| 97.24 | 285.00 | 2839.70 | 3128.00 | | | 36392.43 | 48937.00 |
| 21.00 | 15.00 | 35.00 | 22.00 | | | 42750.61 | 29512.00 |
| | | | | | | 105645.85 | 100755.00 |
| | | | | | | | 1.00 |
| 176.00 | 125.00 | 138.00 | 97.00 | | | 2018.20 | 1769.00 |
| 80.92 | 92.00 | 11.38 | 25.00 | | | 3489.18 | 2900.00 |
| 2.75 | 4.00 | 59.00 | 2.00 | | | 414.00 | 104.00 |
| | | | | | | | |
| | | | | | | | |
| | | | | | | | |
| | | | | | | | |
| | | | | | | | |
| | | | | | | | |
| | | | | | | | |
| 199.38 | 115.00 | 2430.07 | 5292.00 | 368002.00 | 1534391.00 | 191476.36 | 196742.00 |
| 136.32 | 50.00 | 2419.95 | 5281.00 | 368002.00 | 1534391.00 | 190378.75 | 195605.00 |
| 29.06 | 34.00 | 10.12 | 11.00 | | | 77.61 | 86.00 |
| 34.00 | 31.00 | | | | | 1020.00 | 1051.00 |

# 4-5 原煤企业产品产销存

单位:万吨

| 指　　标 | 2015 | 2016 |
|---|---|---|
| 年初库存量 | 210.57 | 556.45 |
| 本年累计生产量 | 18220.04 | 15201.10 |
| 本年累计销售量 | 8274.20 | 6702.62 |
| 其中:销往省内 | 7113.48 | 5540.36 |
| 销往省外 | 1160.72 | 1162.26 |
| 企业自用量及其他 | 9419.35 | 8627.10 |
| 年末库存量 | 737.06 | 379.44 |

# 4-6 全社会用电量

单位:亿千瓦时

| 指　　标 | 2015 | 2016 |
| --- | --- | --- |
| 全社会用电总计 | 97.17 | 97.51 |
| **一、终端消费量** | 92.56 | 93.20 |
| (一)第一产业 | 2.14 | 1.89 |
| 农、林、牧、渔业 | 2.14 | 1.89 |
| (二)第二产业 | 79.25 | 79.43 |
| 1.工　业 | 78.71 | 78.76 |
| 2.建 筑 业 | 0.54 | 0.67 |
| (三)第三产业 | 6.95 | 7.89 |
| 1.交通运输、仓储和邮政业 | 3.21 | 3.84 |
| 2.批发、零售业和住宿、餐饮业 | 0.98 | 1.17 |
| 3.其　他 | 2.76 | 2.88 |
| (四)生活消费 | 4.22 | 4.31 |
| 1. 城　镇 | 3.06 | 3.15 |
| 2. 乡　村 | 1.16 | 1.16 |
| **二、损失量** | 4.61 | 4.31 |
| 运输和输配损失 | 4.61 | 4.31 |

# 主要统计指标解释

**能源库存量** 指能源使用企业(单位)在报告期的某时间点所拥有的、用于企业(单位)消费或转卖(不包括本企业自己生产的)的各种能源的库存量。

**能源购进量** 指能源使用企业(单位)在报告期购进的各种能源数量。

**能源消费量** 指能源使用企业(单位)在报告期内实际消费的各种能源的数量。能源消费量分实物量和标准量两种。能源消费实物量是按照报表规定的、体现物质形态属性的计量单位(如:吨、立方米)计算的能源消费量;能源消费标准量是按照能源标准计量单位(如:吨标准煤)计算的能源消费量。

**工业企业能源消费量** 指工业企业在工业生产活动和非工业生产活动中消费的能源,包括工业生产活动中作为燃料、动力、原料、辅助材料使用的能源,生产工艺中使用的能源,用于能源加工转换的能源;非工业生产活动中使用的能源。

**工业生产能源消费量** 指工业企业为进行工业生产活动所消费的能源。

**用于原材料的能源消费量** 指能源产品不作能源使用,即不作燃料、动力使用,而作为生产另外一种产品(非能源产品)的原料或作为辅助材料使用,作原料使用时通常构成这种产品的实体。

**非工业生产能源消费量** 指在工业企业能源消费中,除"工业生产能源消费"以外的能源消费,即非工业生产用能和工业企业附属的不从事工业生产活动的非独立核算单位用能。

**运输工具能源消费量** 指在厂区内、外进行交通运输活动的交通运输工具所消费的能源。

**综合能源消费量** 指企业(单位)在报告期内工业生产实际消费的各种能源(扣除能源加工转换和能源回收利用等重复因素)的总和。

**能源加工转换投入** 能源加工转换,指为了特定的用途,将一种能源(一般为一次能源),经过一定的工艺,加工或转换成另外一种能源(二次能源)。

**火力发电的加工转换投入** 指火力发电企业为发电而投入发电锅炉燃烧室的燃料数量。通常燃料主要有:煤炭、燃料油、天然气、焦炉煤气、高炉煤气、转炉煤气、生物质燃料、可燃废弃物和可燃垃圾等。

**供热的加工转换投入** 指热力生产企业为生产热力而投入供热锅炉燃烧室的燃料数量,以及热电联产机组按照热电产出比例分摊的用于供热的燃料投入量。

**原煤入洗的加工转换投入** 指洗煤企业为生产洗煤而投入煤炭洗选生产装置的原煤数量。

**能能源加工转换产出量** 指一次能源经过加工转换产出的二次能源产品(包括不作能源使用的其他副产品和联产品)的数量。

**产成品库存量** 指工业企业在期初、期末时点上,由本企业生产、办理了入库手续而暂未售出的产品的实物数量。

**生产量** 指工业企业在报告期内生产的并符合产品质量要求的实物数量,包括商品量和自用量两部分。

**销售量** 指报告期内工业企业实际销售的由本企业生产(包括本期生产和非本期生产)的符合规定的质量标准或定货合同规定的技术条件的工业产品的实物数量。

**企业自用及其他** 本指标包括企业自用量和其他两部分。企业自用量又称企业自产自用量,指工业企业在报告期内生产的、已作本企业产量统计的、又作为本企业生产另一种产品的原材料使用的产品的数量。

**销往省外** 指能源生产企业在报告期内生产的能源产品销往本省(自治区、直辖市)以外(包括出口)的数量(包括购入再用于销售的数量)。

# 05

# 物　价

# 5-1 主要年份价格指数

上年 =100

| 年　份 | 居民消费价格总指数 | 商品零售价格总指数 |
|---|---|---|
| 1990 | 99.8 | 97.4 |
| 1991 | 104.4 | 104.1 |
| 1992 | 109.7 | 109.4 |
| 1993 | 115.1 | 112.4 |
| 1994 | 125.9 | 121.9 |
| 1995 | 116.7 | 115.2 |
| 1996 | 106.5 | 105.5 |
| 1997 | 101.9 | 101.2 |
| 1998 | 99.1 | 97.3 |
| 1999 | 99.3 | 96.9 |
| 2000 | 106.8 | 99.2 |
| 2001 | 101.2 | 101.1 |
| 2002 | 100.9 | 98.5 |
| 2003 | 101.3 | 100 |
| 2004 | 104.2 | 103.2 |
| 2005 | 101.2 | 99.9 |
| 2006 | 101.9 | 101 |
| 2007 | 104.1 | 103.5 |
| 2008 | 106.7 | 106.7 |
| 2009 | 98.9 | 98.2 |
| 2010 | 103.2 | 103 |
| 2011 | 104.8 | 104.3 |
| 2012 | 102.7 | 102.5 |
| 2013 | 102.9 | 102.4 |
| 2014 | 101.9 | 101.4 |
| 2015 | 101.2 | 100.5 |
| 2016 | 100.8 | 101.0 |

# 5-2 居民消费价格分类指数

上年 =100

| 指　　标 | 2015 | 2016 |
| --- | --- | --- |
| 居民消费价格总指数 | 101.2 | 100.8 |
| 非食品烟酒价格指数 | --- | 100.1 |
| 食品(原口径)指数 | --- | 102.7 |
| 非食品(原口径)指数 | --- | 100.1 |
| 服务价格指数 | 102.1 | 99.4 |
| 工业品价格指数 | 102.1 | 100.9 |
| 鲜活食品价格指数 | --- | 106.0 |
| 消费品价格指数 | 100.8 | 101.7 |
| 能源价格指数 | --- | 98.3 |
| 非食品价格指数 | 102.1 | 100.2 |
| 扣除食品和能源价格指数 | 102.4 | 100.4 |
| 扣除鲜菜鲜果价格指数 | 101.4 | 100.7 |
| 扣除自有住房价格指数 | --- | 101.3 |
| 居住(扣自有住房)价格指数 | --- | 100.0 |
| **一、食品烟酒** | 99.4 | 102.5 |
| 1.食品 | 99.4 | 103.3 |
| (1)粮食 | 101.8 | 98.9 |
| 大　米 | 100.6 | 101.9 |
| 面　粉 | 99.5 | 101.2 |
| 其他粮食 | 97.0 | 86.9 |
| 粮食制品 | 105.3 | 102.0 |
| (2)薯类 | 80.6 | 117.3 |
| 薯　类 | 80.6 | 117.3 |
| (3)豆类 | 98.6 | 101.7 |
| 干　豆 | 102.9 | 92.8 |
| 豆 制 品 | 96.6 | 104.5 |
| (4)食用油 | 98.0 | 102.2 |
| 食用植物油 | 95.3 | 102.2 |
| 食用动物油 | 103.7 | 105.0 |
| (5)菜 | 101.9 | 107.4 |
| 鲜　菜 | 102.4 | 108.1 |
| 干菜及菜制品 | 107.4 | 100.7 |
| (6)畜肉类 | 102.5 | 108.9 |
| 猪　肉 | 113.7 | 122.9 |
| 牛　肉 | 102.1 | 102.4 |
| 羊　肉 | 91.8 | 93.1 |
| 畜肉副产品 | 103.0 | 102.8 |
| 其他畜肉及制品 | 104.9 | 101.1 |

## 5-2 续表 1

上年 =100

| 指 标 | 2015 | 2016 |
|---|---|---|
| (7)禽肉类 | 107.6 | 99.4 |
| 鸡 | 106.4 | 99.3 |
| 鸭 | 111.5 | 100.0 |
| 其他禽肉及制品 | 118.2 | 99.5 |
| (8)水产品 | 102.9 | 104.0 |
| 淡 水 鱼 | 102.0 | 101.7 |
| 海 水 鱼 | 106.6 | 105.6 |
| 虾 蟹 类 | 103.9 | 103.6 |
| 其他水产品及制品 | 95.4 | 107.1 |
| (9)蛋类 | 83.3 | 94.8 |
| 鸡 蛋 | 81.8 | 94.2 |
| 其他蛋及制品 | 99.6 | 99.6 |
| (10)奶类 | 88.0 | 100.0 |
| 鲜 奶 | 83.7 | 100.7 |
| 酸 奶 | 90.8 | 95.5 |
| 奶 粉 | 101.2 | 101.9 |
| 其他奶制品 | 93.1 | 100.0 |
| (11)干鲜瓜果类 | 96.5 | 98.4 |
| 鲜 瓜 果 | 94.8 | 100.0 |
| 坚 果 | 101.0 | 90.7 |
| 瓜果制品 | --- | 107.7 |
| (12)糖果糕点类 | 103.3 | 101.8 |
| 食 糖 | 100.1 | 99.8 |
| 糖 果 | 100.1 | 103.9 |
| 糕 点 | 104.4 | 102.0 |
| 其他糖果糕点 | 104.4 | 100.0 |
| (13)调味品 | 101.5 | 101.1 |
| 食 用 盐 | 100.0 | 100.0 |
| 酱 油 | 99.9 | 100.1 |
| 食 醋 | 103.4 | 100.5 |
| 调 味 酱 | --- | 100.0 |
| 味 精 | 99.3 | 99.1 |
| 其他调味品 | 108.6 | 107.5 |
| (14)其他食品类 | 97.5 | 103.3 |
| 方便食品 | --- | 109.2 |
| 淀粉及制品 | --- | 97.9 |
| 膨化食品 | --- | 100.8 |
| 2.茶及饮料 | 99.8 | 98.8 |

# 5-2 续表 2

上年 =100

| 指　　标 | 2015 | 2016 |
| --- | --- | --- |
| 茶　叶 | 103.8 | 100.0 |
| 固体咖啡 | 99.4 | 100.0 |
| 其他固体饮料 | 100.0 | 100.6 |
| 饮 用 水 | 100.0 | 100.0 |
| 果汁饮料 | 100.0 | 100.0 |
| 其他液体饮料 | 97.5 | 96.9 |
| 3.烟酒 | 104.0 | 100.5 |
| (1)烟草 | 106.6 | 102.4 |
| 烟　草 | 106.6 | 102.4 |
| (2)酒类 | 99.0 | 97.7 |
| 白　酒 | 97.9 | 97.3 |
| 葡 萄 酒 | 100.0 | 98.0 |
| 啤　酒 | 100.0 | 99.7 |
| 其他酒类 | 121.2 | 100.0 |
| 4.在外餐饮 | 101.2 | 101.2 |
| 正　餐 | 101.8 | 100.1 |
| 快　餐 | --- | 105.0 |
| 地方小吃 | 99.6 | 97.5 |
| 其他在外餐饮 | 103.4 | 100.0 |
| 二、衣着 | 101.9 | 101.0 |
| 1.服装 | 102.4 | 101.0 |
| (1)男式服装 | 101.2 | 100.9 |
| 男式西服 | 95.8 | 98.7 |
| 男式冬衣 | 102.4 | 94.9 |
| 男式夹克衫 | 99.9 | 101.6 |
| 男式毛线衣 | 102.1 | 97.8 |
| 男式运动装 | 108.1 | 105.1 |
| 男式衬衫 T 恤 | 104.1 | 102.2 |
| 男式裤子 | 104.7 | 106.6 |
| 男式内衣 | 100.0 | 100.0 |
| (2)女式服装 | 101.9 | 101.2 |
| 女式外套 | 103.5 | 100.4 |
| 女式冬衣 | 100.4 | 97.1 |
| 女式毛线衣 | 100.8 | 97.2 |
| 女式运动装 | 103.8 | 100.4 |
| 女式衬衫 T 恤 | 98.9 | 107.6 |
| 女式裤子 | 105.7 | 102.0 |
| 女式裙子 | 103.9 | 107.8 |
| 女式内衣 | 100.0 | 100.0 |

## 5-2 续表 3

上年 =100

| 指　　标 | 2015 | 2016 |
| --- | --- | --- |
| (3)儿童服装 | 109.7 | 100.9 |
| 婴幼服装 | 103.2 | 100.0 |
| 儿童上衣 | 103.2 | 99.6 |
| 儿童裤子 | 114.2 | 103.1 |
| 儿童裙子 | 111.8 | 100.9 |
| 2.服装材料 | 100.0 | 100.0 |
| 服装材料 | 100.0 | 100.0 |
| 3.其他衣着及配件 | 100.7 | 100.2 |
| 袜　子 | 100.0 | 100.0 |
| 帽　子 | 102.0 | 101.3 |
| 其他衣着配件 | 100.0 | 100.0 |
| 4.衣着加工服务费 | 100.0 | 108.2 |
| 衣着洗涤保养 | 100.0 | 108.8 |
| 衣着加工 | 100.0 | 107.0 |
| 5.鞋类 | 100.7 | 100.3 |
| (1)鞋 | 100.6 | 100.3 |
| 男　鞋 | 99.2 | 100.0 |
| 女　鞋 | 100.9 | 100.5 |
| 童　鞋 | 102.8 | 99.9 |
| (2)鞋类加工服务 | 100.0 | 100.0 |
| 鞋类加工服务 | 100.0 | 100.0 |
| **三、居住** | 100.1 | 98.2 |
| 1.租赁房房租 | 100.1 | 99.4 |
| 公房房租 | 100.0 | 100.0 |
| 私房房租 | 100.3 | 99.4 |
| 2.住房保养维修及管理 | | 100.6 |
| (1)住房装潢材料 | 97.6 | 100.3 |
| 木 地 板 | 95.3 | 100.8 |
| 瓷　砖 | --- | 100.0 |
| 水　泥 | 83.2 | 102.9 |
| 涂　料 | 100.0 | 100.0 |
| 板　材 | 106.1 | 100.2 |
| 管　材 | --- | 100.0 |
| 厨卫设备 | --- | 100.0 |
| 门　窗 | --- | 100.0 |
| 其他住房装潢材料 | 100.0 | 100.0 |
| (2)物业管理费 | 109.1 | 100.0 |
| 物业管理费 | 109.1 | 100.0 |

# 5-2 续表 4

上年 =100

| 指　　标 | 2015 | 2016 |
|---|---|---|
| (3)住房装潢维修 | 107.8 | 101.2 |
| 装潢维修费 | 107.8 | 101.5 |
| 其他住房费用 | 100.0 | 100.0 |
| 3.水电燃料 | 100.6 | 99.9 |
| (1)水 | 100.0 | 100.0 |
| 水 | 100.0 | 100.0 |
| (2)电 | 100.0 | 100.0 |
| 电 | 100.0 | 100.0 |
| (3)燃气 | 100.0 | 100.0 |
| 管道燃气 | 100.0 | 100.0 |
| 液化石油气 | 100.0 | 100.0 |
| (4)取暖费 | 100.0 | 100.0 |
| 取 暖 费 | 100.0 | 100.0 |
| (5)其他燃料 | 103.4 | 99.1 |
| 其他燃料 | 103.4 | 99.1 |
| 4.自有住房 | 100.7 | 96.7 |
| 自有住房 | 100.7 | 96.7 |
| **四、生活用品及服务** | 100.7 | 99.9 |
| 1.家具及室内装饰品 | 99.9 | 99.9 |
| (1)家具 | 100.0 | 99.9 |
| 柜 | 100.0 | 100.0 |
| 床 | 100.0 | 99.6 |
| 桌 | 100.0 | 100.0 |
| 椅 | 100.0 | 100.0 |
| 沙　发 | 100.0 | 100.0 |
| 其他家具 | 100.0 | 100.0 |
| (2)室内装饰品 | 100.2 | 100.0 |
| 灯　具 | 100.0 | 100.0 |
| 其他室内装饰品 | 100.0 | 100.0 |
| 2.家用器具 | 99.9 | 99.9 |
| (1)大型家用器具 | --- | 99.9 |
| 洗 衣 机 | 99.9 | 99.8 |
| 电冰箱(柜) | 99.9 | 100.0 |
| 抽油烟机 | 100.0 | 100.0 |
| 空 调 器 | 100.0 | 100.0 |
| 热 水 器 | 99.7 | 100.0 |
| 炉具灶具 | --- | 100.0 |
| 微 波 炉 | 100.0 | 100.0 |
| 其他大型家用器具 | --- | 100.0 |

# 5-2 续表 5

上年 =100

| 指　　标 | 2015 | 2016 |
|---|---|---|
| (2)小家电 | --- | 99.8 |
| 厨房小家电 | --- | 100.0 |
| 生活小家电 | --- | 99.6 |
| 3.家用纺织品 | --- | 100.0 |
| (1)床上用品 | 100.0 | 100.0 |
| 被　子 | 100.0 | 100.0 |
| 床单被套 | 100.0 | 100.0 |
| 其他床上用品 | 100.0 | 100.0 |
| (2)窗帘门帘 | --- | 100.0 |
| 窗帘门帘 | --- | 100.0 |
| (3)其他家用纺织品 | 100.0 | 100.0 |
| 其他家用纺织品 | 100.0 | 100.0 |
| 4.家庭日用杂品 | 100.0 | 100.0 |
| (1)洗涤卫生用品 | 100.0 | 100.0 |
| 清洗用品 | 100.0 | 100.0 |
| 清洁用具 | 100.0 | 100.0 |
| 清洁用纸 | 100.0 | 100.0 |
| (2)厨具餐具茶具 | 100.0 | 100.0 |
| 厨　具 | 100.0 | 100.0 |
| 餐　具 | 100.0 | 100.0 |
| 茶　具 | 100.0 | 100.0 |
| (3)家用手工工具 | 100.0 | 99.4 |
| 家用手工工具 | 100.0 | 99.4 |
| (4)其他家庭日用杂品 | --- | 100.0 |
| 配电附件 | 100.0 | 100.0 |
| 雨　具 | 100.6 | 100.0 |
| 其他日用杂品 | 101.1 | 100.0 |
| 5.个人护理用品 | 100.9 | 99.7 |
| (1)化妆品 | 100.0 | 100.0 |
| 清洁化妆品 | 100.0 | 100.0 |
| 护肤化妆品 | 100.0 | 100.0 |
| 彩妆化妆品 | 100.0 | 100.0 |
| 化妆器具 | 100.0 | 100.0 |
| (2)其他护理用品类 | 100.0 | 99.1 |
| 清洁类护理用品 | 100.0 | 97.9 |
| 护发美发用品 | 100.0 | 100.0 |
| 护理器具 | 100.0 | 100.0 |
| 其他护理用品 | 100.0 | 100.0 |

# 5-2 续表 6

上年 =100

| 指　　标 | 2015 | 2016 |
|---|---|---|
| 6.家庭服务 | 112.4 | 99.8 |
| 家政服务 | 116.5 | 99.6 |
| 家庭维修服务 | 100.0 | 100.0 |
| **五、交通和通信** | 99.1 | 99.0 |
| 1.交通 | 98.4 | 98.3 |
| (1)交通工具 | 100.0 | 98.1 |
| 小型汽车 | 100.0 | 97.7 |
| 电动自行车 | 100.0 | 100.0 |
| 自 行 车 | 100.4 | 100.0 |
| 其他交通工具 | 100.0 | 100.0 |
| (2)交通工具用燃料 | 83.2 | 95.5 |
| 汽　油 | 81.2 | 95.5 |
| 柴　油 | 77.2 | 95.3 |
| 其他车用能源 | 102.6 | 93.6 |
| (3)交通工具使用和维修 | 99.1 | 102.1 |
| 停 车 费 | 100.0 | 100.0 |
| 车辆使用费 | 100.0 | 100.0 |
| 交通工具零配件 | 96.7 | 100.0 |
| 车辆修理与保养 | 100.0 | 106.6 |
| (4)交通费 | 110.9 | 100.8 |
| 市内公共交通 | 100.0 | 100.0 |
| 出租汽车 | 118.0 | 100.0 |
| 飞 机 票 | 125.7 | 106.9 |
| 火 车 票 | 100.0 | 100.0 |
| 长途汽车 | 100.0 | 100.0 |
| 其他交通费 | 100.0 | 100.0 |
| 2.通信 | 99.9 | 100.0 |
| (1)通信工具 | 99.5 | 100.0 |
| 固定电话机 | 93.2 | 100.0 |
| 移动电话机 | 100.0 | 100.0 |
| 通信工具零配件 | 100.0 | 100.0 |
| (2)通信服务 | 100.0 | 100.0 |
| 固定电话费 | 100.0 | 100.0 |
| 移动通信费 | 100.0 | 100.0 |
| 上 网 费 | 100.0 | 100.0 |
| 其他通信服务 | 100.0 | 100.0 |
| (3)邮递服务 | 100.0 | 100.0 |
| 邮政邮寄 | 100.0 | 100.0 |
| 快递服务 | 100.0 | 100.0 |

# 5-2 续表 7

上年 =100

| 指　　标 | 2015 | 2016 |
|---|---|---|
| 六、教育文化和娱乐 | 103.2 | 100.9 |
| 1.教育 | 106.2 | 100.4 |
| (1)教育用品 | 100.1 | 101.0 |
| 工具书 | 100.0 | 100.0 |
| 教　材 | 100.4 | 102.7 |
| 参考资料 | 100.0 | 100.0 |
| 其他教育用品 | 100.0 | 100.0 |
| (2)教育服务 | 107.1 | 100.4 |
| 学前教育 | 192.2 | 100.0 |
| 小学初中教育 | 100.0 | 103.2 |
| 高中中职教育 | 100.0 | 100.0 |
| 高等教育 | 100.0 | 100.0 |
| 课外教育 | 100.0 | 100.0 |
| 专业技能培训 | 100.0 | 100.0 |
| 2.文化娱乐 | 101.8 | 101.6 |
| (1)文娱耐用消费品 | 99.4 | 100.1 |
| 电视机 | 98.0 | 100.3 |
| 照相机 | 100.0 | 100.0 |
| 台式计算机 | 100.0 | 100.0 |
| 笔记本平板 | --- | 100.0 |
| 乐　器 | 100.0 | 100.0 |
| 音　响 | 100.0 | 100.0 |
| 其他文娱耐用消费品 | 100.0 | 100.0 |
| (2)其他文娱用品 | 101.8 | 100.0 |
| 书报杂志 | 104.5 | 100.0 |
| 纸张文具 | 126.0 | 100.0 |
| 体育户外用品 | 100.0 | 100.8 |
| 游戏用品和玩具 | 100.0 | 100.0 |
| 园艺花卉及用品 | --- | 98.6 |
| 宠物及用品 | --- | 100.0 |
| 其他文化娱乐用品 | 100.0 | 100.0 |
| (3)文化娱乐服务 | 100.0 | 99.2 |
| 电影票 | 100.0 | 100.0 |
| 景点门票 | 100.0 | 94.2 |
| 有线电视 | 100.0 | 100.0 |
| 健身活动 | 101.9 | 100.0 |
| 其他文娱服务 | 100.0 | 100.0 |
| (4)旅游 | 98.9 | 104.6 |
| 旅行社收费 | 98.8 | 105.3 |
| 其他旅游 | 100.0 | 100.0 |

# 5-2 续表 8

上年 =100

| 指　标 | 2015 | 2016 |
|---|---|---|
| 七、医疗保健 | 108.1 | 103.8 |
| 1.药品及医疗器具 | 111.3 | 108.8 |
| (1)中药 | 105.2 | 103.7 |
| 中 药 材 | 96.6 | 104.8 |
| 中 成 药 | 113.5 | 103.1 |
| (2)西药 | 121.4 | 111.2 |
| 抗微生物药 | 110.4 | 106.8 |
| 消化系统用药 | 114.7 | 109.1 |
| 呼吸系统用药 | 154.6 | 127.8 |
| 解热镇痛药 | 149.3 | 145.7 |
| 抗肿瘤药 | 100.0 | 101.7 |
| 激素及影响内分泌药 | 100.3 | 100.0 |
| 心血管系统用药 | 100.0 | 109.2 |
| 血液系统用药 | --- | 100.0 |
| 治疗精神障碍药 | --- | 100.0 |
| 神经系统用药 | --- | 113.7 |
| 消毒防腐及创伤外科用药 | 100.0 | 100.0 |
| 泌尿系统用药 | 100.0 | 100.0 |
| 维生素、矿物质类药 | 120.3 | 111.9 |
| 调节水、电解质及酸碱平衡药 | --- | 100.0 |
| (3)滋补保健品 | 100.0 | 109.1 |
| 滋补保健品 | 100.0 | 109.1 |
| (4)医疗卫生器具 | 100.0 | 107.3 |
| 医疗卫生器具 | 100.0 | 107.3 |
| (5)保健器具 | 100.0 | 100.0 |
| 保健器具 | 100.0 | 100.0 |
| 2.医疗服务 | 103.0 | 99.6 |
| (1)综合医疗类 | 103.0 | 98.5 |
| 一般医疗服务 | 114.6 | 95.9 |
| 一般治疗操作 | 100.0 | 100.0 |
| 护　理 | --- | 102.7 |
| 其他综合医疗服务 | --- | 100.0 |
| (2)诊断类 | --- | 99.6 |
| 病理学诊断 | --- | 100.0 |
| 实验室诊断 | 101.6 | 99.1 |
| 影像学诊断 | --- | 99.9 |
| 临床诊断 | --- | 100.0 |

# 5-2 续表 9

上年 =100

| 指　　标 | 2015 | 2016 |
| --- | --- | --- |
| (3)治疗类 | --- | 100.9 |
| 临床手术治疗 | --- | 101.4 |
| 临床非手术治疗 | --- | 100.0 |
| (4)康复类 | --- | 100.0 |
| 康复医疗 | --- | 100.0 |
| (5)中医医疗服务类 | --- | 100.0 |
| 中医治疗 | --- | 100.0 |
| (6)其他医疗服务 | --- | 100.0 |
| 其他医疗服务 | --- | 100.0 |
| **八、其他用品和服务** | 100.9 | 102.0 |
| 1.其他用品类 | --- | 104.3 |
| (1)首饰手表 | 97.7 | 106.8 |
| 金 饰 品 | 90.8 | 112.7 |
| 银 饰 品 | --- | 113.2 |
| 铂金饰品 | 90.8 | 92.8 |
| 手　表 | 99.3 | 99.3 |
| (2)其他杂项用品 | --- | 100.4 |
| 箱　包 | --- | 99.7 |
| 母婴用品 | --- | 102.1 |
| 眼　镜 | --- | 100.2 |
| 2.其他服务类 | --- | 100.2 |
| (1)旅馆住宿 | 100.0 | 100.0 |
| 宾馆住宿 | 100.0 | 100.0 |
| 其他住宿 | 100.0 | 100.0 |
| (2)美容美发洗浴 | 105.0 | 100.0 |
| 美　容 | 100.0 | 100.0 |
| 美　发 | 107.7 | 100.0 |
| 洗　浴 | 99.6 | 100.0 |
| (3)养老服务 | --- | 100.0 |
| 养老服务 | --- | 100.0 |
| (4)金融保险 | --- | 100.4 |
| 金融服务 | --- | 100.0 |
| 车辆保险 | --- | 100.9 |
| 旅行保险 | --- | 100.0 |
| 其他保险 | --- | 99.9 |
| (5)其他服务类 | --- | 100.0 |
| 中介服务 | --- | 100.0 |
| 其他服务 | --- | 100.0 |

注说明：因为 2016 年是新的基期的开始，原有的类别有些类别进行了合并，也添加了些规格品，所以个别规格没有计算指数。

# 5-3 商品零售价格分类指数

上年 =100

| 指　　标 | 2015 | 2016 |
|---|---|---|
| 商品零售价格指数 | 100.5 | 101.0 |
| 一、食品 | 99.3 | 102.8 |
| 1.粮食 | 101.8 | 98.9 |
| 大　米 | 100.6 | 101.9 |
| 面　粉 | 99.5 | 101.2 |
| 其他粮食 | 97 | 86.9 |
| 粮食制品 | 105.3 | 102.0 |
| 2.薯类 | 80.6 | 117.3 |
| 薯　类 | 80.6 | 117.3 |
| 3.豆类 | 98.6 | 101.7 |
| 干　豆 | 102.9 | 92.8 |
| 豆 制 品 | 96.6 | 104.5 |
| 4.食用油 | 97.5 | 102.2 |
| 食用植物油 | 95.3 | 102.2 |
| 食用动物油 | 103.7 | 105.0 |
| 5.菜 | 101.7 | 107.4 |
| 鲜　菜 | 102.4 | 108.1 |
| 干菜及菜制品 | 107.4 | 100.7 |
| 6.畜肉类 | 102.5 | 108.9 |
| 猪　肉 | 113.7 | 122.9 |
| 牛　肉 | 102.1 | 102.4 |
| 羊　肉 | 91.8 | 93.1 |
| 畜肉副产品 | 103.0 | 102.8 |
| 其他畜肉及制品 | 104.9 | 101.1 |
| 7.禽肉类 | 107.6 | 99.4 |
| 鸡 | 106.4 | 99.3 |
| 鸭 | 111.5 | 100.0 |
| 其他禽肉及制品 | 118.2 | 99.5 |
| 8.水产品 | 102.9 | 104.0 |
| 淡 水 鱼 | 102.0 | 101.7 |
| 海 水 鱼 | 106.6 | 105.6 |
| 虾 蟹 类 | 103.9 | 103.6 |
| 其他水产品及制品 | 95.4 | 107.1 |
| 9.蛋类 | 84.4 | 94.8 |
| 鸡　蛋 | 81.8 | 94.2 |
| 其他蛋及制品 | 99.6 | 99.6 |

## 5-3 续表 1

上年 =100

| 指　标 | 2015 | 2016 |
|---|---|---|
| 10.奶　类 | 88.0 | 100.0 |
| 鲜　奶 | 83.7 | 100.7 |
| 酸　奶 | 90.8 | 95.5 |
| 奶　粉 | 101.2 | 101.9 |
| 其他奶制品 | 93.1 | 100.0 |
| 11.干鲜瓜果类 | 96.5 | 98.4 |
| 鲜瓜果 | 94.8 | 100.0 |
| 坚　果 | 101.0 | 90.7 |
| 瓜果制品 | --- | 107.7 |
| 12.糖果糕点类 | 100.1 | 101.8 |
| 食　糖 | 100.1 | 99.8 |
| 糖　果 | 100.1 | 103.9 |
| 糕　点 | 100.0 | 102.0 |
| 其他糖果糕点 | 100.5 | 100.0 |
| 13.调味品 | 101.5 | 101.1 |
| 食用盐 | 100.0 | 100.0 |
| 酱　油 | 99.9 | 100.1 |
| 食　醋 | 103.4 | 100.5 |
| 调味酱 | --- | 100.0 |
| 味　精 | 99.3 | 99.1 |
| 其他调味品 | 108.6 | 107.5 |
| 14.其他食品类 | 97.5 | 103.3 |
| 方便食品 | --- | 109.2 |
| 淀粉及制品 | --- | 97.9 |
| 膨化食品 | --- | 100.8 |
| 15.在外餐饮 | 101.2 | 101.2 |
| 正　餐 | 100.7 | 100.1 |
| 快　餐 | --- | 105.0 |
| 地方小吃 | 99.6 | 97.5 |
| 其他在外餐饮 | 103.4 | 100.0 |
| 二、饮料、烟酒 | 103.3 | 100.3 |
| 1.茶及饮料 | 99.8 | 98.8 |
| 茶　叶 | 103.8 | 100.0 |
| 固体咖啡 | --- | 100.0 |
| 其他固体饮料 | 99.4 | 100.6 |
| 饮 用 水 | --- | 100.0 |
| 果汁饮料 | --- | 100.0 |
| 其他液体饮料 | 97.5 | 96.9 |

## 5-3 续表 2

上年 =100

| 指　　标 | 2015 | 2016 |
|---|---|---|
| 2.烟草 | 106.6 | 102.4 |
| 烟　草 | 106.6 | 102.4 |
| 3.酒类 | 99.0 | 97.7 |
| 白　酒 | 97.9 | 97.3 |
| 葡萄酒 | 100.0 | 98.0 |
| 啤　酒 | 100.0 | 99.7 |
| 其他酒类 | 121.2 | 100.0 |
| **三、服装、鞋帽** | 102.2 | 100.8 |
| 1.服装 | 102.5 | 101.0 |
| (1)男士服装 | 101.5 | 100.9 |
| 男式西服 | 95.8 | 98.7 |
| 男式冬衣 | 102.4 | 94.9 |
| 男式夹克衫 | 99.9 | 101.6 |
| 男式毛线衣 | 102.1 | 97.8 |
| 男式运动装 | 108.1 | 105.1 |
| 男式衬衫 T 恤 | 98.2 | 102.2 |
| 男式裤子 | 104.7 | 106.6 |
| 男式内衣 | 100.0 | 100.0 |
| (2)女士服装 | 101.9 | 101.2 |
| 女式外套 | 103.5 | 100.4 |
| 女式冬衣 | 100.4 | 97.1 |
| 女式毛线衣 | 100.8 | 97.2 |
| 女式运动装 | 103.8 | 100.4 |
| 女式衬衫 T 恤 | 98.9 | 107.6 |
| 女式裤子 | 105.7 | 102.0 |
| 女式裙子 | 103.9 | 107.8 |
| 女式内衣 | 100.0 | 100.0 |
| (3)儿童服装 | 109.7 | 100.9 |
| 婴幼服装 | 103.2 | 100.0 |
| 儿童上衣 | 103.2 | 99.6 |
| 儿童裤子 | 114.2 | 103.1 |
| 儿童裙子 | 111.8 | 100.9 |
| 2.鞋帽袜 | 100.7 | 100.3 |
| (1)鞋 | 100.7 | 100.3 |
| 男　鞋 | 99.2 | 100.0 |
| 女　鞋 | 100.9 | 100.5 |
| 童　鞋 | 102.8 | 99.9 |

# 5-3 续表 3

上年 =100

| 指　　标 | 2015 | 2016 |
|---|---|---|
| （2）袜子 | 100.0 | 100.0 |
| 袜　子 | 100.0 | 100.0 |
| （3）帽子 | 101.9 | 101.3 |
| 帽　子 | 101.9 | 101.3 |
| 3.其他衣着配件 | 107.5 | 100.0 |
| 其他衣着配件 | 107.5 | 100.0 |
| **四、纺织品** | 100.0 | 100.0 |
| 1.服装材料 | 100.0 | 100.0 |
| 服装材料 | 100.0 | 100.0 |
| 2.床上用品 | 100.0 | 100.0 |
| 被　子 | 100.0 | 100.0 |
| 床单被套 | 100.0 | 100.0 |
| 其他床上用品 | --- | 100.0 |
| **五、家用电器及音像器材** | 99.6 | 100.1 |
| 1.家庭设备 | 99.9 | 99.9 |
| 洗 衣 机 | 99.9 | 99.8 |
| 电冰箱(柜) | 99.9 | 100.0 |
| 抽油烟机 | 100.0 | 100.0 |
| 空调器 | 100.0 | 100.0 |
| 热水器 | 99.7 | 100.0 |
| 炉具灶具 | --- | 100.0 |
| 微波炉 | 100.0 | 100.0 |
| 厨房小家电 | --- | 100.0 |
| 生活小家电 | --- | 99.6 |
| 其他大型家用器具 | 99.7 | 100.0 |
| 2.文娱用耐用消费品 | 99.0 | 100.2 |
| 电视机 | 98.0 | 100.3 |
| 照相机 | 100.0 | 100.0 |
| 音　响 | 100.0 | 100.0 |
| 其他文娱耐用消费品 | 100.0 | 100.0 |
| 3.专业音像器材 | 100.0 | 101.7 |
| 专业音响器材 | 100.0 | 100.7 |
| 专业声像器材 | 100.0 | 103.0 |
| **六、文化办公用品** | 103.8 | 99.9 |
| 纸张文具 | 126.0 | 100.0 |
| 台式计算机 | 100.0 | 100.0 |
| 笔记本平板 | --- | 100.0 |
| 电脑附件 | 100.0 | 100.0 |
| 打印复印机 | 100.0 | 99.5 |
| 教学设备 | 98.9 | 100.0 |

## 5-3 续表 4

上年 =100

| 指　标 | 2015 | 2016 |
|---|---|---|
| **七、日用品** | 99.5 | 100.1 |
| 1.日用百货 | 99.3 | 100.0 |
| 电动自行车 | 100.0 | 100.0 |
| 自行车 | 100.4 | 100.0 |
| 雨　具 | 100.6 | 100.0 |
| 护理器具 | 100.0 | 100.0 |
| 清洁用纸 | 102.2 | 100.0 |
| 化妆器具 | 100.0 | 100.0 |
| 2.厨具餐具茶具 | 100.0 | 100.0 |
| 厨　具 | 100.0 | 100.0 |
| 餐　具 | 100.0 | 100.0 |
| 茶　具 | 100.0 | 100.0 |
| 3.清洗用品 | 99.5 | 100.0 |
| 清洗用品 | 99.5 | 100.0 |
| 4.其他日用品 | 99.5 | 100.4 |
| 灯　具 | 100.0 | 100.0 |
| 箱　包 | 100.0 | 99.7 |
| 母婴用品 | 100.0 | 102.1 |
| 眼　镜 | 99.8 | 100.2 |
| 其他护理用品 | --- | 100.0 |
| 其他日用杂品 | 101.1 | 100.0 |
| **八、体育娱乐用品** | 99.8 | 99.9 |
| 1.体育户外用品 | 100.3 | 100.8 |
| 体育户外用品 | 100.3 | 100.8 |
| 2.娱乐用品 | 99.4 | 99.8 |
| 乐　器 | 100.0 | 100.0 |
| 游戏用品和玩具 | 100.0 | 100.0 |
| 园艺花卉及用品 | --- | 98.6 |
| 宠物及用品 | --- | 100.0 |
| 其他文化娱乐用品 | 100.0 | 100.0 |
| **九、交通、通信用品** | 99.6 | 99.0 |
| 1.交通运输机械 | 100.0 | 98.8 |
| 小型汽车 | 100.0 | 97.7 |
| 大中型客车 | 100.0 | 100.4 |
| 交通工具零配件 | 100.0 | 100.0 |
| 2.通信器材 | 99.0 | 100.0 |
| 固定电话机 | 93.2 | 100.0 |
| 移动电话机 | 100.0 | 100.0 |
| 其他通信器材 | 100.0 | 100.0 |

# 5-3 续表 5

上年 =100

| 指　　标 | 2015 | 2016 |
| --- | --- | --- |
| **十、家具** | 100.0 | 99.9 |
| 柜 | 100.0 | 100.0 |
| 床 | 100.0 | 99.6 |
| 桌 | 100.0 | 100.0 |
| 椅 | 100.0 | 100.0 |
| 沙　发 | 100.0 | 100.0 |
| 其他家具 | 100.0 | 100.0 |
| **十一、化妆品** | 100.0 | 99.6 |
| 清洁化妆品 | 100.0 | 100.0 |
| 护肤化妆品 | 100.0 | 100.0 |
| 彩妆化妆品 | 100.0 | 100.0 |
| 清洁类护理用品 | 100.0 | 97.9 |
| 护发美发用品 | 99.9 | 100.0 |
| **十二、金银饰品** | 94.5 | 107.3 |
| 金饰品 | 93.9 | 112.7 |
| 银饰品 | 93.1 | 113.2 |
| 铂金饰品 | 95.2 | 92.8 |
| **十三、中西药品及医疗保健用品** | 116.2 | 108.8 |
| 1.医疗卫生器具 | 100.0 | 107.3 |
| 医疗卫生器具 | 100.0 | 107.3 |
| 2.中药 | 105.2 | 103.7 |
| 中 药 材 | 96.6 | 104.8 |
| 中 成 药 | 113.5 | 103.1 |
| 3.西药 | 121.4 | 111.2 |
| 抗微生物药 | 110.4 | 106.8 |
| 消化系统用药 | 114.7 | 109.1 |
| 呼吸系统用药 | 154.6 | 127.8 |
| 解热镇痛药 | 149.3 | 145.7 |
| 抗肿瘤药 | 100.0 | 101.7 |
| 激素及影响内分泌药 | 100.3 | 100.0 |
| 心血管系统用药 | 100.0 | 109.2 |
| 血液系统用药 | --- | 100.0 |
| 治疗精神障碍药 | --- | 100.0 |
| 神经系统用药 | 113.1 | 113.7 |
| 消毒防腐及创伤外科用药 | 100.0 | 100.0 |
| 泌尿系统用药 | 100.0 | 100.0 |
| 维生素、矿物质类药 | 120.3 | 111.9 |
| 调节水、电解质及酸碱平衡药 | --- | 100.0 |

## 5-3 续表 6

上年 =100

| 指　　标 | 2015 | 2016 |
| --- | --- | --- |
| 4.保健器具及用品 | 100.0 | 108.0 |
| 保健器具 | 100.0 | 100.0 |
| 滋补保健品 | 100.0 | 109.1 |
| **十四、书报杂志及电子出版物** | 101.2 | 100.4 |
| 1.教材及参考书 | 100.1 | 101.0 |
| 工 具 书 | 100.0 | 100.0 |
| 教　材 | 100.4 | 102.7 |
| 参考资料 | 100.0 | 100.0 |
| 其他教育用品 | 100.0 | 100.0 |
| 2.书报杂志 | 104.5 | 100.0 |
| 书报杂志 | 104.5 | 100.0 |
| 3.计算机办公软件 | 100.0 | 100.0 |
| 计算机办公软件 | 100.0 | 100.0 |
| **十五、燃料** | 90.7 | 97.6 |
| 1.煤炭及制品 | 97.5 | 99.4 |
| 原　煤 | 94.8 | 96.1 |
| 煤制品 | 103.4 | 106.3 |
| 2.石油及制品 | 90.6 | 96.9 |
| 管道燃气 | 100.0 | 100.0 |
| 液化石油气 | 100.0 | 100.0 |
| 汽　油 | 81.2 | 95.5 |
| 柴　油 | 77.2 | 95.3 |
| **十六、建筑材料及五金电料** | 98.7 | 100.2 |
| 1.建筑装璜材料 | 97.3 | 100.3 |
| 木地板 | 95.3 | 100.8 |
| 瓷　砖 | --- | 100.0 |
| 水　泥 | 83.2 | 102.9 |
| 涂　料 | 100.0 | 100.0 |
| 板　材 | 106.1 | 100.2 |
| 管　材 | 100.0 | 100.0 |
| 厨卫设备 | 100.0 | 100.0 |
| 门　窗 | --- | 100.0 |
| 其他住房装潢材料 | 100.0 | 100.0 |
| 2.五金水暖 | 100.0 | 99.9 |
| 家用手工工具 | 100.0 | 99.4 |
| 配电附件 | 100.0 | 100.0 |
| 水暖器材 | 100.0 | 100.0 |

# 5-4 工业生产者出厂价格指数

上年 =100

| 指　标 | 2015 | 2016 |
| --- | --- | --- |
| 总指数 | 78.3 | 94.50 |
| (一)核心指数 | 97.3 | 96.00 |
| (二)高技术 | – | 94.10 |
| (三)能源 | 75.9 | 94.00 |
| (四)按轻重工业分 | | |
| (1)轻工业 | 96.5 | 97.90 |
| 1.以农产品为原料 | 96.3 | 97.30 |
| 2.以非农产品为原料 | 99.8 | 99.40 |
| (2)重工业 | 76.7 | 94.10 |
| 1.采掘 | 77.9 | 77.60 |
| 2.原料 | 75.8 | 96.00 |
| 3.加工 | 96.2 | 96.40 |
| (五)按生产生活资料分 | | |
| (1)生产资料 | 77.2 | 94.20 |
| 1.采掘 | 77.9 | 77.60 |
| 2.原料 | 75.8 | 95.90 |
| 3.加工 | 97.2 | 97.60 |
| (2)生活资料 | 96.1 | 98.20 |
| 1.食品 | 96.1 | 98.90 |
| 2.衣着 | – | – |
| 3.一般日用品 | 103.7 | 94.60 |
| 4.耐用消费品 | – | – |
| 分行业中类 | | |
| 煤炭开采和洗选业 | 68.0 | 96.50 |
| 烟煤和无烟煤的开采洗选 | 68.0 | 96.50 |
| 非金属矿采选业 | 100.0 | 95.40 |
| 土砂石开采 | 100.0 | 95.40 |
| 食品制造业 | 96.0 | 99.30 |
| 方便食品制造 | 100.0 | 95.50 |
| 液体乳及乳制品制造 | 95.8 | 99.40 |
| 酒、饮料和精制茶制造业 | 94.8 | 95.20 |
| 酒的制造 | 97.1 | 93.90 |

## 5-4 续表

上年 =100

| 指 标 | 2015 | 2016 |
|---|---|---|
| 饮料制造 | 87.9 | 99.20 |
| 精制茶加工 | – | 101.50 |
| 皮革、毛皮、羽毛(绒)及其制品业 | 103.5 | 85.90 |
| 皮革鞣制加工 | 103.5 | 85.90 |
| 造纸及纸制品业 | 100.5 | 96.20 |
| 造纸 | 100.5 | 96.20 |
| 化学原料及化学制品制造业 | 95.6 | 93.80 |
| 基础化学原料制造 | 96.9 | 73.60 |
| 专用化学产品制造 | 95.4 | 96.00 |
| 炸药、火工及焰火产品制造 | – | 97.90 |
| 医药制造业 | – | 94.10 |
| 化学药品原料制造 | – | 96.60 |
| 化学药品制剂制造 | – | 90.20 |
| 生物药品制造 | – | 106.30 |
| 橡胶和塑料制品业 | – | 96.90 |
| 橡胶制品业 | – | 97.30 |
| 塑料制品业 | – | 95.80 |
| 非金属矿物制品业 | 97.6 | 99.60 |
| 水泥、石灰和石膏的制造 | 90.8 | 98.10 |
| 砖瓦、石材及其他建筑材料制造 | 92.8 | 97.60 |
| 玻璃及玻璃制品制造 | 103.7 | 100.90 |
| 陶瓷制品制造 | 99.7 | 99.80 |
| 耐火材料制品制造 | 103.8 | 100.10 |
| 石墨及其他非金属矿物制品制造 | 104.1 | 103.40 |
| 黑色金属冶炼及压延加工业 | 94.4 | 90.10 |
| 铁合金冶炼 | 94.4 | 90.10 |
| 通用设备制造业 | 100.0 | 97.90 |
| 锅炉及原动机制造 | 100.0 | 97.90 |
| 专用设备制造业 | – | 97.50 |
| 采矿、冶金、建筑专用设备制造 | – | 97.50 |
| 电力、热力生产和供应业 | 95.2 | 87.50 |
| 电力生产 | 94.8 | 87.10 |
| 热力生产和供应 | 100.0 | 97.90 |
| 燃气生产和供应业 | 105.7 | 90.90 |
| 水的生产和供应业 | 100.0 | 97.90 |
| 自来水的生产和供应 | 100.00 | 97.90 |

# 5-5 工业生产者购进价格指数

上年 =100

| 指　　标 | 2015 | 2016 |
|---|---|---|
| **总指数** | 93.6 | 95.20 |
| 按初级中间最终产品分 | | |
| （1）初级产品 | 85.4 | 96.30 |
| 1.农产品 | 92.1 | 86.50 |
| 2.矿产品 | 81.3 | 98.30 |
| 3.废料 | 112.6 | 100.00 |
| （2）中间产品 | 96.8 | 94.70 |
| 九大类原材料购进价格指数 | | |
| （1）燃料、动力类 | 93.5 | 95.40 |
| （2）黑色金属材料类 | 85.1 | 90.00 |
| 1.钢材 | 84.8 | 88.60 |
| 2.其它 | 97 | 92.20 |
| （3）有色金属材料及电线类 | - | - |
| （4）化工原料类 | 99.8 | 107.80 |
| （5）木材及纸浆类 | - | 106.70 |
| （6）建筑材料及非金属类 | 96.9 | 97.00 |
| （7）其它工业原材料及半成品类 | 98.5 | 95.10 |
| （8）农副产品类 | 92.1 | 86.50 |
| （9）纺织原料类 | - | - |

# 主要统计指标解释

**居民消费价格指数**　反映居民生活消费品及服务项目价格变动趋势和变动程度的相对数，采用链式拉斯贝尔公式，加权平均计算。根据抽样调查方法在全省抽取 17 个调查市、县为填报单位。

**商品零售价格指数**　反映市场商品零售价格变动趋势和变动程度的相对数，计算方法及样本单位同上。

**农业生产资料价格指数**　反映农业生产资料价格变动趋势和变动程度的相对数，计算方法同上，根据抽样调查方法在全省抽取 6 个县、市为填报单位。

**工业生产者出厂价格指数**　是反映全部工业产品出厂价格总水平的变动趋势和程度的相对数，根据全省部分重点企业的产品出厂价格的定期调查资料，按加权算术平均公式计算。

**工业生产者购进价格指数**　是反映工业企业购进主要原材料、燃料、动力价格水平变动趋势和程度的相对数。根据全省部分重点企业主要原材料、燃料、动力购进价格的定期调查资料，按加权算术平均公式计算。

# 06 人民生活

## 6-1 朔州市2013-2016年城镇居民人均可支配收入和消费支出增长情况

单位:元

| 指 标 | 2013 | 增幅(%) | 占比(%) | 2014 | 增幅(%) | 占比(%) |
|---|---|---|---|---|---|---|
| **可支配收入** | | | | | | |
| 分项:工资性收入 | 14335 | -7.0 | 60.02 | 15863 | 10.7 | 61.67 |
| 经营净收入 | 3800 | 36.1 | 15.91 | 4111 | 8.2 | 15.98 |
| 财产净收入 | 2787 | 313.0 | 11.67 | 1843 | -33.9 | 7.16 |
| 转移净收入 | 2963 | 59.5 | 12.41 | 3908 | 31.9 | 15.19 |
| 20%低收入者收入 | 8895 | 9.9 | —— | 9660 | 8.6 | —— |
| **消费支出** | | | | | | |
| 分项:食品烟酒 | 3256 | -4.6 | 24.39 | 3314 | 1.8 | 24.31 |
| 衣着 | 1471 | 6.4 | 11.02 | 1636 | 11.2 | 12.00 |
| 居住 | 2880 | 12.1 | 21.58 | 2769 | -3.9 | 20.31 |
| 生活用品及服务 | 767 | 4.6 | 5.74 | 670 | -12.6 | 4.91 |
| 交通通信 | 1546 | 12.7 | 11.59 | 1320 | -14.6 | 9.68 |
| 教育文化娱乐 | 2446 | 6.2 | 18.33 | 2415 | -1.3 | 17.71 |
| 医疗保健 | 615 | 37.1 | 4.61 | 1128 | 83.5 | 8.27 |
| 其他用品和服务 | 366 | 9.8 | 2.74 | 381 | 4.2 | 2.80 |

| 指 标 | 2015 | 增幅(%) | 占比(%) | 2016 | 增幅(%) | 占比(%) |
|---|---|---|---|---|---|---|
| **可支配收入** | | | | | | |
| 分项:工资性收入 | 17117 | 7.9 | 62.24 | 17960 | 4.93 | 61.96 |
| 经营净收入 | 4381 | 6.6 | 15.93 | 4631 | 5.70 | 15.98 |
| 财产净收入 | 1942 | 5.4 | 7.06 | 2026 | 4.30 | 6.99 |
| 转移净收入 | 4060 | 3.9 | 14.76 | 4373 | 7.70 | 15.08 |
| 20%低收入者收入 | 10533 | 9.0 | —— | 11175 | 6.10 | —— |
| **消费支出** | | | | | | |
| 分项:食品烟酒 | 3610 | 8.9 | 25.61 | 3675 | 1.80 | 25.58 |
| 衣着 | 1497 | -8.5 | 10.62 | 1546 | 3.30 | 10.76 |
| 居住 | 2918 | 5.4 | 20.70 | 2865 | -1.80 | 19.95 |
| 生活用品及服务 | 602 | -10.1 | 4.27 | 642 | 6.70 | 4.47 |
| 交通通信 | 2104 | 59.4 | 14.92 | 2046 | -2.70 | 14.24 |
| 教育文化娱乐 | 2354 | -2.5 | 16.70 | 2474 | 5.10 | 17.22 |
| 医疗保健 | 729 | -35.4 | 5.17 | 853 | 17.20 | 5.94 |
| 其他用品和服务 | 282 | -26.1 | 2.00 | 263 | -6.90 | 1.83 |

## 6-2 朔州市2013-2016年城镇居民家庭人均食品消费量

单位:公斤

| 指标 | 2013 | 2014 | 2015 | 2016 |
|---|---|---|---|---|
| 一、粮食消费量 | 119.39 | 106.61 | 102.74 | 126.10 |
| (一)谷物消费量 | 98.85 | 88.40 | 84.52 | 106.80 |
| 1.小麦 | 71.20 | 61.77 | 57.72 | 77.73 |
| 2.稻谷 | 17.55 | 15.77 | 15.63 | 17.57 |
| 3.玉米 | 0.45 | 0.45 | 1.16 | 0.41 |
| 4.其他谷物 | 9.65 | 10.40 | 10.00 | 11.09 |
| (二)薯类消费量 | 8.93 | 8.65 | 8.43 | 9.11 |
| 1.红薯 | 0.35 | 0.53 | 0.47 | 0.47 |
| 2.马铃薯 | 7.55 | 7.14 | 6.90 | 7.60 |
| 3.其他薯类 | 1.03 | 0.98 | 1.06 | 1.04 |
| (三)豆类消费量 | 11.61 | 9.56 | 9.79 | 10.20 |
| 1.大豆 | 0.36 | 0.45 | 0.22 | 0.18 |
| 2.其他豆类 | 11.25 | 9.10 | 9.57 | 10.01 |
| 二、油脂类消费量 | | 7.54 | 6.38 | 7.13 |
| (一)植物油 | | 6.88 | 6.25 | 7.07 |
| (二)动物油 | | 0.66 | 0.13 | 0.06 |
| 三、蔬菜及菜制品消费量 | 58.49 | 56.22 | 57.99 | 57.49 |
| (一)鲜菜 | 57.04 | 54.71 | 56.05 | 55.62 |
| (二)干菜及菜制品 | 0.83 | 0.63 | 0.83 | 0.70 |
| (三)鲜菌 | 0.48 | 0.69 | 0.96 | 1.00 |
| (四)干菌及菌制品 | 0.14 | 0.19 | 0.15 | 0.17 |
| 四、肉类 | | 20.56 | 20.34 | 20.23 |
| (一)猪肉 | | 13.91 | 12.44 | 10.75 |
| (二)牛肉 | | 1.03 | 1.07 | 1.40 |
| (三)羊肉 | | 2.79 | 3.82 | 5.30 |
| (四)其他肉类及制品 | | 2.82 | 3.01 | 2.78 |
| 五、禽类 | 24.72 | 4.92 | 4.81 | 4.85 |
| (一)鸡 | 12.68 | 4.33 | 3.89 | 3.93 |
| (二)鸭 | 1.09 | 0.05 | 0.04 | 0.06 |
| (三)鹅 | 3.74 | 0.00 | 0.00 | 0.00 |

# 6-2 续表

单位:公斤

| 指 标 | 2013 | 2014 | 2015 | 2016 |
|---|---|---|---|---|
| (四)其他禽类及制品 | 4.22 | 0.54 | 0.87 | 0.86 |
| **六、水产品** | | 2.57 | 6.93 | 2.97 |
| (一)鱼类 | | 2.30 | 2.14 | 2.47 |
| (二)虾贝蟹类 | | 0.12 | 0.09 | 0.20 |
| (三)藻类 | | 0.05 | 0.06 | 0.06 |
| (四)其他 | | 0.10 | 4.64 | 0.24 |
| **七、蛋类及蛋制品** | 6.79 | 6.52 | 8.21 | 7.30 |
| (一)鲜蛋 | 18.48 | 6.40 | 8.10 | 7.23 |
| (二)蛋制品 | | 0.12 | 0.12 | 0.07 |
| **八、奶和奶制品** | 2.70 | 21.24 | 21.04 | 23.42 |
| (一)鲜奶 | 2.37 | 15.01 | 15.31 | 16.18 |
| (二)酸奶 | 0.15 | 5.22 | 4.41 | 5.28 |
| (三)奶粉 | 0.05 | 0.47 | 0.48 | 0.97 |
| (四)其他奶制品 | 0.13 | 0.54 | 0.84 | 0.99 |
| **九、干鲜瓜果类** | | 50.08 | 55.04 | 54.86 |
| (一)鲜瓜果 | | 45.61 | 50.21 | 50.33 |
| (二)瓜果制品 | | 0.83 | 0.88 | 0.80 |
| (三)坚果类 | | 3.65 | 3.95 | 3.74 |
| **十、糖果糕点类** | 6.04 | 5.27 | 5.66 | 5.23 |
| (一)食糖 | 5.81 | 1.07 | 0.95 | 0.93 |
| (二)糖果 | 0.23 | 0.55 | 0.57 | 0.54 |
| (三)糕点 | | 3.17 | 3.79 | 3.60 |
| (四)其他糖果糕点 | | 0.48 | 0.35 | 0.16 |
| **十一、饮料** | | 0.06 | 0.06 | 0.03 |
| (一)茶叶 | 5.28 | 0.06 | 0.06 | 0.03 |
| **十二、烟叶消费量** | 26.72 | 26.05 | 27.56 | 24.66 |
| **十三、酒** | 3.11 | 4.81 | 4.45 | 4.37 |
| (一)白酒 | 0.02 | 2.05 | 1.77 | 1.75 |
| (二)啤酒 | 2.72 | 2.67 | 2.59 | 2.55 |
| (三)果酒 | | 0.09 | 0.09 | 0.07 |

# 6-3 朔州市2013-2016年城镇居民家庭平均每百户年末耐用消费品拥有量

| 指　　标 | 单　位 | 2013 | 2014 | 2015 | 2016 |
|---|---|---|---|---|---|
| 家用汽车 | 辆 | 22.2 | 25.8 | 29.2 | 34.1 |
| 摩托车 | 辆 | 37.2 | 35.3 | 34.7 | 28.7 |
| 助力车 | 台 | 42.3 | 50.2 | 44.6 | 44.4 |
| 洗衣机 | 台 | 91.1 | 95.5 | 96.7 | 95.9 |
| 电冰箱(柜) | 台 | 79.5 | 84.0 | 86.0 | 89.0 |
| 微波炉 | 台 | 31.0 | 35.0 | 42.5 | 38.8 |
| 彩色电视机 | 台 | 97.0 | 99.3 | 98.5 | 97.7 |
| 接入有线电视 | 台 | 59.7 | 58.6 | 52.8 | 48.2 |
| 空调 | 台 | 7.4 | 8.2 | 8.5 | 8.4 |
| 热水器 | 台 | 31.6 | 34.9 | 37.3 | 45.5 |
| 太阳能热水器 | 台 | 13.0 | 14.5 | 16.2 | 22.2 |
| 消毒碗柜 | 台 | 1.1 | 1.1 | 2.2 | 2.9 |
| 洗碗机 | 台 | 0.4 | 0.7 | 0.0 | 0.0 |
| 排油烟机 | 台 | 37.7 | 43.5 | 43.9 | 50.1 |
| 固定电话 | 线 | 30.5 | 31.6 | 22.9 | 19.3 |
| 移动电话 | 部 | 177.2 | 199.4 | 212.9 | 232.4 |
| 接入互联网 | 部 | 80.5 | 83.3 | 132.5 | 146.2 |
| 计算机 | 台 | 46.7 | 55.9 | 62.7 | 65.3 |
| 接入互联网 | 台 | 40.8 | 40.7 | 37.3 | 46.4 |
| 摄像机 | 台 | 2.5 | 4.1 | 3.7 | 5.8 |
| 照相机 | 台 | 13.4 | 14.5 | 19.2 | 17.4 |
| 中高档乐器 | 架 | 1.1 | 2.0 | 1.8 | 1.0 |
| 健身器材 | 台 | 0.0 | 1.9 | 3.0 | 0.7 |
| 组合音响 | 套 | 4.9 | 4.6 | 3.7 | 1.8 |

# 6-4 朔州市2013-2016年农村居民人均可支配收入和消费支出增长情况

单位:元

| 指标 | 2013 | 增幅(%) | 占比(%) | 2014 | 增幅(%) | 占比(%) |
|---|---|---|---|---|---|---|
| **可支配收入** | | | | | | |
| 分项:工资性收入 | 3851 | 56.5 | 42.09 | 4246 | 10.2 | 41.88 |
| 经营净收入 | 3329 | -24.6 | 36.38 | 3878 | 16.5 | 38.26 |
| 财产净收入 | 182 | 233.8 | 1.99 | 93 | -49.2 | 0.91 |
| 转移净收入 | 1787 | 56.8 | 19.53 | 1921 | 7.5 | 18.95 |
| 20%低收入者收入 | —— | 14.7 | —— | 3069 | 12.5 | —— |
| **消费支出** | | | | | | |
| 分项:食品烟酒 | 2222 | 1.3 | 32.02 | 2290 | 3.1 | 35.62 |
| 衣着 | 419 | 42.7 | 6.03 | 433 | 3.5 | 6.74 |
| 居住 | 1294 | 45.7 | 18.64 | 1292 | -0.1 | 20.09 |
| 生活用品及服务 | 277 | 83.1 | 3.99 | 263 | -5.0 | 4.10 |
| 交通通信 | 1035 | 63.8 | 14.92 | 602 | -41.9 | 9.35 |
| 教育文化娱乐 | 996 | 15.5 | 14.35 | 908 | -8.9 | 14.11 |
| 医疗保健 | 582 | 81.2 | 8.39 | 516 | -11.4 | 8.02 |
| 其他用品和服务 | 116 | 30.4 | 1.67 | 127 | 9.2 | 1.97 |

| 指标 | 2015 | 增幅(%) | 占比(%) | 2016 | 增幅(%) | 占比(%) |
|---|---|---|---|---|---|---|
| **可支配收入** | | | | | | |
| 分项:工资性收入 | 4560 | 7.4 | 42.16 | 4820 | 5.72 | 42.00 |
| 经营净收入 | 4154 | 7.1 | 38.40 | 4308 | 3.71 | 37.53 |
| 财产净收入 | 101 | 9.1 | 0.93 | 103 | 1.70 | 0.89 |
| 转移净收入 | 2002 | 4.2 | 18.51 | 2247 | 12.26 | 19.58 |
| 20%低收入者收入 | 3477 | 13.3 | —— | 3804 | 9.40 | —— |
| **消费支出** | | | | | | |
| 分项:食品烟酒 | 2383 | 4.0 | 34.86 | 2719 | 14.1 | 62.19 |
| 衣着 | 387 | -10.7 | 5.66 | 424 | 9.6 | 9.69 |
| 居住 | 1420 | 9.9 | 20.76 | 1621 | 14.2 | 37.08 |
| 生活用品及服务 | 271 | 3.1 | 3.97 | 240 | -11.4 | 5.49 |
| 交通通信 | 665 | 10.6 | 9.73 | 795 | 19.5 | 18.19 |
| 教育文化娱乐 | 1038 | 14.4 | 15.18 | 1045 | 0.7 | 23.90 |
| 医疗保健 | 587 | 13.9 | 8.59 | 758 | 29.1 | 17.33 |
| 其他用品和服务 | 85 | -32.8 | 1.25 | 96 | 12.9 | 2.19 |

# 6-5 朔州市2013-2016年农村居民家庭人均食品消费量

单位:公斤

| 指　标 | 2013 | 2014 | 2015 | 2016 |
|---|---|---|---|---|
| **一、粮食消费量** | 176.34 | 141.89 | 152.47 | 156.08 |
| (一)谷物消费量 | 148.85 | 118.34 | 125.35 | 127.46 |
| 1.小麦 | 86.45 | 78.40 | 80.12 | 79.08 |
| 2.稻谷 | 19.29 | 15.82 | 15.37 | 16.41 |
| 3.玉米 | 18.62 | 4.17 | 6.27 | 11.45 |
| 4.其他谷物 | 24.49 | 19.95 | 23.59 | 20.51 |
| (二)薯类消费量 | 16.63 | 15.00 | 16.87 | 16.87 |
| 1.红薯 | 0.27 | 0.70 | 0.37 | 0.24 |
| 2.马铃薯 | 15.77 | 13.65 | 15.79 | 16.01 |
| 3.其他薯类 | 0.60 | 0.65 | 0.71 | 0.62 |
| (三)豆类消费量 | 10.87 | 8.55 | 10.25 | 11.75 |
| 1.大豆 | 3.23 | 1.03 | 2.18 | 1.81 |
| 2.其他豆类 | 7.64 | 7.52 | 8.07 | 9.94 |
| **二、油脂类消费量** |  | 9.57 | 6.55 | 7.20 |
| (一)植物油 |  | 9.24 | 6.39 | 6.97 |
| (二)动物油 |  | 0.32 | 0.16 | 0.22 |
| **三、蔬菜及菜制品消费量** | 67.06 | 52.25 | 52.16 | 54.01 |
| (一)鲜菜 | 65.77 | 51.60 | 51.01 | 52.99 |
| (二)干菜及菜制品 | 0.93 | 0.36 | 0.61 | 0.33 |
| (三)鲜菌 | 0.29 | 0.20 | 0.43 | 0.60 |
| (四)干菌及菌制品 | 0.08 | 0.09 | 0.11 | 0.08 |
| **四、肉类** |  | 18.68 | 21.08 | 21.28 |
| (一)猪肉 |  | 14.61 | 15.14 | 13.81 |
| (二)牛肉 |  | 0.48 | 0.67 | 0.78 |
| (三)羊肉 |  | 1.67 | 3.13 | 4.93 |
| (四)其他肉类及制品 |  | 1.92 | 2.15 | 1.76 |
| **五、禽类** | 23.30 | 4.56 | 5.22 | 5.50 |
| (一)鸡 | 13.99 | 4.25 | 4.72 | 4.99 |
| (二)鸭 | 0.51 | 0.03 | 0.03 | 0.05 |
| (三)鹅 | 2.39 | 0.00 | 0.01 | 0.01 |

## 6-5 续表

单位:公斤

| 指　　标 | 2013 | 2014 | 2015 | 2016 |
|---|---|---|---|---|
| (四)其他禽类及制品 | 4.64 | 0.29 | 0.46 | 0.46 |
| **六、水产品** | | 2.11 | 2.08 | 1.95 |
| (一)鱼类 | | 1.88 | 1.86 | 1.75 |
| (二)虾贝蟹类 | | 0.04 | 0.06 | 0.04 |
| (三)藻类 | | 0.05 | 0.04 | 0.04 |
| (四)其他 | | 0.13 | 0.12 | 0.12 |
| **七、蛋类及蛋制品** | 5.92 | 5.86 | 7.98 | 7.46 |
| (一)鲜蛋 | 8.34 | 5.84 | 7.97 | 7.44 |
| (二)蛋制品 | | 0.02 | 0.01 | 0.02 |
| **八、奶和奶制品** | 1.95 | 10.02 | 10.95 | 12.32 |
| (一)鲜奶 | 1.77 | 7.90 | 7.92 | 9.71 |
| (二)酸奶 | 0.03 | 1.46 | 2.08 | 2.02 |
| (三)奶粉 | 0.05 | 0.37 | 0.43 | 0.21 |
| (四)其他奶制品 | 0.09 | 0.30 | 0.52 | 0.38 |
| **九、干鲜瓜果类** | | 31.87 | 35.91 | 39.50 |
| (一)鲜瓜果 | | 29.51 | 32.40 | 35.90 |
| (二)瓜果制品 | | 0.67 | 1.60 | 1.33 |
| (三)坚果类 | | 1.69 | 1.91 | 2.28 |
| **十、糖果糕点类** | 9.41 | 4.21 | 4.51 | 3.94 |
| (一)食糖 | 9.13 | 1.00 | 1.20 | 1.13 |
| (二)糖果 | 0.28 | 0.41 | 0.50 | 0.38 |
| (三)糕点 | | 1.67 | 2.41 | 2.23 |
| (四)其他糖果糕点 | | 1.13 | 0.40 | 0.19 |
| **十一、饮料** | | 0.04 | 0.03 | 0.01 |
| (一)茶叶 | 4.29 | 0.04 | 0.03 | 0.01 |
| **十二、烟叶消费量** | 15.00 | 43.56 | 44.61 | 45.52 |
| **十三、酒** | 1.59 | 10.09 | 9.37 | 8.09 |
| (一)白酒 | 0.01 | 4.13 | 4.04 | 3.90 |
| (二)啤酒 | 4.05 | 5.87 | 5.27 | 4.13 |
| (三)果酒 | | 0.09 | 0.06 | 0.05 |

# 6-6 朔州市2013-2016年农村居民家庭平均每百户年末耐用消费品拥有量

| 住户耐用消费品拥有情况 | 单 位 | 2013 | 2014 | 2015 | 2016 |
|---|---|---|---|---|---|
| 家用汽车 | 辆 | 10.1 | 12.3 | 10.4 | 12.2 |
| 摩托车 | 辆 | 57.5 | 60.4 | 60.1 | 54.1 |
| 助力车 | 台 | 33.6 | 38.3 | 36.8 | 44.3 |
| 洗衣机 | 台 | 81.4 | 84.4 | 84.7 | 85.0 |
| 电冰箱(柜) | 台 | 65.4 | 67.2 | 73.9 | 78.6 |
| 微波炉 | 台 | 14.9 | 15.1 | 10.8 | 10.1 |
| 彩色电视机 | 台 | 103.1 | 103.4 | 100.9 | 100.9 |
| 接入有线电视 | 台 | 41.8 | 41.7 | 36.5 | 35.8 |
| 空调 | 台 | 1.3 | 1.2 | 0.9 | 1.2 |
| 热水器 | 台 | 1.9 | 2.5 | 4.9 | 4.6 |
| 太阳能热水器 | 台 | 0.9 | 1.5 | 1.5 | 2.1 |
| 消毒碗柜 | 台 | 0.0 | 0.0 | 0.0 | 0.0 |
| 洗碗机 | 台 | 0.3 | 0.3 | 0.0 | 0.0 |
| 排油烟机 | 台 | 4.7 | 5.5 | 6.7 | 9.5 |
| 固定电话 | 线 | 25.8 | 26.1 | 17.5 | 15.9 |
| 移动电话 | 部 | 180.8 | 189.3 | 196.3 | 196.3 |
| 接入互联网 | 部 | 68.5 | 77.6 | 104.6 | 107.0 |
| 计算机 | 台 | 15.1 | 18.7 | 19.6 | 17.4 |
| 接入互联网 | 台 | 10.1 | 13.2 | 11.0 | 11.9 |
| 摄像机 | 台 | 0.3 | 0.3 | 0.3 | 0.6 |
| 照相机 | 台 | 3.5 | 3.7 | 3.4 | 4.6 |
| 中高档乐器 | 架 | 0.0 | 0.0 | 0.0 | 0.6 |
| 健身器材 | 台 | 0.0 | 0.0 | 0.0 | 0.3 |
| 组合音响 | 套 | 0.6 | 1.8 | 1.2 | 0.9 |

# 主要统计指标解释

**居民可支配收入** 指调查户在调查期内获得的、可用于最终消费支出和储蓄的总和，即调查户可以用来自由支配的收入。可支配收入既包括现金，也包括实物收入。按照收入的来源，可支配收入包含工资性收入、经营净收入、财产净收入、转移净收入。计算公式为：

可支配收入＝工资性收入＋经营净收入＋财产净收入＋转移净收入

其中：经营净收入＝经营收入－经营费用－生产性固定资产折旧－生产税净额（生产税－生产补贴）

财产净收入＝财产性收入－财产性支出

转移净收入＝转移性收入－转移性支出

**工资性收入** 指就业人员通过各种途径得到的全部劳动报酬，包括所从事的主要职业的工资以及从事第二职业、其他兼职和零星劳动得到的其它劳动收入。

**消费支出** 指住户用于满足本家庭日常生活的全部支出，包括食品、烟酒、衣着、居住、家庭设备用品及服务、医疗保健、交通和通信、教育文化娱乐服务、杂项商品和服务八大类等。根据来源不同可划分为现金消费支出、实物消费支出（含自产自用、来自单位、来自政府和其他社会组织）。

**说明** 因住户一体化改革，导致个别指标数据不衔接，经过科学评估，个别数据有调整。

07

# 农村经济

# 7-1　农村基层组织情况

| 指　标 | 2015 | 2016 |
| --- | --- | --- |
| 一、农村基层组织情况(个) | | |
| 1.乡(镇)政府 | 73 | 73 |
| #镇政府 | 19 | 19 |
| 2.村民委员会 | 1624 | 1624 |
| 二、乡村户数(万户) | 39.37 | 39.21 |
| 三、乡村劳动力(万人) | 55.88 | 56.34 |
| 1.按性别分 | | |
| 男劳动力 | 30.96 | 31.15 |
| 女劳动力 | 24.92 | 25.19 |
| 2.按行业分 | | |
| 农　业 | 32.65 | 32.71 |
| 工　业 | 3.76 | 3.73 |
| 建筑业 | 2.89 | 2.77 |
| 交通运输、仓储和邮政业 | 2.42 | 2.55 |
| 批发、零售贸易及餐饮业 | 2.34 | 2.58 |
| 其他非农行业 | 2.55 | 2.16 |

## 7–2 耕地面积

单位:公顷

| 指　　标 | 2015 | 2016 |
|---|---|---|
| 耕地总资源 | 395185.73 | 395185.73 |
| 有效灌溉面积 | 151860 | 151860 |
| 机电排 | 102300 | 102300 |
| 机耕地面积 | 285666 | 285666 |

## 7–3 造林面积

单位:公顷

| 指　　标 | 2015 | 2016 |
|---|---|---|
| 一、当年造林面积 | 11332 | 11621 |
| #经济林 | 866 | 774 |
| 防护林 | 8519 | 8153 |
| 二、当年育苗面积 | 4667 | 4002 |
| 三、当年零星植树(万株) | 400 | 400 |

## 7–4 果园面积和水果产量

| 指　　标 | 2015 | 2016 |
|---|---|---|
| 一、年末果园面积(公顷) | 2346.4 | 2312.2 |
| #苹果 | 373.0 | 363.9 |
| 梨 | 35.0 | 32 |
| 杏 | 1481.3 | 1454.7 |
| 葡萄 | 41.1 | 54.8 |
| 红枣 | 19.3 | 12.6 |
| 二、水果产量(吨) | 5886 | 6480.6 |
| #苹果 | 1007 | 1354.5 |
| 梨 | 179 | 149.5 |
| 杏 | 2294 | 2914.2 |
| 葡萄 | 613 | 524.5 |
| 红枣 | 44 | 45.1 |

## 7-5 畜牧业生产情况

| 指　　标 | 2015 | 2016 |
|---|---|---|
| 一、大牲畜年末存栏(头) | 220052 | 212039 |
| 1.牛 | 192503 | 182958 |
| #良种及改良种乳牛 | 161229 | 152111 |
| 2.马 | 348 | 266 |
| 3.驴 | 18206 | 20919 |
| 4.骡 | 8950 | 7894 |
| 二、猪年末存栏(头) | 220915 | 228244 |
| #能繁殖的母猪 | 24087 | 21452 |
| 三、羊年末存栏(只) | 1914789 | 1762646 |
| 1.山　羊 | 176766 | 188615 |
| 2.绵　羊 | 1738023 | 1574004 |
| 四、家禽年末存栏(只) | 2301022 | 2339488 |
| 五、养兔年末存栏(只) | 35900 | 18000 |
| 六、猪、牛、羊出栏 | | |
| 猪全年出栏(头) | 288269 | 263669 |
| 牛全年出栏(头) | 55599 | 53949 |
| 羊全年出栏(只) | 3077335 | 3142789 |
| 七、当年肉类总产量(吨) | 92973 | 90647 |
| #猪肉产量 | 27915 | 25462.00 |
| 牛肉产量 | 8017 | 8019.00 |
| 羊肉产量 | 54383 | 54935.00 |
| 禽肉产量 | 1844 | 1886.00 |
| 兔肉产量 | 63 | 25.00 |
| 八、畜禽产品产量(吨) | | |
| 1.奶　类 | 522743 | 496121.00 |
| #牛　奶 | 522743 | 496121.00 |
| 2.绵羊毛产量 | 2033 | 1880.00 |
| 3.山羊毛产量 | 56 | 57.66 |
| 4.山羊绒产量 | 51 | 50.76 |
| 5.禽蛋产量 | 24250 | 25655.00 |
| 6.蜂蜜产量 | | |

# 7-6 农业机械拥有量

| 指　　标 | 单　位 | 2015 | 2016 |
|---|---|---|---|
| 农业机械总动力 | 万千瓦 | 245.92 | 144.27 |
| 大中型农用拖拉机 | 台 | 13676 | 14572 |
| ` | 万千瓦 | 41.12 | 45.99 |
| 小型农用拖拉机 | 台 | 18177 | 16873 |
| | 万千瓦 | 23.33 | 21.58 |
| 大中型拖拉机配套机具 | 部 | 25418 | 25903 |
| 小型拖拉机配套机具 | 部 | 35872 | 35548 |
| 农用排灌动力机械 | 台 | 16950 | 16786 |
| | 万千瓦 | 19.98 | 18.84 |
| 农用水泵 | 台 | 13529 | 13560 |
| 联合收获机 | 台 | 1685 | 2027 |
| 机动脱粒机 | 台 | 5278 | 5125 |
| 农用运输车 | 台 | 56477 | 16925 |

# 7-7 农业现代化情况

| 指　　标 | 2015 | 2016 |
|---|---|---|
| 一、农业机械化情况 | | |
| 1.当年实际机耕面积（千公顷） | 289.43 | 285.67 |
| 2.当年机械播种面积（千公顷） | 268.26 | 234.38 |
| 占总播种面积(％) | 81.7 | 71.5 |
| 3.当年机械收获面积(千公顷) | 166.33 | 151.36 |
| 占总播种面积(％) | 50.7 | 46.2 |
| 二、农田水利情况 | | |
| 年末有效灌溉面积(千公顷) | 139.45 | 151.86 |
| #机电排灌面积 | 100.66 | 102.3 |
| 机电井数量(眼) | 9140 | 76032 |
| 三、农村用电情况 | | |
| 农村用电量(万千瓦小时) | 27455 | 28416.1 |
| 四、农用化肥情况 | | |
| 农用化肥施用折纯量(吨) | 86358 | 77603.51 |
| 1.氮　肥 | 23913 | 21321.19 |
| 2.磷　肥 | 12571 | 10217.62 |
| 3.钾　肥 | 6948 | 7073.36 |
| 4.复合肥 | 42926 | 38991.34 |

# 7-8 主要年份耕地面积

单位:公顷

| 年份 | 耕地总资源 | 有效灌溉面积 | | 机耕地面积 |
|---|---|---|---|---|
| | | | 机电排 | |
| 1988 | 324.58 | 97.40 | | 199.26 |
| 1990 | 322.76 | 100.70 | | 207.20 |
| 1993 | 321.34 | 107.30 | | 204.78 |
| 1995 | 320.86 | 111.50 | | 229.36 |
| 1997 | 342.15 | 115.40 | | 216.54 |
| 1999 | 330.48 | 118.70 | | 222.15 |
| 2001 | 318.36 | 119.90 | | 289.10 |
| 2005 | 297.32 | 120.60 | | 192.06 |
| 2006 | 365.92 | 120.40 | | 192.11 |
| 2007 | 365.32 | 121.70 | | 197.20 |
| 2008 | 365.87 | 122.00 | | 208.91 |
| 2009 | 365.47 | 122.02 | | 222.78 |
| 2010 | 395.90 | 120.45 | | 237.63 |
| 2011 | 395.80 | 122.00 | | 243.04 |
| 2012 | 396.16 | 123.68 | | 246.03 |
| 2013 | 396.07 | 132.01 | | 93.22 |
| 2014 | | | | |
| 2015 | 395.41 | 139.45 | 100.66 | 289.43 |
| 2016 | 395185.73 | 151860 | 102300 | 285666 |

# 7-9 主要农作物产量

单位：吨

| 指　标 | 2015 | 2016 |
| --- | --- | --- |
| 一、粮　食 | 1099692 | 1270288 |
| （一）谷　物 | 1028926.2 | 1175192.2 |
| #小麦 | 0 | 72.6 |
| 玉　米 | 949146.7 | 1076823.1 |
| 谷　子 | 26890.4 | 24794.5 |
| 高　粱 | 5006.6 | 8735.5 |
| 燕　麦 | 20599.2 | 29903.8 |
| （二）豆　类 | 25368 | 34011.5 |
| #大　豆 | 6992.9 | 10031.5 |
| （三）薯　类 | 45397.8 | 61083.7 |
| #马铃薯 | 45397.8 | 61083.7 |
| 二、油 料 | 24860.9 | 29606.6 |
| #胡麻 | 19091.9 | 18487.8 |
| 向日葵 | 4814.6 | 7207.6 |
| 三、甜 菜 | 43231.4 | 24173.2 |
| 四、蔬 菜 | 716423.6 | 697078.3 |
| 五、瓜果类 | 112183.9 | 123245.4 |

# 7-10 主要农作物播种面积

单位：千公顷

| 指　标 | 2015 | 2016 |
| --- | --- | --- |
| 农作物总播种面积 | 328.30 | 327.97 |
| 一、粮 食 | 268.09 | 265.2 |
| (一)谷 物 | 218.04 | 212.04 |
| # 小 麦 | | 0.01 |
| 玉 米 | 159.72 | 154.35 |
| 谷 子 | 10.02 | 8.1 |
| 高 粱 | 2.05 | 2.86 |
| 燕 麦 | 22.86 | 24.85 |
| (二)豆 类 | 25.42 | 28.8 |
| # 大 豆 | 8.25 | 8.69 |
| (三)薯 类 | 24.63 | 24.36 |
| # 马铃薯 | 24.63 | 24.36 |
| 二、油 料 | 25.74 | 26.41 |
| # 胡 麻 | 21.78 | 18.92 |
| 向日葵 | 2.80 | 3.83 |
| 三、甜 菜 | 0.98 | 0.52 |
| 四、蔬菜及食用菌 | 15.87 | 14.35 |
| 五、瓜果类 | 6.30 | 4.53 |
| 六、其他作物 | 11.1 | 16.62 |
| # 青饲料 | 10.85 | 16.54 |

# 主要统计指标解释

**乡村户数** 指长期(一年以上)居住在乡镇(不包括城关镇)行政管理区域内的住户,还包括居住在城关镇所辖行政村范围内的农村住户。户口不在本地而在本地居住一年及以上的住户也包括在本地农村住户内;有本地户口,但举家外出谋生一年以上的住户,无论是否保留承包耕地都不包括在本地农村住户范围内。不包括乡村地区内的国有经济的机关、团体、学校、企业、事业单位的集体户。

**乡村人口** 指乡村地区常住居民户数中的常住人口数,即经常在家或在家居住6个月以上,而且经济和生活与本户连成一体的人口。外出从业人员在外居住时间虽然在6个月以上,但收入主要带回家中,经济与本户连为一体,仍视为家庭常住人口;在家居住,生活和本户连成一体的国家职工、退休人员也为家庭常住人口,但是现役军人、中专及以上(走读生除外)的在校学生以及常年在外(不包括探亲、看病等)且已有稳定的职业与居住场所的外出从业人员,不应当作家庭常住人口。

**乡村从业人员** 指乡村人口中16岁以上实际参加生产经营活动并取得实物或货币收入的人员,既包括劳动年龄内经常参加劳动的人员,也包括超过劳动年龄但经常参加劳动的人员。但不包括户口在家的在外学生、现役军人和丧失劳动能力的人,也不包括待业人员和家务劳动者。从业人员年龄为16岁以上。从业人员按从事主业时间最长(时间相同按收入)分为农业从业人员、工业从业人员、建筑业从业人员、交运仓储及邮政从业人员、信息传输、计算机服务业和软件业从业人员、批发与零售业从业人员、住宿和餐饮业从业人员、其他行业从业人员。

**农林牧渔业总产值** 指以货币表现的农林牧渔业的全部产品总量和对农林牧渔业生产进行的各种支持性服务活动的价值。它反映一定时期内农林牧渔业生产总规模和总成果,是观察农林牧渔业生产水平和发展速度,研究农林牧渔业内部比例关系、农林牧渔业与工业、农林牧渔业与国家建设、人民生活比例关系的重要指标,同时也是计算农林牧渔业劳动生产率和农林牧渔业增加值的基础资料。

**农林牧渔业增加值** 指农、林、牧、渔业生产及农林牧渔服务业提供服务活动所增加的价值,为农林牧渔业现价总产值扣除农林牧渔业中间消耗后的余额。

**耕地总资源** 指种植农作物的土地。包括熟地,新开发、复垦、整理地,休闲地(含轮歇地、轮作地);以种植农作物(含蔬菜)为主,间有零星果树、桑树或其他树木的土地;平均每年能保证收获一季的已是滩地和海涂。耕地中包括南方宽度<1.0米、北方宽度<2.0米固定的沟、渠、路和地坎(埂);临时种植药材、草皮、花卉、苗木等的耕地,以及其他临时改变用途的耕地。

**有效灌溉面积** 指具有一定水源,地块比较平整,灌溉工程或设备已经配套,在一般年景下当年能够进行正常灌溉的耕地面积。在一般情况下,有效灌溉面积应等于灌溉工程或设备已经配套,能够进行正常灌溉的水田和水浇地之和。

**农作物播种面积** 指实际播种或移植有农作物的面积。凡是实际种植有农作物的面积,不论种植在耕地上还是种植在非耕地上,均包括在农作物播种面积中。在播种季节基本结束后,因遭灾而重新改种和补种的农作物面积,也包括在内。

**农作物总产量** 指本年度内生产的各种农作物总产量,不论计划内外、数量多少,耕地与非耕地上的农作物产量,都应统计在内。包括粮食、棉花、油料、麻类、糖类、药材、蔬菜、瓜类及其他农作物。

**农业机械总动力** 指主要用于农、林、牧、渔业的各种动力机械的动力总和。包括耕作机械、排灌机械、收获机械、农用运输机械、植物保护机械、牧业机械、林业机械、渔业机械和其他农业机械。总动

力按法定计算单位千瓦计算。(注:1 马力 =735.5 瓦特 =0.735 千瓦)

**农用化肥施用量** 指本年内实际用于农业生产的化肥数量,包括氮肥、磷肥、钾肥和复合肥。化肥施用量要求按折纯量计算数量。折纯量是指把氮肥、磷肥、钾肥分别按含氮、含五氧化二磷、含氧化钾的百分之百成份进行折算后的数量。复合肥按其所含主要成分折算。公式为:折纯量 = 实物量 × 某种化肥有效成份含量的百分比。

**农村用电量** 指本年度内,扣除在农村中的国有工业、交通、基建等单位的用电量以后的农村生产和生活的全年用电总量。包括国家电网供电和农村自办电站供电量。

# 08 工业经济

# 8-1 主要年份工业产品产量

| 年份 | 原煤产量（万吨） | 发电量（亿千瓦小时） | 乳制品（吨） | 白酒（千升） | 啤酒（千升） | 焦炭（万吨） | 化肥（万吨） | 水泥（万吨） | 陶瓷（万件） | 石墨及炭素制品（吨） | 铁合金（吨） | 电解铝（吨） | 电石（吨） |
|---|---|---|---|---|---|---|---|---|---|---|---|---|---|
| 2000 | 2912.0 | 116.1 | 11840.0 | 1157.0 | | 6.8 | 7.3 | 47.2 | 7264.0 | | | | 30215.0 |
| 2001 | 3578.0 | 118.8 | 17829.0 | 1071.0 | | 8.2 | 8.4 | 50.0 | 13248.0 | | | | 56848.0 |
| 2002 | 4749.4 | 142.3 | 21775.0 | 599.0 | | 6.6 | 9.6 | 51.0 | 24600.0 | | | | 66023.0 |
| 2003 | 5552.7 | 159.3 | 94648.0 | 1208.0 | | 5.7 | 10.0 | 69.0 | 31984.0 | | | | 106797.0 |
| 2004 | 6310.5 | 169.4 | 258095.0 | 500.0 | | 4.3 | 9.3 | 71.2 | 32576.0 | | 40384.0 | | 113504.0 |
| 2005 | 7948.5 | 198.5 | 260503.0 | 600.0 | 5049.0 | 2.2 | 9.8 | 80.7 | 27950.0 | 4518.0 | 44823.0 | | 94627.0 |
| 2006 | 9274.9 | 222.5 | 255663.0 | 911.0 | 7314.0 | 1.4 | 9.0 | 64.7 | 30426.0 | 2749.0 | 81081.0 | 41302.0 | 78799.0 |
| 2007 | 10822.8 | 224.2 | 444103.0 | 1515.0 | 3682.0 | 7.0 | 10.7 | 75.2 | 39929.0 | 1689.0 | 122997.0 | 52753.0 | 64329.0 |
| 2008 | 11844.8 | 207.5 | 217468.0 | 26.0 | 24082.0 | 8.5 | 6.1 | 53.9 | 29394.0 | 13764.0 | 131821.0 | 47967.0 | 79043.0 |
| 2009 | 12684.0 | 196.5 | 175614.0 | 3123.0 | 66238.0 | | 7.5 | 100.0 | 51287.0 | 19371.0 | 109890.0 | | 45754.0 |
| 2010 | 15994.8 | 217.0 | 170374.0 | 4259.0 | 78172.0 | | 6.4 | 68.4 | 59576.0 | 31486.0 | 93100.0 | | 31309.0 |
| 2011 | 18582.9 | 232.9 | 210767.0 | 10342.0 | 73418.1 | | 6.5 | 283.5 | | 55968.0 | 181304.7 | 43773.0 | 32264.0 |
| 2012 | 20691.2 | 264.3 | 295307.0 | 13114.0 | 56665.0 | | 5.1 | 397.1 | | 40640.7 | 309230.0 | 66077.0 | 37449.0 |
| 2013 | 22091 | 279.0 | 281288.0 | 6842.0 | 62065.0 | | 4.3 | 343.9 | | 44224.0 | 234908.0 | 68987.0 | |
| 2014 | 20255 | 303.9 | 243821.0 | 8997.0 | 40975.0 | | 3.2 | 251.1 | | 31013.0 | 294743.0 | 67255.0 | |
| 2015 | 18220 | 267.5 | 232167.0 | 7663.0 | 39643.0 | | 1.8 | 205.4 | | 39393.0 | 125211.0 | 66990.0 | |
| 2016 | 15201 | 267.5 | 188626.0 | 7011.0 | 34518.0 | | 1.6 | 218.1 | | 39728.0 | 98021.0 | 67290.0 | |

# 8-2 工业增加值

单位:万元

| 指　标 | 2015 | 2016 |
|---|---|---|
| 总　计 | 2548882 | 2131160 |
| 在总计中:轻工业 | 109853 | 120238 |
| 重工业 | 2439029 | 2010921 |
| 在总计中:国有企业 | 233473 | 121755 |
| 集体企业 | 8940 | 7203 |
| 股份合作企业 | 0 | 0 |
| 股份制企业 | 2190135 | 1857663 |
| 外商及港澳台投资 | 95511 | 119514 |
| 其他 | 20823 | 25026 |
| 在总计中:国有控股企业 | 1558235 | 1098465 |
| 在总计中:非公有制企业 | 964046 | 1000688 |
| 在总计中:大中型工业 | 1577082 | 1378380 |
| 国有大中型企业 | 210543 | 111359 |
| 在总计中:私有企业 | 773882 | 669839 |
| 在总计中:中央企业 | 938537 | 799552 |
| 地方企业 | 1610345 | 1331608 |
| 省属企业 | 382777 | 280809 |
| 省属以下企业 | 1227568 | 1050799 |
| 市(地)属企业 | 27708 | 16321 |
| 县(市)属企业 | 305065 | 245745 |
| 乡属企业 | 1821 | 0 |
| 城镇街道办企业 | 0 | 0 |
| 村及村以下企业 | 892975 | 788733 |

## 8-2 续表 1

单位:万元

| 指　　标 | 2015 | 2016 |
| --- | --- | --- |
| 在总计中:大型企业 | 1075651 | 987510 |
| 中型企业 | 501431 | 390869 |
| 小型企业 | 959664 | 741450 |
| 微型企业 | 12137 | 11330 |
| 煤炭开采和洗选业 | 1881203 | 1437610 |
| 烟煤和无烟煤开采洗选 | 1881203 | 1437610 |
| 农副食品加工业 | 4096 | 4532 |
| 饲料加工 | 492 | 1229 |
| 屠宰及肉类加工 | 2621 | 2377 |
| 蔬菜、水果和坚果加工 | 460 | 926 |
| 其它农副食品加工 | 524 | 0 |
| 食品制造业 | 27657 | 22622 |
| 糖果、巧克力及蜜饯制造 | 0 | 985 |
| 方便食品制造 | 1012 | 717 |
| 乳制品制造 | 26645 | 20920 |
| 酒、饮料和精制茶制造业 | 11549 | 8521 |
| 酒的制造 | 10152 | 7102 |
| 饮料制造 | 571 | 546 |
| 精制茶加工 | 826 | 872 |
| 纺织业 | 452 | 797 |
| 毛纺织及染整精加工 | 32 | 797 |
| 麻纺织及染整精中工 | 420 | 0 |
| 皮革、毛皮、羽毛及其制品和制鞋业 | 4686 | 1107 |
| 皮革鞣制加工 | 4686 | 1107 |
| 木材加工和木、竹、藤、棕、草制品业 | 238 | 259 |
| 木制品制造 | 238 | 259 |

## 8-2 续表 2

单位:万元

| 指 标 | 2015 | 2016 |
|---|---|---|
| 家具制造业 | 0 | 937 |
| 木质家具制造 | 0 | 937 |
| 造纸和纸制品业 | 1129 | 1556 |
| 纸制品制造 | 1129 | 1556 |
| 石油加工、炼焦和核燃料加工业 | 16928 | 13928 |
| 精炼石油产品制造 | 16928 | 13928 |
| 化学原料和化学制品制造业 | 9040 | 22428 |
| 基础化学原料制造 | 432 | 127 |
| 肥料制造 | 917 | 444 |
| 专用化学产品制造 | 5698 | 7819 |
| 炸药、火工及焰火产品制造 | 1993 | 14038 |
| 医药制造业 | 3339 | 2570 |
| 化学药品原料药制造 | 1250 | 1382 |
| 化学药品制剂制造 | 1684 | 538 |
| 卫生材料及医药用品制造 | 405 | 651 |
| 橡胶和塑料制品业 | 3278 | 2693 |
| 橡胶制品业 | 2978 | 2052 |
| 塑料制品业 | 301 | 641 |
| 非金属矿物制品业 | 113615 | 124595 |
| 水泥、石灰和石膏制造 | 27510 | 24370 |
| 石膏、水泥制品及类似制品制造 | 2437 | 5833 |
| 砖瓦、石材等建筑材料制造 | 3587 | 3829 |
| 玻璃制品制造 | 1380 | 1012 |
| 陶瓷制品制造 | 53998 | 74312 |
| 耐火材料制品制造 | 6660 | 5613 |
| 石墨及其他非金属矿物制品制造 | 18044 | 9627 |

# 8-2 续表 3

单位：万元

| 指　　标 | 2015 | 2016 |
|---|---|---|
| 黑色金属冶炼和压延加工业 | 52327 | 50541 |
| 铁合金冶炼 | 52327 | 50541 |
| 有色金属冶炼和压延加工业 | 14618 | 1752 |
| 常用有色金属冶炼 | 14618 | 1752 |
| 金属制品业 | 0 | 1012 |
| 结构性金属制品制造 | 0 | 1012 |
| 通用设备制造业 | 9064 | 11140 |
| 锅炉及原动设备制造 | 7502 | 8029 |
| 物料搬运设备制造 | 621 | 301 |
| 通用零部件制造 | 941 | 2810 |
| 专用设备制造业 | 17769 | 16512 |
| 采矿、冶金、建筑专用设备制造 | 17769 | 16512 |
| 汽车制造业 | 5913 | 6467 |
| 电车制造 | 5913 | 749 |
| 汽车车身、挂车制造 | 0 | 5718 |
| 电力、热力生产和供应业 | 364481 | 393175 |
| 电力生产 | 347154 | 378369 |
| 热力生产和供应 | 17327 | 14806 |
| 燃气生产和供应业 | 5908 | 4133 |
| 水的生产和供应业 | 1593 | 2273 |
| 自来水生产和供应 | 1593 | 2273 |

注：由于2016年年报计算方法的变更，故2015年、2016年工业增加均为快报数据。

## 8-3 工业企业

| 指　　标 | 企业单位数（个） | 亏损企业 | 工业总产值（当年价格） |
| --- | --- | --- | --- |
| 总　　计 | 232 | 65 | 7425509 |
| 一、按登记注册类型分组: | | | |
| 内资企业 | 228 | 63 | 7180337 |
| 国有企业 | 5 | 4 | 133992 |
| 中央企业 | 0 | 0 | 0 |
| 地方企业 | 5 | 4 | 133992 |
| 集体企业 | 0 | 0 | 0 |
| 股份合作企业 | 0 | 0 | 0 |
| 联营企业 | 1 | 1 | 36041 |
| 国有联营企业 | 1 | 1 | 36041 |
| 集体联营企业 | 0 | 0 | 0 |
| 国有与集体联营企业 | 0 | 0 | 0 |
| 其他联营企业 | 0 | 0 | 0 |
| 有限责任公司 | 79 | 27 | 2849197 |
| 国有独资公司 | 12 | 7 | 397411 |
| 其他有限责任公司 | 67 | 20 | 2451786 |
| 股份有限公司 | 7 | 2 | 1767544 |
| 私营企业 | 136 | 29 | 2393564 |
| 私营独资企业 | 1 | 0 | 1549 |
| 私营合伙企业 | 0 | 0 | 0 |
| 私营有限责任公司 | 130 | 27 | 2319464 |
| 私营股份有限公司 | 5 | 2 | 72551 |
| 其他企业 | 0 | 0 | 0 |
| 港、澳、台商投资企业 | 2 | 1 | 123138 |
| 合资经营企业(港或澳、台资) | 1 | 0 | 72455 |
| 合作经营企业(港或澳、台资) | 0 | 0 | 0 |
| 港澳台商独资经营企业 | 0 | 0 | 0 |
| 港澳台商投资股份有限公司 | 1 | 1 | 50683 |
| 其他港澳台商投资企业 | 0 | 0 | 0 |
| 外商投资企业 | 2 | 1 | 122035 |
| 中外合资经营企业 | 1 | 1 | 113485 |
| 中外合作经营企业 | 0 | 0 | 0 |
| 外资企业 | 1 | 0 | 8549 |
| 外商投资股份有限公司 | 0 | 0 | 0 |
| 其他外商投资企业 | 0 | 0 | 0 |
| 二、按经济组织类型分组 | | | |
| 独资企业 | 7 | 4 | 144090 |

# 主要经济指标总表（2016年）

单位：万元

| 工业销售产值（当年价格） | 资产总计 | 流动资产合计 | 固定资产合计 | 固定资产原价 |
|---|---|---|---|---|
| 7152599 | 22901052 | 6313587 | 10756585 | 15914205 |
| 6908777 | 21786294 | 6108249 | 9874195 | 14862903 |
| 112191 | 521138 | 114983 | 212321 | 290373 |
| 0 | 0 | 0 | 0 | 0 |
| 112191 | 521138 | 114983 | 212321 | 290373 |
| 0 | 0 | 0 | 0 | 0 |
| 0 | 0 | 0 | 0 | 0 |
| 36041 | 144735 | 53824 | 19120 | 64800 |
| 36041 | 144735 | 53824 | 19120 | 64800 |
| 0 | 0 | 0 | 0 | 0 |
| 0 | 0 | 0 | 0 | 0 |
| 0 | 0 | 0 | 0 | 0 |
| 2816595 | 10924732 | 3573936 | 5053456 | 6900842 |
| 391244 | 1589501 | 333478 | 834245 | 1571352 |
| 2425352 | 9335231 | 3240458 | 4219210 | 5329490 |
| 1766008 | 7137523 | 1118423 | 3347816 | 6067018 |
| 2177942 | 3058166 | 1247083 | 1241483 | 1539870 |
| 1549 | 2890 | 1553 | 1292 | 1390 |
| 0 | 0 | 0 | 0 | 0 |
| 2109595 | 2859459 | 1211559 | 1198153 | 1476735 |
| 66798 | 195817 | 33971 | 42038 | 61746 |
| 0 | 0 | 0 | 0 | 0 |
| 123138 | 498205 | 28776 | 448066 | 604239 |
| 72455 | 209217 | 20876 | 188341 | 330192 |
| 0 | 0 | 0 | 0 | 0 |
| 0 | 0 | 0 | 0 | 0 |
| 50683 | 288988 | 7900 | 259725 | 274046 |
| 0 | 0 | 0 | 0 | 0 |
| 120685 | 616553 | 176562 | 434324 | 447063 |
| 113485 | 607326 | 173002 | 434324 | 447063 |
| 0 | 0 | 0 | 0 | 0 |
| 7199 | 9227 | 3560 | 0 | 0 |
| 0 | 0 | 0 | 0 | 0 |
| 0 | 0 | 0 | 0 | 0 |
| 120939 | 533254 | 120096 | 213613 | 291762 |

8-3 续

| 指　　标 | 企业单位数（个） | 亏损企业 | 工业总产值（当年价格） |
|---|---|---|---|
| 国有企业 | 5 | 4 | 133992 |
| 集体企业 | 0 | 0 | 0 |
| 私营独资企业 | 1 | 0 | 1549 |
| 港澳台商独资经营企业 | 0 | 0 | 0 |
| 外资企业 | 1 | 0 | 8549 |
| 合作、合伙企业 | 1 | 1 | 36041 |
| 股份合作企业 | 0 | 0 | 0 |
| 国有联营企业 | 1 | 1 | 36041 |
| 集体联营企业 | 0 | 0 | 0 |
| 国有与集体联营企业 | 0 | 0 | 0 |
| 其他联营企业 | 0 | 0 | 0 |
| 私营合伙企业 | 0 | 0 | 0 |
| 合作经营企业(港或澳、台资) | 0 | 0 | 0 |
| 中外合作经营企业 | 0 | 0 | 0 |
| 其他企业（内资） | 0 | 0 | 0 |
| 其他港澳台商投资企业 | 0 | 0 | 0 |
| 其他外商投资企业 | 0 | 0 | 0 |
| 股份有限公司 | 13 | 5 | 1890777 |
| 股份有限公司(内资) | 7 | 2 | 1767544 |
| 私营股份有限公司 | 5 | 2 | 72551 |
| 港澳台商投资股份有限公司 | 1 | 1 | 50683 |
| 外商投资股份有限公司 | 0 | 0 | 0 |
| 有限责任公司 | 211 | 55 | 5354601 |
| 国有独资公司 | 12 | 7 | 397411 |
| 私营有限责任公司 | 130 | 27 | 2319464 |
| 合资经营企业(港或澳、台资) | 1 | 0 | 72455 |
| 中外合资经营企业 | 1 | 1 | 113485 |
| 其他有限责任公司 | 67 | 20 | 2451786 |
| **三、在总计中:亏损企业** | 65 | 65 | 1168909 |
| 在总计中:国有控股企业 | 60 | 24 | 4456387 |
| 在总计中:农村工业 | 1 | 1 | 4616 |
| 在总计中:轻工业 | 53 | 9 | 582508 |
| 重工业 | 179 | 56 | 6843001 |
| 在总计中:大型企业 | 10 | 3 | 3109307 |
| 中型企业 | 62 | 29 | 1500538 |
| 小型企业 | 160 | 33 | 2815665 |
| 纯小型企业 | 143 | 31 | 2681609 |
| 微型企业 | 17 | 2 | 134056 |

# 表 1

单位:万元

| 工业销售产值（当年价格） | 资产总计 | 流动资产合计 | 固定资产合计 | 固定资产原价 |
|---|---|---|---|---|
| 112191 | 521138 | 114983 | 212321 | 290373 |
| 0 | 0 | 0 | 0 | 0 |
| 1549 | 2890 | 1553 | 1292 | 1390 |
| 0 | 0 | 0 | 0 | 0 |
| 7199 | 9227 | 3560 | 0 | 0 |
| 36041 | 144735 | 53824 | 19120 | 64800 |
| 0 | 0 | 0 | 0 | 0 |
| 36041 | 144735 | 53824 | 19120 | 64800 |
| 0 | 0 | 0 | 0 | 0 |
| 0 | 0 | 0 | 0 | 0 |
| 0 | 0 | 0 | 0 | 0 |
| 0 | 0 | 0 | 0 | 0 |
| 0 | 0 | 0 | 0 | 0 |
| 0 | 0 | 0 | 0 | 0 |
| 0 | 0 | 0 | 0 | 0 |
| 0 | 0 | 0 | 0 | 0 |
| 0 | 0 | 0 | 0 | 0 |
| 1883488 | 7622328 | 1160294 | 3649579 | 6402810 |
| 1766008 | 7137523 | 1118423 | 3347816 | 6067018 |
| 66798 | 195817 | 33971 | 42038 | 61746 |
| 50683 | 288988 | 7900 | 259725 | 274046 |
| 0 | 0 | 0 | 0 | 0 |
| 5112131 | 14600735 | 4979374 | 6874274 | 9154832 |
| 391244 | 1589501 | 333478 | 834245 | 1571352 |
| 2109595 | 2859459 | 1211559 | 1198153 | 1476735 |
| 72455 | 209217 | 20876 | 188341 | 330192 |
| 113485 | 607326 | 173002 | 434324 | 447063 |
| 2425352 | 9335231 | 3240458 | 4219210 | 5329490 |
| 1034627 | 6626344 | 1916865 | 3305632 | 4431253 |
| 4409906 | 17474194 | 4204406 | 8255610 | 12959060 |
| 4616 | 5032 | 656 | 316 | 316 |
| 540956 | 505769 | 232726 | 198272 | 272937 |
| 6611643 | 22395283 | 6080861 | 10558313 | 15641268 |
| 3060185 | 11523201 | 2883260 | 5089007 | 8240499 |
| 1448218 | 5418474 | 1686336 | 2426123 | 3498605 |
| 2644196 | 5959377 | 1743992 | 3241455 | 4175101 |
| 2506396 | 4912650 | 1547621 | 2644480 | 3728185 |
| 137800 | 1046727 | 196371 | 596975 | 446917 |

8-3 续

| 指　　标 | 累计折旧 | 负债合计 | 所有者权益合计 | 主营业务收入 | 主营业务成本 | 主营业务税金及附加 |
|---|---|---|---|---|---|---|
| **总　　计** | 5528071 | 16267424 | 6688291 | 7106431 | 4756978 | 211726 |
| **一、按登记注册类型分组:** | | | | | | |
| 内资企业 | 5293214 | 15403378 | 6437578 | 6860306 | 4526074 | 207579 |
| 国有企业 | 104977 | 529189 | -8051 | 138641 | 103889 | 4793 |
| 中央企业 | 0 | 0 | 0 | 0 | 0 | 0 |
| 地方企业 | 104977 | 529189 | -8051 | 138641 | 103889 | 4793 |
| 集体企业 | 0 | 0 | 0 | 0 | 0 | 0 |
| 股份合作企业 | 0 | 0 | 0 | 0 | 0 | 0 |
| 联营企业 | 45681 | 251025 | -106290 | 40792 | 29902 | 3695 |
| 国有联营企业 | 45681 | 251025 | -106290 | 40792 | 29902 | 3695 |
| 集体联营企业 | 0 | 0 | 0 | 0 | 0 | 0 |
| 国有与集体联营企业 | 0 | 0 | 0 | 0 | 0 | 0 |
| 其他联营企业 | 0 | 0 | 0 | 0 | 0 | 0 |
| 有限责任公司 | 2027990 | 8593032 | 2438146 | 2719982 | 1793490 | 95454 |
| 国有独资公司 | 554768 | 1267706 | 321795 | 390488 | 319895 | 29353 |
| 其他有限责任公司 | 1473222 | 7325327 | 2116351 | 2329494 | 1473596 | 66101 |
| 股份有限公司 | 2728226 | 4106343 | 3031179 | 1629990 | 775486 | 82864 |
| 私营企业 | 386340 | 1923789 | 1082594 | 2330901 | 1823307 | 20774 |
| 私营独资企业 | 97 | 2904 | -14 | 2083 | 1862 | 7 |
| 私营合伙企业 | 0 | 0 | 0 | 0 | 0 | 0 |
| 私营有限责任公司 | 366535 | 1784079 | 1023597 | 2206375 | 1725391 | 16782 |
| 私营股份有限公司 | 19708 | 136806 | 59011 | 122442 | 96054 | 3985 |
| 其他企业 | 0 | 0 | 0 | 0 | 0 | 0 |
| 港、澳、台商投资企业 | 165110 | 351747 | 146458 | 126780 | 107337 | 2210 |
| 合资经营企业(港或澳、台资) | 150788 | 114057 | 95160 | 75097 | 57687 | 1432 |
| 合作经营企业(港或澳、台资) | 0 | 0 | 0 | 0 | 0 | 0 |
| 港澳台商独资经营企业 | 0 | 0 | 0 | 0 | 0 | 0 |
| 港澳台商投资股份有限公司 | 14321 | 237690 | 51298 | 51683 | 49651 | 779 |
| 其他港澳台商投资企业 | 0 | 0 | 0 | 0 | 0 | 0 |
| 外商投资企业 | 69748 | 512299 | 104255 | 119345 | 123567 | 1937 |
| 中外合资经营企业 | 69748 | 508365 | 98962 | 112329 | 119000 | 1625 |
| 中外合作经营企业 | 0 | 0 | 0 | 0 | 0 | 0 |
| 外资企业 | 0 | 3934 | 5293 | 7016 | 4567 | 312 |
| 外商投资股份有限公司 | 0 | 0 | 0 | 0 | 0 | 0 |
| 其他外商投资企业 | 0 | 0 | 0 | 0 | 0 | 0 |
| **二、按经济组织类型分组** | | | | | | |
| 独资企业 | 105074 | 536027 | -2773 | 147740 | 110318 | 5112 |

# 表 2

单位:万元

| 管理费用 | 财务费用 | 利息支出 | 利润总额 | 亏损企业亏损总额 |
|---|---|---|---|---|
| 376208 | 384949 | 327260 | 458485 | 288094 |
| 374278 | 351300 | 293367 | 482238 | 252312 |
| 10262 | 13603 | 11089 | -11392 | 14522 |
| 0 | 0 | 0 | 0 | 0 |
| 10262 | 13603 | 11089 | -11392 | 14522 |
| 0 | 0 | 0 | 0 | 0 |
| 0 | 0 | 0 | 0 | 0 |
| 4055 | 9125 | 2779 | -6073 | 6073 |
| 4055 | 9125 | 2779 | -6073 | 6073 |
| 0 | 0 | 0 | 0 | 0 |
| 0 | 0 | 0 | 0 | 0 |
| 0 | 0 | 0 | 0 | 0 |
| 168778 | 184257 | 138653 | 142893 | 170884 |
| 34254 | 32244 | 29010 | -35839 | 71255 |
| 134524 | 152012 | 109644 | 178732 | 99629 |
| 123783 | 106311 | 108026 | 10866 | 8041 |
| 67400 | 38005 | 32820 | 345944 | 52793 |
| 65 | 9 | 2 | 43 | 0 |
| 0 | 0 | 0 | 0 | 0 |
| 57939 | 34206 | 31072 | 341704 | 48033 |
| 9395 | 3791 | 1746 | 4196 | 4760 |
| 0 | 0 | 0 | 0 | 0 |
| 1674 | 14836 | 14858 | 646 | 9937 |
| 1674 | 4055 | 4055 | 10583 | 0 |
| 0 | 0 | 0 | 0 | 0 |
| 0 | 0 | 0 | 0 | 0 |
| 0 | 10781 | 10802 | -9937 | 9937 |
| 0 | 0 | 0 | 0 | 0 |
| 255 | 18813 | 19035 | -24399 | 25845 |
| 0 | 18582 | 18804 | -25845 | 25845 |
| 0 | 0 | 0 | 0 | 0 |
| 255 | 231 | 231 | 1446 | 0 |
| 0 | 0 | 0 | 0 | 0 |
| 0 | 0 | 0 | 0 | 0 |
| 10583 | 13843 | 11322 | -9903 | 14522 |

8-3 续

| 指　　标 | 累计折旧 | 负债合计 | 所有者权益合计 | 主营业务收入 | 主营业务成本 | 主营业务税金及附加 |
|---|---|---|---|---|---|---|
| 国有企业 | 104977 | 529189 | -8051 | 138641 | 103889 | 4793 |
| 集体企业 | 0 | 0 | 0 | 0 | 0 | 0 |
| 私营独资企业 | 97 | 2904 | -14 | 2083 | 1862 | 7 |
| 港澳台商独资经营企业 | 0 | 0 | 0 | 0 | 0 | 0 |
| 外资企业 | 0 | 3934 | 5293 | 7016 | 4567 | 312 |
| 合作、合伙企业 | 45681 | 251025 | -106290 | 40792 | 29902 | 3695 |
| 股份合作企业 | 0 | 0 | 0 | 0 | 0 | 0 |
| 国有联营企业 | 45681 | 251025 | -106290 | 40792 | 29902 | 3695 |
| 集体联营企业 | 0 | 0 | 0 | 0 | 0 | 0 |
| 国有与集体联营企业 | 0 | 0 | 0 | 0 | 0 | 0 |
| 其他联营企业 | 0 | 0 | 0 | 0 | 0 | 0 |
| 私营合伙企业 | 0 | 0 | 0 | 0 | 0 | 0 |
| 合作经营企业(港或澳、台资) | 0 | 0 | 0 | 0 | 0 | 0 |
| 中外合作经营企业 | 0 | 0 | 0 | 0 | 0 | 0 |
| 其他企业(内资) | 0 | 0 | 0 | 0 | 0 | 0 |
| 其他港澳台商投资企业 | 0 | 0 | 0 | 0 | 0 | 0 |
| 其他外商投资企业 | 0 | 0 | 0 | 0 | 0 | 0 |
| 股份有限公司 | 2762255 | 4480838 | 3141489 | 1804116 | 921190 | 87628 |
| 股份有限公司(内资) | 2728226 | 4106343 | 3031179 | 1629990 | 775486 | 82864 |
| 私营股份有限公司 | 19708 | 136806 | 59011 | 122442 | 96054 | 3985 |
| 港澳台商投资股份有限公司 | 14321 | 237690 | 51298 | 51683 | 49651 | 779 |
| 外商投资股份有限公司 | 0 | 0 | 0 | 0 | 0 | 0 |
| 有限责任公司 | 2615062 | 10999534 | 3655864 | 5113783 | 3695568 | 115292 |
| 国有独资公司 | 554768 | 1267706 | 321795 | 390488 | 319895 | 29353 |
| 私营有限责任公司 | 366535 | 1784079 | 1023597 | 2206375 | 1725391 | 16782 |
| 合资经营企业(港或澳、台资) | 150788 | 114057 | 95160 | 75097 | 57687 | 1432 |
| 中外合资经营企业 | 69748 | 508365 | 98962 | 112329 | 119000 | 1625 |
| 其他有限责任公司 | 1473222 | 7325327 | 2116351 | 2329494 | 1473596 | 66101 |
| **三、在总计中:亏损企业** | 1218241 | 5799428 | 933362 | 1172955 | 1153306 | 41935 |
| 在总计中:国有控股企业 | 4854522 | 12591330 | 4989310 | 4236171 | 2476693 | 177050 |
| 在总计中:农村工业 | 57 | 1025 | 4007 | 4616 | 4443 | 0 |
| 在总计中:轻工业 | 93871 | 249266 | 256543 | 522710 | 443536 | 4790 |
| 重工业 | 5434200 | 16018158 | 6431748 | 6583721 | 4313442 | 206936 |
| 在总计中:大型企业 | 3330382 | 7728552 | 3794649 | 2920287 | 1521866 | 121948 |
| 中型企业 | 1022279 | 4072343 | 1346130 | 1342130 | 1089487 | 66097 |
| 小型企业 | 1175411 | 4466528 | 1547513 | 2844014 | 2145625 | 23681 |
| 纯小型企业 | 1121430 | 3565433 | 1347216 | 2704889 | 2082753 | 22055 |
| 微型企业 | 53981 | 901095 | 200297 | 139125 | 62872 | 1626 |

# 表 3

单位:万元

| 管理费用 | 财务费用 | 利息支出 | 利润总额 | 亏损企业亏损总额 |
|---|---|---|---|---|
| 10262 | 13603 | 11089 | -11392 | 14522 |
| 0 | 0 | 0 | 0 | 0 |
| 65 | 9 | 2 | 43 | 0 |
| 0 | 0 | 0 | 0 | 0 |
| 255 | 231 | 231 | 1446 | 0 |
| 4055 | 9125 | 2779 | -6073 | 6073 |
| 0 | 0 | 0 | 0 | 0 |
| 4055 | 9125 | 2779 | -6073 | 6073 |
| 0 | 0 | 0 | 0 | 0 |
| 0 | 0 | 0 | 0 | 0 |
| 0 | 0 | 0 | 0 | 0 |
| 0 | 0 | 0 | 0 | 0 |
| 0 | 0 | 0 | 0 | 0 |
| 0 | 0 | 0 | 0 | 0 |
| 0 | 0 | 0 | 0 | 0 |
| 0 | 0 | 0 | 0 | 0 |
| 0 | 0 | 0 | 0 | 0 |
| 133178 | 120882 | 120574 | 5126 | 22737 |
| 123783 | 106311 | 108026 | 10866 | 8041 |
| 9395 | 3791 | 1746 | 4196 | 4760 |
| 0 | 10781 | 10802 | -9937 | 9937 |
| 0 | 0 | 0 | 0 | 0 |
| 228392 | 241099 | 192585 | 469335 | 244762 |
| 34254 | 32244 | 29010 | -35839 | 71255 |
| 57939 | 34206 | 31072 | 341704 | 48033 |
| 1674 | 4055 | 4055 | 10583 | 0 |
| 0 | 18582 | 18804 | -25845 | 25845 |
| 134524 | 152012 | 109644 | 178732 | 99629 |
| 116618 | 138424 | 125811 | -288094 | 288094 |
| 275054 | 301584 | 251773 | 137665 | 177540 |
| 185 | 0 | 0 | -11 | 11 |
| 21807 | 6785 | 5938 | 24083 | 6101 |
| 354400 | 378164 | 321322 | 434402 | 281992 |
| 186613 | 189320 | 156218 | 95648 | 35993 |
| 112354 | 89331 | 80797 | -41707 | 152970 |
| 77240 | 106298 | 90245 | 404544 | 99130 |
| 69796 | 75700 | 66843 | 367641 | 84340 |
| 7444 | 30598 | 23402 | 36902 | 14790 |

8-3 续

| 指 标 | 利税总额 | 本年应交增值税 | 总资产贡献率(%) | 资产负债率(%) |
|---|---|---|---|---|
| **总 计** | 1116199 | 445214 | 6.25 | 71.03 |
| **一、按登记注册类型分组:** | | | | |
| 内资企业 | 1134523 | 443932 | 6.50 | 70.70 |
| 国有企业 | 4233 | 10833 | 2.93 | 101.54 |
| 中央企业 | 0 | 0 | 0.00 | 0.00 |
| 地方企业 | 4233 | 10833 | 2.93 | 101.54 |
| 集体企业 | 0 | 0 | 0.00 | 0.00 |
| 股份合作企业 | 0 | 0 | 0.00 | 0.00 |
| 联营企业 | 1042 | 3419 | 2.64 | 173.44 |
| 国有联营企业 | 1042 | 3419 | 2.64 | 173.44 |
| 集体联营企业 | 0 | 0 | 0.00 | 0.00 |
| 国有与集体联营企业 | 0 | 0 | 0.00 | 0.00 |
| 其他联营企业 | 0 | 0 | 0.00 | 0.00 |
| 有限责任公司 | 407502 | 168873 | 4.91 | 78.66 |
| 国有独资公司 | 22152 | 28562 | 3.23 | 79.75 |
| 其他有限责任公司 | 385350 | 140311 | 5.19 | 78.47 |
| 股份有限公司 | 221568 | 127581 | 4.60 | 57.53 |
| 私营企业 | 500177 | 133225 | 17.41 | 62.91 |
| 私营独资企业 | 99 | 48 | 3.48 | 100.50 |
| 私营合伙企业 | 0 | 0 | 0.00 | 0.00 |
| 私营有限责任公司 | 490655 | 131934 | 18.22 | 62.39 |
| 私营股份有限公司 | 9424 | 1243 | 5.69 | 69.86 |
| 其他企业 | 0 | 0 | 0.00 | 0.00 |
| 港、澳、台商投资企业 | -5323 | -8179 | 1.90 | 70.60 |
| 合资经营企业(港或澳、台资) | 19147 | 7133 | 11.09 | 54.52 |
| 合作经营企业(港或澳、台资) | 0 | 0 | 0.00 | 0.00 |
| 港澳台商独资经营企业 | 0 | 0 | 0.00 | 0.00 |
| 港澳台商投资股份有限公司 | -24470 | -15312 | -4.75 | 82.25 |
| 其他港澳台商投资企业 | 0 | 0 | 0.00 | 0.00 |
| 外商投资企业 | -13002 | 9461 | 0.90 | 83.09 |
| 中外合资经营企业 | -14760 | 9461 | 0.58 | 83.71 |
| 中外合作经营企业 | 0 | 0 | 0.00 | 0.00 |
| 外资企业 | 1758 | 0 | 21.56 | 42.64 |
| 外商投资股份有限公司 | 0 | 0 | 0.00 | 0.00 |
| 其他外商投资企业 | 0 | 0 | 0.00 | 0.00 |
| **二、按经济组织类型分组** | | | | |
| 独资企业 | 6090 | 10882 | 3.26 | 100.52 |

# 表 4

单位:万元

| 流动资产周转率（次 /年） | 成本费用利润率(%) | 产品销售率(%) | 从业人员平均人数（人） |
|---|---|---|---|
| 1.14 | 7.02 | 96.32 | 80612 |
| | | | 0 |
| 1.14 | 7.69 | 96.22 | 77254 |
| 1.21 | -7.76 | 83.73 | 5678 |
| 0.00 | 0.00 | 0.00 | 0 |
| 1.21 | -7.76 | 83.73 | 5678 |
| 0.00 | 0.00 | 0.00 | 0 |
| 0.00 | 0.00 | 0.00 | 0 |
| 0.76 | -14.10 | 100.00 | 1262 |
| 0.76 | -14.10 | 100.00 | 1262 |
| 0.00 | 0.00 | 0.00 | 0 |
| 0.00 | 0.00 | 0.00 | 0 |
| 0.00 | 0.00 | 0.00 | 0 |
| 0.78 | 5.64 | 98.86 | 34735 |
| 1.19 | -8.92 | 98.45 | 5049 |
| 0.73 | 8.39 | 98.92 | 29686 |
| 1.48 | 0.70 | 99.91 | 12823 |
| 1.87 | 17.46 | 90.99 | 22756 |
| 1.34 | 2.13 | 100.00 | 35 |
| 0.00 | 0.00 | 0.00 | 0 |
| 1.82 | 18.31 | 90.95 | 21580 |
| 3.60 | 3.70 | 92.07 | 1141 |
| 0.00 | 0.00 | 0.00 | 0 |
| 4.41 | 0.52 | 100.00 | 499 |
| 3.60 | 16.69 | 100.00 | 116 |
| 0.00 | 0.00 | 0.00 | 0 |
| 0.00 | 0.00 | 0.00 | 0 |
| 6.54 | -16.44 | 100.00 | 383 |
| 0.00 | 0.00 | 0.00 | 0 |
| 0.68 | -17.08 | 98.89 | 2859 |
| 0.66 | -18.78 | 100.00 | 2639 |
| 0.00 | 0.00 | 0.00 | 0 |
| 1.97 | 27.50 | 84.21 | 220 |
| 0.00 | 0.00 | 0.00 | 0 |
| 0.00 | 0.00 | 0.00 | 0 |
| | | | 0 |
| 1.24 | -6.42 | 83.93 | 5933 |

8-3 续

| 指　　标 | 利税总额 | 本年应交增值税 | 总资产贡献率(%) | 资产负债率(%) |
|---|---|---|---|---|
| 国有企业 | 4233 | 10833 | 2.93 | 101.54 |
| 集体企业 | 0 | 0 | 0.00 | 0.00 |
| 私营独资企业 | 99 | 48 | 3.48 | 100.50 |
| 港澳台商独资经营企业 | 0 | 0 | 0.00 | 0.00 |
| 外资企业 | 1758 | 0 | 21.56 | 42.64 |
| 合作、合伙企业 | 1042 | 3419 | 2.64 | 173.44 |
| 股份合作企业 | 0 | 0 | 0.00 | 0.00 |
| 国有联营企业 | 1042 | 3419 | 2.64 | 173.44 |
| 集体联营企业 | 0 | 0 | 0.00 | 0.00 |
| 国有与集体联营企业 | 0 | 0 | 0.00 | 0.00 |
| 其他联营企业 | 0 | 0 | 0.00 | 0.00 |
| 私营合伙企业 | 0 | 0 | 0.00 | 0.00 |
| 合作经营企业(港或澳、台资) | 0 | 0 | 0.00 | 0.00 |
| 中外合作经营企业 | 0 | 0 | 0.00 | 0.00 |
| 其他企业(内资) | 0 | 0 | 0.00 | 0.00 |
| 其他港澳台商投资企业 | 0 | 0 | 0.00 | 0.00 |
| 其他外商投资企业 | 0 | 0 | 0.00 | 0.00 |
| 股份有限公司 | 206522 | 113512 | 4.27 | 58.79 |
| 股份有限公司(内资) | 221568 | 127581 | 4.60 | 57.53 |
| 私营股份有限公司 | 9424 | 1243 | 5.69 | 69.86 |
| 港澳台商投资股份有限公司 | -24470 | -15312 | -4.75 | 82.25 |
| 外商投资股份有限公司 | 0 | 0 | 0.00 | 0.00 |
| 有限责任公司 | 902545 | 317401 | 7.42 | 75.34 |
| 国有独资公司 | 22152 | 28562 | 3.23 | 79.75 |
| 私营有限责任公司 | 490655 | 131934 | 18.22 | 62.39 |
| 合资经营企业(港或澳、台资) | 19147 | 7133 | 11.09 | 54.52 |
| 中外合资经营企业 | -14760 | 9461 | 0.58 | 83.71 |
| 其他有限责任公司 | 385350 | 140311 | 5.19 | 78.47 |
| **三、在总计中:亏损企业** | -204790 | 41289 | -1.21 | 87.52 |
| 在总计中:国有控股企业 | 616494 | 301438 | 4.90 | 72.06 |
| 在总计中:农村工业 | -11 | 0 | -0.22 | 20.37 |
| 在总计中:轻工业 | 39652 | 10548 | 8.99 | 49.28 |
| 重工业 | 1076547 | 434666 | 6.18 | 71.52 |
| 在总计中:大型企业 | 440823 | 223082 | 5.16 | 67.07 |
| 中型企业 | 104993 | 80170 | 3.41 | 75.16 |
| 小型企业 | 570383 | 141962 | 10.93 | 74.95 |
| 纯小型企业 | 528867 | 138973 | 11.94 | 72.58 |
| 微型企业 | 41516 | 2988 | 6.19 | 86.09 |

# 表 5

单位:万元

| 流动资产周转率（次/年） | 成本费用利润率(%) | 产品销售率(%) | 从业人员平均人数（人） |
|---|---|---|---|
| 1.21 | -7.76 | 83.73 | 5678 |
| 0.00 | 0.00 | 0.00 | 0 |
| 1.34 | 2.13 | 100.00 | 35 |
| 0.00 | 0.00 | 0.00 | 0 |
| 1.97 | 27.50 | 84.21 | 220 |
| 0.76 | -14.10 | 100.00 | 1262 |
| 0.00 | 0.00 | 0.00 | 0 |
| 0.76 | -14.10 | 100.00 | 1262 |
| 0.00 | 0.00 | 0.00 | 0 |
| 0.00 | 0.00 | 0.00 | 0 |
| 0.00 | 0.00 | 0.00 | 0 |
| 0.00 | 0.00 | 0.00 | 0 |
| 0.00 | 0.00 | 0.00 | 0 |
| 0.00 | 0.00 | 0.00 | 0 |
| 0.00 | 0.00 | 0.00 | 0 |
| 0.00 | 0.00 | 0.00 | 0 |
| 0.00 | 0.00 | 0.00 | 0 |
| 1.58 | 0.30 | 99.61 | 14347 |
| 1.48 | 0.70 | 99.91 | 12823 |
| 3.60 | 3.70 | 92.07 | 1141 |
| 6.54 | -16.44 | 100.00 | 383 |
| 0.00 | 0.00 | 0.00 | 0 |
| 1.04 | 10.20 | 95.47 | 59070 |
| 1.19 | -8.92 | 98.45 | 5049 |
| 1.82 | 18.31 | 90.95 | 21580 |
| 3.60 | 16.69 | 100.00 | 116 |
| 0.66 | -18.78 | 100.00 | 2639 |
| 0.73 | 8.39 | 98.92 | 29686 |
| 0.62 | -19.93 | 88.51 | 26868 |
| 1.02 | 3.48 | 98.96 | 46079 |
| 7.04 | -0.24 | 100.00 | 21 |
| 2.43 | 4.48 | 92.87 | 13776 |
| 1.09 | 7.24 | 96.62 | 66836 |
| 1.02 | 3.50 | 98.42 | 28703 |
| 0.80 | -3.13 | 96.51 | 35748 |
| 1.66 | 16.38 | 93.91 | 16161 |
| 1.78 | 15.52 | 93.47 | 15988 |
| 0.71 | 36.36 | 102.79 | 173 |

## 8-4 工业企业主要

| 指　　标 | 企业单位数（个） | 亏损企业 | 工业总产值（当年价格） |
|---|---|---|---|
| 总　　计 | 232 | 65 | 7425509 |
| 采矿业 | 85 | 31 | 5157941 |
| 煤炭开采和洗选业 | 85 | 31 | 5157941 |
| 烟煤和无烟煤开采洗选 | 85 | 31 | 5157941 |
| 制造业 | 110 | 20 | 1362704 |
| 农副食品加工业 | 9 | 1 | 37695 |
| 谷物磨制 | 1 | 0 | 5795 |
| 饲料加工 | 2 | 0 | 10225 |
| 屠宰及肉类加工 | 5 | 1 | 18604 |
| 牲畜屠宰 | 1 | 1 | 2807 |
| 肉制品及副产品加工 | 4 | 0 | 15798 |
| 蔬菜、水果和坚果加工 | 1 | 0 | 3070 |
| 蔬菜加工 | 1 | 0 | 3070 |
| 食品制造业 | 6 | 1 | 151477 |
| 糖果、巧克力及蜜饯制造 | 1 | 0 | 4013 |
| 糖果、巧克力制造 | 1 | 0 | 4013 |
| 乳制品制造 | 5 | 1 | 147465 |
| 酒、饮料和精制茶制造业 | 2 | 1 | 43896 |
| 酒的制造 | 2 | 1 | 43896 |
| 白酒制造 | 1 | 0 | 37326 |
| 啤酒制造 | 1 | 1 | 6571 |
| 纺织服装、服饰业 | 1 | 0 | 5377 |
| 针织或钩针编织服装制造 | 1 | 0 | 5377 |
| 皮革、毛皮、羽毛及其制品和制鞋业 | 1 | 0 | 16981 |
| 皮革鞣制加工 | 1 | 0 | 16981 |
| 造纸和纸制品业 | 1 | 0 | 15750 |
| 纸制品制造 | 1 | 0 | 15750 |
| 纸和纸板容器制造 | 1 | 0 | 15750 |
| 化学原料和化学制品制造业 | 10 | 1 | 102449 |

# 经济指标(按大中小类行业分)(2016年)

单位:万元

| 工业销售产值(当年价格) | 资产总计 | 流动资产合计 | 固定资产合计 | 固定资产原价 |
|---|---|---|---|---|
| 7152599 | 22901052 | 6313587 | 10756585 | 15914205 |
| 5054743 | 16526437 | 4441655 | 6862181 | 10834920 |
| 5054743 | 16526437 | 4441655 | 6862181 | 10834920 |
| 5054743 | 16526437 | 4441655 | 6862181 | 10834920 |
| 1178466 | 2056729 | 1078050 | 782653 | 784195 |
| 38405 | 70715 | 21025 | 43912 | 44112 |
| 5837 | 10045 | 777 | 9268 | 9832 |
| 10145 | 5697 | 3625 | 2072 | 2131 |
| 19885 | 37121 | 9324 | 26102 | 25680 |
| 4197 | 5936 | 3652 | 683 | 754 |
| 15689 | 31186 | 5672 | 25419 | 24926 |
| 2538 | 17852 | 7299 | 6470 | 6470 |
| 2538 | 17852 | 7299 | 6470 | 6470 |
| 151656 | 160357 | 90260 | 47649 | 101750 |
| 3356 | 4814 | 2075 | 1909 | 2802 |
| 3356 | 4814 | 2075 | 1909 | 2802 |
| 148300 | 155543 | 88185 | 45739 | 98948 |
| 43057 | 35885 | 17118 | 15181 | 28678 |
| 43057 | 35885 | 17118 | 15181 | 28678 |
| 36126 | 9378 | 8005 | 820 | 3089 |
| 6932 | 26507 | 9112 | 14361 | 25589 |
| 5035 | 1303 | 341 | 469 | 469 |
| 5035 | 1303 | 341 | 469 | 469 |
| 14064 | 17412 | 8715 | 5881 | 7132 |
| 14064 | 17412 | 8715 | 5881 | 7132 |
| 15027 | 1030 | 729 | 284 | 545 |
| 15027 | 1030 | 729 | 284 | 545 |
| 15027 | 1030 | 729 | 284 | 545 |
| 88374 | 181382 | 78391 | 61405 | 76064 |

8-4 **续**

| 指　　标 | 企业单位数（个） | 亏损企业 | 工业总产值（当年价格） |
|---|---|---|---|
| 基础化学原料制造 | 3 | 1 | 9614 |
| 无机盐制造 | 2 | 1 | 6563 |
| 有机化学原料制造 | 1 | 0 | 3051 |
| 肥料制造 | 2 | 0 | 7334 |
| 氮肥制造 | 1 | 0 | 4481 |
| 其他肥料制造 | 1 | 0 | 2853 |
| 专用化学产品制造 | 3 | 0 | 51093 |
| 化学试剂和助剂制造 | 1 | 0 | 2442 |
| 信息化学品制造 | 1 | 0 | 44242 |
| 环境污染处理专用药剂材料制造 | 1 | 0 | 4409 |
| 炸药、火工及焰火产品制造 | 2 | 0 | 34408 |
| 炸药及火工产品制造 | 2 | 0 | 34408 |
| 医药制造业 | 4 | 0 | 20533 |
| 化学药品原料药制造 | 1 | 0 | 3446 |
| 化学药品制剂制造 | 1 | 0 | 8549 |
| 中药饮片加工 | 1 | 0 | 5772 |
| 卫生材料及医药用品制造 | 1 | 0 | 2766 |
| 橡胶和塑料制品业 | 3 | 2 | 36988 |
| 橡胶制品业 | 2 | 1 | 33771 |
| 再生橡胶制造 | 1 | 1 | 4735 |
| 其他橡胶制品制造 | 1 | 0 | 29036 |
| 塑料制品业 | 1 | 1 | 3218 |
| 塑料丝、绳及编织品制造 | 1 | 1 | 3218 |
| 非金属矿物制品业 | 56 | 9 | 435588 |
| 水泥、石灰和石膏制造 | 13 | 3 | 68487 |
| 水泥制造 | 9 | 3 | 45133 |
| 石灰和石膏制造 | 4 | 0 | 23354 |
| 石膏、水泥制品及类似制品制造 | 3 | 0 | 10983 |
| 水泥制品制造 | 3 | 0 | 10983 |
| 砖瓦、石材等建筑材料制造 | 5 | 0 | 19540 |

# 表 1

单位：万元

| 工业销售产值（当年价格） | 资产总计 | 流动资产合计 | 固定资产合计 | 固定资产原价 |
|---|---|---|---|---|
| 9938 | 30018 | 17555 | 6393 | 11210 |
| 7008 | 27084 | 15343 | 6018 | 10775 |
| 2930 | 2934 | 2211 | 376 | 435 |
| 6065 | 12867 | 2030 | 2063 | 688 |
| 3930 | 9545 | 813 | 0 | 0 |
| 2136 | 3322 | 1217 | 2063 | 688 |
| 38211 | 86203 | 23140 | 39412 | 41533 |
| 2442 | 10887 | 1136 | 7570 | 8575 |
| 31169 | 68384 | 15985 | 30963 | 30963 |
| 4600 | 6933 | 6019 | 879 | 1995 |
| 34160 | 52293 | 35667 | 13537 | 22633 |
| 34160 | 52293 | 35667 | 13537 | 22633 |
| 18280 | 80019 | 31966 | 21498 | 20458 |
| 3276 | 40452 | 13848 | 7354 | 8586 |
| 7199 | 9227 | 3560 | 0 | 0 |
| 5140 | 13307 | 5945 | 7362 | 7019 |
| 2665 | 17034 | 8613 | 6782 | 4853 |
| 30010 | 32084 | 28029 | 1284 | 1489 |
| 27199 | 28520 | 25305 | 445 | 445 |
| 4725 | 2260 | 2259 | 0 | 0 |
| 22474 | 26261 | 23046 | 445 | 445 |
| 2812 | 3563 | 2725 | 839 | 1043 |
| 2812 | 3563 | 2725 | 839 | 1043 |
| 403815 | 790897 | 367584 | 383767 | 364738 |
| 70665 | 516769 | 250209 | 253373 | 216523 |
| 46568 | 475552 | 230423 | 234104 | 194103 |
| 24098 | 41218 | 19786 | 19269 | 22420 |
| 11058 | 29427 | 21050 | 5998 | 13956 |
| 11058 | 29427 | 21050 | 5998 | 13956 |
| 19540 | 23639 | 4278 | 19361 | 17648 |

8-4 **续**

| 指　标 | 企业单位数（个） | 亏损企业 | 工业总产值（当年价格） |
|---|---|---|---|
| 粘土砖瓦及建筑砌块制造 | 4 | 0 | 14703 |
| 建筑陶瓷制品制造 | 1 | 0 | 4837 |
| 玻璃制品制造 | 1 | 0 | 9266 |
| 玻璃包装容器制造 | 1 | 0 | 9266 |
| 陶瓷制品制造 | 27 | 5 | 277938 |
| 日用陶瓷制品制造 | 11 | 2 | 99399 |
| 园林、陈设艺术及其他陶瓷制品制造 | 16 | 3 | 178539 |
| 耐火材料制品制造 | 4 | 1 | 12554 |
| 耐火陶瓷制品及其他耐火材料制造 | 4 | 1 | 12554 |
| 石墨及其他非金属矿物制品制造 | 3 | 0 | 36821 |
| 石墨及碳素制品制造 | 1 | 0 | 24151 |
| 其他非金属矿物制品制造 | 2 | 0 | 12670 |
| 黑色金属冶炼和压延加工业 | 2 | 2 | 168794 |
| 铁合金冶炼 | 2 | 2 | 168794 |
| 有色金属冶炼和压延加工业 | 2 | 1 | 93093 |
| 常用有色金属冶炼 | 1 | 0 | 69789 |
| 铝冶炼 | 1 | 0 | 69789 |
| 稀有稀土金属冶炼 | 1 | 1 | 23304 |
| 其他稀有金属冶炼 | 1 | 1 | 23304 |
| 金属制品业 | 1 | 0 | 2379 |
| 结构性金属制品制造 | 1 | 0 | 2379 |
| 金属结构制造 | 1 | 0 | 2379 |
| 通用设备制造业 | 6 | 1 | 178050 |
| 锅炉及原动设备制造 | 3 | 0 | 58183 |
| 锅炉及辅助设备制造 | 3 | 0 | 58183 |
| 通用零部件制造 | 3 | 1 | 119867 |
| 机械零部件加工 | 3 | 1 | 119867 |
| 专用设备制造业 | 2 | 0 | 24670 |
| 采矿、冶金、建筑专用设备制造 | 2 | 0 | 24670 |

## 表 2

单位:万元

| 工业销售产值（当年价格） | 资产总计 | 流动资产合计 | 固定资产合计 | 固定资产原价 |
|---|---|---|---|---|
| 14703 | 11122 | 1935 | 9187 | 5430 |
| 4837 | 12516 | 2343 | 10174 | 12218 |
| 7674 | 1593 | 938 | 655 | 792 |
| 7674 | 1593 | 938 | 655 | 792 |
| 244854 | 132966 | 59629 | 60261 | 62583 |
| 88787 | 59259 | 20958 | 28798 | 27549 |
| 156067 | 73708 | 38671 | 31463 | 35035 |
| 12398 | 13774 | 4625 | 6468 | 3635 |
| 12398 | 13774 | 4625 | 6468 | 3635 |
| 37627 | 72729 | 26857 | 37651 | 49601 |
| 25477 | 52783 | 20110 | 29117 | 36841 |
| 12149 | 19947 | 6747 | 8534 | 12759 |
| 42097 | 152756 | 135231 | 8543 | 10781 |
| 42097 | 152756 | 135231 | 8543 | 10781 |
| 93392 | 77066 | 26231 | 41952 | 55126 |
| 69789 | 57784 | 16385 | 39865 | 53310 |
| 69789 | 57784 | 16385 | 39865 | 53310 |
| 23603 | 19282 | 9846 | 2087 | 1816 |
| 23603 | 19282 | 9846 | 2087 | 1816 |
| 2379 | 5886 | 1187 | 4699 | 3500 |
| 2379 | 5886 | 1187 | 4699 | 3500 |
| 2379 | 5886 | 1187 | 4699 | 3500 |
| 179751 | 369783 | 213147 | 136363 | 57317 |
| 52344 | 22867 | 16172 | 2947 | 6467 |
| 52344 | 22867 | 16172 | 2947 | 6467 |
| 127407 | 346916 | 196975 | 133416 | 50849 |
| 127407 | 346916 | 196975 | 133416 | 50849 |
| 24670 | 46608 | 41328 | 3727 | 5388 |
| 24670 | 46608 | 41328 | 3727 | 5388 |

8-4 续

| 指　　标 | 企业单位数（个） | 亏损企业 | 工业总产值（当年价格） |
|---|---|---|---|
| 矿山机械制造 | 2 | 0 | 24670 |
| 汽车制造业 | 2 | 1 | 20294 |
| 电车制造 | 1 | 1 | 7233 |
| 汽车车身、挂车制造 | 1 | 0 | 13061 |
| 电气机械和器材制造业 | 2 | 0 | 8691 |
| 输配电及控制设备制造 | 1 | 0 | 2517 |
| 光伏设备及元器件制造 | 1 | 0 | 2517 |
| 其他电气机械及器材制造 | 1 | 0 | 6174 |
| 其他未列明电气机械及器材制造 | 1 | 0 | 6174 |
| 电力、热力、燃气及水生产和供应业 | 37 | 14 | 904864 |
| 电力、热力生产和供应业 | 33 | 11 | 883485 |
| 电力生产 | 28 | 7 | 771642 |
| 火力发电 | 9 | 7 | 546688 |
| 风力发电 | 15 | 0 | 186958 |
| 太阳能发电 | 3 | 0 | 17029 |
| 其他电力生产 | 1 | 0 | 20967 |
| 电力供应 | 1 | 0 | 52217 |
| 热力生产和供应 | 4 | 4 | 59626 |
| 燃气生产和供应业 | 3 | 2 | 17783 |
| 水的生产和供应业 | 1 | 1 | 3596 |
| 自来水生产和供应 | 1 | 1 | 3596 |

## 表 3

单位：万元

| 工业销售产值（当年价格） | 资产总计 | 流动资产合计 | 固定资产合计 | 固定资产原价 |
|---|---|---|---|---|
| 24670 | 46608 | 41328 | 3727 | 5388 |
| 20279 | 21287 | 7636 | 3890 | 3883 |
| 7233 | 17501 | 6693 | 1047 | 1047 |
| 13046 | 3786 | 943 | 2843 | 2836 |
| 8174 | 12260 | 9132 | 2152 | 2767 |
| 2260 | 581 | 493 | 88 | 88 |
| 2260 | 581 | 493 | 88 | 88 |
| 5914 | 11679 | 8639 | 2064 | 2678 |
| 5914 | 11679 | 8639 | 2064 | 2678 |
| 919390 | 4317885 | 793882 | 3111751 | 4295089 |
| 892624 | 4264825 | 771764 | 3086211 | 4257796 |
| 780781 | 3850989 | 656558 | 2799972 | 3891498 |
| 554922 | 2047705 | 334072 | 1646724 | 2659917 |
| 187844 | 1583809 | 236384 | 1047863 | 1042174 |
| 17048 | 199550 | 74847 | 103356 | 187024 |
| 20967 | 19925 | 11256 | 2030 | 2383 |
| 52217 | 224945 | 26359 | 188501 | 255773 |
| 59626 | 188890 | 88847 | 97738 | 110524 |
| 23862 | 48572 | 20112 | 23057 | 30876 |
| 2904 | 4488 | 2005 | 2483 | 6418 |
| 2904 | 4488 | 2005 | 2483 | 6418 |

8-4 续

| 指　　标 | 累计折旧 | 负债合计 | 所有者权益合计 | 主营业务收入 | 主营业务成本 | 主营业务税金及附加 |
|---|---|---|---|---|---|---|
| 总　　计 | 5528071 | 16267424 | 6688291 | 7106431 | 4756978 | 211726 |
| 采矿业 | 3955215 | 11685269 | 4897465 | 4895711 | 2901528 | 192026 |
| 煤炭开采和洗选业 | 3955215 | 11685269 | 4897465 | 4895711 | 2901528 | 192026 |
| 烟煤和无烟煤开采洗选 | 3955215 | 11685269 | 4897465 | 4895711 | 2901528 | 192026 |
| 制造业 | 234241 | 1367013 | 688083 | 1297803 | 1127718 | 8591 |
| 农副食品加工业 | 922 | 30437 | 40319 | 38811 | 26713 | 52 |
| 谷物磨制 | 563 | 5045 | 5000 | 5837 | 0 | 0 |
| 饲料加工 | 62 | 1397 | 4300 | 10551 | 8378 | 0 |
| 屠宰及肉类加工 | 296 | 13700 | 23462 | 19885 | 16807 | 51 |
| 牲畜屠宰 | 70 | 5097 | 839 | 4197 | 4001 | 2 |
| 肉制品及副产品加工 | 226 | 8603 | 22623 | 15689 | 12806 | 50 |
| 蔬菜、水果和坚果加工 | 0 | 10295 | 7557 | 2538 | 1528 | 1 |
| 蔬菜加工 | 0 | 10295 | 7557 | 2538 | 1528 | 1 |
| 食品制造业 | 56558 | 65388 | 94968 | 151596 | 130064 | 374 |
| 糖果、巧克力及蜜饯制造 | 893 | 1707 | 3108 | 3356 | 2580 | 0 |
| 糖果、巧克力制造 | 893 | 1707 | 3108 | 3356 | 2580 | 0 |
| 乳制品制造 | 55666 | 63682 | 91861 | 148240 | 127485 | 374 |
| 酒、饮料和精制茶制造业 | 13497 | 24854 | 11031 | 33706 | 26440 | 2288 |
| 酒的制造 | 13497 | 24854 | 11031 | 33706 | 26440 | 2288 |
| 白酒制造 | 2269 | 6064 | 3314 | 26774 | 20666 | 1385 |
| 啤酒制造 | 11228 | 18790 | 7717 | 6932 | 5774 | 902 |
| 纺织服装、服饰业 | 0 | 379 | 924 | 3600 | 2996 | 0 |
| 针织或钩针编织服装制造 | 0 | 379 | 924 | 3600 | 2996 | 0 |
| 皮革、毛皮、羽毛及其制品和制鞋业 | 1251 | 981 | 16432 | 14064 | 13469 | 118 |
| 皮革鞣制加工 | 1251 | 981 | 16432 | 14064 | 13469 | 118 |
| 造纸和纸制品业 | 261 | 760 | 271 | 15750 | 14388 | 33 |
| 纸制品制造 | 261 | 760 | 271 | 15750 | 14388 | 33 |
| 纸和纸板容器制造 | 261 | 760 | 271 | 15750 | 14388 | 33 |
| 化学原料和化学制品制造业 | 22949 | 108173 | 73209 | 79142 | 67508 | 307 |

# 表 4

单位:万元

| 管理费用 | 财务费用 | 利息支出 | 利润总额 | 亏损企业亏损总额 |
|---|---|---|---|---|
| 376208 | 384949 | 327260 | 458485 | 288094 |
| 292857 | 256653 | 213728 | 354078 | 188624 |
| 292857 | 256653 | 213728 | 354078 | 188624 |
| 292857 | 256653 | 213728 | 354078 | 188624 |
| 52254 | 23101 | 19931 | 37903 | 30575 |
| 1496 | 1963 | 1751 | 3413 | 690 |
| 486 | 276 | 0 | 369 | 0 |
| 321 | -1 | 0 | 1149 | 0 |
| 503 | 1070 | 1070 | 1449 | 690 |
| 301 | 501 | 502 | -690 | 690 |
| 202 | 569 | 568 | 2139 | 0 |
| 186 | 618 | 681 | 446 | 0 |
| 186 | 618 | 681 | 446 | 0 |
| 7366 | 1365 | 1418 | 5193 | 872 |
| 105 | 77 | 77 | 543 | 0 |
| 105 | 77 | 77 | 543 | 0 |
| 7261 | 1288 | 1342 | 4651 | 872 |
| 3321 | 485 | 480 | -2468 | 2946 |
| 3321 | 485 | 480 | -2468 | 2946 |
| 1640 | 101 | 94 | 478 | 0 |
| 1682 | 384 | 387 | -2946 | 2946 |
| 101 | 21 | 7 | 342 | 0 |
| 101 | 21 | 7 | 342 | 0 |
| 59 | 132 | 120 | 228 | 0 |
| 59 | 132 | 120 | 228 | 0 |
| 536 | 213 | 213 | 30 | 0 |
| 536 | 213 | 213 | 30 | 0 |
| 536 | 213 | 213 | 30 | 0 |
| 3923 | 527 | 19 | 3420 | 119 |

8-4 续

| 指标 | 累计折旧 | 负债合计 | 所有者权益合计 | 主营业务收入 | 主营业务成本 | 主营业务税金及附加 |
|---|---|---|---|---|---|---|
| 基础化学原料制造 | 4817 | 23801 | 6217 | 10221 | 9286 | 6 |
| 无机盐制造 | 4757 | 22917 | 4167 | 7364 | 6929 | 0 |
| 有机化学原料制造 | 59 | 884 | 2050 | 2857 | 2357 | 5 |
| 肥料制造 | 83 | 7756 | 5111 | 5782 | 3414 | 0 |
| 氮肥制造 | 0 | 5690 | 3855 | 3699 | 3414 | 0 |
| 其他肥料制造 | 83 | 2066 | 1256 | 2083 | 0 | 0 |
| 专用化学产品制造 | 8808 | 52546 | 33657 | 33109 | 30112 | 11 |
| 化学试剂和助剂制造 | 1005 | 7145 | 3742 | 2252 | 2060 | 8 |
| 信息化学品制造 | 6686 | 41496 | 26888 | 26384 | 23801 | 0 |
| 环境污染处理专用药剂材料制造 | 1116 | 3905 | 3027 | 4474 | 4251 | 3 |
| 炸药、火工及焰火产品制造 | 9242 | 24069 | 28224 | 30029 | 24697 | 291 |
| 炸药及火工产品制造 | 9242 | 24069 | 28224 | 30029 | 24697 | 291 |
| 医药制造业 | 4746 | 47249 | 32770 | 18158 | 11602 | 325 |
| 化学药品原料药制造 | 3646 | 25315 | 15137 | 3455 | 2022 | 1 |
| 化学药品制剂制造 | 0 | 3934 | 5293 | 7016 | 4567 | 312 |
| 中药饮片加工 | 586 | 5972 | 7334 | 5023 | 3683 | 5 |
| 卫生材料及医药用品制造 | 513 | 12028 | 5007 | 2665 | 1331 | 6 |
| 橡胶和塑料制品业 | 499 | 25287 | 6797 | 33800 | 33131 | 97 |
| 橡胶制品业 | 295 | 22844 | 5676 | 30988 | 30389 | 93 |
| 再生橡胶制造 | 0 | 970 | 1290 | 2940 | 2940 | 0 |
| 其他橡胶制品制造 | 295 | 21875 | 4386 | 28048 | 27449 | 93 |
| 塑料制品业 | 205 | 2443 | 1120 | 2812 | 2741 | 4 |
| 塑料丝、绳及编织品制造 | 205 | 2443 | 1120 | 2812 | 2741 | 4 |
| 非金属矿物制品业 | 88429 | 563112 | 226112 | 421732 | 357391 | 3018 |
| 水泥、石灰和石膏制造 | 53380 | 434421 | 82348 | 94105 | 82818 | 1151 |
| 水泥制造 | 47692 | 420401 | 55150 | 70008 | 66751 | 596 |
| 石灰和石膏制造 | 5688 | 14020 | 27198 | 24098 | 16067 | 555 |
| 石膏、水泥制品及类似制品制造 | 4158 | 4728 | 24699 | 11199 | 9279 | 91 |
| 水泥制品制造 | 4158 | 4728 | 24699 | 11199 | 9279 | 91 |
| 砖瓦、石材等建筑材料制造 | 5345 | 5745 | 17893 | 19540 | 14632 | 5 |

## 表 5

单位:万元

| 管理费用 | 财务费用 | 利息支出 | 利润总额 | 亏损企业亏损总额 |
|---|---|---|---|---|
| 601 | 281 | 14 | 202 | 119 |
| 462 | 267 | 0 | −119 | 119 |
| 139 | 14 | 14 | 321 | 0 |
| 479 | 104 | 0 | 10 | 0 |
| 56 | 104 | 0 | 1 | 0 |
| 423 | 0 | 0 | 9 | 0 |
| 1948 | 136 | 5 | 287 | 0 |
| 32 | 5 | 5 | 126 | 0 |
| 1835 | 201 | 0 | 159 | 0 |
| 81 | −69 | 0 | 2 | 0 |
| 896 | 6 | 0 | 2920 | 0 |
| 896 | 6 | 0 | 2920 | 0 |
| 2577 | 593 | 553 | 2435 | 0 |
| 707 | 1 | 0 | 639 | 0 |
| 255 | 231 | 231 | 1446 | 0 |
| 831 | 209 | 208 | 281 | 0 |
| 785 | 153 | 114 | 70 | 0 |
| 115 | 2 | 2 | 398 | 24 |
| 42 | 2 | 2 | 419 | 3 |
| 2 | 0 | 0 | −3 | 3 |
| 40 | 2 | 2 | 422 | 0 |
| 73 | 0 | 0 | −22 | 22 |
| 73 | 0 | 0 | −22 | 22 |
| 16771 | 9743 | 7371 | 15482 | 14752 |
| 6704 | 7498 | 5732 | −8657 | 12999 |
| 5195 | 7023 | 5260 | −11438 | 12999 |
| 1509 | 475 | 472 | 2781 | 0 |
| 953 | 79 | 0 | 687 | 0 |
| 953 | 79 | 0 | 687 | 0 |
| 65 | 32 | 32 | 4802 | 0 |

8-4 续

| 指　　标 | 累计折旧 | 负债合计 | 所有者权益合计 | 主营业务收入 | 主营业务成本 | 主营业务税金及附加 |
|---|---|---|---|---|---|---|
| 粘土砖瓦及建筑砌块制造 | 1330 | 2650 | 8472 | 14703 | 11271 | 5 |
| 建筑陶瓷制品制造 | 4015 | 3095 | 9422 | 4837 | 3361 | 0 |
| 玻璃制品制造 | 137 | 1318 | 275 | 7674 | 7582 | 3 |
| 玻璃包装容器制造 | 137 | 1318 | 275 | 7674 | 7582 | 3 |
| 陶瓷制品制造 | 12549 | 76707 | 56260 | 236447 | 208333 | 1504 |
| 日用陶瓷制品制造 | 3943 | 26054 | 33205 | 85730 | 76135 | 235 |
| 园林、陈设艺术及其他陶瓷制品制造 | 8606 | 50653 | 23055 | 150717 | 132199 | 1269 |
| 耐火材料制品制造 | 453 | 7601 | 4501 | 16011 | 8820 | 18 |
| 耐火陶瓷制品及其他耐火材料制造 | 453 | 7601 | 4501 | 16011 | 8820 | 18 |
| 石墨及其他非金属矿物制品制造 | 12407 | 32592 | 40137 | 36755 | 25926 | 247 |
| 石墨及碳素制品制造 | 7724 | 26839 | 25944 | 25477 | 18014 | 154 |
| 其他非金属矿物制品制造 | 4683 | 5753 | 14193 | 11278 | 7912 | 93 |
| 黑色金属冶炼和压延加工业 | 5525 | 183870 | -31114 | 189217 | 191759 | 65 |
| 铁合金冶炼 | 5525 | 183870 | -31114 | 189217 | 191759 | 65 |
| 有色金属冶炼和压延加工业 | 13716 | 68221 | 8845 | 90680 | 84752 | 261 |
| 常用有色金属冶炼 | 13445 | 45054 | 12730 | 70180 | 64482 | 260 |
| 铝冶炼 | 13445 | 45054 | 12730 | 70180 | 64482 | 260 |
| 稀有稀土金属冶炼 | 270 | 23167 | -3886 | 20500 | 20270 | 1 |
| 其他稀有金属冶炼 | 270 | 23167 | -3886 | 20500 | 20270 | 1 |
| 金属制品业 | 6 | 215 | 5671 | 2379 | 1796 | 0 |
| 结构性金属制品制造 | 6 | 215 | 5671 | 2379 | 1796 | 0 |
| 金属结构制造 | 6 | 215 | 5671 | 2379 | 1796 | 0 |
| 通用设备制造业 | 23414 | 214107 | 155676 | 157270 | 135247 | 1310 |
| 锅炉及原动设备制造 | 3538 | 6640 | 16226 | 52664 | 44522 | 132 |
| 锅炉及辅助设备制造 | 3538 | 6640 | 16226 | 52664 | 44522 | 132 |
| 通用零部件制造 | 19876 | 207467 | 139450 | 104606 | 90725 | 1178 |
| 机械零部件加工 | 19876 | 207467 | 139450 | 104606 | 90725 | 1178 |
| 专用设备制造业 | 1661 | 14908 | 31700 | 24671 | 12857 | 280 |
| 采矿、冶金、建筑专用设备制造 | 1661 | 14908 | 31700 | 24671 | 12857 | 280 |

# 表 6

单位：万元

| 管理费用 | 财务费用 | 利息支出 | 利润总额 | 亏损企业亏损总额 |
|---|---|---|---|---|
| 43 | 28 | 28 | 3351 | 0 |
| 22 | 4 | 4 | 1451 | 0 |
| 41 | 3 | 3 | 39 | 0 |
| 41 | 3 | 3 | 39 | 0 |
| 5449 | 2015 | 1393 | 14881 | 1584 |
| 1860 | 1240 | 627 | 4680 | 856 |
| 3589 | 775 | 765 | 10202 | 728 |
| 410 | 7 | 6 | 2848 | 169 |
| 410 | 7 | 6 | 2848 | 169 |
| 3148 | 110 | 206 | 883 | 0 |
| 1665 | 181 | 206 | 440 | 0 |
| 1483 | −71 | 0 | 443 | 0 |
| 1604 | 2865 | 2864 | −8446 | 8446 |
| 1604 | 2865 | 2864 | −8446 | 8446 |
| 2533 | 593 | 676 | 1915 | 639 |
| 2226 | 551 | 676 | 2555 | 0 |
| 2226 | 551 | 676 | 2555 | 0 |
| 308 | 42 | 0 | −639 | 639 |
| 308 | 42 | 0 | −639 | 639 |
| 6 | 3 | 3 | 574 | 0 |
| 6 | 3 | 3 | 574 | 0 |
| 6 | 3 | 3 | 574 | 0 |
| 7363 | 3477 | 3440 | 5131 | 33 |
| 2340 | 545 | 540 | 3030 | 0 |
| 2340 | 545 | 540 | 3030 | 0 |
| 5023 | 2932 | 2901 | 2101 | 33 |
| 5023 | 2932 | 2901 | 2101 | 33 |
| 2597 | 17 | 18 | 8105 | 0 |
| 2597 | 17 | 18 | 8105 | 0 |

8-4 **续**

| 指　　标 | 累计折旧 | 负债合计 | 所有者权益合计 | 主营业务收入 | 主营业务成本 | 主营业务税金及附加 |
|---|---|---|---|---|---|---|
| 矿山机械制造 | 1661 | 14908 | 31700 | 24671 | 12857 | 280 |
| 汽车制造业 | 194 | 15715 | 5572 | 15055 | 11005 | 7 |
| 电车制造 | 83 | 14659 | 2842 | 2009 | 1909 | 0 |
| 汽车车身、挂车制造 | 112 | 1056 | 2730 | 13046 | 9096 | 7 |
| 电气机械和器材制造业 | 614 | 3360 | 8900 | 8174 | 6600 | 57 |
| 输配电及控制设备制造 | 0 | 81 | 500 | 2260 | 2156 | 0 |
| 光伏设备及元器件制造 | 0 | 81 | 500 | 2260 | 2156 | 0 |
| 其他电气机械及器材制造 | 614 | 3279 | 8400 | 5914 | 4444 | 57 |
| 其他未列明电气机械及器材制造 | 614 | 3279 | 8400 | 5914 | 4444 | 57 |
| 电力、热力、燃气及水生产和供应业 | 1338614 | 3215141 | 1102744 | 912917 | 727732 | 11109 |
| 电力、热力生产和供应业 | 1322680 | 3192480 | 1072344 | 892702 | 713100 | 10942 |
| 电力生产 | 1228721 | 2849749 | 1001240 | 776799 | 592019 | 10248 |
| 火力发电 | 1079675 | 1480738 | 566967 | 550854 | 500455 | 9887 |
| 风力发电 | 138431 | 1194601 | 389208 | 185436 | 65962 | 341 |
| 太阳能发电 | 10167 | 156545 | 43006 | 20985 | 8145 | 0 |
| 其他电力生产 | 448 | 17865 | 2060 | 19525 | 17458 | 21 |
| 电力供应 | 67272 | 151435 | 73510 | 52217 | 39729 | 687 |
| 热力生产和供应 | 26687 | 191296 | -2406 | 63685 | 81352 | 8 |
| 燃气生产和供应业 | 11984 | 21466 | 27106 | 17311 | 12685 | 72 |
| 水的生产和供应业 | 3950 | 1195 | 3294 | 2904 | 1947 | 95 |
| 自来水生产和供应 | 3950 | 1195 | 3294 | 2904 | 1947 | 95 |

# 表 7

单位:万元

| 管理费用 | 财务费用 | | 利润总额 | 亏损企业亏损总额 |
|---|---|---|---|---|
| | | 利息支出 | | |
| 2597 | 17 | 18 | 8105 | 0 |
| 897 | 1102 | 995 | 1861 | 2053 |
| 880 | 1097 | 990 | -2053 | 2053 |
| 17 | 5 | 5 | 3914 | 0 |
| 988 | 1 | 1 | 292 | 0 |
| 27 | 1 | 1 | 30 | 0 |
| 27 | 1 | 1 | 30 | 0 |
| 961 | 1 | 0 | 262 | 0 |
| 961 | 1 | 0 | 262 | 0 |
| 31096 | 105195 | 93601 | 66504 | 68895 |
| 28416 | 105226 | 93601 | 61051 | 68580 |
| 23159 | 95832 | 84493 | 58206 | 63710 |
| 20212 | 53129 | 51900 | -30869 | 63710 |
| 1906 | 36456 | 24801 | 81718 | 0 |
| 965 | 6228 | 7792 | 5597 | 0 |
| 75 | 18 | 0 | 1760 | 0 |
| 1315 | 6534 | 6482 | 7716 | 0 |
| 3942 | 2861 | 2626 | -4870 | 4870 |
| 1820 | -26 | 0 | 5462 | 305 |
| 860 | -5 | 0 | -10 | 10 |
| 860 | -5 | 0 | -10 | 10 |

8-4 续

| 指　　标 | 利税总额 | 本年应交增值税 | 总资产贡献率(%) | 资产负债率(%) |
|---|---|---|---|---|
| 总　　计 | 1116199 | 445214 | 6.25 | 71.03 |
| 采矿业 | 939579 | 393167 | 6.96 | 70.71 |
| 煤炭开采和洗选业 | 939579 | 393167 | 6.96 | 70.71 |
| 烟煤和无烟煤开采洗选 | 939579 | 393167 | 6.96 | 70.71 |
| 制造业 | 79936 | 33209 | 4.84 | 66.47 |
| 农副食品加工业 | 4814 | 1350 | 9.12 | 43.04 |
| 谷物磨制 | 369 | 0 | 3.67 | 50.23 |
| 饲料加工 | 1149 | 0 | 20.18 | 24.52 |
| 屠宰及肉类加工 | 2850 | 1350 | 10.56 | 36.90 |
| 牲畜屠宰 | -687 | 1 | -3.13 | 85.87 |
| 肉制品及副产品加工 | 3537 | 1348 | 13.16 | 27.59 |
| 蔬菜、水果和坚果加工 | 447 | 0 | 5.68 | 57.67 |
| 蔬菜加工 | 447 | 0 | 5.68 | 57.67 |
| 食品制造业 | 8595 | 3028 | 6.28 | 40.78 |
| 糖果、巧克力及蜜饯制造 | 545 | 2 | 12.91 | 35.45 |
| 糖果、巧克力制造 | 545 | 2 | 12.91 | 35.45 |
| 乳制品制造 | 8050 | 3026 | 6.07 | 40.94 |
| 酒、饮料和精制茶制造业 | 540 | 720 | 2.83 | 69.26 |
| 酒的制造 | 540 | 720 | 2.83 | 69.26 |
| 白酒制造 | 2074 | 211 | 23.12 | 64.66 |
| 啤酒制造 | -1535 | 509 | -4.35 | 70.89 |
| 纺织服装、服饰业 | 354 | 12 | 27.32 | 29.07 |
| 针织或钩针编织服装制造 | 354 | 12 | 27.32 | 29.07 |
| 皮革、毛皮、羽毛及其制品和制鞋业 | 466 | 121 | 3.37 | 5.63 |
| 皮革鞣制加工 | 466 | 121 | 3.37 | 5.63 |
| 造纸和纸制品业 | 575 | 512 | 76.46 | 73.74 |
| 纸制品制造 | 575 | 512 | 76.46 | 73.74 |
| 纸和纸板容器制造 | 575 | 512 | 76.46 | 73.74 |
| 化学原料和化学制品制造业 | 5864 | 2138 | 3.24 | 59.64 |

## 表 8

单位:万元

| 流动资产周转率(次/年) | 成本费用利润率(%) | 产品销售率(%) | 从业人员平均人数(人) |
|---|---|---|---|
| 1.14 | 7.02 | 96.32 | 80612 |
| 1.11 | 8.11 | 98.00 | 48565 |
| 1.11 | 8.11 | 98.00 | 48565 |
| 1.11 | 8.11 | 98.00 | 48565 |
| 1.24 | 2.94 | 86.48 | 23463 |
| 1.85 | 9.53 | 101.89 | 464 |
| 7.51 | 6.74 | 100.72 | 38 |
| 2.91 | 12.22 | 99.22 | 122 |
| 2.13 | 7.82 | 106.89 | 217 |
| 1.15 | -14.09 | 149.54 | 75 |
| 2.77 | 15.70 | 99.31 | 142 |
| 0.35 | 18.45 | 82.66 | 87 |
| 0.35 | 18.45 | 82.66 | 87 |
| 2.15 | 2.75 | 100.12 | 2058 |
| 1.62 | 19.28 | 83.65 | 77 |
| 1.62 | 19.28 | 83.65 | 77 |
| 2.16 | 2.50 | 100.57 | 1981 |
| 1.98 | -7.17 | 98.09 | 746 |
| 1.98 | -7.17 | 98.09 | 746 |
| 3.34 | 1.92 | 96.79 | 330 |
| 0.77 | -30.98 | 105.49 | 416 |
| 10.56 | 10.50 | 93.64 | 42 |
| 10.56 | 10.50 | 93.64 | 42 |
| 1.61 | 1.66 | 82.82 | 180 |
| 1.61 | 1.66 | 82.82 | 180 |
| 21.60 | 0.19 | 95.41 | 95 |
| 21.60 | 0.19 | 95.41 | 95 |
| 21.60 | 0.19 | 95.41 | 95 |
| 1.01 | 4.51 | 86.26 | 1430 |

8-4 **续**

| 指　　标 | 利税总额 | 本年应交增值税 | 总资产贡献率(%) | 资产负债率(%) |
|---|---|---|---|---|
| 基础化学原料制造 | 266 | 58 | 0.93 | 79.29 |
| 无机盐制造 | -115 | 4 | -0.43 | 84.61 |
| 有机化学原料制造 | 381 | 54 | 13.46 | 30.14 |
| 肥料制造 | 10 | 0 | 0.08 | 60.28 |
| 氮肥制造 | 1 | 0 | 0.01 | 59.61 |
| 其他肥料制造 | 9 | 0 | 0.28 | 62.19 |
| 专用化学产品制造 | 338 | 41 | 0.40 | 60.96 |
| 化学试剂和助剂制造 | 143 | 10 | 1.35 | 65.63 |
| 信息化学品制造 | 159 | 0 | 0.23 | 60.68 |
| 环境污染处理专用药剂材料制造 | 36 | 31 | 0.51 | 56.33 |
| 炸药、火工及焰火产品制造 | 5250 | 2039 | 10.03 | 46.03 |
| 炸药及火工产品制造 | 5250 | 2039 | 10.03 | 46.03 |
| 医药制造业 | 2874 | 115 | 4.23 | 59.05 |
| 化学药品原料药制造 | 640 | 0 | 1.58 | 62.58 |
| 化学药品制剂制造 | 1758 | 0 | 21.56 | 42.64 |
| 中药饮片加工 | 337 | 51 | 4.09 | 44.88 |
| 卫生材料及医药用品制造 | 140 | 64 | 1.22 | 70.61 |
| 橡胶和塑料制品业 | 825 | 330 | 2.58 | 78.82 |
| 橡胶制品业 | 815 | 303 | 2.87 | 80.10 |
| 再生橡胶制造 | -3 | 0 | -0.12 | 42.90 |
| 其他橡胶制品制造 | 818 | 303 | 3.12 | 83.30 |
| 塑料制品业 | 10 | 27 | 0.28 | 68.56 |
| 塑料丝、绳及编织品制造 | 10 | 27 | 0.28 | 68.56 |
| 非金属矿物制品业 | 30378 | 11647 | 4.76 | 71.20 |
| 水泥、石灰和石膏制造 | -5969 | 1537 | -0.06 | 84.06 |
| 水泥制造 | -9704 | 1139 | -0.95 | 88.40 |
| 石灰和石膏制造 | 3734 | 398 | 10.21 | 34.01 |
| 石膏、水泥制品及类似制品制造 | 1585 | 807 | 5.33 | 16.07 |
| 水泥制品制造 | 1585 | 807 | 5.33 | 16.07 |
| 砖瓦、石材等建筑材料制造 | 6565 | 1759 | 27.91 | 24.30 |

## 表 9

单位:万元

| 流动资产周转率(次/年) | 成本费用利润率(%) | 产品销售率(%) | 从业人员平均人数(人) |
|---|---|---|---|
| 0.59 | 1.93 | 103.37 | 265 |
| 0.49 | -1.50 | 106.78 | 213 |
| 1.29 | 12.69 | 96.04 | 52 |
| 2.85 | 0.18 | 82.70 | 285 |
| 4.55 | 0.02 | 87.69 | 243 |
| 1.71 | 0.45 | 74.87 | 42 |
| 1.43 | 0.87 | 74.79 | 486 |
| 1.98 | 5.93 | 100.00 | 123 |
| 1.65 | 0.61 | 70.45 | 305 |
| 0.74 | 0.04 | 104.34 | 58 |
| 0.84 | 10.93 | 99.28 | 394 |
| 0.84 | 10.93 | 99.28 | 394 |
| 0.57 | 15.82 | 89.03 | 747 |
| 0.25 | 22.70 | 95.06 | 163 |
| 1.97 | 27.50 | 84.21 | 220 |
| 0.85 | 5.94 | 89.06 | 184 |
| 0.31 | 2.68 | 96.34 | 180 |
| 1.21 | 1.19 | 81.14 | 205 |
| 1.22 | 1.38 | 80.54 | 140 |
| 1.30 | -0.09 | 99.79 | 10 |
| 1.22 | 1.53 | 77.40 | 130 |
| 1.03 | -0.76 | 87.39 | 65 |
| 1.03 | -0.76 | 87.39 | 65 |
| 1.15 | 3.87 | 92.71 | 12772 |
| 0.38 | -8.51 | 103.18 | 1973 |
| 0.30 | -14.13 | 103.18 | 1600 |
| 1.22 | 13.39 | 103.19 | 373 |
| 0.53 | 6.45 | 100.68 | 266 |
| 0.53 | 6.45 | 100.68 | 266 |
| 4.57 | 32.59 | 100.00 | 492 |

8-4 续

| 指　　标 | 利税总额 | 本年应交增值税 | 总资产贡献率(%) | 资产负债率(%) |
|---|---|---|---|---|
| 粘土砖瓦及建筑砌块制造 | 4679 | 1323 | 42.31 | 23.83 |
| 建筑陶瓷制品制造 | 1887 | 435 | 15.10 | 24.73 |
| 玻璃制品制造 | 87 | 45 | 5.62 | 82.74 |
| 玻璃包装容器制造 | 87 | 45 | 5.62 | 82.74 |
| 陶瓷制品制造 | 21177 | 4560 | 16.97 | 57.69 |
| 日用陶瓷制品制造 | 6704 | 1559 | 12.37 | 43.97 |
| 园林、陈设艺术及其他陶瓷制品制造 | 14472 | 3002 | 20.67 | 68.72 |
| 耐火材料制品制造 | 3782 | 916 | 27.50 | 55.18 |
| 耐火陶瓷制品及其他耐火材料制造 | 3782 | 916 | 27.50 | 55.18 |
| 石墨及其他非金属矿物制品制造 | 3152 | 2022 | 4.58 | 44.81 |
| 石墨及碳素制品制造 | 1867 | 1273 | 3.88 | 50.85 |
| 其他非金属矿物制品制造 | 1284 | 749 | 6.44 | 28.84 |
| 黑色金属冶炼和压延加工业 | -8168 | 214 | -3.47 | 120.37 |
| 铁合金冶炼 | -8168 | 214 | -3.47 | 120.37 |
| 有色金属冶炼和压延加工业 | 4369 | 2192 | 6.38 | 88.52 |
| 常用有色金属冶炼 | 5005 | 2190 | 9.61 | 77.97 |
| 铝冶炼 | 5005 | 2190 | 9.61 | 77.97 |
| 稀有稀土金属冶炼 | -636 | 2 | -3.30 | 120.15 |
| 其他稀有金属冶炼 | -636 | 2 | -3.30 | 120.15 |
| 金属制品业 | 788 | 214 | 13.43 | 3.66 |
| 结构性金属制品制造 | 788 | 214 | 13.43 | 3.66 |
| 金属结构制造 | 788 | 214 | 13.43 | 3.66 |
| 通用设备制造业 | 12896 | 6453 | 4.41 | 57.90 |
| 锅炉及原动设备制造 | 4376 | 1214 | 21.48 | 29.04 |
| 锅炉及辅助设备制造 | 4376 | 1214 | 21.48 | 29.04 |
| 通用零部件制造 | 8520 | 5239 | 3.29 | 59.80 |
| 机械零部件加工 | 8520 | 5239 | 3.29 | 59.80 |
| 专用设备制造业 | 10757 | 2372 | 23.12 | 31.99 |
| 采矿、冶金、建筑专用设备制造 | 10757 | 2372 | 23.12 | 31.99 |

# 表 10

单位:万元

| 流动资产周转率(次/年) | 成本费用利润率(%) | 产品销售率(%) | 从业人员平均人数(人) |
|---|---|---|---|
| 7.60 | 29.53 | 100.00 | 375 |
| 2.06 | 42.86 | 100.00 | 117 |
| 8.18 | 0.51 | 82.82 | 97 |
| 8.18 | 0.51 | 82.82 | 97 |
| 3.97 | 6.77 | 88.10 | 8935 |
| 4.09 | 5.81 | 89.32 | 3577 |
| 3.90 | 7.33 | 87.41 | 5358 |
| 3.47 | 21.54 | 98.76 | 187 |
| 3.47 | 21.54 | 98.76 | 187 |
| 1.37 | 2.69 | 102.19 | 822 |
| 1.27 | 2.04 | 105.49 | 600 |
| 1.67 | 3.95 | 95.89 | 222 |
| 1.40 | −4.27 | 24.94 | 516 |
| 1.40 | −4.27 | 24.94 | 516 |
| 3.46 | 2.16 | 100.32 | 845 |
| 4.28 | 3.79 | 100.00 | 680 |
| 4.28 | 3.79 | 100.00 | 680 |
| 2.08 | −3.02 | 101.28 | 165 |
| 2.08 | −3.02 | 101.28 | 165 |
| 2.00 | 31.78 | 100.00 | 30 |
| 2.00 | 31.78 | 100.00 | 30 |
| 2.00 | 31.78 | 100.00 | 30 |
| 0.74 | 3.43 | 100.96 | 2271 |
| 3.26 | 6.12 | 89.96 | 435 |
| 3.26 | 6.12 | 89.96 | 435 |
| 0.53 | 2.10 | 106.29 | 1836 |
| 0.53 | 2.10 | 106.29 | 1836 |
| 0.60 | 49.63 | 100.00 | 502 |
| 0.60 | 49.63 | 100.00 | 502 |

8-4 续

| 指　标 | 利税总额 | 本年应交增值税 | 总资产贡献率(%) | 资产负债率(%) |
|---|---|---|---|---|
| 矿山机械制造 | 10757 | 2372 | 23.12 | 31.99 |
| 汽车制造业 | 3042 | 1174 | 18.96 | 73.82 |
| 电车制造 | -2053 | 0 | -6.08 | 83.76 |
| 汽车车身、挂车制造 | 5095 | 1174 | 134.71 | 27.88 |
| 电气机械和器材制造业 | 967 | 618 | 7.89 | 27.41 |
| 输配电及控制设备制造 | 30 | 0 | 5.25 | 13.94 |
| 光伏设备及元器件制造 | 30 | 0 | 5.25 | 13.94 |
| 其他电气机械及器材制造 | 937 | 618 | 8.02 | 28.07 |
| 其他未列明电气机械及器材制造 | 937 | 618 | 8.02 | 28.07 |
| 电力、热力、燃气及水生产和供应业 | 96684 | 18837 | 4.19 | 74.46 |
| 电力、热力生产和供应业 | 90354 | 18294 | 4.09 | 74.86 |
| 电力生产 | 77877 | 9359 | 3.97 | 74.00 |
| 火力发电 | 2412 | 23339 | 2.63 | 72.31 |
| 风力发电 | 68082 | -13979 | 5.42 | 75.43 |
| 太阳能发电 | 5602 | 0 | 5.71 | 78.45 |
| 其他电力生产 | 1781 | 0 | 8.94 | 89.66 |
| 电力供应 | 15910 | 7508 | 9.93 | 67.32 |
| 热力生产和供应 | -3433 | 1427 | -0.44 | 101.27 |
| 燃气生产和供应业 | 6160 | 458 | 12.68 | 44.19 |
| 水的生产和供应业 | 170 | 85 | 3.65 | 26.62 |
| 自来水生产和供应 | 170 | 85 | 3.65 | 26.62 |

# 表 11

单位:万元

| 流动资产周转率(次 / 年) | 成本费用利润率(%) | 产品销售率(%) | 从业人员平均人数(人) |
|---|---|---|---|
| 0.60 | 49.63 | 100.00 | 502 |
| 1.97 | 14.11 | 99.93 | 162 |
| 0.30 | -50.52 | 100.00 | 92 |
| 13.83 | 42.89 | 99.89 | 70 |
| 0.90 | 3.73 | 94.05 | 398 |
| 4.59 | 1.34 | 89.82 | 15 |
| 4.59 | 1.34 | 89.82 | 15 |
| 0.68 | 4.68 | 95.78 | 383 |
| 0.68 | 4.68 | 95.78 | 383 |
| 1.18 | 7.59 | 101.61 | 8584 |
| 1.18 | 7.14 | 101.03 | 7922 |
| 1.20 | 8.10 | 101.18 | 6458 |
| 1.68 | -5.32 | 101.51 | 5717 |
| 0.79 | 78.21 | 100.47 | 467 |
| 0.28 | 34.01 | 100.11 | 62 |
| 1.73 | 9.92 | 100.00 | 212 |
| 2.11 | 16.22 | 100.00 | 278 |
| 0.73 | -5.48 | 100.00 | 1186 |
| 1.18 | 30.07 | 134.18 | 250 |
| 1.45 | -0.34 | 80.76 | 412 |
| 1.45 | -0.34 | 80.76 | 412 |

## 8-5 大中型工业企业主要

| 指　　标 | 企业单位数（个） | 亏损企业 | 工业总产值（当年价格） |
|---|---|---|---|
| 总　　计 | 72 | 32 | 4609844 |
| 煤炭开采和洗选业 | 38 | 20 | 3658992 |
| 食品制造业 | 1 | 0 | 74612 |
| 酒、饮料和精制茶制造业 | 2 | 1 | 43896 |
| 非金属矿物制品业 | 18 | 3 | 250965 |
| 黑色金属冶炼和压延加工业 | 1 | 1 | 27376 |
| 有色金属冶炼和压延加工业 | 1 | 0 | 69789 |
| 金属制品业 | 0 | 0 | 0 |
| 通用设备制造业 | 2 | 0 | 155620 |
| 专用设备制造业 | 1 | 0 | 17418 |
| 电气机械和器材制造业 | 1 | 0 | 6174 |
| 电力、热力生产和供应业 | 6 | 6 | 301407 |
| 水的生产和供应业 | 1 | 1 | 3596 |

# 经济指标(大类行业)(2016年)

单位:万元

| 工业销售产值(当年价格) | 资产总计 | 流动资产合计 | 固定资产合计 | 固定资产原价 |
|---|---|---|---|---|
| 4508403 | 16941675 | 4569596 | 7515130 | 11739104 |
| 3576615 | 14734818 | 3710105 | 6250479 | 10164267 |
| 74123 | 74795 | 30884 | 24699 | 52703 |
| 43057 | 35885 | 17118 | 15181 | 28678 |
| 223026 | 418537 | 264845 | 144267 | 134427 |
| 28197 | 22734 | 17404 | 5330 | 10217 |
| 69789 | 57784 | 16385 | 39865 | 53310 |
| 0 | 0 | 0 | 0 | 0 |
| 157719 | 337144 | 186734 | 131564 | 51528 |
| 17418 | 28831 | 26132 | 1861 | 3055 |
| 5914 | 11679 | 8639 | 2064 | 2678 |
| 309641 | 1214980 | 289346 | 897338 | 1231824 |
| 2904 | 4488 | 2005 | 2483 | 6418 |

8-5 续

| 指 标 | 累计折旧 | 负债合计 | 所有者权益合计 | 主营业务收入 | 主营业务成本 | 主营业务税金及附加 |
|---|---|---|---|---|---|---|
| 总 计 | 4352661 | 11800896 | 5140778 | 4262417 | 2611353 | 188045 |
| 煤炭开采和洗选业 | 3831852 | 10166986 | 4567831 | 3368740 | 1788721 | 177741 |
| 食品制造业 | 28004 | 37500 | 37296 | 74123 | 61199 | 170 |
| 酒、饮料和精制茶制造业 | 13497 | 24854 | 11031 | 33706 | 26440 | 2288 |
| 非金属矿物制品业 | 35423 | 321381 | 97156 | 223211 | 195397 | 1837 |
| 黑色金属冶炼和压延加工业 | 5043 | 24308 | -1574 | 24672 | 23277 | 64 |
| 有色金属冶炼和压延加工业 | 13445 | 45054 | 12730 | 70180 | 64482 | 260 |
| 金属制品业 | 0 | 0 | 0 | 0 | 0 | 0 |
| 通用设备制造业 | 22407 | 196852 | 140292 | 134467 | 116329 | 1044 |
| 专用设备制造业 | 1195 | 7544 | 21287 | 17418 | 7859 | 198 |
| 电气机械和器材制造业 | 614 | 3279 | 8400 | 5914 | 4444 | 57 |
| 电力、热力生产和供应业 | 397229 | 971944 | 243036 | 307084 | 321259 | 4293 |
| 水的生产和供应业 | 3950 | 1195 | 3294 | 2904 | 1947 | 95 |

# 表 1

单位:万元

| 管理费用 | 财务费用 | 利息支出 | 利润总额 | 亏损企业亏损总额 |
|---|---|---|---|---|
| 298967 | 278651 | 237015 | 53941 | 188964 |
| 259820 | 236559 | 196941 | 77115 | 135957 |
| 2476 | 1326 | 1262 | 4680 | 0 |
| 3321 | 485 | 480 | –2468 | 2946 |
| 7353 | 4079 | 1768 | 5136 | 4895 |
| 825 | 205 | 205 | –644 | 644 |
| 2226 | 551 | 676 | 2555 | 0 |
| 0 | 0 | 0 | 0 | 0 |
| 5015 | 3425 | 3434 | 4653 | 0 |
| 1622 | 18 | 18 | 7174 | 0 |
| 961 | 1 | 0 | 262 | 0 |
| 14489 | 32008 | 32232 | –44512 | 44512 |
| 860 | –5 | 0 | –10 | 10 |

8-5 续

| 指　　标 | 利税总额 | 本年应交增值税 | 总资产贡献率(%) | 资产负债率(%) |
|---|---|---|---|---|
| 总　　计 | 545816 | 303252 | 4.60 | 69.66 |
| 煤炭开采和洗选业 | 540158 | 285014 | 4.98 | 69.00 |
| 食品制造业 | 6429 | 1580 | 10.20 | 50.14 |
| 酒、饮料和精制茶制造业 | 540 | 720 | 2.83 | 69.26 |
| 非金属矿物制品业 | 11387 | 4184 | 3.13 | 76.79 |
| 黑色金属冶炼和压延加工业 | -374 | 206 | -0.74 | 106.92 |
| 有色金属冶炼和压延加工业 | 5005 | 2190 | 9.61 | 77.97 |
| 金属制品业 | 0 | 0 | 0.00 | 0.00 |
| 通用设备制造业 | 10304 | 4606 | 4.07 | 58.39 |
| 专用设备制造业 | 9307 | 1935 | 32.34 | 26.17 |
| 电气机械和器材制造业 | 937 | 618 | 8.02 | 28.07 |
| 电力、热力生产和供应业 | -38046 | 2114 | -0.51 | 80.00 |
| 水的生产和供应业 | 170 | 85 | 3.65 | 26.62 |

**表 2**

单位:万元

| 流动资产周转率(次/年) | 成本费用利润率(%) | 产品销售率(%) | 从业人员平均人数(人) |
|---|---|---|---|
| 0.94 | 1.33 | 97.80 | 64451 |
| 0.91 | 2.46 | 97.75 | 44679 |
| 2.40 | 6.67 | 99.35 | 1026 |
| 1.98 | -7.17 | 98.09 | 746 |
| 0.84 | 2.42 | 88.87 | 8122 |
| 1.42 | -2.55 | 103.00 | 329 |
| 4.28 | 3.79 | 100.00 | 680 |
| 0.00 | 0.00 | 0.00 | 0 |
| 0.72 | 3.65 | 101.35 | 1895 |
| 0.67 | 70.75 | 100.00 | 328 |
| 0.68 | 4.68 | 95.78 | 383 |
| 1.09 | -11.90 | 102.73 | 5851 |
| 1.45 | -0.34 | 80.76 | 412 |

# 8-6 国有控股工业企业

| 指　　标 | 企业单位数（个） | 亏损企业 | 工业总产值（当年价格） |
|---|---|---|---|
| 总　　计 | 60 | 24 | 4456387 |
| 煤炭开采和洗选业 | 27 | 14 | 3537349 |
| 化学原料和化学制品制造业 | 1 | 0 | 26158 |
| 橡胶和塑料制品业 | 1 | 0 | 29036 |
| 非金属矿物制品业 | 3 | 1 | 19177 |
| 黑色金属冶炼和压延加工业 | 1 | 1 | 27376 |
| 有色金属冶炼和压延加工业 | 1 | 0 | 69789 |
| 通用设备制造业 | 1 | 0 | 102260 |
| 电力、热力生产和供应业 | 23 | 7 | 632909 |
| 燃气生产和供应业 | 1 | 0 | 8738 |
| 水的生产和供应业 | 1 | 1 | 3596 |

## 主要经济指标(2016年)

单位:万元

| 工业销售产值(当年价格) | 资产总计 | 流动资产合计 | 固定资产合计 | 固定资产原价 |
|---|---|---|---|---|
| 4409906 | 17474194 | 4204406 | 8255610 | 12959060 |
| 3473255 | 13755390 | 3259108 | 5873149 | 9498671 |
| 26158 | 37190 | 23629 | 10475 | 12933 |
| 22474 | 26261 | 23046 | 445 | 445 |
| 20465 | 331106 | 210344 | 120762 | 55110 |
| 28197 | 22734 | 17404 | 5330 | 10217 |
| 69789 | 57784 | 16385 | 39865 | 53310 |
| 109799 | 319847 | 175895 | 128854 | 45298 |
| 642049 | 2891679 | 460494 | 2063926 | 3261348 |
| 14816 | 27715 | 16097 | 10322 | 15309 |
| 2904 | 4488 | 2005 | 2483 | 6418 |

8-6 续

| 指　标 | 累计折旧 | 负债合计 | 所有者权益合计 | 主营业务收入 | 主营业务成本 | 主营业务税金及附加 |
|---|---|---|---|---|---|---|
| 总　计 | 4854522 | 12591330 | 4989310 | 4236171 | 2476693 | 177050 |
| 煤炭开采和洗选业 | 3588597 | 9928349 | 3933488 | 3322046 | 1752310 | 166577 |
| 化学原料和化学制品制造业 | 2458 | 15578 | 21612 | 23190 | 20323 | 225 |
| 橡胶和塑料制品业 | 295 | 21875 | 4386 | 28048 | 27449 | 93 |
| 非金属矿物制品业 | 22027 | 298354 | 32752 | 33840 | 28866 | 505 |
| 黑色金属冶炼和压延加工业 | 5043 | 24308 | –1574 | 24672 | 23277 | 64 |
| 有色金属冶炼和压延加工业 | 13445 | 45054 | 12730 | 70180 | 64482 | 260 |
| 通用设备制造业 | 18887 | 191727 | 128120 | 86547 | 75827 | 941 |
| 电力、热力生产和供应业 | 1194833 | 2056011 | 835667 | 636007 | 476916 | 8229 |
| 燃气生产和供应业 | 4988 | 8880 | 18835 | 8738 | 5296 | 61 |
| 水的生产和供应业 | 3950 | 1195 | 3294 | 2904 | 1947 | 95 |

# 表 1

单位:万元

| 管理费用 | 财务费用 | 利息支出 | 利润总额 | 亏损企业亏损总额 |
|---|---|---|---|---|
| 275054 | 301584 | 251773 | 137665 | 137665 |
| 241072 | 232691 | 191727 | 56956 | 56956 |
| 412 | -3 | 0 | 2113 | 2113 |
| 40 | 2 | 2 | 422 | 422 |
| 2816 | 2508 | 755 | -2566 | -2566 |
| 825 | 205 | 205 | -644 | -644 |
| 2226 | 551 | 676 | 2555 | 2555 |
| 2783 | 2895 | 2901 | 2130 | 2130 |
| 23428 | 62765 | 55507 | 70941 | 70941 |
| 592 | -26 | 0 | 5768 | 5768 |
| 860 | -5 | 0 | -10 | -10 |

8-6 **续**

| 指　　标 | 利税总额 | 本年应交增值税 | 总资产贡献率(%) | 资产负债率(%) |
|---|---|---|---|---|
| 总　　计 | 616494 | 301438 | 4.90 | 72.06 |
| 煤炭开采和洗选业 | 492321 | 268679 | 4.95 | 72.18 |
| 化学原料和化学制品制造业 | 3725 | 1387 | 10.00 | 41.89 |
| 橡胶和塑料制品业 | 818 | 303 | 3.12 | 83.30 |
| 非金属矿物制品业 | -1272 | 788 | -0.17 | 90.11 |
| 黑色金属冶炼和压延加工业 | -374 | 206 | -0.74 | 106.92 |
| 有色金属冶炼和压延加工业 | 5005 | 2190 | 9.61 | 77.97 |
| 通用设备制造业 | 6469 | 3397 | 2.93 | 59.94 |
| 电力、热力生产和供应业 | 103173 | 23939 | 5.18 | 71.10 |
| 燃气生产和供应业 | 6461 | 465 | 23.31 | 32.04 |
| 水的生产和供应业 | 170 | 85 | 3.65 | 26.62 |

## 表 2

单位：万元

| 流动资产周转率（次 / 年） | 成本费用利润率（%） | 产品销售率（%） | 从业人员平均人数（人） |
|---|---|---|---|
| 1.02 | 3.48 | 98.96 | 46079 |
| 1.03 | 1.83 | 98.19 | 37404 |
| 0.98 | 10.19 | 100.00 | 192 |
| 1.22 | 1.53 | 77.40 | 130 |
| 0.16 | −7.22 | 106.72 | 980 |
| 1.42 | −2.55 | 103.00 | 329 |
| 4.28 | 3.79 | 100.00 | 680 |
| 0.49 | 2.59 | 107.37 | 1550 |
| 1.41 | 12.44 | 101.44 | 4253 |
| 0.94 | 62.01 | 169.57 | 149 |
| 1.45 | −0.34 | 80.76 | 412 |

## 8-7 私营工业企业

| 指　　标 | 企业单位数（个） | 亏损企业 | 工业总产值（当年价格） |
|---|---|---|---|
| 总　　计 | 136 | 29 | 2393564 |
| 煤炭开采和洗选业 | 47 | 10 | 1456967 |
| 农副食品加工业 | 8 | 1 | 31931 |
| 食品制造业 | 4 | 1 | 128503 |
| 纺织服装、服饰业 | 1 | 0 | 5377 |
| 皮革、毛皮、羽毛及其制品和制鞋业 | 1 | 0 | 16981 |
| 化学原料和化学制品制造业 | 8 | 1 | 72193 |
| 医药制造业 | 3 | 0 | 11984 |
| 橡胶和塑料制品业 | 2 | 2 | 7952 |
| 非金属矿物制品业 | 43 | 8 | 304010 |
| 黑色金属冶炼和压延加工业 | 1 | 1 | 141418 |
| 有色金属冶炼和压延加工业 | 1 | 1 | 23304 |
| 金属制品业 | 1 | 0 | 2379 |
| 通用设备制造业 | 5 | 1 | 75790 |
| 汽车制造业 | 2 | 1 | 20294 |
| 电气机械和器材制造业 | 2 | 0 | 8691 |
| 电力、热力生产和供应业 | 6 | 1 | 81361 |
| 燃气生产和供应业 | 1 | 1 | 4430 |

# 主要经济指标（2016年）

单位：万元

| 工业销售产值（当年价格） | 资产总计 | 流动资产合计 | 固定资产合计 | 固定资产原价 |
|---|---|---|---|---|
| 2177942 | 3058166 | 3058166 | 1241483 | 1539870 |
| 1409828 | 1555342 | 1555342 | 532214 | 791625 |
| 32641 | 68591 | 68591 | 43825 | 44025 |
| 128683 | 141272 | 141272 | 42764 | 91966 |
| 5035 | 1303 | 1303 | 469 | 469 |
| 14064 | 17412 | 17412 | 5881 | 7132 |
| 57245 | 136045 | 136045 | 45956 | 53666 |
| 11081 | 70792 | 70792 | 21498 | 20458 |
| 7537 | 5823 | 5823 | 839 | 1043 |
| 287752 | 394008 | 394008 | 234506 | 270863 |
| 13900 | 130022 | 130022 | 3212 | 565 |
| 23603 | 19282 | 19282 | 2087 | 1816 |
| 2379 | 5886 | 5886 | 4699 | 3500 |
| 69952 | 49936 | 49936 | 7510 | 12019 |
| 20279 | 21287 | 21287 | 3890 | 3883 |
| 8174 | 12260 | 12260 | 2152 | 2767 |
| 81361 | 413081 | 413081 | 277564 | 218824 |
| 4430 | 15825 | 15825 | 12420 | 15251 |

8-7 **续**

| 指　　标 | 累计折旧 | 负债合计 | 所有者权益合计 | 主营业务收入 | 主营业务成本 |
|---|---|---|---|---|---|
| **总　　计** | 386340 | 1923789 | 1082594 | 2330901 | 1823307 |
| 煤炭开采和洗选业 | 203253 | 880679 | 624513 | 1422082 | 1036874 |
| 农副食品加工业 | 918 | 29365 | 39266 | 32990 | 22382 |
| 食品制造业 | 51046 | 52338 | 88934 | 128623 | 111061 |
| 纺织服装、服饰业 | 0 | 379 | 924 | 3600 | 2996 |
| 皮革、毛皮、羽毛及其制品和制鞋业 | 1251 | 981 | 16432 | 14064 | 13469 |
| 化学原料和化学制品制造业 | 15999 | 88955 | 47090 | 51631 | 43102 |
| 医药制造业 | 4746 | 43315 | 27477 | 11142 | 7035 |
| 橡胶和塑料制品业 | 205 | 3413 | 2411 | 5751 | 5681 |
| 非金属矿物制品业 | 59965 | 244374 | 147961 | 292936 | 247967 |
| 黑色金属冶炼和压延加工业 | 482 | 159561 | -29539 | 164546 | 168482 |
| 有色金属冶炼和压延加工业 | 270 | 23167 | -3886 | 20500 | 20270 |
| 金属制品业 | 6 | 215 | 5671 | 2379 | 1796 |
| 通用设备制造业 | 4527 | 22380 | 27556 | 70723 | 59420 |
| 汽车制造业 | 194 | 15715 | 5572 | 15055 | 11005 |
| 电气机械和器材制造业 | 614 | 3360 | 8900 | 8174 | 6600 |
| 电力、热力生产和供应业 | 35924 | 344032 | 69049 | 82749 | 62221 |
| 燃气生产和供应业 | 6939 | 11561 | 4264 | 3958 | 2946 |

# 表 1

单位:万元

| 主营业务税金及附加 | 管理费用 | 财务费用 | 利息支出 | 利润总额 | 亏损企业亏损总额 |
|---|---|---|---|---|---|
| 20774 | 67400 | 38005 | 32820 | 345944 | 52793 |
| 18178 | 31986 | 12287 | 10740 | 301547 | 27484 |
| 52 | 1354 | 1963 | 1751 | 2657 | 690 |
| 334 | 5795 | 1386 | 1418 | 4594 | 872 |
| 0 | 101 | 21 | 7 | 342 | 0 |
| 118 | 59 | 132 | 120 | 228 | 0 |
| 82 | 3263 | 366 | 19 | 1307 | 119 |
| 13 | 2322 | 362 | 322 | 989 | 0 |
| 4 | 75 | 0 | 0 | –24 | 24 |
| 1241 | 9761 | 6471 | 5758 | 12869 | 10541 |
| 1 | 779 | 2660 | 2659 | –7803 | 7803 |
| 1 | 308 | 42 | 0 | –639 | 639 |
| 0 | 6 | 3 | 3 | 574 | 0 |
| 369 | 4580 | 583 | 540 | 3001 | 33 |
| 7 | 897 | 1102 | 995 | 1861 | 2053 |
| 57 | 988 | 1 | 1 | 292 | 0 |
| 307 | 4082 | 10629 | 8488 | 24443 | 2241 |
| 12 | 1043 | –1 | 0 | –294 | 294 |

8-7 续

| 指　　标 | 利税总额 | 本年应交增值税 | 总资产贡献率(%) | 资产负债率(%) |
|---|---|---|---|---|
| 总　计 | 500177 | 133225 | 17.41 | 62.91 |
| 煤炭开采和洗选业 | 434217 | 114493 | 28.58 | 56.62 |
| 农副食品加工业 | 4059 | 1350 | 8.30 | 42.81 |
| 食品制造业 | 7794 | 2866 | 6.55 | 37.05 |
| 纺织服装、服饰业 | 354 | 12 | 27.32 | 29.07 |
| 皮革、毛皮、羽毛及其制品和制鞋业 | 466 | 121 | 3.37 | 5.63 |
| 化学原料和化学制品制造业 | 2139 | 751 | 1.59 | 65.39 |
| 医药制造业 | 1116 | 115 | 1.97 | 61.19 |
| 橡胶和塑料制品业 | 7 | 27 | 0.13 | 58.60 |
| 非金属矿物制品业 | 22571 | 8230 | 7.18 | 62.02 |
| 黑色金属冶炼和压延加工业 | –7794 | 8 | –3.95 | 122.72 |
| 有色金属冶炼和压延加工业 | –636 | 2 | –3.30 | 120.15 |
| 金属制品业 | 788 | 214 | 13.43 | 3.66 |
| 通用设备制造业 | 6427 | 3056 | 13.94 | 44.82 |
| 汽车制造业 | 3042 | 1174 | 18.96 | 73.82 |
| 电气机械和器材制造业 | 967 | 618 | 7.89 | 27.41 |
| 电力、热力生产和供应业 | 24949 | 195 | 8.08 | 83.28 |
| 燃气生产和供应业 | –290 | –7 | –1.83 | 73.06 |

# 表 2

单位:万元

| 流动资产周转率(次/年) | 成本费用利润率(%) | 产品销售率(%) | 从业人员平均人数(人) |
|---|---|---|---|
| 1.87 | 17.46 | 90.99 | 22756 |
| 2.27 | 27.43 | 96.76 | 6947 |
| 1.74 | 8.64 | 102.23 | 388 |
| 1.71 | 3.62 | 100.14 | 1649 |
| 10.56 | 10.50 | 93.64 | 42 |
| 1.61 | 1.66 | 82.82 | 180 |
| 0.98 | 2.60 | 79.29 | 1105 |
| 0.39 | 9.76 | 92.47 | 527 |
| 1.15 | -0.42 | 94.77 | 75 |
| 2.34 | 4.67 | 94.65 | 9550 |
| 1.40 | -4.52 | 9.83 | 187 |
| 2.08 | -3.02 | 101.28 | 165 |
| 2.00 | 31.78 | 100.00 | 30 |
| 1.90 | 4.47 | 92.30 | 721 |
| 1.97 | 14.11 | 99.93 | 162 |
| 0.90 | 3.73 | 94.05 | 398 |
| 0.71 | 31.39 | 100.00 | 550 |
| 1.18 | -6.94 | 100.00 | 80 |

# 主要统计指标解释

**工业** 从事自然资源的开采，对采掘品和农产品进行加工和再加工的物质生产部门。具体包括：(1)对自然资源的开采，如采矿、晒盐、森林采伐等(但不包括禽兽捕猎和水产捕捞)；(2)对农副产品的加工、再加工，如粮油加工、食品加工、轧花、缫丝、纺织、制革等；(3)对采掘品的加工、再加工，如炼铁、炼钢、化工生产、石油加工、机器制造、木材加工等，以及电力、自来水、煤气的生产和供应等；(4)对工业品的修理、翻新，如机器设备的修理、交通运输工具(包括小轿车)的修理等。

1984年以前农村的村及村以下办工业归属农业，1984年以后划归工业。

**工业统计调查单位** 工业统计调查单位分为两类：独立核算法人工业企业和工业活动单位。

**（1）独立核算法人工业企业** 指从事工业生产经营活动的单位。独立核算法人工业企业应同时具备以下条件：①依法成立，有自己的名称、组织机构和场所，能够承担民事责任；②独立拥有和使用资产，承担负债，有权与其他单位签订合同；③独立核算盈亏，并能够编制资产负债表。

**（2）工业活动单位** 指在一个场所从事一种或主要从事一种工业生产活动的经济单位。它包括独立核算工业企业按主营业务活动 (即工业生产活动) 划分的主营业务活动单位和非工业企业所属的工业生产活动单位(即原非独立核算工业生产单位)。工业活动单位，一般应同时具备以下三个条件：①具有一个场所，从事一种或主要从事一种工业活动；②单独组织工业生产、经营或业务活动；③单独核算收入和支出。

本年鉴中涉及的企业登记注册类型：

**国有控股企业** 国有企业和国有控股企业。国有企业(即过去的全民所有制工业或国营工业)是指企业全部资产归国家所有，并按《中华人民共和国企业法人登记管理条例》规定登记注册的非公司制的经济组织。包括国有企业、国有独资公司和国有联营企业。1957年以前的公私合营和私营工业，后均改造为国营工业，1992年改为国有工业，这部分工业的资料不单独分列时，均包括在国有企业内。国有控股企业是对混合所有制经济的企业进行的“国有控股”分类。它是指这些企业的全部资产中国有资产(股份）相对其他所有者中的任何一个所有者占资(股)最多的企业。该分组反映了国有经济控股情况。

**集体企业** 企业资产归集体所有，并按《中华人民共和国企业法人登记管理条例》规定登记注册的经济组织。是社会主义公有制经济的组成部分。包括城乡所有使用集体投资举办的企业，以及部分个人通过集资自愿放弃所有权并依法经工商行政管理机关认定为集体所有制的企业。

**股份有限公司** 根据《中华人民共和国企业法人登记管理条例》规定登记注册，其全部注册资本由等额股份构成并通过发行股票筹集资本，股东以其认购的股份对公司承担有限责任，公司以其全部资产对其债务承担责任的经济组织。

**港、澳、台商投资企业** 企业注册登记类型中的港、澳、台资合资、合作、独资经营企业和股份有限公司之和。

**外商投资企业** 企业注册登记类型中的中外合资、合作经营企业、外资企业和外商投资股份有限公司之和。

**本年鉴中主要年份工业企业单位数涉及的名称为“其他”的企业** 指除国有企业、集体企业以外的其他类型工业企业 (单位)。包括股份合作企业、联营企业、私营企业、股份有限公司、有限责任公司；外商投资企业(中外合资经营、中外合作经营、外资企业)；港、澳、台投资企业(与大陆合资经营、与大陆合作经营、港、澳、台独资企业)及其他企业。

**轻工业** 主要提供生活消费品和制作手工工具的工业。按其所使用的原料不同，可分为两大类：(1)

以农产品为原料的轻工业，是指直接或间接以农产品为基本原料的轻工业。主要包括食品制造、饮料制造、烟草加工、纺织、缝纫、皮革和毛皮制作、造纸以及印刷等工业；(2)以非农产品为原料的轻工业，是指以工业品为原料的轻工业。主要包括文教体育用品、化学药品制造、合成纤维制造、日用化学制品、日用玻璃制品、日用金属制品、手工工具制造、医疗器械制造、文化和办公用机械制造等工业。

**重工业** 指为国民经济各部门提供物质技术基础的主要生产资料的工业。按其生产性质和产品用途，可以分为下列三类：(1)采掘工业，是指对自然资源的开采，包括石油开采、煤炭开采、金属矿开采、非金属矿开采和木材采伐等工业；(2)原材料工业，指向国民经济各部门提供基本材料、动力和燃料的工业。包括金属冶炼及加工、炼焦及焦炭、化学、化工原料、水泥、人造板以及电力、石油和煤炭加工等工业；(3)加工工业，是指对工业原材料进行再加工制造的工业。包括装备国民经济各部门的机械设备制造工业、金属结构、水泥制品等工业，以及为农业提供的生产资料如化肥、农药等工业。

根据上述划分原则，修理业中以重工业产品为修理作业对象的划为重工业，反之划为轻工业。从2003年起轻、重工业内部不再细划分。

**工业增加值** 指工业企业在报告期内以货币表现的工业生产活动的最终成果。

**资产合计** 企业拥有或控制的能以货币计量的经济资源。包括各种财产、债权和其他权利。资产按其流动性划分为流动资产、长期投资、固定资产、无形及递延资产和其他资产。

**(1)流动资产** 企业可以在一年内或者超过一年的一个生产周期内变现或耗用的资产合计。包括现金及各种存款、短期投资、应收及预付款项、存货等。

**(2)固定资产** 企业固定资产净值、固定资产清理、在建工程、待处理固定资产损失所占用的资金合计。

**负债合计** 企业承担的能以货币计量，将以资产或劳务偿付的债务。负债一般按偿还期长短分为流动负债和长期负债、递延税项等。

**流动负债** 企业在一年内或者超过一年的一个营业周期内需要偿还的债务合计，其中包括短期借款、应付及预收款项、应付工资、应交税金和应交利润等。

**所有者权益** 企业投资人对企业净资产的所有权。企业净资产等于企业全部资产减去全部负债后的余额，其中包括投资者对企业的最初投入，以及资本公积金、盈余公积金和未分配利润，股份制企业即为股东权益。

**固定资产原价** 企业在建造、购置、安装、改建、扩建、技术改造某项固定资产时所支出的全部货币总额。它一般包括买价、包装费、运杂费和安装费等。

**主营业务收入** 企业销售产品和提供劳务等主要经营业务取得的业务总额。

**主营业务成本** 企业销售产品和提供劳务等主要经营业务的实际成本。

**主营业务税金及附加** 企业销售产品和提供工业性劳务等主要经营业务应负担的城市维护建设税、消费税、资源税和教育费附加。

**利润总额** 企业在生产经营过程中各种收入扣除各种耗费后的盈余，反映企业在报告期内实现的亏盈总额，包括营业利润、补贴收入、投资净收益和营业外收支净额。

**应交增值税** 企业按税法规定，从事货物销售或提供加工、修理修配劳务等增加货物价值的活动报告期应交纳的增值税额。计算公式为：

应交增值税 = 销项税额 －（进项税额 － 进项税额转出）－ 出口抵减内销产品应纳税额 － 减免税款 + 出口退税

**总资产贡献率** 反映企业全部资产的获利能力，是企业经营业绩和管理水平的集中体现，是评价和考核企业盈利能力的核心指标。计算公式为：

总资产贡献率(%) =(利润总额 + 税金总额 + 利息支出)/ 平均资产总额 × 100%

**资产负债率** 指标既反映企业经营风险的大小，也反映企业利用债权人提供的资金从事经营活动的能力。计算公式：

资产负债率(%) = 负债总额 / 资产总额 × 100%

**工业成本费用利润率** 在一定时期内实现的利

润与成本费用之比，是反映工业生产成本及费用投入的经济效益指标，同时也是反映降低成本的经济效益的指标。计算公式为：

工业成本费用利润率（%）= 利润总额 / 成本费用总额 × 100%

**产品销售率** 指报告期工业销售产值与同期工业总产值之比，是反映工业产品已实现销售的程度，分析工业产销衔接情况，研究工业产品满足社会需求程度的指标。计算公式为：

产品销售率（%）= 工业销售产值 / 工业总产值 × 100%

**亏损面** 指亏损企业单位数占全部工业企业单位数的比重。计算公式为：

亏损面（%）= 亏损企业单位数 / 全部工业企业单位数 × 100%。

**销售收入利润率** 指企业实现的总利润对同期的销售收入的比率，用以反映企业销售收入与利润之间的关系。计算公式为：

销售收入利润率 = 利润总额 / 营业收入 × 100%

# 09

# 建筑业

# 9-1 建筑施工企业主要经济指标

| 指　　标 | 2015 | 2016 |
| --- | --- | --- |
| 施工企业个数(个) | 127 | 123 |
| 计算劳动生产率平均人数(万人) | 2.69 | 2.56 |
| 固定资产原价(万元) | 140028 | 164104 |
| 固定资产合计(万元) | 94358 | 111162 |
| 建筑业总产值(万元) | 493907 | 558565 |
| 竣工产值(万元) | 296601 | 492726 |
| 固定资产折旧(万元) | 59030 | 66855 |
| 施工面积(万平方米) | 82.4 | 108.2 |
| 竣工面积(万平方米) | 52.2 | 48.1 |
| 营业利润(万元) | 3463 | 12203 |
| 管理费用(万元) | 29490 | 37025 |
| 利润总额(万元) | 3750 | 13251 |
| 上缴税金(万元) | 25699 | 24406 |
| 实收资本金(万元) | 163447 | 183440 |
| 资产总计(万元) | 672156 | 825155 |
| 负债合计(万元) | 500866 | 602356 |
| 所有者权益合计(万元) | 171290 | 222799 |

# 9-2 建筑企业签订的合同额

单位:万元

| 指 标 | 2015 | 2016 |
|---|---|---|
| 总 计 | 506021 | 660037 |
| 其中:国有及国有控股企业 | 257665 | 354055 |
| 一、按登记注册类型分组 | | |
| 内资企业 | 500914 | 655982 |
| 国有企业 | 136645 | 107157 |
| 集体企业 | 25676 | 4390 |
| 有限责任公司 | 198086 | 414876 |
| 股份有限公司 | 3682 | 1959 |
| 私营企业 | 135899 | 127599 |
| 其他企业 | 927 | |
| 外商投资企业 | 5107 | 4055 |
| 二、按国民经济行业分组 | | |
| 房屋工程建筑 | 148586 | 169268 |
| 土木工程建筑业 | 293019 | 413419 |
| 建筑安装业 | 47351 | 58926 |
| 建筑装饰业 | 3659 | 6697 |
| 其他建筑业 | 1389 | 2324 |
| 三、按隶属关系分组 | | |
| 中央 | 81036 | 55016 |
| 省(自治区、直辖市) | | |
| 地区(州、盟、省辖市) | 205718 | 373663 |
| 县(区、市、旗) | 68177 | 59702 |
| 村委会 | 95 | |
| 其他 | 150994 | 171656 |
| 四、按企业资质等级分组 | | |
| 施工总承包 | 423286 | 569883 |
| 一级 | 114070 | 217015 |
| 二级 | 86832 | 85940 |
| 三级及以下 | 222385 | 266928 |
| 专业承包 | 82734 | 90154 |
| 一级 | 6074 | 5070 |
| 二级 | 654 | 2036 |
| 三级及以下 | 76006 | 83048 |
| 五、按地区分 | | |
| 朔城区 | 292208 | 291734 |
| 开发区 | 25300 | 172322 |
| 平鲁区 | 16870 | 10882 |
| 山阴县 | 14623 | 13319 |
| 应 县 | 31619 | 24281 |
| 右玉县 | 11582 | 3049 |
| 怀仁县 | 113819 | 144450 |

# 9-3 建筑业总产值

单位:万元

| 指　　标 | 2015 | 2016 |
| --- | --- | --- |
| 总　　计 | 493907 | 558565 |
| 其中:国有及国有控股企业 | 213606 | 248725 |
| **一、按登记注册类型分组** | | |
| 内资企业 | 488800 | 554511 |
| 国有企业 | 99986 | 97131 |
| 集体企业 | 27389 | 3805 |
| 有限责任公司 | 230363 | 311731 |
| 股份有限公司 | 3501 | 1229 |
| 私营企业 | 126640 | 140614 |
| 其他企业 | 921 | |
| 外商投资企业 | 5107 | 4055 |
| **二、按国民经济行业分组** | | |
| 房屋工程建筑 | 171029 | 167014 |
| 土木工程建筑业 | 272389 | 326444 |
| 建筑安装业 | 35632 | 49354 |
| 建筑装饰业 | 3509 | 6241 |
| 其他建筑业 | 1383 | 2324 |
| **三、按隶属关系分组** | | |
| 中央 | 43031 | 43411 |
| 省(自治区、直辖市) | | |
| 地区(州、盟、省辖市) | 238839 | 284166 |
| 县(区、市、旗) | 69490 | 64468 |
| 村委会 | 89 | |
| 其他 | 142458 | 166520 |
| **四、按企业资质等级分组** | | |
| 施工总承包 | 404517 | 462654 |
| 一级 | 93474 | 104381 |
| 二级 | 87877 | 76815 |
| 三级及以下 | 223166 | 281458 |
| 专业承包 | 89390 | 95911 |
| 一级 | 4615 | 3086 |
| 二级 | 654 | 1660 |
| 三级及以下 | 84121 | 91165 |
| **五、按地区分** | | |
| 朔城区 | 280958 | 281755 |
| 开发区 | 24512 | 58173 |
| 平鲁区 | 16606 | 16054 |
| 山阴县 | 20398 | 21624 |
| 应　县 | 29043 | 25012 |
| 右玉县 | 11576 | 3049 |
| 怀仁县 | 110814 | 152899 |

# 9-4 在外省完成的产值

单位:万元

| 指 标 | 2015 | 2016 |
| --- | --- | --- |
| **总 计** | 6365 | 31209 |
| 其中:国有及国有控股企业 | 1540 | 15601 |
| **一、按登记注册类型分组** | | 276810 |
| 内资企业 | 3498 | 29463 |
| 国有企业 | 1540 | 15601 |
| 集体企业 | 0 | 0 |
| 有限责任公司 | 1893 | 8209 |
| 股份有限公司 | 0 | 0 |
| 私营企业 | 65 | 5653 |
| 其他企业 | 0 | |
| 外商投资企业 | 2867 | 1746 |
| **二、按国民经济行业分组** | | |
| 房屋工程建筑 | 0 | 5567 |
| 土木工程建筑业 | 4473 | 19444 |
| 建筑安装业 | 1893 | 6198 |
| 建筑装饰业 | 0 | 0 |
| 其他建筑业 | 0 | 0 |
| **三、按隶属关系分组** | | |
| 中央 | 4407 | 17348 |
| 省(自治区、直辖市) | | |
| 地区(州、盟、省辖市) | 0 | 4387 |
| 县(区、市、旗) | 0 | 0 |
| 村委会 | 0 | |
| 其他 | 1958 | 9475 |
| **四、按企业资质等级分组** | | |
| 施工总承包 | 1540 | 23683 |
| 一级 | 1540 | 19988 |
| 二级 | 0 | 0 |
| 三级及以下 | 0 | 3695 |
| 专业承包 | 4825 | 7526 |
| 一级 | 0 | 0 |
| 二级 | 0 | 0 |
| 三级及以下 | 4825 | 7526 |
| **五、按地区分** | | |
| 朔城区 | 6365 | 30321 |
| 开发区 | 0 | 888 |
| 平鲁区 | 0 | 0 |
| 山阴县 | 0 | 0 |
| 应 县 | 0 | 0 |
| 右玉县 | 0 | 0 |
| 怀仁县 | 0 | 0 |

# 9-5 建筑工程产值

单位:万元

| 指　　标 | 2015 | 2016 |
| --- | --- | --- |
| **总　　计** | 317708 | 330741 |
| 其中:国有及国有控股企业 | 144591 | 178401 |
| **一、按登记注册类型分组** | | |
| 内资企业 | 317708 | 330741 |
| 国有企业 | 57898 | 62754 |
| 集体企业 | 18974 | 3805 |
| 有限责任公司 | 155711 | 191350 |
| 股份有限公司 | 3332 | 1136 |
| 私营企业 | 81584 | 71697 |
| 其他企业 | 209 | |
| 外商投资企业 | 0 | 0 |
| **二、按国民经济行业分组** | | |
| 房屋工程建筑 | 135858 | 104537 |
| 土木工程建筑业 | 161651 | 210461 |
| 建筑安装业 | 9714 | 8533 |
| 建筑装饰业 | 1108 | 2039 |
| 其他建筑业 | 115 | 1190 |
| **三、按隶属关系分组** | | |
| 中央 | 13900 | 23335 |
| 省(自治区、直辖市) | | |
| 地区(州、盟、省辖市) | 163545 | 179101 |
| 县(区、市、旗) | 48582 | 43124 |
| 村委会 | 89 | |
| 其他 | 91592 | 85181 |
| **四、按企业资质等级分组** | | |
| 施工总承包 | 299525 | 305948 |
| 一级 | 63463 | 61811 |
| 二级 | 69347 | 61856 |
| 三级及以下 | 166716 | 182282 |
| 专业承包 | 18183 | 24793 |
| 一级 | 3365 | 2581 |
| 二级 | 20 | 1078 |
| 三级及以下 | 14798 | 21134 |
| **五、按地区分** | | |
| 朔城区 | 158264 | 129519 |
| 开发区 | 14219 | 42841 |
| 平鲁区 | 15094 | 14544 |
| 山阴县 | 17218 | 18622 |
| 应　县 | 23992 | 20290 |
| 右玉县 | 6041 | 1452 |
| 怀仁县 | 82880 | 103474 |

# 9-6 安装工程产值

单位:万元

| 指　　标 | 2015 | 2016 |
|---|---|---|
| 总　　计 | 143394 | 159281 |
| 其中:国有及国有控股企业 | 62430 | 62272 |
| 一、按登记注册类型分组 | | |
| 内资企业 | 143394 | 159281 |
| 国有企业 | 35503 | 26326 |
| 集体企业 | 8401 | 0 |
| 有限责任公司 | 69033 | 94207 |
| 股份有限公司 | 170 | 93 |
| 私营企业 | 30288 | 38656 |
| 其他企业 | 0 | |
| 外商投资企业 | 0 | 0 |
| 二、按国民经济行业分组 | | |
| 房屋工程建筑 | 29333 | 24077 |
| 土木工程建筑业 | 89438 | 98228 |
| 建筑安装业 | 23720 | 36192 |
| 建筑装饰业 | 201 | 126 |
| 其他建筑业 | 0 | 0 |
| 三、按隶属关系分组 | | |
| 中央 | 23359 | 15171 |
| 省(自治区、直辖市) | | |
| 地区(州、盟、省辖市) | 71302 | 81793 |
| 县(区、市、旗) | 12635 | 12312 |
| 村委会 | 0 | |
| 其他 | 36097 | 50005 |
| 四、按企业资质等级分组 | | |
| 施工总承包 | 87229 | 97053 |
| 一级 | 25924 | 18448 |
| 二级 | 14157 | 11586 |
| 三级及以下 | 47149 | 67019 |
| 专业承包 | 56164 | 62229 |
| 一级 | 1250 | 505 |
| 二级 | 0 | 49 |
| 三级及以下 | 54914 | 61675 |
| 五、按地区分 | | |
| 朔城区 | 108146 | 110831 |
| 开发区 | 5286 | 8640 |
| 平鲁区 | 0 | 0 |
| 山阴县 | 284 | 465 |
| 应　县 | 4977 | 4609 |
| 右玉县 | 0 | 0 |
| 怀仁县 | 24701 | 34736 |

# 9-7 其他产值

单位:万元

| 指　　标 | 2015 | 2016 |
|---|---|---|
| 总　　计 | 32805 | 68543 |
| 其中:国有及国有控股企业 | 6585 | 8052 |
| 一、按登记注册类型分组 | | |
| 内资企业 | 27698 | 64488 |
| 国有企业 | 6585 | 8052 |
| 集体企业 | 15 | 0 |
| 有限责任公司 | 5618 | 26174 |
| 股份有限公司 | 0 | 0 |
| 私营企业 | 14768 | 30262 |
| 其他企业 | 712 | |
| 外商投资企业 | 5107 | 4055 |
| 二、按国民经济行业分组 | | |
| 房屋工程建筑 | 5838 | 38400 |
| 土木工程建筑业 | 21300 | 17755 |
| 建筑安装业 | 2199 | 4628 |
| 建筑装饰业 | 2200 | 4076 |
| 其他建筑业 | 1268 | 1133 |
| 三、按隶属关系分组 | | |
| 中央 | 5772 | 4905 |
| 省(自治区、直辖市) | | |
| 地区(州、盟、省辖市) | 3992 | 23271 |
| 县(区、市、旗) | 8273 | 9032 |
| 村委会 | 0 | |
| 其他 | 14768 | 31335 |
| 四、按企业资质等级分组 | | |
| 施工总承包 | 17762 | 59653 |
| 一级 | 4087 | 24121 |
| 二级 | 4374 | 3373 |
| 三级及以下 | 9301 | 32158 |
| 专业承包 | 15043 | 8890 |
| 一级 | | 0 |
| 二级 | 634 | 534 |
| 三级及以下 | 14409 | 8356 |
| 五、按地区分 | | |
| 朔城区 | 14548 | 41413 |
| 开发区 | 5006 | 6683 |
| 平鲁区 | 1512 | 1510 |
| 山阴县 | 2897 | 2537 |
| 应　县 | 74 | 113 |
| 右玉县 | 5535 | 1597 |
| 怀仁县 | 3233 | 14689 |

# 9-8 建筑业竣工产值

单位:万元

| 指　　标 | 2015 | 2016 |
|---|---|---|
| 总　　计 | 296601 | 492726 |
| 其中:国有及国有控股企业 | 78220 | 265420 |
| 一、按登记注册类型分组 | | |
| 内资企业 | 291494 | 488671 |
| 国有企业 | 57603 | 139690 |
| 集体企业 | 24896 | 3110 |
| 有限责任公司 | 102520 | 247168 |
| 股份有限公司 | 1527 | 1229 |
| 私营企业 | 104092 | 97475 |
| 其他企业 | 857 | |
| 外商投资企业 | 5107 | 4055 |
| 二、按国民经济行业分组 | | |
| 房屋工程建筑 | 120929 | 109107 |
| 土木工程建筑业 | 126090 | 325367 |
| 建筑安装业 | 34806 | 44668 |
| 建筑装饰业 | 3509 | 5385 |
| 其他建筑业 | 1374 | 1444 |
| 三、按隶属关系分组 | | |
| 中央 | 5107 | 92327 |
| 省(自治区、直辖市) | | |
| 地区(州、盟、省辖市) | 117285 | 221458 |
| 县(区、市、旗) | 62163 | 56502 |
| 村委会 | 26 | |
| 其他 | 112020 | 122440 |
| 四、按企业资质等级分组 | | |
| 施工总承包 | 216062 | 419065 |
| 一级 | 28123 | 110921 |
| 二级 | 69767 | 59542 |
| 三级及以下 | 118172 | 248602 |
| 专业承包 | 80539 | 73661 |
| 一级 | 4663 | 3086 |
| 二级 | 654 | 311 |
| 三级及以下 | 75222 | 70264 |
| 五、按地区分 | | |
| 朔城区 | 195043 | 294944 |
| 开发区 | 13620 | 6683 |
| 平鲁区 | 16660 | 16028 |
| 山阴县 | 17211 | 18077 |
| 应　县 | 24792 | 18832 |
| 右玉县 | 8432 | 3049 |
| 怀仁县 | 20843 | 135113 |

# 9-9　建筑业企业房屋建筑施工面积

单位:平方米

| 指　　标 | 2015 | 2016 |
|---|---|---|
| 总　　计 | 823524 | 1081834 |
| 其中:国有及国有控股企业 | 286306 | 271583 |
| 一、按登记注册类型分组 | | |
| 内资企业 | 823524 | 1081834 |
| 国有企业 | 285676 | 271383 |
| 集体企业 | 50500 | 12000 |
| 有限责任公司 | 165086 | 589190 |
| 股份有限公司 | 14600 | 5200 |
| 私营企业 | 301510 | 204061 |
| 其他企业 | 6152 | |
| 外商投资企业 | | |
| 二、按国民经济行业分组 | | |
| 房屋工程建筑 | 618339 | 895645 |
| 土木工程建筑业 | 122178 | 137006 |
| 建筑安装业 | 44507 | 37183 |
| 建筑装饰业 | | |
| 其他建筑业 | | |
| 三、按隶属关系分组 | | |
| 中央 | 16406 | 24906 |
| 省(自治区、直辖市) | | |
| 地区(州、盟、省辖市) | 129887 | 380270 |
| 县(区、市、旗) | 321572 | 256245 |
| 村委会 | 1050 | |
| 其他 | 354609 | 420413 |
| 四、按企业资质等级分组 | | |
| 施工总承包 | 796681 | 1056153 |
| 一级 | 24406 | 282076 |
| 二级 | 381435 | 525547 |
| 三级及以下 | 390840 | 248530 |
| 专业承包 | 26843 | 25681 |
| 一级 | 20541 | 23042 |
| 二级 | | |
| 三级及以下 | 6302 | 2639 |
| 五、按地区分 | | |
| 朔城区 | 471467 | 630729 |
| 开发区 | 115054 | 291197 |
| 平鲁区 | 3500 | |
| 山阴县 | 16511 | 33226 |
| 应　县 | 99152 | 81005 |
| 右玉县 | 51352 | 11380 |
| 怀仁县 | 66488 | 34297 |

# 9-10 建筑企业房屋建筑竣工面积

单位:平方米

| 指　　标 | 2015 | 2016 |
| --- | --- | --- |
| **总　　计** | 521737 | 480608 |
| 其中:国有及国有控股企业 | 228315 | 231586 |
| **一、按登记注册类型分组** | | |
| 内资企业 | 521737 | 480608 |
| 国有企业 | 227685 | 231386 |
| 集体企业 | 26870 | 2500 |
| 有限责任公司 | 122710 | 157971 |
| 股份有限公司 | | 4600 |
| 私营企业 | 139370 | 84151 |
| 其他企业 | 5102 | |
| 外商投资企业 | | 0 |
| **二、按国民经济行业分组** | | |
| 房屋工程建筑 | 357449 | 329143 |
| 土木工程建筑业 | 105772 | 118706 |
| 建筑安装业 | 20016 | 32759 |
| 建筑装饰业 | | 0 |
| 其他建筑业 | | 0 |
| **三、按隶属关系分组** | | |
| 中央 | | 16406 |
| 省(自治区、直辖市) | | |
| 地区(州、盟、省辖市) | 125087 | 111200 |
| 县(区、市、旗) | 257280 | 214680 |
| 村委会 | | |
| 其他 | 139370 | 138322 |
| **四、按企业资质等级分组** | | |
| 施工总承包 | 508635 | 449554 |
| 一级 | 8000 | 16406 |
| 二级 | 179079 | 219241 |
| 三级及以下 | 321556 | 213907 |
| 专业承包 | 13102 | 31054 |
| 一级 | 8000 | 10100 |
| 二级 | | 0 |
| 三级及以下 | 5102 | 20954 |
| **五、按地区分** | | |
| 朔城区 | 349612 | 314477 |
| 开发区 | 14746 | 68225 |
| 平鲁区 | 3070 | 0 |
| 山阴县 | 15434 | 16810 |
| 应　县 | 58179 | 50621 |
| 右玉县 | 31502 | 10100 |
| 怀仁县 | 49194 | 20375 |

# 9-11 住宅竣工面积

单位:平方米

| 指　　标 | 2015 | 2016 |
|---|---|---|
| 总　　计 | 431447 | 407969 |
| 其中:国有及国有控股企业 | 190845 | 190919 |
| **一、按登记注册类型分组** | | |
| 内资企业 | 431447 | 407969 |
| 国有企业 | 190845 | 190919 |
| 集体企业 | 26870 | 2500 |
| 有限责任公司 | 101670 | 151071 |
| 股份有限公司 | | 4000 |
| 私营企业 | 106960 | 59479 |
| 其他企业 | 5102 | |
| 外商投资企业 | | 0 |
| **二、按国民经济行业分组** | | |
| 房屋工程建筑 | 270509 | 279339 |
| 土木工程建筑业 | 105772 | 102100 |
| 建筑安装业 | 16666 | 26530 |
| 建筑装饰业 | | |
| 其他建筑业 | | |
| **三、按隶属关系分组** | | |
| 中央 | | |
| 省(自治区、直辖市) | | |
| 地区(州、盟、省辖市) | 109670 | 111000 |
| 县(区、市、旗) | 214817 | 183919 |
| 村委会 | | |
| 其他 | 106960 | 113050 |
| **四、按企业资质等级分组** | | |
| 施工总承包 | 418345 | 383344 |
| 一级 | | 0 |
| 二级 | 142239 | 195180 |
| 三级及以下 | 276106 | 188164 |
| 专业承包 | 13102 | 24625 |
| 一级 | 8000 | 10100 |
| 二级 | | 0 |
| 三级及以下 | 5102 | 14525 |
| **五、按地区分** | | |
| 朔城区 | 334195 | 297871 |
| 开发区 | 14746 | 61996 |
| 平鲁区 | 3070 | 0 |
| 山阴县 | 9811 | 9910 |
| 应　县 | 21339 | 26560 |
| 右玉县 | 31502 | 9500 |
| 怀仁县 | 16784 | 2132 |

# 9-12 商业及服务用房竣工面积

单位:平方米

| 指　　标 | 2015 | 2016 |
|---|---|---|
| **总　　计** | 1600 | 5293 |
| 其中:国有及国有控股企业 | | 0 |
| **一、按登记注册类型分组** | | |
| 内资企业 | 1600 | 5293 |
| 国有企业 | | |
| 集体企业 | | |
| 有限责任公司 | 100 | |
| 股份有限公司 | | 600 |
| 私营企业 | 1500 | 4693 |
| 其他企业 | | |
| 外商投资企业 | | |
| **二、按国民经济行业分组** | | |
| 房屋工程建筑 | 100 | 5243 |
| 土木工程建筑业 | | 50 |
| 建筑安装业 | 1500 | |
| 建筑装饰业 | | |
| 其他建筑业 | | |
| **三、按隶属关系分组** | | |
| 中央 | | |
| 省(自治区、直辖市) | | |
| 地区(州、盟、省辖市) | | |
| 县(区、市、旗) | 100 | |
| 村委会 | | |
| 其他 | 1500 | 5293 |
| **四、按企业资质等级分组** | | |
| 施工总承包 | 1600 | 5243 |
| 一级 | | |
| 二级 | | |
| 三级及以下 | 1600 | 5243 |
| 专业承包 | | 50 |
| 一级 | | |
| 二级 | | |
| 三级及以下 | | 50 |
| **五、按地区分** | | |
| 朔城区 | | |
| 开发区 | | |
| 平鲁区 | | |
| 山阴县 | 100 | 50 |
| 应　县 | | 0 |
| 右玉县 | | 600 |
| 怀仁县 | 1500 | 4643 |

# 9-13 办公用房竣工面积

单位:平方米

| 指　　标 | 2015 | 2016 |
|---|---|---|
| 总　　计 | 21455 | 23989 |
| 其中:国有及国有控股企业 | 21455 | 12615 |
| 一、按登记注册类型分组 | | |
| 内资企业 | 21455 | 23989 |
| 国有企业 | 21425 | 12415 |
| 集体企业 | | 0 |
| 有限责任公司 | 30 | 200 |
| 股份有限公司 | | 0 |
| 私营企业 | | 11374 |
| 其他企业 | | |
| 外商投资企业 | | 0 |
| 二、按国民经济行业分组 | | |
| 房屋和土木工程建筑业 | 21455 | 18815 |
| 房屋工程建筑 | | 50 |
| 土木工程建筑业 | | 5124 |
| 建筑安装业 | | 0 |
| 建筑装饰业 | | 0 |
| 其他建筑业 | | |
| 三、按隶属关系分组 | | 0 |
| 中央 | | |
| 省(自治区、直辖市) | 30 | 200 |
| 地区(州、盟、省辖市) | 21425 | 12415 |
| 县(区、市、旗) | | |
| 村委会 | | 11374 |
| 其他 | | |
| 四、按企业资质等级分组 | | 18815 |
| 施工总承包 | 21455 | 0 |
| 一级 | 21455 | 12415 |
| 二级 | | 6400 |
| 三级及以下 | 21455 | 5174 |
| 专业承包 | 21425 | 0 |
| 一级 | | 0 |
| 二级 | 30 | 5174 |
| 三级及以下 | | |
| 五、按地区分 | | |
| 朔城区 | | 200 |
| 开发区 | | 5124 |
| 平鲁区 | | 50 |
| 山阴县 | 21455 | 12415 |
| 应　县 | | 0 |
| 右玉县 | | 6200 |
| 怀仁县 | | |

# 9-14 科研、教育、医疗用房屋竣工面积

单位:平方米

| 指　标 | 2015 | 2016 |
|---|---|---|
| **总　计** | 48204 | 15680 |
| 其中:国有及国有控股企业 | 8621 | 4450 |
| **一、按登记注册类型分组** | | |
| 内资企业 | 48204 | 15680 |
| 国有企业 | 8621 | 4450 |
| 集体企业 | | 0 |
| 有限责任公司 | 13523 | 6700 |
| 股份有限公司 | | 0 |
| 私营企业 | 26060 | 4530 |
| 其他企业 | | |
| 外商投资企业 | | 0 |
| **二、按国民经济行业分组** | | |
| 房屋工程建筑 | 48204 | 15650 |
| 土木工程建筑业 | | 30 |
| 建筑安装业 | | 0 |
| 建筑装饰业 | | 0 |
| 其他建筑业 | | 0 |
| **三、按隶属关系分组** | | |
| 中央 | | 0 |
| 省(自治区、直辖市) | | |
| 地区(州、盟、省辖市) | 8000 | 0 |
| 县(区、市、旗) | 14144 | 11150 |
| 村委会 | | |
| 其他 | 26060 | 4530 |
| **四、按企业资质等级分组** | | |
| 施工总承包 | 48204 | 15650 |
| 一级 | 8000 | 0 |
| 二级 | 8621 | 4450 |
| 三级及以下 | 31583 | 11200 |
| 专业承包 | | 30 |
| 一级 | | 0 |
| 二级 | | 0 |
| 三级及以下 | | 30 |
| **五、按地区分** | | |
| 朔城区 | 8000 | 0 |
| 开发区 | | |
| 平鲁区 | | 0 |
| 山阴县 | 5523 | 6730 |
| 应　县 | 8621 | 4450 |
| 右玉县 | | 0 |
| 怀仁县 | 26060 | 4500 |

# 9-15 厂房竣工面积

单位:平方米

| 指　　标 | 2015 | 2016 |
|---|---|---|
| 总　　计 | 11250 | 26717 |
| 其中:国有及国有控股企业 | 600 | 23602 |
| 一、按登记注册类型分组 | | |
| 内资企业 | 11250 | 26717 |
| 国有企业 | | 23602 |
| 集体企业 | | 0 |
| 有限责任公司 | 6400 | 0 |
| 股份有限公司 | 0 | 0 |
| 私营企业 | 4850 | 3115 |
| 其他企业 | | |
| 外商投资企业 | | 0 |
| 二、按国民经济行业分组 | | |
| 房屋工程建筑 | 9400 | 9196 |
| 土木工程建筑业 | | 16416 |
| 建筑安装业 | 1850 | 1105 |
| 建筑装饰业 | | 0 |
| 其他建筑业 | | 0 |
| 三、按隶属关系分组 | | |
| 中央 | | 16406 |
| 省(自治区、直辖市) | | |
| 地区(州、盟、省辖市) | 6400 | 0 |
| 县(区、市、旗) | | 7196 |
| 村委会 | | |
| 其他 | 4850 | 3115 |
| 四、按企业资质等级分组 | | |
| 施工总承包 | 11250 | 25602 |
| 一级 | | 16406 |
| 二级 | | 7196 |
| 三级及以下 | 11250 | 2000 |
| 专业承包 | | 1115 |
| 一级 | | 0 |
| 二级 | | 0 |
| 三级及以下 | | 1115 |
| 五、按地区分 | | |
| 朔城区 | 6400 | 16406 |
| 开发区 | | 1105 |
| 平鲁区 | | 0 |
| 山阴县 | | 10 |
| 应　县 | | 7196 |
| 右玉县 | | 0 |
| 怀仁县 | 4850 | 2000 |

# 9-16 其他用房竣工面积

单位:平方米

| 指　标 | 2015 | 2016 |
|---|---|---|
| 总　计 | | 910 |
| 其中:国有及国有控股企业 | | 0 |
| 一、按登记注册类型分组 | | |
| 内资企业 | | 910 |
| 国有企业 | | 0 |
| 集体企业 | | 0 |
| 有限责任公司 | | 0 |
| 股份有限公司 | | 0 |
| 私营企业 | | 910 |
| 其他企业 | | |
| 外商投资企业 | | 0 |
| 二、按国民经济行业分组 | | |
| 房屋工程建筑 | | 900 |
| 土木工程建筑业 | | 10 |
| 建筑安装业 | | 0 |
| 建筑装饰业 | | 0 |
| 其他建筑业 | | 0 |
| 三、按隶属关系分组 | | |
| 中央 | | 0 |
| 省(自治区、直辖市) | | |
| 地区(州、盟、省辖市) | | 0 |
| 县(区、市、旗) | | 0 |
| 村委会 | | |
| 其他 | | 910 |
| 四、按企业资质等级分组 | | |
| 施工总承包 | | 900 |
| 一级 | | 0 |
| 二级 | | 0 |
| 三级及以下 | | 900 |
| 专业承包 | | 10 |
| 一级 | | 0 |
| 二级 | | 0 |
| 三级及以下 | | 10 |
| 五、按地区分 | | |
| 朔城区 | | 0 |
| 开发区 | | |
| 平鲁区 | | 0 |
| 山阴县 | | 10 |
| 应　县 | | 0 |
| 右玉县 | | 0 |
| 怀仁县 | | 900 |

# 9-17 建筑业企业房屋建筑竣工价值

单位:万元

| 指　　标 | 2015 | 2016 |
|---|---|---|
| **总　　计** | 76291 | 72866 |
| 其中:国有及国有控股企业 | 33310 | 34484 |
| **一、按登记注册类型分组** | | |
| 内资企业 | 76291 | 72866 |
| 国有企业 | 33187 | 34470 |
| 集体企业 | 2737 | 220 |
| 有限责任公司 | 18430 | 27460 |
| 股份有限公司 | | 500 |
| 私营企业 | 21105 | 10215 |
| 其他企业 | 832 | |
| 外商投资企业 | | |
| **二、按国民经济行业分组** | | |
| 房屋工程建筑 | 53292 | 51066 |
| 土木工程建筑业 | 15832 | 17984 |
| 建筑安装业 | 2547 | 3816 |
| 建筑装饰业 | | |
| 其他建筑业 | | |
| **三、按隶属关系分组** | | |
| 中央 | | 2764 |
| 省(自治区、直辖市) | | |
| 地区(州、盟、省辖市) | 19035 | 16364 |
| 县(区、市、旗) | 36151 | 31734 |
| 村委会 | 0 | |
| 其他 | 21105 | 22004 |
| **四、按企业资质等级分组** | | |
| 施工总承包 | 73660 | 70546 |
| 一级 | 1600 | 2764 |
| 二级 | 26518 | 35860 |
| 三级及以下 | 45542 | 31921 |
| 专业承包 | 2632 | 2320 |
| 一级 | 1800 | 1555 |
| 二级 | | |
| 三级及以下 | 832 | 765 |
| **五、按地区分** | | |
| 朔城区 | 46970 | 42847 |
| 开发区 | 1676 | 11634 |
| 平鲁区 | 457 | |
| 山阴县 | 2838 | 3010 |
| 应　县 | 10024 | 9628 |
| 右玉县 | 3499 | 1340 |
| 怀仁县 | 10828 | 4408 |

## 9-18 住宅竣工价值

单位:万元

| 指　　标 | 2015 | 2016 |
|---|---|---|
| 总　　计 | 58566 | 60024 |
| 其中:国有及国有控股企业 | 26306 | 27433 |
| 一、按登记注册类型分组 | | |
| 内资企业 | 58566 | 60024 |
| 国有企业 | 26306 | 27433 |
| 集体企业 | 2737 | 220 |
| 有限责任公司 | 15200 | 26139 |
| 股份有限公司 | | 420 |
| 私营企业 | 13492 | 5812 |
| 其他企业 | 832 | |
| 外商投资企业 | | |
| 二、按国民经济行业分组 | | 2015 |
| 房屋工程建筑 | 36126 | 41161 |
| 土木工程建筑业 | 15832 | 15180 |
| 建筑安装业 | 1989 | 3683 |
| 建筑装饰业 | | |
| 其他建筑业 | | |
| 三、按隶属关系分组 | | |
| 中央 | | |
| 省(自治区、直辖市) | | |
| 地区(州、盟、省辖市) | 17000 | 16350 |
| 县(区、市、旗) | 28075 | 26153 |
| 村委会 | | |
| 其他 | 13492 | 17521 |
| 四、按企业资质等级分组 | | |
| 施工总承包 | 55935 | 57877 |
| 一级 | | 0 |
| 二级 | 19637 | 31587 |
| 三级及以下 | 36298 | 26290 |
| 专业承包 | 2632 | 2147 |
| 一级 | 1800 | 1555 |
| 二级 | | 0 |
| 三级及以下 | 832 | 592 |
| 五、按地区分 | | |
| 朔城区 | 44935 | 40069 |
| 开发区 | 1676 | 11501 |
| 平鲁区 | 457 | 0 |
| 山阴县 | 1643 | 1663 |
| 应　县 | 3143 | 5354 |
| 右玉县 | 3499 | 1260 |
| 怀仁县 | 3214 | 178 |

# 9-19 商业及服务用房竣工价值

单位:万元

| 指　　标 | 2015 | 2016 |
|---|---|---|
| 总　　计 | 377 | 554 |
| 其中:国有及国有控股企业 | | 0 |
| 一、按登记注册类型分组 | | |
| 内资企业 | 377 | 554 |
| 国有企业 | | 0 |
| 集体企业 | | 0 |
| 有限责任公司 | 118 | 0 |
| 股份有限公司 | | 80 |
| 私营企业 | 259 | 474 |
| 其他企业 | | |
| 外商投资企业 | | 0 |
| 二、按国民经济行业分组 | | |
| 房屋工程建筑 | 118 | 544 |
| 土木工程建筑业 | | 10 |
| 建筑安装业 | 259 | 0 |
| 建筑装饰业 | | 0 |
| 其他建筑业 | | 0 |
| 三、按隶属关系分组 | | |
| 中央 | | 0 |
| 省(自治区、直辖市) | | |
| 地区(州、盟、省辖市) | | 0 |
| 县(区、市、旗) | 118 | 0 |
| 村委会 | | |
| 其他 | 259 | 554 |
| 四、按企业资质等级分组 | | |
| 施工总承包 | 377 | 544 |
| 一级 | | 0 |
| 二级 | | 0 |
| 三级及以下 | 377 | 544 |
| 专业承包 | | 10 |
| 一级 | | |
| 二级 | | |
| 三级及以下 | | 10 |
| 五、按地区分 | | |
| 朔城区 | | |
| 开发区 | | |
| 平鲁区 | | |
| 山阴县 | 118 | 10 |
| 应　县 | | |
| 右玉县 | | 80 |
| 怀仁县 | 259 | 464 |

# 9-20 办公用房竣工价值

单位:万元

| 指　标 | 2015 | 2016 |
|---|---|---|
| 总　计 | 4179 | 3123 |
| 其中:国有及国有控股企业 | 4179 | 2307 |
| 一、按登记注册类型分组 | | |
| 内资企业 | 4179 | 3123 |
| 国有企业 | 4173 | 2293 |
| 集体企业 | | 0 |
| 有限责任公司 | 6 | 14 |
| 股份有限公司 | | |
| 私营企业 | | 816 |
| 其他企业 | | |
| 外商投资企业 | | 0 |
| 二、按国民经济行业分组 | | |
| 房屋工程建筑 | 4179 | 3018 |
| 土木工程建筑业 | | 10 |
| 建筑安装业 | | 95 |
| 建筑装饰业 | | |
| 其他建筑业 | | |
| 三、按隶属关系分组 | | |
| 中央 | | |
| 省(自治区、直辖市) | | |
| 地区(州、盟、省辖市) | 6 | 14 |
| 县(区、市、旗) | 4173 | 2293 |
| 村委会 | | |
| 其他 | | 816 |
| 四、按企业资质等级分组 | | |
| 施工总承包 | 4179 | 3018 |
| 一级 | | 0 |
| 二级 | 4173 | 2293 |
| 三级及以下 | 6 | 724 |
| 专业承包 | | 105 |
| 一级 | | 0 |
| 二级 | | 0 |
| 三级及以下 | | 105 |
| 五、按地区分 | | |
| 朔城区 | 6 | 14 |
| 开发区 | | 95 |
| 平鲁区 | | 0 |
| 山阴县 | | 10 |
| 应　县 | 4173 | 2293 |
| 右玉县 | | 0 |
| 怀仁县 | | 710 |

# 9-21 科研、教育、医疗用房竣工价值

单位:万元

| 指 标 | 2015 | 2016 |
| --- | --- | --- |
| 总 计 | 10005 | 4556 |
| 其中:国有及国有控股企业 | 1123 | 1023 |
| 一、按登记注册类型分组 | | |
| 内资企业 | 10005 | 4556 |
| 国有企业 | 1123 | 1023 |
| 集体企业 | | 0 |
| 有限责任公司 | 2676 | 1307 |
| 股份有限公司 | | 0 |
| 私营企业 | 6205 | 2226 |
| 其他企业 | | |
| 外商投资企业 | | 0 |
| 二、按国民经济行业分组 | | |
| 房屋工程建筑 | 10005 | 4550 |
| 土木工程建筑业 | | 6 |
| 建筑安装业 | | |
| 建筑装饰业 | | |
| 其他建筑业 | | |
| 三、按隶属关系分组 | | |
| 中央 | | |
| 省(自治区、直辖市) | | |
| 地区(州、盟、省辖市) | 1600 | |
| 县(区、市、旗) | 2199 | 2330 |
| 村委会 | | |
| 其他 | 6205 | 2226 |
| 四、按企业资质等级分组 | | |
| 施工总承包 | 10005 | 4550 |
| 一级 | 1600 | |
| 二级 | 1123 | 1023 |
| 三级及以下 | 7282 | 3527 |
| 专业承包 | | 6 |
| 一级 | | |
| 二级 | | |
| 三级及以下 | | 6 |
| 五、按地区分 | | |
| 朔城区 | 1600 | |
| 开发区 | | |
| 平鲁区 | | |
| 山阴县 | 1076 | 1313 |
| 应 县 | 1123 | 1023 |
| 右玉县 | | |
| 怀仁县 | 6205 | 2220 |

# 9–22 厂房竣工价值

单位:万元

| 指　　标 | 2015 | 2016 |
| --- | --- | --- |
| 总　　计 | 1517 | 4205 |
| 其中:国有及国有控股企业 | 117 | 3721 |
| 一、按登记注册类型分组 | | |
| 内资企业 | 1517 | 4205 |
| 国有企业 | | 3721 |
| 集体企业 | | |
| 有限责任公司 | 367 | |
| 股份有限公司 | | |
| 私营企业 | 1150 | 484 |
| 其他企业 | | |
| 外商投资企业 | | |
| 二、按国民经济行业分组 | | |
| 房屋工程建筑 | 1217 | 1401 |
| 土木工程建筑业 | | 2766 |
| 建筑安装业 | 300 | 38 |
| 建筑装饰业 | | |
| 其他建筑业 | | |
| 三、按隶属关系分组 | | |
| 中央 | | 2764 |
| 省(自治区、直辖市) | | |
| 地区(州、盟、省辖市) | 367 | 0 |
| 县(区、市、旗) | | 957 |
| 村委会 | | |
| 其他 | 1150 | 484 |
| 四、按企业资质等级分组 | | |
| 施工总承包 | 1517 | 4165 |
| 一级 | | 2764 |
| 二级 | | 957 |
| 三级及以下 | 1517 | 444 |
| 专业承包 | | 40 |
| 一级 | | 0 |
| 二级 | | 0 |
| 三级及以下 | | 40 |
| 五、按地区分 | | |
| 朔城区 | 367 | 1752 |
| 开发区 | | 1050 |
| 平鲁区 | | |
| 山阴县 | | 2 |
| 应　县 | | 957 |
| 右玉县 | | |
| 怀仁县 | 1150 | 444 |

# 9-23 其他用房竣工价值

单位:万元

| 指　　标 | 2015 | 2016 |
| --- | --- | --- |
| **总　　计** | | 394 |
| 其中:国有及国有控股企业 | | 0 |
| **一、按登记注册类型分组** | | |
| 内资企业 | | 394 |
| 国有企业 | | |
| 集体企业 | | |
| 有限责任公司 | | |
| 股份有限公司 | | |
| 私营企业 | | 394 |
| 其他企业 | | |
| 外商投资企业 | | 0 |
| **二、按国民经济行业分组** | | |
| 房屋工程建筑 | | 392 |
| 土木工程建筑业 | | 2 |
| 建筑安装业 | | |
| 建筑装饰业 | | |
| 其他建筑业 | | |
| **三、按隶属关系分组** | | |
| 中央 | | |
| 省(自治区、直辖市) | | |
| 地区(州、盟、省辖市) | | |
| 县(区、市、旗) | | |
| 村委会 | | |
| 其他 | | 394 |
| **四、按企业资质等级分组** | | |
| 施工总承包 | | 392 |
| 一级 | | |
| 二级 | | |
| 三级及以下 | | 392 |
| 专业承包 | | 2 |
| 一级 | | |
| 二级 | | |
| 三级及以下 | | 2 |
| **五、按地区分** | | |
| 朔城区 | | |
| 开发区 | | |
| 平鲁区 | | |
| 山阴县 | | 2 |
| 应　县 | | |
| 右玉县 | | |
| 怀仁县 | | 392 |

# 9-24 计算建筑业劳动生产率的平均人数

单位:人

| 指　　标 | 2015 | 2016 |
| --- | --- | --- |
| **总　　计** | 2240 | 25101 |
| 其中:国有及国有控股企业 | 1085 | 11833 |
| **一、按登记注册类型分组** | | |
| 内资企业 | 2240 | 24121 |
| 国有企业 | 636 | 6466 |
| 集体企业 | 126 | 130 |
| 有限责任公司 | 817 | 10284 |
| 股份有限公司 | 19 | 122 |
| 私营企业 | 622 | 7119 |
| 其他企业 | 22 | |
| 外商投资企业 | | 980 |
| **二、按国民经济行业分组** | | |
| 房屋工程建筑 | 801 | 7698 |
| 土木工程建筑业 | 1136 | 13193 |
| 建筑安装业 | 221 | 3363 |
| 建筑装饰业 | 20 | 328 |
| 其他建筑业 | 18 | 181 |
| **三、按隶属关系分组** | | |
| 中央 | 256 | 3429 |
| 省(自治区、直辖市) | | |
| 地区(州、盟、省辖市) | 921 | 9637 |
| 县(区、市、旗) | 394 | 3915 |
| 村委会 | 7 | |
| 其他 | 663 | 8120 |
| **四、按企业资质等级分组** | | |
| 施工总承包 | 1768 | 19770 |
| 一级 | 373 | 4391 |
| 二级 | 334 | 2690 |
| 三级及以下 | 1061 | 12689 |
| 专业承包 | 473 | 5331 |
| 一级 | 72 | 372 |
| 二级 | 7 | 105 |
| 三级及以下 | 395 | 4854 |
| **五、按地区分** | | |
| 朔城区 | 1376 | 13958 |
| 开发区 | 103 | 2664 |
| 平鲁区 | 48 | 723 |
| 山阴县 | 62 | 914 |
| 应　县 | 82 | 1027 |
| 右玉县 | 58 | 445 |
| 怀仁县 | 512 | 5370 |

# 9-25 工程技术人员

单位:人

| 指　　标 | 2015 | 2016 |
|---|---|---|
| **总　　计** | | 4030 |
| 其中:国有及国有控股企业 | | 1510 |
| **一、按登记注册类型分组** | | |
| 内资企业 | | 3948 |
| 国有企业 | | 1078 |
| 集体企业 | | 15 |
| 有限责任公司 | | 1482 |
| 股份有限公司 | | 5 |
| 私营企业 | | 1368 |
| 其他企业 | | |
| 外商投资企业 | | 82 |
| **二、按国民经济行业分组** | | |
| 房屋工程建筑 | | 1200 |
| 土木工程建筑业 | | 2020 |
| 建筑安装业 | | 626 |
| 建筑装饰业 | | 61 |
| 其他建筑业 | | 54 |
| **三、按隶属关系分组** | | |
| 中央 | | 660 |
| 省(自治区、直辖市) | | |
| 地区(州、盟、省辖市) | | 1316 |
| 县(区、市、旗) | | 506 |
| 村委会 | | |
| 其他 | | 1548 |
| **四、按企业资质等级分组** | | |
| 施工总承包 | | 2981 |
| 一级 | | 1014 |
| 二级 | | 485 |
| 三级及以下 | | 1482 |
| 专业承包 | | 1049 |
| 一级 | | 54 |
| 二级 | | 29 |
| 三级及以下 | | 966 |
| **五、按地区分** | | |
| 朔城区 | | 2601 |
| 开发区 | | 308 |
| 平鲁区 | | 80 |
| 山阴县 | | 186 |
| 应　县 | | 311 |
| 右玉县 | | 76 |
| 怀仁县 | | 468 |

# 9-26 建筑业财务状况流动资产情况

单位:万元

| 指　　标 | 2015 | 2016 |
| --- | --- | --- |
| **总　　计** | 533321 | 661258 |
| 其中:国有及国有控股企业 | 173152 | 236105 |
| **一、按登记注册类型分组** | | |
| 内资企业 | 529583 | 657061 |
| 国有企业 | 68208 | 95239 |
| 集体企业 | 23886 | 2941 |
| 有限责任公司 | 241118 | 330138 |
| 股份有限公司 | 2217 | 3170 |
| 私营企业 | 180712 | 225573 |
| 其他企业 | 13442 | |
| 外商投资企业 | 3738 | 4197 |
| **二、按国民经济行业分组** | | |
| 房屋工程建筑 | 174850 | 220844 |
| 土木工程建筑业 | 281334 | 341543 |
| 建筑安装业 | 62897 | 82632 |
| 建筑装饰业 | 4052 | 4593 |
| 其他建筑业 | 6312 | 5714 |
| **三、按隶属关系分组** | | |
| 中央 | 46456 | 42679 |
| 省(自治区、直辖市) | | |
| 地区(州、盟、省辖市) | 235650 | 317018 |
| 县(区、市、旗) | 37803 | 48713 |
| 村委会 | 13090 | |
| 其他 | 200322 | 252848 |
| **四、按企业资质等级分组** | | |
| 施工总承包 | 416836 | 547050 |
| 一级 | 113163 | 183691 |
| 二级 | 60295 | 73993 |
| 三级及以下 | 243379 | 289367 |
| 专业承包 | 116485 | 114207 |
| 一级 | 6876 | 5484 |
| 二级 | 1455 | 2397 |
| 三级及以下 | 108153 | 106326 |
| **五、按地区分** | | |
| 朔城区 | 243668 | 395693 |
| 开发区 | 73997 | 12493 |
| 平鲁区 | 24000 | 27516 |
| 山阴县 | 13861 | 20823 |
| 应　县 | 8384 | 13440 |
| 右玉县 | 16463 | 16531 |
| 怀仁县 | 152949 | 174762 |

# 9-27 固定资产

单位:万元

| 指　标 | 2015 | 2016 |
|---|---|---|
| 总　计 | 94358 | 111162 |
| 其中:国有及国有控股企业 | 15139 | 14056 |
| **一、按登记注册类型分组** | | |
| 内资企业 | 93237 | 110153 |
| 国有企业 | 11165 | 9903 |
| 集体企业 | 2279 | 148 |
| 有限责任公司 | 30106 | 46355 |
| 股份有限公司 | 1271 | 1176 |
| 私营企业 | 46935 | 52571 |
| 其他企业 | 1482 | |
| 外商投资企业 | 1121 | 1009 |
| **二、按国民经济行业分组** | | |
| 房屋工程建筑 | 28182 | 36411 |
| 土木工程建筑业 | 50489 | 57970 |
| 建筑安装业 | 8658 | 9615 |
| 建筑装饰业 | 3651 | 3756 |
| 其他建筑业 | 1490 | 1672 |
| **三、按隶属关系分组** | | |
| 中央 | 5913 | 5024 |
| 省(自治区、直辖市) | | |
| 地区(州、盟、省辖市) | 26099 | 40746 |
| 县(区、市、旗) | 9486 | 6580 |
| 村委会 | 1092 | |
| 其他 | 51769 | 58812 |
| **四、按企业资质等级分组** | | |
| 施工总承包 | 68971 | 81887 |
| 一级 | 9989 | 16560 |
| 二级 | 13481 | 18137 |
| 三级及以下 | 45501 | 47191 |
| 专业承包 | 25387 | 29274 |
| 一级 | 1874 | 2021 |
| 二级 | 329 | 580 |
| 三级及以下 | 23184 | 26673 |
| **五、按地区分** | | |
| 朔城区 | 45498 | 61926 |
| 开发区 | 12639 | 11762 |
| 平鲁区 | 5027 | 3259 |
| 山阴县 | 5876 | 5005 |
| 应　县 | 5412 | 10676 |
| 右玉县 | 3742 | 3543 |
| 怀仁县 | 16165 | 14991 |

# 9-28 累计折旧

单位:万元

| 指　　标 | 2015 | 2016 |
|---|---|---|
| 总　　计 | 59030 | 66855 |
| 其中:国有及国有控股企业 | 31509 | 32802 |
| 一、按登记注册类型分组 | | |
| 内资企业 | 57013 | 64706 |
| 国有企业 | 20981 | 21736 |
| 集体企业 | 436 | 341 |
| 有限责任公司 | 20985 | 25449 |
| 股份有限公司 | 230 | 337 |
| 私营企业 | 14023 | 16844 |
| 其他企业 | 358 | |
| 外商投资企业 | 2017 | 2149 |
| 二、按国民经济行业分组 | | |
| 房屋工程建筑 | 10239 | 14827 |
| 土木工程建筑业 | 40483 | 43423 |
| 建筑安装业 | 3545 | 4060 |
| 建筑装饰业 | 835 | 908 |
| 其他建筑业 | 1838 | 1396 |
| 三、按隶属关系分组 | | |
| 中央 | 17148 | 18093 |
| 省(自治区、直辖市) | | |
| 地区(州、盟、省辖市) | 20942 | 25162 |
| 县(区、市、旗) | 5027 | 4930 |
| 村委会 | 336 | |
| 其他 | 15577 | 18671 |
| 四、按企业资质等级分组 | | |
| 施工总承包 | 46202 | 53843 |
| 一级 | 25078 | 29497 |
| 二级 | 7921 | 8177 |
| 三级及以下 | 13203 | 16169 |
| 专业承包 | 12828 | 13013 |
| 一级 | 1751 | 1673 |
| 二级 | 929 | 475 |
| 三级及以下 | 10148 | 10865 |
| 五、按地区分 | | |
| 朔城区 | 35723 | 40889 |
| 开发区 | 11397 | 11857 |
| 平鲁区 | 678 | 2293 |
| 山阴县 | 4613 | 4440 |
| 应　县 | 2669 | 2295 |
| 右玉县 | 549 | 638 |
| 怀仁县 | 3402 | 4443 |

# 9-29 资产合计

单位:万元

| 指标 | 2015 | 2016 |
|---|---|---|
| 总计 | 672156 | 825155 |
| 其中:国有及国有控股企业 | 191411 | 255273 |
| 一、按登记注册类型分组 | | 25966 |
| 内资企业 | 667237 | 819890 |
| 国有企业 | 82030 | 109113 |
| 集体企业 | 27297 | 3125 |
| 有限责任公司 | 287496 | 395865 |
| 股份有限公司 | 3489 | 5003 |
| 私营企业 | 241960 | 306784 |
| 其他企业 | 24965 | |
| 外商投资企业 | 4919 | 5265 |
| 二、按国民经济行业分组 | | |
| 房屋工程建筑 | 219087 | 274422 |
| 土木工程建筑业 | 349496 | 420292 |
| 建筑安装业 | 82121 | 103595 |
| 建筑装饰业 | 7881 | 8831 |
| 其他建筑业 | 7802 | 8078 |
| 三、按隶属关系分组 | | |
| 中央 | 52653 | 47813 |
| 省(自治区、直辖市) | | |
| 地区(州、盟、省辖市) | 277286 | 376286 |
| 县(区、市、旗) | 49933 | 58827 |
| 村委会 | 24135 | |
| 其他 | 268149 | 342230 |
| 四、按企业资质等级分组 | | |
| 施工总承包 | 523123 | 672209 |
| 一级 | 131732 | 211592 |
| 二级 | 76570 | 96732 |
| 三级及以下 | 314821 | 363885 |
| 专业承包 | 149033 | 152946 |
| 一级 | 9202 | 7505 |
| 二级 | 1784 | 3886 |
| 三级及以下 | 138046 | 141555 |
| 五、按地区分 | | |
| 朔城区 | 319862 | 395308 |
| 开发区 | 88994 | 125143 |
| 平鲁区 | 29080 | 31384 |
| 山阴县 | 19737 | 26643 |
| 应县 | 14249 | 24616 |
| 右玉县 | 30368 | 30149 |
| 怀仁县 | 169866 | 191912 |

# 9-30 负债合计

单位:万元

| 指　　标 | 2015 | 2016 |
|---|---|---|
| 总　　计 | 500866 | 602356 |
| 其中:国有及国有控股企业 | 249720 | 320464 |
| 一、按登记注册类型分组 | | |
| 内资企业 | 496586 | 597752 |
| 国有企业 | 161103 | 197638 |
| 集体企业 | 13219 | 1252 |
| 有限责任公司 | 185820 | 241935 |
| 股份有限公司 | 1201 | 2196 |
| 私营企业 | 111378 | 154732 |
| 其他企业 | 23865 | |
| 外商投资企业 | 4281 | 4604 |
| 二、按国民经济行业分组 | | |
| 房屋工程建筑 | 99723 | 110562 |
| 土木工程建筑业 | 343040 | 410507 |
| 建筑安装业 | 53240 | 70818 |
| 建筑装饰业 | 1314 | 2415 |
| 其他建筑业 | 1810 | 2081 |
| 三、按隶属关系分组 | | |
| 中央 | 148435 | 152305 |
| 省(自治区、直辖市) | | |
| 地区(州、盟、省辖市) | 181011 | 242910 |
| 县(区、市、旗) | 27275 | 37445 |
| 村委会 | 23535 | |
| 其他 | 120610 | 169697 |
| 四、按企业资质等级分组 | | |
| 施工总承包 | 410111 | 507452 |
| 一级 | 189591 | 239595 |
| 二级 | 24792 | 42844 |
| 三级及以下 | 195728 | 225014 |
| 专业承包 | 90755 | 94904 |
| 一级 | 5054 | 5349 |
| 二级 | 648 | 759 |
| 三级及以下 | 85053 | 88796 |
| 五、按地区分 | | |
| 朔城区 | 286300 | 338658 |
| 开发区 | 48627 | 66687 |
| 平鲁区 | 17485 | 17254 |
| 山阴县 | 9156 | 14982 |
| 应　县 | 5794 | 12443 |
| 右玉县 | 25940 | 26014 |
| 怀仁县 | 107565 | 126317 |

# 9-31 所有者权益

单位:万元

| 指　　标 | 2015 | 2016 |
| --- | --- | --- |
| **总　　计** | 171290 | 222799 |
| 其中:国有及国有控股企业 | -58309 | -65191 |
| **一、按登记注册类型分组** | | |
| 内资企业 | 170651 | 222137 |
| 国有企业 | -79073 | -88524 |
| 集体企业 | 14078 | 1873 |
| 有限责任公司 | 101676 | 153930 |
| 股份有限公司 | 2288 | 2807 |
| 私营企业 | 130582 | 152051 |
| 其他企业 | 1100 | |
| 外商投资企业 | 638 | 661 |
| **二、按国民经济行业分组** | | |
| 房屋工程建筑 | 119365 | 163860 |
| 土木工程建筑业 | 6457 | 9786 |
| 建筑安装业 | 28881 | 32778 |
| 建筑装饰业 | 6567 | 6416 |
| 其他建筑业 | 5992 | 5997 |
| **三、按隶属关系分组** | | |
| 中央 | -95783 | -104492 |
| 省(自治区、直辖市) | | |
| 地区(州、盟、省辖市) | 96275 | 133376 |
| 县(区、市、旗) | 22658 | 21382 |
| 村委会 | 600 | |
| 其他 | 147539 | 172533 |
| **四、按企业资质等级分组** | | |
| 施工总承包 | 113012 | 164757 |
| 一级 | -57859 | -28003 |
| 二级 | 51778 | 53888 |
| 三级以下 | 119094 | 138871 |
| 一级 | 4149 | 2156 |
| 二级 | 1136 | 3126 |
| 三级以下 | 52993 | 52760 |
| **五、按地区分** | | |
| 朔城区 | 33562 | 86105 |
| 开发区 | 40367 | 29001 |
| 平鲁区 | 11595 | 14130 |
| 山阴县 | 10581 | 11661 |
| 应　县 | 8455 | 12173 |
| 右玉县 | 4428 | 4135 |
| 怀仁县 | 62301 | 65596 |

# 9-32 实收资本金

单位:万元

| 指　　标 | 2015 | 2016 |
|---|---|---|
| 总　　计 | 163447 | 183440 |
| 其中:国有及国有控股企业 | 28881 | 29879 |
| 一、按登记注册类型分组 | | |
| 内资企业 | 163447 | 183440 |
| 国有企业 | 20158 | 20526 |
| 集体企业 | 7646 | 1870 |
| 有限责任公司 | 46518 | 60496 |
| 股份有限公司 | 2272 | 2663 |
| 私营企业 | 85753 | 97885 |
| 其他企业 | 1100 | |
| 外商投资企业 | 0 | |
| 二、按国民经济行业分组 | | |
| 房屋工程建筑 | 54648 | 69296 |
| 土木工程建筑业 | 74422 | 73489 |
| 建筑安装业 | 20182 | 26405 |
| 建筑装饰业 | 5120 | 5467 |
| 其他建筑业 | 5574 | 5283 |
| 三、按隶属关系分组 | | |
| 中央 | 9643 | 9643 |
| 省(自治区、直辖市) | | |
| 地区(州、盟、省辖市) | 42640 | 50040 |
| 县(区、市、旗) | 16513 | 15616 |
| 村委会 | 600 | |
| 其他 | 94049 | 108140 |
| 四、按企业资质等级分组 | | |
| 施工总承包 | 121968 | 141251 |
| 一级 | 19265 | 28945 |
| 二级 | 26189 | 27465 |
| 三级及以下 | 76515 | 84842 |
| 专业承包 | 41478 | 42188 |
| 一级 | 1826 | 826 |
| 二级 | 802 | 2479 |
| 三级及以下 | 38850 | 38883 |
| 五、按地区分 | | |
| 朔城区 | 82956 | 112737 |
| 开发区 | 18706 | 8520 |
| 平鲁区 | 8539 | 9652 |
| 山阴县 | 8244 | 9140 |
| 应　县 | 7875 | 5143 |
| 右玉县 | 4408 | 4135 |
| 怀仁县 | 32718 | 34113 |

# 9-33 营业业务收入

单位:万元

| 指　　标 | 2015 | 2016 |
| --- | --- | --- |
| **总　　计** | 499690 | 607545 |
| 其中:国有及国有控股企业 | 224930 | 269865 |
| **一、按登记注册类型分组** | | |
| 内资企业 | 494583 | 603490 |
| 国有企业 | 102774 | 108988 |
| 集体企业 | 27567 | 3805 |
| 有限责任公司 | 239080 | 314175 |
| 股份有限公司 | 4226 | 3330 |
| 私营企业 | 119792 | 173193 |
| 其他企业 | 1145 | |
| 外商投资企业 | 5107 | 4055 |
| **二、按国民经济行业分组** | | |
| 房屋工程建筑 | 170303 | 198336 |
| 土木工程建筑业 | 282031 | 339205 |
| 建筑安装业 | 32283 | 50735 |
| 建筑装饰业 | 3500 | 5556 |
| 其他建筑业 | 1599 | 4808 |
| **三、按隶属关系分组** | | |
| 中央 | 43561 | 43899 |
| 省(自治区、直辖市) | | |
| 地区(州、盟、省辖市) | 247675 | 292781 |
| 县(区、市、旗) | 72624 | 75153 |
| 村委会 | 313 | |
| 其他 | 135517 | 195712 |
| **四、按企业资质等级分组** | | |
| 施工总承包 | 411428 | 508311 |
| 一级 | 98992 | 117315 |
| 二级 | 92758 | 81196 |
| 三级及以下 | 219678 | 309801 |
| 专业承包 | 88262 | 99234 |
| 一级 | 5990 | 5299 |
| 二级 | 654 | 4111 |
| 三级及以下 | 81618 | 89824 |
| **五、按地区分** | | |
| 朔城区 | 258469 | 311771 |
| 开发区 | 49365 | 39717 |
| 平鲁区 | 18380 | 17221 |
| 山阴县 | 21016 | 22212 |
| 应　县 | 33366 | 30195 |
| 右玉县 | 11496 | 5690 |
| 怀仁县 | 107597 | 180739 |

# 9-34 营业业务成本

单位:万元

| 指　　标 | 2015 | 2016 |
|---|---|---|
| **总　　计** | 441573 | 532386 |
| 其中:国有及国有控股企业 | 203678 | 248204 |
| **一、按登记注册类型分组** | | |
| 内资企业 | 436719 | 528587 |
| 国有企业 | 100204 | 102316 |
| 集体企业 | 23872 | 2748 |
| 有限责任公司 | 206529 | 276865 |
| 股份有限公司 | 3494 | 2918 |
| 私营企业 | 101657 | 143739 |
| 其他企业 | 963 | |
| 外商投资企业 | 4854 | 3799 |
| **二、按国民经济行业分组** | | |
| 房屋工程建筑 | 148942 | 170446 |
| 土木工程建筑业 | 253011 | 301565 |
| 建筑安装业 | 26744 | 45449 |
| 建筑装饰业 | 2479 | 4343 |
| 其他建筑业 | 1270 | 3288 |
| **三、按隶属关系分组** | | |
| 中央 | 48741 | 46208 |
| 省(自治区、直辖市) | | |
| 地区(州、盟、省辖市) | 215124 | 258296 |
| 县(区、市、旗) | 62691 | 65014 |
| 村委会 | 257 | |
| 其他 | 114760 | 162868 |
| **四、按企业资质等级分组** | | |
| 施工总承包 | 363691 | 450410 |
| 一级 | 90608 | 113097 |
| 二级 | 77512 | 66357 |
| 三级及以下 | 195571 | 270956 |
| 专业承包 | 77882 | 81976 |
| 一级 | 5106 | 4328 |
| 二级 | 483 | 2539 |
| 三级及以下 | 72292 | 75110 |
| **五、按地区分** | | |
| 朔城区 | 239759 | 273335 |
| 开发区 | 34284 | 34685 |
| 平鲁区 | 16120 | 15156 |
| 山阴县 | 17961 | 19906 |
| 应　县 | 27295 | 24638 |
| 右玉县 | 8909 | 4050 |
| 怀仁县 | 97246 | 160616 |

# 9-35 营业结算税金及附加

单位:万元

| 指　标 | 2015 | 2016 |
|---|---|---|
| 总　计 | 17857 | 15690 |
| 其中:国有及国有控股企业 | 7702 | 7481 |
| 一、按登记注册类型分组 | | |
| 内资企业 | 17749 | 15551 |
| 国有企业 | 3686 | 3387 |
| 集体企业 | 860 | 105 |
| 有限责任公司 | 7834 | 7061 |
| 股份有限公司 | 144 | 64 |
| 私营企业 | 5182 | 4934 |
| 其他企业 | 43 | |
| 外商投资企业 | 107 | 140 |
| 二、按国民经济行业分组 | | |
| 房屋工程建筑 | 6761 | 5312 |
| 土木工程建筑业 | 9554 | 8916 |
| 建筑安装业 | 1040 | 1001 |
| 建筑装饰业 | 144 | 140 |
| 其他建筑业 | 46 | 152 |
| 三、按隶属关系分组 | | |
| 中央 | 1504 | 883 |
| 省(自治区、直辖市) | | |
| 地区(州、盟、省辖市) | 8222 | 6920 |
| 县(区、市、旗) | 2511 | 2680 |
| 村委会 | 18 | |
| 其他 | 5601 | 5208 |
| 四、按企业资质等级分组 | | |
| 施工总承包 | 15041 | 13546 |
| 一级 | 3475 | 2150 |
| 二级 | 3087 | 3313 |
| 三级及以下 | 8479 | 8084 |
| 专业承包 | 2815 | 2144 |
| 一级 | 192 | 160 |
| 二级 | 33 | 138 |
| 三级及以下 | 2591 | 1846 |
| 五、按地区分 | | |
| 朔城区 | 9023 | 8168 |
| 开发区 | 1505 | 569 |
| 平鲁区 | 725 | 433 |
| 山阴县 | 775 | 620 |
| 应　县 | 1134 | 1316 |
| 右玉县 | 322 | 92 |
| 怀仁县 | 4374 | 4492 |

# 9-36 其他业务利润

单位:万元

| 指　　标 | 2015 | 2016 |
|---|---|---|
| 总　　计 | 745 | 1139 |
| 其中:国有及国有控股企业 | 194 | 587 |
| 一、按登记注册类型分组 | | |
| 内资企业 | 743 | 1138 |
| 国有企业 | 557 | 459 |
| 集体企业 | 0 | 0 |
| 有限责任公司 | -62 | 98 |
| 股份有限公司 | 0 | 30 |
| 私营企业 | 248 | 552 |
| 其他企业 | 0 | |
| 外商投资企业 | 2 | 1 |
| 二、按国民经济行业分组 | | |
| 房屋工程建筑 | 17 | 518 |
| 土木工程建筑业 | 196 | 557 |
| 建筑安装业 | 382 | 30 |
| 建筑装饰业 | 0 | 0 |
| 其他建筑业 | 150 | 34 |
| 三、按隶属关系分组 | | |
| 中央 | 487 | 459 |
| 省(自治区、直辖市) | | |
| 地区(州、盟、省辖市) | -62 | 128 |
| 县(区、市、旗) | 72 | 0 |
| 村委会 | 0 | |
| 其他 | 248 | 552 |
| 四、按企业资质等级分组 | | |
| 施工总承包 | 211 | 1105 |
| 一级 | 122 | 557 |
| 二级 | 0 | 518 |
| 三级及以下 | 89 | 30 |
| 专业承包 | 534 | 34 |
| 一级 | 0 | 0 |
| 二级 | 0 | 0 |
| 三级及以下 | 534 | 34 |
| 五、按地区分 | | |
| 朔城区 | 788 | 1541 |
| 开发区 | -132 | -402 |
| 平鲁区 | 0 | |
| 山阴县 | 0 | |
| 应　县 | 0 | |
| 右玉县 | 0 | |
| 怀仁县 | 89 | |

# 9-37 管理费用

单位:万元

| 指　　标 | 2015 | 2016 |
|---|---|---|
| 总　　计 | 29490 | 37025 |
| 其中:国有及国有控股企业 | 10933 | 11284 |
| 一、按登记注册类型分组 | | |
| 内资企业 | 29313 | 36998 |
| 国有企业 | 6105 | 5221 |
| 集体企业 | 1765 | 744 |
| 有限责任公司 | 13415 | 18135 |
| 股份有限公司 | 129 | 204 |
| 私营企业 | 7783 | 12695 |
| 其他企业 | 116 | |
| 外商投资企业 | 177 | 26 |
| 二、按国民经济行业分组 | | |
| 房屋工程建筑 | 7433 | 10306 |
| 土木工程建筑业 | 18059 | 21945 |
| 建筑安装业 | 3347 | 3388 |
| 建筑装饰业 | 276 | 464 |
| 其他建筑业 | 238 | 479 |
| 三、按隶属关系分组 | | |
| 中央 | 2675 | 2032 |
| 省(自治区、直辖市) | | |
| 地区(州、盟、省辖市) | 13717 | 16974 |
| 县(区、市、旗) | 4400 | 3958 |
| 村委会 | 29 | |
| 其他 | 8668 | 14060 |
| 四、按企业资质等级分组 | | |
| 施工总承包 | 19045 | 27000 |
| 一级 | 5272 | 5909 |
| 二级 | 4795 | 4708 |
| 三级及以下 | 8979 | 16384 |
| 专业承包 | 10445 | 10025 |
| 一级 | 445 | 443 |
| 二级 | 141 | 593 |
| 三级及以下 | 9859 | 8989 |
| 五、按地区分 | | |
| 朔城区 | 16995 | 23165 |
| 开发区 | 3979 | 3201 |
| 平鲁区 | 905 | 1275 |
| 山阴县 | 1075 | 737 |
| 应　县 | 2048 | 2505 |
| 右玉县 | 569 | 326 |
| 怀仁县 | 3919 | 5815 |

# 9-38 财务费用

单位:万元

| 指标 | 2015 | 2016 |
|---|---|---|
| 总　计 | 2455 | 1952 |
| 其中:国有及国有控股企业 | 710 | 722 |
| 一、按登记注册类型分组 | | |
| 内资企业 | 2456 | 1952 |
| 国有企业 | 565 | 656 |
| 集体企业 | 4 | 0 |
| 有限责任公司 | 831 | 552 |
| 股份有限公司 | 105 | 21 |
| 私营企业 | 949 | 723 |
| 其他企业 | 1 | |
| 外商投资企业 | -1 | 0 |
| 二、按国民经济行业分组 | | |
| 房屋工程建筑 | 1273 | 859 |
| 土木工程建筑业 | 1003 | 937 |
| 建筑安装业 | 158 | 152 |
| 建筑装饰业 | 11 | 7 |
| 其他建筑业 | 11 | -3 |
| 三、按隶属关系分组 | | |
| 中央 | 266 | 2 |
| 省(自治区、直辖市) | | |
| 地区(州、盟、省辖市) | 449 | 668 |
| 县(区、市、旗) | 224 | 168 |
| 村委会 | 3 | |
| 其他 | 1514 | 1114 |
| 四、按企业资质等级分组 | | |
| 施工总承包 | 2213 | 1728 |
| 一级 | 610 | 138 |
| 二级 | 635 | 894 |
| 三级及以下 | 968 | 696 |
| 专业承包 | 242 | 224 |
| 一级 | 93 | 122 |
| 二级 | 0 | -4 |
| 三级及以下 | 148 | 106 |
| 五、按地区分 | | |
| 朔城区 | 936 | 1064 |
| 开发区 | 815 | 348 |
| 平鲁区 | 131 | 187 |
| 山阴县 | 9 | -1 |
| 应　县 | 245 | 148 |
| 右玉县 | 108 | 32 |
| 怀仁县 | 212 | 174 |

# 9-39 营业利润

单位:万元

| 指　　标 | 2015 | 2016 |
|---|---|---|
| **总　　计** | 3463 | 12203 |
| 其中:国有及国有控股企业 | -549 | -1786 |
| **一、按登记注册类型分组** | | |
| 内资企业 | 3493 | 12113 |
| 国有企业 | -10136 | -6471 |
| 集体企业 | 1056 | 205 |
| 有限责任公司 | 9982 | 10510 |
| 股份有限公司 | 162 | 102 |
| 私营企业 | 2421 | 7767 |
| 其他企业 | 7 | |
| 外商投资企业 | -30 | 90 |
| **二、按国民经济行业分组** | | |
| 房屋工程建筑 | 4279 | 9803 |
| 土木工程建筑业 | -1881 | 1543 |
| 建筑安装业 | 422 | 42 |
| 建筑装饰业 | 473 | 529 |
| 其他建筑业 | -58 | 705 |
| **三、按隶属关系分组** | | |
| 中央 | -10450 | -7060 |
| 省(自治区、直辖市) | | |
| 地区(州、盟、省辖市) | 9367 | 8462 |
| 县(区、市、旗) | 1422 | 1796 |
| 村委会 | 4 | |
| 其他 | 3120 | 9005 |
| **四、按企业资质等级分组** | | |
| 施工总承包 | 7807 | 9175 |
| 一级 | -1812 | -5870 |
| 二级 | 5089 | 4246 |
| 三级及以下 | 4531 | 10799 |
| 专业承包 | -4345 | 3028 |
| 一级 | -40 | 22 |
| 二级 | -15 | 812 |
| 三级及以下 | -4290 | 2194 |
| **五、按地区分** | | |
| 朔城区 | -11069 | 4011 |
| 开发区 | 8545 | -3399 |
| 平鲁区 | 354 | 164 |
| 山阴县 | 801 | 610 |
| 应　县 | 1527 | 546 |
| 右玉县 | 1513 | 1137 |
| 怀仁县 | 1791 | 9134 |

# 9-40 利润总额

单位:万元

| 指 标 | 2015 | 2016 |
|---|---|---|
| 总 计 | 3750 | 13251 |
| 其中:国有及国有控股企业 | -388 | -685 |
| 一、按登记注册类型分组 | | |
| 内资企业 | 3745 | 13228 |
| 国有企业 | -10116 | -5355 |
| 集体企业 | 1056 | 205 |
| 有限责任公司 | 10230 | 10639 |
| 股份有限公司 | 162 | 102 |
| 私营企业 | 2406 | 7636 |
| 其他企业 | 7 | |
| 外商投资企业 | 5 | 23 |
| 二、按国民经济行业分组 | | |
| 房屋工程建筑 | 4247 | 9697 |
| 土木工程建筑业 | -1740 | 2892 |
| 建筑安装业 | 587 | -158 |
| 建筑装饰业 | 466 | 534 |
| 其他建筑业 | -58 | 705 |
| 三、按隶属关系分组 | | |
| 中央 | -10395 | -6082 |
| 省(自治区、直辖市) | | |
| 地区(州、盟、省辖市) | 9490 | 8701 |
| 县(区、市、旗) | 1420 | 1850 |
| 村委会 | 4 | |
| 其他 | 3232 | 8782 |
| 四、按企业资质等级分组 | | |
| 施工总承包 | 7903 | 10138 |
| 一级 | -1737 | -4832 |
| 二级 | 5071 | 4232 |
| 三级及以下 | 4569 | 10737 |
| 专业承包 | -4153 | 3114 |
| 一级 | -40 | 40 |
| 二级 | -15 | 812 |
| 三级及以下 | -4098 | 2262 |
| 五、按地区分 | | |
| 朔城区 | -10889 | 2905 |
| 开发区 | 8609 | -1213 |
| 平鲁区 | 354 | 164 |
| 山阴县 | 811 | 627 |
| 应 县 | 1452 | 567 |
| 右玉县 | 1513 | 1137 |
| 怀仁县 | 1900 | 9064 |

# 9-41 本年应付工资

单位:万元

| 指　　标 | 2015 | 2016 |
|---|---|---|
| 总　　计 | 69337 | 67057 |
| 其中:国有及国有控股企业 | 31104 | 27971 |
| 一、按登记注册类型分组 | | |
| 内资企业 | 69337 | 67057 |
| 国有企业 | 24304 | 21990 |
| 集体企业 | 1611 | 683 |
| 有限责任公司 | 21400 | 21371 |
| 股份有限公司 | 510 | 312 |
| 私营企业 | 21097 | 22701 |
| 其他企业 | 417 | |
| 外商投资企业 | 0 | |
| 二、按国民经济行业分组 | | |
| 房屋工程建筑 | 26471 | 21154 |
| 土木工程建筑业 | 33169 | 30703 |
| 建筑安装业 | 6918 | 12559 |
| 建筑装饰业 | 493 | 951 |
| 其他建筑业 | 283 | 577 |
| 三、按隶属关系分组 | | |
| 中央 | 12197 | 9803 |
| 省(自治区、直辖市) | | |
| 地区(州、盟、省辖市) | 21062 | 19820 |
| 县(区、市、旗) | 13516 | 12791 |
| 村委会 | 87 | |
| 其他 | 22477 | 24644 |
| 四、按企业资质等级分组 | | |
| 施工总承包 | 53186 | 49640 |
| 一级 | 20819 | 15136 |
| 二级 | 10276 | 7872 |
| 三级及以下 | 22091 | 26632 |
| 专业承包 | 16151 | 17418 |
| 一级 | 1876 | 949 |
| 二级 | 152 | 277 |
| 三级及以下 | 14123 | 16191 |
| 五、按地区分 | | |
| 朔城区 | 46887 | 47641 |
| 开发区 | 6294 | 2656 |
| 平鲁区 | 1805 | 2320 |
| 山阴县 | 2294 | 2243 |
| 应　县 | 4861 | 4798 |
| 右玉县 | 1639 | 1263 |
| 怀仁县 | 5557 | 6136 |

# 9-42 应收工程款

单位:万元

| 指　　标 | 2015 | 2016 |
|---|---|---|
| 总　　计 | 231974 | 255276 |
| 其中:国有及国有控股企业 | 119515 | 116649 |
| 一、按登记注册类型分组 | | |
| 内资企业 | 229319 | 252495 |
| 国有企业 | 41578 | 42925 |
| 集体企业 | 12411 | 2556 |
| 有限责任公司 | 121130 | 136916 |
| 股份有限公司 | 471 | 456 |
| 私营企业 | 50170 | 69643 |
| 其他企业 | 3559 | |
| 外商投资企业 | 2656 | 2780 |
| 二、按国民经济行业分组 | | |
| 房屋工程建筑 | 58112 | 53054 |
| 土木工程建筑业 | 149554 | 162498 |
| 建筑安装业 | 18148 | 32087 |
| 建筑装饰业 | 818 | 1133 |
| 其他建筑业 | 3041 | 2749 |
| 三、按隶属关系分组 | | |
| 中央 | 33354 | 34392 |
| 省(自治区、直辖市) | | |
| 地区(州、盟、省辖市) | 127990 | 125216 |
| 县(区、市、旗) | 13656 | 14175 |
| 村委会 | 3507 | |
| 其他 | 53468 | 81493 |
| 四、按企业资质等级分组 | | |
| 施工总承包 | 186900 | 204192 |
| 一级 | 78552 | 70662 |
| 二级 | 17228 | 20301 |
| 三级及以下 | 91120 | 113229 |
| 专业承包 | 45074 | 51084 |
| 一级 | 2324 | 2315 |
| 二级 | 286 | 752 |
| 三级及以下 | 42463 | 48017 |
| 五、按地区分 | | |
| 朔城区 | 112659 | 123871 |
| 开发区 | 37250 | 38368 |
| 平鲁区 | 4131 | 18918 |
| 山阴县 | 2694 | 3494 |
| 应　县 | 5676 | 5740 |
| 右玉县 | 4536 | 4696 |
| 怀仁县 | 65029 | 60190 |

# 主要统计指标解释

**签订的合同额** 指建筑业企业在报告期直接同建设单位签订合同的总价款和以前年度同建设单位签定合同的未完工程跨入本年度继续施工工程合同的总价款余额。

**本年新签合同额** 指建筑业企业在报告期内同建设单位直接新签订的各种国内工程合同的总价款,不包括与其他建筑业企业新签的分包合同额。

**建筑业总产值** 建筑业总产值是以货币表现的建筑业企业在一定时期内生产的建筑业产品和服务的总和。建筑业总产值包括建筑工程产值、安装工程产值和其他产值三部分内容。

**竣工产值** 一般是以单位工程为对象,当该工程按照设计所规定的工程内容全部完成,达到了设计规定的交工条件,经有关部门检查验收鉴定合格的单位工程价值,即为竣工产值。竣工产值包括范围应是报告期内竣工单位工程从开工到竣工的全部自行完成的价值,竣工产值不包括附属辅助企业或内部核算的其他单位为外单位生产和服务的价值。

**房屋施工面积** 指报告期内施工的全部房屋建筑面积,它包括本期新开工的面积、上期跨入本期继续施工的房屋面积、上期停缓建在本期恢复施工的房屋面积、本期竣工的房屋面积以及本期施工后又停缓建的房屋面积。

**房屋竣工面积** 指在报告期内房屋建筑按照设计要求已全部完工,达到住人和使用条件,经验收鉴定合格或达到竣工验收标准,可正式移交使用的各栋房屋建筑面积总和。

**房屋竣工价值** 指在报告期内按规定已经上报竣工的房屋本身的建造价值。一般按房屋设计和预算规定的内容计算。一般按结算价格(或中标价)计算。

**固定资产合计** 指企业为生产商品、提供劳务、出租或经营管理而持有的,使用寿命超过一个会计年度的有形资产。包括使用期限超过一年的房屋、建筑物、机器、机械、运输工具以及其他与生产、经营有关的设备、器具、工具等。

**资产总计** 指企业过去的交易或者事项形成的、由企业拥有或者控制的、预期会给企业带来经济利益的资源。资产一般按流动性分为流动资产和非流动资产。

执行 2006 年《企业会计准则》的企业:资产合计 = 流动资产合计 + 非流动资产合计;

未执行 2006 年《企业会计准则》的企业:资产合计 = 流动资产合计 + 长期投资 + 固定资产合计 + 无形及递延资产小计 + 其他资产。

**负债合计** 指企业过去的交易或者事项形成的,预期会导致经济利益流出企业的现时义务。负债一般按偿还期长短分为流动负债和非流动负债。

**所有者权益合计** 指企业资产扣除负债后由所有者享有的剩余权益。公司的所有者权益又称股东权益。包括实收资本、资本公积、盈余公积、未分配利润等。

**主营业务收入** 指企业确认的销售商品、提供劳务等主营业务的收入。

执行 2006 年《企业会计准则》的企业,如未设置该科目,以“营业收入”代替填报。

**销售费用** 指企业从事施工生产活动过程中发生的各项费用,包括应由企业负担的运输费、装卸费、包装费、保险费、维修费、展览费、差旅费、广告费和其他经费。

**营业利润** 指企业从事生产经营活动所取得的利润。

执行 2006 年《企业会计准则》的企业,营业利润为营业收入减去营业成本、营业税金及附加、销售费用、管理费用、财务费用、资产减值损失,再加上公允价值变动收益和投资收益。

未执行 2006 年《企业会计准则》的企业,营业利润为主营业务收入减去主营业务成本、主营业务税金及附加，加上其他业务利润后，再减去销售费用、管理费用、财务费用后的金额。

**利润总额** 指企业在一定会计期间的经营成果，是生产经营过程中各种收入扣除各种耗费后的盈余，反映企业在报告期内实现的亏盈总额。

执行2006年《企业会计准则》的企业，利润总额为营业利润加上营业外收入，减去营业外支出后的金额。

未执行2006年《企业会计准则》的企业，利润总额为营业利润加上投资收益、补贴收入、营业外收入，再减去营业外支出后的金额。

**应付职工薪酬** 指企业为获得职工提供的服务而给予各种形式的报酬以及其他相关支出。包括职工工资、奖金、津贴和补贴，职工福利费，医疗保险费、养老保险费、失业保险费、工伤保险费和生育保险费等社会保险费，住房公积金，工会经费和职工教育经费，非货币性福利，因解除与职工的劳动关系给予的补偿，其他与获得职工提供的服务相关的支出。

# 10 交通运输业

# 10-1 民用车辆拥有量(2016年)

单位:辆

| 指　标 | 总计 | 营运 | 非营运 | 个人 |
|---|---|---|---|---|
| **一、汽车** | 166059 | 12989 | 152947 | 147783 |
| 1.载客汽车 | 146242 | 4245 | 141874 | 133331 |
| 其中:大型 | 1618 | 1082 | 443 | 53 |
| 中型 | 524 | 191 | 303 | 89 |
| 小型 | 142331 | 2972 | 139359 | 131485 |
| 微型 | 1769 | 0 | 1769 | 1704 |
| 2.载货汽车 | 18117 | 8242 | 9875 | 13357 |
| 其中:重型 | 5142 | 4913 | 229 | 2976 |
| 中型 | 251 | 213 | 38 | 153 |
| 轻型 | 12650 | 3110 | 9540 | 10175 |
| 微型 | 74 | 6 | 68 | 53 |
| 3.其它汽车 | 1700 | 502 | 1198 | 1095 |
| **二、摩托车** | 2065 | 43 | 2022 | 2006 |
| 1.普通 | 2061 | 43 | 2018 | 2002 |
| 2.轻便 | 4 | | 4 | 4 |
| **三、拖拉机(农机部门数据)** | 31445 | | | |
| **四、挂车** | 1393 | 1367 | 26 | 665 |

# 主要统计指标解释

**铁路营业里程** 指办理客货运输业务的铁路正线总长度。凡是全线或部分建成双线及以上的线路，以第一线的实际长度计算；复线、站线、段管线、岔线和特别用途线以及不计算运费的联络线都不计算营业里程。线路营业里程是反映铁路运输业基础设施发展水平的重要指标，也是计算客货周转量、运输密度和机车车辆运用效率等指标的基础资料。

**铁路延展里程** 可以分为总延展里程以及正线、站线、段管线、岔线和特别用途线的延展里程。总延展里程是各种线路的延展里程之和。正线延展里程是正线第一线、第二线、第三线和其他正线建筑里程之和，站线、段管线、岔线和特别用途线的延展里程，均是各自建筑里程之和。延展里程是作为计算线路上钢轨、枕木及路基砂石需要量的主要依据。

**公路网** 是由各级公路组成的网状运输系统。它是由连结各城镇、乡村和工矿基地之间主要供汽车行驶的道路形成的网络。我国的公路里程是按其作用及使用管理性质分为国家干线公路、省级干线公路、县级公路、乡公路和专用公路。按其公路工程技术要求分为高速公路和一、二、三、四级公路。

**公路里程** 也称“公路通车里程”，是指实际达到交通部制定的公路工程技术标准规定的等级公路长度。它包括大中城市的郊区以及通过小城镇街道的公路里程，也包括桥梁、渡口的长度，但不包括城市街道以及厂矿、林区和农业生产用道的里程。两条或多条公路共同径由同一路段，只计算一次，不得重复计算里程长度。公路里程是反映公路建设发展规模的重要指标，也是计算运输网密度等指标的资料。

**民用汽车** 由公安交通监理部门所掌管的领有本地区民用车辆牌照的机动车辆中的一部分。不包括拖拉机、摩托车、其他机动车等。民用汽车包括普通载货汽车、专用载货汽车、载客汽车、其他专用汽车、特种汽车等。

**营运汽车** 指领有公安交通监理部门核发的车辆牌照，并经当地工商行政管理机关核准，领取营业执照，参加营业性运输的载客和载货汽车。

**货(客)运量** 指运输业实际运送的货物(旅客)数量。货运按吨计算。货物不论运输距离长短、货物类别，均按实际重量计算，旅客不论行程远近或票价多少，均按一人一次作为客运量统计。半票价、小孩票也按一人统计。货(客)运量反映运输业为国民经济和人民生活服务的数量指标，也是制定和检查运输生产计划，研究运输发展规模和速度的重要指标。

**货物(旅客)周转量** 指运输业运送的货物(旅客)数量与其相应运输距离的乘积之总和，通常以吨公里和人公里为计算单位。计算货物周转量通常按发出站与到达站之间的最短距离，也就是计费距离计算。它是反映运输业生产总成果的重要指标，也是编制和检查运输生产计划、计算运输效率、劳动生产率以及核算运输单位成本的主要基础资料。

**换算周转量** 是综合反映各种运输工具在一定时期内实际完成的旅客、货物周转量的综合指标。具体计算方法是将旅客周转量和货物周转量区分不同运输工具按相应的换算比例，换算成同一计量单位进行加总求得。其计算单位为：吨公里。

公路运输的换算比例是：1 吨公里 =10 人公里

内河水运的换算比例是：1 吨公里 =3 人公里(座位)1 吨公里 =1 人公里(带卧铺)

铁路运输的换算比例是：1 吨公里 =1 人公里(地方铁路为 5 人公里)

民航运输的换算比例是：1 吨公里 =13.9 人公里(国际航线为 13.3 人公里)

**邮电业务总量** 指以货币表现的邮电部门为用户传递信息和提供其他邮电服务的总量。它用各种邮电分类业务量，如函件件数、电报份数、长话张数、市内电话和农村电话的年均户数、订销报刊累计份数等，分别乘以相应的平均单价(不变价)，加总后再加上出租电路和设备的收入、代用户维护电话交换机和线路等设备的收入、其他业务收入求得。邮电业务总量综合反映了一定时期邮电工作的总成果，是研究邮电业务量构成和发展趋势的重要指标。

**电话用户数** 包括固定和移动电话。固定电话用户指接入国家公众固定电话网，并按固定电话业务进行经营管理的电话用户。移动电话用户指在移动电话营业部门登记，通过移动电话交换机接入移动电话网、占有移动电话号码的用户。

**邮路** 各邮政局所之间，邮政局所与车站、码头、机场、转运站、邮件处理中心、报刊社之间，邮区中心局与邮政局所及各邮区中心局之间由自办或委办人员按固定班期规定路线交换邮件（包括机要文件，下同）、报刊的路线。包括农村地区运邮兼投递的路线，不包括城市、农村地区纯投递路线。按运输方式可分为航空邮路、铁路邮路、汽车邮路、水路邮路和其他邮路等。

**邮路总长度** 邮路由起点到终点的长度。单程长度统计法的计算方法是直线算单程，环型算全程；直环混合中直线部分算单程，环型部分算全程；Y 型三段相加算单程。

**投递路线** 投递路线是指邮政局所或邮政投递机构的自办或委办人员按固定班期(班次)、规定路线为城乡用户投递邮件、报刊的路线。按地域可分为城市投递路线和农村投递路线。按投递方式可分为汽车投递路线、摩托车投递路线、自行车投递路线、马班投递路线和步班投递路线等。

# 11 批发零售贸易和餐饮业

# 11-1　社会消费品零售总额

单位:万元

| 指　　标 | 2015 | 2016 |
|---|---|---|
| **社会消费品零售总额** | 2701455.5 | 2910719.1 |
| **按销售单位所在地分** | | |
| 1.城镇 | 1924873.3 | 2075982.6 |
| 2.乡村 | 776582.2 | 834736.5 |
| **按行业分** | | |
| 批发业 | 665067.2 | 716226.4 |
| 零售业 | 1699159.8 | 1827873.7 |
| 住宿业 | 58451.6 | 64183 |
| 餐饮业 | 278776.9 | 302436 |

## 11-2 限额以上批发和

| 指 标 | 法人企业数（个） | 从业人员期末人数（人） |
| --- | --- | --- |
| 总 计 | 174 | 14376 |
| 一、批发业 | 46 | 5244 |
| 农、林、牧产品批发 | 2 | 130 |
| 谷物、豆及薯类批发 | 2 | 130 |
| 食品、饮料及烟草制品批发 | 6 | 456 |
| 果品、蔬菜批发 | 2 | 27 |
| 盐及调味品批发 | 2 | 62 |
| 酒、饮料及茶叶批发 | 1 | 8 |
| 烟草制品批发 | 1 | 359 |
| 医药及医疗器材批发 | 1 | 16 |
| 中药批发 | 1 | 16 |
| 矿产品、建材及化工产品批发 | 34 | 4436 |
| 煤炭及制品批发 | 31 | 4360 |
| 金属及金属矿批发 | 2 | 21 |
| 其他化工产品批发 | 1 | 55 |
| 机械设备、五金产品及电子产品批发 | 2 | 193 |
| 农业机械批发 | 1 | 8 |
| 其他机械设备及电子产品批发 | 1 | 185 |
| 其他批发业 | 1 | 13 |
| 其他未列明批发业 | 1 | 13 |
| 内资企业 | 46 | 5244 |
| 国有企业 | 5 | 572 |
| 集体企业 | 4 | 2083 |
| 有限责任公司 | 13 | 1168 |
| 国有独资公司 | 2 | 299 |
| 其他有限责任公司 | 11 | 869 |
| 股份有限公司 | 1 | 24 |
| 私营企业 | 20 | 1248 |
| 私营有限责任公司 | 18 | 1195 |
| 私营股份有限公司 | 2 | 53 |
| 其他企业 | 3 | 149 |
| 国有控股 | 14 | 1392 |

# 零售业法人企业基本情况

| 女　性 | 法人所属产业活动单位数（个） | 批发和零售业 | 其　他 |
|---|---|---|---|
| 6781 | 327 | 164 | 163 |
| 975 | 65 | 18 | 47 |
| 50 | 2 | | 2 |
| 50 | 2 | | 2 |
| 141 | 15 | 11 | 4 |
| 9 | 2 | | 2 |
| 25 | 5 | 4 | 1 |
| 2 | 1 | | 1 |
| 105 | 7 | 7 | |
| 9 | 1 | | 1 |
| 9 | 1 | | 1 |
| 766 | 44 | 7 | 37 |
| 722 | 41 | 7 | 34 |
| 9 | 2 | | 2 |
| 35 | 1 | | 1 |
| 7 | 2 | | 2 |
| 3 | 1 | | 1 |
| 4 | 1 | | 1 |
| 2 | 1 | | 1 |
| 2 | 1 | | 1 |
| 975 | 65 | 18 | 47 |
| 170 | 11 | 7 | 4 |
| 322 | 12 | 8 | 4 |
| 238 | 18 | 3 | 15 |
| 91 | 7 | 3 | 4 |
| 147 | 11 | | 11 |
| 2 | 1 | | 1 |
| 214 | 20 | | 20 |
| 211 | 18 | | 18 |
| 3 | 2 | | 2 |
| 29 | 3 | | 3 |
| 398 | 25 | 10 | 15 |

11-2 续

| 指　　标 | 法人企业数（个） | 从业人员期末人数（人） |
|---|---|---|
| 集体控股 | 4 | 2083 |
| 私人控股 | 23 | 1471 |
| 其他 | 5 | 298 |
| 独立门店 | 33 | 2050 |
| 其他 | 13 | 3194 |
| 大型 | 3 | 2318 |
| 中型 | 14 | 1935 |
| 小型 | 19 | 769 |
| 微型 | 10 | 222 |
| **二、零售业** | 128 | 9132 |
| 综合零售 | 25 | 3045 |
| 百货零售 | 20 | 2615 |
| 超级市场零售 | 4 | 398 |
| 其他综合零售 | 1 | 32 |
| 食品、饮料及烟草制品专门零售 | 8 | 308 |
| 粮油零售 | 3 | 52 |
| 肉、禽、蛋、奶及水产品零售 | 1 | 30 |
| 酒、饮料及茶叶零售 | 2 | 24 |
| 其他食品零售 | 2 | 202 |
| 纺织、服装及日用品专门零售 | 10 | 2272 |
| 纺织品及针织品零售 | 1 | 60 |
| 服装零售 | 9 | 2212 |
| 文化、体育用品及器材专门零售 | 7 | 205 |
| 文具用品零售 | 1 | 40 |
| 图书、报刊零售 | 5 | 140 |
| 珠宝首饰零售 | 1 | 25 |
| 医药及医疗器材专门零售 | 5 | 298 |
| 药品零售 | 4 | 237 |
| 医疗用品及器材零售 | 1 | 61 |
| 汽车、摩托车、燃料及零配件专门零售 | 45 | 2227 |
| 汽车零售 | 30 | 1057 |
| 摩托车及零配件零售 | 1 | 10 |

# 表1

| 女　性 | 法人所属产业活动单位数（个） | 批发和零售业 | 其　他 |
|---|---|---|---|
| 322 | 12 | 8 | 4 |
| 219 | 23 | | 23 |
| 36 | 5 | | 5 |
| 405 | 37 | 5 | 32 |
| 570 | 28 | 13 | 15 |
| 464 | 18 | 13 | 5 |
| 274 | 14 | | 14 |
| 174 | 19 | | 19 |
| 63 | 14 | 5 | 9 |
| 5806 | 262 | 146 | 116 |
| 2293 | 32 | 10 | 22 |
| 1978 | 27 | 10 | 17 |
| 310 | 4 | | 4 |
| 5 | 1 | | 1 |
| 107 | 9 | 2 | 7 |
| 6 | 3 | | 3 |
| 4 | 1 | | 1 |
| 5 | 3 | 2 | 1 |
| 92 | 2 | | 2 |
| 1978 | 10 | | 10 |
| 50 | 1 | | 1 |
| 1928 | 9 | | 9 |
| 99 | 8 | 2 | 6 |
| 15 | 1 | | 1 |
| 59 | 6 | 2 | 4 |
| 25 | 1 | | 1 |
| 118 | 5 | | 5 |
| 93 | 4 | | 4 |
| 25 | 1 | | 1 |
| 818 | 167 | 127 | 40 |
| 296 | 35 | 7 | 28 |
| 4 | 1 | | 1 |

11-2 **续**

| 指　　标 | 法人企业数（个） | 从业人员期末人数（人） |
|---|---|---|
| 机动车燃料零售 | 14 | 1160 |
| 家用电器及电子产品专门零售 | 11 | 361 |
| 家用视听设备零售 | 5 | 130 |
| 日用家电设备零售 | 6 | 231 |
| 五金、家具及室内装饰材料专门零售 | 7 | 229 |
| 家具零售 | 5 | 198 |
| 其他室内装饰材料零售 | 2 | 31 |
| 货摊、无店铺及其他零售业 | 10 | 187 |
| 互联网零售 | 1 | 5 |
| 生活用燃料零售 | 3 | 52 |
| 其他未列明零售业 | 6 | 130 |
| 内资企业 | 128 | 9132 |
| 国有企业 | 3 | 116 |
| 集体企业 | 4 | 650 |
| 有限责任公司 | 16 | 1167 |
| 其他有限责任公司 | 16 | 1167 |
| 股份有限公司 | 4 | 283 |
| 私营企业 | 99 | 6889 |
| 私营独资企业 | 9 | 392 |
| 私营有限责任公司 | 87 | 5801 |
| 私营股份有限公司 | 3 | 696 |
| 其他企业 | 2 | 27 |
| 国有控股 | 8 | 1059 |
| 集体控股 | 8 | 761 |
| 私人控股 | 108 | 7183 |
| 其他 | 4 | 129 |
| 独立门店 | 116 | 7906 |
| 连锁门店 | 4 | 109 |
| 其他 | 8 | 1117 |
| 大型 | 3 | 2116 |
| 中型 | 45 | 5407 |
| 小型 | 63 | 1492 |

# 表 2

| 女 性 | 法人所属产业活动单位数（个） | 批发和零售业 | 其 他 |
|---|---|---|---|
| 518 | 131 | 120 | 11 |
| 223 | 13 | 3 | 10 |
| 79 | 5 | | 5 |
| 144 | 8 | 3 | 5 |
| 136 | 7 | | 7 |
| 131 | 5 | | 5 |
| 5 | 2 | | 2 |
| 34 | 11 | 2 | 9 |
| 1 | 1 | | 1 |
| 2 | 3 | | 3 |
| 31 | 7 | 2 | 5 |
| 5806 | 262 | 146 | 116 |
| 52 | 3 | | 3 |
| 340 | 6 | 3 | 3 |
| 605 | 106 | 93 | 13 |
| 605 | 106 | 93 | 13 |
| 159 | 29 | 26 | 3 |
| 4641 | 116 | 24 | 92 |
| 321 | 9 | | 9 |
| 3755 | 104 | 24 | 80 |
| 565 | 3 | | 3 |
| 9 | 2 | | 2 |
| 517 | 121 | 115 | 6 |
| 423 | 10 | 3 | 7 |
| 4764 | 126 | 26 | 100 |
| 102 | 5 | 2 | 3 |
| 5117 | 156 | 48 | 108 |
| 75 | 5 | 2 | 3 |
| 614 | 101 | 96 | 5 |
| 1468 | 92 | 91 | 1 |
| 3651 | 87 | 49 | 38 |
| 638 | 65 | 4 | 61 |

11-2 续

| 指　　标 | 法人企业数（个） | 从业人员期末人数（人） |
|---|---|---|
| 微型 | 17 | 117 |
| 有店铺零售 | 126 | 9112 |
| 食杂店 | 1 | 188 |
| 便利店 | 3 | 48 |
| 超市 | 9 | 981 |
| 仓储会员店 | 2 | 107 |
| 百货店 | 19 | 2491 |
| 专业店 | 58 | 2356 |
| 专卖店 | 26 | 1271 |
| 家居建材商店 | 2 | 62 |
| 购物中心 | 6 | 1608 |
| 无店铺零售 | 2 | 20 |
| 网上商店 | 1 | 5 |
| **三、批发业按地区分组** | 46 | 5244 |
| 朔城区 | 13 | 892 |
| 平鲁区 | 1 | 89 |
| 山阴县 | 7 | 457 |
| 应县 | 1 | 48 |
| 怀仁县 | 21 | 3268 |
| 山西朔州经济开发区 | 3 | 490 |
| **四、零售业按地区分组** | 128 | 9132 |
| 朔城区 | 31 | 2442 |
| 平鲁区 | 12 | 334 |
| 山阴县 | 19 | 1070 |
| 应县 | 16 | 708 |
| 右玉县 | 4 | 116 |
| 怀仁县 | 30 | 3573 |
| 山西朔州经济开发区 | 16 | 889 |

## 表 3

| 女 性 | 法人所属产业活动单位数（个） | 批发和零售业 | 其 他 |
|---|---|---|---|
| 49 | 18 | 2 | 16 |
| 5797 | 260 | 146 | 114 |
| 89 | 1 | | 1 |
| 9 | 4 | 2 | 2 |
| 769 | 9 | | 9 |
| 6 | 6 | 5 | 1 |
| 1893 | 26 | 10 | 16 |
| 956 | 149 | 94 | 55 |
| 646 | 57 | 35 | 22 |
| 22 | 2 | | 2 |
| 1407 | 6 | | 6 |
| 9 | 2 | | 2 |
| 1 | 1 | | 1 |
| 975 | 65 | 18 | 47 |
| 151 | 13 | | 13 |
| 33 | 1 | | 1 |
| 15 | 7 | | 7 |
| 10 | 1 | | 1 |
| 618 | 34 | 11 | 23 |
| 148 | 9 | 7 | 2 |
| 5806 | 262 | 146 | 116 |
| 1400 | 126 | 99 | 27 |
| 132 | 13 | 2 | 11 |
| 831 | 19 | | 19 |
| 480 | 16 | | 16 |
| 68 | 5 | 2 | 3 |
| 2565 | 37 | 10 | 27 |
| 330 | 46 | 33 | 13 |

## 11-3 限额以上批发和

| 指标 | 批发和 法人企业数(个) | 企业数(个) | 一、年初存货 |
|---|---|---|---|
| **总　　计** | 174 | 160 | 233975.6 |
| **一、批发业** | 46 | 44 | 158657.2 |
| 农、林、牧产品批发 | 2 | 1 | 5770.6 |
| 谷物、豆及薯类批发 | 2 | 1 | 5770.6 |
| 食品、饮料及烟草制品批发 | 6 | 6 | 11570.0 |
| 果品、蔬菜批发 | 2 | 2 | 162.7 |
| 盐及调味品批发 | 2 | 2 | 770.4 |
| 酒、饮料及茶叶批发 | 1 | 1 | 649.1 |
| 烟草制品批发 | 1 | 1 | 9987.8 |
| 医药及医疗器材批发 | 1 | 1 | |
| 中药批发 | 1 | 1 | |
| 矿产品、建材及化工产品批发 | 34 | 33 | 140337.8 |
| 煤炭及制品批发 | 31 | 30 | 139755.4 |
| 金属及金属矿批发 | 2 | 2 | 532.4 |
| 其他化工产品批发 | 1 | 1 | 50.0 |
| 机械设备、五金产品及电子产品批发 | 2 | 2 | 922.5 |
| 农业机械批发 | 1 | 1 | 185.7 |
| 其他机械设备及电子产品批发 | 1 | 1 | 736.8 |
| 其他批发业 | 1 | 1 | 56.3 |
| 其他未列明批发业 | 1 | 1 | 56.3 |
| 内资企业 | 46 | 44 | 158657.2 |
| 国有企业 | 5 | 5 | 26213.1 |
| 集体企业 | 4 | 4 | 34212.5 |
| 有限责任公司 | 13 | 13 | 70739.8 |
| 国有独资公司 | 2 | 2 | 50886.4 |
| 其他有限责任公司 | 11 | 11 | 19853.4 |
| 股份有限公司 | 1 | 1 | 2028.3 |
| 私营企业 | 20 | 18 | 23260.2 |
| 私营有限责任公司 | 18 | 16 | 21413.7 |
| 私营股份有限公司 | 2 | 2 | 1846.5 |
| 其他企业 | 3 | 3 | 2203.3 |

# 零售业法人企业财务状况

单位:万元

零售业

二、期末资产负债

| 流动资产合计 | 应收帐款 | 存货 | 固定资产合计 | 固定资产原价 | 累计折旧 |
|---|---|---|---|---|---|
| 1789561.9 | 249547.7 | 256189.0 | 924883.1 | 1283321.1 | 361292.1 |
| 1503931.8 | 206237.8 | 176461.3 | 853779.2 | 1184379.9 | 333391.5 |
| 11625.7 | 184.6 | 4922.1 | 9790.3 | 10564.9 | 774.6 |
| 11625.7 | 184.6 | 4922.1 | 9790.3 | 10564.9 | 774.6 |
| 34237.4 | 184.3 | 9565.4 | 10242.6 | 19402.5 | 9159.9 |
| 1014.0 | | 172.5 | 2082.9 | 3198.7 | 1115.8 |
| 788.5 | 109.7 | 509.9 | 399.7 | 407.5 | 7.8 |
| 805.1 | 74.6 | 662.3 | 1.5 | 28.2 | 26.7 |
| 31629.8 | | 8220.7 | 7758.5 | 15768.1 | 8009.6 |
| 1142.8 | 480.3 | 209.5 | 5.3 | 5.7 | 0.4 |
| 1142.8 | 480.3 | 209.5 | 5.3 | 5.7 | 0.4 |
| 1453558.5 | 203981.8 | 161647.7 | 833577.2 | 1153959.5 | 323173.1 |
| 1396351.4 | 201434.2 | 160777.6 | 830912.6 | 1150022.0 | 321900.2 |
| 56981.0 | 2415.2 | 815.1 | 2550.6 | 3561.5 | 1010.9 |
| 226.1 | 132.4 | 55.0 | 114.0 | 376.0 | 262.0 |
| 1919.5 | 825.0 | 61.9 | 162.6 | 446.1 | 283.5 |
| 572.4 | | 61.9 | 162.6 | 356.0 | 193.4 |
| 1347.1 | 825.0 | | | 90.1 | 90.1 |
| 1447.9 | 581.8 | 54.7 | 1.2 | 1.2 | |
| 1447.9 | 581.8 | 54.7 | 1.2 | 1.2 | |
| 1503931.8 | 206237.8 | 176461.3 | 853779.2 | 1184379.9 | 333391.5 |
| 62710.6 | 7529.8 | 23200.8 | 18718.1 | 30463.6 | 11754.5 |
| 163196.8 | 11658.4 | 40780.4 | 29776.8 | 66768.6 | 36991.8 |
| 1099240.2 | 161902.2 | 80886.0 | 655573.9 | 905684.5 | 252892.3 |
| 703431.7 | 103049.0 | 55671.1 | 607260.9 | 833473.0 | 226212.1 |
| 395808.5 | 58853.2 | 25214.9 | 48313.0 | 72211.5 | 26680.2 |
| 2896.0 | 206.2 | 2028.3 | 54845.3 | 63927.1 | 9081.8 |
| 165550.1 | 24864.2 | 26011.9 | 93622.1 | 114098.3 | 20476.3 |
| 119920.0 | 26681.6 | 20013.2 | 75883.8 | 93588.8 | 17705.1 |
| 45630.1 | -1817.4 | 5998.7 | 17738.3 | 20509.5 | 2771.2 |
| 10338.1 | 77.0 | 3553.9 | 1243.0 | 3437.8 | 2194.8 |

11-3 续

| 指　　标 | 批发和 | | |
|---|---|---|---|
| | 法人企业数(个) | 企业数(个) | 一、年初存货 |
| 国有控股 | 14 | 14 | 84302.0 |
| 集体控股 | 4 | 4 | 34212.5 |
| 私人控股 | 23 | 21 | 31027.9 |
| 其他 | 5 | 5 | 9114.8 |
| 独立门店 | 33 | 31 | 59285.3 |
| 其他 | 13 | 13 | 99371.9 |
| 大型 | 3 | 3 | 88662.2 |
| 中型 | 14 | 14 | 46369.4 |
| 小型 | 19 | 18 | 9782.3 |
| 微型 | 10 | 9 | 13843.3 |
| **二、零售业** | 128 | 116 | 75318.4 |
| 综合零售 | 25 | 23 | 8755.0 |
| 百货零售 | 20 | 19 | 7259.9 |
| 超级市场零售 | 4 | 3 | 1495.1 |
| 其他综合零售 | 1 | 1 | |
| 食品、饮料及烟草制品专门零售 | 8 | 7 | 1844.7 |
| 粮油零售 | 3 | 2 | 1368.9 |
| 肉、禽、蛋、奶及水产品零售 | 1 | 1 | 43.3 |
| 酒、饮料及茶叶零售 | 2 | 2 | 220.6 |
| 其他食品零售 | 2 | 2 | 211.9 |
| 纺织、服装及日用品专门零售 | 10 | 10 | 4574.1 |
| 纺织品及针织品零售 | 1 | 1 | 36.5 |
| 服装零售 | 9 | 9 | 4537.6 |
| 文化、体育用品及器材专门零售 | 7 | 7 | 1820.6 |
| 文具用品零售 | 1 | 1 | 90.0 |
| 图书、报刊零售 | 5 | 5 | 677.9 |
| 珠宝首饰零售 | 1 | 1 | 1052.7 |
| 医药及医疗器材专门零售 | 5 | 3 | 908.5 |
| 药品零售 | 4 | 2 | 752.0 |
| 医疗用品及器材零售 | 1 | 1 | 156.5 |
| 汽车、摩托车、燃料及零配件专门零售 | 45 | 41 | 51078.5 |

# 表 1

单位:万元

零售业

| 二、期末资产负债 | | | | | |
|---|---|---|---|---|---|
| 流动资产合计 | | | 固定资产合计 | 固定资产原价 | 累计折旧 |
| | 应收帐款 | 存货 | | | |
| 909252.2 | 165076.0 | 86396.0 | 687840.2 | 943558.5 | 255727.3 |
| 163196.8 | 11658.4 | 40780.4 | 29776.8 | 66768.6 | 36991.8 |
| 274530.7 | 33008.3 | 31498.6 | 111849.6 | 140304.9 | 28455.4 |
| 156952.1 | -3504.9 | 17786.3 | 24312.6 | 33747.9 | 12217.0 |
| 441625.3 | 26915.4 | 70449.3 | 180821.0 | 233096.4 | 55066.2 |
| 1062306.5 | 179322.4 | 106012.0 | 672958.2 | 951283.5 | 278325.3 |
| 879641.2 | 112764.8 | 98296.4 | 643084.2 | 910393.6 | 267309.4 |
| 462586.9 | 61380.3 | 54619.3 | 96531.7 | 140673.6 | 46923.6 |
| 63820.0 | 21506.9 | 10900.9 | 52622.7 | 57532.2 | 4909.6 |
| 97883.7 | 10585.8 | 12644.7 | 61540.6 | 75780.5 | 14248.9 |
| 285630.1 | 43309.9 | 79727.7 | 71103.9 | 98941.2 | 27900.6 |
| 23942.4 | 1752.9 | 6705.3 | 8044.1 | 10612.4 | 2568.3 |
| 20138.0 | 1335.6 | 4797.5 | 6161.0 | 8612.8 | 2451.8 |
| 3315.8 | 63.0 | 1891.2 | 101.4 | 217.9 | 116.5 |
| 488.6 | 354.3 | 16.6 | 1781.7 | 1781.7 | |
| 8585.7 | 1044.9 | 4491.8 | 4469.3 | 5036.2 | 566.9 |
| 5324.3 | 886.7 | 4030.2 | 1554.0 | 1757.9 | 203.9 |
| 10.6 | | | 11.4 | 15.0 | 3.6 |
| 423.5 | 31.4 | 240.6 | 265.9 | 304.3 | 38.4 |
| 2827.3 | 126.8 | 221.0 | 2638.0 | 2959.0 | 321.0 |
| 26842.1 | 66.1 | 6885.0 | 1253.8 | 4604.7 | 3350.9 |
| 735.6 | | 36.5 | 319.3 | 328.9 | 9.6 |
| 26106.5 | 66.1 | 6848.5 | 934.5 | 4275.8 | 3341.3 |
| 10761.1 | 5100.1 | 2139.7 | 3799.5 | 5172.4 | 1372.9 |
| 1800.0 | 1200.0 | 600.0 | 76.0 | 175.0 | 99.0 |
| 6678.2 | 3900.1 | 473.6 | 3043.9 | 3881.4 | 837.5 |
| 2282.9 | | 1066.1 | 679.6 | 1116.0 | 436.4 |
| 9859.8 | 7089.3 | 1070.7 | 425.5 | 470.1 | 44.6 |
| 2112.9 | 1142.7 | 908.6 | 393.8 | 418.3 | 24.5 |
| 7746.9 | 5946.6 | 162.1 | 31.7 | 51.8 | 20.1 |
| 182327.5 | 24628.1 | 54322.2 | 47023.8 | 65029.5 | 18015.5 |

11-3 续

| 指　　标 | 批发和 | | |
|---|---|---|---|
| | 法人企业数(个) | 企业数(个) | 一、年初存货 |
| 汽车零售 | 30 | 27 | 21999.3 |
| 摩托车及零配件零售 | 1 | 1 | 35.0 |
| 机动车燃料零售 | 14 | 13 | 29044.2 |
| 家用电器及电子产品专门零售 | 11 | 11 | 4399.2 |
| 家用视听设备零售 | 5 | 5 | 807.9 |
| 日用家电设备零售 | 6 | 6 | 3591.3 |
| 五金、家具及室内装饰材料专门零售 | 7 | 6 | 695.6 |
| 家具零售 | 5 | 5 | 384.3 |
| 其他室内装饰材料零售 | 2 | 1 | 311.3 |
| 货摊、无店铺及其他零售业 | 10 | 8 | 1242.2 |
| 互联网零售 | 1 | 1 | |
| 生活用燃料零售 | 3 | 3 | 236.1 |
| 其他未列明零售业 | 6 | 4 | 1006.1 |
| 内资企业 | 128 | 116 | 75318.4 |
| 国有企业 | 3 | 3 | 550.1 |
| 集体企业 | 4 | 4 | 1442.0 |
| 有限责任公司 | 16 | 14 | 15380.4 |
| 其他有限责任公司 | 16 | 14 | 15380.4 |
| 股份有限公司 | 4 | 3 | 2349.3 |
| 私营企业 | 99 | 90 | 55415.5 |
| 私营独资企业 | 9 | 7 | 611.8 |
| 私营有限责任公司 | 87 | 80 | 52644.1 |
| 私营股份有限公司 | 3 | 3 | 2159.6 |
| 其他企业 | 2 | 2 | 181.1 |
| 国有控股 | 8 | 8 | 13348.2 |
| 集体控股 | 8 | 7 | 2634.8 |
| 私人控股 | 108 | 97 | 58372.1 |
| 其他 | 4 | 4 | 963.3 |
| 独立门店 | 116 | 105 | 61368.5 |
| 连锁门店 | 4 | 3 | 1589.0 |
| 其他 | 8 | 8 | 12360.9 |

# 表 2

单位:万元

零售业

二、期末资产负债

| 流动资产合计 | 应收帐款 | 存货 | 固定资产合计 | 固定资产原价 | 累计折旧 |
|---|---|---|---|---|---|
| 85546.6 | 16736.0 | 23996.8 | 11207.0 | 13902.4 | 2705.2 |
| 48.5 | 2.0 | 46.5 | 27.0 | 27.0 | |
| 96732.4 | 7890.1 | 30278.9 | 35789.8 | 51100.1 | 15310.3 |
| 5347.7 | 895.8 | 2606.3 | 550.0 | 749.9 | 199.9 |
| 2025.9 | 738.0 | 673.0 | 498.8 | 650.2 | 151.4 |
| 3321.8 | 157.8 | 1933.3 | 51.2 | 99.7 | 48.5 |
| 6060.2 | 614.9 | 257.7 | 321.3 | 629.6 | 308.3 |
| 3156.5 | 118.9 | 176.0 | 147.6 | 305.3 | 157.7 |
| 2903.7 | 496.0 | 81.7 | 173.7 | 324.3 | 150.6 |
| 11903.6 | 2117.8 | 1249.0 | 5216.6 | 6636.4 | 1473.3 |
| 4.6 | 1.7 | | 0.5 | 0.5 | |
| 5052.9 | 1404.4 | 235.6 | 2631.0 | 3139.2 | 508.2 |
| 6846.1 | 711.7 | 1013.4 | 2585.1 | 3496.7 | 965.1 |
| 285630.1 | 43309.9 | 79727.7 | 71103.9 | 98941.2 | 27900.6 |
| 4794.6 | 2566.3 | 402.2 | 2390.5 | 2984.5 | 594.0 |
| 8386.8 | 1136.2 | 1699.1 | 3913.6 | 4915.7 | 1002.1 |
| 50463.3 | 7895.3 | 15153.1 | 31081.5 | 45064.1 | 14036.1 |
| 50463.3 | 7895.3 | 15153.1 | 31081.5 | 45064.1 | 14036.1 |
| 3919.0 | 68.3 | 2383.8 | 6599.0 | 7724.4 | 1125.4 |
| 217189.2 | 31562.6 | 59918.1 | 27097.5 | 38230.5 | 11142.8 |
| 1819.6 | 201.6 | 643.9 | 895.5 | 929.8 | 34.3 |
| 206436.0 | 30214.3 | 57057.3 | 25072.2 | 32514.7 | 7452.3 |
| 8933.6 | 1146.7 | 2216.9 | 1129.8 | 4786.0 | 3656.2 |
| 877.2 | 81.2 | 171.4 | 21.8 | 22.0 | 0.2 |
| 45216.5 | 8945.8 | 13204.8 | 34030.1 | 47908.0 | 13877.9 |
| 11623.1 | 1203.8 | 2945.5 | 4970.8 | 6447.3 | 1476.5 |
| 227827.2 | 33030.4 | 63309.3 | 31773.9 | 44147.7 | 12437.1 |
| 963.3 | 129.9 | 268.1 | 329.1 | 438.2 | 109.1 |
| 236456.8 | 35806.9 | 65847.7 | 41567.4 | 55698.5 | 14140.9 |
| 4306.2 | 1498.8 | 1486.9 | 1056.6 | 1696.2 | 639.6 |
| 44867.1 | 6004.2 | 12393.1 | 28479.9 | 41546.5 | 13120.1 |

11-3 续

| 指　　标 | 批发和 | | |
|---|---|---|---|
| | 法人企业数(个) | 企业数(个) | 一、年初存货 |
| 大型 | 3 | 3 | 15343.4 |
| 中型 | 45 | 43 | 45783.4 |
| 小型 | 63 | 58 | 13216.0 |
| 微型 | 17 | 12 | 975.6 |
| 有店铺零售 | 126 | 115 | 74102.8 |
| 食杂店 | 1 | 1 | 163.7 |
| 便利店 | 3 | 3 | 318.5 |
| 超市 | 9 | 8 | 2731.4 |
| 仓储会员店 | 2 | 2 | 15970.7 |
| 百货店 | 19 | 18 | 6674.3 |
| 专业店 | 58 | 50 | 35240.2 |
| 专卖店 | 26 | 25 | 9146.3 |
| 家居建材商店 | 2 | 2 | 57.0 |
| 购物中心 | 6 | 6 | 3800.7 |
| 无店铺零售 | 2 | 1 | 1215.6 |
| 网上商店 | 1 | 1 | |
| 三、批发业按地区分组 | 46 | 44 | 158657.2 |
| 朔城区 | 13 | 12 | 17966.4 |
| 平鲁区 | 1 | 1 | 1361.9 |
| 山阴县 | 7 | 7 | 20416.2 |
| 应县 | 1 | | 1630.4 |
| 怀仁县 | 21 | 21 | 105795.3 |
| 山西朔州经济开发区 | 3 | 3 | 11487.0 |
| 四、零售业按地区分组 | 128 | 116 | 75318.4 |
| 朔城区 | 31 | 26 | 28131.7 |
| 平鲁区 | 12 | 11 | 1329.7 |
| 山阴县 | 19 | 17 | 5316.1 |
| 应县 | 16 | 14 | 3314.1 |
| 右玉县 | 4 | 4 | 122.1 |
| 怀仁县 | 30 | 30 | 25102.5 |
| 山西朔州经济开发区 | 16 | 14 | 12002.2 |

# 表 3

单位:万元

零售业

| 二、期末资产负债 | | | | | |
|---|---|---|---|---|---|
| 流动资产合计 | 应收帐款 | 存货 | 固定资产合计 | 固定资产原价 | 累计折旧 |
| 62948.5 | 6168.3 | 18352.9 | 27595.5 | 40380.8 | 12785.3 |
| 146930.3 | 20309.3 | 43944.8 | 25186.3 | 35631.6 | 10455.1 |
| 70638.7 | 16488.6 | 14862.9 | 16321.6 | 20270.4 | 4002.3 |
| 5112.6 | 343.7 | 2567.1 | 2000.5 | 2658.4 | 657.9 |
| 283059.5 | 42004.2 | 78465.7 | 70997.8 | 98810.2 | 27875.7 |
| 2648.9 | | 171.4 | 336.0 | 657.0 | 321.0 |
| 908.9 | 354.3 | 289.4 | 1919.3 | 1957.7 | 38.4 |
| 5661.2 | 1487.0 | 2621.4 | 300.7 | 581.1 | 280.4 |
| 25004.0 | 1879.4 | 17208.1 | 3126.6 | 4927.2 | 1800.6 |
| 23377.4 | 1392.6 | 4606.3 | 6852.1 | 12466.5 | 5614.4 |
| 167641.0 | 34268.5 | 37467.2 | 41454.8 | 58318.0 | 16926.5 |
| 32688.1 | 2113.3 | 9860.1 | 16561.7 | 19260.9 | 2699.2 |
| 3255.4 | 502.2 | 39.1 | 135.0 | 223.9 | 88.9 |
| 21874.6 | 6.9 | 6202.7 | 311.6 | 417.9 | 106.3 |
| 2570.6 | 1305.7 | 1262.0 | 106.1 | 131.0 | 24.9 |
| 4.6 | 1.7 | | 0.5 | 0.5 | |
| 1503931.8 | 206237.8 | 176461.3 | 853779.2 | 1184379.9 | 333391.5 |
| 124976.4 | 12573.0 | 25122.3 | 55666.1 | 70187.5 | 14521.5 |
| 6744.9 | 740.0 | 942.4 | 1079.9 | 2287.2 | 1207.3 |
| 208534.8 | 2844.1 | 25098.2 | 70223.3 | 94796.6 | 27364.0 |
| 4388.1 | 184.6 | 937.7 | 601.9 | 779.2 | 177.3 |
| 1069796.1 | 145854.6 | 115182.3 | 717712.7 | 998898.3 | 281185.6 |
| 89491.5 | 44041.5 | 9178.4 | 8495.3 | 17431.1 | 8935.8 |
| 285630.1 | 43309.9 | 79727.7 | 71103.9 | 98941.2 | 27900.6 |
| 103392.9 | 21222.1 | 28050.1 | 30578.4 | 44650.2 | 14081.6 |
| 7589.1 | 1031.6 | 2241.1 | 5631.9 | 6293.8 | 661.9 |
| 14143.8 | 1640.7 | 3072.3 | 3273.7 | 4991.4 | 1771.2 |
| 8820.4 | 2664.6 | 4657.8 | 2992.8 | 3470.4 | 477.6 |
| 300.8 | 107.3 | 160.3 | 482.7 | 629.4 | 146.7 |
| 78693.8 | 6622.3 | 28727.2 | 16554.7 | 24372.8 | 7818.1 |
| 72689.3 | 10021.3 | 12818.9 | 11589.7 | 14533.2 | 2943.5 |

11-3 **续**

| 指　　标 | 批发和 | | | |
| --- | --- | --- | --- | --- |
| | 二、期末资产负债 | | | |
| | 本年折旧 | 在建工程 | 资产总计 | 流动负债合计 |
| **总　　计** | 247759.5 | 214753.3 | 3293986.6 | 2161943.9 |
| **一、批发业** | 243220.7 | 204621.0 | 2768928.4 | 1887084.4 |
| 农、林、牧产品批发 | 66.2 | | 24980.3 | 10281.0 |
| 谷物、豆及薯类批发 | 66.2 | | 24980.3 | 10281.0 |
| 食品、饮料及烟草制品批发 | 586.8 | | 45846.7 | 7121.8 |
| 果品、蔬菜批发 | 144.5 | | 3183.4 | 542.8 |
| 盐及调味品批发 | | | 1807.4 | 770.7 |
| 酒、饮料及茶叶批发 | 0.7 | | 815.7 | 827.6 |
| 烟草制品批发 | 441.6 | | 40040.2 | 4980.7 |
| 医药及医疗器材批发 | 0.4 | | 1195.6 | 95.6 |
| 中药批发 | 0.4 | | 1195.6 | 95.6 |
| 矿产品、建材及化工产品批发 | 242557.4 | 204621.0 | 2693374.6 | 1866953.9 |
| 煤炭及制品批发 | 242421.6 | 204618.7 | 2594091.3 | 1853172.1 |
| 金属及金属矿批发 | 135.8 | 2.3 | 98925.8 | 13538.3 |
| 其他化工产品批发 | | | 357.5 | 243.5 |
| 机械设备、五金产品及电子产品批发 | 9.9 | | 2082.1 | 1494.2 |
| 农业机械批发 | 4.2 | | 735.0 | 235.0 |
| 其他机械设备及电子产品批发 | 5.7 | | 1347.1 | 1259.2 |
| 其他批发业 | | | 1449.1 | 1137.9 |
| 其他未列明批发业 | | | 1449.1 | 1137.9 |
| 内资企业 | 243220.7 | 204621.0 | 2768928.4 | 1887084.4 |
| 国有企业 | 1178.4 | 282.2 | 84653.4 | 55626.9 |
| 集体企业 | 5461.5 | 56.0 | 194571.0 | 148795.7 |
| 有限责任公司 | 229418.4 | 194409.3 | 2116886.3 | 1431591.4 |
| 国有独资公司 | 226212.1 | 193574.7 | 1621424.9 | 1076398.3 |
| 其他有限责任公司 | 3206.3 | 834.6 | 495461.4 | 355193.1 |
| 股份有限公司 | 1691.8 | | 58908.1 | 5941.7 |
| 私营企业 | 3467.3 | 9851.7 | 301687.5 | 236952.9 |
| 私营有限责任公司 | 2031.9 | 8866.6 | 237310.0 | 181190.1 |
| 私营股份有限公司 | 1435.4 | 985.1 | 64377.5 | 55762.8 |
| 其他企业 | 2003.3 | 21.8 | 12222.1 | 8175.8 |

# 表 4

单位：万元

零售业

| 二、期末资产负债 | | | | | | | | |
|---|---|---|---|---|---|---|---|---|
| 应付账款 | 非流动负债合计 | 负债合计 | 所有者权益合计 | 实收资本 | | | | |
| | | | | | 国家资本 | 集体资本 | 法人资本 | 个人资本 |
| 370513.0 | 549470.9 | 2639654.0 | 654332.6 | 681504.5 | 84179.6 | 31168.4 | 93737.5 | 472419.0 |
| 247015.0 | 526652.1 | 2341777.9 | 427150.5 | 235505.3 | 82907.6 | 28103.1 | 63777.4 | 60717.2 |
| 1315.4 | 200.0 | 10481.0 | 14499.3 | 6000.0 | | | | 6000.0 |
| 1315.4 | 200.0 | 10481.0 | 14499.3 | 6000.0 | | | | 6000.0 |
| 3371.1 | 430.7 | 7552.5 | 38294.2 | 3011.2 | 798.5 | 38.1 | | 2174.6 |
| 44.7 | | 542.8 | 2640.6 | 2174.6 | | | | 2174.6 |
| 265.5 | 430.7 | 1201.4 | 606.0 | 207.2 | 169.1 | 38.1 | | |
| 619.9 | | 827.6 | -11.9 | 50.0 | 50.0 | | | |
| 2441.0 | | 4980.7 | 35059.5 | 579.4 | 579.4 | | | |
| 95.6 | | 95.6 | 1100.0 | 1100.0 | | | 1100.0 | |
| 95.6 | | 95.6 | 1100.0 | 1100.0 | | | 1100.0 | |
| 241407.2 | 526021.4 | 2321016.7 | 372357.9 | 224384.1 | 82109.1 | 28065.0 | 61677.4 | 52532.6 |
| 240902.9 | 488214.6 | 2269428.1 | 324663.2 | 193330.1 | 52055.1 | 28065.0 | 61677.4 | 51532.6 |
| 335.4 | 37806.8 | 51345.1 | 47580.7 | 31000.0 | 30000.0 | | | 1000.0 |
| 168.9 | | 243.5 | 114.0 | 54.0 | 54.0 | | | |
| 235.0 | | 1494.2 | 587.9 | 1000.0 | | | 1000.0 | |
| 235.0 | | 235.0 | 500.0 | 500.0 | | | 500.0 | |
| | | 1259.2 | 87.9 | 500.0 | | | 500.0 | |
| 590.7 | | 1137.9 | 311.2 | 10.0 | | | | 10.0 |
| 590.7 | | 1137.9 | 311.2 | 10.0 | | | | 10.0 |
| 247015.0 | 526652.1 | 2341777.9 | 427150.5 | 235505.3 | 82907.6 | 28103.1 | 63777.4 | 60717.2 |
| 8726.7 | | 53534.8 | 31118.6 | 3889.8 | 1889.8 | | 2000.0 | |
| 15965.8 | 3855.7 | 152651.4 | 41919.6 | 23103.1 | | 23103.1 | | |
| 186097.3 | 506627.1 | 1868352.0 | 248534.3 | 90261.3 | 47148.7 | 5000.0 | 35920.0 | 2192.6 |
| 154451.1 | 397954.0 | 1474352.3 | 147072.6 | 12781.7 | 12558.8 | | | 222.9 |
| 31646.2 | 108673.1 | 393999.7 | 101461.7 | 77479.6 | 34589.9 | 5000.0 | 35920.0 | 1969.7 |
| 286.2 | | 5941.7 | 52966.4 | 66000.0 | 33660.0 | | | 32340.0 |
| 33789.1 | 15738.7 | 252691.6 | 48995.9 | 51384.0 | 40.0 | | 25857.4 | 25486.6 |
| 28238.9 | 10238.7 | 191428.8 | 45881.2 | 44384.0 | 40.0 | | 18857.4 | 25486.6 |
| 5550.2 | 5500.0 | 61262.8 | 3114.7 | 7000.0 | | | 7000.0 | |
| 2149.9 | 430.6 | 8606.4 | 3615.7 | 867.1 | 169.1 | | | 698.0 |

11-3 续

| 指　标 | 批发和 | | | |
|---|---|---|---|---|
| | 二、期末资产负债 | | | |
| | 本年折旧 | 在建工程 | 资产总计 | 流动负债合计 |
| 国有控股 | 229165.7 | 194048.9 | 1947140.1 | 1226011.1 |
| 集体控股 | 5461.5 | 56.0 | 194571.0 | 148795.7 |
| 私人控股 | 4862.7 | 10494.3 | 435016.6 | 380324.3 |
| 其他 | 3730.8 | 21.8 | 192200.7 | 131953.3 |
| 独立门店 | 9964.6 | 2156.0 | 675556.7 | 524904.1 |
| 其他 | 233256.1 | 202465.0 | 2093371.7 | 1362180.3 |
| 大型 | 231909.4 | 193630.7 | 1835707.0 | 1212343.1 |
| 中型 | 8749.5 | 1841.5 | 602166.7 | 510292.9 |
| 小型 | 468.1 | 8904.5 | 134969.1 | 105401.4 |
| 微型 | 2093.7 | 244.3 | 196085.6 | 59047.0 |
| **二、零售业** | 4538.8 | 10132.3 | 525058.2 | 274859.5 |
| 综合零售 | 398.0 | 2585.5 | 49563.2 | 23651.5 |
| 百货零售 | 372.5 | 2563.7 | 42843.4 | 21376.9 |
| 超级市场零售 | 25.5 | | 4429.6 | 2051.4 |
| 其他综合零售 | | 21.8 | 2290.2 | 223.2 |
| 食品、饮料及烟草制品专门零售 | 113.3 | | 13360.6 | 4794.2 |
| 粮油零售 | 67.3 | | 7116.5 | 1900.6 |
| 肉、禽、蛋、奶及水产品零售 | | | 89.1 | 27.1 |
| 酒、饮料及茶叶零售 | 9.6 | | 689.4 | 414.6 |
| 其他食品零售 | 36.4 | | 5465.6 | 2451.9 |
| 纺织、服装及日用品专门零售 | 505.3 | | 138300.9 | 55510.3 |
| 纺织品及针织品零售 | 9.6 | | 1054.9 | 552.5 |
| 服装零售 | 495.7 | | 137246.0 | 54957.8 |
| 文化、体育用品及器材专门零售 | 140.8 | 2162.5 | 17172.4 | 6714.4 |
| 文具用品零售 | 22.0 | | 1876.0 | 432.5 |
| 图书、报刊零售 | 62.0 | 2162.5 | 12333.9 | 4548.6 |
| 珠宝首饰零售 | 56.8 | | 2962.5 | 1733.3 |
| 医药及医疗器材专门零售 | 6.7 | | 10343.0 | 9675.2 |
| 药品零售 | 6.7 | | 2547.6 | 1796.1 |
| 医疗用品及器材零售 | | | 7795.4 | 7879.1 |
| 汽车、摩托车、燃料及零配件专门零售 | 2969.6 | 5357.8 | 262991.3 | 151759.2 |

# 表 5

单位:万元

零售业

| 二、期末资产负债 | | | | | | | | |
|---|---|---|---|---|---|---|---|---|
| 应付账款 | 非流动负债合计 | 负债合计 | 所有者权益合计 | 实收资本 | | | | |
| | | | | | 国家资本 | 集体资本 | 法人资本 | 个人资本 |
| 169563.7 | 437191.2 | 1661110.2 | 286029.9 | 133430.5 | 80867.6 | 5000.0 | 15000.0 | 32562.9 |
| 15965.8 | 3855.7 | 152651.4 | 41919.6 | 23103.1 | | 23103.1 | | |
| 39649.2 | 15738.7 | 396063.0 | 38953.6 | 58373.7 | 40.0 | | 30877.4 | 27456.3 |
| 21836.3 | 69866.5 | 131953.3 | 60247.4 | 20598.0 | 2000.0 | | 17900.0 | 698.0 |
| 60995.7 | 76643.8 | 529589.3 | 145967.4 | 135756.1 | 37546.3 | 38.1 | 44677.4 | 53494.3 |
| 186019.3 | 450008.3 | 1812188.6 | 281183.1 | 99749.2 | 45361.3 | 28065.0 | 19100.0 | 7222.9 |
| 171589.7 | 401809.6 | 1614152.7 | 221554.3 | 36416.1 | 13138.2 | 23055.0 | | 222.9 |
| 40831.8 | 76605.0 | 517031.4 | 85135.3 | 61550.8 | 5633.7 | 10.0 | 41937.4 | 13969.7 |
| 18719.4 | 10469.3 | 113778.6 | 21190.5 | 29457.7 | 313.1 | | 15960.0 | 13184.6 |
| 15874.1 | 37768.2 | 96815.2 | 99270.4 | 108080.7 | 63822.6 | 5038.1 | 5880.0 | 33340.0 |
| 123498.0 | 22818.8 | 297876.1 | 227182.1 | 445999.2 | 1272.0 | 3065.3 | 29960.1 | 411701.8 |
| 2559.5 | 1660.9 | 25509.7 | 24053.5 | 7873.6 | | 1155.7 | 617.9 | 6100.0 |
| 1999.7 | 1660.9 | 23037.8 | 19805.6 | 4711.9 | | 1155.7 | 467.9 | 3088.3 |
| 489.6 | | 2248.7 | 2180.9 | 1160.0 | | | 50.0 | 1110.0 |
| 70.2 | | 223.2 | 2067.0 | 2001.7 | | | 100.0 | 1901.7 |
| 2307.6 | 2987.6 | 7782.3 | 5578.3 | 3517.1 | | 1015.1 | 573.3 | 1928.7 |
| 1362.3 | 2096.0 | 3997.1 | 3119.4 | 1868.7 | | 859.0 | | 1009.7 |
| | | 27.1 | 62.0 | 23.3 | | | 23.3 | |
| 149.3 | | 414.6 | 274.8 | 60.0 | | | 50.0 | 10.0 |
| 796.0 | 891.6 | 3343.5 | 2122.1 | 1565.1 | | 156.1 | 500.0 | 909.0 |
| 53934.2 | | 55510.3 | 82790.6 | 6140.0 | | 500.0 | 660.0 | 4980.0 |
| | | 552.5 | 502.4 | 500.0 | | 500.0 | | |
| 53934.2 | | 54957.8 | 82288.2 | 5640.0 | | | 660.0 | 4980.0 |
| 4716.7 | 129.5 | 6843.9 | 10328.5 | 3857.1 | | 300.0 | 3057.1 | 500.0 |
| 359.2 | 67.5 | 500.0 | 1376.0 | 500.0 | | | | 500.0 |
| 3022.9 | 62.0 | 4610.6 | 7723.3 | 3057.1 | | | 3057.1 | |
| 1334.6 | | 1733.3 | 1229.2 | 300.0 | | 300.0 | | |
| 8612.1 | | 9675.2 | 667.8 | 844.1 | | | 754.1 | 90.0 |
| 1132.9 | | 1796.1 | 751.5 | 751.1 | | | 661.1 | 90.0 |
| 7479.2 | | 7879.1 | -83.7 | 93.0 | | | 93.0 | |
| 45796.1 | 17694.4 | 169453.6 | 93537.7 | 62971.4 | 1272.0 | 67.0 | 22131.1 | 39501.3 |

11-3 续

| 指　　标 | 批发和 | | | |
|---|---|---|---|---|
| | 二、期末资产负债 | | | |
| | 本年折旧 | 在建工程 | 资产总计 | 流动负债合计 |
| 汽车零售 | 781.2 | 2864.8 | 107619.2 | 83579.2 |
| 摩托车及零配件零售 | | | 75.5 | 61.0 |
| 机动车燃料零售 | 2188.4 | 2493.0 | 155296.6 | 68119.0 |
| 家用电器及电子产品专门零售 | 46.6 | | 6901.5 | 2997.5 |
| 家用视听设备零售 | 22.0 | | 3502.7 | 612.0 |
| 日用家电设备零售 | 24.6 | | 3398.8 | 2385.5 |
| 五金、家具及室内装饰材料专门零售 | 44.1 | | 8929.8 | 8166.9 |
| 家具零售 | 31.6 | | 5852.4 | 7495.4 |
| 其他室内装饰材料零售 | 12.5 | | 3077.4 | 671.5 |
| 货摊、无店铺及其他零售业 | 314.4 | 26.5 | 17495.5 | 11590.3 |
| 互联网零售 | | | 5.1 | 10.6 |
| 生活用燃料零售 | 52.3 | | 7683.9 | 6191.5 |
| 其他未列明零售业 | 262.1 | 26.5 | 9806.5 | 5388.2 |
| 内资企业 | 4538.8 | 10132.3 | 525058.2 | 274859.5 |
| 国有企业 | 31.9 | 1962.5 | 9436.5 | 3624.6 |
| 集体企业 | 82.4 | 2563.7 | 15038.3 | 10350.1 |
| 有限责任公司 | 1629.9 | 2523.3 | 98341.7 | 61570.5 |
| 其他有限责任公司 | 1629.9 | 2523.3 | 98341.7 | 61570.5 |
| 股份有限公司 | 721.6 | | 17011.8 | 1966.2 |
| 私营企业 | 2073.0 | 2886.6 | 384134.5 | 196516.2 |
| 私营独资企业 | 1.6 | | 2725.4 | 1350.5 |
| 私营有限责任公司 | 1603.7 | 1643.7 | 369779.0 | 185404.8 |
| 私营股份有限公司 | 467.7 | 1242.9 | 11630.1 | 9760.9 |
| 其他企业 | | 196.2 | 1095.4 | 831.9 |
| 国有控股 | 1965.8 | 4459.3 | 104294.4 | 56124.1 |
| 集体控股 | 153.0 | 2563.7 | 19331.8 | 12776.3 |
| 私人控股 | 2403.8 | 3109.3 | 400103.5 | 204606.3 |
| 其他 | 16.2 | | 1328.5 | 1352.8 |
| 独立门店 | 2987.2 | 7787.2 | 429310.6 | 213898.0 |
| 连锁门店 | 104.9 | | 5425.3 | 4110.8 |
| 其他 | 1446.7 | 2345.1 | 90322.3 | 56850.7 |

# 表 6

单位:万元

| 零售业 | | | | | | | | |
|---|---|---|---|---|---|---|---|---|
| 二、期末资产负债 | | | | | | | | |
| 应付账款 | 非流动负债合计 | 负债合计 | 所有者权益合计 | 实收资本 | | | | |
| | | | | | 国家资本 | 集体资本 | 法人资本 | 个人资本 |
| 30394.6 | 3527.7 | 87106.9 | 20512.3 | 24309.0 | 15.0 | 20.0 | 15583.6 | 8690.4 |
| 19.0 | | 61.0 | 14.5 | 14.5 | | | 14.5 | |
| 15382.5 | 14166.7 | 82285.7 | 73010.9 | 38647.9 | 1257.0 | 47.0 | 6533.0 | 30810.9 |
| 664.6 | 236.4 | 3233.9 | 3667.6 | 1933.3 | | 9.8 | 857.2 | 1066.3 |
| 476.3 | 230.2 | 842.2 | 2660.5 | 1070.5 | | | 300.0 | 770.5 |
| 188.3 | 6.2 | 2391.7 | 1007.1 | 862.8 | | 9.8 | 557.2 | 295.8 |
| 3010.5 | | 8166.9 | 762.9 | 353564.2 | | | 1094.2 | 352470.0 |
| 2929.3 | | 7495.4 | –1643.0 | 351144.2 | | | 1094.2 | 350050.0 |
| 81.2 | | 671.5 | 2405.9 | 2420.0 | | | | 2420.0 |
| 1896.7 | 110.0 | 11700.3 | 5795.2 | 5298.4 | | 17.7 | 215.2 | 5065.5 |
| | | 10.6 | –5.5 | | | | | |
| 1175.7 | | 6191.5 | 1492.4 | 1377.3 | | | 203.2 | 1174.1 |
| 721.0 | 110.0 | 5498.2 | 4308.3 | 3921.1 | | 17.7 | 12.0 | 3891.4 |
| 123498.0 | 22818.8 | 297876.1 | 227182.1 | 445999.2 | 1272.0 | 3065.3 | 29960.1 | 411701.8 |
| 3041.9 | | 3624.6 | 5811.9 | 2093.1 | | | 2093.1 | |
| 1502.1 | 943.3 | 11293.4 | 3744.9 | 1274.9 | | 1241.6 | | 33.3 |
| 3875.7 | 1064.0 | 62634.5 | 35707.2 | 8032.5 | | 580.0 | 2407.1 | 5045.4 |
| 3875.7 | 1064.0 | 62634.5 | 35707.2 | 8032.5 | | 580.0 | 2407.1 | 5045.4 |
| 1442.4 | 13718.7 | 15684.9 | 1326.9 | 1636.7 | 1257.0 | 364.7 | | 15.0 |
| 113630.3 | 6852.8 | 203566.8 | 180567.7 | 432832.0 | 15.0 | 879.0 | 25449.9 | 406488.1 |
| 942.7 | | 1350.5 | 1374.9 | 850.9 | | | 500.0 | 350.9 |
| 111108.3 | 6852.8 | 192455.4 | 177323.6 | 429659.1 | 15.0 | 879.0 | 24439.9 | 404325.2 |
| 1579.3 | | 9760.9 | 1869.2 | 2322.0 | | | 510.0 | 1812.0 |
| 5.6 | 240.0 | 1071.9 | 23.5 | 130.0 | | | 10.0 | 120.0 |
| 5366.7 | 13743.1 | 69867.2 | 34427.2 | 4414.1 | 1257.0 | 80.0 | 3077.1 | |
| 2922.1 | 981.3 | 13757.6 | 5574.2 | 2154.6 | | 2106.3 | | 48.3 |
| 115138.9 | 8094.4 | 212898.5 | 187205.0 | 439180.5 | 15.0 | 879.0 | 26673.0 | 411613.5 |
| 70.3 | | 1352.8 | –24.3 | 250.0 | | | 210.0 | 40.0 |
| 117112.0 | 22818.8 | 236914.6 | 192396.0 | 438987.9 | 1272.0 | 2765.3 | 29656.9 | 405293.7 |
| 3233.6 | | 4110.8 | 1314.5 | 330.0 | | 300.0 | | 30.0 |
| 3152.4 | | 56850.7 | 33471.6 | 6681.3 | | | 303.2 | 6378.1 |

11-3 续

| 指　　标 | 批发和 | | | |
|---|---|---|---|---|
| | 二、期末资产负债 | | | |
| | 本年折旧 | 在建工程 | 资产总计 | 流动负债合计 |
| 大型 | 1281.4 | 4860.5 | 219395.6 | 111037.3 |
| 中型 | 2205.5 | 4768.1 | 206045.8 | 103116.5 |
| 小型 | 870.9 | 503.7 | 90472.7 | 57912.7 |
| 微型 | 181.0 | | 9144.1 | 2793.0 |
| 有店铺零售 | 4534.8 | 10132.3 | 522381.5 | 272248.3 |
| 食杂店 | 36.4 | | 2984.9 | 2307.2 |
| 便利店 | 9.6 | 21.8 | 2848.1 | 344.9 |
| 超市 | 61.8 | | 8667.6 | 4277.5 |
| 仓储会员店 | 206.1 | | 28171.8 | 12954.0 |
| 百货店 | 849.8 | 2563.7 | 45109.3 | 23404.3 |
| 专业店 | 2004.6 | 7225.0 | 238705.6 | 142112.3 |
| 专卖店 | 1324.4 | 321.8 | 60089.2 | 31509.3 |
| 家居建材商店 | 20.1 | | 3419.5 | 2747.8 |
| 购物中心 | 22.0 | | 132385.5 | 52591.0 |
| 无店铺零售 | 4.0 | | 2676.7 | 2611.2 |
| 网上商店 | | | 5.1 | 10.6 |
| **三、批发业按地区分组** | 243220.7 | 204621.0 | 2768928.4 | 1887084.4 |
| 朔城区 | 3163.7 | 243.8 | 227292.1 | 129805.5 |
| 平鲁区 | 137.1 | 37.9 | 8190.6 | 8282.7 |
| 山阴县 | 2975.6 | 244.3 | 283811.4 | 184614.0 |
| 应县 | 47.6 | | 5122.0 | 3905.3 |
| 怀仁县 | 236401.8 | 204092.7 | 2140244.6 | 1490509.2 |
| 山西朔州经济开发区 | 494.9 | 2.3 | 104267.7 | 69967.7 |
| **四、零售业按地区分组** | 4538.8 | 10132.3 | 525058.2 | 274859.5 |
| 朔城区 | 1454.6 | 5512.0 | 155300.3 | 114142.0 |
| 平鲁区 | 148.1 | | 13844.7 | 3928.7 |
| 山阴县 | 449.2 | 85.7 | 31639.7 | 13006.5 |
| 应县 | 101.1 | 218.0 | 14889.6 | 4466.0 |
| 右玉县 | 26.8 | | 820.6 | 664.2 |
| 怀仁县 | 1023.2 | 2788.8 | 211035.2 | 97056.9 |
| 山西朔州经济开发区 | 1335.8 | 1527.8 | 97528.1 | 41595.2 |

# 表 7

单位:万元

零售业

二、期末资产负债

| 应付账款 | 非流动负债合计 | 负债合计 | 所有者权益合计 | 实收资本 | 国家资本 | 集体资本 | 法人资本 | 个人资本 |
|---|---|---|---|---|---|---|---|---|
| 54434.7 | 943.3 | 111980.6 | 107415.0 | 4709.0 | | 875.7 | | 3833.3 |
| 45544.8 | 17626.4 | 120940.2 | 85105.6 | 412987.4 | 1257.0 | 856.1 | 19808.9 | 391065.4 |
| 21585.0 | 3690.5 | 61603.2 | 28869.5 | 25469.2 | 15.0 | 1315.8 | 9488.8 | 14649.6 |
| 1933.5 | 558.6 | 3352.1 | 5792.0 | 2833.6 | | 17.7 | 662.4 | 2153.5 |
| 120897.4 | 22818.8 | 295264.9 | 227116.6 | 445799.2 | 1272.0 | 3065.3 | 29760.1 | 411701.8 |
| 682.8 | | 2307.2 | 677.7 | 156.1 | | 156.1 | | |
| 191.9 | | 344.9 | 2503.2 | 2111.7 | | | 100.0 | 2011.7 |
| 2435.8 | 705.2 | 5180.0 | 3487.6 | 2463.6 | | | 250.0 | 2213.6 |
| 11630.9 | | 12954.0 | 15217.8 | 6203.2 | | | 6203.2 | |
| 3053.5 | 955.7 | 24360.0 | 20749.3 | 5318.3 | | 1655.7 | 777.9 | 2884.7 |
| 45721.0 | 4941.1 | 147053.9 | 91651.7 | 57135.2 | 15.0 | 1235.8 | 11022.5 | 44861.9 |
| 2299.0 | 16216.8 | 47726.1 | 12363.1 | 365286.6 | 1257.0 | 17.7 | 10242.0 | 353769.9 |
| 2682.6 | | 2747.8 | 671.7 | 3090.0 | | | 1000.0 | 2090.0 |
| 52199.9 | | 52591.0 | 79794.5 | 4034.5 | | | 164.5 | 3870.0 |
| 2600.6 | | 2611.2 | 65.5 | 200.0 | | | 200.0 | |
| | | 10.6 | -5.5 | | | | | |
| 247015.0 | 526652.1 | 2341777.9 | 427150.5 | 235505.3 | 82907.6 | 28103.1 | 63777.4 | 60717.2 |
| 33242.8 | 39237.2 | 169042.7 | 58249.4 | 57609.0 | 34849.0 | | 22760.0 | |
| 765.6 | | 6190.6 | 2000.0 | 2000.0 | | | 2000.0 | |
| 15878.4 | 69866.5 | 184614.0 | 99197.4 | 76072.6 | 33822.6 | 10.0 | 9900.0 | 32340.0 |
| 1315.4 | | 3905.3 | 1216.7 | 1000.0 | | | | 1000.0 |
| 192770.4 | 417509.7 | 1908018.9 | 232225.7 | 84244.3 | 13656.6 | 28093.1 | 16117.4 | 26377.2 |
| 3042.4 | 38.7 | 70006.4 | 34261.3 | 14579.4 | 579.4 | | 13000.0 | 1000.0 |
| 123498.0 | 22818.8 | 297876.1 | 227182.1 | 445999.2 | 1272.0 | 3065.3 | 29960.1 | 411701.8 |
| 32132.5 | 81.7 | 114421.0 | 40879.3 | 14086.4 | | 500.0 | 6261.4 | 7325.0 |
| 824.2 | 3425.8 | 7354.5 | 6490.2 | 6457.5 | | 876.7 | 1046.3 | 4534.5 |
| 769.4 | 210.4 | 13216.9 | 18422.8 | 5074.0 | | 56.8 | 3029.9 | 1987.3 |
| 3107.7 | 1000.2 | 5466.7 | 9422.9 | 5381.7 | 15.0 | 20.0 | 235.0 | 5111.7 |
| 165.5 | 0.4 | 664.6 | 156.0 | 110.0 | | 80.0 | 20.0 | 10.0 |
| 72445.7 | 1005.3 | 98062.2 | 112973.0 | 371848.0 | | 1531.8 | 13588.3 | 356727.9 |
| 14053.0 | 17095.0 | 58690.2 | 38837.9 | 43041.6 | 1257.0 | | 5779.2 | 36005.4 |

11-3 续

| 指标 | 批发和 三、损益及 营业收入 | 主营业务收入 | 营业成本 | 主营业务成本 |
|---|---|---|---|---|
| **总　　计** | 2444007.9 | 2426586.3 | 1957533.8 | 1953788.0 |
| **一、批发业** | 1555883.1 | 1540002.0 | 1149331.5 | 1146357.5 |
| 农、林、牧产品批发 | 39006.3 | 39006.3 | 36424.2 | 36424.2 |
| 谷物、豆及薯类批发 | 39006.3 | 39006.3 | 36424.2 | 36424.2 |
| 食品、饮料及烟草制品批发 | 197178.9 | 197138.6 | 150924.2 | 150924.2 |
| 果品、蔬菜批发 | 54463.9 | 54463.9 | 49593.7 | 49593.7 |
| 盐及调味品批发 | 3184.6 | 3184.6 | 2371.8 | 2371.8 |
| 酒、饮料及茶叶批发 | 1540.1 | 1540.1 | 1487.9 | 1487.9 |
| 烟草制品批发 | 137990.3 | 137950.0 | 97470.8 | 97470.8 |
| 医药及医疗器材批发 | 1016.6 | 1016.6 | 840.8 | 840.8 |
| 中药批发 | 1016.6 | 1016.6 | 840.8 | 840.8 |
| 矿产品、建材及化工产品批发 | 1300210.0 | 1284369.2 | 943656.4 | 940682.4 |
| 煤炭及制品批发 | 1226882.0 | 1211041.2 | 872806.2 | 869832.2 |
| 金属及金属矿批发 | 71662.8 | 71662.8 | 69306.6 | 69306.6 |
| 其他化工产品批发 | 1665.2 | 1665.2 | 1543.6 | 1543.6 |
| 机械设备、五金产品及电子产品批发 | 4225.2 | 4225.2 | 3348.3 | 3348.3 |
| 农业机械批发 | 2122.2 | 2122.2 | 1634.1 | 1634.1 |
| 其他机械设备及电子产品批发 | 2103.0 | 2103.0 | 1714.2 | 1714.2 |
| 其他批发业 | 14246.1 | 14246.1 | 14137.6 | 14137.6 |
| 其他未列明批发业 | 14246.1 | 14246.1 | 14137.6 | 14137.6 |
| 内资企业 | 1555883.1 | 1540002.0 | 1149331.5 | 1146357.5 |
| 国有企业 | 221941.0 | 221617.5 | 182004.4 | 182004.4 |
| 集体企业 | 322313.7 | 320592.8 | 211128.9 | 210782.3 |
| 有限责任公司 | 737227.6 | 723589.3 | 517624.5 | 514997.1 |
| 国有独资公司 | 435452.0 | 424543.3 | 279611.5 | 277169.3 |
| 其他有限责任公司 | 301775.6 | 299046.0 | 238013.0 | 237827.8 |
| 股份有限公司 | | | | |
| 私营企业 | 238878.8 | 238680.4 | 210907.5 | 210907.5 |
| 私营有限责任公司 | 174734.5 | 174536.1 | 155654.7 | 155654.7 |
| 私营股份有限公司 | 64144.3 | 64144.3 | 55252.8 | 55252.8 |
| 其他企业 | 35522.0 | 35522.0 | 27666.2 | 27666.2 |

# 表 8

单位：万元

零售业

分配

| 营业税金及附加 | | 其他业务利润 | 销售费用 | 管理费用 | | 财务费用 | |
|---|---|---|---|---|---|---|---|
| | 主营业务税金及附加 | | | | 税金 | | 利息收入 |
| 45233.5 | 45180.4 | 5382.9 | 254170.6 | 118390.2 | 2812.2 | 54349.6 | 2818.1 |
| 43996.7 | 43996.7 | 1410.0 | 208548.8 | 90052.5 | 1298.3 | 45845.4 | 2762.8 |
| 2.6 | 2.6 | | 561.7 | 269.3 | 33.2 | 383.6 | 0.4 |
| 2.6 | 2.6 | | 561.7 | 269.3 | 33.2 | 383.6 | 0.4 |
| 19594.2 | 19594.2 | 104.0 | 6214.7 | 7644.8 | 394.3 | -1011.0 | 1150.7 |
| 11.0 | 11.0 | | 3744.4 | 879.7 | 154.0 | 138.0 | |
| 18.4 | 18.4 | 63.7 | 152.5 | 576.7 | 18.7 | 1.1 | |
| 1.3 | 1.3 | | 76.0 | 2.5 | 0.9 | 0.6 | |
| 19563.5 | 19563.5 | 40.3 | 2241.8 | 6185.9 | 220.7 | -1150.7 | 1150.7 |
| | | | 118.8 | 87.4 | | 0.5 | |
| | | | 118.8 | 87.4 | | 0.5 | |
| 24256.7 | 24256.7 | 1306.0 | 201317.5 | 81140.5 | 865.1 | 46462.0 | 1611.4 |
| 24221.8 | 24221.8 | 1306.0 | 199921.9 | 80357.7 | 796.6 | 46456.4 | 1539.1 |
| 33.2 | 33.2 | | 1383.7 | 639.3 | 68.5 | 5.6 | 72.3 |
| 1.7 | 1.7 | | 11.9 | 143.5 | | | |
| 80.0 | 80.0 | | 293.0 | 906.4 | 2.2 | 10.3 | 0.3 |
| 2.2 | 2.2 | | 252.7 | 180.6 | 2.2 | 10.3 | |
| 77.8 | 77.8 | | 40.3 | 725.8 | | | 0.3 |
| 63.2 | 63.2 | | 43.1 | 4.1 | 3.5 | | |
| 63.2 | 63.2 | | 43.1 | 4.1 | 3.5 | | |
| 43996.7 | 43996.7 | 1410.0 | 208548.8 | 90052.5 | 1298.3 | 45845.4 | 2762.8 |
| 19713.6 | 19713.6 | 40.3 | 2882.1 | 8989.6 | 241.9 | 458.7 | 1167.1 |
| 1230.3 | 1230.3 | 1306.0 | 95434.1 | 12712.2 | 93.4 | 2740.0 | 244.9 |
| 22298.9 | 22298.9 | | 91191.2 | 53664.0 | 356.7 | 38961.4 | 1341.6 |
| 21487.6 | 21487.6 | | 42375.5 | 44711.0 | | 32509.3 | 1263.7 |
| 811.3 | 811.3 | | 48815.7 | 8953.0 | 356.7 | 6452.1 | 77.9 |
| | | | 13.8 | 1526.2 | | 73.0 | |
| 694.0 | 694.0 | | 12991.0 | 11583.9 | 426.6 | 3588.4 | 6.7 |
| 401.0 | 401.0 | | 11649.6 | 8940.6 | 263.6 | 2055.6 | 2.6 |
| 293.0 | 293.0 | | 1341.4 | 2643.3 | 163.0 | 1532.8 | 4.1 |
| 59.9 | 59.9 | 63.7 | 6036.6 | 1576.6 | 179.7 | 23.9 | 2.5 |

11-3 续

| 指　　标 | 批发和 三、损益及 营业收入 | 主营业务收入 | 营业成本 | 主营业务成本 |
|---|---|---|---|---|
| 国有控股 | 760857.7 | 747087.9 | 559131.8 | 556689.6 |
| 集体控股 | 322313.7 | 320592.8 | 211128.9 | 210782.3 |
| 私人控股 | 351973.3 | 351774.9 | 277518.4 | 277518.4 |
| 其他 | 120738.4 | 120546.4 | 101552.4 | 101367.2 |
| 独立门店 | 526105.7 | 522826.1 | 431764.4 | 431579.2 |
| 其他 | 1029777.4 | 1017175.9 | 717567.1 | 714778.3 |
| 大型 | 864308.5 | 851707.0 | 569828.1 | 567039.3 |
| 中型 | 509241.9 | 506229.1 | 410952.1 | 410766.9 |
| 小型 | 117495.8 | 117229.0 | 105598.9 | 105598.9 |
| 微型 | 64836.9 | 64836.9 | 62952.4 | 62952.4 |
| **二、零售业** | 888124.8 | 886584.3 | 808202.3 | 807430.5 |
| 综合零售 | 120193.8 | 120112.6 | 106556.8 | 106482.3 |
| 百货零售 | 100801.3 | 100720.1 | 89894.6 | 89820.1 |
| 超级市场零售 | 17775.7 | 17775.7 | 15328.5 | 15328.5 |
| 其他综合零售 | 1616.8 | 1616.8 | 1333.7 | 1333.7 |
| 食品、饮料及烟草制品专门零售 | 21695.6 | 21689.9 | 19106.2 | 19101.1 |
| 粮油零售 | 3827.8 | 3827.8 | 3118.6 | 3118.6 |
| 肉、禽、蛋、奶及水产品零售 | 1485.7 | 1485.7 | 1202.4 | 1202.4 |
| 酒、饮料及茶叶零售 | 2186.7 | 2181.0 | 1809.3 | 1804.2 |
| 其他食品零售 | 14195.4 | 14195.4 | 12975.9 | 12975.9 |
| 纺织、服装及日用品专门零售 | 189647.0 | 189541.5 | 169963.6 | 169903.2 |
| 纺织品及针织品零售 | 1640.6 | 1640.6 | 1385.6 | 1385.6 |
| 服装零售 | 188006.4 | 187900.9 | 168578.0 | 168517.6 |
| 文化、体育用品及器材专门零售 | 16596.6 | 16488.6 | 12704.5 | 12701.0 |
| 文具用品零售 | 954.2 | 912.0 | 712.5 | 710.0 |
| 图书、报刊零售 | 11825.1 | 11759.3 | 9064.3 | 9063.3 |
| 珠宝首饰零售 | 3817.3 | 3817.3 | 2927.7 | 2927.7 |
| 医药及医疗器材专门零售 | 12213.5 | 12213.5 | 11510.4 | 11510.4 |
| 药品零售 | 5554.5 | 5554.5 | 5011.4 | 5011.4 |
| 医疗用品及器材零售 | 6659.0 | 6659.0 | 6499.0 | 6499.0 |
| 汽车、摩托车、燃料及零配件专门零售 | 441061.4 | 440487.8 | 412493.2 | 412198.6 |

# 表 9

单位:万元

零售业

分配

| 营业税金及附加 | | 其他业务利润 | 销售费用 | 管理费用 | | 财务费用 | |
|---|---|---|---|---|---|---|---|
| | 主营业务税金及附加 | | | | 税金 | | 利息收入 |
| 41369.4 | 41369.4 | 104.0 | 47561.1 | 58487.5 | 296.4 | 35418.2 | 2507.2 |
| 1230.3 | 1230.3 | 1306.0 | 95434.1 | 12712.2 | 93.4 | 2740.0 | 244.9 |
| 1149.9 | 1149.9 | | 54265.1 | 14714.2 | 568.1 | 5908.8 | 4.1 |
| 247.1 | 247.1 | | 11288.5 | 4138.6 | 340.4 | 1778.4 | 6.6 |
| 1450.4 | 1450.4 | | 65135.9 | 21654.6 | 898.5 | 9355.0 | 31.0 |
| 42546.3 | 42546.3 | 1410.0 | 143412.9 | 68397.9 | 399.8 | 36490.4 | 2731.8 |
| 42101.8 | 42101.8 | 1346.3 | 128798.7 | 61578.4 | 220.7 | 34098.2 | 2658.3 |
| 1591.3 | 1591.3 | | 69425.8 | 19776.6 | 796.8 | 11284.2 | 29.7 |
| 278.6 | 278.6 | 63.7 | 9329.3 | 5914.7 | 227.2 | 374.4 | 2.7 |
| 25.0 | 25.0 | | 995.0 | 2782.8 | 53.6 | 88.6 | 72.1 |
| 1236.8 | 1183.7 | 3972.9 | 45621.8 | 28337.7 | 1513.9 | 8504.2 | 55.3 |
| 451.6 | 451.3 | 0.2 | 7596.5 | 4936.4 | 117.9 | 620.5 | 0.2 |
| 320.3 | 320.0 | | 6763.5 | 4161.6 | 117.1 | 615.5 | |
| 126.6 | 126.6 | 0.2 | 811.5 | 603.5 | | 5.0 | |
| 4.7 | 4.7 | | 21.5 | 171.3 | 0.8 | | 0.2 |
| 69.6 | 69.6 | 0.3 | 896.8 | 558.1 | 2.7 | 88.2 | 2.7 |
| 2.5 | 2.5 | | 326.2 | 245.4 | | 36.8 | 0.3 |
| 18.8 | 18.8 | | 0.8 | 3.9 | 0.9 | 2.0 | |
| 6.3 | 6.3 | 0.3 | 198.3 | 77.0 | 1.8 | 26.2 | 2.4 |
| 42.0 | 42.0 | | 371.5 | 231.8 | | 23.2 | |
| 107.9 | 107.9 | 162.0 | 7265.4 | 9199.8 | 12.3 | 5349.2 | 25.8 |
| 16.5 | 16.5 | | | 194.6 | | 38.7 | |
| 91.4 | 91.4 | 162.0 | 7265.4 | 9005.2 | 12.3 | 5310.5 | 25.8 |
| 152.9 | 152.9 | 34.0 | 1878.1 | 690.0 | 12.3 | 15.6 | 0.4 |
| 2.0 | 2.0 | | | 180.0 | 12.3 | | |
| 25.6 | 25.6 | 34.0 | 1575.0 | 404.1 | | 0.2 | 0.4 |
| 125.3 | 125.3 | | 303.1 | 105.9 | | 15.4 | |
| 1.5 | 1.5 | | 314.6 | 255.2 | 0.6 | 0.6 | |
| 1.5 | 1.5 | | 209.8 | 177.5 | 0.6 | 0.6 | |
| | | | 104.8 | 77.7 | | | |
| 327.5 | 274.7 | 3571.0 | 22339.7 | 8810.3 | 1327.2 | 1902.9 | 25.1 |

11-3 续

| 指　标 | 批发和<br>三、损益及<br>营业收入 | 主营业务收入 | 营业成本 | 主营业务成本 |
|---|---|---|---|---|
| 汽车零售 | 170950.6 | 170489.0 | 159106.4 | 158821.5 |
| 摩托车及零配件零售 | 637.7 | 637.7 | 550.8 | 550.8 |
| 机动车燃料零售 | 269473.1 | 269361.1 | 252836.0 | 252826.3 |
| 家用电器及电子产品专门零售 | 27448.6 | 27448.6 | 24548.7 | 24496.2 |
| 家用视听设备零售 | 15135.9 | 15135.9 | 13017.6 | 13017.6 |
| 日用家电设备零售 | 12312.7 | 12312.7 | 11531.1 | 11478.6 |
| 五金、家具及室内装饰材料专门零售 | 6995.4 | 6995.4 | 5240.6 | 5240.6 |
| 家具零售 | 5935.5 | 5935.5 | 4318.5 | 4318.5 |
| 其他室内装饰材料零售 | 1059.9 | 1059.9 | 922.1 | 922.1 |
| 货摊、无店铺及其他零售业 | 52272.9 | 51606.4 | 46078.3 | 45797.1 |
| 互联网零售 | 446.7 | 446.7 | | |
| 生活用燃料零售 | 26736.7 | 26736.7 | 23932.8 | 23932.8 |
| 其他未列明零售业 | 25089.5 | 24423.0 | 22145.5 | 21864.3 |
| 内资企业 | 888124.8 | 886584.3 | 808202.3 | 807430.5 |
| 国有企业 | 7097.3 | 7066.5 | 5446.2 | 5446.2 |
| 集体企业 | 59112.6 | 59112.6 | 53770.2 | 53770.2 |
| 有限责任公司 | 209100.5 | 208397.3 | 195316.1 | 195033.9 |
| 其他有限责任公司 | 209100.5 | 208397.3 | 195316.1 | 195033.9 |
| 股份有限公司 | 81471.6 | 81471.6 | 73468.1 | 73468.1 |
| 私营企业 | 530211.4 | 529404.9 | 479160.9 | 478671.3 |
| 私营独资企业 | 20827.7 | 20827.7 | 17185.1 | 17175.4 |
| 私营有限责任公司 | 478955.9 | 478149.4 | 433541.6 | 433061.7 |
| 私营股份有限公司 | 30427.8 | 30427.8 | 28434.2 | 28434.2 |
| 其他企业 | 1131.4 | 1131.4 | 1040.8 | 1040.8 |
| 国有控股 | 254525.0 | 254494.2 | 237267.1 | 237267.1 |
| 集体控股 | 78197.2 | 78197.2 | 69480.9 | 69480.9 |
| 私人控股 | 552773.6 | 551298.9 | 499140.3 | 498369.5 |
| 其他 | 2629.0 | 2594.0 | 2314.0 | 2313.0 |
| 独立门店 | 680988.8 | 680149.8 | 614518.4 | 614028.8 |
| 连锁门店 | 6918.1 | 6883.1 | 5498.9 | 5497.9 |
| 其他 | 200217.9 | 199551.4 | 188185.0 | 187903.8 |

# 表 10

单位:万元

| 零售业 | | | | | | | |
|---|---|---|---|---|---|---|---|
| 分配 | | | | | | | |
| 营业税金及附加 | 主营业务税金及附加 | 其他业务利润 | 销售费用 | 管理费用 | 税金 | 财务费用 | 利息收入 |
| 78.5 | 76.7 | 4623.4 | 6287.3 | 5419.2 | 1290.3 | 1487.2 | 23.6 |
| 2.2 | 2.2 | | 51.2 | 26.4 | | 6.5 | |
| 246.8 | 195.8 | -1052.4 | 16001.2 | 3364.7 | 36.9 | 409.2 | 1.5 |
| 23.8 | 23.8 | | 1576.1 | 991.1 | 17.5 | 71.2 | |
| 14.9 | 14.9 | | 951.6 | 681.3 | 8.2 | 59.4 | |
| 8.9 | 8.9 | | 624.5 | 309.8 | 9.3 | 11.8 | |
| 23.9 | 23.9 | 5.1 | 1542.6 | 611.0 | 5.7 | 36.2 | 1.0 |
| 18.0 | 18.0 | 5.1 | 1541.3 | 507.1 | 5.7 | 13.1 | 0.6 |
| 5.9 | 5.9 | | 1.3 | 103.9 | | 23.1 | 0.4 |
| 78.1 | 78.1 | 200.3 | 2212.0 | 2285.8 | 17.7 | 419.8 | 0.1 |
| 0.1 | 0.1 | | 0.2 | 8.0 | | | |
| 36.4 | 36.4 | | 1201.9 | 966.3 | 8.2 | 271.9 | |
| 41.6 | 41.6 | 200.3 | 1009.9 | 1311.5 | 9.5 | 147.9 | 0.1 |
| 1236.8 | 1183.7 | 3972.9 | 45621.8 | 28337.7 | 1513.9 | 8504.2 | 55.3 |
| 13.2 | 13.2 | 8.0 | 1113.2 | 323.8 | 0.4 | 0.2 | |
| 40.4 | 40.4 | | 4540.9 | 1589.5 | 26.2 | 215.4 | |
| 197.5 | 197.5 | 226.3 | 11409.4 | 4474.1 | 11.1 | 640.5 | 0.5 |
| 197.5 | 197.5 | 226.3 | 11409.4 | 4474.1 | 11.1 | 640.5 | 0.5 |
| 220.6 | 169.6 | | 5485.7 | 554.0 | 2.7 | 45.2 | |
| 762.4 | 760.3 | 3738.6 | 22965.6 | 21394.0 | 1473.5 | 7602.4 | 54.8 |
| 25.5 | 25.5 | | 1906.1 | 1131.3 | 12.0 | 80.5 | |
| 690.0 | 687.9 | 3738.6 | 20300.3 | 19120.1 | 1451.5 | 7328.4 | 54.8 |
| 46.9 | 46.9 | | 759.2 | 1142.6 | 10.0 | 193.5 | |
| 2.7 | 2.7 | | 107.0 | 2.3 | | 0.5 | |
| 217.9 | 166.9 | 8.0 | 16154.3 | 3177.3 | 3.1 | 386.1 | 0.4 |
| 197.4 | 197.4 | | 5385.1 | 2145.5 | 26.2 | 287.0 | |
| 803.7 | 801.6 | 3930.9 | 23772.5 | 22881.8 | 1484.6 | 7830.7 | 54.9 |
| 17.8 | 17.8 | 34.0 | 309.9 | 133.1 | | 0.4 | |
| 963.6 | 910.5 | 3738.6 | 34468.8 | 24098.2 | 1503.0 | 7852.3 | 55.0 |
| 136.5 | 136.5 | 34.0 | 628.1 | 185.9 | 0.6 | 15.9 | |
| 136.7 | 136.7 | 200.3 | 10524.9 | 4053.6 | 10.3 | 636.0 | 0.3 |

11-3 续

| 指标 | 批发和 三、损益及 营业收入 | 主营业务收入 | 营业成本 | 主营业务成本 |
|---|---|---|---|---|
| 大型 | 348650.3 | 348650.3 | 325356.8 | 325356.8 |
| 中型 | 341333.9 | 340899.6 | 308435.1 | 308300.2 |
| 小型 | 187107.9 | 186001.7 | 164906.7 | 164269.8 |
| 微型 | 11032.7 | 11032.7 | 9503.7 | 9503.7 |
| 有店铺零售 | 878456.9 | 876916.4 | 799077.9 | 798306.1 |
| 食杂店 | 13359.2 | 13359.2 | 12290.2 | 12290.2 |
| 便利店 | 4669.8 | 4669.8 | 4066.7 | 4066.7 |
| 超市 | 27221.6 | 27221.6 | 23223.4 | 23222.2 |
| 仓储会员店 | 12974.0 | 12862.0 | 13476.7 | 13476.7 |
| 百货店 | 119258.4 | 119177.2 | 106545.5 | 106472.2 |
| 专业店 | 382145.1 | 380949.7 | 351951.2 | 351320.4 |
| 专卖店 | 169620.3 | 169573.9 | 152588.4 | 152582.3 |
| 家居建材商店 | 2614.4 | 2614.4 | 1911.4 | 1911.4 |
| 购物中心 | 146594.1 | 146488.6 | 133024.4 | 132964.0 |
| 无店铺零售 | 9667.9 | 9667.9 | 9124.4 | 9124.4 |
| 网上商店 | 446.7 | 446.7 | | |
| 三、批发业按地区分组 | 1555883.1 | 1540002.0 | 1149331.5 | 1146357.5 |
| 朔城区 | 125965.6 | 122969.2 | 107207.6 | 107022.4 |
| 平鲁区 | 4748.3 | 4748.3 | 4722.4 | 4722.4 |
| 山阴县 | 106667.8 | 106667.8 | 84952.8 | 84952.8 |
| 应县 | 974.6 | 974.6 | 846.8 | 846.8 |
| 怀仁县 | 1146302.8 | 1133458.4 | 821861.9 | 819073.1 |
| 山西朔州经济开发区 | 171224.0 | 171183.7 | 129740.0 | 129740.0 |
| 四、零售业按地区分组 | 888124.8 | 886584.3 | 808202.3 | 807430.5 |
| 朔城区 | 276252.2 | 275820.7 | 258392.0 | 258104.6 |
| 平鲁区 | 8956.9 | 8673.4 | 7051.7 | 6950.8 |
| 山阴县 | 48758.5 | 48294.3 | 42318.5 | 42055.2 |
| 应县 | 23025.4 | 23019.7 | 19025.0 | 19018.7 |
| 右玉县 | 9602.4 | 9567.4 | 8655.6 | 8654.6 |
| 怀仁县 | 366246.9 | 366029.4 | 326172.5 | 326059.6 |
| 山西朔州经济开发区 | 155282.5 | 155179.4 | 146587.0 | 146587.0 |

# 表 11

单位:万元

零售业

分配

| 营业税金及附加 | 主营业务税金及附加 | 其他业务利润 | 销售费用 | 管理费用 | 税金 | 财务费用 | 利息收入 |
|---|---|---|---|---|---|---|---|
| 128.5 | 128.5 | | 14711.1 | 8153.5 | | 5672.0 | |
| 403.4 | 352.1 | 3732.5 | 20753.0 | 12916.6 | 1441.5 | 1977.8 | 36.5 |
| 658.4 | 656.6 | 240.4 | 9640.5 | 6980.2 | 67.0 | 801.2 | 18.8 |
| 46.5 | 46.5 | | 517.2 | 287.4 | 5.4 | 53.2 | |
| 1236.3 | 1183.2 | 3972.9 | 45271.6 | 28325.1 | 1513.9 | 8499.7 | 55.3 |
| 13.9 | 13.9 | | 320.4 | 181.5 | | 21.5 | |
| 8.4 | 8.4 | | 178.3 | 250.9 | 0.8 | 3.9 | 0.2 |
| 175.8 | 175.5 | 0.2 | 1570.3 | 1016.0 | 13.6 | 136.5 | |
| 9.3 | 9.3 | -1052.4 | 151.4 | 427.2 | 31.1 | 185.7 | 1.3 |
| 344.2 | 344.2 | | 7248.5 | 5168.9 | 105.5 | 640.4 | |
| 434.4 | 432.6 | 198.1 | 20723.1 | 9067.1 | 67.6 | 1307.6 | 16.1 |
| 211.2 | 160.2 | 4659.9 | 9303.2 | 5250.8 | 1295.3 | 1077.7 | 11.1 |
| 4.7 | 4.7 | 5.1 | 1173.9 | 172.5 | | -0.5 | 0.8 |
| 34.4 | 34.4 | 162.0 | 4602.5 | 6790.2 | | 5126.9 | 25.8 |
| 0.5 | 0.5 | | 350.2 | 12.6 | | 4.5 | |
| 0.1 | 0.1 | | 0.2 | 8.0 | | | |
| 43996.7 | 43996.7 | 1410.0 | 208548.8 | 90052.5 | 1298.3 | 45845.4 | 2762.8 |
| 287.0 | 287.0 | 63.7 | 13852.9 | 6662.6 | 339.6 | 617.9 | 83.6 |
| | | | | 988.7 | 9.3 | 0.2 | -0.1 |
| 361.8 | 361.8 | | 11611.2 | 5715.3 | 166.8 | 3942.4 | 0.7 |
| 2.5 | 2.5 | | 38.0 | 19.2 | 3.0 | 10.1 | |
| 23726.1 | 23726.1 | 1306.0 | 180009.4 | 69555.1 | 528.1 | 40399.2 | 1525.7 |
| 19619.3 | 19619.3 | 40.3 | 3037.3 | 7111.6 | 251.5 | 875.6 | 1152.9 |
| 1236.8 | 1183.7 | 3972.9 | 45621.8 | 28337.7 | 1513.9 | 8504.2 | 55.3 |
| 244.7 | 244.6 | 9.3 | 14458.2 | 6777.6 | 91.8 | 884.9 | 11.2 |
| 74.4 | 74.4 | 192.3 | 496.2 | 623.7 | 20.7 | 87.4 | 0.4 |
| 221.1 | 220.8 | | 3509.7 | 1309.2 | 6.1 | 331.4 | 0.1 |
| 54.0 | 52.3 | 2.1 | 1670.0 | 1084.7 | 12.7 | 104.2 | 2.6 |
| 135.5 | 135.5 | 42.0 | 210.2 | 90.7 | 0.4 | 5.3 | |
| 394.1 | 394.1 | 3716.5 | 18504.4 | 15723.1 | 1367.6 | 6728.0 | 27.5 |
| 113.0 | 62.0 | 10.7 | 6773.1 | 2728.7 | 14.6 | 363.0 | 13.5 |

11-3 续

| 指　　标 | 批发和 | | | |
|---|---|---|---|---|
| | 三、损益及分配 | | | |
| | 利息支出 | 资产减值损失 | 营业利润 | 营业外收入 |
| 总　　计 | 40472.5 | 302.9 | 14671.2 | 7958.1 |
| 一、批发业 | 34537.8 | 136.8 | 18695.8 | 7139.8 |
| 农、林、牧产品批发 | 373.9 | | 1364.9 | 100.3 |
| 谷物、豆及薯类批发 | 373.9 | | 1364.9 | 100.3 |
| 食品、饮料及烟草制品批发 | 34.8 | 1.0 | 13811.0 | 43.7 |
| 果品、蔬菜批发 | 34.8 | | 97.1 | |
| 盐及调味品批发 | | | 64.1 | |
| 酒、饮料及茶叶批发 | | 1.7 | −29.9 | |
| 烟草制品批发 | | −0.7 | 13679.7 | 43.7 |
| 医药及医疗器材批发 | | | −30.9 | |
| 中药批发 | | | −30.9 | |
| 矿产品、建材及化工产品批发 | 34129.1 | 135.8 | 3965.2 | 6995.8 |
| 煤炭及制品批发 | 34055.8 | 135.8 | 3706.3 | 6846.9 |
| 金属及金属矿批发 | 73.3 | | 294.4 | 148.9 |
| 其他化工产品批发 | | | −35.5 | |
| 机械设备、五金产品及电子产品批发 | | | −412.5 | |
| 农业机械批发 | | | 42.3 | |
| 其他机械设备及电子产品批发 | | | −454.8 | |
| 其他批发业 | | | −1.9 | |
| 其他未列明批发业 | | | −1.9 | |
| 内资企业 | 34537.8 | 136.8 | 18695.8 | 7139.8 |
| 国有企业 | 1610.7 | 1.0 | 7891.5 | 4910.5 |
| 集体企业 | 2783.8 | | −931.8 | 779.8 |
| 有限责任公司 | 27987.5 | 135.8 | 13351.8 | 1193.5 |
| 国有独资公司 | 25330.0 | −252.2 | 15009.3 | 889.4 |
| 其他有限责任公司 | 2657.5 | 388.0 | −1657.5 | 304.1 |
| 股份有限公司 | 73.0 | | −1613.0 | |
| 私营企业 | 2068.7 | | −161.5 | 249.2 |
| 私营有限责任公司 | 534.9 | | −3596.8 | 249.2 |
| 私营股份有限公司 | 1533.8 | | 3435.3 | |
| 其他企业 | 14.1 | | 158.8 | 6.8 |

# 表 12

单位:万元

零售业

| 三、损益及分配 | | | | 四、人工成本及增值税 | | 五、从业人员平均人数(人) |
|---|---|---|---|---|---|---|
| 政府补助 | 营业外支出 | 利润总额 | 应交所得税 | 应付职工薪酬 | 应交增值税 | |
| 862.5 | 2140.3 | 19002.3 | 9664.4 | 118734.9 | 63572.9 | 14116 |
| 812.5 | 1610.6 | 23870.6 | 8804.4 | 88806.8 | 57739.4 | 5236 |
| 6.0 | 7.5 | 1457.7 | 16.8 | 362.2 | 7.0 | 128 |
| 6.0 | 7.5 | 1457.7 | 16.8 | 362.2 | 7.0 | 128 |
| | 11.3 | 13843.2 | 3445.4 | 6700.4 | 7226.7 | 444 |
| | | 97.1 | | 48.9 | 28.7 | 25 |
| | 0.2 | 63.7 | 15.9 | 686.4 | 219.2 | 55 |
| | | -29.9 | | 23.3 | 10.7 | 8 |
| | 11.1 | 13712.3 | 3429.5 | 5941.8 | 6968.1 | 356 |
| | | -30.9 | | 60.0 | -4.4 | 16 |
| | | -30.9 | | 60.0 | -4.4 | 16 |
| 806.5 | 1454.5 | 9152.3 | 5342.2 | 80663.2 | 49558.7 | 4440 |
| 657.6 | 1445.5 | 8753.5 | 5342.2 | 80474.4 | 49313.2 | 4359 |
| 148.9 | 9.0 | 434.3 | | 113.2 | 245.5 | 26 |
| | | -35.5 | | 75.6 | | 55 |
| | 137.3 | -549.8 | | 995.5 | 711.8 | 194 |
| | | 42.3 | | 25.9 | 63.6 | 9 |
| | 137.3 | -592.1 | | 969.6 | 648.2 | 185 |
| | | -1.9 | | 25.5 | 239.6 | 14 |
| | | -1.9 | | 25.5 | 239.6 | 14 |
| 812.5 | 1610.6 | 23870.6 | 8804.4 | 88806.8 | 57739.4 | 5236 |
| 354.5 | 76.6 | 12726.7 | 3429.5 | 7395.1 | 8506.0 | 624 |
| | 105.4 | -257.5 | 174.8 | 9716.5 | 10610.1 | 2077 |
| 303.1 | 991.3 | 13568.7 | 5166.3 | 65545.6 | 34113.0 | 1095 |
| 38.7 | 410.7 | 15488.1 | 5095.7 | 62377.7 | 26119.7 | 210 |
| 264.4 | 580.6 | -1919.4 | 70.6 | 3167.9 | 7993.3 | 885 |
| | | -1613.0 | | 193.9 | | 24 |
| 154.9 | 431.2 | -713.7 | 17.9 | 4688.4 | 3967.5 | 1275 |
| 154.9 | 266.2 | -3984.0 | 17.9 | 4355.3 | 3492.2 | 1221 |
| | 165.0 | 3270.3 | | 333.1 | 475.3 | 54 |
| | 6.1 | 159.4 | 15.9 | 1267.3 | 542.8 | 141 |

11-3 续

| 指　　标 | 批发和 | | | |
|---|---|---|---|---|
| | 三、损益及分配 | | | |
| | 利息支出 | 资产减值损失 | 营业利润 | 营业外收入 |
| 国有控股 | 29461.2 | 136.8 | 18752.8 | 5799.9 |
| 集体控股 | 2783.8 | | –931.8 | 779.8 |
| 私人控股 | 2068.7 | | –858.6 | 288.4 |
| 其他 | 224.1 | | 1733.4 | 271.7 |
| 独立门店 | 4200.2 | 1.7 | –2531.9 | 5179.9 |
| 其他 | 30337.6 | 135.1 | 21227.7 | 1959.9 |
| 大型 | 28113.8 | –252.9 | 28156.2 | 1625.9 |
| 中型 | 6229.1 | 388.0 | –4176.4 | 4984.5 |
| 小型 | 49.9 | 1.7 | –3631.7 | 523.4 |
| 微型 | 145.0 | | –1652.3 | 6.0 |
| **二、零售业** | 5934.7 | 166.1 | –4024.6 | 818.3 |
| 综合零售 | 350.2 | | 75.2 | 23.6 |
| 百货零售 | 350.2 | | –954.2 | 21.1 |
| 超级市场零售 | | | 943.8 | |
| 其他综合零售 | | | 85.6 | 2.5 |
| 食品、饮料及烟草制品专门零售 | 55.1 | | 976.7 | 1.6 |
| 粮油零售 | 24.9 | | 98.3 | |
| 肉、禽、蛋、奶及水产品零售 | | | 257.8 | |
| 酒、饮料及茶叶零售 | 28.5 | | 69.6 | 1.6 |
| 其他食品零售 | 1.7 | | 551.0 | |
| 纺织、服装及日用品专门零售 | 5084.8 | | –2238.9 | |
| 纺织品及针织品零售 | | | 5.2 | |
| 服装零售 | 5084.8 | | –2244.1 | |
| 文化、体育用品及器材专门零售 | 0.7 | 119.7 | 1035.8 | 248.5 |
| 文具用品零售 | | | 59.7 | |
| 图书、报刊零售 | 0.1 | 119.7 | 636.2 | 248.5 |
| 珠宝首饰零售 | 0.6 | | 339.9 | |
| 医药及医疗器材专门零售 | 0.4 | | 131.2 | 1.4 |
| 药品零售 | 0.4 | | 153.7 | 1.4 |
| 医疗用品及器材零售 | | | –22.5 | |
| 汽车、摩托车、燃料及零配件专门零售 | 188.9 | 46.4 | –4539.2 | 391.4 |

# 表 13

单位:万元

零售业

| 三、损益及分配 | | | | 四、人工成本及增值税 | | 五、从业人员平均人数(人) |
|---|---|---|---|---|---|---|
| 政府补助 | 营业外支出 | 利润总额 | 应交所得税 | 应付职工薪酬 | 应交增值税 | |
| 393.2 | 507.2 | 24061.4 | 8557.1 | 72168.8 | 35159.4 | 1373 |
| | 105.4 | -257.5 | 174.8 | 9716.5 | 10610.1 | 2077 |
| 154.9 | 455.7 | -1396.1 | 72.5 | 5538.6 | 8469.6 | 1489 |
| 264.4 | 542.3 | 1462.8 | | 1382.9 | 3500.3 | 297 |
| 509.4 | 933.7 | 1360.2 | 88.5 | 8114.5 | 11634.0 | 2056 |
| 303.1 | 676.9 | 22510.4 | 8715.9 | 80692.3 | 46105.4 | 3180 |
| 38.7 | 527.2 | 29254.9 | 8700.0 | 76909.1 | 43293.1 | 2315 |
| 264.4 | 854.1 | -31.3 | 70.6 | 7661.4 | 12167.4 | 1942 |
| 503.4 | 216.8 | -3695.4 | 17.0 | 3458.7 | 2080.3 | 789 |
| 6.0 | 12.5 | -1657.6 | 16.8 | 777.6 | 198.6 | 190 |
| 50.0 | 529.7 | -4868.3 | 860.0 | 29928.1 | 5833.5 | 8880 |
| | 258.5 | -268.3 | 111.9 | 9441.2 | 336.3 | 2866 |
| | 257.4 | -1256.1 | 89.6 | 8459.6 | 245.2 | 2440 |
| | | 900.8 | 0.6 | 862.0 | 45.7 | 394 |
| | 1.1 | 87.0 | 21.7 | 119.6 | 45.4 | 32 |
| | 2.9 | 600.4 | 33.6 | 461.4 | 110.9 | 292 |
| | | -18.9 | 24.9 | 38.7 | 5.6 | 33 |
| | | | | 92.0 | | 30 |
| | 2.9 | 68.3 | 3.9 | 71.8 | 44.3 | 23 |
| | | 551.0 | 4.8 | 258.9 | 61.0 | 206 |
| | | -2244.1 | 16.4 | 6425.3 | 848.6 | 2277 |
| | | | | 72.3 | | 60 |
| | | -2244.1 | 16.4 | 6353.0 | 848.6 | 2217 |
| 40.0 | 10.5 | 1188.6 | 281.7 | 1408.8 | 8.1 | 178 |
| | | 59.7 | 2.0 | 9.8 | 12.3 | 40 |
| 40.0 | 10.5 | 874.0 | 194.7 | 1158.1 | -4.2 | 113 |
| | | 254.9 | 85.0 | 240.9 | | 25 |
| | | 132.6 | 3.2 | 546.4 | 62.4 | 270 |
| | | 155.1 | 3.2 | 415.6 | 52.5 | 209 |
| | | -22.5 | | 130.8 | 9.9 | 61 |
| | 249.8 | -6200.2 | 344.4 | 10036.1 | 3791.0 | 2233 |

11-3 **续**

| 指　　标 | 批发和 | | | |
|---|---|---|---|---|
| | 三、损益及分配 | | | |
| | 利息支出 | 资产减值损失 | 营业利润 | 营业外收入 |
| 汽车零售 | 168.8 | 6.0 | -1139.1 | 376.9 |
| 摩托车及零配件零售 | | | 0.6 | |
| 机动车燃料零售 | 20.1 | 40.4 | -3400.7 | 14.5 |
| 家用电器及电子产品专门零售 | 43.8 | | 237.7 | |
| 家用视听设备零售 | 34.2 | | 411.1 | |
| 日用家电设备零售 | 9.6 | | -173.4 | |
| 五金、家具及室内装饰材料专门零售 | 36.5 | | -458.9 | 125.0 |
| 家具零售 | 13.5 | | -462.5 | 125.0 |
| 其他室内装饰材料零售 | 23.0 | | 3.6 | |
| 货摊、无店铺及其他零售业 | 174.3 | | 755.8 | 26.8 |
| 互联网零售 | | | -4.7 | 0.1 |
| 生活用燃料零售 | 57.6 | | 327.4 | |
| 其他未列明零售业 | 116.7 | | 433.1 | 26.7 |
| 内资企业 | 5934.7 | 166.1 | -4024.6 | 818.3 |
| 国有企业 | 0.1 | 101.2 | 99.5 | 108.2 |
| 集体企业 | 144.9 | | -1043.8 | 6.8 |
| 有限责任公司 | 77.3 | 58.9 | -2996.0 | 179.9 |
| 其他有限责任公司 | 77.3 | 58.9 | -2996.0 | 179.9 |
| 股份有限公司 | 14.4 | | 1698.0 | 3.1 |
| 私营企业 | 5698.0 | 6.0 | -1784.9 | 520.3 |
| 私营独资企业 | 7.8 | | 499.2 | |
| 私营有限责任公司 | 5690.2 | 6.0 | -2135.5 | 484.3 |
| 私营股份有限公司 | | | -148.6 | 36.0 |
| 其他企业 | | | 2.6 | |
| 国有控股 | 12.4 | 141.6 | -2819.3 | 127.5 |
| 集体控股 | 147.0 | | 701.3 | 6.8 |
| 私人控股 | 5775.3 | 6.0 | -1766.4 | 521.8 |
| 其他 | | 18.5 | -140.2 | 162.2 |
| 独立门店 | 5858.8 | 6.0 | -999.0 | 613.8 |
| 连锁门店 | 0.7 | 119.7 | 333.1 | 163.9 |
| 其他 | 75.2 | 40.4 | -3358.7 | 40.6 |

# 表 14

单位:万元

零售业

| 三、损益及分配 | | | | 四、人工成本及增值税 | | 五、从业人员平均人数(人) |
|---|---|---|---|---|---|---|
| 政府补助 | 营业外支出 | 利润总额 | 应交所得税 | 应付职工薪酬 | 应交增值税 | |
| | 159.8 | -759.0 | 338.1 | 3638.7 | 2007.3 | 1027 |
| | | 0.6 | | 19.0 | | 10 |
| | 90.0 | -5441.8 | 6.3 | 6378.4 | 1783.7 | 1196 |
| | | -43.4 | 3.4 | 532.0 | 120.9 | 352 |
| | | 158.8 | 3.4 | 240.2 | 91.8 | 121 |
| | | -202.2 | | 291.8 | 29.1 | 231 |
| | 7.0 | 714.7 | 0.2 | 551.0 | 265.2 | 227 |
| | 7.0 | 711.1 | | 467.6 | 166.9 | 196 |
| | | 3.6 | 0.2 | 83.4 | 98.3 | 31 |
| 10.0 | 1.0 | 1251.4 | 65.2 | 525.9 | 290.1 | 185 |
| | | 438.1 | | 7.8 | | 4 |
| | | 327.4 | 48.2 | 166.6 | 200.7 | 51 |
| 10.0 | 1.0 | 485.9 | 17.0 | 351.5 | 89.4 | 130 |
| 50.0 | 529.7 | -4868.3 | 860.0 | 29928.1 | 5833.5 | 8880 |
| 50.0 | 3.9 | 203.7 | 53.6 | 963.9 | 17.4 | 100 |
| | 7.4 | -1073.2 | 79.4 | 1167.7 | 135.5 | 733 |
| | 83.4 | -3457.2 | 163.4 | 5228.8 | 1375.5 | 1145 |
| | 83.4 | -3457.2 | 163.4 | 5228.8 | 1375.5 | 1145 |
| | | 273.0 | 85.0 | 1588.2 | 283.6 | 287 |
| | 435.0 | -790.1 | 478.6 | 20907.1 | 4020.0 | 6588 |
| | | 483.3 | 12.3 | 730.6 | 78.1 | 379 |
| | 435.0 | -1174.8 | 466.3 | 18403.7 | 2270.9 | 5805 |
| | | -98.6 | | 1772.8 | 1671.0 | 404 |
| | | -24.5 | | 72.4 | 1.5 | 27 |
| 50.0 | 82.1 | -3356.6 | 190.4 | 6608.9 | 1604.6 | 1027 |
| | 7.4 | -758.3 | 164.4 | 1529.3 | 153.8 | 845 |
| | 435.0 | -745.6 | 489.0 | 21577.9 | 4073.6 | 6880 |
| | 5.2 | -7.8 | 16.2 | 212.0 | 1.5 | 128 |
| 40.0 | 446.2 | -1326.2 | 705.4 | 24281.4 | 4405.2 | 7675 |
| | 5.6 | 406.3 | 124.8 | 527.2 | 22.8 | 93 |
| 10.0 | 77.9 | -3948.4 | 29.8 | 5119.5 | 1405.5 | 1112 |

11-3 续

| 指　　标 | 批发和 | | | |
|---|---|---|---|---|
| | 三、损益及分配 | | | |
| | 利息支出 | 资产减值损失 | 营业利润 | 营业外收入 |
| 大型 | 5130.7 | 40.4 | −5412.0 | 18.2 |
| 中型 | 316.1 | | −2859.9 | 325.8 |
| 小型 | 447.6 | 125.7 | 4041.2 | 474.2 |
| 微型 | 40.3 | | 206.1 | 0.1 |
| 有店铺零售 | 5934.7 | 166.1 | −3757.2 | 668.9 |
| 食杂店 | | | 531.7 | |
| 便利店 | 3.9 | | 161.6 | 2.5 |
| 超市 | 4.7 | 101.2 | 1041.6 | 1.7 |
| 仓储会员店 | | | −1276.3 | |
| 百货店 | 402.8 | | −689.1 | 21.1 |
| 专业店 | 278.6 | 46.4 | −1357.3 | 238.6 |
| 专卖店 | 216.9 | 18.5 | 1462.5 | 281.5 |
| 家居建材商店 | 0.2 | | −647.6 | 123.5 |
| 购物中心 | 5027.6 | | −2984.3 | |
| 无店铺零售 | | | −267.4 | 149.4 |
| 网上商店 | | | −4.7 | 0.1 |
| **三、批发业按地区分组** | 34537.8 | 136.8 | 18695.8 | 7139.8 |
| 朔城区 | 644.7 | 1.7 | −2664.1 | 289.1 |
| 平鲁区 | 0.3 | | −963.1 | 357.1 |
| 山阴县 | 73.0 | | 84.3 | 69.6 |
| 应县 | | | 58.0 | 6.0 |
| 怀仁县 | 31792.2 | −252.2 | 11727.8 | 6225.4 |
| 山西朔州经济开发区 | 2027.6 | 387.3 | 10452.9 | 192.6 |
| **四、零售业按地区分组** | 5934.7 | 166.1 | −4024.6 | 818.3 |
| 朔城区 | 1.2 | 40.4 | −4545.5 | 337.2 |
| 平鲁区 | 81.8 | | 623.5 | |
| 山阴县 | 188.6 | | 1093.1 | |
| 应县 | 48.9 | 107.2 | 583.2 | 5.9 |
| 右玉县 | | 18.5 | 486.6 | 188.9 |
| 怀仁县 | 5578.4 | | −1275.2 | 27.4 |
| 山西朔州经济开发区 | 35.8 | | −990.3 | 258.9 |

# 表 15

单位:万元

零售业

| 三、损益及分配 | | | | 四、人工成本及增值税 | | 五、从业人员平均人数(人) |
|---|---|---|---|---|---|---|
| 政府补助 | 营业外支出 | 利润总额 | 应交所得税 | 应付职工薪酬 | 应交增值税 | |
| | 83.2 | −6056.5 | 79.4 | 9776.4 | 1896.7 | 2187 |
| 40.0 | 385.1 | −1936.3 | 376.2 | 12618.4 | 2844.5 | 5101 |
| 10.0 | 61.4 | 2674.3 | 379.2 | 7311.8 | 1010.3 | 1483 |
| | | 450.2 | 25.2 | 221.5 | 82.0 | 109 |
| 50.0 | 522.8 | −5186.3 | 859.6 | 29875.3 | 5830.5 | 8861 |
| | | 531.7 | | 229.2 | 35.9 | 192 |
| | 1.1 | 163.0 | 21.7 | 167.1 | 69.3 | 48 |
| | 250.4 | 956.9 | 29.3 | 1928.4 | 127.8 | 940 |
| | 14.2 | −1290.5 | | 399.5 | 89.8 | 108 |
| | 7.4 | −953.2 | 89.6 | 8163.3 | 429.8 | 2336 |
| 40.0 | 159.4 | −3233.7 | 344.9 | 9284.3 | 3892.5 | 2351 |
| 10.0 | 90.3 | 1092.3 | 366.4 | 4098.3 | 415.0 | 1209 |
| | | 531.5 | | 274.0 | 195.6 | 62 |
| | | −2984.3 | 7.7 | 5331.2 | 574.8 | 1615 |
| | 6.9 | 318.0 | 0.4 | 52.8 | 3.0 | 19 |
| | | 438.1 | | 7.8 | | 4 |
| 812.5 | 1610.6 | 23870.6 | 8804.4 | 88806.8 | 57739.4 | 5236 |
| 264.4 | 190.7 | −2551.2 | 31.9 | 4172.8 | 1968.7 | 929 |
| 354.5 | 52.3 | −658.2 | | 615.9 | 75.4 | 89 |
| | 532.0 | −376.9 | | 2130.0 | 3405.8 | 500 |
| 6.0 | 7.5 | 56.5 | 16.8 | 114.0 | 7.0 | 48 |
| 38.7 | 813.0 | 16770.0 | 5326.2 | 75396.9 | 45084.9 | 3178 |
| 148.9 | 15.1 | 10630.4 | 3429.5 | 6377.2 | 7197.6 | 492 |
| 50.0 | 529.7 | −4868.3 | 860.0 | 29928.1 | 5833.5 | 8880 |
| 40.0 | 156.9 | −4177.1 | 37.5 | 8298.4 | 3502.4 | 2463 |
| | | 143.8 | 7.4 | 311.9 | 50.6 | 301 |
| | | 112.7 | 2.8 | 5905.4 | 74.3 | 820 |
| | 254.4 | 719.2 | 83.2 | 1753.7 | 89.3 | 647 |
| 10.0 | 6.2 | 669.2 | 17.9 | 350.7 | 21.6 | 116 |
| | 47.8 | −1388.8 | 704.0 | 9521.4 | 1630.3 | 3613 |
| | 64.4 | −947.3 | 7.2 | 3786.6 | 465.0 | 920 |

## 11-4 限额以上批发零售法人

| 指　　标 | 法人企业数(个) | 从业人员期末人数(人) | 商品购进额 | 进口 | 商品销售额 |
|---|---|---|---|---|---|
| | | | | | 批发和 |
| 总　　计 | 174 | 14376 | 1664456.6 | | 2399705.5 |
| 一、批发业 | 46 | 5244 | 869276.4 | | 1511320.6 |
| 农、林、牧产品批发 | 2 | 130 | 36020.1 | | 38806.3 |
| 谷物、豆及薯类批发 | 2 | 130 | 36020.1 | | 38806.3 |
| 食品、饮料及烟草制品批发 | 6 | 456 | 165208.0 | | 220590.1 |
| 果品、蔬菜批发 | 2 | 27 | 49593.7 | | 54463.9 |
| 盐及调味品批发 | 2 | 62 | 2162.1 | | 3184.6 |
| 酒、饮料及茶叶批发 | 1 | 8 | 1476.9 | | 1540.1 |
| 烟草制品批发 | 1 | 359 | 111975.3 | | 161401.5 |
| 医药及医疗器材批发 | 1 | 16 | 839.9 | | 1016.6 |
| 中药批发 | 1 | 16 | 839.9 | | 1016.6 |
| 矿产品、建材及化工产品批发 | 34 | 4436 | 650766.3 | | 1232436.3 |
| 煤炭及制品批发 | 31 | 4360 | 579576.2 | | 1159066.5 |
| 金属及金属矿批发 | 2 | 21 | 69597.1 | | 71662.8 |
| 其他化工产品批发 | 1 | 55 | 1593.0 | | 1707.0 |
| 机械设备、五金产品及电子产品批发 | 2 | 193 | 2304.5 | | 4225.2 |
| 农业机械批发 | 1 | 8 | 1634.1 | | 2122.2 |
| 其他机械设备及电子产品批发 | 1 | 185 | 670.4 | | 2103.0 |
| 其他批发业 | 1 | 13 | 14137.6 | | 14246.1 |
| 其他未列明批发业 | 1 | 13 | 14137.6 | | 14246.1 |
| 内资企业 | 46 | 5244 | 869276.4 | | 1511320.6 |
| 国有企业 | 5 | 572 | 188104.2 | | 240550.7 |
| 集体企业 | 4 | 2083 | 217928.5 | | 320592.8 |
| 有限责任公司 | 13 | 1168 | 242459.4 | | 678260.3 |
| 国有独资公司 | 2 | 299 | 22874.5 | | 424543.3 |
| 其他有限责任公司 | 11 | 869 | 219584.9 | | 253717.0 |
| 股份有限公司 | 1 | 24 | | | |
| 私营企业 | 20 | 1248 | 191734.8 | | 236394.8 |
| 私营有限责任公司 | 18 | 1195 | 151374.1 | | 172250.5 |
| 私营股份有限公司 | 2 | 53 | 40360.7 | | 64144.3 |
| 其他企业 | 3 | 149 | 29049.5 | | 35522.0 |

# 企业商品购进、销售和库存(2016年)

单位:万元

零售业

| 通过公共网络实现的销售额 | 通过非自营平台实现的商品销售额 | 使用银行卡支付的商品销售额 | 批发额 | 零售额 | 通过公共网络实现的零售额 | 通过非自营平台实现的零售额 | 期末商品库存额 | 年末零售营业面积(平方米) |
|---|---|---|---|---|---|---|---|---|
| 71591.3 | 1192.1 | 17344.6 | 1469874.7 | 929830.8 | 5740.2 | 1192.1 | 231748.2 | 1894570.0 |
| 64144.3 | | 3465.2 | 1350284.7 | 161035.9 | | | 158821.3 | 1112941.0 |
| | | | 38806.3 | | | | 1367.4 | 39000.0 |
| | | | 38806.3 | | | | 1367.4 | 39000.0 |
| | | | 203467.1 | 17123.0 | | | 10995.0 | 22120.0 |
| | | | 37340.9 | 17123.0 | | | 172.5 | 20250.0 |
| | | | 3184.6 | | | | 542.0 | 1660.0 |
| | | | 1540.1 | | | | 662.3 | 210.0 |
| | | | 161401.5 | | | | 9618.2 | |
| | | | 1016.6 | | | | 209.5 | 350.0 |
| | | | 1016.6 | | | | 209.5 | 350.0 |
| 64144.3 | | 3465.2 | 1088523.4 | 143912.9 | | | 146132.8 | 1050771.0 |
| 64144.3 | | 3465.2 | 1019381.1 | 139685.4 | | | 145266.8 | 1049921.0 |
| | | | 67435.3 | 4227.5 | | | 811.0 | 750.0 |
| | | | 1707.0 | | | | 55.0 | 100.0 |
| | | | 4225.2 | | | | 61.9 | 700.0 |
| | | | 2122.2 | | | | 61.9 | |
| | | | 2103.0 | | | | | 700.0 |
| | | | 14246.1 | | | | 54.7 | |
| | | | 14246.1 | | | | 54.7 | |
| 64144.3 | | 3465.2 | 1350284.7 | 161035.9 | | | 158821.3 | 1112941.0 |
| | | | 240550.7 | | | | 23557.1 | 440.0 |
| | | | 320592.8 | | | | 39988.9 | 4010.0 |
| | | | 605073.2 | 73187.1 | | | 64339.5 | 735928.0 |
| | | | 424543.3 | | | | 55671.1 | |
| | | | 180529.9 | 73187.1 | | | 8668.4 | 735928.0 |
| | | | | | | | 7733.2 | 67333.0 |
| 64144.3 | | 3465.2 | 148546.0 | 87848.8 | | | 19656.1 | 301380.0 |
| | | 3465.2 | 148546.0 | 23704.5 | | | 19656.1 | 299380.0 |
| 64144.3 | | | | 64144.3 | | | | 2000.0 |
| | | | 35522.0 | | | | 3546.5 | 3850.0 |

11-4 续

| 指　　标 | 批发和 | | | | |
|---|---|---|---|---|---|
| | 法人企业数(个) | 从业人员期末人数(人) | 商品购进额 | 进口 | 商品销售额 |
| 国有控股 | 14 | 1392 | 305270.5 | | 765675.5 |
| 集体控股 | 4 | 2083 | 217928.5 | | 320592.8 |
| 私人控股 | 23 | 1471 | 257156.7 | | 304505.9 |
| 其他 | 5 | 298 | 88920.7 | | 120546.4 |
| 独立门店 | 33 | 2050 | 392513.2 | | 473124.4 |
| 其他 | 13 | 3194 | 476763.2 | | 1038196.2 |
| 大型 | 3 | 2318 | 334425.1 | | 875158.5 |
| 中型 | 14 | 1935 | 373034.2 | | 461141.5 |
| 小型 | 19 | 769 | 98815.1 | | 110436.9 |
| 微型 | 10 | 222 | 63002.0 | | 64583.7 |
| **二、零售业** | 128 | 9132 | 795180.2 | | 888384.9 |
| 综合零售 | 25 | 3045 | 104786.3 | | 114303.9 |
| 百货零售 | 20 | 2615 | 86206.0 | | 94912.7 |
| 超级市场零售 | 4 | 398 | 17474.5 | | 17774.4 |
| 其他综合零售 | 1 | 32 | 1105.8 | | 1616.8 |
| 食品、饮料及烟草制品专门零售 | 8 | 308 | 17512.4 | | 21695.6 |
| 粮油零售 | 3 | 52 | 1141.4 | | 3827.8 |
| 肉、禽、蛋、奶及水产品零售 | 1 | 30 | 1253.0 | | 1485.7 |
| 酒、饮料及茶叶零售 | 2 | 24 | 1986.4 | | 2186.7 |
| 其他食品零售 | 2 | 202 | 13131.6 | | 14195.4 |
| 纺织、服装及日用品专门零售 | 10 | 2272 | 151705.6 | | 189655.4 |
| 纺织品及针织品零售 | 1 | 60 | 1639.1 | | 1640.6 |
| 服装零售 | 9 | 2212 | 150066.5 | | 188014.8 |
| 文化、体育用品及器材专门零售 | 7 | 205 | 15668.1 | | 16285.6 |
| 文具用品零售 | 1 | 40 | 845.2 | | 714.5 |
| 图书、报刊零售 | 5 | 140 | 11470.4 | | 11824.7 |
| 珠宝首饰零售 | 1 | 25 | 3352.5 | | 3746.4 |
| 医药及医疗器材专门零售 | 5 | 298 | 12327.1 | | 11963.5 |
| 药品零售 | 4 | 237 | 5823.1 | | 5304.3 |
| 医疗用品及器材零售 | 1 | 61 | 6504.0 | | 6659.2 |
| 汽车、摩托车、燃料及零配件专门零售 | 45 | 2227 | 416118.6 | | 449251.4 |

# 表 1

单位：万元

零售业

| 通过公共网络实现的销售额 | 通过非自营平台实现的商品销售额 | 使用银行卡支付的商品销售额 | 批发额 | 零售额 | 通过公共网络实现的零售额 | 通过非自营平台实现的零售额 | 期末商品库存额 | 年末零售营业面积（平方米） |
|---|---|---|---|---|---|---|---|---|
| | | | 765675.5 | | | | 92158.0 | 71873.0 |
| | | | 320592.8 | | | | 39988.9 | 4010.0 |
| 64144.3 | | 3465.2 | 216657.1 | 87848.8 | | | 20610.2 | 648743.0 |
| | | | 47359.3 | 73187.1 | | | 6064.2 | 388315.0 |
| 64144.3 | | 3465.2 | 312088.5 | 161035.9 | | | 50823.8 | 1031861.0 |
| | | | 1038196.2 | | | | 107997.5 | 81080.0 |
| | | | 875158.5 | | | | 98873.8 | |
| 64144.3 | | | 323810.1 | 137331.4 | | | 32653.5 | 758268.0 |
| | | 3465.2 | 86732.4 | 23704.5 | | | 11254.9 | 264510.0 |
| | | | 64583.7 | | | | 16039.1 | 90163.0 |
| 7447.0 | 1192.1 | 13879.4 | 119590.0 | 768794.9 | 5740.2 | 1192.1 | 72926.9 | 781629.0 |
| | | 1923.3 | 463.0 | 113840.9 | | | 7802.9 | 126506.0 |
| | | 38.8 | 240.0 | 94672.7 | | | 3945.7 | 111906.0 |
| | | 1884.5 | 223.0 | 17551.4 | | | 3857.1 | 14200.0 |
| | | | | 1616.8 | | | 0.1 | 400.0 |
| 1706.8 | | | 2543.0 | 19152.6 | | | 2780.4 | 13302.0 |
| 1706.8 | | | 1706.8 | 2121.0 | | | 2283.2 | 910.0 |
| | | | | 1485.7 | | | 35.6 | 6000.0 |
| | | | | 2186.7 | | | 240.6 | 220.0 |
| | | | 836.2 | 13359.2 | | | 221.0 | 6172.0 |
| | | 234.4 | | 189655.4 | | | 7253.9 | 191680.0 |
| | | | | 1640.6 | | | 36.5 | 5800.0 |
| | | 234.4 | | 188014.8 | | | 7217.4 | 185880.0 |
| | | 1637.0 | 64.2 | 16221.4 | | | 2265.0 | 8745.0 |
| | | | 64.2 | 650.3 | | | 145.0 | 2100.0 |
| | | | | 11824.7 | | | 573.7 | 5616.0 |
| | | 1637.0 | | 3746.4 | | | 1546.3 | 1029.0 |
| | | | | 11963.5 | | | 1451.4 | 3350.0 |
| | | | | 5304.3 | | | 1293.4 | 3090.0 |
| | | | | 6659.2 | | | 158.0 | 260.0 |
| 5532.6 | 1192.1 | 7239.8 | 115378.1 | 333873.3 | 5532.6 | 1192.1 | 43930.7 | 177958.0 |

11-4 续

| 指　　标 | 批发和 | | | | |
|---|---|---|---|---|---|
| | 法人企业数(个) | 从业人员期末人数(人) | 商品购进额 | 进口 | 商品销售额 |
| 汽车零售 | 30 | 1057 | 151562.9 | | 152924.0 |
| 摩托车及零配件零售 | 1 | 10 | 550.8 | | 837.2 |
| 机动车燃料零售 | 14 | 1160 | 264004.9 | | 295490.2 |
| 家用电器及电子产品专门零售 | 11 | 361 | 26098.7 | | 28032.5 |
| 家用视听设备零售 | 5 | 130 | 13083.1 | | 15132.3 |
| 日用家电设备零售 | 6 | 231 | 13015.6 | | 12900.2 |
| 五金、家具及室内装饰材料专门零售 | 7 | 229 | 3908.1 | | 7057.7 |
| 家具零售 | 5 | 198 | 3134.4 | | 6054.4 |
| 其他室内装饰材料零售 | 2 | 31 | 773.7 | | 1003.3 |
| 货摊、无店铺及其他零售业 | 10 | 187 | 47055.3 | | 50139.3 |
| 互联网零售 | 1 | 5 | 2301.0 | | 446.7 |
| 生活用燃料零售 | 3 | 52 | 23932.8 | | 26736.7 |
| 其他未列明零售业 | 6 | 130 | 20821.5 | | 22955.9 |
| 内资企业 | 128 | 9132 | 795180.2 | | 888384.9 |
| 国有企业 | 3 | 116 | 7042.6 | | 7099.3 |
| 集体企业 | 4 | 650 | 50043.2 | | 56209.8 |
| 有限责任公司 | 16 | 1167 | 250521.2 | | 243508.4 |
| 其他有限责任公司 | 16 | 1167 | 250521.2 | | 243508.4 |
| 股份有限公司 | 4 | 283 | 33448.6 | | 73083.2 |
| 私营企业 | 99 | 6889 | 453072.2 | | 507309.4 |
| 私营独资企业 | 9 | 392 | 17253.2 | | 20752.4 |
| 私营有限责任公司 | 87 | 5801 | 407117.2 | | 456129.2 |
| 私营股份有限公司 | 3 | 696 | 28701.8 | | 30427.8 |
| 其他企业 | 2 | 27 | 1052.4 | | 1174.8 |
| 国有控股 | 8 | 1059 | 254583.5 | | 286138.3 |
| 集体控股 | 8 | 761 | 62476.2 | | 69162.4 |
| 私人控股 | 108 | 7183 | 475701.7 | | 530314.0 |
| 其他 | 4 | 129 | 2418.8 | | 2770.2 |
| 独立门店 | 116 | 7906 | 550223.0 | | 649455.2 |
| 连锁门店 | 4 | 109 | 6420.9 | | 6736.7 |
| 其他 | 8 | 1117 | 238536.3 | | 232193.0 |

# 表 2

单位:万元

零售业

| 通过公共网络实现的销售额 | 通过非自营平台实现的商品销售额 | 使用银行卡支付的商品销售额 | 批发额 | 零售额 | 通过公共网络实现的零售额 | 通过非自营平台实现的零售额 | 期末商品库存额 | 年末零售营业面积（平方米） |
|---|---|---|---|---|---|---|---|---|
| 5532.6 | 1192.1 | 895.2 | 7170.5 | 145753.5 | 5532.6 | 1192.1 | 25421.6 | 40901.0 |
| | | | 274.4 | 562.8 | | | 35.0 | 100.0 |
| | | 6344.6 | 107933.2 | 187557.0 | | | 18474.1 | 136957.0 |
| | | 653.2 | | 28032.5 | | | 4314.4 | 24160.0 |
| | | | | 15132.3 | | | 573.6 | 11100.0 |
| | | 653.2 | | 12900.2 | | | 3740.8 | 13060.0 |
| | | 2191.7 | 1032.6 | 6025.1 | | | 251.9 | 55300.0 |
| | | 2191.7 | 1032.6 | 5021.8 | | | 170.3 | 54100.0 |
| | | | | 1003.3 | | | 81.6 | 1200.0 |
| 207.6 | | | 109.1 | 50030.2 | 207.6 | | 2876.3 | 180628.0 |
| 207.6 | | | | 446.7 | 207.6 | | 2004.5 | 100.0 |
| | | | | 26736.7 | | | 235.6 | 167500.0 |
| | | | 109.1 | 22846.8 | | | 636.2 | 13028.0 |
| 7447.0 | 1192.1 | 13879.4 | 119590.0 | 768794.9 | 5740.2 | 1192.1 | 72926.9 | 781629.0 |
| | | | | 7099.3 | | | 499.3 | 2984.0 |
| | | | | 56209.8 | | | 819.2 | 16172.0 |
| | | 155.1 | 71865.4 | 171643.0 | | | 16313.7 | 35140.0 |
| | | 155.1 | 71865.4 | 171643.0 | | | 16313.7 | 35140.0 |
| | | 1637.0 | 30013.4 | 43069.8 | | | 1849.1 | 1719.0 |
| 7447.0 | 1192.1 | 12087.3 | 17711.2 | 489598.2 | 5740.2 | 1192.1 | 53284.7 | 719480.0 |
| | | 79.3 | | 20752.4 | | | 630.6 | 32440.0 |
| 7447.0 | 1192.1 | 12008.0 | 17711.2 | 438418.0 | 5740.2 | 1192.1 | 50283.2 | 680180.0 |
| | | | | 30427.8 | | | 2370.9 | 6860.0 |
| | | | | 1174.8 | | | 160.9 | 6134.0 |
| | | | 100933.5 | 185204.8 | | | 12301.5 | 20214.0 |
| | | 1637.0 | 109.1 | 69053.3 | | | 2517.3 | 23561.0 |
| 7447.0 | 1192.1 | 12087.3 | 18547.4 | 511766.6 | 5740.2 | 1192.1 | 57084.4 | 734204.0 |
| | | 155.1 | | 2770.2 | | | 1023.7 | 3650.0 |
| 7447.0 | 1192.1 | 12242.4 | 48560.8 | 600894.4 | 5740.2 | 1192.1 | 58883.9 | 737756.0 |
| | | 1637.0 | | 6736.7 | | | 1938.6 | 3855.0 |
| | | | 71029.2 | 161163.8 | | | 12104.4 | 40018.0 |

11-4 **续**

| 指 标 | 法人企业数(个) | 从业人员期末人数(人) | 商品购进额 | 进口 | 商品销售额 |
|---|---|---|---|---|---|
| | | | | | 批发和 |
| 大型 | 3 | 2116 | 355104.5 | | 379611.3 |
| 中型 | 45 | 5407 | 267674.7 | | 322219.4 |
| 小型 | 63 | 1492 | 161852.2 | | 176171.4 |
| 微型 | 17 | 117 | 10548.8 | | 10382.8 |
| 有店铺零售 | 126 | 9112 | 783754.8 | | 878717.0 |
| 食杂店 | 1 | 188 | 12290.2 | | 13359.2 |
| 便利店 | 3 | 48 | 3838.8 | | 4469.8 |
| 超市 | 9 | 981 | 26445.4 | | 26552.3 |
| 仓储会员店 | 2 | 107 | 13117.5 | | 12974.0 |
| 百货店 | 19 | 2491 | 101591.6 | | 114237.9 |
| 专业店 | 58 | 2356 | 404532.3 | | 407082.5 |
| 专卖店 | 26 | 1271 | 105697.6 | | 150660.0 |
| 家居建材商店 | 2 | 62 | 684.1 | | 2579.3 |
| 购物中心 | 6 | 1608 | 115557.3 | | 146802.0 |
| 无店铺零售 | 2 | 20 | 11425.4 | | 9667.9 |
| 网上商店 | 1 | 5 | 2301.0 | | 446.7 |
| **三、批发业按地区分组** | 46 | 5244 | 869276.4 | | 1511320.6 |
| 朔城区 | 13 | 892 | 104991.4 | | 120925.4 |
| 平鲁区 | 1 | 89 | | | |
| 山阴县 | 7 | 457 | 71340.8 | | 106614.6 |
| 应县 | 1 | 48 | 896.3 | | 774.6 |
| 怀仁县 | 21 | 3268 | 548209.9 | | 1088758.2 |
| 山西朔州经济开发区 | 3 | 490 | 143838.0 | | 194247.8 |
| **四、零售业按地区分组** | 128 | 9132 | 795180.2 | | 888384.9 |
| 朔城区 | 31 | 2442 | 317540.7 | | 314349.6 |
| 平鲁区 | 12 | 334 | 6924.2 | | 8615.7 |
| 山阴县 | 19 | 1070 | 36532.8 | | 38068.1 |
| 应县 | 16 | 708 | 22838.9 | | 23108.7 |
| 右玉县 | 4 | 116 | 8549.8 | | 9597.2 |
| 怀仁县 | 30 | 3573 | 291442.2 | | 344317.4 |
| 山西朔州经济开发区 | 16 | 889 | 111351.6 | | 150328.2 |

# 表 3

单位:万元

零售业

| 通过公共网络实现的销售额 | 通过非自营平台实现的商品销售额 | 使用银行卡支付的商品销售额 | 批发额 | 零售额 | 通过公共网络实现的零售额 | 通过非自营平台实现的零售额 | 期末商品库存额 | 年末零售营业面积（平方米） |
|---|---|---|---|---|---|---|---|---|
| | | | 71029.2 | 308582.1 | | | 16913.2 | 155000.0 |
| 5532.6 | 1192.1 | 10663.1 | 41879.6 | 280339.8 | 5532.6 | 1192.1 | 35523.9 | 305900.0 |
| | | 3216.3 | 4785.3 | 171386.1 | | | 15926.2 | 310687.0 |
| 1914.4 | | | 1895.9 | 8486.9 | 207.6 | | 4563.6 | 10042.0 |
| 7239.4 | 1192.1 | 13879.4 | 119590.0 | 759127.0 | 5532.6 | 1192.1 | 69660.4 | 781129.0 |
| | | | | 13359.2 | | | 171.4 | 5812.0 |
| | | | | 4469.8 | | | 260.9 | 550.0 |
| | | 1888.0 | 223.0 | 26329.3 | | | 4994.4 | 25536.0 |
| | | 6344.6 | 5962.4 | 7011.6 | | | 6342.4 | 105333.0 |
| | | 35.3 | 240.0 | 113997.9 | | | 3416.7 | 115066.0 |
| 1706.8 | | 2290.2 | 77288.0 | 329794.5 | | | 38960.5 | 287792.0 |
| 5532.6 | 1192.1 | 3086.9 | 34569.6 | 116090.4 | 5532.6 | 1192.1 | 8910.7 | 58840.0 |
| | | | 1032.6 | 1546.7 | | | 43.3 | 7100.0 |
| | | 234.4 | 274.4 | 146527.6 | | | 6560.1 | 175100.0 |
| 207.6 | | | | 9667.9 | 207.6 | | 3266.5 | 500.0 |
| 207.6 | | | | 446.7 | 207.6 | | 2004.5 | 100.0 |
| 64144.3 | | 3465.2 | 1350284.7 | 161035.9 | | | 158821.3 | 1112941.0 |
| | | 3465.2 | 120925.4 | | | | 19414.2 | 150110.0 |
| | | | | | | | | 100.0 |
| | | | 33427.5 | 73187.1 | | | 21312.5 | 516744.0 |
| | | | 774.6 | | | | 135.0 | 19000.0 |
| 64144.3 | | | 1005136.9 | 83621.3 | | | 107388.8 | 426237.0 |
| | | | 190020.3 | 4227.5 | | | 10570.8 | 750.0 |
| 7447.0 | 1192.1 | 13879.4 | 119590.0 | 768794.9 | 5740.2 | 1192.1 | 72926.9 | 781629.0 |
| | | 2772.1 | 72669.0 | 241680.6 | | | 31427.9 | 130583.0 |
| | | | 945.3 | 7670.4 | | | 576.3 | 31350.0 |
| | | | 274.4 | 37793.7 | | | 1894.9 | 34602.0 |
| 1914.4 | | 3.5 | 1706.8 | 21401.9 | 207.6 | | 7477.1 | 25420.0 |
| | | | | 9597.2 | | | 168.5 | 15768.0 |
| | | 11103.8 | 5962.4 | 338355.0 | | | 18162.4 | 525184.0 |
| 5532.6 | 1192.1 | | 38032.1 | 112296.1 | 5532.6 | 1192.1 | 13219.8 | 18722.0 |

## 11-5 限额以上住宿和餐饮业

| 指　　标 | 法人企业数（个） | 从业人员期末人数（人） |
|---|---|---|
| 总　　计 | 54 | 4008 |
| 一、住宿业 | 15 | 1368 |
| 旅游饭店 | 7 | 710 |
| 一般旅馆 | 8 | 658 |
| 内资企业 | 15 | 1368 |
| 国有企业 | 1 | 87 |
| 有限责任公司 | 1 | 128 |
| 其他有限责任公司 | 1 | 128 |
| 私营企业 | 13 | 1153 |
| 私营独资企业 | 1 | 100 |
| 私营有限责任公司 | 12 | 1053 |
| 国有控股 | 1 | 87 |
| 私人控股 | 14 | 1281 |
| 独立门店 | 15 | 1368 |
| 小型 | 14 | 1343 |
| 微型 | 1 | 25 |
| 五星 | 1 | 200 |
| 四星 | 1 | 128 |
| 三星 | 2 | 78 |
| 二星 | 1 | 116 |
| 其他 | 10 | 846 |
| 二、餐饮业 | 39 | 2640 |
| 正餐服务 | 38 | 2628 |
| 快餐服务 | 1 | 12 |
| 内资企业 | 39 | 2640 |
| 国有企业 | 1 | 49 |
| 有限责任公司 | 2 | 427 |

# 法人企业基本情况(2016年)

| 女　性 | 法人所属产业活动单位数(个) | 住宿和餐饮业 | 其　他 |
|---|---|---|---|
| 2612 | 59 | 8 | 51 |
| 886 | 15 | | 15 |
| 465 | 7 | | 7 |
| 421 | 8 | | 8 |
| 886 | 15 | | 15 |
| 43 | 1 | | 1 |
| 76 | 1 | | 1 |
| 76 | 1 | | 1 |
| 767 | 13 | | 13 |
| 70 | 1 | | 1 |
| 697 | 12 | | 12 |
| 43 | 1 | | 1 |
| 843 | 14 | | 14 |
| 886 | 15 | | 15 |
| 872 | 14 | | 14 |
| 14 | 1 | | 1 |
| 120 | 1 | | 1 |
| 76 | 1 | | 1 |
| 48 | 2 | | 2 |
| 86 | 1 | | 1 |
| 556 | 10 | | 10 |
| 1726 | 44 | 8 | 36 |
| 1718 | 43 | 8 | 35 |
| 8 | 1 | | 1 |
| 1726 | 44 | 8 | 36 |
| 31 | 1 | | 1 |
| 311 | 2 | | 2 |

11-5 续

| 指　　标 | 法人企业数（个） | 从业人员期末人数（人） |
| --- | --- | --- |
| 其他有限责任公司 | 2 | 427 |
| 股份有限公司 | 1 | 59 |
| 私营企业 | 35 | 2105 |
| 私营独资企业 | 5 | 180 |
| 私营有限责任公司 | 26 | 1653 |
| 私营股份有限公司 | 4 | 272 |
| 国有控股 | 2 | 448 |
| 私人控股 | 37 | 2192 |
| 独立门店 | 36 | 2479 |
| 连锁门店 | 2 | 133 |
| 其他 | 1 | 28 |
| 中型 | 2 | 629 |
| 小型 | 34 | 1986 |
| 微型 | 3 | 25 |
| 三、住宿业按地区分组 | 15 | 1368 |
| 朔城区 | 10 | 990 |
| 山阴县 | 2 | 141 |
| 应县 | 1 | 100 |
| 山西朔州经济开发区 | 2 | 137 |
| 四、餐饮业按地区分组 | 39 | 2640 |
| 朔城区 | 12 | 929 |
| 平鲁区 | 3 | 207 |
| 山阴县 | 2 | 83 |
| 应县 | 3 | 377 |
| 右玉县 | 4 | 306 |
| 怀仁县 | 15 | 738 |

# 表

| 女性 | 法人所属产业活动单位数（个） | 住宿和餐饮业 | 其他 |
|---|---|---|---|
| 311 | 2 | | 2 |
| 33 | 1 | | 1 |
| 1351 | 40 | 8 | 32 |
| 104 | 7 | 3 | 4 |
| 1075 | 29 | 5 | 24 |
| 172 | 4 | | 4 |
| 331 | 2 | | 2 |
| 1395 | 42 | 8 | 34 |
| 1623 | 41 | 8 | 33 |
| 92 | 2 | | 2 |
| 11 | 1 | | 1 |
| 485 | 2 | | 2 |
| 1227 | 37 | 5 | 32 |
| 14 | 5 | 3 | 2 |
| 886 | 15 | | 15 |
| 631 | 10 | | 10 |
| 100 | 2 | | 2 |
| 70 | 1 | | 1 |
| 85 | 2 | | 2 |
| 1726 | 44 | 8 | 36 |
| 642 | 12 | | 12 |
| 93 | 3 | | 3 |
| 59 | 2 | | 2 |
| 256 | 3 | | 3 |
| 185 | 4 | | 4 |
| 491 | 20 | 8 | 12 |

## 11-6 限额以上住宿和餐饮业

| 指　标 | 法人企业数(个) | 企业数 | 住宿<br>一、年初存货 |
|---|---|---|---|
| **总　计** | 54 | 52 | 4211.3 |
| **一、住宿业** | 15 | 14 | 1597.9 |
| 旅游饭店 | 7 | 7 | 1147.5 |
| 一般旅馆 | 8 | 7 | 450.4 |
| 内资企业 | 15 | 14 | 1597.9 |
| 国有企业 | 1 | 1 | 14.8 |
| 有限责任公司 | 1 | 1 | 699.6 |
| 其他有限责任公司 | 1 | 1 | 699.6 |
| 私营企业 | 13 | 12 | 883.5 |
| 私营独资企业 | 1 | 1 | 24.3 |
| 私营有限责任公司 | 12 | 11 | 859.2 |
| 国有控股 | 1 | 1 | 14.8 |
| 私人控股 | 14 | 13 | 1583.1 |
| 独立门店 | 15 | 14 | 1597.9 |
| 小型 | 14 | 13 | 1555.9 |
| 微型 | 1 | 1 | 42.0 |
| 五星 | 1 | 1 | 211.1 |
| 四星 | 1 | 1 | 699.6 |
| 三星 | 2 | 2 | 93.0 |
| 二星 | 1 | 1 | 76.6 |
| 其他 | 10 | 9 | 517.6 |
| **二、餐饮业** | 39 | 38 | 2613.4 |
| 正餐服务 | 38 | 37 | 2612.7 |
| 快餐服务 | 1 | 1 | 0.7 |
| 内资企业 | 39 | 38 | 2613.4 |
| 国有企业 | 1 | 1 | |
| 有限责任公司 | 2 | 2 | 691.3 |

# 法人企业财务状况(2016年)

单位:万元

餐饮业

二、期末资产负债

| 流动资产合计 | 应收帐款 | 存　货 | 固定资产合计 | 固定资产原价 | 累计折旧 |
|---|---|---|---|---|---|
| 57377.7 | 5090.0 | 3928.9 | 125088.8 | 175218.9 | 50130.1 |
| 28384.5 | 3734.4 | 1454.4 | 27248.9 | 46104.0 | 18855.1 |
| 19837.3 | 1303.3 | 1015.6 | 23557.7 | 39438.7 | 15881.0 |
| 8547.2 | 2431.1 | 438.8 | 3691.2 | 6665.3 | 2974.1 |
| 28384.5 | 3734.4 | 1454.4 | 27248.9 | 46104.0 | 18855.1 |
| 27.1 | 7.4 | 16.2 | 346.8 | 351.6 | 4.8 |
| 616.1 | 25.4 | 584.2 | 469.2 | 692.4 | 223.2 |
| 616.1 | 25.4 | 584.2 | 469.2 | 692.4 | 223.2 |
| 27741.3 | 3701.6 | 854.0 | 26432.9 | 45060.0 | 18627.1 |
| 171.7 | 110.2 | 30.1 | 1481.3 | 1559.3 | 78.0 |
| 27569.6 | 3591.4 | 823.9 | 24951.6 | 43500.7 | 18549.1 |
| 27.1 | 7.4 | 16.2 | 346.8 | 351.6 | 4.8 |
| 28357.4 | 3727.0 | 1438.2 | 26902.1 | 45752.4 | 18850.3 |
| 28384.5 | 3734.4 | 1454.4 | 27248.9 | 46104.0 | 18855.1 |
| 28342.5 | 3734.4 | 1412.4 | 27247.4 | 46102.5 | 18855.1 |
| 42.0 |  | 42.0 | 1.5 | 1.5 |  |
| 15827.7 | 349.6 | 197.9 | 10257.6 | 18667.8 | 8410.2 |
| 616.1 | 25.4 | 584.2 | 469.2 | 692.4 | 223.2 |
| 673.7 | 0.4 | 90.1 | 556.9 | 1054.5 | 497.6 |
| 445.3 | 188.0 | 59.5 | 10548.4 | 14552.7 | 4004.3 |
| 10821.7 | 3171.0 | 522.7 | 5416.8 | 11136.6 | 5719.8 |
| 28993.2 | 1355.6 | 2474.5 | 97839.9 | 129114.9 | 31275.0 |
| 28974.8 | 1355.6 | 2473.3 | 97513.5 | 128785.4 | 31271.9 |
| 18.4 |  | 1.2 | 326.4 | 329.5 | 3.1 |
| 28993.2 | 1355.6 | 2474.5 | 97839.9 | 129114.9 | 31275.0 |
| 136.5 |  |  | 856.3 | 1150.0 | 293.7 |
| 1694.3 | 159.3 | 698.3 | 77506.8 | 100714.4 | 23207.6 |

11-6 续

| 指　　标 | 住宿 | | |
| --- | --- | --- | --- |
| | 法人企业数(个) | 企业数 | 一、年初存货 |
| 其他有限责任公司 | 2 | 2 | 691.3 |
| 股份有限公司 | 1 | 1 | 58.8 |
| 私营企业 | 35 | 34 | 1863.3 |
| 私营独资企业 | 5 | 5 | 35.1 |
| 私营有限责任公司 | 26 | 25 | 1398.7 |
| 私营股份有限公司 | 4 | 4 | 429.5 |
| 国有控股 | 2 | 2 | 688.1 |
| 私人控股 | 37 | 36 | 1925.3 |
| 独立门店 | 36 | 35 | 2610.2 |
| 连锁门店 | 2 | 2 | |
| 其他 | 1 | 1 | 3.2 |
| 中型 | 2 | 2 | 810.1 |
| 小型 | 34 | 34 | 1800.6 |
| 微型 | 3 | 2 | 2.7 |
| **三、住宿业按地区分组** | 15 | 14 | 1597.9 |
| 朔城区 | 10 | 9 | 1344.3 |
| 山阴县 | 2 | 2 | 118.6 |
| 应县 | 1 | 1 | 24.3 |
| 山西朔州经济开发区 | 2 | 2 | 110.7 |
| **四、餐饮业按地区分组** | 39 | 38 | 2613.4 |
| 朔城区 | 12 | 11 | 1069.1 |
| 平鲁区 | 3 | 3 | 139.6 |
| 山阴县 | 2 | 2 | 10.1 |
| 应县 | 3 | 3 | 566.1 |
| 右玉县 | 4 | 4 | 532.7 |
| 怀仁县 | 15 | 15 | 295.8 |

# 表 1

单位:万元

餐饮业

二、期末资产负债

| 流动资产合计 | 应收帐款 | 存　货 | 固定资产合计 | 固定资产原价 | 累计折旧 |
|---|---|---|---|---|---|
| 1694.3 | 159.3 | 698.3 | 77506.8 | 100714.4 | 23207.6 |
| 71.4 | 19.8 | 27.0 | 49.3 | 49.3 | |
| 27091.0 | 1176.5 | 1749.2 | 19427.5 | 27201.2 | 7773.7 |
| 486.7 | 66.8 | 45.1 | 1507.4 | 1569.6 | 62.2 |
| 14443.2 | 944.0 | 1283.2 | 14501.0 | 22160.1 | 7659.1 |
| 12161.1 | 165.7 | 420.9 | 3419.1 | 3471.5 | 52.4 |
| 1818.5 | 152.5 | 692.8 | 78313.1 | 101792.1 | 23479.0 |
| 27174.7 | 1203.1 | 1781.7 | 19526.8 | 27322.8 | 7796.0 |
| 28880.9 | 1318.8 | 2449.0 | 97721.9 | 128969.6 | 31247.7 |
| 100.0 | 30.0 | 20.0 | 68.0 | 73.0 | 5.0 |
| 12.3 | 6.8 | 5.5 | 50.0 | 72.3 | 22.3 |
| 2328.3 | 287.5 | 815.3 | 83455.1 | 112071.2 | 28616.1 |
| 26615.5 | 1067.2 | 1656.1 | 14363.7 | 17022.6 | 2658.9 |
| 49.4 | 0.9 | 3.1 | 21.1 | 21.1 | |
| 28384.5 | 3734.4 | 1454.4 | 27248.9 | 46104.0 | 18855.1 |
| 26806.6 | 2637.0 | 1223.1 | 15171.0 | 29639.4 | 14468.4 |
| 487.3 | 188.0 | 101.5 | 10549.9 | 14554.2 | 4004.3 |
| 171.7 | 110.2 | 30.1 | 1481.3 | 1559.3 | 78.0 |
| 918.9 | 799.2 | 99.7 | 46.7 | 351.1 | 304.4 |
| 28993.2 | 1355.6 | 2474.5 | 97839.9 | 129114.9 | 31275.0 |
| 2763.8 | 336.5 | 981.0 | 78416.8 | 101724.0 | 23307.2 |
| 908.9 | 108.0 | 86.4 | 6736.9 | 6736.9 | |
| 62.2 | 2.2 | 24.1 | 74.0 | 74.0 | |
| 10821.1 | 373.3 | 510.6 | 689.8 | 2287.6 | 1597.8 |
| 12562.1 | 180.2 | 546.7 | 4069.0 | 4476.5 | 407.5 |
| 1875.1 | 355.4 | 325.7 | 7853.4 | 13815.9 | 5962.5 |

11-6 续

| 指　　标 | 住宿 | | | |
|---|---|---|---|---|
| | 二、期末资产负债 | | | |
| | 本年折旧 | 在建工程 | 资产总计 | 流动负债合计 |
| **总　　计** | 9891.1 | 3008.9 | 205983.6 | 89915.5 |
| **一、住宿业** | 1809.1 | 14.5 | 61630.2 | 29650.3 |
| 旅游饭店 | 1725.3 | | 48106.6 | 25356.9 |
| 一般旅馆 | 83.8 | 14.5 | 13523.6 | 4293.4 |
| 内资企业 | 1809.1 | 14.5 | 61630.2 | 29650.3 |
| 国有企业 | | | 373.9 | 21.0 |
| 有限责任公司 | | | 1085.3 | 1107.2 |
| 其他有限责任公司 | | | 1085.3 | 1107.2 |
| 私营企业 | 1809.1 | 14.5 | 60171.0 | 28522.1 |
| 私营独资企业 | 72.0 | | 1653.0 | 1623.0 |
| 私营有限责任公司 | 1737.1 | 14.5 | 58518.0 | 26899.1 |
| 国有控股 | | | 373.9 | 21.0 |
| 私人控股 | 1809.1 | 14.5 | 61256.3 | 29629.3 |
| 独立门店 | 1809.1 | 14.5 | 61630.2 | 29650.3 |
| 小型 | 1809.1 | 14.5 | 61586.7 | 29590.1 |
| 微型 | | | 43.5 | 60.2 |
| 五星 | 462.6 | | 28727.9 | 5922.7 |
| 四星 | | | 1085.3 | 1107.2 |
| 三星 | 61.7 | | 1230.6 | 1797.9 |
| 二星 | 769.0 | | 10993.7 | 13077.4 |
| 其他 | 515.8 | 14.5 | 19592.7 | 7745.1 |
| **二、餐饮业** | 8082.0 | 2994.4 | 144353.4 | 60265.2 |
| 正餐服务 | 8081.4 | 2994.4 | 144008.6 | 60221.5 |
| 快餐服务 | 0.6 | | 344.8 | 43.7 |
| 内资企业 | 8082.0 | 2994.4 | 144353.4 | 60265.2 |
| 国有企业 | 65.5 | | 992.8 | 167.0 |
| 有限责任公司 | 7138.6 | | 82218.5 | 9779.4 |

# 表 2

单位:万元

餐饮业

| 二、期末资产负债 | | | | | | | |
|---|---|---|---|---|---|---|---|
| 应付账款 | 非流动负债合计 | 负债合计 | 所有者权益合计 | 实收资本 | | | |
| | | | | | 国家资本 | 法人资本 | 个人资本 |
| 8245.7 | 4131.3 | 94046.8 | 111936.8 | 44151.7 | 500.0 | 10869.6 | 32782.1 |
| 4595.8 | 4018.6 | 33668.9 | 27961.3 | 30185.7 | | 2182.8 | 28002.9 |
| 1708.6 | 4011.2 | 29368.1 | 18738.5 | 27150.0 | | 1830.0 | 25320.0 |
| 2887.2 | 7.4 | 4300.8 | 9222.8 | 3035.7 | | 352.8 | 2682.9 |
| 4595.8 | 4018.6 | 33668.9 | 27961.3 | 30185.7 | | 2182.8 | 28002.9 |
| 21.0 | | 21.0 | 352.9 | 352.8 | | 352.8 | |
| 365.8 | | 1107.2 | –21.9 | 810.0 | | | 810.0 |
| 365.8 | | 1107.2 | –21.9 | 810.0 | | | 810.0 |
| 4209.0 | 4018.6 | 32540.7 | 27630.3 | 29022.9 | | 1830.0 | 27192.9 |
| 69.8 | | 1623.0 | 30.0 | 30.0 | | 30.0 | |
| 4139.2 | 4018.6 | 30917.7 | 27600.3 | 28992.9 | | 1800.0 | 27192.9 |
| 21.0 | | 21.0 | 352.9 | 352.8 | | 352.8 | |
| 4574.8 | 4018.6 | 33647.9 | 27608.4 | 29832.9 | | 1830.0 | 28002.9 |
| 4595.8 | 4018.6 | 33668.9 | 27961.3 | 30185.7 | | 2182.8 | 28002.9 |
| 4536.1 | 4018.6 | 33608.7 | 27978.0 | 30185.7 | | 2182.8 | 28002.9 |
| 59.7 | | 60.2 | –16.7 | | | | |
| 390.9 | 4011.2 | 9933.9 | 18794.0 | 23000.0 | | | 23000.0 |
| 365.8 | | 1107.2 | –21.9 | 810.0 | | | 810.0 |
| 331.0 | | 1797.9 | –567.3 | 510.0 | | | 510.0 |
| 332.8 | | 13077.4 | –2083.7 | 1000.0 | | | 1000.0 |
| 3175.3 | 7.4 | 7752.5 | 11840.2 | 4865.7 | | 2182.8 | 2682.9 |
| 3649.9 | 112.7 | 60377.9 | 83975.5 | 13966.0 | 500.0 | 8686.8 | 4779.2 |
| 3619.2 | 112.7 | 60334.2 | 83674.4 | 13716.0 | 500.0 | 8686.8 | 4529.2 |
| 30.7 | | 43.7 | 301.1 | 250.0 | | | 250.0 |
| 3649.9 | 112.7 | 60377.9 | 83975.5 | 13966.0 | 500.0 | 8686.8 | 4779.2 |
| | | 167.0 | 825.8 | 825.8 | | 825.8 | |
| 1059.5 | 35.0 | 9814.4 | 72404.1 | 620.0 | 500.0 | | 120.0 |

11-6 续

| 指 标 | 住宿 | | | |
|---|---|---|---|---|
| | 二、期末资产负债 | | | |
| | 本年折旧 | 在建工程 | 资产总计 | 流动负债合计 |
| 其他有限责任公司 | 7138.6 | | 82218.5 | 9779.4 |
| 股份有限公司 | | | 120.7 | 89.5 |
| 私营企业 | 877.9 | 2994.4 | 61021.4 | 50229.3 |
| 私营独资企业 | 6.5 | | 2245.8 | 774.7 |
| 私营有限责任公司 | 870.8 | 2954.2 | 43155.2 | 35303.2 |
| 私营股份有限公司 | 0.6 | 40.2 | 15620.4 | 14151.4 |
| 国有控股 | 7181.8 | | 83023.3 | 9918.4 |
| 私人控股 | 900.2 | 2994.4 | 61330.1 | 50346.8 |
| 独立门店 | 8059.7 | 2994.4 | 143900.4 | 60202.2 |
| 连锁门店 | | | 265.0 | 35.0 |
| 其他 | 22.3 | | 188.0 | 28.0 |
| 中型 | 7385.4 | | 88675.1 | 13731.8 |
| 小型 | 696.6 | 2994.4 | 55607.8 | 46513.1 |
| 微型 | | | 70.5 | 20.3 |
| **三、住宿业按地区分组** | 1809.1 | 14.5 | 61630.2 | 29650.3 |
| 朔城区 | 932.4 | 14.5 | 47974.4 | 13361.9 |
| 山阴县 | 769.0 | | 11037.2 | 13137.6 |
| 应县 | 72.0 | | 1653.0 | 1623.0 |
| 山西朔州经济开发区 | 35.7 | | 965.6 | 1527.8 |
| **四、餐饮业按地区分组** | 8082.0 | 2994.4 | 144353.4 | 60265.2 |
| 朔城区 | 7153.0 | | 84910.3 | 11357.5 |
| 平鲁区 | | | 9541.6 | 7945.4 |
| 山阴县 | | | 136.2 | 79.0 |
| 应县 | 465.5 | 2954.2 | 23161.0 | 20665.2 |
| 右玉县 | 116.1 | 40.2 | 16776.4 | 15521.9 |
| 怀仁县 | 347.4 | | 9827.9 | 4696.2 |

# 表 3

单位:万元

餐饮业

| 二、期末资产负债 | | | | | | | |
|---|---|---|---|---|---|---|---|
| 应付账款 | 非流动负债合计 | 负债合计 | 所有者权益合计 | 实收资本 | 国家资本 | 法人资本 | 个人资本 |
| 1059.5 | 35.0 | 9814.4 | 72404.1 | 620.0 | 500.0 | | 120.0 |
| 32.5 | | 89.5 | 31.2 | 30.0 | | | 30.0 |
| 2557.9 | 77.7 | 50307.0 | 10714.4 | 12490.2 | | 7861.0 | 4629.2 |
| 199.2 | 20.0 | 794.7 | 1451.1 | 1140.0 | | 200.0 | 940.0 |
| 2259.1 | 57.7 | 35360.9 | 7794.3 | 6040.2 | | 2611.0 | 3429.2 |
| 99.6 | | 14151.4 | 1469.0 | 5310.0 | | 5050.0 | 260.0 |
| 1051.5 | | 9918.4 | 73104.9 | 1325.8 | 500.0 | 825.8 | |
| 2598.4 | 112.7 | 50459.5 | 10870.6 | 12640.2 | | 7861.0 | 4779.2 |
| 3641.9 | 57.7 | 60259.9 | 83640.5 | 13706.0 | 500.0 | 8586.8 | 4619.2 |
| | 20.0 | 55.0 | 210.0 | 140.0 | | 100.0 | 40.0 |
| 8.0 | 35.0 | 63.0 | 125.0 | 120.0 | | | 120.0 |
| 1334.5 | | 13731.8 | 74943.3 | 3000.0 | 500.0 | | 2500.0 |
| 2295.7 | 112.7 | 46625.8 | 8982.0 | 10915.8 | | 8686.8 | 2229.0 |
| 19.7 | | 20.3 | 50.2 | 50.2 | | | 50.2 |
| 4595.8 | 4018.6 | 33668.9 | 27961.3 | 30185.7 | | 2182.8 | 28002.9 |
| 3199.8 | 4018.6 | 17380.5 | 30593.9 | 29105.7 | | 2152.8 | 26952.9 |
| 392.5 | | 13137.6 | –2100.4 | 1000.0 | | | 1000.0 |
| 69.8 | | 1623.0 | 30.0 | 30.0 | | 30.0 | |
| 933.7 | | 1527.8 | –562.2 | 50.0 | | | 50.0 |
| 3649.9 | 112.7 | 60377.9 | 83975.5 | 13966.0 | 500.0 | 8686.8 | 4779.2 |
| 2058.8 | 101.7 | 11459.2 | 73451.1 | 1351.2 | 500.0 | 211.0 | 640.2 |
| 240.3 | | 7945.4 | 1596.2 | 830.0 | | | 830.0 |
| 7.2 | 11.0 | 90.0 | 46.2 | 29.0 | | | 29.0 |
| 493.8 | | 20665.2 | 2495.8 | 2150.0 | | 2000.0 | 150.0 |
| 43.1 | | 15521.9 | 1254.5 | 5835.8 | | 5825.8 | 10.0 |
| 806.7 | | 4696.2 | 5131.7 | 3770.0 | | 650.0 | 3120.0 |

11-6 续

| 指　标 | 住宿 三、损益及 营业收入 | 主营业务收入 | 营业成本 | 主营业务成本 |
|---|---|---|---|---|
| **总　计** | 40182.3 | 40118.7 | 24575.7 | 24520.9 |
| **一、住宿业** | 9177.1 | 9177.1 | 3237.5 | 3237.5 |
| 旅游饭店 | 5376.1 | 5376.1 | 1736.2 | 1736.2 |
| 一般旅馆 | 3801.0 | 3801.0 | 1501.3 | 1501.3 |
| 内资企业 | 9177.1 | 9177.1 | 3237.5 | 3237.5 |
| 国有企业 | 134.0 | 134.0 | 93.0 | 93.0 |
| 有限责任公司 | 504.8 | 504.8 | 237.9 | 237.9 |
| 其他有限责任公司 | 504.8 | 504.8 | 237.9 | 237.9 |
| 私营企业 | 8538.3 | 8538.3 | 2906.6 | 2906.6 |
| 私营独资企业 | 685.2 | 685.2 | 358.8 | 358.8 |
| 私营有限责任公司 | 7853.1 | 7853.1 | 2547.8 | 2547.8 |
| 国有控股 | 134.0 | 134.0 | 93.0 | 93.0 |
| 私人控股 | 9043.1 | 9043.1 | 3144.5 | 3144.5 |
| 独立门店 | 9177.1 | 9177.1 | 3237.5 | 3237.5 |
| 小型 | 9086.8 | 9086.8 | 3202.6 | 3202.6 |
| 微型 | 90.3 | 90.3 | 34.9 | 34.9 |
| 五星 | 1936.3 | 1936.3 | 529.1 | 529.1 |
| 四星 | 504.8 | 504.8 | 237.9 | 237.9 |
| 三星 | 787.2 | 787.2 | 284.2 | 284.2 |
| 二星 | 830.3 | 830.3 | 128.0 | 128.0 |
| 其他 | 5118.5 | 5118.5 | 2058.3 | 2058.3 |
| **二、餐饮业** | 31005.2 | 30941.6 | 21338.2 | 21283.4 |
| 正餐服务 | 30566.9 | 30503.3 | 20996.0 | 20941.2 |
| 快餐服务 | 438.3 | 438.3 | 342.2 | 342.2 |
| 内资企业 | 31005.2 | 30941.6 | 21338.2 | 21283.4 |
| 国有企业 | 824.8 | 824.8 | 584.6 | 584.6 |
| 有限责任公司 | 4462.9 | 4422.2 | 3947.1 | 3909.1 |

# 表 4

单位:万元

餐饮业

分配

| 营业税金及附加 | 主营业务税金及附加 | 销售费用 | 管理费用 | 税金 | 财务费用 | 利息收入 |
|---|---|---|---|---|---|---|
| 1569.5 | 1541.5 | 12200.6 | 13439.2 | 59.7 | 796.4 | 8.2 |
| 246.0 | 246.0 | 4450.9 | 3233.2 | 31.4 | 89.8 | 3.5 |
| 123.1 | 123.1 | 1921.3 | 2791.3 | 31.0 | 77.6 | 3.2 |
| 122.9 | 122.9 | 2529.6 | 441.9 | 0.4 | 12.2 | 0.3 |
| 246.0 | 246.0 | 4450.9 | 3233.2 | 31.4 | 89.8 | 3.5 |
| 9.0 | 9.0 | 28.0 | 11.0 |  | 3.0 |  |
| 10.0 | 10.0 | 232.8 | 154.3 |  |  |  |
| 10.0 | 10.0 | 232.8 | 154.3 |  |  |  |
| 227.0 | 227.0 | 4190.1 | 3067.9 | 31.4 | 86.8 | 3.5 |
| 24.5 | 24.5 | 134.5 | 231.2 | 24.5 |  |  |
| 202.5 | 202.5 | 4055.6 | 2836.7 | 6.9 | 86.8 | 3.5 |
| 9.0 | 9.0 | 28.0 | 11.0 |  | 3.0 |  |
| 237.0 | 237.0 | 4422.9 | 3222.2 | 31.4 | 86.8 | 3.5 |
| 246.0 | 246.0 | 4450.9 | 3233.2 | 31.4 | 89.8 | 3.5 |
| 240.5 | 240.5 | 4400.2 | 3227.6 | 31.4 | 89.8 | 3.5 |
| 5.5 | 5.5 | 50.7 | 5.6 |  |  |  |
| 41.1 | 41.1 | 686.5 | 802.9 |  | 9.5 |  |
| 10.0 | 10.0 | 232.8 | 154.3 |  |  |  |
| 24.8 | 24.8 | 634.9 | 42.0 | 6.5 | 2.6 |  |
| 19.0 | 19.0 | 232.6 | 961.6 |  | 2.9 | 0.1 |
| 151.1 | 151.1 | 2664.1 | 1272.4 | 24.9 | 74.8 | 3.4 |
| 1323.5 | 1295.5 | 7749.7 | 10206.0 | 28.3 | 706.6 | 4.7 |
| 1322.9 | 1294.9 | 7717.0 | 10203.9 | 28.3 | 702.0 | 4.7 |
| 0.6 | 0.6 | 32.7 | 2.1 |  | 4.6 |  |
| 1323.5 | 1295.5 | 7749.7 | 10206.0 | 28.3 | 706.6 | 4.7 |
| 71.0 | 71.0 |  | 60.0 |  | 10.0 |  |
| 608.7 | 608.7 | 1669.8 | 6687.8 | 0.4 | 226.9 | 0.1 |

11-6 续

| 指　标 | 住宿三、损益及 | | | |
| --- | --- | --- | --- | --- |
| | 营业收入 | 主营业务收入 | 营业成本 | 主营业务成本 |
| 其他有限责任公司 | 4462.9 | 4422.2 | 3947.1 | 3909.1 |
| 股份有限公司 | 419.5 | 396.6 | 216.9 | 200.1 |
| 私营企业 | 25298.0 | 25298.0 | 16589.6 | 16589.6 |
| 私营独资企业 | 4818.2 | 4818.2 | 3660.6 | 3660.6 |
| 私营有限责任公司 | 17616.1 | 17616.1 | 11176.6 | 11176.6 |
| 私营股份有限公司 | 2863.7 | 2863.7 | 1752.4 | 1752.4 |
| 国有控股 | 5062.7 | 5022.0 | 4324.7 | 4286.7 |
| 私人控股 | 25942.5 | 25919.6 | 17013.5 | 16996.7 |
| 独立门店 | 30150.2 | 30086.6 | 20807.2 | 20752.4 |
| 连锁门店 | 630.0 | 630.0 | 324.0 | 324.0 |
| 其他 | 225.0 | 225.0 | 207.0 | 207.0 |
| 中型 | 7086.9 | 7046.2 | 5052.3 | 5014.3 |
| 小型 | 23537.8 | 23514.9 | 15997.5 | 15980.7 |
| 微型 | 380.5 | 380.5 | 288.4 | 288.4 |
| **三、住宿业按地区分组** | 9177.1 | 9177.1 | 3237.5 | 3237.5 |
| 朔城区 | 6870.0 | 6870.0 | 2325.0 | 2325.0 |
| 山阴县 | 920.6 | 920.6 | 162.9 | 162.9 |
| 应县 | 685.2 | 685.2 | 358.8 | 358.8 |
| 山西朔州经济开发区 | 701.3 | 701.3 | 390.8 | 390.8 |
| **四、餐饮业按地区分组** | 31005.2 | 30941.6 | 21338.2 | 21283.4 |
| 朔城区 | 7703.9 | 7663.2 | 5557.8 | 5519.8 |
| 平鲁区 | 1647.5 | 1624.6 | 602.3 | 585.5 |
| 山阴县 | 432.8 | 432.8 | 344.1 | 344.1 |
| 应县 | 3591.5 | 3591.5 | 2455.9 | 2455.9 |
| 右玉县 | 3274.0 | 3274.0 | 1873.7 | 1873.7 |
| 怀仁县 | 14355.5 | 14355.5 | 10504.4 | 10504.4 |

# 表 5

单位:万元

餐饮业

分配

| 营业税金及附加 | 主营业务税金及附加 | 销售费用 | 管理费用 | 税金 | 财务费用 | 利息收入 |
|---|---|---|---|---|---|---|
| 608.7 | 608.7 | 1669.8 | 6687.8 | 0.4 | 226.9 | 0.1 |
| 31.2 | 3.2 | 70.1 | 69.9 | | | |
| 612.6 | 612.6 | 6009.8 | 3388.3 | 27.9 | 469.7 | 4.6 |
| 85.1 | 85.1 | 488.0 | 352.3 | 4.9 | 6.7 | |
| 384.3 | 384.3 | 4427.2 | 2760.8 | 23.0 | 81.1 | 4.6 |
| 143.2 | 143.2 | 1094.6 | 275.2 | | 381.9 | |
| 678.5 | 678.5 | 1648.3 | 6742.8 | | 236.3 | |
| 645.0 | 617.0 | 6101.4 | 3463.2 | 28.3 | 470.3 | 4.7 |
| 1315.5 | 1287.5 | 7574.2 | 10145.0 | 27.9 | 706.0 | 4.6 |
| 6.8 | 6.8 | 154.0 | 56.0 | | | |
| 1.2 | 1.2 | 21.5 | 5.0 | 0.4 | 0.6 | 0.1 |
| 676.5 | 676.5 | 2344.7 | 7147.5 | 11.8 | 230.5 | 4.2 |
| 637.3 | 609.3 | 5290.9 | 3054.7 | 16.5 | 475.6 | 0.5 |
| 9.7 | 9.7 | 114.1 | 3.8 | | 0.5 | |
| 246.0 | 246.0 | 4450.9 | 3233.2 | 31.4 | 89.8 | 3.5 |
| 169.7 | 169.7 | 3723.2 | 1894.2 | 6.9 | 83.0 | 3.1 |
| 24.5 | 24.5 | 283.3 | 967.2 | | 2.9 | 0.1 |
| 24.5 | 24.5 | 134.5 | 231.2 | 24.5 | | |
| 27.3 | 27.3 | 309.9 | 140.6 | | 3.9 | 0.3 |
| 1323.5 | 1295.5 | 7749.7 | 10206.0 | 28.3 | 706.6 | 4.7 |
| 675.1 | 675.1 | 2821.6 | 7137.1 | 0.4 | 236.6 | 0.1 |
| 72.3 | 44.3 | 414.5 | 412.8 | | 4.4 | |
| 8.0 | 8.0 | | 31.4 | | 2.1 | |
| 132.4 | 132.4 | 891.3 | 1003.9 | | 6.4 | 0.4 |
| 213.9 | 213.9 | 1596.8 | 345.5 | 1.2 | 389.7 | |
| 221.8 | 221.8 | 2025.5 | 1275.3 | 26.7 | 67.4 | 4.2 |

11-6 续

| 指　　标 | 住宿 | | | |
|---|---|---|---|---|
| | 三、损益及分配 | | | |
| | 利息支出 | 营业利润 | 营业外收入 | 营业外支出 |
| 总　　计 | 106.4 | −12158.5 | 12.8 | 511.8 |
| 一、住宿业 | 65.7 | −2080.4 | 0.6 | 501.5 |
| 旅游饭店 | 65.7 | −1273.4 | 0.6 | 1.0 |
| 一般旅馆 | | −807.0 | | 500.5 |
| 内资企业 | 65.7 | −2080.4 | 0.6 | 501.5 |
| 国有企业 | | −10.0 | | |
| 有限责任公司 | | −130.2 | | |
| 其他有限责任公司 | | −130.2 | | |
| 私营企业 | 65.7 | −1940.2 | 0.6 | 501.5 |
| 私营独资企业 | | −63.8 | | |
| 私营有限责任公司 | 65.7 | −1876.4 | 0.6 | 501.5 |
| 国有控股 | | −10.0 | | |
| 私人控股 | 65.7 | −2070.4 | 0.6 | 501.5 |
| 独立门店 | 65.7 | −2080.4 | 0.6 | 501.5 |
| 小型 | 65.7 | −2074.0 | 0.6 | 501.5 |
| 微型 | | −6.4 | | |
| 五星 | | −132.8 | | |
| 四星 | | −130.2 | | |
| 三星 | | −201.3 | | 0.5 |
| 二星 | | −513.8 | 0.6 | 0.5 |
| 其他 | 65.7 | −1102.3 | | 500.5 |
| 二、餐饮业 | 40.7 | −10078.1 | 12.2 | 10.3 |
| 正餐服务 | 36.1 | −10134.2 | 12.2 | 10.3 |
| 快餐服务 | 4.6 | 56.1 | | |
| 内资企业 | 40.7 | −10078.1 | 12.2 | 10.3 |
| 国有企业 | | 99.2 | | |
| 有限责任公司 | 0.2 | −8677.4 | 6.4 | 8.3 |

# 表 6

单位:万元

餐饮业

| 三、损益及分配 | | 四、人工成本及增值税 | | 五、从业人员平均人数（人） |
|---|---|---|---|---|
| 利润总额 | 应交所得税 | 应付职工薪酬 | 应交增值税 | |
| -9609.5 | 9.8 | 9883.2 | 320.5 | 3792 |
| -2044.1 | 0.2 | 3628.0 | 43.2 | 1445 |
| -1273.9 | 0.2 | 1767.6 | 17.6 | 768 |
| -770.2 | | 1860.4 | 25.6 | 677 |
| -2044.1 | 0.2 | 3628.0 | 43.2 | 1445 |
| -10.0 | | 161.2 | | 85 |
| -130.2 | 0.2 | 236.9 | 9.7 | 128 |
| -130.2 | 0.2 | 236.9 | 9.7 | 128 |
| -1903.9 | | 3229.9 | 33.5 | 1232 |
| -63.8 | | 221.6 | | 102 |
| -1840.1 | | 3008.3 | 33.5 | 1130 |
| -10.0 | | 161.2 | | 85 |
| -2034.1 | 0.2 | 3466.8 | 43.2 | 1360 |
| -2044.1 | 0.2 | 3628.0 | 43.2 | 1445 |
| -2037.7 | 0.2 | 3623.7 | 43.2 | 1412 |
| -6.4 | | 4.3 | | 33 |
| -132.8 | | 632.8 | | 200 |
| -130.2 | 0.2 | 236.9 | 9.7 | 128 |
| -201.8 | | 299.8 | 2.4 | 127 |
| -513.8 | | 240.0 | | 123 |
| -1065.5 | | 2218.5 | 31.1 | 867 |
| -7565.4 | 9.6 | 6255.2 | 277.3 | 2347 |
| -7621.5 | 8.3 | 6223.9 | 264.9 | 2334 |
| 56.1 | 1.3 | 31.3 | 12.4 | 13 |
| -7565.4 | 9.6 | 6255.2 | 277.3 | 2347 |
| 99.2 | | 95.5 | | 50 |
| -8679.3 | | 1360.0 | 1.5 | 208 |

11-6 续

| 指　　标 | 住宿 | | | |
|---|---|---|---|---|
| | 三、损益及分配 | | | |
| | 利息支出 | 营业利润 | 营业外收入 | 营业外支出 |
| 其他有限责任公司 | 0.2 | -8677.4 | 6.4 | 8.3 |
| 股份有限公司 | | 31.4 | | |
| 私营企业 | 40.5 | -1531.3 | 5.8 | 2.0 |
| 私营独资企业 | | 225.5 | | |
| 私营有限责任公司 | 35.9 | -973.2 | 5.8 | 2.0 |
| 私营股份有限公司 | 4.6 | -783.6 | | |
| 国有控股 | | -8567.9 | 6.4 | 8.3 |
| 私人控股 | 40.7 | -1510.2 | 5.8 | 2.0 |
| 独立门店 | 40.5 | -10157.0 | 12.2 | 10.3 |
| 连锁门店 | | 89.2 | | |
| 其他 | 0.2 | -10.3 | | |
| 中型 | | -8364.6 | 6.4 | 8.3 |
| 小型 | 40.7 | -1714.0 | 4.0 | 2.0 |
| 微型 | | 0.5 | 1.8 | |
| 三、住宿业按地区分组 | 65.7 | -2080.4 | 0.6 | 501.5 |
| 朔城区 | 65.7 | -1325.2 | | 501.0 |
| 山阴县 | | -520.2 | 0.6 | 0.5 |
| 应县 | | -63.8 | | |
| 山西朔州经济开发区 | | -171.2 | | |
| 四、餐饮业按地区分组 | 40.7 | -10078.1 | 12.2 | 10.3 |
| 朔城区 | 2.5 | -8483.6 | 11.2 | 10.1 |
| 平鲁区 | | 141.2 | 0.2 | |
| 山阴县 | | 47.2 | | |
| 应县 | 6.8 | -898.4 | 0.8 | |
| 右玉县 | | -1145.6 | | 0.2 |
| 怀仁县 | 31.4 | 261.1 | | |

# 表 7

单位:万元

餐饮业

| 三、损益及分配 | | 四、人工成本及增值税 | | 五、从业人员平均人数（人） |
| --- | --- | --- | --- | --- |
| 利润总额 | 应交所得税 | 应付职工薪酬 | 应交增值税 | |
| -8679.3 | | 1360.0 | 1.5 | 208 |
| 31.4 | | 89.9 | | 46 |
| 983.3 | 9.6 | 4709.8 | 275.8 | 2043 |
| 122.1 | 5.0 | 475.6 | 43.8 | 182 |
| 698.4 | 3.2 | 3294.1 | 219.6 | 1589 |
| 162.8 | 1.4 | 940.1 | 12.4 | 272 |
| -8569.8 | | 1395.5 | | 230 |
| 1004.4 | 9.6 | 4859.7 | 277.3 | 2117 |
| -7644.3 | 4.6 | 6020.4 | 275.8 | 2186 |
| 89.2 | 5.0 | 174.8 | | 133 |
| -10.3 | | 60.0 | 1.5 | 28 |
| -8366.5 | | 1813.5 | | 401 |
| 833.0 | 9.6 | 4324.8 | 274.5 | 1914 |
| -31.9 | | 116.9 | 2.8 | 32 |
| -2044.1 | 0.2 | 3628.0 | 43.2 | 1445 |
| -1288.8 | 0.2 | 2778.9 | 43.2 | 1050 |
| -520.2 | | 244.3 | | 156 |
| -63.8 | | 221.6 | | 102 |
| -171.3 | | 383.2 | | 137 |
| -7565.4 | 9.6 | 6255.2 | 277.3 | 2347 |
| -8695.6 | 5.6 | 2380.8 | 5.1 | 730 |
| 42.4 | | 608.4 | | 115 |
| 47.2 | | 203.1 | | 82 |
| 979.4 | 1.2 | 393.1 | 22.6 | 379 |
| -199.4 | 0.6 | 1047.4 | 10.4 | 302 |
| 260.6 | 2.2 | 1622.4 | 239.2 | 739 |

## 11-7 限额以上住宿和餐饮业

| 指　　标 | 住宿和 | | | | | |
|---|---|---|---|---|---|---|
| | 法人企业数（个） | 从业人员期末人数（人） | 营业额 | 使用银行卡支付的营业额 | 客房收入 | 通过公共网络实现的客房收入 |
| **总　　计** | 54 | 4008 | 41402.5 | 4321.8 | 12844.6 | 143.5 |
| **一、住宿业** | 15 | 1368 | 9626.6 | 1164.2 | 5516.9 | 29.4 |
| 旅游饭店 | 7 | 710 | 5793.6 | 548.7 | 2749.4 | 13.0 |
| 一般旅馆 | 8 | 658 | 3833.0 | 615.5 | 2767.5 | 16.4 |
| 内资企业 | 15 | 1368 | 9626.6 | 1164.2 | 5516.9 | 29.4 |
| 国有企业 | 1 | 87 | 134.0 | 8.0 | 65.0 | |
| 有限责任公司 | 1 | 128 | 504.8 | 194.6 | 104.0 | |
| 其他有限责任公司 | 1 | 128 | 504.8 | 194.6 | 104.0 | |
| 私营企业 | 13 | 1153 | 8987.8 | 961.6 | 5347.9 | 29.4 |
| 私营独资企业 | 1 | 100 | 677.1 | | 240.8 | |
| 私营有限责任公司 | 12 | 1053 | 8310.7 | 961.6 | 5107.1 | 29.4 |
| 国有控股 | 1 | 87 | 134.0 | 8.0 | 65.0 | |
| 私人控股 | 14 | 1281 | 9492.6 | 1156.2 | 5451.9 | 29.4 |
| 独立门店 | 15 | 1368 | 9626.6 | 1164.2 | 5516.9 | 29.4 |
| 小型 | 14 | 1343 | 9582.4 | 1164.2 | 5506.0 | 29.4 |
| 微型 | 1 | 25 | 44.2 | | 10.9 | |
| 五星 | 1 | 200 | 1979.1 | | 808.4 | 8.5 |
| 四星 | 1 | 128 | 504.8 | 194.6 | 104.0 | |
| 三星 | 2 | 78 | 741.1 | 354.1 | 634.8 | |
| 二星 | 1 | 116 | 1259.2 | | 574.9 | 4.5 |
| 其他 | 10 | 846 | 5142.4 | 615.5 | 3394.8 | 16.4 |
| **二、餐饮业** | 39 | 2640 | 31775.9 | 3157.6 | 7327.7 | 114.1 |
| 正餐服务 | 38 | 2628 | 31337.6 | 3157.6 | 7327.7 | 114.1 |
| 快餐服务 | 1 | 12 | 438.3 | | | |
| 内资企业 | 39 | 2640 | 31775.9 | 3157.6 | 7327.7 | 114.1 |
| 国有企业 | 1 | 49 | 824.8 | | 236.6 | |
| 有限责任公司 | 2 | 427 | 4462.9 | 2808.5 | 1745.8 | |

# 法人单位经营情况(2016年)

单位:万元

| 通过非自营平台实现的客房收入 | 餐费收入 | 通过公共网络实现的餐费收入 | 商品销售额收入 | 其他收入 | 客房数(间) | 床位数(个) | 餐位数(位) | 年末餐饮营业面积(平方米) |
|---|---|---|---|---|---|---|---|---|
| 5.0 | 26728.0 | 76.7 | 560.2 | 1269.7 | 3792 | 6516 | 25027 | 168674.0 |
| 5.0 | 3557.2 | | 120.5 | 432.0 | 1937 | 3317 | 6733 | 67328.0 |
| | 2655.7 | | 52.6 | 335.9 | 918 | 1541 | 4715 | 44408.0 |
| 5.0 | 901.5 | | 67.9 | 96.1 | 1019 | 1776 | 2018 | 22920.0 |
| 5.0 | 3557.2 | | 120.5 | 432.0 | 1937 | 3317 | 6733 | 67328.0 |
| | 69.0 | | | | 112 | 262 | 220 | 2500.0 |
| | 309.4 | | | 91.4 | 127 | 199 | 1600 | 10000.0 |
| | 309.4 | | | 91.4 | 127 | 199 | 1600 | 10000.0 |
| 5.0 | 3178.8 | | 120.5 | 340.6 | 1698 | 2856 | 4913 | 54828.0 |
| | 436.3 | | | | 80 | 145 | 500 | 8000.0 |
| 5.0 | 2742.5 | | 120.5 | 340.6 | 1618 | 2711 | 4413 | 46828.0 |
| | 69.0 | | | | 112 | 262 | 220 | 2500.0 |
| 5.0 | 3488.2 | | 120.5 | 432.0 | 1825 | 3055 | 6513 | 64828.0 |
| 5.0 | 3557.2 | | 120.5 | 432.0 | 1937 | 3317 | 6733 | 67328.0 |
| 5.0 | 3523.9 | | 120.5 | 432.0 | 1901 | 3266 | 6583 | 63163.0 |
| | 33.3 | | | | 36 | 51 | 150 | 4165.0 |
| | 1170.7 | | | | 150 | 182 | 1000 | 10000.0 |
| | 309.4 | | | 91.4 | 127 | 199 | 1600 | 10000.0 |
| | 37.1 | | | 69.2 | 273 | 484 | 270 | 4453.0 |
| | 456.4 | | 52.6 | 175.3 | 170 | 285 | 815 | 10000.0 |
| 5.0 | 1583.6 | | 67.9 | 96.1 | 1217 | 2167 | 3048 | 32875.0 |
| | 23170.8 | 76.7 | 439.7 | 837.7 | 1855 | 3199 | 18294 | 101346.0 |
| | 22732.5 | 76.7 | 439.7 | 837.7 | 1855 | 3199 | 18264 | 101146.0 |
| | 438.3 | | | | | | 30 | 200.0 |
| | 23170.8 | 76.7 | 439.7 | 837.7 | 1855 | 3199 | 18294 | 101346.0 |
| | 588.2 | | | | 43 | 78 | 120 | 2000.0 |
| | 2451.4 | 8.5 | | 265.7 | 298 | 447 | 1595 | 8622.0 |

11-7 续

| 指　　标 | 住宿和 | | | | | |
|---|---|---|---|---|---|---|
| | 法人企业数（个） | 从业人员期末人数（人） | 营业额 | 使用银行卡支付的营业额 | 客房收入 | 通过公共网络实现的客房收入 |
| 其他有限责任公司 | 2 | 427 | 4462.9 | 2808.5 | 1745.8 | |
| 股份有限公司 | 1 | 59 | 491.6 | | 188.4 | |
| 私营企业 | 35 | 2105 | 25996.6 | 349.1 | 5156.9 | 114.1 |
| 私营独资企业 | 5 | 180 | 4818.2 | | 675.4 | |
| 私营有限责任公司 | 26 | 1653 | 18036.2 | 349.1 | 3496.5 | 114.1 |
| 私营股份有限公司 | 4 | 272 | 3142.2 | | 985.0 | |
| 国有控股 | 2 | 448 | 5062.7 | 2800.0 | 1982.4 | |
| 私人控股 | 37 | 2192 | 26713.2 | 357.6 | 5345.3 | 114.1 |
| 独立门店 | 36 | 2479 | 30920.9 | 3149.1 | 7327.7 | 114.1 |
| 连锁门店 | 2 | 133 | 630.0 | | | |
| 其他 | 1 | 28 | 225.0 | 8.5 | | |
| 中型 | 2 | 629 | 7033.7 | 2800.0 | 2412.5 | |
| 小型 | 34 | 1986 | 24352.5 | 309.0 | 4833.8 | 78.5 |
| 微型 | 3 | 25 | 389.7 | 48.6 | 81.4 | 35.6 |
| **三、住宿业按地区分组** | 15 | 1368 | 9626.6 | 1164.2 | 5516.9 | 29.4 |
| 朔城区 | 10 | 990 | 6944.8 | 1151.5 | 4271.8 | 24.9 |
| 山阴县 | 2 | 141 | 1303.4 | | 585.8 | 4.5 |
| 应县 | 1 | 100 | 677.1 | | 240.8 | |
| 山西朔州经济开发区 | 2 | 137 | 701.3 | 12.7 | 418.5 | |
| **四、餐饮业按地区分组** | 39 | 2640 | 31775.9 | 3157.6 | 7327.7 | 114.1 |
| 朔城区 | 12 | 929 | 7713.1 | 2954.2 | 2630.0 | 114.1 |
| 平鲁区 | 3 | 207 | 1891.4 | | 899.8 | |
| 山阴县 | 2 | 83 | 725.8 | | | |
| 应县 | 3 | 377 | 3591.5 | | 776.6 | |
| 右玉县 | 4 | 306 | 3551.7 | 203.4 | 1322.4 | |
| 怀仁县 | 15 | 738 | 14302.4 | | 1698.9 | |

# 表

单位:万元

| 通过非自营平台实现的客房收入 | 餐费收入 | 通过公共网络实现的餐费收入 | 商品销售额收入 | 其他收入 | 客房数（间） | 床位数（个） | 餐位数（位） | 年末餐饮营业面积（平方米） |
|---|---|---|---|---|---|---|---|---|
| | 2451.4 | 8.5 | | 265.7 | 298 | 447 | 1595 | 8622.0 |
| | 303.2 | | | | 38 | 70 | 360 | 1028.0 |
| | 19828.0 | 68.2 | 439.7 | 572.0 | 1476 | 2604 | 16219 | 89696.0 |
| | 4096.2 | | 22.3 | 24.3 | 168 | 290 | 1988 | 10160.0 |
| | 13817.6 | 68.2 | 414.6 | 307.5 | 1035 | 1797 | 11881 | 62808.0 |
| | 1914.2 | | 2.8 | 240.2 | 273 | 517 | 2350 | 16728.0 |
| | 2814.6 | | | 265.7 | 341 | 525 | 1620 | 10572.0 |
| | 20356.2 | 76.7 | 439.7 | 572.0 | 1514 | 2674 | 16674 | 90774.0 |
| | 22315.8 | 68.2 | 439.7 | 837.7 | 1855 | 3199 | 18059 | 100936.0 |
| | 630.0 | | | | | | 140 | 360.0 |
| | 225.0 | 8.5 | | | | | 95 | 50.0 |
| | 4036.2 | | 193.7 | 391.3 | 447 | 666 | 3000 | 12180.0 |
| | 18826.5 | 72.1 | 245.9 | 446.3 | 1322 | 2408 | 13931 | 77486.0 |
| | 308.1 | 4.6 | 0.1 | 0.1 | 86 | 125 | 1363 | 11680.0 |
| 5.0 | 3557.2 | | 120.5 | 432.0 | 1937 | 3317 | 6733 | 67328.0 |
| 5.0 | 2512.4 | | | 160.6 | 1444 | 2472 | 4892 | 35043.0 |
| | 489.7 | | 52.6 | 175.3 | 206 | 336 | 965 | 14165.0 |
| | 436.3 | | | | 80 | 145 | 500 | 8000.0 |
| | 118.8 | | 67.9 | 96.1 | 207 | 364 | 376 | 10120.0 |
| | 23170.8 | 76.7 | 439.7 | 837.7 | 1855 | 3199 | 18294 | 101346.0 |
| | 4784.0 | 76.7 | 33.3 | 265.8 | 747 | 1250 | 4595 | 30858.0 |
| | 945.0 | | 22.3 | 24.3 | 221 | 364 | 1360 | 14588.0 |
| | 725.8 | | | | | | 235 | 1800.0 |
| | 2595.6 | | 37.5 | 181.8 | 234 | 384 | 3500 | 11900.0 |
| | 1989.1 | | | 240.2 | 378 | 743 | 1616 | 21528.0 |
| | 12131.3 | | 346.6 | 125.6 | 275 | 458 | 6988 | 20672.0 |

# 主要统计指标解释

**批发业** 指向其他批发或零售单位（含个体经营者）及其他企事业单位、机关团体等批量销售生活用品、生产资料的活动，以及从事进出口贸易和贸易经纪与代理的活动。

**零售业** 指百货商店、超级市场、专门零售商店、品牌专卖店、售货摊等主要面向最终消费者(如居民等)的销售活动，以互联网、邮政、电话、售货机等方式的销售活动，还包括在同一地点，后面加工生产，前面销售的店铺(如面包房)。

**批发和零售业法人企业** 指具备如下条件的批发零售贸易企业:(1)依法成立，有自己的名称、组织机构和场所，能够承担民事责任;(2)独立拥有和使用资产，承担负债，有权与其他单位签订合同;(3)独立核算盈亏，并能够编制包括资产负债表在全部会计帐户。

**限额以上批发企业** 指年主营业务收入2000万元及以上为限额以上批发企业。

**限额以上零售企业** 指年主营业务收入500万元及以上为限额以上零售企业。

**社会消费品零售总额** 指企业(单位、个体户)通过交易直接售给个人、社会集团非生产、非经营用的实物商品金额，以及提供餐饮服务所取得的收入金额。个人包括城乡居民和入境人员，社会集团包括机关、社会团体、部队、学校、企事业单位、居委会或村委会等。

**批发和零售业零售额** 指批发和零售业企业、产业活动单位和个体户售给城乡居民用于生活消费和社会集团用于公共消费的商品金额。

**门店总数** 指该连锁企业所拥有的全部连锁门店数量，包括总店(如果总公司有门店的话)和全部直营分店、加盟分店数。其中，总店作为一个直营店处理。此外，有的地区分出控股店，控股店按直营店统计。

**连锁企业(或称连锁店、连锁公司)** 指在核心企业或总店的领导下，由分散的、经营同类商品或服务的企业或活动单位，采取共同方针，实行集中采购和分散销售的有机结合，通过规范化经营，实现规模效益的经济联合组织形式。一般连锁店应由若干个分店组成。其经营特征:(1)经营同类商品;(2)使用统一商号;(3)统一采购配送，采购与销售相分离(部分商品可根据物流合理和保质保鲜原则由供应商直接送货到门店，其余均由总部统一配送)。连锁店总店(总部)指连锁店的核心企业或管理中心。连锁店分店指连锁店所属各分散经营的企业或活动单位，也可称分店或成员店。

连锁店包括下列三种形式:

**直营连锁** 指连锁店铺由连锁公司全资或控股开设，在总部的直接控制下，开展统一经营的连锁经营形式。

**特许连锁** 指拥有注册商标、企业标志、专利、专有技术等经营资源的企业(特许人)，以合同形式将其拥有的经营资源许可其他经营者(被特许人)使用，被特许人按合同约定在统一的经营模式下开展经营，并向特许人支付特许经营费用的连锁经营形式。

**自愿连锁** 指若干个店铺或企业自愿组合起来，在不改变各自资产所有权关系的情况下，以同一个品牌形象面对消费者，以共同进货为纽带开展的连锁经营形式。

**零售业态** 指零售企业(单位)为满足不同的消费需求进行相应的要素组合而形成的不同经营形态;分类原则是，零售业态按零售店铺的结构特点，根据其经营方式、商品结构、服务功能，以及选址、商圈、规模、店堂设施、目标顾客和有无固定营业场所进行分类。

零售业态从总体上可以分为有店铺零售业态和无店铺零售业态两类。按照零售业态分类原则分为食杂店、便利店、折扣店、超市、大型超市、仓储会员店、百货店、专业店、专卖店、家居建材商店、购物中心、社区购物中心、市区购物中心、城郊购物中心、厂家直销中心、电视购物、邮购、网上商店、自动售货亭、电话购物等20种零售业态。

**商品购进额** 指从本企业以外的单位和个人购进(包括从国外直接进口)作为转卖或加工后转卖的商品金额(含增值税)。本指标反映批发和零售业从国内外市场上购进商品的总价。

**商品销售额** 指对本单位以外的单位和个人出售的商品金额(包括售给本单位消费用的商品,含增值税),本指标反映批发和零售业在国内市场上销售商品以及出口商品的总量。

**期末商品库存额** 对于批发和零售业法人单位和个体经营户，是指报告期末取得所有权的全部商品金额(含增值税);对于批发和零售业产业活动单位，是指报告期末实际在库且归属法人具有所有权的全部商品金额(含增值税)。该指标反映批发和零售业商品库存情况，以及对市场商品供应的保证程度。

**亿元以上商品交易市场** 指年成交额在亿元及以上的商品交易市场。商品交易市场是指经有关部门和组织批准设立,有固定场所、设施,有经营管理部门和监管人员,若干市场经营者入内,常年或实际开业三个月以上,集中、公开、独立地进行生活消费品、生产资料等现货商品交易以及提供相关服务的交易场所,包括各类消费品市场、生产资料市场等。

**住宿业** 指为旅行者提供短期留宿场所的活动,有些单位只提供住宿,也有些单位提供住宿、饮食、商务、娱乐一体的服务。

**餐饮业** 指通过即时制作加工、商业销售和服务性劳动等，向消费者提供食品和消费场所及设施的服务。

**住宿和餐饮业法人企业** 指具备如下条件的住宿餐饮企业:(1)依法成立,有自己的名称、组织机构和场所,能够承担民事责任;(2)独立拥有和使用资产,承担负债,有权与其他单位签订合同;(3)独立核算盈亏，并能够编制包括资产负债表在内的全部会计帐户。

**限额以上住宿企业** 年主营业务收入200万元及以上为限额以上住宿企业。

**限额以上餐饮企业** 指年主营业务收入200万元及以上为限额以上餐饮企业。

**住宿和餐饮业零售额** 指专门从事提供食宿服务、进行食品烹饪调制的住宿和餐饮业企业、产业活动单位和个体户,直接向居民和社会集团出售主食、菜肴、烟酒饮料和其他商品取得的餐费收入和商品销售额，包括各行业企业或单位附设的对外营业的旅馆、火车餐车、轮船餐厅、机场餐厅的零售额,不包括机关、团体、学校、企事业单位不对外营业的职工食堂所出售的餐费收入。

**住宿和餐饮业企业经营形式** 指住宿和餐饮业企业经营的基本形式包括:独立门店、连锁总店(总部)、连锁门店及其他方式。

**住宿业企业星级评定情况** 星级等级指符合《中华人民共和国星级酒店评定标准》(GB/T14308-2003),并经过有关旅游管理权威部门评定(验收)后授予“星级”称号的宾馆、饭店等住宿设施的等级划分,分为一星级到五星级5个标准。星级越高,表示企业的档次越高。

**营业额** 指住宿和餐饮业单位在经营活动中因提供服务或销售商品等取得的全部收入,包括:客房收入、餐费收入、商品销售额(含增值税)和其他收入。

**客房收入** 指住宿和餐饮业单位在经营活动中因提供住宿服务取得的收入。

**餐费收入** 指住宿和餐饮业单位因为顾客提供就餐服务取得的收入。

**商品销售额** 指住宿和餐饮业单位出售商品的销售总额(含增值税)。

**其他收入** 指营业额中除客房收入、餐费收入、商品销售额(含增值税)以外的其他收入。

**国际旅游(外汇)收入** 指入境旅游者在中国(大陆)境内旅行、游览过程中用于交通、参观游览、住宿餐饮、购物、娱乐等全部花费。

**海外旅游者** 指报告期内来中国(大陆)观光、度假、探亲访友、就医疗养、购物、参加会议或从事经济、文化、体育、宗教活动的外国人、港澳台同胞等游客。

# 12 财政、金融和保险业

# 12-1 主要年份财政收支总额

单位:万元

| 年份 | 财政总收入 | 一般预算收入 | 一般预算支出 | 一般预算收支指数(上年=100) | |
|---|---|---|---|---|---|
| | | | | 收入 | 支出 |
| 1988 | 14091 | 14091 | 13364 | 123.6 | 116.9 |
| 1989 | 15070 | 15070 | 18161 | 106.9 | 135.9 |
| 1990 | 18223 | 18223 | 22635 | 120.9 | 124.6 |
| 1995 | 32421 | 32421 | 47821 | 121.7 | 118.5 |
| 2000 | 64626 | 40619 | 63713 | 105.8 | 110.4 |
| 2005 | 350533 | 113127 | 203434 | 169.6 | 128.0 |
| 2006 | 514210 | 170111 | 374223 | 150.4 | 184.0 |
| 2007 | 800166 | 302023 | 441174 | 177.5 | 117.9 |
| 2008 | 1020009 | 377989 | 605317 | 125.2 | 137.2 |
| 2009 | 1100008 | 462213 | 721488 | 122.3 | 119.2 |
| 2010 | 1325029 | 557535 | 901318 | 120.6 | 124.9 |
| 2011 | 1750000 | 709189 | 1154207 | 127.2 | 128.1 |
| 2012 | 2100000 | 842500 | 1387506 | 118.8 | 120.2 |
| 2013 | 2160575 | 953000 | 1544659 | 113.1 | 111.3 |
| 2014 | 1690768 | 865898 | 1430634 | 90.9 | 92.6 |
| 2015 | 1131233 | 543000 | 1382931 | 62.7 | 96.7 |
| 2016 | 1028964 | 491229 | 1276607 | 90.5 | 92.3 |

注:1994年以前一般预算收支为财政收支。

# 12-2 财政一般预算收入

单位:万元

| 指　　标 | 2015 | 2016 |
|---|---|---|
| **收入总计** | 543000 | 491229 |
| **一、税收收入** | 362863 | 377672 |
| 增值税 | 99140 | 158091 |
| 国内增值税 | 73073 | 128348 |
| # 国有企业增值税 | 8157 | 13514 |
| 集体企业增值税 | 2288 | 4763 |
| 股份制企业增值税 | 55481 | 85651 |
| 联营企业增值税 | | 3 |
| 港澳台和外商投资企业增值税 | 2168 | 4692 |
| 私营企业增值税 | 1979 | 6096 |
| 营业税 | 68893 | 36094 |
| 金融保险业营业税(地方) | 5508 | 3475 |
| 一般营业税 | 63368 | 33411 |
| 营业税税款滞纳金、罚款收入 | 17 | 57 |
| 企业所得税 | 29144 | 19076 |
| 个人所得税(款) | 10061 | 10093 |
| 资源税 | 47874 | 47815 |
| 固定资产投资方向调节税 | | |
| 城市维护建设税 | 33352 | 35962 |
| 房产税 | 17313 | 15800 |
| 印花税 | 6206 | 6168 |
| 城镇土地使用税 | 19498 | 23255 |
| 土地增值税 | 2519 | 3082 |
| 车船税(款) | 7571 | 7992 |
| 耕地占用税(款) | 12456 | 6784 |
| 契税(款) | 8836 | 7460 |
| 烟叶税(款) | | |
| 二、非税收入 | 180137 | 113557 |
| 专项收入 | 112439 | 39757 |
| 行政事业性收费收入 | 35257 | 16370 |
| 罚没收入 | 19740 | 22604 |
| 国有资本经营收入 | 373 | |
| 国有资源(资产)有偿使用收入 | 8774 | 28145 |
| 其他收入 | 3554 | 6681 |
| # 捐赠收入 | | 729 |

# 12-3　财政一般预算支出

单位:万元

| 指　　标 | 2015 | 2016 |
|---|---|---|
| **支出总计** | 1382931 | 1276607 |
| 一、一般公共服务 | 122066 | 120638 |
| 二、国　防 | 3709 | 3591 |
| 三、公共安全 | 78246 | 76838 |
| 四、教　育 | 260394 | 240244 |
| #普通教育 | 207804 | 195942 |
| 职业教育 | 15625 | 16173 |
| 五、科学技术 | 9247 | 4645 |
| 六、文化体育与传媒 | 23446 | 24065 |
| #文　化 | 8460 | 7668 |
| 体　育 | 1057 | 858 |
| **七、社会保障和就业** | 144630 | 176407 |
| #财政对社会保险基金的补助 | 38774 | 70223 |
| 行政事业单位离退休补助 | 7862 | 5733 |
| 企业改革补助 | 11555 | 1534 |
| 就业补助 | 8746 | 11757 |
| 抚　恤 | 9123 | 9548 |
| 城市居民最低生活保障 | 25538 | 26635 |
| 农村最低生活保障 | 13480 | 10216 |
| 八、医疗卫生与计划生育 | 128888 | 127070 |
| #医疗卫生与计划生育管理事务 | 3614 | 4607 |
| 公立医院 | 24805 | 21831 |
| 公共卫生 | 18692 | 15161 |
| 九、节能环保 | 51541 | 38004 |
| #污染防治 | 11811 | 13884 |
| 天然林保护 | 936 | 505 |
| 退耕还林 | 14895 | 9111 |
| 风沙荒漠治理 | 7660 | 9102 |
| 十、城乡社区 | 89227 | 108656 |
| #城乡社区公共设施 | 51436 | 71374 |
| 十一、农林水 | 234020 | 179674 |
| 十二、交通运输 | 47889 | 31950 |
| 十三、资源勘探信息等 | 22711 | 22181 |
| 十四、商业服务业等 | 3722 | 6546 |
| 十五、金融支出 | 4300 | 24923 |
| 十六、国土海洋气象等 | 70005 | 14307 |
| 十七、住房保障支出 | 54522 | 42577 |
| 十八、粮油物资储备支出 | 13478 | 7598 |
| 十九、债务付息支出 | 8673 | 19994 |
| 二十、其他支出(类) | 10934 | 6699 |

# 12-4 金融机构人民币信贷收支

单位:万元

| 指　　标 | 2015 | 2016 |
| --- | --- | --- |
| **各项存款余额** | 11897145 | 12904618 |
| **1.住户存款** | 8301894 | 9124257 |
| (1)活期存款 | 2297076 | 2483002 |
| (2)定期及其他存款 | 6004818 | 6641255 |
| **2.非金融企业存款** | 1851864 | 2065393 |
| (1)活期存款 | 1430072 | 1678475 |
| (2)定期及其他存款 | 421792 | 386918 |
| **3.广义政府存款** | 1730862 | 1704282 |
| (1)财政性存款 | 322512 | 219747 |
| (2)机关团体存款 | 1408350 | 1484535 |
| **4.非银行业金融机构存款** | 11779 | 10183 |
| **各项贷款余额** | 5586016 | 5773309 |
| **1.住户贷款** | 1372126 | 1510518 |
| (1)短期贷款 | 795193 | 810321 |
| 消费贷款 | 61294 | 73703 |
| 经营贷款 | 733899 | 736618 |
| (2)中长期贷款 | 576933 | 700198 |
| 消费贷款 | 176322 | 212209 |
| 经营贷款 | 400611 | 487989 |
| **2.非金融企业及机关团体贷款** | 4213890 | 4262791 |
| (1)短期贷款 | 1295219 | 1227928 |
| (2)中长期贷款 | 2203284 | 2286617 |
| (3)票据融资 | 715387 | 746259 |
| (4)融资租赁 | | |
| (5)各项垫款 | | 1987 |

# 12-5　金融机构本外币信贷收支

单位：万元

| 指　　标 | 2015 | 2016 |
|---|---|---|
| **各项存款余额** | 11916957 | 12959463 |
| **1.住户存款** | 8315658 | 9143321 |
| （1）活期存款 | 2305862 | 2494710 |
| （2）定期及其他存款 | 6009796 | 6648610 |
| **2.非金融企业存款** | 1857896 | 2071125 |
| （1）活期存款 | 1436104 | 1684207 |
| （2）定期及其他存款 | 421792 | 386918 |
| **3.广义政府存款** | 1730862 | 1704282 |
| （1）财政性存款 | 322512 | 219747 |
| （2）机关团体存款 | 1408350 | 1484535 |
| **4.非银行业金融机构存款** | 11792 | 40229 |
| | | |
| **各项贷款余额** | 5586064 | 5773341 |
| **1.住户贷款** | 1372174 | 1510550 |
| （1）短期贷款 | 795241 | 810352 |
| 　消费贷款 | 61342 | 73734 |
| 　经营贷款 | 733899 | 736618 |
| （2）中长期贷款 | 576933 | 700198 |
| 　消费贷款 | 176322 | 212209 |
| 　经营贷款 | 400611 | 487989 |
| **2.非金融企业及机关团体贷款** | 4213890 | 4262791 |
| （1）短期贷款 | 1295219 | 1227928 |
| （2）中长期贷款 | 2203284 | 2286617 |
| （3）票据融资 | 715387 | 746259 |
| （4）融资租赁 | | |
| （5）各项垫款 | | 1987 |
| **3.非银行业金融机构贷款** | | |

# 12-6 主要年份金融机构人民币各项存款和贷款余额

单位:万元

| 年 份 | 各项存款合计 | 企业存款 | 城乡居民储蓄存款 | 各项贷款合计 | 短期贷款 | 中长期贷款 | 基本建设贷款 |
|---|---|---|---|---|---|---|---|
| 1989 | 53420 | 31329 | 21709 | 101371 | | | 43900 |
| 1990 | 69677 | 38983 | 30793 | 182683 | | | 80951 |
| 1991 | 115607 | 44591 | 43268 | 267332 | | | 131240 |
| 1992 | 130743 | 59325 | 56927 | 302816 | | | 183424 |
| 1993 | 221106 | 80166 | 116604 | 440442 | | | 241758 |
| 1994 | 324233 | 108261 | 164607 | 517364 | 248537 | 261634 | 239058 |
| 1995 | 459127 | 136447 | 287975 | 596024 | 290083 | 269231 | 237891 |
| 1996 | 528789 | 168539 | 362448 | 656816 | 374952 | 267260 | 225344 |
| 1997 | 565913 | 146525 | 423451 | 709759 | 438455 | 262636 | 211476 |
| 1998 | 705942 | 151264 | 491746 | 919293 | 531426 | 331310 | 299949 |
| 1999 | 738352 | 180584 | 554917 | 917717 | 545087 | 327615 | 290555 |
| 2000 | 846237 | 178034 | 649666 | 887858 | 513807 | 316938 | 281105 |
| 2001 | 960178 | 210591 | 724334 | 904991 | 527489 | 325883 | 271542 |
| 2002 | 1116882 | 258360 | 807803 | 985036 | 602089 | 338973 | 274256 |
| 2003 | 1359504 | 343373 | 954864 | 1079268 | 700056 | 316361 | 236536 |
| 2004 | 1727842 | 434317 | 1183621 | 1001612 | 611929 | 332643 | 236794 |
| 2005 | 2343916 | 567152 | 1567342 | 892322 | 569895 | 275934 | 175851 |
| 2006 | 3059956 | 731938 | 1982058 | 1131051 | 814501 | 216030 | 120774 |
| 2007 | 3771282 | 849629 | 2411723 | 1152819 | 912740 | 212837 | 98918 |
| 2008 | 5247196 | 1096940 | 3434901 | 1437093 | 1043426 | 258310 | 128917 |
| 2009 | 6398662 | 1462890 | 3988243 | 1789634 | 1119319 | 463087 | 237867 |
| 2010 | 7641190 | 2006392 | 4447782 | 1976763 | 1128724 | 781811 | |
| 2011 | 9117672 | 3558922 | 5195005 | 2625434 | 1259871 | 1242815 | |
| 2012 | 10508772 | | 5933132 | 3750367 | 1729888 | 1677275 | |
| 2013 | 10928415 | | 6610815 | 4674629 | 2147229 | 2104001 | |
| 2014 | 11200456 | | 7353483 | 5129284 | 2047616 | 2448875 | |
| 2015 | 11897145 | 1851864 | 8301894 | 5586016 | 1295219 | 2203284 | |
| 2016 | 12904618 | | 9124257 | 5773309 | 810321 | 700198 | |

注:2010年因人行统计制度调整,取消基本建设贷款。

# 12-7 主要年份城乡居民人民币储蓄存款

单位:万元

| 年份 | 年底余额 | | | 年增加额 | | |
|---|---|---|---|---|---|---|
| | 总计 | 活期 | 定期 | 总计 | 活期 | 定期 |
| 1989 | 21709 | 2671 | 19038 | | | |
| 1990 | 30793 | 3716 | 27077 | | | |
| 1991 | 43268 | | | | | |
| 1992 | 56927 | 8732 | 47195 | | | |
| 1993 | 116604 | 15435 | 101169 | | | |
| 1994 | 164607 | | | | | |
| 1995 | 287975 | | | | | |
| 1996 | 362448 | | | | | |
| 1997 | 423451 | | | 61003 | | |
| 1998 | 491746 | 55868 | 435878 | 68293 | 5166 | 63127 |
| 1999 | 554917 | 73725 | 481192 | 62938 | 17807 | 45131 |
| 2000 | 649666 | 93418 | 556248 | 50290 | 15561 | 34728 |
| 2001 | 724334 | 119892 | 604442 | 74669 | 26475 | 48194 |
| 2002 | 807803 | 157303 | 650500 | 83461 | 37404 | 46057 |
| 2003 | 954864 | 212944 | 741920 | 147069 | 55649 | 91420 |
| 2004 | 1183621 | 310144 | 873477 | 228755 | 9669 | 132056 |
| 2005 | 1567342 | 452753 | 1114589 | 383721 | 142608 | 241113 |
| 2006 | 1982058 | 657091 | 1324967 | 414716 | 204339 | 210378 |
| 2007 | 2411723 | 844504 | 1567219 | 429665 | 187412 | 242253 |
| 2008 | 3434901 | 1180398 | 2254503 | 1023179 | 335895 | 687285 |
| 2009 | 3988243 | 1536478 | 2451765 | 553342 | 356080 | 197262 |
| 2010 | 4447782 | 1740302 | 2707480 | 459539 | 203824 | 255715 |
| 2011 | 5195005 | 2078396 | 3116609 | 747223 | 338094 | 409129 |
| 2012 | 5933132 | 2338082 | 3595050 | 738127 | 278120 | 460007 |
| 2013 | 6610815 | 2400193 | 4191552 | 677684 | 61811 | 615873 |
| 2014 | 7292307 | 2247989 | 5044318 | 8331347 | -157252 | 848599 |
| 2015 | 8301894 | 2297076 | 6004818 | 878835 | 53303 | 825531 |
| 2016 | 9124257 | 2483002 | 6641255 | 822363 | 185926 | 636437 |

注:根据朔州市人民银行统计口径调整,从2012年开始定期存款项中包含个人"定活两便"及其他存款。

# 12-8 保险业务基本情况

单位:万元

| 指　　标 | 2015 | 2016 |
|---|---|---|
| 全市合计 | | |
| 保费收入 | 172892.88 | 185679.20 |
| 赔付支出 | 74888.82 | 57301.93 |
| 资产总额 | 262341.49 | 286590.30 |
| 机构数 | 76 | 83 |
| 职工人数 | 1136 | 1192 |
| 业务员 | 5564 | 8597 |
| 中国人民财产保险股份有限公司朔州市分公司 | | |
| 保费收入 | 27596.07 | 29124.58 |
| 赔付支出 | 16379.29 | 17699.1 |
| 资产总额 | 4780.87 | 4747.99 |
| 机构数(个) | 14 | 14 |
| 职工人数(人) | 257 | 237 |
| 业务员(人) | 577 | 709 |
| 中国平安财产保险股份有限公司朔州中心支公司 | | |
| 保费收入 | 6224.60 | 7414.00 |
| 赔付支出 | 2956.57 | 3008.17 |
| 资产总额 | | 7086.88 |
| 机构数(个) | 4 | 3 |
| 职工人数(人) | 47 | 65 |
| 业务员(人) | 95 | 28 |
| 中国太平洋财产保险股份有限公司朔州中心支公司 | | |
| 保费收入 | 3994.8 | 3898.13 |
| 赔付支出 | 1903.64 | 2216.50 |
| 资产总额 | 398.9 | 330.96 |
| 机构数(个) | 3 | 3 |
| 职工人数(人) | 26 | 32 |
| 业务员(人) | 176 | 192 |
| 阳光财产保险股份有限公司朔州中心支公司 | | |
| 保费收入 | 2704.24 | 3451.55 |
| 赔付支出 | 945.28 | 1309.57 |
| 资产总额 | 74.95 | 77.61 |
| 机构数(个) | 3 | 4 |
| 职工人数(人) | 17 | 53 |
| 业务员(人) | 35 | 33 |
| 中国人寿保险股份有限公司朔州市分公司 | | |
| 保费收入 | 38569.27 | 45476.75 |
| 赔付支出 | 25771.83 | 27860.21 |
| 资产总额 | 164414.86 | 168237.75 |
| 机构数(个) | 10 | 9 |
| 职工人数(人) | 169 | 180 |
| 业务员(人) | 1757 | 2647 |

## 12-8 续表1

单位:万元

| 指 标 | 2015 | 2016 |
| --- | --- | --- |
| **中国平安人寿保险股份有限公司朔州中心支公司** | | |
| 保费收入 | 1953.32 | 3289.40 |
| 赔付支出 | 68.01 | 225.81 |
| 资产总额 | 6667.672 | 9260.39 |
| 机构数(个) | 2 | 3 |
| 职工人数(人) | 19 | 22 |
| 业务员(人) | 330 | 405 |
| **中国人寿财产保险股份有限公司朔州中心支公司** | | |
| 保费收入 | 13783.19 | 12022.64 |
| 赔付支出 | 10669.11 | 9115.96 |
| 资产总额 | 19867.2 | 18661.74 |
| 机构数(个) | 8 | 11 |
| 职工人数(人) | 267 | 240 |
| 业务员(人) | 411 | 454 |
| **中国人民人寿保险股份有限公司朔州中心支公司** | | |
| 保费收入 | 18799.89 | 23637.97 |
| 赔付支出 | 7701.62 | 12818.35 |
| 资产总额 | 53455.01 | 51776.66 |
| 机构数(个) | 6 | 6 |
| 职工人数(人) | 42 | 48 |
| 业务员(人) | 287 | 364 |
| **中国大地财产保险股份有限公司朔州中心支公司** | | |
| 保费收入 | 4341.48 | 4410.79 |
| 赔付支出 | 2134.27 | 2265.51 |
| 资产总额 | 216.42 | 174.86 |
| 机构数(个) | 5 | 5 |
| 职工人数(人) | 78 | 72 |
| 业务员(人) | 77 | 324 |
| **中国太平洋人寿保险股份有限公司朔州中心支公司** | | |
| 保费收入 | 15516.06 | 21676.60 |
| 赔付支出 | 1677.9 | 1392.10 |
| 资产总额 | 3416.27 | 4992.10 |
| 机构数(个) | 5 | 5 |
| 职工人数(人) | 53 | 62 |
| 业务员(人) | 962 | 1523 |

# 12-8 续表 2

单位:万元

| 指　　标 | 2015 | 2016 |
|---|---|---|
| 泰康人寿保险股份有限公司朔州中心支公司 | | |
| 保费收入 | 22599.58 | 6123.99 |
| 赔付支出 | 2149.09 | 1317.50 |
| 资产总额 | 558.57 | 808.53 |
| 机构数(个) | 3 | 3 |
| 职工人数(人) | 23 | 23 |
| 业务员(人) | 494 | 830 |
| 太平人寿保险有限公司朔州中心支公司 | | |
| 保费收入 | 8213.18 | 10183.23 |
| 赔付支出 | 296.64 | 574.29 |
| 资产总额 | 1404.23 | 1416.22 |
| 机构数(个) | 1 | 1 |
| 职工人数(人) | 21 | 25 |
| 业务员(人) | 215 | 548 |
| 英大泰和财产保险股份有限公司朔州中心支公司 | | |
| 保费收入 | 583.02 | 765.47 |
| 赔付支出 | 179.94 | 330.36 |
| 资产总额 | 73.88 | 60.15 |
| 机构数(个) | 1 | 1 |
| 职工人数(人) | 20 | 19 |
| 业务员(人) | 5 | |
| 中煤财产保险股份有限公司朔州中心支公司 | | |
| 保费收入 | 4077.05 | 4011.63 |
| 赔付支出 | 967.92 | 2185.49 |
| 资产总额 | 4128.29 | 4097.57 |
| 机构数(个) | 5 | 5 |
| 职工人数(人) | 58 | 49 |
| 业务员(人) | 31 | 364 |

# 12-8 续表 3

单位:万元

| 指　　标 | 2015 | 2016 |
|---|---|---|
| 永安财产保险股份有限公司朔州中心支公司 | | |
| 保费收入 | 1028.05 | 1818.87 |
| 赔付支出 | 355.25 | 409.59 |
| 资产总额 | 47.78 | 41.36 |
| 机构数(个) | 1 | 3 |
| 职工人数(人) | 4 | 5 |
| 业务员(人) | 11 | 11 |
| 紫金财产保险股份有限公司朔城区支公司 | | |
| 保费收入 | 879.65 | 1153.68 |
| 赔付支出 | 448.13 | 366.78 |
| 资产总额 | 117.62 | 663.55 |
| 机构数(个) | 1 | 1 |
| 职工人数(人) | 4 | 4 |
| 业务员(人) | 10 | 8 |
| 紫金财产保险股份有限公司朔城区支公司 | | |
| 保费收入 | 1081.83 | 1755.11 |
| 赔付支出 | 117.25 | 473.94 |
| 资产总额 | 59.94 | 93.00 |
| 机构数(个) | 1 | 1 |
| 职工人数(人) | 7 | 7 |
| 业务员(人) | 12 | 5 |
| 天安财产保险股份有限公司朔州中心支公司 | | |
| 保费收入 | 747.49 | 600.44 |
| 赔付支出 | 158.29 | 221.66 |
| 资产总额 | 2659.82 | 29017.60 |
| 机构数(个) | 1 | 1 |
| 职工人数(人) | 7 | 11 |
| 业务员(人) | 13 | 5 |

# 12-8 续表 4

单位:万元

| 指　　标 | 2015 | 2016 |
| --- | --- | --- |
| 永诚财产保险有限公司朔州中心支公司 | | |
| 保费收入 | 125.33 | 1197.15 |
| 赔付支出 | 8.52 | 123.97 |
| 资产总额 | 2.13 | 18.29 |
| 机构数(个) | 1 | 1 |
| 职工人数(人) | 5 | 6 |
| 业务员(人) | 2 | 4 |
| 中华联合财产保险股份有限公司朔州市平朔矿区支公司 | | |
| 保费收入 | 74.78 | 1418.14 |
| 赔付支出 | 0.27 | 195.42 |
| 资产总额 | -2.91 | 584.87 |
| 机构数(个) | 1 | 1 |
| 职工人数(人) | 12 | 14 |
| 业务员(人) | 64 | 131 |
| 农银人寿保险股份有限公司朔州中心支公司 | | |
| 保费收入 | | 2244.60 |
| 赔付支出 | | 6.71 |
| 资产总额 | | 3090.76 |
| 机构数(个) | | 1 |
| 职工人数(人) | | 9 |
| 业务员(人) | | 9 |
| 安诚财产保险股份有限公司朔州中心支公司 | | |
| 保费收入 | | 4.48 |
| 赔付支出 | | |
| 资产总额 | | 13.20 |
| 机构数(个) | | 1 |
| 职工人数(人) | | 9 |
| 业务员(人) | | 3 |

# 主要统计指标解释

**公共财政收入** 指按照现行财政体制规定列入地方预算，直接缴入地方金库的财政收入。具体由两部分组成：一、税收收入，包括增值税、企业所得税、个人所得税的地方分享部分，营业税、资源税、城市维护建设税、房产税、印花税、城镇土地使用税、土地增值税、车船税、契税、耕地占用税等；二、非税收入，包括专项收入、行政事业性收费收入、罚没收入、国有资本经营收入、国有资源(资产)有偿使用收入、其他收入等。

**税收收入** 反映政府税收收入。具体包括：增值税、消费税、营业税、企业所得税、个人所得税、固定资产投资方向调节税、城市维护建设税、房产税、印花税、城镇土地使用税、土地增值税、车船税、船舶吨税、车辆购置税、关税、耕地占用税、契税、烟叶税以及其他税收收入等。

**非税收入** 反映政府非税收入。具体包括：政府性基金收入、专项收入、彩票资金收入、行政事业性收费收入、罚没收入、国有资本经营收入、国有资源(资产)有偿使用收入及其他收入等。

**公共财政支出** 是指列入地方预算的财政支出，包括：一般公共服务支出、国防支出、公共安全支出、教育支出、科学技术支出、文化体育与传媒支出、社会保障和就业支出、医疗卫生与计划生育支出、节能环保支出、城乡社区支出、农林水支出、交通运输支出、资源勘探信息等支出、商业服务业等支出、金融支出、国土海洋气象等支出、住房保障支出、粮油物资储备支出、国债还本付息支出及其他支出等。其资金来源包括用地方当年财力安排的支出、上年结余、调入资金和中央一般性及专项转移支付补助收入安排的支出。

**一般公共服务** 反映政府提供一般公共服务的支出。具体包括人大、政协、政府办公厅(室)及相关机构、发展与改革、统计信息、财政、税收、审计、海关、人事、纪检监察、人口与计划生育、商贸、知识产权、工商行政管理、质量技术监督与检验检疫、民族、宗教、港澳台侨、档案、民主党派及工商联、群众团体事务、党委办公厅(室)其相关机构事务、组织事务、宣传事务、统战事务、对外联盟、其它共产党事务支出、其它一般公共服务支出。

**公共安全** 反映政府维护社会公共安全方面的支出。有关事务包括武装警察、公安、国家安全、检察、法院、司法行政、监狱、劳教、国家保密、缉私警察等。

**教育** 反映政府教育事务支出。有关具体事务包括教育行政管理、学前教育、小学教育、初中教育、普通高中教育、普通高等教育、初等职业教育、中专教育、技校教育、职业高中教育、高等职业教育、广播电视教育、留学生教育、特殊教育、干部继续教育、教育机关服务等。

**科学技术** 反映用于科学技术方面的支出。包括科学技术管理事务、基础研究、应用研究、技术研究与开发、科技条件与服务、社会科学、科学技术普及、科技交流与合作。

**文化体育与传媒** 反映政府在文化、文物、体育、广播影视、新闻出版等方面的支出。

**社会保障和就业** 反映政府在社会保障与就业方面的支出。有关事项包括社会保障和就业管理事务、民政管理事务、财政对社会保障基金的补助、补充全国社会保障基金、行政事业单位离退休、企业改革补助、就业补助、抚恤、退役安置、社会福利、残疾人事业、城市居民最低生活保障、其他城镇社会救济、农村社会救济、自然灾害生活救助、红十字事务等。

**医疗卫生** 反映政府医疗卫生方面的支出。具体包括医疗卫生管理事务支出、医疗服务支出、医疗保障支出、疾病预防控制支出、卫生监督支出、妇幼保健支出、农村卫生支出等。

**节能环保** 反映政府环境保护支出。具体包括：

环境保护管理事务支出、环境监测与监察支出、污染治理支出、自然生态保护支出、天然林保护工程支出、退耕还林支出、风沙荒漠治理支出、退牧还草支出、已垦草原退耕还草支出、能源节约利用、污染减排、可再生能源和资源综合利用等支出。

**城乡社区事务** 反映政府城乡社区事务支出。具体包括:城乡社会管理事务支出、城乡社会规划与管理支出、城乡社区公共设施支出、城乡社区住宅支出、城乡社区环境卫生支出、建设市场管理与监督支出等。

**农林水事务** 反映政府农林水事务支出。具体包括:农业支出、林业支出、水利支出、农业综合开发支出等。

**交通运输** 反映政府交通运输方面的支出。包括公路运输支出、水路运输支出、铁路运输支出、民用航空运输支出等。

**工业商业金融等事务** 反映政府工业、商业、金融等事务支出。具体包括:采掘业支出、制造业支出、电力支出、信息产业支出、旅游业支出、涉外发展支出、粮油事务支出、商业流通事务支出、物资储备支出、金融保险支出、烟草事务支出、安全生产支出、国有资产监督支出、中小企业发展支出、清洁生产支出等。

**资源勘探电力信息等事务** 反映政府对资源勘探电力信息等事务的支出。具体包括:资源勘探业支出、制造业支出、建

筑业支出、电力监管支出、工业和信息产业监管支出、安全生产监管支出、国有资产监管支出、支持中小企业发展和管理支出等。

**粮油物资储备事务** 反映用于对粮油物资储备事务方面的支出。

**金融监管等事务支出** 反映金融保险业监管等事务方面的支出。

**国土资源气象等事务** 反映政府用于国土资源、海洋、测绘、地震、气象等公益服务事务方面的支出。

**商业服务业等事务** 反映对商业服务业等事务的支出。具体包括商业流通事务支出、旅游业管理与服务支出、涉外发展服务支出等。

**住房保障支出** 集中反映政府用于住房方面的支出。

**其他支出** 反映不能划分到上述功能科目的其他政府支出。包括预备费、年初预留、住房改革支出以及其他支出。

**当年可用财力** 是指按照现行财政体制规定，在预算年度内可统筹安排使用的预算内资金，其来源包括当年公共财政收入、税收返还收入、下级上解收入、转移支付补助,并从中扣减上解上级及补助下级的资金。当年可用财力不包括上年结余资金及中央专款补助。根据《预算法》的规定,当年支出预算应当小于或等于当年可用财力。

**存款** 企业、机关、团体或居民根据可以收回的原则，把货币资金存入银行或其他信用机构保管并取得一定利息的一种信用活动形式。根据存款对象的不同可划分:企业存款、财政存款、机关团体存款、城镇居民储蓄存款、农村存款等项目。

**贷款** 银行或其他信用机构根据必须归还的原则,按一定利率,为企业、个人等提供资金的一种信用活动形式。我国银行贷款,分流动资金贷款、农业贷款、固定资产贷款等科目。

**城乡居民储蓄年末余额** 包括城镇居民储蓄和农民个人储蓄两部分的年末余额。不包括工矿企业、部队、机关团体等集体存款。

**保费收入** 指投保人依据保险合同的约定向保险人缴付的保险费。

**赔付支出** 指保险人根据保险合同的约定,向被保险人或受益人支付的赔款、死伤医疗给付、满期给付和年金给付。

# 13

# 教育、科技

# 13-1 中等专业(技工)学校基本情况

| 指　　标 | 2015 | 2016 |
| --- | --- | --- |
| 一、学校数(所) | 4 | 4 |
| 二、毕业生数(人) | 801 | 506 |
| 三、招生数(人) | 385 | 314 |
| 四、在校生数(人) | 1154 | 966 |
| 五、教职工数(人) | 178 | 182 |
| 六、专任教师(人) | 117 | 118 |
| 其中: 副高级职称 | 29 | 30 |
| 中级职称 | 74 | 76 |
| 初级级职称 | 12 | 11 |
| 无职称 | 2 | 1 |

## 13-2 普通中学基本情况

| 指　　标 | 2015 | 2016 |
|---|---|---|
| 一、学校数(所) | 94 | 89 |
| #初级中学 | 57 | 47 |
| 高级中学 | 15 | 17 |
| 完全中学 | 8 | 8 |
| 九年一贯制学校 | 14 | 17 |
| 二、毕业生数(人) | 48768 | 48363 |
| #高中 | 20601 | 20758 |
| 初中 | 28158 | 27605 |
| 三、招生数(人) | 39025 | 41111 |
| #高中 | 16801 | 16528 |
| 初中 | 22224 | 24583 |
| 四、在校生数(人) | 131822 | 126054 |
| #高中 | 55549 | 51375 |
| 初中 | 76273 | 74679 |
| 五、教职工数(人) | 14500 | 14518 |
| 六、专任教师(人) | 10550 | 10339 |
| #高中 | 4493 | 4408 |
| 初中 | 6057 | 5931 |
| (一)初中专任教师学历情况 | | |
| 1.专科毕业及以上(人) | 6057 | 5931 |
| 占专任教师的比重(%) | 100 | 100 |
| 2.高中阶段毕业及以下(人) | | |
| 占专任教师的比重(%) | | |
| (二)高中专任教师学历情况 | | |
| 1.本科毕业及以上(人) | 4434 | 4367 |
| 占专任教师的比重(%) | 96.68 | 99.07 |
| 2.专科毕业及以下(人) | 59 | 41 |
| 占专任教师的比重(%) | 3.32 | 0.93 |
| (三)初中专任教师职称情况(人) | | |
| 中教高级 | 275 | 291 |
| 中教一级 | 1408 | 1421 |
| 中教二级 | 2396 | 2356 |
| 中教三级 | 479 | 348 |
| (四)高中专任教师职称情况(人) | | |
| 中教高级 | 559 | 613 |
| 中教一级 | 1028 | 993 |
| 中教二级 | 1585 | 1586 |
| 中教三级 | 174 | 196 |

## 13-3 职业高中学校基本情况

| 指　标 | 2015 | 2016 |
|---|---|---|
| 一、学校数(所) | 19 | 20 |
| 二、毕业生数(人) | 4623 | 4497 |
| 三、招生数(人) | 6373 | 7479 |
| 四、在校生数(人) | 17777 | 19861 |
| 五、教职工数(人) | 1645 | 1425 |
| 六、专任教师(人) | 1344 | 1214 |
| #副高级职称 | 112 | 75 |
| 中级职称 | 380 | 270 |
| 初级级职称 | 539 | 461 |
| 无职称 | 309 | 404 |

# 13-4 小学基本情况

| 指　　标 | 2015 | 2016 |
| --- | --- | --- |
| 一、学校数(所) | 243 | 182 |
| 二、毕业生数(人) | 22003 | 21565 |
| 三、招生数(人) | 21186 | 20754 |
| 四、在校生数(人) | 128321 | 128849 |
| 班数(个) | 3401 | 3470 |
| #复式班 | | |
| 五、教职工数(人) | 10940 | 10637 |
| 六、专任教师(人) | 9036 | 9024 |
| (一)小学专任教师学历情况 | | |
| 1.高中阶段毕业及以上(人) | 9036 | 9024 |
| 占专任教师的比重(%) | 100 | 100 |
| 2.高中阶段毕业及以下(人) | | |
| 占专任教师的比重(%) | | |
| (二)小学专任教师职称情况(人) | 9036 | 9024 |
| 中教高级 | 35 | 37 |
| 小教高级 | 2414 | 2376 |
| 小教一级 | 3790 | 3858 |
| 小教二级 | 629 | 603 |
| 小教三级 | 169 | 117 |
| 无职称 | 1999 | 2033 |

# 13-5 特殊教育学校基本情况

| 指　　标 | 2015 | 2016 |
| --- | --- | --- |
| 一、学校数(所) | 3 | 3 |
| 二、毕业生数(人) | 46 | 17 |
| 三、招生数(人) | 69 | 25 |
| 四、在校生数(人) | 309 | 236 |
| 班数(个) | 22 | 33 |
| 五、教职工数(人) | 46 | 72 |
| 六、专任教师(人) | 36 | 62 |

# 13-6 幼儿园基本情况

| 指　　标 | 2015 | 2016 |
|---|---|---|
| 一、园数(所) | 277 | 288 |
| 二、班数(个) | 1604 | 1683 |
| #学前班(个) | | |
| 三、在园幼儿数(人) | 40361 | 39649 |
| #学前班(人) | | |
| 四、教职工数(人) | 3663 | 3965 |
| 五、专任教师(人) | 2486 | 2663 |

## 13-7 科技活动基本情况

| 指　　标 | 2015 | 2016 |
| --- | --- | --- |
| 一、组织各类科技计划项目(个) | 10 | 18 |
| #国家级 | 0 | 1 |
| 省级 | 10 | 17 |
| 市级 | 0 | |
| 二、规模以上工业企业 R&D 活动情况 | | |
| 1.R&D 人员合计 | 431 | 488 |
| #管理和服务人员 | 66 | 84 |
| #全时人员 | 241 | 258 |
| 2.R&D 人员折合全时当量合计(人年) | 278 | 393 |
| 3.R&D 经费内部支出合计(万元) | 12569 | 19149.9 |
| 4.R&D 经费外部支出合计(万元) | 4793.7 | 1268.8 |
| 5.R&D 项目数(个) | 55 | 65 |
| 6.项目人员折合全时当量(人年) | 224 | 312 |
| 7.全部 R&D 项目经费内部支出(万元) | 11965.8 | 16495 |
| 三、规模以上工业企业专利申请情况 | | |
| 1.专利申请数(件) | 32 | 59 |
| #发明专利 | 8 | 32 |
| 2.有效发明专利(件) | 34 | 46 |

# 主要统计指标解释

**普通高等学校** 指按照国家规定的审批程序批准举办，通过全国统一招生考试招收高级中等学校毕业生和具有同等学历者，实施高等教育，培养高等专门人材的学校。包括大学、专门学院、专科学院和短期职业大学。

**成人高等学校** 指按照国家规定的审批程序批准举办，招收在职高中毕业或同等学历者，利用多种形式对成人实施高等教育，培训相当普通高等学校专科或本科毕业水平的专门人才的学校。包括广播电视大学、职工高等学校、农民高等学校、干部管理学院、教育学院、独立函授学院以及普通高等学校举办的函授、夜大等。

**小学学龄儿童入学率** 指调查范围内已入小学学习的学龄儿童数占全部小学学龄儿童总数（包括弱智儿童在内，但不包括盲聋哑儿童）的比重。计算公式是：

$$小学学龄儿童入学率=\frac{已入学的小学学龄儿童数}{校内外小学学龄儿童总数}\times 100\%$$

**科学家和工程师** 指大学毕业及以上文化程度和其他具有高、中级职称的从事科技活动人员。

**自然科学技术人员** 指已取得科学技术职称，或大学、中专的理、工、农、医类系毕业，以及国民经济各部门从工作实践中提拔，从事理、工、农、医等自然科学技术的研究、教学、生产（事业）技术方面工作的专业人员和在机关、企业、事业中从事科学技术业务管理工作的专业人员。

**工程技术人员** 指在国民经济各行业从事工程技术工作的自然科学技术的专业人员。包括：高级工程师、工程师、助理工程师、技术员和未评定职称的技术人员。

**农业技术人员** 指在国民经济各行业从事农业技术工作的自然科学技术的专业人员。包括：高级农艺师、农艺师、助理农艺师、技术员和未评定职称的技术人员。

**卫生技术人员** 指在国民经济各行业从事卫生医务工作的自然科学技术的专业人员。包括：正副主任医师、主治医师、医师、医（护）士和未评定职称的技术人员。

**科学研究人员** 指在国民经济各行业从事科学技术活动的自然科学技术的专业人员。包括：正副研究员、助理研究员、实习研究员、技术员和未评定职称的技术人员。

**教学人员** 指在国民经济各行业从事自然科学技术方面的教学活动的专业人员。包括：正副教授、讲师、助教、教师和在小学从事自然科学技术方面的教学活动的人员。

**科技活动** 指在所有科学技术领域内，即自然科学、工程科学和技术、医学科学、农业科学、社会科学及人文科学中，与科技知识的产生、发展、传播、应用密切相关的全部的、有组织的、系统的活动。包括三类活动：（1）研究与实验发展活动；（2）研究与实验发展成果应用；（3）科技服务活动。

**科技服务** 指同研究与实验发展活动、研究与实验发展成果应用活动有关的和有助于科技知识的产生、传播和应用的活动。目前我们所统计的科技服务是指调查范围内，除为研究与实验发展活动直接（完全或主要是为某项研究与实验发展而开展的辅助性活动）以外的科技服务，如情报、文献、咨询等。

**科学论文** 指以书面发表的，最原始的研究与开发成果报道。科学论文应该是：（1）首次或最初发表的研究与开发成果；（2）作者的实验应该能被同行重复并验证；（3）发表后科技界能引用。

**科技著作** 指经过正式出版部门编印出版的论述科学技术问题的理论性文集或专著。如果著作系与本机构外的同行数人合著，则只统计以本机构科技人员为主的著作。

**国外发表** 包括在各种国际性学术会议、讨论会、讲座上发表的论文以及编入国际会议文集的论文和我国学术刊物上发表的论文。

# 14

# 文化、体育、旅游、卫生、环保、民政

# 14-1 艺术表演团体基本情况

| 指　　标 | 单　位 | 2015 | 2016 |
|---|---|---|---|
| 一、剧团数 | 个 | 6 | 6 |
| 从业人员 | 个 | 366 | 311 |
| #高级职称 | 个 | 1 | 1 |
| 中级职称 | 个 | 10 | 17 |
| 二、本年新排上演剧目 | 个 | | |
| #本团创作首演剧目 | 个 | | |
| 三、演出场次 | 场 | 1090 | 804 |
| #国内演出场次 | 场 | 1090 | 804 |
| 农村演出场次 | 场 | 900 | 731 |
| 本年新创剧目演出场次 | 场 | | |
| 四、国内演出观众人次 | 人次 | 861800 | 428600 |
| 农村观众人次 | 人次 | 673000 | 289300 |
| 本年新创剧目观众人次 | 人次 | | |
| 五、本年收入合计 | 千元 | 9111 | 8707 |
| 1.财政拨款 | 千元 | 5210 | 5668 |
| 2.上级补助收入 | 千元 | | |
| 3.事业收入 | 千元 | 2945 | 2985 |
| #演出收入 | 千元 | 2945 | 2985 |
| 本年新创首演剧目演出收入 | 千元 | | |
| 4.经营收入 | 千元 | | |
| 5.附属单位上缴收入 | 千元 | | |
| 6.其他收入 | 千元 | 276 | 576 |
| 六、本年支出合计 | 千元 | 8437 | 7104 |
| #基本支出 | 千元 | 6286 | 5585 |
| 项目支出 | 千元 | 653 | 542 |
| 经营支出 | 千元 | | |
| 在支出合计中:1.人员支出 | 千元 | 6286 | 4980 |
| 社会保障缴费 | 千元 | | |
| 2.公用支出 | 千元 | 649 | 764 |
| 福利费 | 千元 | 224 | 98 |
| 维修费 | 千元 | | |
| 各种设备购置费 | 千元 | | |
| 税金支出 | 千元 | 12 | 15 |
| 排练制作费 | 千元 | | |
| 演出费 | 千元 | | |
| 3.对个人和家庭补助支出 | 千元 | 78 | 282 |
| 七、本年新创首演剧目费用支出总额 | 千元 | | |
| 八、年末固定资产原值 | 千元 | 10739 | 6595 |
| 九、公用房屋建筑面积 | 平方米 | 5380 | 5480 |
| #排练练功用房 | 平方米 | 2260 | 2280 |

# 14-2 艺术表演场馆基本情况

| 指　　标 | 单　位 | 2015 | 2016 |
| --- | --- | --- | --- |
| 一、机构 | 个 | 4 | 4 |
| 从业人员 | 人 | 71 | 64 |
| # 高级职称 | 人 | | |
| 中级职称 | 人 | 2 | 1 |
| 二、座席数 | 个 | 3943 | 3907 |
| 三、演(映)出场次合计 | 场 | 140 | 235 |
| # 艺术演出场次 | 场 | 140 | 223 |
| 四、观众人次合计 | 千人次 | 72.2 | 109 |
| # 艺术演出观众人次 | 千人次 | 71.8 | 109 |
| 五、本年收入合计 | 千元 | 4021 | 4174 |
| 1.财政拨款 | 千元 | 3623 | 3673 |
| 2.上级补助收入 | 千元 | | |
| 3.事业收入 | 千元 | 3 | 301 |
| 艺术演出分成收入 | 千元 | 2 | 152 |
| 4.经营收入 | 千元 | | |
| 6.其他收入 | 千元 | 395 | 200 |
| 七、本年支出合计 | 千元 | 4018 | 4101 |
| # 基本支出 | 千元 | 4018 | 3851 |
| 项目支出 | 千元 | | 250 |
| 经营支出 | 千元 | | |
| 在支出合计中:1.人员支出 | 千元 | 1814 | 1846 |
| 2.公用支出 | 千元 | 1724 | 1744 |
| 福利费 | 千元 | 1 | 1 |
| 税金支出 | 千元 | 53 | 41 |
| 3. 对个人和家庭补助支出 | 千元 | | 19 |
| 八、年末固定资产原值 | 千元 | 137806 | 137777 |
| 九、公用房屋建筑面积 | 平方米 | 44230 | 44230 |
| # 演(映)业务用房 | 平方米 | 34160 | 34163 |

# 14-3 公共图书馆基本情况

| 指　　标 | 单　位 | 2015 | 2016 |
| --- | --- | --- | --- |
| 一、机构 | 个 | 7 | 7 |
| 从业人员 | 人 | 134 | 133 |
| #高级职称 | 人 | 2 | 2 |
| 中级职称 | 人 | 15 | 13 |
| 二、总藏量 | 册、件 | 709110 | 754974 |
| 1.图书 | 册 | 572420 | 617389 |
| 古籍 | 册 | 8780 | 6318 |
| 善本 | 册 | 1440 | 241 |
| 2.报刊 | 册 | 66260 | 69622 |
| 3.视听文献、缩微制品 | 件(套) | 30700 | 29752 |
| 4.其它 | 册、件 | 30940 | 31884 |
| 在藏量中:开架书刊 | 册 | 395680 | 505885 |
| 三、当年购买的报刊种类 | 种 | 515 | |
| 四、书架单层总长度 | 米 | 15485 | 15485 |
| 五、累计发放有效借书证数 | 个 | 31308 | 40601 |
| 六、总流通人次 | 人次 | 750270 | 776573 |
| #书刊文献外借人次 | 人次 | 90910 | 161421 |
| 七、书刊文献外借册次 | 册次 | 269280 | 424645 |
| 八、为读者举办各种活动 | 次 | 177 | 250 |
| 参加人次 | 人次 | 59340 | 42155 |
| 九、信息化装备 | --- | | |
| 1.计算机 | 台 | 622 | |
| 电子阅览室终端数 | 台 | 449 | 444 |
| 2.网站访问量 | 页次 | 53224 | 122154 |

## 14-3 续表

| 指　　标 | 单　位 | 2015 | 2016 |
|---|---|---|---|
| 十、本年收入合计 | 千元 | 12670 | 12312 |
| 1.财政拨款 | 千元 | 12670 | 12312 |
| 2.上级补助收入 | 千元 | | |
| 3.事业收入 | 千元 | | |
| 4.经营收入 | 千元 | | |
| 5.附属单位上缴收入 | 千元 | | |
| 6.其他收入 | 千元 | | |
| 十一、本年支出合计 | 千元 | 12387 | 11849 |
| # 基本支出 | 千元 | 7000 | 5520 |
| 项目支出 | 千元 | 5387 | 6329 |
| 经营支出 | 千元 | | |
| 在支出合计中：1.人员支出 | 千元 | 4514 | 5803 |
| 2.公用支出 | 千元 | 1681 | 2943 |
| 福利费 | 千元 | 2 | 3 |
| 各种设备购置费 | 千元 | 1600 | 2265 |
| 新增藏量购置费 | 千元 | 1280 | 1600 |
| 税金支出 | 千元 | 20 | 20 |
| 3.对个人和家庭补助支出 | 千元 | 1665 | 717 |
| 十二、本年新购藏量 | 册、件 | 89930 | 60870 |
| 十三、年末固定资产原值 | 千元 | 104160 | 58600 |
| 十四、公用房屋建筑面积 | 平方米 | 42380 | 42380 |
| # 书　库 | 平方米 | 11730 | 11830 |
| 阅览室 | 平方米 | 24380 | 24380 |
| 书刊阅览室 | 平方米 | 18910 | 21510 |
| 电子阅览室 | 平方米 | 5370 | |
| 十五、阅览室座席数 | 个 | 4544 | 4544 |
| 少儿阅览室座席数 | 个 | 570 | 592 |

# 14-4 群众艺术馆、文化馆(站)基本情况

| 指　　标 | 单　位 | 2015 | 2016 |
|---|---|---|---|
| 一、机构 | 个 | 7 | 7 |
| 从业人员 | 人 | 83 | |
| # 高级职称 | 人 | 1 | 1 |
| 中级职称 | 人 | 21 | 18 |
| 二、举办展览个数 | 个 | 44 | 66 |
| 三、组织文艺活动次数 | 次 | 246 | 204 |
| 四、藏书 | 册 | 8280 | 8830 |
| 五、举办训练班班次 | 次 | 258 | 257 |
| 训练班结业人次 | 人次 | 23100 | 23510 |
| 六、组织各类讲座次数 | 次 | 28 | 29 |
| 七、信息化装备 | - | | |
| 计算机 | 台 | 71 | 81 |
| 十、本年收入合计 | 千元 | 8175 | 8055 |
| 1.财政拨款 | 千元 | 8175 | 8055 |
| 2.上级补助收入 | 千元 | | |
| 3.事业收入 | 千元 | | |
| 4.经营收入 | 千元 | | |
| 5.附属单位上缴收入 | 千元 | | |
| 6.其他收入 | 千元 | | |
| 十一、本年支出合计 | 千元 | 7906 | 8024 |
| # 基本支出 | 千元 | 7806 | 7822 |
| 项目支出 | 千元 | 100 | 202 |
| 经营支出 | 千元 | | |
| 在支出合计中：1.人员支出 | 千元 | 4451 | 5091 |
| 2.公用支出 | 千元 | 894 | 1306 |
| 福利费 | 千元 | 9 | 9 |
| 各种设备购置费 | 千元 | 110 | 200 |
| 税金支出 | 千元 | | |
| 3. 对个人和家庭补助支出 | 千元 | 2029 | 897 |
| 十二、年末固定资产原值 | 千元 | 4764 | 5215 |
| 十三、公用房屋建筑面积 | 平方米 | 19560 | 19557 |
| # 业务用房 | 平方米 | 16660 | 16657 |
| 对公众开放阅览室面积 | 平方米 | 7080 | 7280 |
| 十四、由本馆指导的单位 | 个 | 18 | 18 |
| 1.馆办文艺团体 | 个 | 18 | 18 |
| 2.基层文化示范点 | 个 | | |
| 3.群众业余文艺团队 | 个 | 72 | 128 |

## 14-5 广播电台、电视台基本情况

| 指　　标 | 单　位 | 2015 | 2016 |
| --- | --- | --- | --- |
| 一、广播电台 | 座 | 5 | 5 |
| 二、广播综合覆盖率 | % | 100 | 100 |
| 三、电视台 | 座 | 3 | 3 |
| 四、电视综合人口覆盖率 | % | 100 | 100 |
| 五、有线电视用户 | 万户 | 174026 | 174426 |

## 14-6 文化主管部门机关事业费收支情况

| 指　　标 | 单　位 | 2015 | 2016 |
| --- | --- | --- | --- |
| 一、本年收入合计 | 千元 | 43288 | 48963 |
| #财政拨款 | 千元 | 43288 | 48963 |
| 二、本年支出合计 | 千元 | 40852 | 48072 |
| #基本支出 | 千元 | 22342 | 23549 |
| 项目支出 | 千元 | 18510 | 24523 |

# 14-7 文化站基本情况

| 指　　标 | 单　位 | 2015 | 2016 |
| --- | --- | --- | --- |
| 一、机构数 | 个 | 73 | 73 |
| 二、从业人员 | 个 | 149 | 155 |
| # 高级职称 | 人 | | |
| 中级职称 | 人 | | |
| 三、举办展览个数 | 人 | 112 | 121 |
| 四、组织文艺活动次数 | 次 | 369 | 385 |
| 五、藏书 | 册 | 161940 | 165393 |
| 六、举办训练班班次 | 次 | 214 | 225 |
| 训练班结业人次 | 人次 | 8590 | 8760 |
| 七、本年收入合计 | 千元 | 4314 | 2509 |
| 1.财政拨款 | 千元 | 3714 | 2509 |
| 2.上级补助收入 | 千元 | | |
| 3.事业收入 | 千元 | | |
| 4.经营收入 | 千元 | | |
| 5.附属单位上缴收入 | 千元 | | |
| 6.其他收入 | 千元 | | |
| 八、本年支出合计 | 千元 | 4314 | 2509 |
| # 基本支出 | 千元 | 4039 | 2244 |
| 项目支出 | 千元 | 275 | 265 |
| 经营支出 | 千元 | | |
| 在支出合计中：1.人员支出 | 千元 | 1615 | 1224 |
| 社会保障缴费 | 千元 | | |
| 2.公用支出 | 千元 | 180 | 250 |
| 福利费 | 千元 | | |
| 维修费 | 千元 | | |
| 各种设备购置费 | | 54 | 40 |
| 税金支出 | 千元 | | |
| 3. 对个人和家庭补助支出 | 千元 | | |
| 九、年末固定资产原值 | 千元 | 41024 | 40554 |
| 十、公用房屋建筑面积 | 平方米 | 25490 | 25493 |
| # 文化活动用房 | 平方米 | 24010 | 23525 |
| 十一、本站指导文化户个数 | 个 | | |

# 14-8 体育设施及活动情况

| 指　　标 | 单　位 | 2015 | 2016 |
|---|---|---|---|
| 室外健身公园、广场 | 个 | 44 | 47 |
| #健身路径 | 个 | 115 | 120 |
| 青少年俱乐部 | 个 | 1 | 1 |
| 《国家体育锻炼标准》达标率 | | | |
| 小学 | % | 86 | 86 |
| 中学 | % | 85 | 85 |
| 中专中技 | % | 83 | 83 |
| 举办综合运动会次数 | 次 | | |
| 举办单项比赛次数 | 次 | 30 | 37 |
| 举办全民健身活动次数 | 次 | 37 | 40 |
| 参加活动人数 | 人 | 150000 | 230000 |
| 体育电脑彩票销售点 | 个 | 193 | 198 |
| 体育彩票销售收入 | 万元 | 6158 | 7746 |

# 14-9 卫生机构情况(不含诊所)

单位:个

| 指　　标 | 2015 | 2016 |
|---|---|---|
| 总　　计 | 226 | 234 |
| 一、医院 | 62 | 64 |
| 综合医院 | 27 | 25 |
| 中医医院 | 5 | 6 |
| 中西医结合医院 | 4 | 4 |
| 专科医院 | 26 | 29 |
| 口腔医院 | 3 | 5 |
| 眼科医院 | 2 | 2 |
| 精神病医院 | 2 | 2 |
| 骨科医院 | 4 | 4 |
| 康复医院 | 0 | 1 |
| 整形外科医院 | 1 | 1 |
| 其他专科医院 | 14 | 14 |
| 二、社区卫生服务中心(站) | 36 | 45 |
| 社区卫生服务中心 | 10 | 11 |
| 社区卫生服务站 | 26 | 34 |
| 三、卫生院 | 92 | 91 |
| 街道卫生院 | 21 | 13 |
| 乡镇卫生院 | 71 | 78 |
| 中心卫生院 | 24 | 21 |
| 乡卫生院 | 47 | 57 |
| 四、门诊部 | 13 | 11 |
| 综合门诊部 | 8 | 5 |
| 专科门诊部 | 3 | 5 |
| 五、急救中心(站) | 1 | 1 |
| 六、采供血机构 | 1 | 2 |
| 七、妇幼保健院(所、站) | 7 | 6 |
| 市属 | 2 | 2 |
| 县区属 | 4 | 4 |
| 其他 | 1 | 0 |
| 妇幼保健院 | 0 | 0 |
| 妇幼保健所 | 1 | 1 |
| 妇幼保健站 | 6 | 5 |
| 八、疾病预防控制中心 | 7 | 7 |
| 县区属 | 4 | 4 |
| 其他 | 3 | 3 |
| 九、卫生监督所(中心) | 7 | 7 |
| 市属 | 2 | 3 |
| 县区属 | 4 | 4 |

备注:卫生监督所(中心)2015年省辖市(地区)属1个。

# 14-10 卫生床位情况(不含诊所)

单位:张

| 指 标 | 2015 | 2016 |
|---|---|---|
| 总 计 | 7288 | 7684 |
| 一、医院 | 5304 | 5798 |
| 综合医院 | 3683 | 3831 |
| 中医医院 | 660 | 830 |
| 中西医结合医院 | 80 | 79 |
| 专科医院 | 881 | 1058 |
| 口腔医院 | 28 | 39 |
| 眼科医院 | 46 | 51 |
| 精神病医院 | 360 | 360 |
| 骨科医院 | 102 | 132 |
| 康复医院 | 0 | 20 |
| 整形外科医院 | 10 | 20 |
| 其他专科医院 | 335 | 436 |
| 二、社区卫生服务中心(站) | 324 | 339 |
| 社区卫生服务中心 | 236 | 227 |
| 社区卫生服务站 | 88 | 112 |
| 三、卫生院 | 1599 | 1501 |
| 街道卫生院 | 273 | 160 |
| 乡镇卫生院 | 1326 | 1341 |
| 中心卫生院 | 518 | 423 |
| 乡卫生院 | 808 | 918 |
| 四、门诊部 | 10 | 10 |
| 综合门诊部 | 10 | 10 |
| 专科门诊部 | 0 | 0 |
| 五、妇幼保健院(所、站) | 51 | 36 |
| 市属 | 1 | 0 |
| 县区属 | 50 | 36 |
| 其他 | 0 | 0 |
| 妇幼保健院 | 0 | 0 |
| 妇幼保健站 | 51 | 31 |

备注:2016 年妇幼保健所 5 张床位。

# 14-11 卫生人员情况(不含诊所)

单位:人

| 指　　标 | 2015 | 2016 |
|---|---|---|
| 总　　计 | 9741 | 9874 |
| 一、医院 | 5134 | 5157 |
| 综合医院 | 3681 | 3553 |
| 中医医院 | 484 | 615 |
| 中西医结合医院 | 71 | 77 |
| 专科医院 | 898 | 930 |
| 口腔医院 | 48 | 57 |
| 眼科医院 | 72 | 53 |
| 精神病医院 | 209 | 202 |
| 骨科医院 | 119 | 98 |
| 康复医院 | 0 | 22 |
| 整形外科医院 | 11 | 25 |
| 其他专科医院 | 439 | 473 |
| 二、社区卫生服务中心(站) | 472 | 652 |
| 社区卫生服务中心 | 302 | 333 |
| 社区卫生服务站 | 170 | 319 |
| 三、卫生院 | 914 | 944 |
| 街道卫生院 | 121 | 87 |
| 乡镇卫生院 | 793 | 857 |
| 中心卫生院 | 307 | 276 |
| 乡卫生院 | 486 | 581 |
| 四、门诊部 | 179 | 107 |
| 综合门诊部 | 159 | 73 |
| 专科门诊部 | 14 | 31 |
| 五、急救中心(站) | 42 | 43 |
| 六、采供血机构 | 0 | 22 |
| 七、妇幼保健院(所、站) | 148 | 204 |
| 市属 | 41 | 68 |
| 县区属 | 104 | 136 |
| 其他 | 3 | 0 |
| 妇幼保健院 | 0 | 0 |
| 妇幼保健所 | 3 | 12 |
| 妇幼保健站 | 145 | 192 |
| 八、疾病预防控制中心 | 212 | 201 |
| 县区属 | 133 | 153 |
| 其他 | 79 | 48 |
| 九、卫生监督所(中心) | 80 | 124 |
| 市属 | 10 | 46 |
| 县区属 | 59 | 78 |

备注:卫生监督所(中心)2015年省辖市(地区)属11人。

# 14-12 卫生技术人员情况(不含诊所)

单位:人

| 指　　标 | 2015 | 2016 |
| --- | --- | --- |
| 总　　计 | 6404 | 6492 |
| 一、医院 | 4131 | 4234 |
| 综合医院 | 3018 | 2982 |
| 中医医院 | 424 | 532 |
| 中西医结合医院 | 64 | 70 |
| 专科医院 | 625 | 650 |
| 口腔医院 | 39 | 48 |
| 眼科医院 | 47 | 33 |
| 精神病医院 | 98 | 104 |
| 骨科医院 | 102 | 81 |
| 康复医院 | 0 | 15 |
| 整形外科医院 | 9 | 21 |
| 其他专科医院 | 330 | 348 |
| 二、社区卫生服务中心(站) | 400 | 490 |
| 社区卫生服务中心 | 251 | 249 |
| 社区卫生服务站 | 149 | 241 |
| 三、卫生院 | 764 | 742 |
| 街道卫生院 | 93 | 63 |
| 乡镇卫生院 | 671 | 679 |
| 中心卫生院 | 256 | 212 |
| 乡卫生院 | 415 | 467 |
| 四、门诊部 | 143 | 69 |
| 综合门诊部 | 130 | 39 |
| 专科门诊部 | 8 | 27 |
| 五、急救中心(站) | 31 | 28 |
| 六、采供血机构 | 0 | 11 |
| 七、妇幼保健院(所、站) | 109 | 138 |
| 市属 | 26 | 43 |
| 县区属 | 80 | 95 |
| 其他 | 3 | 0 |
| 妇幼保健院 | 0 | 0 |
| 妇幼保健所 | 3 | 10 |
| 妇幼保健站 | 106 | 128 |
| 八、疾病预防控制中心 | 134 | 129 |
| 县区属 | 93 | 98 |
| 其他 | 41 | 31 |
| 九、卫生监督所(中心) | 73 | 104 |
| 市属 | 10 | 46 |
| 县区属 | 52 | 58 |

备注:卫生监督所(中心)2015年省辖市(地区)属11人。

## 14-13 执业医师人员情况(不含诊所)

单位:人

| 指　　标 | 2015 | 2016 |
|---|---|---|
| 总　　计 | 2662 | 2397 |
| 一、医院 | 1750 | 1614 |
| 综合医院 | 1328 | 1186 |
| 中医医院 | 208 | 226 |
| 中西医结合医院 | 17 | 17 |
| 专科医院 | 197 | 185 |
| 口腔医院 | 13 | 21 |
| 眼科医院 | 18 | 14 |
| 精神病医院 | 27 | 15 |
| 骨科医院 | 40 | 21 |
| 康复医院 | 0 | 3 |
| 整形外科医院 | 4 | 9 |
| 其他专科医院 | 95 | 102 |
| 二、社区卫生服务中心(站) | 123 | 137 |
| 社区卫生服务中心 | 78 | 54 |
| 社区卫生服务站 | 45 | 83 |
| 三、卫生院 | 262 | 216 |
| 街道卫生院 | 29 | 19 |
| 乡镇卫生院 | 233 | 197 |
| 中心卫生院 | 93 | 65 |
| 乡卫生院 | 140 | 132 |
| 四、门诊部 | 55 | 27 |
| 综合门诊部 | 49 | 17 |
| 专科门诊部 | 4 | 9 |
| 五、急救中心(站) | 14 | 13 |
| 六、采供血机构 | 0 | 0 |
| 七、妇幼保健院(所、站) | 58 | 47 |
| 市属 | 12 | 16 |
| 县区属 | 43 | 31 |
| 其他 | 3 | 0 |
| 妇幼保健院 | 0 | 0 |
| 妇幼保健所 | 3 | 0 |
| 妇幼保健站 | 55 | 47 |
| 八、疾病预防控制中心 | 79 | 75 |
| 县区属 | 50 | 49 |
| 其他 | 29 | 26 |
| 九、卫生监督所(中心) | 0 | 0 |
| 市属 | 0 | 0 |
| 县区属 | 0 | 0 |

# 14-14 执业助理医师人员情况(不含诊所)

单位:人

| 指　标 | 2015 | 2016 |
|---|---|---|
| 总　计 | 451 | 430 |
| 一、医院 | 139 | 132 |
| 综合医院 | 69 | 60 |
| 中医医院 | 19 | 28 |
| 中西医结合医院 | 4 | 4 |
| 专科医院 | 47 | 40 |
| 口腔医院 | 6 | 6 |
| 眼科医院 | 2 | 0 |
| 精神病医院 | 1 | 2 |
| 骨科医院 | 14 | 7 |
| 康复医院 | 0 | 2 |
| 整形外科医院 | 3 | 2 |
| 其他专科医院 | 21 | 21 |
| 二、社区卫生服务中心(站) | 45 | 64 |
| 社区卫生服务中心 | 35 | 38 |
| 社区卫生服务站 | 10 | 26 |
| 三、卫生院 | 166 | 139 |
| 街道卫生院 | 22 | 9 |
| 乡镇卫生院 | 144 | 130 |
| 中心卫生院 | 59 | 34 |
| 乡卫生院 | 85 | 96 |
| 四、门诊部 | 12 | 13 |
| 综合门诊部 | 11 | 8 |
| 专科门诊部 | 0 | 4 |
| 五、急救中心(站) | 0 | 0 |
| 六、采供血机构 | 0 | 0 |
| 七、妇幼保健院(所、站) | 15 | 15 |
| 市属 | 4 | 7 |
| 县区属 | 11 | 8 |
| 其他 | 0 | 0 |
| 妇幼保健院 | 0 | 0 |
| 妇幼保健所 | 0 | 1 |
| 妇幼保健站 | 15 | 14 |
| 八、疾病预防控制中心 | 10 | 8 |
| 县区属 | 8 | 8 |
| 其他 | 2 | 0 |
| 九、卫生监督所(中心) | 0 | 0 |
| 市属 | 0 | 0 |
| 县区属 | 0 | 0 |

# 14-15 注册护士人员情况(不含诊所)

单位:人

| 指　　标 | 2015 | 2016 |
|---|---|---|
| 总　　计 | 2103 | 2234 |
| 一、医院 | 1605 | 1714 |
| 综合医院 | 1161 | 1209 |
| 中医医院 | 129 | 177 |
| 中西医结合医院 | 28 | 35 |
| 专科医院 | 287 | 293 |
| 口腔医院 | 15 | 16 |
| 眼科医院 | 21 | 16 |
| 精神病医院 | 62 | 51 |
| 骨科医院 | 33 | 32 |
| 康复医院 | 0 | 7 |
| 整形外科医院 | 2 | 8 |
| 其他专科医院 | 154 | 163 |
| 二、社区卫生服务中心(站) | 108 | 153 |
| 社区卫生服务中心 | 65 | 79 |
| 社区卫生服务站 | 43 | 74 |
| 三、卫生院 | 122 | 134 |
| 街道卫生院 | 5 | 5 |
| 乡镇卫生院 | 117 | 129 |
| 中心卫生院 | 44 | 39 |
| 乡卫生院 | 73 | 90 |
| 四、门诊部 | 29 | 24 |
| 综合门诊部 | 25 | 12 |
| 专科门诊部 | 3 | 11 |
| 五、急救中心(站) | 12 | 11 |
| 六、采供血机构 | 0 | 9 |
| 七、妇幼保健院(所、站) | 22 | 29 |
| 市属 | 8 | 12 |
| 县区属 | 14 | 17 |
| 其他 | 0 | 0 |
| 妇幼保健院 | 0 | 0 |
| 妇幼保健所 | 0 | 4 |
| 妇幼保健站 | 22 | 25 |
| 八、疾病预防控制中心 | 17 | 18 |
| 县区属 | 9 | 14 |
| 其他 | 8 | 4 |
| 九、卫生监督所(中心) | 0 | 0 |
| 市属 | 0 | 0 |
| 县区属 | 0 | 0 |

# 14-16 药剂师(士)人员情况(不含诊所)

单位:人

| 指　　标 | 2015 | 2016 |
|---|---|---|
| 总　　计 | 284 | 274 |
| 一、医院 | 202 | 202 |
| 综合医院 | 146 | 138 |
| 中医医院 | 25 | 35 |
| 中西医结合医院 | 10 | 8 |
| 专科医院 | 21 | 21 |
| 口腔医院 | 0 | 0 |
| 眼科医院 | 1 | 1 |
| 精神病医院 | 2 | 1 |
| 骨科医院 | 1 | 2 |
| 康复医院 | 0 | 1 |
| 整形外科医院 | 0 | 0 |
| 其他专科医院 | 17 | 16 |
| 二、社区卫生服务中心(站) | 23 | 18 |
| 社区卫生服务中心 | 18 | 12 |
| 社区卫生服务站 | 5 | 6 |
| 三、卫生院 | 26 | 23 |
| 街道卫生院 | 3 | 1 |
| 乡镇卫生院 | 23 | 22 |
| 中心卫生院 | 9 | 7 |
| 乡卫生院 | 14 | 15 |
| 四、门诊部 | 6 | 4 |
| 综合门诊部 | 4 | 2 |
| 专科门诊部 | 1 | 2 |
| 五、急救中心(站) | 1 | 1 |
| 六、采供血机构 | 0 | 0 |
| 七、妇幼保健院(所、站) | 3 | 2 |
| 市属 | 1 | 1 |
| 县区属 | 2 | 1 |
| 其他 | 0 | 0 |
| 妇幼保健院 | 0 | 0 |
| 妇幼保健所 | 0 | 0 |
| 妇幼保健站 | 3 | 2 |
| 八、疾病预防控制中心 | 6 | 5 |
| 县区属 | 5 | 5 |
| 其他 | 1 | 0 |
| 九、卫生监督所(中心) | 0 | 0 |
| 市属 | 0 | 0 |
| 县区属 | 0 | 0 |

# 14-17 检验人员情况(不含诊所)

单位:人

| 指　　标 | 2015 | 2016 |
|---|---|---|
| 总　　计 | 173 | 198 |
| 一、医院 | 129 | 160 |
| 综合医院 | 97 | 123 |
| 中医医院 | 12 | 18 |
| 中西医结合医院 | 3 | 3 |
| 专科医院 | 17 | 16 |
| 口腔医院 | 0 | 0 |
| 眼科医院 | 1 | 1 |
| 精神病医院 | 3 | 1 |
| 骨科医院 | 2 | 2 |
| 康复医院 | 0 | 1 |
| 整形外科医院 | 0 | 1 |
| 其他专科医院 | 11 | 10 |
| 二、社区卫生服务中心(站) | 11 | 11 |
| 社区卫生服务中心 | 10 | 8 |
| 社区卫生服务站 | 1 | 3 |
| 三、卫生院 | 6 | 9 |
| 街道卫生院 | 1 | 1 |
| 乡镇卫生院 | 5 | 8 |
| 中心卫生院 | 3 | 3 |
| 乡卫生院 | 2 | 5 |
| 四、门诊部 | 8 | 1 |
| 综合门诊部 | 8 | 0 |
| 专科门诊部 | 0 | 1 |
| 五、急救中心(站) | 0 | 0 |
| 六、采供血机构 | 0 | 1 |
| 七、妇幼保健院(所、站) | 3 | 1 |
| 市属 | 1 | 0 |
| 县区属 | 2 | 1 |
| 其他 | 0 | 0 |
| 妇幼保健院 | 0 | 0 |
| 妇幼保健所 | 0 | 0 |
| 妇幼保健站 | 3 | 1 |
| 八、疾病预防控制中心 | 14 | 12 |
| 县区属 | 13 | 11 |
| 其他 | 1 | 1 |
| 九、卫生监督所(中心) | 0 | 0 |
| 市属 | 0 | 0 |
| 县区属 | 0 | 0 |

# 14-18 非卫生技术人员情况(不含诊所)

单位:人

| 指　　标 | 2015 | 2016 |
|---|---|---|
| 总　　计 | 384 | 412 |
| 一、医院 | 244 | 181 |
| 综合医院 | 184 | 107 |
| 中医医院 | 8 | 22 |
| 中西医结合医院 | 0 | 0 |
| 专科医院 | 52 | 52 |
| 口腔医院 | 0 | 0 |
| 眼科医院 | 11 | 7 |
| 精神病医院 | 0 | 1 |
| 骨科医院 | 5 | 4 |
| 康复医院 | 0 | 2 |
| 整形外科医院 | 0 | 4 |
| 其他专科医院 | 36 | 34 |
| 二、社区卫生服务中心(站) | 22 | 106 |
| 社区卫生服务中心 | 15 | 61 |
| 社区卫生服务站 | 7 | 45 |
| 三、卫生院 | 62 | 65 |
| 街道卫生院 | 12 | 7 |
| 乡镇卫生院 | 50 | 58 |
| 中心卫生院 | 14 | 11 |
| 乡卫生院 | 36 | 47 |
| 四、门诊部 | 7 | 9 |
| 综合门诊部 | 7 | 9 |
| 专科门诊部 | 0 | 0 |
| 五、急救中心(站) | 0 | 0 |
| 六、采供血机构 | 0 | 1 |
| 七、妇幼保健院(所、站) | 12 | 13 |
| 市属 | 7 | 7 |
| 县区属 | 5 | 6 |
| 其他 | 0 | 0 |
| 妇幼保健院 | 0 | 0 |
| 妇幼保健所 | 0 | 0 |
| 妇幼保健站 | 12 | 13 |
| 八、疾病预防控制中心 | 17 | 13 |
| 县区属 | 2 | 13 |
| 其他 | 15 | 0 |
| 九、卫生监督所(中心) | 1 | 1 |
| 市属 | 0 | 0 |
| 县区属 | 1 | 1 |

备注:由于口径不同,2015年非卫生的技术人员情况表不含行政、工勤人员。

# 14-19 卫生管理人员情况(不含诊所)

单位:人

| 指　　标 | 2015 | 2016 |
|---|---|---|
| 总　　计 | 442 | 547 |
| 一、医院 | 300 | 344 |
| 综合医院 | 174 | 199 |
| 中医医院 | 19 | 26 |
| 中西医结合医院 | 3 | 4 |
| 专科医院 | 104 | 115 |
| 口腔医院 | 5 | 7 |
| 眼科医院 | 7 | 7 |
| 精神病医院 | 35 | 28 |
| 骨科医院 | 8 | 9 |
| 康复医院 | 0 | 2 |
| 整形外科医院 | 1 | 0 |
| 其他专科医院 | 48 | 62 |
| 二、社区卫生服务中心(站) | 29 | 32 |
| 社区卫生服务中心 | 19 | 13 |
| 社区卫生服务站 | 10 | 19 |
| 三、卫生院 | 35 | 54 |
| 街道卫生院 | 5 | 5 |
| 乡镇卫生院 | 30 | 49 |
| 中心卫生院 | 13 | 17 |
| 乡卫生院 | 17 | 32 |
| 四、门诊部 | 1 | 2 |
| 综合门诊部 | 0 | 2 |
| 专科门诊部 | 0 | 0 |
| 五、急救中心(站) | 5 | 8 |
| 六、采供血机构 | 0 | 8 |
| 七、妇幼保健院(所、站) | 14 | 26 |
| 市属 | 1 | 11 |
| 县区属 | 13 | 15 |
| 其他 | 0 | 0 |
| 妇幼保健院 | 0 | 0 |
| 妇幼保健所 | 0 | 2 |
| 妇幼保健站 | 14 | 24 |
| 八、疾病预防控制中心 | 29 | 29 |
| 县区属 | 18 | 18 |
| 其他 | 11 | 11 |
| 九、卫生监督所(中心) | 1 | 15 |
| 市属 | 0 | 0 |
| 县区属 | 1 | 15 |

## 14-20 卫生工勤技能人员情况(不含诊所)

单位:人

| 指　　标 | 2015 | 2016 |
|---|---|---|
| 总　　计 | 643 | 651 |
| 一、医院 | 459 | 416 |
| 综合医院 | 305 | 265 |
| 中医医院 | 33 | 35 |
| 中西医结合医院 | 4 | 3 |
| 专科医院 | 117 | 113 |
| 口腔医院 | 4 | 2 |
| 眼科医院 | 7 | 6 |
| 精神病医院 | 76 | 69 |
| 骨科医院 | 4 | 4 |
| 康复医院 | 0 | 3 |
| 整形外科医院 | 1 | 0 |
| 其他专科医院 | 25 | 29 |
| 二、社区卫生服务中心(站) | 21 | 24 |
| 社区卫生服务中心 | 17 | 10 |
| 社区卫生服务站 | 4 | 14 |
| 三、卫生院 | 53 | 83 |
| 街道卫生院 | 11 | 12 |
| 乡镇卫生院 | 42 | 71 |
| 中心卫生院 | 24 | 36 |
| 乡卫生院 | 18 | 35 |
| 四、门诊部 | 28 | 27 |
| 综合门诊部 | 22 | 23 |
| 专科门诊部 | 6 | 4 |
| 五、急救中心(站) | 6 | 7 |
| 六、采供血机构 | 0 | 2 |
| 七、妇幼保健院(所、站) | 13 | 27 |
| 市属 | 7 | 7 |
| 县区属 | 6 | 20 |
| 其他 | 0 | 0 |
| 妇幼保健院 | 0 | 0 |
| 妇幼保健所 | 0 | 0 |
| 妇幼保健站 | 13 | 27 |
| 八、疾病预防控制中心 | 32 | 30 |
| 县区属 | 20 | 24 |
| 其他 | 12 | 6 |
| 九、卫生监督所(中心) | 5 | 4 |
| 市属 | 0 | 0 |
| 县区属 | 5 | 4 |

# 14-21 工业企业“三废”排放与治理情况

| 指　　标 | 2015 | 2016 |
|---|---|---|
| **废水** | | |
| 废水排放总量(万吨) | 5548.17 | 4977.97 |
| 化学需氧量排放量(吨) | 31344.00 | 12914.77 |
| **废气** | | |
| 废气排放量(亿标立方米) | 1332.26 | 1508.46 |
| 二氧化硫排放量(万吨) | 7.797 | 3.68 |
| 烟(粉)尘排放量(吨) | 39275 | 26296.59 |
| **固体废物** | | |
| 固体废物产生量(万吨) | 4508.02 | 4579.84 |
| 固体废物综合利用量(万吨) | 1745.79 | 2359.70 |
| 固体废物处理量(万吨) | 2508.67 | 1887.76 |
| 固体废物贮存量(万吨) | 306.16 | 332.38 |
| 固体废物丢弃量(万吨) | 0 | 0 |
| **污染治理** | | |
| 当年污染治理施工项目总数(个) | 18 | 24 |
| 污染治理项目本年完成投资额(万元) | 39202.55 | 49628.94 |
| # 治理废水 | 894.12 | 2780.88 |
| 治理废气 | 33844.43 | 15812.26 |
| 治理固体物质 | 4464 | 0 |
| 治理噪音 | | |
| 治理其他 | 0 | 29525.8 |

## 14-22 体育彩票、福利彩票发行情况

单位:万元

| 指　　标 | 2015 | 2016 |
|---|---|---|
| 体育电脑彩票销售点(个) | 193 | |
| 体育彩票销售收入 | 6158 | |
| 福利彩票销售点(个) | 223 | 260 |
| 福利彩票销售收入 | 17238 | 17482 |
| 用于兑奖金额 | 10238 | 9615 |

## 14-23 主要年份婚姻登记数

单位:对

| 指　　标 | 2015 | 2016 |
|---|---|---|
| 准予登记结婚数 | 19284 | 15121 |
| 其中:恢复结婚 | | |
| 初婚数(人) | | |
| 再婚数(人) | | |
| 准予登记离婚数 | 1386 | 1629 |

备注:现阶段我市不登记复婚人数。

# 主要统计指标解释

**艺术表演团体** 指从事戏曲、音乐、舞蹈、杂技等专业艺术表演，有独立帐户，实行单独核算的团体。不包括半工半艺、半农半艺的业余团体。

**文化馆** 指专门从事群众文化活动的群众文化场馆。不包括临时抽调人员组成、没有编制的农村和街道文化工作队、服务站等。

**文化市场经营机构** 指经文化市场行政部门审批或已申报登记并领取相关许可证的、从事文化经营和文化服务活动的机构。

**图书馆** 指各类图书馆的管理与服务（对文献和信息的搜集、整理、存储、利用和管理，向社会公众开放并提供科学、文化等各种知识普及教育）。包括公共图书馆和各类机构内部举办的或单独举办的图书馆的管理与服务。不包括部队系统以及文化馆（文化中心、群众艺术馆）、文化站内设的图书室。

**文化艺术研究机构** 指有明确的研究方向和任务，有一定水平的学术带头人和一定数量、质量的研究人员，有开展工作的基本条件，主要进行文化艺术研究（含科技）的机构。

**博物馆** 指为了研究、教育、欣赏的目的，收藏、保护、展示人类活动和自然环境的见证物，向公众开放，非营利性、永久性社会服务机构，包括以博物馆（院）、纪念馆（舍）、美术（艺术）馆、科技馆、陈列馆等专有名称开展活动的单位。

**艺术表演观众人数** 指售票、包场演出或民族地区免费演出艺术表演观众人次数。不包括彩排审查和内部观摩演出的观看人次数。

**等级运动员人数** 指经考核正式批准授予等级运动员称号的人数。运动员等级分为国际级运动健将、运动健将、一级运动员、二级运动员、三级运动员、少年级运动员。

**等级裁判员人数** 指经考核正式批准授予等级裁判员称号的人数。裁判员等级分为国际裁判、国家级裁判、一级裁判、二级裁判、三级裁判。

**体育场** 指有 400 米跑道（中心含足球场），有固定道牙，路道 6 条以上，并有固定看台的田径场。以看台容纳观众人数分：甲级 25000 人以上，乙级 15000–25000 人，丙级 5000–15000 人，丁级 5000 人以下。

**体育馆** 指有固定看台可供篮球、排球、羽毛球、乒乓球、体操等项目训练比赛活动用的室内场地。以看台容纳观众人数分：甲级 6000 人以上，乙级 4000–6000 人，丙级 2000–4000 人，丁级 2000 以下。

**工业废水排放量** 指经过企业厂区所有排放口排到企业外部的工业废水量。包括生产废水、外排的直接冷却水、超标排放的矿井地下水和与工业废水混排的厂区生活污水，不包括独立外排的间接冷却水(清浊不分流的间接冷却水应计算在内)。

**工业废气排放量** 指企业厂区内燃料燃烧和生产工艺过程中产生的各种排入空气中含有污染物的气体总量，按标准状态[273 K，101325Pa]计算。

**工业二氧化硫排放量** 指企业在燃料燃烧和生产工艺过程中排入大气的二氧化硫总质量。工业中二氧化硫主要来源于化石燃料（煤、石油等）的燃烧，还包括硫矿石的冶炼或含硫酸、磷肥等生产的工业废气排放。

**工业固体废物产生量** 指企业在生产过程中产生的固体状、半固体状和高浓度液体状废弃物的总量、包括危险废物、冶炼废渣、粉煤灰、炉渣、煤矸石、尾矿、放射性废物和其他废物等；不包括矿山开采的剥离废石和掘进废石（煤矸石和呈酸性或碱性的废石除外）。酸性或碱性废石指采掘的废石其流经水、雨淋水的 PH 值小于 4 或 PH 值大于 10.5 者。

**工业固体废物贮存量** 指以综合利用或处置为目的，将固体废物暂时贮存或堆存在专设的贮存设施或专设的集中堆存场所内的数量。专设的固体废物贮存场所或贮存设施必须有防扩散、防流失、防渗漏、防止污染大气、水体的措施。

**工业固体废物处置量**　指将固体废物焚烧或者最终置于符合环境保护规定要求的场所，并不再回取的工业固体废物量（包括当年处置往年的工业固体废物累计贮存量）。处置方法有填埋(其中危险废物应安全填埋)、焚烧、专业贮存场(库)封场处理、深层灌注、回填矿井等。

**工业固体废物排放量**　指将所产生的固体废物排到固体废物污染防治设施、场所以外的数量，不包括矿山开采的剥离废石和掘进废石（煤矸石和呈酸性或碱性的废石除外）。

# 15 县区基本情况

## 15-1 国民经济核算主要指标(2016 年)

单位:万元

| 县　区 | 地区生产总值 | 第一产业 | 第二产业 | 工　业 | 第三产业 |
|---|---|---|---|---|---|
| **全　市** | 9180640 | 562818 | 3952240 | 3702600 | 4665582 |
| 朔城区 | 2433839 | 128217 | 543308 | 489319 | 1762314 |
| 平鲁区 | 1617671 | 34923 | 1080995 | 1027364 | 501753 |
| 山阴县 | 1430972 | 117027 | 504126 | 451062 | 809819 |
| 应　县 | 660300 | 134499 | 169370 | 134308 | 356431 |
| 右玉县 | 565058 | 57095 | 261603 | 238001 | 246360 |
| 怀仁县 | 2049374 | 87228 | 1146401 | 1097052 | 815745 |
| 开发区 | 477820 | 3829 | 299476 | 271501 | 174515 |

## 15-2 国民经济核算主要指标增长速度(2016 年)

单位:%

| 县　区 | 地区生产总值 | 第一产业 | 第二产业 | 工　业 | 第三产业 |
|---|---|---|---|---|---|
| **全　市** | 4.2 | 3.1 | 2.5 | 2.7 | 6.0 |
| 朔城区 | 5.0 | 2.2 | 3.7 | 4.0 | 4.6 |
| 平鲁区 | 3.4 | 13.6 | 1.8 | 2.0 | 6.7 |
| 山阴县 | 4.7 | -1.3 | 3.9 | 4.2 | 6.2 |
| 应　县 | 5.5 | 5.9 | 1.9 | 2.9 | 7.3 |
| 右玉县 | 4.3 | 2.6 | 2.3 | 2.7 | 7.1 |
| 怀仁县 | 4.8 | 4.3 | 3.1 | 2.7 | 7.4 |
| 开发区 | 4.1 | -1.4 | 4.4 | 3.9 | 3.6 |

## 15-3 基本单位数(2016年)

单位:个

| 县 区 | 法人单位 | | | 产业活动单位数 | |
|---|---|---|---|---|---|
| | 合 计 | 单产业法人 | 多产业法人 | 合计 | 多产业法人单位所属的产业活动单位 |
| **合 计** | 25600 | 24771 | 829 | 30030 | 5259 |
| 朔城区 | 8409 | 8182 | 227 | 9550 | 1368 |
| 平鲁区 | 2676 | 2623 | 53 | 3033 | 410 |
| 山阴县 | 3261 | 3001 | 260 | 3950 | 949 |
| 应 县 | 4275 | 4196 | 79 | 5033 | 837 |
| 右玉县 | 1902 | 1844 | 58 | 2211 | 367 |
| 怀仁县 | 3831 | 3712 | 119 | 4893 | 1181 |
| 开发区 | 1246 | 1213 | 33 | 1360 | 147 |

## 15-4 按投资类型分基本单位数(2016年)

单位:个

| 县 区 | 法人单位数 | | | | 产业活动单位数 | | | |
|---|---|---|---|---|---|---|---|---|
| | 合 计 | 内资单位 | 港澳台商投资单位 | 外商投资单 位 | 合 计 | 内资单位 | 港澳台商投资单位 | 外商投资单 位 |
| **合 计** | 23129 | 23114 | 4 | 11 | 5109 | 5096 | 5 | 8 |
| 朔州市 | 23129 | 23114 | 4 | 11 | 5059 | 5047 | 5 | 7 |
| 朔城区 | 7368 | 7360 | 2 | 6 | 1254 | 1247 | 4 | 3 |
| 平鲁区 | 2451 | 2449 | 1 | 1 | 392 | 392 | 0 | 0 |
| 山阴县 | 3035 | 3035 | 0 | 0 | 947 | 947 | 0 | 0 |
| 应 县 | 3926 | 3924 | 0 | 2 | 838 | 838 | 0 | 0 |
| 右玉县 | 1774 | 1773 | 0 | 1 | 360 | 357 | 1 | 2 |
| 怀仁县 | 3522 | 3521 | 0 | 1 | 1151 | 1151 | 0 | 0 |
| 开发区 | 1053 | 1052 | 1 | 0 | 117 | 115 | 0 | 2 |
| 外 地 | | | | | 50 | 49 | 0 | 1 |

## 15-5 按产业分基本单位数及从业人数(2016 年)

单位:个

| 县 区 | 法人单位 | | | | | | | |
|---|---|---|---|---|---|---|---|---|
| | 单位数 | 第一产业 | 第二产业 | 第三产业 | 从业人数(人) | 第一产业 | 第二产业 | 第三产业 |
| 朔州市 | 23129 | 6549 | 2126 | 14454 | 377130 | 33940 | 149967 | 193223 |
| 朔城区 | 7368 | 834 | 512 | 6022 | 110929 | 4716 | 33913 | 72300 |
| 平鲁区 | 2451 | 895 | 248 | 1308 | 51803 | 3066 | 30703 | 18034 |
| 山阴县 | 3035 | 1182 | 304 | 1549 | 46316 | 5555 | 19837 | 20924 |
| 应 县 | 3926 | 2010 | 306 | 1610 | 34028 | 6902 | 12068 | 15058 |
| 右玉县 | 1774 | 565 | 194 | 1015 | 23554 | 4025 | 8798 | 10731 |
| 怀仁县 | 3522 | 1036 | 427 | 2059 | 94385 | 9546 | 37856 | 46983 |
| 开发区 | 1053 | 27 | 135 | 891 | 16115 | 130 | 6792 | 9193 |

## 15-5 续表

单位:个

| 县 区 | 产业活动单位 | | | | | | | |
|---|---|---|---|---|---|---|---|---|
| | 单位数 | 第一产业 | 第二产业 | 第三产业 | 从业人数(人) | 第一产业 | 第二产业 | 第三产业 |
| **合 计** | 5109 | 29 | 277 | 4803 | 69848 | 286 | 29695 | 39867 |
| 朔州市 | 5059 | 29 | 267 | 4763 | 68920 | 286 | 29621 | 39013 |
| 朔城区 | 1254 | 4 | 57 | 1193 | 10532 | 29 | 3479 | 7024 |
| 平鲁区 | 392 | 2 | 43 | 347 | 16043 | 36 | 12540 | 3467 |
| 山阴县 | 947 | 9 | 23 | 915 | 7696 | 10 | 2705 | 4981 |
| 应 县 | 838 | 6 | 29 | 803 | 5352 | 70 | 391 | 4891 |
| 右玉县 | 360 | 2 | 24 | 334 | 3836 | 100 | 432 | 3304 |
| 怀仁县 | 1151 | 6 | 75 | 1070 | 24639 | 28 | 9921 | 14690 |
| 开发区 | 117 | 0 | 16 | 101 | 822 | 13 | 153 | 656 |
| 外 地 | 50 | 0 | 10 | 40 | 928 | 0 | 74 | 854 |

## 15-6　按行业分法人单位数(2016年)

单位:人

| 县　区 | 农、林、牧、渔业 | 采矿业 | 制造业 | 电力、燃气及水的生产和供应业 |
|---|---|---|---|---|
| 全　市 | 6549 | 274 | 1035 | 186 |
| 朔城区 | 834 | 27 | 170 | 31 |
| 平鲁区 | 895 | 66 | 68 | 32 |
| 山阴县 | 1182 | 71 | 155 | 32 |
| 应　县 | 2010 | 11 | 232 | 18 |
| 右玉县 | 565 | 24 | 95 | 30 |
| 怀仁县 | 1036 | 74 | 275 | 21 |
| 开发区 | 27 | 1 | 40 | 16 |

## 15-6　续表1

单位:人

| 县　区 | 建筑业 | 批发和零售业 | 交通运输、仓储和邮政业 | 住宿和餐饮业 | 信息传输、软件和信息技术服务业 |
|---|---|---|---|---|---|
| 全　市 | 631 | 5503 | 636 | 277 | 270 |
| 朔城区 | 284 | 2627 | 252 | 111 | 144 |
| 平鲁区 | 82 | 365 | 102 | 18 | 6 |
| 山阴县 | 40 | 466 | 83 | 31 | 16 |
| 应　县 | 45 | 537 | 48 | 23 | 32 |
| 右玉县 | 45 | 282 | 38 | 22 | 7 |
| 怀仁县 | 57 | 836 | 82 | 52 | 32 |
| 开发区 | 78 | 390 | 31 | 20 | 33 |

## 15-6 续表 2

单位:人

| 县 区 | 金融业 | 房地产业 | 租赁和商务服务业 | 科学研究、技术服务和地质勘查业 | 水利、环境和公共设施管理业 |
|---|---|---|---|---|---|
| 朔州市 | 163 | 500 | 926 | 449 | 159 |
| 朔城区 | 77 | 236 | 511 | 250 | 63 |
| 平鲁区 | 14 | 16 | 56 | 27 | 13 |
| 山阴县 | 19 | 36 | 69 | 29 | 28 |
| 应 县 | 11 | 35 | 60 | 38 | 13 |
| 右玉县 | 3 | 10 | 36 | 18 | 12 |
| 怀仁县 | 15 | 83 | 95 | 43 | 20 |
| 开发区 | 24 | 84 | 99 | 44 | 10 |

## 15-6 续表 3

单位:人

| 县 区 | 居民服务和其他服务业 | 教育 | 卫生、社会保障和社会福利业 | 文化、体育和娱乐业 | 公共管理和社会组织 | 国际组织 |
|---|---|---|---|---|---|---|
| 朔州市 | 457 | 555 | 316 | 385 | 3858 | 0 |
| 朔城区 | 155 | 220 | 108 | 148 | 1120 | 0 |
| 平鲁区 | 46 | 38 | 39 | 33 | 535 | 0 |
| 山阴县 | 50 | 71 | 54 | 37 | 560 | 0 |
| 应 县 | 74 | 55 | 42 | 50 | 592 | 0 |
| 右玉县 | 36 | 32 | 22 | 25 | 472 | 0 |
| 怀仁县 | 61 | 121 | 44 | 73 | 502 | 0 |
| 开发区 | 35 | 18 | 7 | 19 | 77 | 0 |

## 15-7 城镇单位从业人员(2016年)

单位:人

| 县 区 | 总 计 | 女 性 | 在岗职工含劳务合计 | 其他从业人员 |
|---|---|---|---|---|
| 全 市 | 188946 | 59500 | 184051 | 4895 |
| 朔城区 | 66647 | 24749 | 66103 | 544 |
| 平鲁区 | 30938 | 7538 | 30823 | 115 |
| 山阴县 | 20371 | 5060 | 19660 | 711 |
| 应 县 | 13249 | 5362 | 12648 | 601 |
| 右玉县 | 9606 | 3069 | 9522 | 84 |
| 怀仁县 | 39607 | 10986 | 37171 | 2436 |
| 开发区 | 8528 | 2736 | 8124 | 404 |

## 15-7 续表

单位:人

| 县 区 | 国有单位 | 集体单位 | 港澳台投资经济 | 外商投资经济 |
|---|---|---|---|---|
| 全 市 | 96514 | 7314 | 198 | 4600 |
| 朔城区 | 38144 | 3865 | 1187 | 565 |
| 平鲁区 | 11890 | 78 | 111 | 2578 |
| 山阴县 | 11470 | 377 | 65 | 0 |
| 应 县 | 9278 | 87 | 0 | 260 |
| 右玉县 | 5574 | 69 | 0 | 0 |
| 怀仁县 | 17760 | 2838 | 0 | 0 |
| 开发区 | 2398 | 0 | 383 | 40 |

## 15-8 城镇单位从业人员劳动报酬(2016年)

单位:人

| 县 区 | 从业人员平均人数 | 在岗职工平均人数含劳务合计 | 其他从业人员平均人数 | 从业人员劳动报酬(万元) | 在岗职工工资总额含劳务合计 | 其他从业人员劳动报酬 | 从业人员平均工资(元) |
|---|---|---|---|---|---|---|---|
| 全 市 | 188544 | 183604 | 4940 | 959112.4 | 943304.2 | 15808.2 | 50869 |
| 朔城区 | 66373 | 65813 | 560 | 332492.3 | 330312.1 | 2180.2 | 50095 |
| 平鲁区 | 30835 | 30705 | 130 | 195176.2 | 194607.5 | 568.7 | 63297 |
| 山阴县 | 19763 | 19146 | 617 | 90485.5 | 87779.7 | 2705.8 | 45785 |
| 应 县 | 13334 | 599 | 599 | 59583.1 | 58410.6 | 1172.5 | 44685 |
| 右玉县 | 9619 | 9534 | 85 | 50598.8 | 50234.6 | 364.2 | 52603 |
| 怀仁县 | 39715 | 37298 | 2417 | 180885.0 | 173376.9 | 7508.1 | 45546 |
| 开发区 | 8905 | 8373 | 532 | 49891.5 | 48582.8 | 1308.7 | 56026 |

## 15-9 国有单位从业人员(2016年)

单位:人

| 县 区 | 从业人员 | 女 性 | 在岗职工含劳务合计 | 其他从业人员 |
|---|---|---|---|---|
| 全 市 | 96514 | 37623 | 94351 | 2163 |
| 朔城区 | 38144 | 15625 | 38036 | 108 |
| 平鲁区 | 11890 | 4479 | 11838 | 52 |
| 山阴县 | 11470 | 4030 | 11108 | 362 |
| 应 县 | 9278 | 3253 | 8731 | 547 |
| 右玉县 | 5574 | 2180 | 5566 | 8 |
| 怀仁县 | 17760 | 6997 | 16784 | 976 |
| 开发区 | 2398 | 1059 | 2288 | 110 |

## 15-10 国有单位从业人员劳动报酬(2016年)

| 朔州市 | 从业人员平均人数（人） | 在岗职工平均人数含劳务合计 | 其他从业人员平均人数 | 从业人员劳动报酬（万元） | 在岗职工工资总额含劳务合计 | 其他从业人员劳动报酬 | 从业人员年平均工资（元） |
|---|---|---|---|---|---|---|---|
| 全　市 | 96800 | 94672 | 2128 | 451922 | 446760.1 | 5161.9 | 46686 |
| 朔城区 | 38129 | 38023 | 106 | 196082.1 | 195672.9 | 409.2 | 51426 |
| 平鲁区 | 11935 | 11883 | 52 | 47774.1 | 47623.1 | 151.0 | 40029 |
| 山阴县 | 11514 | 11161 | 353 | 44282.7 | 42889.1 | 1393.6 | 38460 |
| 应　县 | 9478 | 8932 | 546 | 46704.7 | 45642.3 | 1062.4 | 49277 |
| 右玉县 | 5525 | 5517 | 8 | 24609.4 | 24590.2 | 19.2 | 44542 |
| 怀仁县 | 17821 | 16868 | 953 | 81221.0 | 79455.6 | 1765.4 | 45576 |
| 开发区 | 2398 | 2288 | 110 | 11248.0 | 10886.9 | 361.1 | 46906 |

## 15-11 集体单位从业人员(2016年)

单位:人

| 县　区 | 从业人员 | 女　性 | 在岗职工含劳务合计 | 其他从业人员 |
|---|---|---|---|---|
| 全　市 | 7314 | 2215 | 7127 | 187 |
| 朔城区 | 3865 | 1408 | 3678 | 187 |
| 平鲁区 | 78 | 24 | 78 | 0 |
| 山阴县 | 377 | 28 | 377 | 0 |
| 应　县 | 87 | 31 | 87 | 0 |
| 右玉县 | 69 | 4 | 69 | 0 |
| 怀仁县 | 2838 | 720 | 2838 | 0 |
| 开发区 | 0 | 0 | 0 | 0 |

## 15-12 集体单位从业人员劳动报酬(2016年)

| 县区 | 从业人员平均人数(人) | 在岗职工平均人数含劳务合计 | 其他从业人员平均人数 | 从业人员劳动报酬(万元) | 在岗职工工资总额含劳务合计 | 其他从业人员劳动报酬 | 从业人员年平均工资(元) |
|---|---|---|---|---|---|---|---|
| 全市 | 7462 | 7313 | 149 | 34553.6 | 33957.7 | 595.9 | 46306 |
| 朔城区 | 3954 | 3805 | 149 | 24909.6 | 24313.7 | 595.9 | 62998 |
| 平鲁区 | 78 | 78 | 0 | 208.8 | 208.8 | 0 | 26769 |
| 山阴县 | 371 | 371 | 0 | 1308.6 | 1308.6 | 0 | 35272 |
| 应县 | 87 | 87 | 0 | 332.1 | 332.1 | 0 | 38172 |
| 右玉县 | 102 | 102 | 0 | 297.2 | 297.2 | 0 | 29137 |
| 怀仁县 | 2870 | 2870 | 0 | 7497.3 | 7497.3 | 0 | 26123 |
| 开发区 | 0 | 0 | 0 | 0 |  | 0 | 0 |

## 15-13 其他单位从业人员(2016年)

单位:人

| 县区 | 从业人员 | 女性 | 在岗职工含劳务合计 | 其他从业人员 |
|---|---|---|---|---|
| 全市 | 85118 | 19662 | 82573 | 2545 |
| 朔城区 | 24638 | 7716 | 24389 | 249 |
| 平鲁区 | 18970 | 3035 | 18907 | 63 |
| 山阴县 | 8524 | 1002 | 8175 | 349 |
| 应县 | 3884 | 2078 | 3830 | 54 |
| 右玉县 | 3963 | 885 | 3887 | 76 |
| 怀仁县 | 19009 | 3269 | 17549 | 1460 |
| 开发区 | 6130 | 1677 | 5836 | 294 |

## 15-14 其他单位从业人员劳动报酬(2016年)

| 县 区 | 从业人员平均人数（人） | 在岗职工平均人数含劳务合计 | 其他从业人员平均人数 | 从业人员劳动报酬（万元） | 在岗职工工资总额含劳务合计 | 其他从业人员劳动报酬 | 从业人员年平均工资（元） |
|---|---|---|---|---|---|---|---|
| **全 市** | 84282 | 81619 | 2663 | 462586.4 | 462586.4 | 10050.4 | 56078 |
| 朔城区 | 24290 | 23985 | 305 | 111500.6 | 110325.5 | 1175.1 | 45904 |
| 平鲁区 | 18822 | 18744 | 78 | 147193.3 | 146775.6 | 417.7 | 78203 |
| 山阴县 | 7878 | 7614 | 264 | 44894.2 | 43582.0 | 1312.2 | 56987 |
| 应 县 | 3769 | 3716 | 53 | 12546.3 | 12436.2 | 110.1 | 33288 |
| 右玉县 | 3992 | 3915 | 77 | 25692.2 | 25347.2 | 345.0 | 64359 |
| 怀仁县 | 19024 | 17560 | 1464 | 92166.7 | 86424.0 | 5742.7 | 48448 |
| 开发区 | 6507 | 6085 | 422 | 38643.5 | 37695.9 | 947.6 | 59388 |

## 15-15 全社会固定资产投资主要指标(2016年)

单位:万元

| 县 区 | 施工项目（个） | #本年新开工 | 本年投产项目（个） | 本年新增固定资产 |
|---|---|---|---|---|
| **全 市** | 1456 | 1296 | 1317 | 4579421 |
| 朔城区 | 254 | 184 | 216 | 690554 |
| 平鲁区 | 435 | 423 | 419 | 1366595 |
| 山阴县 | 164 | 141 | 136 | 502361 |
| 应县 | 130 | 124 | 116 | 307285 |
| 右玉县 | 96 | 71 | 80 | 405509 |
| 怀仁县 | 301 | 287 | 288 | 1055300 |
| 开发区 | 76 | 66 | 62 | 251817 |

## 15-15 续表 1

单位:万元

| 县　区 | 本年完成投资 | 住　宅 | 建筑工程 | 安装工程 |
|---|---|---|---|---|
| 全　市 | 6052674 | 42583 | 3236963 | 599346 |
| 朔城区 | 818504 | 25717 | 659464 | 66320 |
| 平鲁区 | 1768126 | | 490541 | 132351 |
| 山阴县 | 934416 | 13848 | 485294 | 58672 |
| 应县 | 468344 | | 340444 | 36923 |
| 右玉县 | 456622 | 3018 | 280577 | 61798 |
| 怀仁县 | 1066922 | | 641372 | 88647 |
| 开发区 | 441766 | | 241297 | 154635 |

## 15-15 续表 2

单位:万元

| 县　区 | 设备工器具购置 | 其　他 | 新　建 | 扩　建 | 改建和技术改造 | 单纯建造生活设施 | 单纯购置 |
|---|---|---|---|---|---|---|---|
| 全市 | 1213476 | 1006971 | 5182223 | 391277 | 283778 | 13174 | 179702 |
| 朔城区 | 52019 | 40701 | 696102 | 64250 | 43924 | 5067 | 9161 |
| 平鲁区 | 211391 | 933994 | 1585528 | 109242 | 65947 | 7409 | |
| 山阴县 | 366721 | 23729 | 730574 | 91040 | 112802 | | |
| 应县 | 94012 | 896 | 446926 | 15321 | 3577 | | |
| 右玉县 | 107812 | 6435 | 418766 | 37856 | | | |
| 怀仁县 | 335687 | 1216 | 801691 | 56033 | 37959 | 698 | 170541 |
| 开发区 | 45834 | | 404662 | 17535 | 19569 | | |

## 15-16 房地产开发投资主要指标(2016年)

单位:万元

| 县 区 | 施工项目(个) | 本年新开工 | 本年投产项目(个) | 本年新增固定资产 |
|---|---|---|---|---|
| 全 市 | 66 | 12 | 11 | 694328 |
| 朔城区 | 39 | 5 | 3 | 588904 |
| 平鲁区 | | | | |
| 山阴县 | 5 | | 1 | |
| 应 县 | 10 | 2 | 4 | 60238 |
| 右玉县 | | | | |
| 怀仁县 | 7 | 4 | 2 | 9254 |
| 开发区 | 5 | 1 | 1 | 35932 |

## 15-16 续表1

单位:万元

| 县 区 | 本年完成投资 | 住 宅 | 建筑工程 | 安装工程 |
|---|---|---|---|---|
| 全 市 | 280730 | 205592 | 149501 | 95642 |
| 朔城区 | 136336 | 119670 | 64537 | 46909 |
| 平鲁区 | | | | |
| 山阴县 | 10975 | 10155 | 9440 | 1535 |
| 应 县 | 3006 | 2900 | 2672 | 334 |
| 右玉县 | | | | |
| 怀仁县 | 67920 | 37979 | 45902 | 20426 |
| 开发区 | 62493 | 34888 | 26950 | 26438 |

## 15-16 续表 2

单位:万元

| 县　区 | | | 本年施工房屋面积（平方米） | |
|---|---|---|---|---|
| | 设备工器具购置 | 其他费用 | | 住　宅 |
| 全市 | 23631 | 11956 | | |
| 朔城区 | 18640 | 6250 | | |
| 平鲁区 | | | | |
| 山阴县 | | | | |
| 应县 | | | | |
| 右玉县 | | | | |
| 怀仁县 | 1592 | | | |
| 开发区 | 3399 | 5706 | | |

## 15-16 续表 3

单位:万元

| 县　区 | 本年竣工房屋面积（平方米） | | 本年竣工房屋价值 | |
|---|---|---|---|---|
| | | 住　宅 | | 住　宅 |
| 全市 | 1023554 | 174999 | 114299 | 46019 |
| 朔城区 | 346110 | 128980 | | |
| 平鲁区 | | | | |
| 山阴县 | 617793 | 37852 | 106132 | 37852 |
| 应县 | | | | |
| 右玉县 | 34667 | 8167 | 8167 | 8167 |
| 怀仁县 | 24984 | | | |
| 开发区 | | | | |

## 15-17 农林牧渔业总产值(2016 年)

按当年价格计算　　　　单位:万元

| 县 区 | 农林牧渔业总产值 | 农 业 | 林 业 | 牧 业 | 渔 业 | 农林牧渔服务业 |
|---|---|---|---|---|---|---|
| 全 市 | 1212843.8 | 532980.5 | 86249.5 | 559429.5 | 2187.3 | 31997 |
| 朔城区 | 221942.8 | 119988.4 | 27086.9 | 63218.4 | 1097.2 | 10552 |
| 平鲁区 | 77248.8 | 39857 | 8925.2 | 21875.4 | 61.2 | 6530 |
| 山阴县 | 241898.4 | 89481.8 | 8292.9 | 142026 | 237.7 | 1860 |
| 应 县 | 312312.6 | 174656 | 8641.7 | 121205.4 | 399.6 | 7410 |
| 右玉县 | 128128.2 | 28867.2 | 24724.8 | 72212.2 | 184 | 2140 |
| 怀仁县 | 223017.9 | 77963.9 | 8578.1 | 133068.3 | 207.6 | 3200 |

## 15-18 农林牧渔业中间消耗(2016 年)

按当年价格计算　　　　单位:万元

| 县 区 | 农林牧渔业中间消耗 | 农 业 | 林 业 | 牧 业 | 渔 业 | 农林牧渔服务业 |
|---|---|---|---|---|---|---|
| 全 市 | 633153 | 268362.3 | 47877.8 | 300457.5 | 1331.5 | 15123.9 |
| 朔城区 | 88527.3 | 49026 | 9515.3 | 24335.1 | 697.2 | 4953.7 |
| 平鲁区 | 38199.4 | 20840.5 | 3403.1 | 11515 | 37.7 | 2403.1 |
| 山阴县 | 123796.9 | 40470.3 | 3399.3 | 78981.8 | 159.4 | 786.1 |
| 应 县 | 174006.1 | 95533 | 4952.7 | 69712.9 | 205.3 | 3602.2 |
| 右玉县 | 69897.9 | 14663.3 | 15906.7 | 38124.4 | 98.8 | 1104.7 |
| 怀仁县 | 134406.9 | 47710.7 | 4317.6 | 80426.2 | 135.6 | 1816.7 |

# 15-19 乡村基本情况(2016年)

| 县 区 | 乡镇政府(个) | 镇政府 | 村民委员会(个) | 乡村户数(户) |
|---|---|---|---|---|
| 全 市 | 73 | 19 | 1624 | 392078 |
| 朔城区 | 15 | 2 | 300 | 96761 |
| 平鲁区 | 13 | 2 | 286 | 29125 |
| 山阴县 | 13 | 4 | 257 | 61038 |
| 应 县 | 12 | 3 | 298 | 98880 |
| 右玉县 | 10 | 4 | 321 | 28392 |
| 怀仁县 | 10 | 4 | 162 | 77882 |

# 15-19 续表

| 县 区 | 乡村从业人员(人) | 农林牧渔业 | 工 业 | 建筑业 | 其他行业 |
|---|---|---|---|---|---|
| 全 市 | 484399 | 327149 | 37346 | 27704 | 21621 |
| 朔城区 | 116763 | 80541 | 5689 | 7849 | 5264 |
| 平鲁区 | 50996 | 34123 | 5690 | 1242 | 3540 |
| 山阴县 | 65142 | 46891 | 5022 | 3591 | 2630 |
| 应 县 | 123002 | 94944 | 5658 | 8246 | 4013 |
| 右玉县 | 41199 | 22932 | 3173 | 1615 | 1378 |
| 怀仁县 | 87297 | 47718 | 12114 | 5161 | 4796 |

# 15-20 农业生产条件（2016年）

| 县　区 | 农业机械总动力（千瓦） | 大中型农用拖拉机（台） | 小型农用拖拉机（台） | 农用排灌动力机械（台） |
|---|---|---|---|---|
| **全　市** | 1442715 | 31445 | 16873 | 16786 |
| 朔城区 | 353875 | 7666 | 4670 | 4460 |
| 平鲁区 | 134416 | 4121 | 2736 | 1928 |
| 山阴县 | 307943 | 6191 | 2963 | 2740 |
| 应　县 | 245159 | 4416 | 928 | 3940 |
| 右玉县 | 129512 | 5213 | 3814 | 928 |
| 怀仁县 | 271810 | 3838 | 1762 | 2790 |

# 15-20 续表

| 县　区 | 农用挂车（台） | 配套机电井（眼） | 农村用电量（万千瓦小时） | 农用化肥施用量（折纯量,吨） |
|---|---|---|---|---|
| **全　市** | 16925 | 76032 | 28416.00 | 77604 |
| 朔城区 | 4500 | 24755 | 4645.00 | 17140 |
| 平鲁区 | 2705 | 149 | 772.00 | 5003 |
| 山阴县 | 2880 | 15777 | 4428.00 | 13751 |
| 应　县 | 1910 | 15356 | 9133.00 | 26508 |
| 右玉县 | 2845 | 3164 | 1104.00 | 2171 |
| 怀仁县 | 2085 | 16831 | 7679.00 | 13030 |

## 15-21 水果生产情况(2016年)

| 县 区 | 年末果园面积(公顷) | 苹果 | 梨 | 杏 | 全年水果产量(吨) | 苹果 | 梨 | 杏 |
|---|---|---|---|---|---|---|---|---|
| 全 市 | 2312.2 | 363.9 | 32 | 1454.7 | 6480.6 | 1354.5 | 149.5 | 2914.2 |
| 朔城区 | 297.1 | 3.3 | 1.3 | 271.3 | 462.4 | 40 | | 26 |
| 平鲁区 | | | | | | | | |
| 山阴县 | 164.1 | 6.6 | | 128.9 | 1299.4 | 152.8 | | 877.1 |
| 应 县 | 389.3 | 272.9 | 0.3 | 107.3 | 1159.7 | 715 | 15 | 270 |
| 右玉县 | | | | | | | | |
| 怀仁县 | 1461.7 | 81.1 | 30.4 | 947.2 | 3559.1 | 446.7 | 134.5 | 1741.1 |

## 15-22 粮食、油料、蔬菜产量

单位:吨

| 县 区 | 粮食产量 | | 油料产量 | | 蔬菜产量 | |
|---|---|---|---|---|---|---|
| | 2015 | 2016 | 2015 | 2016 | 2015 | 2016 |
| 全 市 | 1099692 | 1270288 | 24860.9 | 29606.6 | 716423.6 | 697078.3 |
| 朔城区 | 263888 | 318636.8 | 4787.6 | 5973.5 | 153489.5 | 98691.2 |
| 平鲁区 | 53233.2 | 75677.2 | 7601.1 | 8865.1 | 2079.9 | 455.2 |
| 山阴县 | 250166.7 | 265010.4 | 3918.6 | 3739.8 | 50902.4 | 77578.7 |
| 应 县 | 311642.6 | 345419.7 | 1904.9 | 2717.3 | 355535.8 | 369829.3 |
| 右玉县 | 33689.6 | 35183.1 | 6404.6 | 7742.4 | 8231.9 | 5346.8 |
| 怀仁县 | 187071.9 | 230360.3 | 244.1 | 568.5 | 146184.1 | 145177.1 |

# 15-23 粮食、油料、蔬菜播种面积

单位:公顷

| 县 区 | 粮食面积 | | 油料面积 | | 蔬菜及食用苗面积 | |
|---|---|---|---|---|---|---|
| | 2015 | 2016 | 2015 | 2016 | 2015 | 2016 |
| **全 市** | 268091.9 | 265202 | 25743.5 | 26412.7 | 15869.9 | 14348.5 |
| 朔城区 | 56258.5 | 55224.1 | 3016.6 | 3579 | 3464.8 | 1681.6 |
| 平鲁区 | 34905.6 | 37427.3 | 8861.7 | 8546.8 | 50.3 | 7.8 |
| 山阴县 | 50913.5 | 51411.3 | 3683 | 2912.9 | 1254.5 | 1691 |
| 应 县 | 52725 | 49154.7 | 896.3 | 1187 | 7890.5 | 7924.1 |
| 右玉县 | 31217.9 | 30789.4 | 8968.5 | 9631.4 | 125.3 | 93.7 |
| 怀仁县 | 42071.4 | 41195.3 | 317.4 | 555.6 | 3084.5 | 2950.3 |

# 15-24 社会消费品零售总额(2016年)

单位:万元

| 县 区 | 社会消费品零售总额 | 城 镇 | 乡 村 |
|---|---|---|---|
| 全 市 | 2910719.1 | 2075982.6 | 834736.5 |
| 朔城区 | 989954.2 | 702224.3 | 287729.9 |
| 平鲁区 | 324695.6 | 210414.3 | 114281.3 |
| 山阴县 | 373641.3 | 265010.1 | 108631.2 |
| 应 县 | 297911.9 | 205091 | 92820.9 |
| 右玉县 | 157299.1 | 112266.2 | 45032.9 |
| 怀仁县 | 665371.7 | 479131.4 | 186240.3 |
| 开发区 | 101845.3 | 101845.3 | 0 |

## 15-25 工业企业

| 县　区 | 企业单位数(个) | | 工业总产值（当年价格） | 工业销售产值（当年价格） |
|---|---|---|---|---|
| | | 亏损企业 | | |
| 朔城区 | 25 | 12 | 760107 | 664544 |
| 平鲁区 | 26 | 10 | 2230301 | 2194970 |
| 山阴县 | 40 | 13 | 1272936 | 1250663 |
| 应　县 | 41 | 4 | 557794 | 493777 |
| 右玉县 | 16 | 4 | 390816 | 351445 |
| 怀仁县 | 73 | 18 | 1757734 | 1725973 |
| 开发区 | 11 | 4 | 455822 | 471227 |

## 15-25 续

| 县　区 | 固定资产原价 | 累计折旧 | 负债合计 |
|---|---|---|---|
| 朔城区 | 2078118 | 1008159 | 1503341 |
| 平鲁区 | 7822752 | 3034076 | 6472004 |
| 山阴县 | 1925172 | 555373 | 2973025 |
| 应　县 | 205518 | 52168 | 213277 |
| 右玉县 | 1391135 | 275501 | 1798731 |
| 怀仁县 | 1420418 | 461846 | 1965041 |
| 开发区 | 1071092 | 140948 | 1342006 |

## 15-25 续

| 县　区 | 主营业务成本 | 主营业务税金及附加 |
|---|---|---|
| 朔城区 | 667296 | 15529 |
| 平鲁区 | 1107502 | 95706 |
| 山阴县 | 847561 | 36806 |
| 应　县 | 430162 | 3665 |
| 右玉县 | 189116 | 16572 |
| 怀仁县 | 1216078 | 28452 |
| 开发区 | 299264 | 14996 |

# 主要经济指标(2016 年)

单位:万元

| 资产总计 | 流动资产合计 | 固定资产合计 |
|---|---|---|
| 2182782 | 724492 | 1089535 |
| 9907267 | 1698054 | 5048084 |
| 4156335 | 1597601 | 1256208 |
| 423312 | 193783 | 170431 |
| 2155875 | 655113 | 1059490 |
| 2276983 | 930131 | 1099207 |
| 1798499 | 514412 | 1033630 |

## 表 1

单位:万元

| 所有者权益合计 | 主营业务收入 |
|---|---|
| 629290 | 823122 |
| 3435263 | 2074159 |
| 1183310 | 1254950 |
| 210035 | 484659 |
| 463591 | 329960 |
| 310309 | 1699067 |
| 456493 | 440515 |

## 表 2

单位:万元

| 管理费用 | 财务费用 |
|---|---|
| 41285 | 23516 |
| 140455 | 164481 |
| 68249 | 73507 |
| 16442 | 5862 |
| 35894 | 62136 |
| 57944 | 37858 |
| 15941 | 17590 |

15-25 续

| 县　区 | 利息支出 | 利润总额 | 亏损企业亏损总额 |
|---|---|---|---|
| 朔城区 | 23795 | -737 | 43896 |
| 平鲁区 | 158857 | 28662 | 61614 |
| 山阴县 | 37607 | 32812 | 86313 |
| 应　县 | 2619 | 15817 | 1102 |
| 右玉县 | 61038 | 6294 | 28712 |
| 怀仁县 | 26360 | 323131 | 53606 |
| 开发区 | 16983 | 52506 | 12850 |

15-25 续

| 县　区 | 资产负债率(%) | 流动资产周转率(次/年) |
|---|---|---|
| 朔城区 | 68.87 | 1.15 |
| 平鲁区 | 65.33 | 1.23 |
| 山阴县 | 71.53 | 0.81 |
| 应　县 | 50.38 | 2.52 |
| 右玉县 | 83.43 | 0.51 |
| 怀仁县 | 86.3 | 1.83 |
| 开发区 | 74.62 | 0.87 |

# 表 3

单位:万元

| 利税总额 | 本年应交增值税 | 总资产贡献率(%) |
|---|---|---|
| 43688 | 28837 | 3.08 |
| 279511 | 155055 | 4.36 |
| 138665 | 68828 | 4.24 |
| 25087 | 5374 | 6.57 |
| 43375 | 20503 | 4.56 |
| 504197 | 152614 | 23.3 |
| 81676 | 14002 | 5.48 |

# 表 4

单位:万元

| 成本费用利润率(%) | 产品销售率(%) | 从业人员平均人数(人) |
|---|---|---|
| -0.09 | 87.43 | 8743 |
| 1.45 | 98.42 | 9842 |
| 2.67 | 98.25 | 9825 |
| 3.38 | 88.52 | 8852 |
| 2.04 | 89.93 | 8993 |
| 23.97 | 98.19 | 9819 |
| 13.24 | 103.38 | 10338 |

## 15-26 大中型工业企业

| 县　区 | 企业单位数(个) | 亏损企业 | 工业总产值（当年价格） | 工业销售产值（当年价格） |
|---|---|---|---|---|
| 朔城区 | 9 | 5 | 263518 | 272571 |
| 平鲁区 | 11 | 8 | 1951508 | 1951878 |
| 山阴县 | 12 | 6 | 998658 | 980155 |
| 应　县 | 13 | 0 | 281467 | 244316 |
| 右玉县 | 5 | 2 | 222425 | 181853 |
| 怀仁县 | 17 | 9 | 493131 | 468626 |
| 开发区 | 5 | 2 | 399136 | 409004 |

## 15-26 续

| 县　区 | | | 负债合计 |
|---|---|---|---|
| | 固定资产原价 | 累计折旧 | |
| 朔城区 | 1073662 | 528109 | 683585 |
| 平鲁区 | 6805851 | 2797660 | 5306097 |
| 山阴县 | 1191793 | 391870 | 2060092 |
| 应　县 | 43158 | 8893 | 36726 |
| 右玉县 | 598038 | 128618 | 856562 |
| 怀仁县 | 984724 | 366300 | 1566451 |
| 开发区 | 1041878 | 131212 | 1291383 |

## 15-26 续

| 县　区 | | |
|---|---|---|
| | 主营业务成本 | 主营业务税金及附加 |
| 朔城区 | 225762 | 10490 |
| 平鲁区 | 958929 | 91357 |
| 山阴县 | 563472 | 27354 |
| 应　县 | 205354 | 2683 |
| 右玉县 | 97055 | 14742 |
| 怀仁县 | 307258 | 26724 |
| 开发区 | 253524 | 14695 |

# 主要经济指标(2016年)

单位:万元

| 资产总计 | 流动资产合计 | 固定资产合计 |
| --- | --- | --- |
| 1014705 | 307323 | 541988 |
| 8359643 | 1304911 | 4038472 |
| 3057032 | 1307949 | 685348 |
| 92347 | 44696 | 38834 |
| 1106571 | 484571 | 473014 |
| 1600556 | 660538 | 724365 |
| 1710822 | 459609 | 1013109 |

# 表1

单位:万元

| 所有者权益合计 | 主营业务收入 |
| --- | --- |
| 331120 | 272766 |
| 3053546 | 1825578 |
| 996939 | 912050 |
| 55621 | 235162 |
| 250009 | 184875 |
| 34105 | 445234 |
| 419439 | 386752 |

# 表2

单位:万元

| 管理费用 | 财务费用 |
| --- | --- |
| 26096 | 7636 |
| 131337 | 139548 |
| 44004 | 53253 |
| 7689 | 2338 |
| 26287 | 30661 |
| 51323 | 27773 |
| 12232 | 17442 |

15-26 续

| 县　区 | 利息支出 | 利润总额 | 亏损总额亏损企业 |
|---|---|---|---|
| 朔城区 | 7874 | -10458 | 14175 |
| 平鲁区 | 137832 | -30174 | 59567 |
| 山阴县 | 23143 | 37332 | 51923 |
| 应　县 | 1728 | 9050 | 0 |
| 右玉县 | 31886 | -3377 | 11560 |
| 怀仁县 | 17570 | 4683 | 39560 |
| 开发区 | 16983 | 46885 | 12178 |

15-26 续

| 县　区 | 资产负债率(%) | 流动资产周转率(次/年) |
|---|---|---|
| 朔城区 | 67.37 | 0.91 |
| 平鲁区 | 63.47 | 1.41 |
| 山阴县 | 67.39 | 0.7 |
| 应　县 | 39.77 | 5.26 |
| 右玉县 | 77.41 | 0.38 |
| 怀仁县 | 97.87 | 0.68 |
| 开发区 | 75.48 | 0.84 |

## 表 3

单位:万元

| 利税总额 | 本年应交增值税 | 总资产贡献率(%) |
|---|---|---|
| 20327 | 20239 | 2.77 |
| 207815 | 146543 | 4.11 |
| 124236 | 59350 | 4.82 |
| 14672 | 2708 | 17.75 |
| 28818 | 17453 | 5.38 |
| 76647 | 45240 | 5.88 |
| 73301 | 11719 | 5.27 |

## 表 4

单位:万元

| 成本费用利润率(%) | 产品销售率(%) | 从业人员平均人数(人) |
|---|---|---|
| -3.79 | 103.44 | 6293 |
| -1.69 | 100.02 | 17600 |
| 4.4 | 98.15 | 7355 |
| 4.05 | 86.8 | 5386 |
| -1.94 | 81.76 | 3634 |
| 1.13 | 95.03 | 20045 |
| 13.69 | 102.47 | 4138 |

## 15-27 国有控股工业企业

| 县区 | 企业单位数(个) | 亏损企业 | 工业总产值(当年价格) | 工业销售产值(当年价格) |
|---|---|---|---|---|
| 朔城区 | 11 | 5 | 502314 | 530726 |
| 平鲁区 | 13 | 3 | 1921281 | 1908793 |
| 山阴县 | 12 | 7 | 874996 | 860990 |
| 应县 | 1 | 0 | 29036 | 22474 |
| 右玉县 | 8 | 2 | 312626 | 275829 |
| 怀仁县 | 12 | 7 | 483657 | 462411 |
| 开发区 | 3 | 0 | 332476 | 348684 |

## 15-27 续

| 县区 | 负债合计 | 所有者权益合计 | 主营业务收入 | 主营业务成本 |
|---|---|---|---|---|
| 朔城区 | 1042001 | 528331 | 531018 | 398521 |
| 平鲁区 | 4878938 | 3105902 | 1792020 | 872848 |
| 山阴县 | 2530047 | 716587 | 871321 | 547574 |
| 应县 | 21875 | 4386 | 28048 | 27449 |
| 右玉县 | 1528353 | 258965 | 252825 | 140452 |
| 怀仁县 | 1649893 | -16564 | 441587 | 319280 |
| 开发区 | 940224 | 391703 | 319352 | 170569 |

## 15-27 续

| 县区 | 亏损企业亏损总额 | 利税总额 | 本年应交增值税 | 总资产贡献率(%) |
|---|---|---|---|---|
| 朔城区 | 17447 | 58251 | 23907 | 4.56 |
| 平鲁区 | 15642 | 266540 | 132922 | 4.86 |
| 山阴县 | 79502 | 93887 | 58773 | 3.86 |
| 应县 | 0 | 818 | 303 | 3.12 |
| 右玉县 | 17152 | 33301 | 13500 | 4.65 |
| 怀仁县 | 47798 | 58165 | 45157 | 5.05 |
| 开发区 | 0 | 105534 | 26877 | 8.26 |

# 主要经济指标(2016年)

单位:万元

| 资产总计 | 流动资产合计 | 固定资产合计 | 固定资产原价 | 累计折旧 |
|---|---|---|---|---|
| 1570332 | 435026 | 836963 | 1793807 | 953278 |
| 7984840 | 952918 | 4015912 | 6689693 | 2802137 |
| 3246634 | 1334204 | 938946 | 1445226 | 379756 |
| 26261 | 23046 | 445 | 445 | 295 |
| 1680871 | 435896 | 889536 | 1158373 | 208954 |
| 1633330 | 620053 | 860304 | 1150795 | 400444 |
| 1331926 | 403265 | 713504 | 720722 | 109660 |

## 表1

单位:万元

| 主营业务税金及附加 | 管理费用 | 财务费用 | 利息支出 | 利润总额 |
|---|---|---|---|---|
| 13195 | 27621 | 13271 | 13624 | 21091 |
| 84915 | 120815 | 133128 | 127092 | 48614 |
| 26890 | 47234 | 62783 | 31634 | 8204 |
| 93 | 40 | 2 | 2 | 422 |
| 11884 | 23136 | 52037 | 50508 | 7912 |
| 26154 | 47339 | 35657 | 24421 | -13146 |
| 13920 | 8870 | 4706 | 4493 | 64569 |

## 表2

单位:万元

| 资产负债率(%) | 流动资产周转率(次/年) | 成本费用利润率(%) | 产品销售率(%) | 从业人员平均人数(人) |
|---|---|---|---|---|
| 66.36 | 1.24 | 4.19 | 105.66 | 5808 |
| 61.1 | 1.9 | 2.9 | 99.35 | 11726 |
| 77.93 | 0.66 | 0.98 | 98.4 | 5295 |
| 83.3 | 1.22 | 1.53 | 77.4 | 130 |
| 90.93 | 0.58 | 3.38 | 88.23 | 2316 |
| 101.01 | 0.71 | -3.06 | 95.61 | 17579 |
| 70.59 | 0.81 | 26.25 | 104.87 | 3225 |

## 15–28 私营工业企业

| 县　区 | 企业单位数(个) | 亏损企业 | 工业总产值（当年价格） | 工业销售产值（当年价格） |
| --- | --- | --- | --- | --- |
| 朔城区 | 10 | 5 | 213979 | 89905 |
| 平鲁区 | 6 | 2 | 91738 | 62036 |
| 山阴县 | 20 | 4 | 321660 | 313020 |
| 应　县 | 26 | 2 | 364795 | 325458 |
| 右玉县 | 8 | 2 | 78189 | 75616 |
| 怀仁县 | 59 | 11 | 1250539 | 1240046 |
| 开发区 | 7 | 3 | 72663 | 71861 |

## 15–28 续

| 县　区 | 负债合计 | 所有者权益合计 | 主营业务收入 | 主营业务成本 |
| --- | --- | --- | --- | --- |
| 朔城区 | 360514 | 31345 | 251415 | 233046 |
| 平鲁区 | 352740 | 60665 | 60968 | 44187 |
| 山阴县 | 352017 | 311247 | 323748 | 249890 |
| 应　县 | 117418 | 157998 | 314190 | 283753 |
| 右玉县 | 270378 | 204626 | 77135 | 48664 |
| 怀仁县 | 306629 | 303220 | 1233965 | 884722 |
| 开发区 | 164092 | 13492 | 69479 | 79044 |

## 15–28 续

| 县　区 | 亏损企业亏损总额 | 利税总额 | 本年应交增值税 | 总资产贡献率(%) |
| --- | --- | --- | --- | --- |
| 朔城区 | 18812 | -11086 | 3262 | -0.70 |
| 平鲁区 | 8695 | 9314 | 2321 | 3.37 |
| 山阴县 | 4129 | 43007 | 9489 | 7.19 |
| 应　县 | 874 | 13918 | 3739 | 5.53 |
| 右玉县 | 11560 | 10074 | 7003 | 4.23 |
| 怀仁县 | 5809 | 434338 | 104973 | 71.34 |
| 开发区 | 2913 | 613 | 2437 | 1.29 |

# 主要经济指标(2016年)

单位:万元

| 资产总计 | 流动资产合计 | 固定资产合计 | 固定资产原价 | 累计折旧 |
| --- | --- | --- | --- | --- |
| 442010 | 223215 | 160796 | 187058 | 32744 |
| 413406 | 107273 | 285870 | 310723 | 67957 |
| 663264 | 182329 | 228606 | 342680 | 102322 |
| 275416 | 128865 | 101146 | 126262 | 39785 |
| 475004 | 219218 | 169954 | 232762 | 66547 |
| 611482 | 282938 | 234711 | 264062 | 60017 |
| 177584 | 103247 | 60401 | 76323 | 16967 |

## 表1

单位:万元

| 主营业务税金及附加 | 管理费用 | 财务费用 | 利息支出 | 利润总额 |
| --- | --- | --- | --- | --- |
| 1252 | 7566 | 8117 | 8025 | –15600 |
| 2156 | 3319 | 4642 | 4693 | 4836 |
| 9541 | 17231 | 8882 | 4748 | 23976 |
| 747 | 10496 | 1984 | 1217 | 9201 |
| 4689 | 12759 | 10099 | 10531 | –1618 |
| 2092 | 8958 | 2179 | 1916 | 327273 |
| 298 | 7071 | 2103 | 1688 | –2126 |

## 表2

单位:万元

| 资产负债率(%) | 流动资产周转率(次/年) | 成本费用利润率(%) | 产品销售率(%) | 从业人员平均人数(人) |
| --- | --- | --- | --- | --- |
| 81.56 | 1.13 | –5.93 | 42.02 | 1453 |
| 85.33 | 0.57 | 8.87 | 67.62 | 1080 |
| 53.07 | 1.78 | 8.3 | 97.31 | 3729 |
| 42.63 | 2.46 | 3 | 89.22 | 5496 |
| 56.92 | 0.35 | –2.18 | 96.71 | 2044 |
| 50.15 | 4.36 | 36.18 | 99.16 | 7632 |
| 92.4 | 0.68 | –2.36 | 98.9 | 1322 |

## 15-29 财政收支总额(2016年)

单位:万元

| 县 区 | 一般预算收入 | 企业所得税 | 增值税 |
|---|---|---|---|
| 全 市 | 491229 | 19076 | 158091 |
| 朔城区 | 79336 | 1863 | 16378 |
| 平鲁区 | 52957 | 2733 | 10789 |
| 山阴县 | 57359 | 2955 | 24970 |
| 应 县 | 13906 | 729 | 2120 |
| 右玉县 | 28875 | 1594 | 6821 |
| 怀仁县 | 55028 | 3481 | 17381 |
| 开发区 | 21148 | 791 | 3829 |

## 15-29 续表

| 县 区 | 一般预算支出 | 一般公共服务 | 教育事业费 | 社会保障和就业 |
|---|---|---|---|---|
| 全 市 | 1276607 | 120638 | 240244 | 176407 |
| 朔城区 | 192306 | 16304 | 40710 | 30609 |
| 平鲁区 | 149125 | 14117 | 27182 | 31526 |
| 山阴县 | 182647 | 12887 | 33111 | 22742 |
| 应 县 | 168692 | 10988 | 38086 | 32242 |
| 右玉县 | 106344 | 10505 | 16381 | 12863 |
| 怀仁县 | 168856 | 11909 | 37331 | 34368 |
| 开发区 | 26396 | 3552 | 7169 | 662 |

# 16 附 录

# 中共朔州市委常委会工作报告

王安庞

（2016 年 10 月 17 日）

同志们：

现在，我受市委常委会委托，向全会报告近一年来的主要工作。

2017 年是极不平凡的一年。市委六届二次全会以来，市委常委会在省委的坚强领导下，高举中国特色社会主义伟大旗帜，坚持以习近平新时代中国特色社会主义思想为指引，深入贯彻习近平总书记视察山西重要讲话精神，认真落实省委“一个指引、两手硬”思路和要求以及实现“两个持久”目标的部署要求，进一步突出“两大任务”工作主题，明确走出“五条新路”主攻方向，团结带领全市党员干部群众，始终坚持党对一切工作的领导，大力学习传承弘扬右玉精神，统筹推进经济、政治、文化、社会和生态文明建设，坚定不移推进全面从严治党，在风险挑战中强力攻坚，在创新奋进中实现突破，全市上下呈现出经济发展企稳回升、社会大局和谐稳定、广大干部干事创业、各项工作推进有力的强劲态势。市委充分发挥统揽全局、协调各方的领导核心作用，切实提高把方向、谋大局、定政策、促改革的能力和定力，召开六届三次、四次全会，分别就研究朔州市部分行政区划调整、决定怀仁县撤县设市和山阴县撤县改区有关工作，学习贯彻习近平总书记视察山西重要讲话精神等重大事项作出决策和部署；召开 36 次常委会会议，研究部署在全市带有根本性、全局性、引领性的重大工作，坚决确保党中央大政方针和省委决策部署在朔州全面正确有效贯彻落实。

近一年来，市委常委会主要做了以下工作。

**一、自觉用习近平新时代中国特色社会主义思想武装头脑、指导实践，确保正确政治方向**

常委会认为，高举伟大旗帜，把握正确方向，始终坚持以习近平新时代中国特色社会主义思想武装头脑、指导实践，这是把方向、管根本的。市委在年初就明确提出把迎接服务保障党的十九大胜利召开和学习宣传贯彻党的十九大精神作为 2017 年全市工作的主题主线，引导广大党员干部自觉拥戴核心，坚定维护核心，绝对服从核心，始终紧跟核心，在政治立场、政治方向、政治原则、政治道路上与以习近平同志为核心的党中央保持高度一致，坚决维护党中央权威和集中统一领导，自觉把党中央决策部署在朔州落到实处。

一是打牢迎接党的十九大胜利召开的思想政治基础。把学习贯彻习近平新时代中国特色社会主义思想作为首要的、重大的政治任务，发挥领导干部带头学的示范效应，采取中心组学习会、常委会会议、专题研讨会、集中培训班、组织宣讲团等多种方式深入学习领会，不断在推动学深学透、融会贯通、学以致用上下功夫求实效。召开深入学习贯彻习近平总书记重要思想经验交流会，深刻领会习近平总书记对右玉精神4次重要指示精神，切实增强思想认同、理论认同、情感认同，进一步树牢“四个意识”，增强“四个自信”。

二是深入学习贯彻习近平总书记视察山西重要讲话精神。习近平总书记视察山西重要讲话明确了山西今后发展的大方向和大格局，为我们把握大局、抓好重点、继续前进提供了根本遵循。市委连续召开2次中心组专题学习会议、全市领导干部大会，原文学习讲话，集中观看专题片《总书记在山西》，市委常委带头把自己摆进去、谈体会、找不足、立标杆，发挥示范引领作用；先后召开3次常委会会议，贯彻落实省委“两个实施意见”精神，研究通过中共朔州市委《关于深入学习习近平总书记视察山西重要讲话精神贯彻落实省委“两个实施意见”的工作方案》；召开市委六届四次全体（扩大）会议，进一步就贯彻落实习近平总书记视察山西重要讲话精神、做好下半年工作进行安排部署，推动习近平总书记重要讲话精神在朔州落地落实。

三是全面推动习近平新时代中国特色社会主义思想深入人心。新闻媒体先后开设“砥砺奋进的五年”“学好讲话、维护核心、讲好故事”“喜迎十九大”等专栏，新闻网站和新媒体刊发稿件8800余篇，充分展示十八大以来党和国家事业发展的生动实践和巨大成就。开展密度高、覆盖广、声势大的学习宣讲活动，市县两级组建宣讲团73个，深入355个机关、企业、学校、社区、村镇，开展宣讲547场次，发放资料3万多份，直接受众超过5万人，切实推动习近平新时代中国特色社会主义思想家喻户晓、入脑入心。我市被中宣部评为全国基层理论宣讲先进集体。

党的十九大召开后，市委及时安排部署、精心组织实施十九大精神的学习宣传贯彻工作。10月27日，市委召开中心组专题学习会议，集中学习党的十九大精神，强调要把学习宣传贯彻党的十九大精神作为当前和今后的重大政治任务和工作主题，深刻领会习近平新时代中国特色社会主义思想的历史地位、精神实质和丰富内涵，迅速兴起学习宣传贯彻热潮。10月31日，市四大班子领导集体自学党的十九大精神，市委常委主动先学一步、学深一层，通过带头学、带头讲、带头干，引领示范全市党员干部人人读原文、人人谈感受、人人作宣讲、人人当表率、人人增本领、人人抓落实，进一步营造学习宣传浓厚氛围。朔州日报开辟“迅速掀起学习贯彻十九大精神热潮”专栏，朔州新闻网开辟“领航新征程”“十九大精神在朔州”专栏，朔州广播电视台开辟“领读十九大报告”“新时代新征程新朔州”专栏，先后刊播稿件110余件。11月8日，市委召开常委会会议，及时传达学习省委十一届五次全会精神，强调学习贯彻十九大精神最根本的是学习贯彻习近平新时代中国特色社会主义思想，必须大力弘扬右玉精神和理论联系实际的学风，深入开展领导干部大调研活动，以实际行动推动十九大精神在朔州化为生动实践。11月12日，市委召开常委会会议，审议通过《关于认真学习宣传贯彻党的十九大精神的通知》，进一步对全市各级党组织学习宣传贯彻工作提出明确要求。这次全会对学用习近平新时代中国特色社会主义思想进一步作出安排部署，强调要坚持以习近平新时代中国特色社会主义思想为指引，继续深入贯彻落实习近平总书记视察山西重要讲话精神，谱写新时代中国特色社会主义的朔州篇章。

**二、坚决扛起主体责任，推动从严管党治党向深处抓、往实里做**

常委会牢记全面从严治党永远在路上，始终把抓好党建作为最大政绩，强化主体责任，落实主业主责，认真执行市委《关于落实全面从严治党要求加强党的建设的意见》，进一步推动从严管党治党向纵深发展。

一是扎实推进“两学一做”学习教育常态化制度化和开展“维护核心、见诸行动”主题教育。把学习教育和主题教育作为党建工作龙头任务，市委常委以身作则、以上率下，强化“书记抓、抓书记”，强化工作合力，强化工作指导，强化督促检查，确保上下联动、整体推进。把学习贯彻习近平总书记视察山西重要讲话精神作为主题教育的重点任务和工作主线，层层开展学用系列重要讲话精神交流，精心组织《习近平总书记的成长之路》《习近平的七年知青岁月》学习研讨，全市4887个党支部组织开展了专题学习研讨，817名县处级党员领导干部以普通党员身份参加了支部学习研讨，达到了思想认同、政治看齐、行动紧跟的目的。把加强党支部建设作为推进“两学一做”学习教育常态化制度化的基本依托和重要任务，充分发挥党支部主体作用，严格落实“三会一课”，推行主题党日，深化“党员先锋行”，确保党组织履行职责、发挥核心作用，广大党员党性坚强、发挥先锋模范作用。强化典型引领，全市推选6名全省优秀农村党支部书记、7名全省优秀党员领导干部、7个全省先进基层党组织和7名全省优秀共产党员，评选表彰149个全市先进基层党组织和214名优秀党员。

二是全面强化“三基建设”。把加强“三基建设”作为推进学习教育和主题教育的特色载体，各级党委强化责任，各行业主管部门有力指导。坚持统筹谋划。市县乡三级书记开展“三基建设”大调研，制定市委《关于在推进“两学一做”学习教育常态化制度化中加强“三基建设”的实施方案》，确定30个方面115项重点任务。坚持强化保障。着力构建重心下移、力量下沉、保障下倾的体制机制。每个乡镇运转经费平均达到90万元，每个行政村运转经费达到9万元，每个社区工作经费达到10万元以上；在省级扶持村级集体经济试点的基础上，市财政专列300万元支持平鲁区、山阴县开展市级试点。坚持突出重点。抓实抓牢省委确定的具有重大牵引作用的13项重点工作任务。全覆盖轮训基层党支部书记5142人次，推进右玉县撤并行政村试点工作，全面实施农村本土人才回归工程，切实保障农村（社区）“两委”主干报酬，进一步强化干部驻村帮扶工作。大力推进发展村级集体经济，截止10月底，1294个村实现集体经济破零，占81.3%。扎实推进村（社区）“两委”换届工作，截止11月12日，全市1522个村党组织完成换届，占98.8%。选派554名机关干部到乡镇挂职，积极改善乡镇干部工作生活条件，全面铺开编制基础工作目录和各类手册工作，切实加强机关效能建设，积极推进干部通用能力、专业能力培训。举办全市党办系统加强“三基建设”提升基本能力培训班，有效推动机关党建走在前、争一流。与此同时，持续推进抓党建促脱贫攻坚工作，从市直部门（单位）选派130个督查指导组赴右玉县130个贫困村开展工作；持续推进村级组织活动场所建设，新建、改造、租用活动场所325个；持续推进非公和社会组织“两个覆盖”，非公企业党组织覆盖率85%，社会组织党组织覆盖率69.7%。

三是加强干部队伍建设。强化干部教育培训。充分发挥党校、右玉干部学院主阵地作用，加大对各级各类干部的教育培训。注重对农村（社区）“领头雁”、非公经济组织和社会组织等各领域基层党务工作者培训，承办了全省干部教育培训工作推进会。坚持正确用人导向。坚持好干部标准，严格干部选用程序，注重常态化选配干部，选优配强领导班子；坚持干部“凡提四必”，严格落实“三个不上会”，防止干部“带病提拔”，今年以来任免干部264名。强化干部激励担当。把严格要求与关心爱护结合起来，制定出台激励干部担当作为和合理容错两个实施细则，充分激发干部干事创业的活力。加强干部日常管理监督。坚持抓早抓小抓预防，对干部的苗头性、倾向性问题，及时进行提醒、函询和诫勉，完成862名市管干部个人有关事项集中填报和汇总综合工作，抽查核实领导干部336名。加大人才体制机制创新。研究制定《关于深化人才发展体制机制改革的意见》《深化人才发展体制机制改革政策支持意见》《朔州市事业单位引进急需紧缺专业人才招聘办法》，着力补齐人才短板。

四是持续加强纪律作风建设。认真学习《关于新形势下党内政治生活的若干准则》《中国共产党党内监督条例》，坚决维护和执行党的政治纪律和政治规矩，着力增强党内政治生活的政治性、时代性、原则性和战斗性。市委常委严格党的组织生活，认真开好专题民主生活会，以普通党员身份参加组织生活会，开展严肃认真、积极健康的思想斗争。坚持从严从实、纠建并举，制定出台《朔州市贯彻落实中央八项规定精神实施细则》，对“四风”问题紧盯不放、寸步不让，推动作风建设向常态治理深入，到10月底全市共查处违反八项规定精神问题72件，给予党纪政务处分33人，组织处理39人。坚持每年一个主题，集中开展纪律作风整顿，今年以“提升工作标准、创造一流业绩”为主题，有效解决工作“凑合”“守摊”“松垮”“糊弄”等顽疾。1—10月份全市共查处不担当、不作为、乱作为问题360件397人，给予党纪政务处分318人，组织处理79人。对履行“两个责任”不力导致“四风”问题突出的，既追究主体责任、监督责任，又追究领导责任和党组织责任，问责主体责任17人，监督责任5人。

*五是扎实推进监察体制改革试点工作。*市、县两级监察委员会全部按期组建运行，完成对市级党和国家机关派驻纪检监察机构全覆盖，在全省率先开展了县级派驻纪检监察机构全覆盖和乡镇监察改革两项试点工作。朔城区、平鲁区、怀仁县于6月份完成了派驻纪检监察机构试点工作，平鲁区于9月底完成了全省工矿型乡镇监察试点任务。截止目前，两项改革试点工作取得了阶段性成效，得到了省纪委监委的充分肯定，太原、吕梁、阳泉等地市先后到我市考察学习。这两项试点工作已于10月底前在全市范围内全面推开。

*六是深入开展反腐败斗争。*保持惩治腐败高压态势，全力净化政治生态。进一步明确“四个必须”和“五个切实”的工作要求，层层压实责任，加大问责力度，对落实“两个责任”不力的27人严肃问责。正确运用“四种形态”，加强“咬耳、扯袖”监督，全市纪检监察机关谈话函询1955件次，占问题线索处置总件次的32.12%，同比增长113.20%。加大执纪审查力度，1—10月份全市纪检监察机关共接受信访举报772件(次)，同比增长14.20%。立案1037件，增长17.18%；结案1038件，增长16.89%；给予党纪政务处分915人，增长4.10%。同时，我们注重推进全面从严治党向基层延伸，1—10月份全市共查处群众身边腐败问题案件587件，给予党纪政务处分417人，组织处理170人；坚决整治扶贫领域腐败问题，共查处违纪违法问题225件225人，其中给予党纪政务处分158人，组织处理67人；加大对基层站所吃拿卡要、以权谋私、弄虚作假等问题的巡察力度，共发现问题线索86件，给予党纪政务处分39人，移送司法1人。在市、县巡察工作全覆盖的基础上，对市发改委、经信委、财政局等9家单位开展了专项巡察。认真组织开展巡视巡察整改自行“回头看”，以“四个对照”为重点，建立“三清单一制度”，深入查摆问题112条，制定整改措施112条，做到即知即改、立行立改、全面整改，充分发挥了巡察“利剑”作用。

**三、紧紧扭住关键重点，带动全市整体工作争创一流、再上台阶**

常委会认为，面对复杂形势、繁重任务，扭住关键重点，通过抓好重点带动全局，实现重点突破和整体推进有机结合，这是实践要领，也是制胜关键。

*一是大力传承弘扬右玉精神。*习近平总书记在视察山西时第4次对右玉精神作出重要指示，为新时代学习弘扬右玉精神标注了新的高度。我们围绕“全国全省学习右玉精神，右玉在朔州，朔州怎么办”这一重大课题，坚持把右玉精神贯穿到经济社会发展的全过程、各方面，深入开展“学用系列讲话、引深‘右玉精神在朔州’”活动，用右玉精神教育、引导、激励各级干部真抓实干、奋勇争先，不断激发出全市上下凝心聚力谋发展、攻坚克难促改革的强大正能量。在北京举行右玉精神主题宣传活动，大型音乐舞蹈史诗《为有牺牲多壮志——右玉和她的县委书记们》

作为十九大献礼作品成功演出，右玉精神油画·摄影展成功举办。电视剧《燃情岁月之右玉和她的县委书记们》正在拍摄，长篇通讯《“右玉精神”的接力传递》在新华每日电讯、新华网等中央级媒体刊载，央视新闻频道《还看今朝》栏目现场直播《山西右玉：用树木的精神树人》，这些作品有效扩大了右玉精神的知名度和影响力。省市县三级强力推进，高标准建设右玉干部学院，今年6月正式挂牌成立，目前已举办131期各类培训班，培训7833人次，充分发挥了“弘扬右玉精神、讲好右玉故事”的主阵地作用，得到中组部的充分肯定和大力支持，中组部《组工通讯》第28期刊发了《一张蓝图绘到底的实践样板——右玉历任领导班子68年的绿色发展接力》。成立右玉精神研究所、生态文明研究所，推进党内先进政治文化建设，着力打造具有朔州特色的政治文化品牌。

二是强力推进脱贫攻坚摘帽。以高度的政治责任感和历史使命感，把脱贫攻坚作为第一民生，紧盯“两不愁、三保障”脱贫目标，坚持精准方略、下足“绣花”功夫，先后召开全市农村工作暨脱贫攻坚工作会议、全市脱贫攻坚集体约谈会议、右玉县脱贫攻坚绿色发展暨生态文化旅游开发区建设推进会议、全市冲刺脱贫攻坚摘帽专题会议、全市选派驻村督查指导组推进冲刺右玉县脱贫攻坚专项行动工作动员会议。坚持领导责任、摘帽举措、攻坚步骤、脱贫对象、稳定措施“五落实”，扎实推进落实全省八大工程20项行动，出台《朔州市关于强力推进和支持右玉县脱贫攻坚的行动方案》，突出抓好产业帮扶“五有”，深入开展扶贫领域不正之风和腐败问题专项治理，先后派驻机关干部1.5万多人次，对151个贫困村和有贫困人口的非贫困村实现大对接，形成了主要领导包村、工作队员驻村、党员干部联户、第一书记协调、乡镇干部指导、企业组织扶持的“六位一体”帮扶体系。今年脱贫攻坚将再战再胜，预计可完成144个村2.1万人的年度脱贫任务，平鲁区、山阴县、右玉县要整体脱贫摘帽。

三是着力实施转型项目攻坚。把项目建设作为转型发展的抓手、民生改善的支撑。狠抓产业转型项目。进一步强化产业转型项目考核权重，把5月份作为全市重点工程项目集中开工月，把6月份作为营商环境集中整治月，把11月份确定为重点项目验收月，并将组织开展全市转型项目巡回检查督促活动，以责任倒逼项目建设。制定出台《朔州市2017年承接加工贸易产业转移工作指导意见》。到目前全市共实施产业转型项目180个，占投资项目总数的33.3%；总投资560亿元，占项目总投资的36%。平鲁内陆港一期50亿元以煤炭交易为主的项目正在抓紧建设，中美新能源“闪氢热解提油”中试项目作为省科技厅确定的重大专项点火运行，填补了国内和国际在粉煤高压加氢热解技术上的空白。北斗卫星导航一期、中煤劣质煤综合利用项目建成投产，光电信息产业园、山西松蓝化工60万吨/年煤制乙二醇项目等133个项目开工建设。创新招商引资工作。大力倡导“人人都是招商引资主体，处处体现良好投资环境”的工作理念，继续执行市委常委、副市长参与所包县区招商引资制度，深化招商引资体制机制改革，制定出台《改革和创新招商引资工作的若干意见》《改革和创新招商引资工作方案》，参加各类招商引资活动，积极开展项目洽谈对接，1—9月共签约招商引资项目122个，总投资849.6亿元，完成年度目标任务703亿元的120.9%。打造“六最”营商环境。制定《朔州市2017年开展优化营商环境专项行动实施方案和九个行动计划》，深化放管服效改革，开展9个专项行动，形成了人人关心营商环境、人人维护营商环境的浓厚氛围。推进“干部入企帮扶”常态化，继续实施“双二百”行动，坚持推行规上企业领导包联全覆盖制度，继续引深“朔州企业家投资在朔州”活动，投资达到1354亿元，努力实现规上企业和中小微企业及各类民营企业数量和质量“双提升”。

四是加快全面深化改革步伐。加强对改革工作的领导，市委全面深化改革领导小组召开17次专题会议，研究关键领域重大问题，各级领导干部积极践行“四个亲自”要求，认真当好“施工队长”，以务实作风和科学方法谋划推进改革举措，改革整体效能进一步提升。坚持“三个三”的基本要求和基本方法，建立市委书记、市长抓改革台账工作机制，各项改革进展顺利、成效明显。牢牢抓住国发 42 号文件的政策机遇，制定出台《朔州市贯彻落实 < 国务院关于支持山西省进一步深化改革促进资源型经济转型发展意见 > 的行动计划》《朔州市关于强化实施创新驱动发展战略进一步推进大众创业万众创新深入发展的实施意见》《山西打造全国能源革命排头兵朔州行动方案》。习近平总书记强调的 12 项民生领域改革有力推进，人民群众对改革的获得感不断增强。开发区改革创新加快推进，右玉生态文化旅游开发区、怀仁县经济技术开发区挂牌成立，经济开发区扩区获省政府批复，“三化三制”扎实推进。创新地方金融机制改革，推进朔城区、平鲁区农村信用社改革，筹建朔州农村商业银行，全市银行业机构发展到 18 家。积极培育企业在“新三板”市场上市，有 8 家企业进入上市资源后备库。深化投融资体制改革，推广特许经营、股权合作、PPP 等政府和社会资本合作模式，启动市投资建设开发公司企业债发行工作，确定了朔州大医院、怀仁陶瓷职业学院等 12 个 PPP 项目。加快电力体制改革，扩大直供电范围，电力直接交易惠及企业 18 户，预计全年可为企业降低用电成本 2 亿元。积极争取煤电一体化企业厂用电试点，山阴北周庄低碳循环经济工业园区申报全国增量配电业务改革第二批试点项目，等待国家发改委审批。深化旅游景区（景点）体制机制改革，5 个县（区）11 个景区完成了“两权分离”。深化农村改革，全市 1533 个村开展农村土地承包经营权确权登记颁证，农村集体产权制度改革朔城区南邢家河村试点工作全面铺开，市级农村产权流转交易市场投入运行。

*五是坚决落实中央、省环保督察问题整改。*始终把中央、省环保督察反馈问题整改作为重大政治任务扛在肩上、抓在手上，建立并完善党政领导干部领办、包办重点环保工程项目和重点环保问题长效机制，印发《朔州市中央环保督察反馈意见整改方案和措施清单》，中央环保督察组交办的 102 件群众举报环境问题线索全部办结，动真碰硬问责环保领域违规问题相关责任人 187 名，给予党纪政务处分 75 人，组织处理 112 人。省环保督察组交办的群众反映环境问题 23 批 270 件，已办结 20 批 223 件，其他问题正在办理。同时，把配合保障中央、省环保督察作为重大机遇，深入开展大气、水、土壤污染防治战，先后制定《朔州市生态文明建设目标评价考核办法》《朔州市 2017—2018 年秋冬季大气污染综合治理攻坚行动方案》《朔州市中心区清洁能源替代实施方案》，对市城区 9 个社区、21 个村，约 3 万户居民及商业、公共建筑燃煤设施实施清洁化改造。

**四、始终注重统筹兼顾，扎实推进“五位一体”建设协调发展、全面进步**

*一是经济转型升级实现新突破。*出台《朔州市产业转型升级实施方案》，破解“一煤独大”的结构性矛盾、“一企独大”的体制性障碍和“创新不足”的素质性缺陷，举全市之力走出资源型经济转型发展的路子。大力推进传统产业提质增效。坚定推动煤炭去产能，年内关闭煤矿 4 座，退出产能 1360 万吨；建成安全生产标准化矿井 40 座，煤炭生产、洗选、外运能力均达到 2 亿吨，在全省名列前茅；推进晋北（朔州）现代煤化工基地差异化、高端化发展。扩大电力外送，“两条”电力外送通道建成运营，全市已并网发电和在建的电厂总装机规模达到 1612.85 万千瓦，其中风力发电和光伏发电等新能源装机规模达到 413.85 万千瓦，居全省第一。“亿吨级煤炭、千万千瓦级电力”的全国综合能源基地内涵不断提升、外延不断拓展。循环经济发展不断加快，工业固废综合利用产值达到 180 亿元，占全市工业总产值的 18%，综合利用率预计达到 70%。成功举办第五届亚洲粉煤灰及脱硫石膏处理与利用技术国际交流大会，国家大宗

工业固废及资源化产品质量监督检验中心正式挂牌投运。积极从煤电以外寻找战略支撑。大力发展新兴产业，加快培育新材料、新能源、装备制造、电动汽车、生物医药、节能环保、大数据等战略性新兴产业。拓展壮大陶瓷产业，正在形成日用瓷、建筑瓷、卫浴瓷、工业瓷、工艺瓷多点多元的陶瓷产品结构，全力打造全国陶瓷基地和北方陶瓷产品集散地。怀仁陶瓷职业技术学院、山西省日用瓷产品质量监督检验中心开工建设。前三季度全市工业新兴产业投资完成43亿元，占已完成工业投资的50%。预计全年非煤电行业完成工业增加值30亿元，同比增长12.5%。全面加强“三农”工作。加快发展现代农业，全国草牧业试验试点各项工作健康推进，农业部在我市召开北方农牧交错带农业结构调整全国现场会和全国杂粮全产业链现场会，加快建设全国草牧业发展示范市、北方农牧交错带农业结构调整先行区和有机旱作农业核心区，全市粮经饲比例调整为44:22:34。提升规模健康养殖，改造提升30个500头以上奶牛牧场、28个出栏1000只以上肉羊园区。预计全年粮食产量有望达到26.3亿斤，同比增长3.4%，前三季度奶牛存栏18.8万头，肉羊饲养量590万只，其中出栏304万只。到10月底，全市农产品加工业完成销售收入168.9亿元，比上年同期增长5.2%；农产品加工企业500万元以上企业完成销售收入65.67亿元，比上年同期增长6.26%。持续实施“双稳定”农民增收工程，前三季度全市农村常住居民人均可支配收入7959元，同比增长6.9%。美丽乡村建设加快推进，启动100个美丽宜居示范村建设，大力实施农村环境集中整治，累计投入资金3.62亿元。全力推动第三产业蓬勃发展。1—9月全市60家规模以上服务业企业完成营业收入24.3亿元，同比增长17%。举右玉龙头、走生态之路、打长城品牌，召开全市旅游发展大会，推动全市文化旅游产业蓬勃发展，1—9月实现总收入143.26亿元，同比增长25.37%。全市第三产业增速达到8.5%，增幅超出全市GDP 1.6个百分点，占GDP比重达51.8%，拉动经济增长4.1个百分点，成为今年经济增长的主要推动力。

二是民主政治建设迈出新步伐。认真贯彻《中国共产党地方委员会工作条例》，坚持把党的领导体现到各领域各方面，坚定走中国特色社会主义政治发展道路。法治朔州建设深入推进。认真贯彻《党政主要负责人履行推进法治建设第一责任人职责规定》要求，将法治建设纳入年度工作计划，成立全市普法依法治理工作小组，全面实施“七五”普法规划，提高各级干部运用法治思维和法治方式的能力，形成决策依法、遇事找法、解决问题用法的良好法治环境。市委常委会集中听取市法院、市检察院党组工作汇报。全面落实法律顾问制度，全市115个党政机关聘请了法律顾问（公职律师），在全省率先实现了法律顾问两公律师配备全覆盖。深入开展法治宣传教育，不断深化“法律六进”活动，引导推动各类社会组织、社会力量开展经常性、特色化的法治宣传教育，着力打造共建共治共享的社会治理新格局。加强党对人大和政协工作的领导。市委常委会集中听取市人大常委会、市政协党组工作汇报，研究批准市人大及其常委会2017年立法计划和《朔州市地方立法条例(草案)》《朔州市人民代表大会议事规则（草案)》及《政协朔州市委员会2017年度协商工作计划》。支持和保证人大及其常委会依法行使立法权、监督权、决定权、任免权，启动地方立法工作，年内制定完成《朔州市佛宫寺释伽塔保护管理条例（草案）》，1—9月共听取审议“一府两院”专项工作报告12项，提出审议意见49条，任免地方国家机关工作人员41人次，组织宪法宣誓仪式4次。重视和支持市政协聚焦全市中心任务、重大部署履行职能、开展工作，重点围绕开发区建设、草牧业发展、提升城市建设文化品质等重点工作开展协商议政，围绕司法公开、精准扶贫、生态建设、重点工程等组织委员进行视察监督。运用专题协商、对口协商、界别协商和提案办理协商等多种协商模式，充分发挥人民政协作为协商民主重要渠道和专门协商机构的重要作用，把协商民主贯穿于政治协商、民主监督、参政议政全过程。支持政协加大提案督办力度，使政协提案办理取得新突破，到10月底121件提案答复率达到80%。注重抓好统战和群团工作。牢牢把握大团结大联合的主题，成立统一战线工作领导小组，加强同各民主党派和无党派人士团结合作，支持民主党派更好履行职能，协助民主党派做好市级组织、市工商联完成换届工作。深入开展统战工作大督查大调研活动，研究破解制约全市统战工作提质增效的突出问题。深入贯彻党的宗教工作方针，积极引导信教群众思想认识与社会主义核心价值观相适应。构建“亲”“清”新型政商关系，加强和改进新形势下工商联工作。出台群团工作改革方案，圆满完成市总工会、团市委换届工作，支持群团组织依照法律和章程独立自主开展工作。加强新形势党管武装工作。召开市委议军会议，全力支持军队改革，深入推进国防动员和后备力量建设，积极谋划推动军民融合深度发展，军政军民团结的大好局面进一步巩固。

三是宣传思想文化工作取得新进展。坚持围绕为十九大胜利召开营造良好舆论环境这一主线，弘扬主旋律，传播正能量，坚定文化自信。抓牢意识形态工作领导权。落实意识形态工作责任制，调整全市意识形态研判领导组，健全完善全市意识形态研判机制，组织召开意识形态领域分析研判会，对各县(区)落实意识形态工作进行专项督查，旗帜鲜明反对和抵制各种错误观点和言论。建立网络综合治理体系，开展“净化网络环境”专项整治行动，累计向中央网信办举报有害信息5万余条，对6家违规网站进行约谈。推进舆论宣传争先进位。坚持党管媒体原则和正面宣传为主不动摇，围绕“唱响两大任务，讲好朔州故事”主题，加强对内对外宣传和网络宣传，凝聚全市干部群众共同奋斗的正能量和精气神。1—9月，在新华社、《人民日报》《光明日报》、中央电视台等中央级主流媒体刊播稿件450多篇，同比增长10%；十大重点中央级媒体发稿196条，八月份全省排名第二，中央电视台发稿36条，创建市以来新高。推动文化事业文化产业大发展。深化文化体制改革，建成4家官方网络平台传播党的声音。深入开展文化惠民活动，稳步推进文化信息资源共享工程，“六馆八库”项目基本建成，朔州市公共文化数字服务即将上线；扩大传播能力，借助深圳文博会、山西文博会、山西艺术节等平台，全方位展示朔州文化建设成果。文艺精品创作呈现新气象，耍孩儿现代戏《劝孝》荣获山西省第十五届“杏花奖”优秀展演剧目奖，《情满塞北》入围山西省第十五届“杏花奖”。

四是保障改善民生实现新提升。落实以人民为中心的发展思想，统筹民生改善和经济发展，不断增强人民群众的获得感、安全感、幸福感。大力发展社会事业。坚持积极的就业政策，促进创业带动就业，建设创业孵化基地和大学生创业园区12个，实现就业5.28万人，完成省定目标任务5.13万的102.86%。全面贯彻党的教育方针，大力发展素质教育，推进义务教育均衡发展，怀仁县义务教育基本均衡通过国家验收，我市提前一年通过国家县域义务教育基本均衡发展验收，将开始启动义务教育优质均衡发展工作。推进“健康朔州”建设，深化医药卫生体制改革，县乡医疗卫生机构一体化改革成效明显，到10月底，六县(区)全部组建县级医疗集团并挂牌运营，医改六统一、医保打包付费和信息化工作正在有序推进。推进基本医疗保险跨省异地就医直接结算。加强社会保障建设，全民参保登记率98.38%，制作、发放社保卡151.55万张，基本实现了“人人持卡”。全市机关事业单位养老保险制度入轨运行。保障性住房扎实推进，新开工棚户区改造住房5073套，其中货币化安置4401套。上报分配政府投资建设公租房7600套，完成任务量的74.5%。扎实推进城市重大基础设施建设。《朔州市城市总体规划(2015—2030)》由省政府批复并实施。大西高铁朔州段和朔州站、民用机场、大医院、奥体中心、右平高速等重点工程建设顺利推进。继续推进“五城联创”工程，全力打造宜居宜业环境。七里河生态环境综合治理工程成效显著，敬德公园正式开放，广大市民交口称赞。全力维护社会安全稳定。牢固树立总体国家安全观，深入推进社会治安综合治理创新，继续保持“打黑除恶”高压态势，推进“雪亮工程”建设，深入开展安全生产大检查，坚决做到“三个坚决防止”“三个决不发生”。制定出台《朔州市迎接十九大保安全护稳定专项行动工作方案》，实施涉军信访“大走访”专项行动，深入开展“重点信访问题源头化解暨信访突出问题大整治” 活动、“千人百日基层矛盾纠纷巡回化解大会战”，信访秩序明显好转。8 月 1 日到 10 月 27 日，我市进京上访在全省排名第八，特别是十九大期间成为全省五个“零上访”地级市之一，切实发挥了首都“护城河”的作用。右玉县被中央综治委授予“2013—2016 年度全国平安建设先进县”荣誉称号。市检察院被评为“全国文明单位”，应县检察院被评为“全国先进基层检察院”。

*五是生态文明建设取得新成效。*牢固树立“绿水青山就是金山银山”的理念，始终把生态文明融入经济社会发展全过程，不断增进人民群众生态福祉。全力推进植绿兴水。持续开展领导干部“自费购树、亲手栽树”主题实践活动，完成义务植树 200 万株，推进每年“一乡一条路、一村一片林、人均五棵树”全民造林工程，完成营造林 12.3 万亩，占省定任务的 138%。全面落实“河长制”。“一山两河一湖”中心城市生态体系加快推进，生态林木水系综合治理不断加强，生态环境持续改善。加快生态治理修复。重点实施采煤沉陷区治理提速工程，1—9 月项目审批完成率 69.5%，项目开工率 56.14%，完成安置 2279 户，落实中央配套资金 128 万元。注重节能降耗减排。淘汰落后产能，控制能耗总量，减少污染物排放，实施燃煤机组超低排放改造，组织实施企业技改项目 45 个。上半年万元 GDP 能耗同比下降 4.95%，超省定目标 1.75 个百分点，预计可完成全年目标任务。1—10 月全市环境空气质量综合指数全省排名第二，化学需氧量、二氧化硫、氨氮、氮氧化物、烟尘、工业粉尘排放量减排幅度均达序时进度。

近一年来，市委常委会坚持把加强自身建设摆在首要位置，要求市委常委模范遵守党章，在自觉落实管党治党责任、带头廉洁自律等各方面为全市广大党员干部作出表率。加强政治理论学习，自觉用习近平新时代中国特色社会主义思想武装头脑，树牢“四个意识”，努力提高从政治上看问题的能力，在思想上政治上行动上与以习近平同志为核心的党中央保持高度一致，不折不扣贯彻落实党中央和省委决策部署。加强党的政治建设，坚定执行政治路线，严格遵守政治纪律和政治规矩，严肃党内政治生活，加强党内民主监督，维护党中央权威和集中统一领导，班子成员相互配合、相互支持，凝聚力和战斗力有效提升，形成了奋发进取、干事创业的强大合力。严格执行民主集中制，健全完善常委会工作机制，坚持重大问题集体讨论、集体研究、集体决策，自觉接受同级纪委监督和人民群众监督，确保市委常委会始终成为统揽全局、协调各方的坚强领导核心。

近一年来工作成绩的取得，主要是以习近平同志为核心的党中央正确领导的结果，是中共山西省委贯彻中央大政方针、有力把控山西发展全局的结果。实践中，我们深深体会到：坚决维护核心是坚定正确方向的前提。只有坚定不移维护习近平总书记在全党的核心地位，切实在思想上政治上行动上同以习近平同志为核心的党中央保持高度一致，才能确保朔州各项事业始终沿着正确的方向前进。坚持党的领导是做好一切工作的根本。党政军民学，东西南北中，党是领导一切的。只有毫不动摇坚持党对一切工作的领导，才能确保改革发展稳定和党的建设各项工作不断取得新成就。强化思想引领是推进改革发展的法宝。只有牢牢坚持习近平新时代中国特色社会主义思想的正确指引，才能引领朔州进入新时代，不断建树加快改革发展的新作为。发扬实干精神是推进各项事业的关键。只有大力传承弘扬右玉精神，坚持迎难而上、艰苦奋斗，久久为功、利在长远，狠抓工作执行，推进任务落实，才能不断开辟朔州各项事业发展的新境界。凝聚强大合力是奋力攻坚克难的保证。只有最大限度团结一切可以团结的力量，调动一切可以调动的积极因素，激发全市各级党组织、全体党员干部、广大人民群众的积极性、主动性，才能凝聚起战胜各种困难挑战的磅礴力量，打开朔州发展的新天地。特别是各位市委委员、候补委员对市委常委会工作给予了大力支持和帮助。在此，我代表市委常委会向各位市委委员、候补委员，向奋战在各条战线的党员干部，向全市广大人民群众，表示衷心的感谢!

在充分肯定成绩的同时，我们也十分清醒地看到我市改革发展还面临不少困难和矛盾，人民日益增长的美好生活需要和不平衡不充分的发展之间的矛盾在朔州表现尤为突出，工作中需要加强和改进的地方还很多。主要表现在：党的建设还面临一些深层次问题，反腐败斗争形势依然严峻复杂，部分干部的观念、能力和状态还不适应新形势新任务的要求，对困难、挑战、风险的抗压能力普遍不强；“一煤独大”的结构性问题依然突出，新产业新动能培育不够，经济发展缺乏新的增长极；改革创新能力不强，对外开放程度较低，经济社会发展的活力和动力不够；社会民生事业欠账较多，脱贫攻坚难度大，城镇化建设质量不高，统筹城乡发展的困难依然较多；节能减排和环境保护压力巨大，绿色发展任重道远；安全生产的基础还不稳固，社会稳定工作还有很多薄弱环节，还有一些矛盾纠纷需要化解，等等。对此，我们将坚持问题导向，高度重视，担当尽责，加快破题。

2018年是贯彻落实党的十九大精神的第一年，是省委、省政府确定的“转型项目建设年”，我们将迎来改革开放40周年。面对新形势新挑战新考验，市委将在决战决胜今年目标任务的基础上，进一步高举中国特色社会主义伟大旗帜，坚持以习近平新时代中国特色社会主义思想为指引，认真学习贯彻党的十九大精神，继续深入贯彻习近平总书记视察山西重要讲话精神，牢固树立“四个意识”，统筹推进“五位一体”总体布局，协调推进“四个全面”战略布局，按照省委“一个指引、两手硬”的思路和要求，紧紧围绕全省建设“资源型经济转型发展示范区”、打造“能源革命排头兵”和构建“内陆地区对外开放新高地”三大目标，坚持党对一切工作的领导，坚持稳中求进工作总基调，大力传承弘扬右玉精神，紧紧抓住机遇，勇于改革创新，果敢应对挑战，善于攻坚克难，在推动转型发展、全面深化改革、做好“三农”工作、保障改善民生、建设生态文明、全面从严治党上下功夫、求突破、见实效，不断开创加快推进“两大任务”、奋力走出“五条新路”的新局面。

各位委员、同志们，新时代开启新征程，新使命召唤新作为。让我们更加紧密地团结在以习近平同志为核心的党中央周围，在省委的坚强领导下，不忘初心、牢记使命，坚定信心、开拓奋进，全面正确有效地贯彻党的十九大确定的大政方针、发展战略、政策措施，为决胜全面建成小康社会、奋力谱写新时代中华民族伟大复兴中国梦的朔州篇章不懈奋斗！

# 2017年朔州市人民政府工作报告

——2017年2月21日在朔州市第六届人民代表大会第三次会议上

代市长　刘志宏

各位代表：

现在，我代表市人民政府向大会报告工作，请予审议，并请市政协委员和其他列席人员提出宝贵意见。

## 一、2016年工作回顾

2016年，是我市经济异常艰难、下行触底的一年，也是全市上下砥砺前行、孕育希望的一年。面对严峻复杂的宏观经济形势和主要经济指标持续下滑的困难局面，我们认真贯彻落实党中央、国务院和省委、省政府一系列决策部署，紧扣市委提出的"两大任务"工作主题，坚持以经济建设为中心，凝心聚力，强化调度，精准施策，推动经济止跌趋稳、稳中向好，实现了"下半年好于上半年，为2017年进一步好转奠定坚实基础"的目标。

全年地区生产总值完成918亿元，同比增长4.2%，比上半年提高3.8个百分点；规上工业增加值完成213.1亿元，同比增长2.7%，比上半年提高5个百分点；一般公共预算收入完成49.1亿元，同比下降9.5%，比上半年收窄19.5个百分点；固定资产投资完成637.7亿元，同比下降31.9%；社会消费品零售总额完成291.1亿元，同比增长7.7%；城镇居民人均可支配收入28989元，同比增长5.4%；农村居民人均可支配收入11478元，同比增长6.1%。约束性指标中，万元地区生产总值能耗下降幅度、二氧化碳排放量下降幅度、用水量下降幅度，二氧化硫、化学需氧量、氨氮、氮氧化物、烟尘、粉尘减排幅度，劣V类水体比例，农村贫困人口脱贫人数、城镇棚户区住房改造数量等指标均完成年度任务。总体来看，我市经济正在发生一些标志性、转折性、趋势性变化，经济发展的方向更加明确，稳步向好的基础不断巩固，干事创业的氛围日益浓厚。

回顾过去一年，能够取得这样的成绩，实属不易。这些成绩，是在世界金融危机余波未息、全球经济持续低迷、国际环境非常不利的形势下取得的。这些成绩，是在我国经济发展进入新常态，速度变化、结构优化、动力转换，全省能源主导型经济低位徘徊的形势下取得的。这些成绩，是在我市经济连续30个月持续下滑、上半年9项主要经济指标排全省末位的被动局面下取得的。这些成绩的取得，主要得益于我们认真学习贯彻习近平总书记系列重要讲话精神和治国理政新理念新思想新战略，落实省委提出的"一个指引、两手硬"重大思路和要求；得益于市委、市政府紧紧抓住全省创优发展环境和煤炭市场好转的有利机遇，以经济建设为中心，采取了一系列果断而有力的措施；得益于全市广大干部群众团结努力、积极进取，形成了推动发展的强劲合力。这些成绩的取得，为全市经济在新的一年里进一步摆脱困境、持续好转创造了条件，奠定了基础；为全市人民在新的一年里进一步加快发展、拼搏进取提振了信心,增添了动力!

一年来,我们主要抓了以下八方面工作:

(一)努力促进经济企稳回升。我们深入分析了“十二五”以来我市经济“大起大落”的深层次原因,果断采取了遏制经济继续下滑、保持低位企稳的稳控措施,主要办法是突出抓了“六个发力点”:提高重点工程开工率,帮助优势企业增产增效,科学释放煤炭先进产能,促进新建企业投产达效,推动三产服务业提质增效,保持农业农村经济稳定增长。特别是紧紧抓住重点工程开工建设和优势企业增产增效这两个关键点,在全市上下扎实有效开展了“双200集中帮促”行动。坚决贯彻省委、省政府万名干部入企服务的要求，市县两级共有759名干部深入企业蹲点包扶,先后解决了200多个突出问题,有效地调动了企业的积极性。到9月底,工业品出厂价格指数结束了连续39个月负增长，工业经济扭转了连续20个月负增长的态势。行动中对新建未开工的204项重点工程进行了集中攻坚,推动152个项目当年开工。市政府建立了每月“四个调度会”的制度,加强对经济形势的深入研判,解决发展中的突出问题。

(二)狠抓经济转型和结构调整。在经济结构调整中,大力发展非煤产业,从煤以外积极寻找战略突破点。新能源电力产业又有6家风电和光伏电厂建成投产,装机规模为46.8万千瓦,全市新能源电力装机规模达到406万千瓦,排在全省前列。晋北(朔州)现代煤化工基地建设有了新进展,签署了阳煤、国新能源总投资37亿元的低阶煤清洁高效利用多联产项目合作协议。三元炭素碳纤维、中美新能源现代煤化工中试、韩国爱德林垃圾处理等一批高科技项目启动。积极推动新材料、陶瓷、装备制造、食品、医药、电动汽车等产业发展。非煤产业工业增加值占规模以上工业比重达到32.5%，比上年提高6.3个百分点。服务业成为拉动经济增长的新动力,增加值占经济总量的比重达到50.8%。旅游业发展也呈现好的势头,旅游业收入完成160.7亿元,比上年增长20.3%。

(三)积极推进城镇化建设。全市组织实施了城市人居环境改善“四大工程”,完成投资119亿元。保障性住房建成10098套,完成投资30.32亿元。农村危房改造和抗震住房加固7670户,完成投资1.3亿元。户籍制度改革取得了新进展,又有1万多农村户籍人口转为城市人口。全市城镇化率达到54.2%,比上年提高1个百分点。市城区继续推进七里河综合治理、“三路四桥”、恢河大桥等35项重点工程,完成投资26亿元。进一步扩大城市绿化,新增绿地面积55万平方米,绿化覆盖率达到42.6%。进入冬季,围绕解决“脏乱差”问题,组织开展了为期100天的市城区市容市貌整治“五乱”和卫生清洁两个“专项行动”。行动中集中清理整治各类“五乱”问题3000多个,市容市貌发生了明显变化。“五城联创”取得了新的成绩,成功创建了全国双拥模范城。

(四)促进农民收入稳定增长。粮食总产达到25.4亿斤,比上年增长15.5%,成为历史上第二个高产年。国家草牧业试验试点和“粮改饲”工作有了新进展,完成耕地种草60万亩。全市奶牛存栏18.7万头,肉羊饲养量591.5万只。畜牧业产值达到55.9亿元,占农业总产值的46.1%。奶牛存栏量、鲜奶产量、肉羊年出栏量、人均畜产品年占有量、农民年人均畜牧业纯收入以及畜牧业占农业总产值比重六项草牧业发展指标继续保持全省第一。积极培育新型农业经营主体，各级各类家庭农场和农民专业合作社达到了8500多个。按照“六个精准”和“五个一批”的要求,认真组织实施十大脱贫攻坚工程,完成了59个村、22961名贫困人口的减贫任务。

(五)进一步推动改革开放。大力推进供给侧结构性改革,落实“三去一降一补”任务,关闭了7座煤矿,退出了1100万吨产能,为全省作出了贡献;房地产去库存减少存量71.5万平方米。围绕“整合、扩区、改制、调规”四大任务,开发区改革创新发展工作全面展开,“三化三制”内部改革也做了大量准备工作。农村土地承包经营权确权登记颁证工作接近尾声,农村集体产权制度改革试点工作全面启动。金融创新有了新突破,市政府搭建了四大融资平台,建立了总规模为200亿元的城市发展基金和经济发展基金,大大增强了政府公共投资能力、财政保障能力和企业融资能力。商事制度改革见到了新的成效,新增各类市场主体近1.2万户。先后组织开展了北京、山东、浙江、重庆、厦门、深圳等点对点的招商引资活动,签约引资项目172个,投资总额达1651亿元。

(六)加快生态文明建设步伐。持续推进造林绿化,完成新造林17.4万亩。深入开展大气污染防治,推进实施了电力行业超低排放改造、淘汰燃煤小锅炉和黄标车、清洁燃煤替代等重点任务。水污染防治、生态修复治理和地质灾害治理取得新的成效。

(七)高度重视民生和社会事业。在地方可用财力大幅减少的情况下,优化财政支出结构,确保民生投入稳步增长。就业创业工作完成了当年目标任务,新增城镇就业21500人。社会保障体系建设进一步完善,机关事业单位养老完成了并轨,大病保险制度实现了全覆盖,全民参保登记率达到了96.3%,新农合医保参保率达到了99.4%。教育事业有了新发展,朔城区、山阴县、应县顺利通过国家义务教育均衡发展评估验收,全市高考二本以上达线人数13828人,达线率41.7%,高出了全省平均水平6.2个百分点。全市乡镇卫生院、社区卫生服务机构、村卫生室实现了基本药物制度全覆盖。国家公共文化服务体系示范区建设获得了文化部和财政部授牌。竞技体育事业取得了新的成绩。启动了大西高铁、右平高速等一大批事关民生的重大项目,开通了“朔州号”旅客列车,右玉通用飞机场建设项目获得国家有关部门批准。市城区集中供热体制改革,理顺了政府与企业、运营企业与热源企业、热源企业与热源企业之间的利益关系,扩大了供热面积,提高了服务质量。全面落实安全生产责任,强化重点行业领域专项整治,各类安全生产事故起数、死亡人数与“十二五”期间平均水平相比,分别下降27%和25%。加强国防后备力量建设,积极开展双拥工作。发展妇女儿童、老龄和残疾人事业,信访、民族、宗教、外事、侨务、地震、气象、档案、史志等各项工作都取得新成绩。

(八)加强政府自身建设。市政府制定出台了《关于加强政府自身建设的意见》,提出要不断加强思想政治建设、强化全心全意为人民服务的宗旨意识、提高履行职责的能力和水平、大力弘扬为民务实的优良作风、加强法治政府建设、深入推进党风廉政建设和反腐败斗争六项具体要求。深入推进“放管服效”改革,进一步落实了“两集中、两到位”的要求,市级公共资源交易全部进入了交易平台。认真落实全面从严治党主体责任,扎实开展“两学一做”学习教育,持续推进政府系统党风廉政建设和反腐败工作。自觉接受人大和政协监督,支持各民主党派、工商联、无党派人士参政议政,办理人大代表建议106件、政协委员提案95件。

各位代表,过去一年取得的成绩,是省委、省政府和市委正确领导的结果,是市人大、市政协监督支持的结果,是全市人民齐心协力、共同奋斗的结果。在这里,我代表市人民政府,向全市人民和所有关心支持朔州发展的社会各界人士,表示衷心的感谢和崇高的敬意!

当前,我市经济虽然出现了积极向好的态势,但发展的基础还不牢,一些制约经济发展的深层次问题并没有根本解决,整体上仍处于建市以来最困难的时期。发展中存在的短板和问题主要是:一是经济总量不大。地区生产总值在千亿元左右徘徊,在全省11个地市中排第9位,在全国297个地级以上城市中排第220位。二是产业结构不优。“一煤独大、一企独大、一股独大”,非煤产业、高新技术产业和民营经济发展都很不充分。三是发展后劲不足。大工程大项目、好工程好项目少,新兴产业发展不足,创新驱动力度不大。四是城镇化发展水平不够高。基础设施建设欠账较多,公共服务配套不足。五是经济管理比较粗放。区域管理水平不够高，现代企业制度还不完善。特别是煤炭产业的规模与对地方的贡献不相称。六是发展环境有待于进一步优化。仍然存在办事拖拉、互相扯皮、效率不高的问题。一些地方和部门服务企业、服务项目和服务群众的工作做得很不够。少数地方重大项目建设中阻工问题时有发生。七是对外开放水平不够高。近年来引进的新兴产业、先进制造、加工贸易企业不多也不大,资源输出与项目

引进很不匹配。这些问题,既是我市经济发展的短板,也是制约发展的“瓶颈”。我们一定要高度重视、勇于面对,以对历史和人民负责的态度,以敢于啃硬骨头的斗争精神,认真加以解决,努力走出朔州转型发展的新路子!

**二、2017年工作总体要求**

2017年是实施“十三五”规划的重要一年,是全面贯彻省第十一次党代会、市第六次党代会精神的起步之年,也是我市经济克服困难、走出困境的关键之年。今年政府工作的总体要求是:深入学习贯彻习近平总书记系列重要讲话精神和治国理政新理念新思想新战略,统筹推进“五位一体”总体布局,协调推进“四个全面”战略布局,全面贯彻落实党的十八大和十八届三中、四中、五中、六中全会,以及省第十一次党代会和市第六次党代会精神,按照省委“一个指引、两手硬”重大思路和要求,坚持稳中求进工作总基调,践行“五大发展”新理念,主动适应经济发展新常态,深入贯彻落实市委“两大任务”和“五条新路”的总体部署,紧紧扭住“经济增长、产业转型、改革突破、改善民生”四个关键,全面提升经济发展质量、人民生活水平和整体发展形象,加快推进全市经济、政治、文化、社会和生态文明建设,以优异的成绩迎接党的十九大胜利召开。

主要预期指标是：地区生产总值增长5.5%,在实际工作中争取更好；规模以上工业增加值增长4%左右;一般公共预算收入增长8%;全社会固定资产投资增长目标，待省里根据新的统计口径研究设置后,再结合我市实际研究确定;社会消费品零售总额增长7%左右；城乡居民人均可支配收入分别增长6%左右和6%以上；居民消费价格涨幅控制在3%左右;城镇登记失业率控制在4.2%以内;约束性指标完成省定任务。

确定今年的发展目标,主要考虑了四条原则:一是稳中求进的原则。2014年地区生产总值的增幅是4.5%,2015年是-2.3%,2016年是4.2%。今年预测新的增长要素安排了5.5%的增幅，是2013年以来的最好水平,是一个用力跳才能实现的目标。二是积极进位的原则。在全省发展格局中由后进进入中等水平，有条件的县区和有条件的指标争取进入全省先进行列。三是实事求是的原则。预期目标定位在全省平均水平,显然不是一个先进目标,主要考虑了我市主要经济指标连续三年下滑的实际。四是有利转型的原则。既要考虑稳增长,也要考虑调结构,为供给侧结构性改革和产业转型升级留有一定余地和空间。

实现今年的发展目标,虽然难度很大,甚至可能遇到意想不到的困难和问题,但我们充满信心。信心来自于这样几个方面:第一,我们的信心来自于中央稳中求进的工作总基调。中央经济工作会议为实现中高速增长提出了一系列新的重大政策措施，特别是积极有效的财政政策和稳健中性的货币政策对我们极其有利。第二,我们的信心来自于省委、省政府治晋理政的重大思路。以省第十一次党代会为标志,山西的改革发展翻开了崭新的一页,“五个山西”的重大思路将进一步激发全省干事创业的热情，加快经济结构调整、促进经济转型将成为今年山西发展的主旋律。省内环境对我们极其有利。第三,我们的信心来自于全市已有的发展基础。朔州建市28年来形成了较好的物质基础,“十二五”期间,全市固定资产投资累计完成3600多亿元,这是一个较大的增长动力。第四，我们的信心来自于我市潜在的发展优

势。应该看到，我市产业转型和结构调整的条件和时机已经成熟，农业、三产服务业、文化旅游业等新的动能正在形成，区域特色和综合优势正在显现。只要我们进一步解放思想，更新观念，把发展的思路更拓展一些，就一定会在共克时艰中突破困境，圆满实现经济社会发展目标，向全市人民交出一份满意的答卷！

围绕实现新的发展目标，在全市经济和社会发展中，我们要紧紧扭住“经济增长、产业转型、改革突破、改善民生”四个关键。第一个关键，经济增长。当前朔州经济发展中既有质量不高的问题，也有总量不大的问题。我们要在发展中把结构性和总量性的问题统筹起来考虑，既要强调质量，又要保持合理的增长水平。第二个关键，产业转型。推动经济转型对朔州来说是一项十分急迫的任务，确实等不得、慢不得。在煤炭产业可支撑的情况下，抓住机会转。如果失去了煤炭支撑，我们将面临更大的困难，承受更大的代价。第三个关键，改革突破。当前，经济社会发展中存在的一系列矛盾问题都必须用改革和创新的办法去解决。第四个关键，民生改善。民生改善是我们加快发展的最终目标，就是要让人民群众在发展中获得实实在在的成果。

我们力争经过几年的艰苦努力，到“十三五”末，使朔州经济社会发展由量变到质变，实现三个全面提升：第一，全面提升经济发展质量。我们要紧紧围绕转变经济发展方式、提升经济发展质量，一手抓传统产业升级改造，一手抓非煤产业特别是战略性新兴产业发展。非煤产业占工业增加值的比重每年要增加2个百分点，由“十二五”末的近27%提高到37%，战略性新兴产业占比明显提高，科技贡献率明显提升，资源能源消耗明显下降。第二，全面提升人民生活水平。到2020年不仅要使全市地区生产总值翻一番，也要使城乡居民人均收入翻一番，与全国人民一道迈入小康社会。发展中我们一定要围绕共享发展的目标，把握好三个速度：城乡居民收入增长要高于地区生产总值增幅、农村居民收入增幅要高于城镇居民收入增幅、贫困县的经济增长幅度要高于非贫困县的增长幅度。第三，全面提升整体发展形象。树立新的资源观，深刻认识形象也是无形资源。形象好了，美誉度高了，就会“栽下梧桐树，引得凤凰来”。这里所说的“形象”，不是表面的，而是由内而外生发出的美好形象。

整体形象如何提升？我们要立足于朔州现有的发展基础和比较优势，努力建设并展示六个新形象：一是绿水青山的生态形象。继续深入持久地开展大规模的植树造林，实施碧水蓝天建设工程，使朔州的山更绿、水更清、天更蓝。二是牛羊遍地的“草原形象”。把发展草牧业作为战略取向，在全市广大农村唱响“念牛经、发羊财”的“主旋律”，构建横向到边、纵向到底的草牧业全产业链。三是能源产业的现代形象。全面提高能源产业的管理水平、技术水平和装备水平，进一步推动煤炭产业安全发展、绿色发展、清洁发展。四是历史厚重的文化形象。在整个中华民族发展史上，雁门关地区始终处在民族融合的前沿和民族文化的交错地带，历史文化资源极其厚重。我们要深入挖掘、充分展示朔州的边塞特色，大力发展文化旅游产业，全面提升朔州的文化软实力。五是宽厚包容的开放形象。宽厚包容是朔州人比较典型的人文特征，我们要大力弘扬这种开放精神，让越来越多的人认识朔州、走进朔州、投资朔州。六是民生富裕的安康形象。朔州资源禀赋丰富、地理位置独特，历史上也是一个很“养人”的地方。在今后的发展中，全面建成小康社会的目标，就是让人民群众更加富裕、更加安康。

这里提出的美好形象建设，紧紧围绕经济转型这个中心，包含了生态文明建设、农业结构调整、能源绿色发展、提升文化软实力、加快对外开放步伐和提高人民生活水平这六个战略支点，是习近平总书记提出的“五大发展”理念在朔州的具体实践。我们决不能把形象建设搞成形象工程，而是要把六个形象建设作为朔州未来发展的转型工程、富民工程和战略工程。我们构想,未来的朔州,绝不仅仅是一个煤都、电都、奶都、瓷都,而是一个产业多元、发展强劲、特色鲜明、充满生机和活力的现代魅力城市!

三、2017 年的工作任务

2017 年要重点做好十个方面工作:

(一)全力推动经济稳定增长。我市经济出现的许多积极变化来之不易。要巩固这种好势头,走出困难局面,还需要爬坡过坎,付出更大的努力。今年经济工作的基本任务是继续推动全市经济稳步向好,尽快进入合理增长区间。

发挥投资对经济增长的关键作用。今年全市安排了省市重点工程 571 项,总投资 3600 多亿元,其中当年完成投资 610 亿元。这些工程涵盖了农林牧水、交通、电力、煤及煤化工、轻工医药、材料工业、商贸物流、城建环保、旅游、保障性安居工程及房地产、科教文卫社会事业以及重大基础设施等 13 个重点领域。我们要举全市之力,突出抓好对经济发展具有全局意义的 50 个重大项目。特别是市城区基础设施全面配套工程,开发区扩区升级工程,飞机场、大原客专和右平高速等重大基础建设工程,两条电力外送通道工程,大型火电和新能源电力建设工程,七里河综合治理和桑干河生态修复综合治理工程,右玉全域旅游等文化旅游产业开发工程,文化教育卫生等公共文化设施工程,以及三元炭素碳纤维中试项目、右玉甘草酸项目等高新技术项目。这些项目呈现出明显的转型导向:产业投资在总投资中的比重达到了 40%;战略性新兴产业投资在产业投资中的比重达到了 18%;民间投资在各类投资中的比重达到 35%。

支持和发展实体经济。实体经济是市场经济的主体,也是国民经济的基石。我们一定要在全社会牢固树立实体经济是发展之母、实体经济真正创造财富的战略思想,把发展经济的工作重心和注意力放到关注实体经济上,把支持实体经济的政策措施落实到实体企业中。落实减税降费政策,努力减轻企业税费负担。努力引导实体经济加强管理,节能降耗,降低成本,提高企业效益。要加强对实体经济的支持和服务,帮助企业解决自身难以解决的问题。该政府出面的政府要出面,对一些重大疑难问题,该领导出面的领导要出面,使企业在遇到困难时能够感受到来自各方面的帮助支持。要扎实开展干部入企帮扶活动,在市县经信部门设立服务企业办公室,有计划、有步骤地组织各级领导干部深入到重点企业帮助和指导,逐步形成长期的帮扶机制。要深入开展“朔州企业家投资在朔州”活动,鼓励本土创业者在本地放手投资,兴办实体经济,实现企业家的“二次创业”。

提高煤炭产业标准化、规范化、现代化建设水平。在现代化建设上,紧紧围绕安全质量标准化矿井建设,瞄准国际一流的现代化矿井建设,抓投入、抓技术、抓关键设备,增加有效投资,完善硬件建设,大幅度提高煤炭现代产能建设,使先进产能占比达到 70%以上,高标准示范性矿井数量达到 45 个以上。在提升产业管理水平上,我们要把今年作为煤炭产业管理水平提升年,切实加强企业的技术管理、劳动管理、现场管理、信息化管理以及后勤管理。要鼓励和引导企业,在发展中既要讲效益,又要讲贡献,正确处理好国家、地方和企业之间的关系。国有大型煤炭企业既要抓好煤炭产业的发展,又要推动产业转型,积极发展非煤产业。在提升产业发展水平上,深入贯彻国家煤炭供给侧结构性改革和“三去一降一补”政策,坚定不移走集约、节约、延伸、增值、绿色的内涵式发展道路。要从根本上转变煤炭产业发展过程中存在的粗放式、扩张式,甚至是掠夺式的发展方式。

提升县域经济发展水平。县域经济是国民经济发展的基本单元,在经济社会发展中处于举足轻重的战略地位。县域经济稳步向好,是全市经济稳步向好的重要基础。各县区要立足资源优势和产业基础,打造各具特色的产业发展模式，不断壮大县域经济。朔城区、平鲁区要促进煤电产业提质增效，培育壮大战略性新兴产业，提升现代服务业发展水平。山阴县要促进现代煤化工项目落地，扩张乳品产业。怀仁县要重点抓好陶瓷产业上档升级，特别是要把肉羊做成大产业。应县要在发展现代农牧业的同时，扩张和提升陶瓷产业，特别是要把应县木塔的文章做足做好。右玉县要打好右玉精神和生态旅游两大品牌，全力推动国家级全域旅游示范区建设。

（二）大力促进经济转型升级。培育壮大现有的非煤产业和新兴潜力产业。要抓好具有一定产业基础的高档陶瓷、先进装备制造、新材料、新能源、生物制药、特色农产品加工、文化旅游、现代物流业等新兴潜力产业，使其提高科技含量、升级上档、扩大规模。要进一步引进和发展建筑瓷、卫生瓷、工业瓷等高档陶瓷项目，加强新产品开发，推动陶瓷产业向高附加值、高技术含量的品牌化方向发展。要以全国工业固废综合利用示范基地为平台，加快推进以粉煤灰、煤矸石、活性石灰和脱硫石膏为原料的材料工业发展，推动保温耐火材料、地板、家具板材、提取超细纤维等领域的研发及工业化生产。要利用我市煤炭产业优势，引进和发展高端装备制造，特别是能源装备制造和矿山装备再制造，支持中煤平朔宇辰、中煤四达、繁盛　等企业提升维修装备和工控信息化水平。要争取国家支持，扩大风电、光伏发电、生物质能发电等新能源电力规模，建设先进技术光伏发电示范基地，力争新能源装机规模比重稳定在30%以上。抓好平鲁的虎头山风电场三期、刘家窑风电场一期、白玉山风电场二期、败虎堡风电场二期、红石峁风电场和2万千瓦光伏发电项目，以及右玉的小五台风力发电一期扩容项目、垃圾焚烧发电厂等装机容量70.75万千瓦的8个在建新能源发电项目。与此同时，要大力推动已开工的山阴昱光二期、同煤朔南、平朔木瓜界低热值煤发电厂加快建设进度。要积极支持新能源汽车发展，加快城乡区间电动乘用车试点建设。医药产业重点抓好玉龙化工原料药和农药中间体生产线、中诺药业年产2000吨甲磺胺生产线建设。

发展战略性新兴产业。紧跟5G时代，充分发挥我市气候冷凉、电力充沛等优势，积极发展新一代信息技术产业。推动山西北方北斗卫星导航项目加快建设。构建大数据产业框架，进一步开发云计算、物联网、移动互联网产业，推动大数据与制造业、现代农业、服务业逐步融合，以信息化促进新型工业化、新型城镇化和农业现代化。

煤炭资源清洁高效利用。顺应能源革命要求，加快传统产业与新技术、新工艺、新模式相互嫁接，明确方向，找准路径，延伸煤炭产业链，促进煤基产业绿色清洁高效循环发展。全力推动已签署协议的阳煤集团年产200万吨低阶煤分质清洁利用多联产、松蓝化工年产2×40万吨丙烯酸及脂类、普大集团年产30万吨洁净型煤、神雾集团年产40万吨聚乙烯、中煤平朔年产75万吨煤制烯烃等一批煤化工项目落地。

大力发展民营经济。要培育一批产业方向好、企业成长性好的民营企业逐步做大做强。支持一批民办煤矿发展非煤项目，推动民营经济实体进行农业产业开发、旅游产业开发和发展三产服务业。要进一步放宽民营经济发展新产业、新业态的市场准入，建立公平竞争的审查制度，按照统一市场、公平竞争的标准，清理和废除对民营经济的歧视性规定，保障非公有制经济与公有制经济一样，平等使用生产要素、公平参与市场竞争。推动基础设施、公共服务、金融、能源等领域向民间资本开放。要进一步落实国家产权保护制度，依法保障非公有制企业与公有制企业享有平等的财产权。

实施科技创新和人才强市战略。科技创新是转型发展的第一动力，人才战略是转型发展的核心要求。我们要实施科技创新战略，以企业创新为主体，引导企业加大研发投入，建立企业技术中心，发展高新技术项目。进一步加强北大固废研发中心和中北大学朔州校区的合作，做好山西省生态农牧研究院挂牌组建工作。继续办好亚洲粉煤灰及脱硫石膏处理与利用技术国际交流大会，打造具有国际影响力的新技术新成果展示平台。要实施人才强市战略，制定一流的人才政策，构建全新的人才自主流动机制，健全“不求所有、但求所用”的人才引进机制，吸引各类高层次人才创新创业。依托重大科研项目、重点实验室等人才培养载体，着力抓好高层次创新型科技人才的培养。鼓励朔州企业走出去，到京津地区与全国知名高等院校、科研院所进行深度合作，培育一批管理人才，转化一批科技成果。

全面推动产业转型、经济转型，是解决我市发展中面临的一系列矛盾和问题的主要抓手，是实现我市全面小康、振兴崛起的根本出路。我们一定要抓住难得的历史机遇，主动转型、创新转型、深度转型、全面转型，大力弘扬右玉精神，以功成不必在我的历史责任感，不懈努力，久久为功，积小胜为大胜，就一定能够打好打胜转型发展这场硬仗！

（三）加快城镇化建设步伐。按照市域范围内“一核两区两轴”的城镇化总体规划和空间布局，构建市城区、大县城、新型城镇、美丽乡村“四位一体”城镇化建设格局。

加快市城区发展步伐。着力推动市城区基础设施全面配套建设、公共服务优质化建设、经济发展“首位度”建设。今后市城区建设要确立这样五个新理念，即：牢固树立规划至上、生态宜居、精致建设、限制高层、体现特色的理念，把市城区建设成为具有鲜明特色的“园林式”城市。要大规模开展城市植绿种树，使城市绿化覆盖率达到45%以上，到“十三五”期末城市人均绿地面积达到全国最好水平。从今年起，我们要投入较大的力量，加强城市发展规划，成立朔州市城市规划勘察设计院，聘请国内知名的城市规划勘察设计单位，对我市城市总体规划进行调整完善。今明两年，要完成市城区的40多个专项规划，为长远发展奠定好的基础。

抓好城市基础设施全面配套建设。今明两年要重点实施十大类城建工程项目，总投资103亿元，包括路桥工程、绿化工程、景观工程、供水工程、污水工程、垃圾处理工程、七里河和恢河综合治理工程、地下综合管廊工程、公共服务工程、商业网点工程等。今年新开工51项重点工程，当年完成投资50多亿元。重点抓好恢河大桥、“三路四桥”、高铁快速通道、地下综合管廊、怡西路北延、古北街东延、市府街东延、建设路北延、四水厂、生活垃圾第三填埋场等工程。

实施公共服务优质化建设。要提升公共服务水平，着力建好涉及教育事业、卫生事业、文化事业、商贸物流业的配套工程。要推进飞机场、高铁站、朔州市第一人民医院、市一中、体育中心、商业综合体、科技馆、公交调度中心等一批公共服务设施建设。加快推进棚户区和城中村改造，开工6750套，基本建成5000套。在抓好大工程大项目的同时，也要抓好一批城市便民服务设施建设工程。新建7个居民菜市场，新建、改建一批示范性普惠幼儿园，改造完成12条小街小巷。完善市城区公共交通网络，投放150辆新能源公交车，新改建113个公交候车厅，全面开通15条公交线路。投放3000辆公共自行车，方便群众出行。持续开展市城区市容市貌“五乱”整治和卫生清洁两个“专项行动”。深入推进“五城联创”。巩固提升国家园林城市、全国双拥模范城创建成果，卫生城市、环保模范城市、文明城市要在已经获得省级称号的基础上，加快争取国家级称号。

健全城镇化推进机制。完善城乡一体化建设和发展的体制机制，推进城乡“规划编制、基础设施、公共服务、产业布局、制度安排”五个一体化。深入实施大县城战略，加快全市城镇群建设，重点抓好十个特色示范镇，提高城镇人口承载能力。合理安排全市范围内城镇建设、农田保护、产业集聚、村落分布、生态涵养等空间布局，推动水电路气等基础设施城乡联网、共建共享,促进各种资源要素在城乡之间协调配置,推进教育、医疗、文化、社保等基本公共服务资源向基层倾斜、均衡配置。

(四)促进农业增效农民增收。农业和农村经济发展要紧紧围绕农民收入稳定增长这个中心环节,牢牢把握农业供给侧结构性改革这条主线,把草牧业发展作为农业经济的主战场,努力打造全国草牧业发展示范市、全国农牧交错带结构调整先行区。

深化农业供给侧结构性改革。按照“稳粮优经扩饲”的思路,实施种植业结构调整优化工程、草牧业试验示范工程、耕地综合生产能力提升工程。突出抓好100万亩高产玉米、100万亩饲用玉米、100万亩小杂粮、100万亩经济作物基地建设。粮食产量稳定在10亿公斤左右。把发展草牧业作为农业供给侧结构性改革的主抓手,完成耕地种草77万亩。启动朔州生态畜牧产业集聚区建设,重点打造好1000平方公里的怀仁现代肉羊产业集聚区和1000平方公里的山阴、应县现代奶牛产业集聚区。奶牛存栏达到19万头,肉羊饲养量达到600万只。积极做好全国草牧业发展现场会和全国杂粮全产业链现场会筹备工作。进一步做大做强农产品加工业,培育古城乳业、山西雅士利、怀仁皮革城、应县恒天然等龙头企业。全市农产品加工企业销售收入达到205亿元,同比增长6.8%。

积极发展农业社会化服务。着力构建农业生产服务体系、农业科技创新和技术推广体系、农产品市场流通体系、农业保险体系、农业信息化服务体系等,进一步完善产前、产中、产后全程社会化服务。加快基层农技推广改革,培育多种形式的农业经营性服务组织。探索开展政府向农业经营性服务组织购买公益性服务试点,鼓励和支持工商资本发展现代种养业和农产品加工流通业,提供农业社会化服务。

加强美丽宜居乡村建设。坚持因地制宜、突出特色,分类指导、分步实施,大力实施以“完善提质、农民安居、环境整治、宜居示范”为主的农村人居环境改善四大工程,加强农村基础设施建设。重点抓好垃圾治理、污水治理“两治”和改水、改厕、改路、改房、改能“五改”,改善农村生产生活条件和公共服务。全面完成3765户农村危房改造,完成30个村庄的农村气化工作,启动实施100个市级美丽乡村示范点建设,积极发展休闲度假、养生养老、旅游观光、农耕体验、创意农业、乡村手工艺等农村新业态。高度重视贫困地区和边远山区人口大量外流的“空壳村”的开发和建设问题,积极探索宅基地置换建设用地的模式,引进战略投资者,组织实施移民并村工程。

农业和农村经济是国民经济的基础。我们不能因为农业的比例小了就忽视农业,不能因为农村人口少了就忽视农村,而是要强化对农业基础地位的认识,深刻认识我市农业农村经济发展的巨大潜力。只要我们紧紧抓住农业供给侧结构性改革这个关键,农业种植结构就会发生深刻变化;只要我们紧紧抓住转型发展这个关键,农业的比较效益就会大大提高;只要我们紧紧抓住深化农村改革这个关键,农业农村的活力就会不断增强。一句话,农业和农村经济发展前途光明,前景灿烂!

(五)加快发展服务业。促进金融业做大做强。发展普惠金融、绿色金融、创新金融。完成朔州农商行筹建工作,力争上半年挂牌。启动怀仁县农村信用联社改制农商行工作。用好总规模为200亿元的建设银行经济发展基金、浦发银行城市发展基金,加快推进市投资建设开发公司企业债发行,切实提高政府投资能力、财政保障能力、企业融资能力。积极引进更多金融机构,不断提升金融服务地方经济发展水平。要培育资本市场,鼓励支持企业上市,加大企业直接融资。

加快文化旅游产业成长发展。深入挖掘整理历史文化资源,高起点谋划文化旅游产业。围绕整体提高朔州在国际国内的文化美誉度,全力整合和打造好应县木塔、右玉精神、安太堡露天煤矿、峙峪猎马人、广武明长城、金沙滩古战场这六个文化名片,深入挖掘其深厚的历史文化内涵，进一步提高和拓展知名度，使其形成牵动朔州产业发展的龙头，成为吸引国内外游客的金字招牌。要推出40个重点历史文化资源开发项目，在精心策划的基础上，广泛开展招商，引进战略合作投资者，进行文化产业开发和文化旅游开发。要深入挖掘整理200个历史文化题材，形成传承地域优秀文化的典籍，部分题材可延伸为影视剧作品。要积极推进应县木塔申报世界文化遗产工作。要重点做好右玉精神这个文化名片的宣传，配合省宣传文化部门完成以右玉精神为题材的大型音乐舞蹈史诗、电视连续剧和话剧三大作品，在北京组织搞好右玉精神研讨会和"塞上绿洲"油画摄影展两大活动，支持右玉干部学院建设，进一步扩大右玉精神的知名度。

发展生产性服务业。要进一步发展城市商业、仓储、物流等生产性服务业。重点围绕矿山开采、煤炭外运、机械维修，发展矿山物流、交通运输、维修保养等服务业，带动全市生产性服务业整体快速发展。建设煤炭交易市场和煤炭外销内陆港。目前平鲁区、中煤集团和河北港口集团正在洽谈的内陆港项目建设，是我市服务业发展的重大工程。一期工程规划建设煤炭信息、物流金融、交易结算"三大平台"，项目建成后，既可提高煤炭产业效益，又可规范煤炭营销市场秩序。

继续发展好消费性服务业。要积极引进商业连锁店、大型超市等消费性服务业。鼓励建设家政服务、生鲜超市、便民修理等社区商业服务网络，完善社区商业服务。与国内外大型物流公司、快递企业合作，在山西雁门关农贸物流园区设立现代化电商物流中心和公共智能仓储配送中心。发展文化、体育、休闲、养老、健康等幸福产业。

（六）全面深化改革。改革是发展的必由之路。要围绕事关全局的一些关键性改革，以转型综改区建设为统领和切入点，以重大改革、重大事项和重大项目为支撑，大胆探索、先行先试，用改革破解经济社会发展难题。

推进供给侧结构性改革。落实好"三去一降一补"任务，力争完成1360万吨的去产能任务。探索建立购租并举的住房制度，用足用好住房公积金，多措并举促进商品房去库存。支持有条件的企业依法实施债转股，降低企业综合成本，减轻企业负担。

深化农村改革。基本完成农村土地承包经营权确权登记颁证工作，年内市县农村产权交易中心全部挂牌运营。开展农村集体"三资"清产核资，稳步推进农村集体产权制度改革。积极发展家庭农场、专业大户、农民合作社、农业产业化龙头企业等新型农业经营主体，通过经营权流转、股份合作、代耕代种、土地托管等多种方式，促进土地规模经营。进一步加大补贴力度，发展特色农产品保险，并实行以奖代补，不断完善农业自然风险和市场风险的分散机制。

加快电力体制改革步伐。扩大直供电范围，探索工业园区与发电企业直接交易的体制机制，探索微电网运行模式，力争将我市列为全省市域电力体制改革先行先试市。落实煤电一体化企业享受厂用电价政策，构建煤、电、网、载能产业协同发展新格局。推动中煤平朔、中煤华昱增量配电申请获批，并列入全省区域电网运营试点，推动润臻公司列入固废综合利用企业厂用电试点。

抓好开发区改革创新发展。开发区改革创新发展是经济转型的重要抓手，是战略突破口。以创建国家级、省级开发区为目标，围绕"整合、改制、扩区、调规"和"三化三制"内部改革，加大开发区改革创新发展。按照"一市一国家级开发区，一县一省级开发区"的目标要求，朔州经济开发区力争用2—3年时间申报国家级开发区，其它五个园区尽快打造成省级开发区。

加快旅游景区（景点）体制机制改革。围绕管理权、经营权"两权"分离，进一步理顺管理体制、经营机制和利益关系，推进朔城区崇福寺、山阴县广武、怀仁县金沙滩、应县木塔、右玉县杀虎口景区建立现代企业法人治理机构。完成市县旅发委组建工作,加强旅游产业发展统筹协调。组建朔州旅游产业投资公司,引入战略投资者,包装一批旅游项目,进一步提升景区(景点)的核心竞争力。

深化商事制度改革。深入推进"五证合一"改革,继续深化"先照后证"和工商登记便利化改革,力争全年市场主体总量同比增长 8%,私营企业数量同比增长 10%以上。加强事中事后监管,落实"双随机一公开"机制,构建新型市场监管体系,营造良好的市场环境。

(七)进一步提升对外开放水平。我们要进一步扩大对外开放,立足国际国内两个市场、两种资源,积极跟进国家开放战略,坚持引资引技引智并重,努力拓展发展新空间、打造发展新优势。

不断拓展开放领域。积极参与京津冀一体化,主动融入环渤海经济圈,在产业发展、招才引智、科技创新、基础设施、能源供应、文化旅游等方面加强合作,把我市建成京津冀清洁能源供应基地、旅游避暑休闲养老的"后花园"和优质农产品供应基地。充分利用煤电下江南的机遇,引深与长三角和珠三角地区合作,承接相关产业转移。

用好各类招商平台。组织参加好省政府组织的"山西品牌中华行"、"山西品牌丝路行"、"山西品牌网上行"等招商引资活动,力争签约一批大项目、好项目。做好名优特产品外埠展销活动,举办朔州特色商品"华夏行"活动。大力发展电子商务,通过乐村淘、淘宝、苏宁易购等电商,将朔州名优农产品推向全国。培育右玉图远、山西晋坤、诺成制药等一批拥有自主品牌的重点出口企业。

高效精准招商引资。围绕先进装备制造、高端陶瓷、新能源、新材料、文化旅游、特色农业、生物制药和现代服务业等战略性新兴产业,包装策划一批转型项目。推进招商引资体制机制改革,实施专业招商、以商招商、网络招商、委托招商等,努力引进更多好项目、大项目。要改进和完善招商引资考核体系,把招商引资工作纳入目标责任考核范围,重点考核签约项目的开工率、资金到位率,并加大考核权重。组织好京津冀、长三角、珠三角等点对点招商活动,力争各县区项目签约额是重点工程投资额的 3 倍以上,全市签约总额突破 1500 亿元。

(八)大力发展民生和社会事业。牢固树立以人民为中心的发展思想,大力发展社会事业,推进基本公共服务均等化。财政支出要向民生倾斜、向农村倾斜、向困难群体倾斜,让更多的人享受公共财政的阳光,不断提升人民群众的获得感和幸福感。

加快发展教育事业。以办好人民群众满意教育为目标,大力推进义务教育均衡发展。进一步调整和优化教育布局,新建、扩建、改建一批中小学校,年内开工建设市一中新校区,新建市七小。进一步加强农村中小学布局调整,培育更多的农村教育优质资源。深化教育教学改革,在"中小学就近划片入学、优秀教师和校长校际交流、优质高中指标下校、电脑均衡编班"等改革上有新的突破。下功夫提高普通高中教育质量,提高高中升学率。大力发展职业技术教育,扩大职业中学的招生计划,普职学生比例逐步达到 1∶1。规范民办教育,促进民办教育健康有序发展。市本级要率先抓好市教育行政部门直管的中小学校。既要加大基础建设投入,又要尽快提高教学质量水平,为全市作出示范。

发展医疗卫生事业。贯彻落实全国卫生与健康大会精神,推进"健康朔州"建设。加大优质资源下沉力度,推动经费、设备、科技、人员、技术、管理等各类优质资源向基层流动,提升计生服务能力和基层医疗卫生机构服务能力。探索公立医院薪酬制度改革和医疗、卫生、计生、疾控"四位一体"网格化管理模式。鼓励和引导社会资本举办医疗机构。招录和培养更多专科医生,加强医疗队伍建设。

继续提高社会保障水平。做好高校毕业生、去产能下岗职工、农村转移劳动力、城镇失业人员、退役军人等群体的就业工作。巩固全民参保登记试点成果，扎实推进“五险”参保扩面。稳步推进机关事业单位养老保险制度改革，整合城乡居民基本医疗保险制度。继续提高社会救助水平，促进社会福利事业发展。

促进文化体育事业发展。继续巩固国家公共文化服务体系示范区建设，深化文化单位管理体制改革，建立既节约又运转高效的机制，全面提升图书馆、文化馆、博物馆、乡镇综合文化站使用效益。推进市级主流媒体融合发展，打造新型主流媒体。实施文化惠民工程，开展送戏下乡、周末大舞台等活动。加强文物和非物质文化遗产保护工作，加强古长城保护。加强档案工作，做好志书和年鉴修编，发挥资政、存史、育人作用。推动全民健身运动，增强人民体质。

坚决打好打胜脱贫攻坚战。今年我市确定的脱贫目标是，82 个贫困村、19193 名贫困人口完成减贫任务，特别是平鲁区、山阴县 2 个省级贫困县(区)要整体“摘帽”。我们要按照“六个精准”、“五个一批”的要求，坚持精准扶贫、精准脱贫，突出抓好产业项目扶贫、就业安置增收、金融信贷扶贫、扶智助教治贫、医疗救助济贫、发展水利扶贫、生态补偿减贫、移民搬迁安居、基础设施改善、政策兜底保障等“十大措施”。要严格退出机制，绝不能搞数字脱贫、虚假脱贫，过好群众满意关，经得起历史检验。

办好民生事业，既是人民群众的期盼，也是我们的职责所在。我们一定要把为人民群众所办的实事办实、好事办好，把全市人民干事创业的力量凝聚到全面建成小康社会的伟大实践中！

(九)加强生态文明建设。树立“绿水青山就是金山银山”的理念，持之以恒推进环境保护和生态建设。

坚持植绿兴水并举。重点实施朔城区南山生态综合治理一期、平鲁区高石庄造林绿化、山阴县偏岭荒山造林、怀仁县环城绿化、应县白马石荒山造林、右玉县大南山荒山造林“六大工程”，完成营造林 12.3 万亩。狠抓林木资源管护，从今年起对全市 550 万亩林木进行全域管护。积极推进退耕还林，对上一轮退耕还林补助延长 5 年，启动新一轮退耕还林。同时，进行生态建设的“二次创业”，兼顾生态效益与经济效益，加大经济林种植力度，实现绿水青山向金山银山转变。加强农田水利建设，实施好灌区节水改造、膜下滴灌、水土流失治理等工程，完成农田灌溉面积 227 万亩、治理水土流失面积 30 万亩。

强化环境污染治理。今年要继续打好大气、水、土壤污染防治等环境治理的“三大战役”。在大气污染防治上，要把控煤、治污、管车、降尘等重要措施落地落实，改善大气质量。大力推广集中供热和煤改气、煤改电，促进燃煤电厂超低排放升级改造，积极推进朔南、木瓜界、华昱二期热电联供项目，坚决取缔集中供热范围内 10 蒸吨以下燃煤锅炉；依法关停不达环保要求及无证经营的小型煤场、洗煤厂、石灰窑等土小企业；按期完成陶瓷和其它行业煤气发生炉达标改造。在水污染治理上，加强工业集聚区水污染治理，加大城市污水收集管网建设，逐步实现雨污分流；实施最严格的水资源管理制度，落实河长制。启动土壤污染状况详查，推动土壤污染治理与修复技术应用试点和土壤污染综合防治先行区建设。

开展生态治理修复。统筹实施采煤沉陷区土地复垦整理、矿山生态环境恢复治理工程，积极推进七里河综合治理工程。特别是要规划实施好已列入国家水利部重点项目的桑干河流域综合治理和生态修复工程。该项治理工程在朔州境内治理区域涉及朔城区、山阴县、应县、怀仁县四县区，全长 131.5 公里，总投资 34 亿元。这是朔州生态环境建设史上一项造福子孙后代的战略工程。工程完成后，将使朔州境内特别是桑干河流域内水环境和生态环境发生根本性的变化。我们要按照工程规划的“一河两区三带”建设的总体布局和设计，动员和组织全市人民全方位参与工程建设，支持工程建设，确保工程尽早发挥效益。

(十)坚持不懈抓好安全生产和社会稳定工作。

压实安全生产责任。认真开展“安全责任落实年”活动,坚持“党政同责、一岗双责、企业(单位)主责、失职追责”,按照“管行业必须管安全、管业务必须管安全、管生产经营必须管安全”和谁主管谁负责的要求,不折不扣把党委政府领导责任、部门监管责任和企业主体责任落到实处。

持续开展以煤矿安全隐患为重点的专项整治。深刻汲取中煤担水沟煤矿“1·17”重大顶板事故教训,在煤矿、非煤矿山、道路交通、危险化学品、燃气管道、建筑施工、人员密集场所等行业领域开展安全生产隐患大排查大整治。对重大隐患实行挂牌督办、限期整改,整改无望的予以关闭,对非法生产经营建设行为坚决打击取缔。

加强安全工作的基层基础建设。在重点领域强制推进安全生产标准化建设,开展反“三违”专项行动,加强企业生产一线、作业现场的安全生产管理。加大安全生产投入,提高安全技术装备水平。加强乡镇执法力量,完善开发区、工业园区等功能区的安全生产监管体制。

全力维护社会稳定。深入开展平安朔州建设活动,保持“打黑除恶”高压态势,严防暴力恐怖活动,完善立体化社会治安防控体系,提高人民群众安全感。加强新形势下国防动员、国防教育和后备力量建设,积极支持军队规模结构和力量编成改革,推进军民融合深度发展。实施质量强市战略,促进质量安全根本改善。加强食品药品监管,加快建立重要产品追溯体系。要创新信访工作机制,有效调处各类矛盾纠纷,维护社会和谐稳定。四、加强政府自身建设

面对严峻复杂的经济形势,面对转型综改的繁重任务,各级政府必须适应新形势新任务的要求,进一步提高执政能力和执政水平。

(一)加强思想政治建设。深入学习贯彻习近平总书记系列重要讲话精神和治国理政新理念新思想新战略,切实增强政治意识、大局意识、核心意识和看齐意识,始终在思想上、政治上、行动上同党中央保持高度一致。深入贯彻党的基本路线,坚持改革开放,坚持以经济建设为中心。牢固确立全心全意为人民服务的宗旨,认真贯彻民主集中制,真抓实干,敢于担当,努力建设人民满意的政府。

(二)加强履职能力建设。面对异常艰巨复杂的改革发展任务,各级政府必须努力提高履职尽责的能力。要增强领导发展的能力。切实把抓发展作为第一要务,不断提高新形势下领导经济工作的能力。要增强执行政策的能力。深入贯彻落实党的路线、方针、政策,紧密联系朔州改革发展的实际,创造性地开展工作。要增强解决问题的能力。善于在尖锐复杂的发展形势中抓主要矛盾、解决突出问题。要增强改革创新的能力。解放思想,大胆创新,勇于探索,用改革创新的办法推动经济社会发展。要增强推动落实的能力。以踏石留印、抓铁有痕的劲头,推动工作落实。

(三)加强法治政府建设。要在各级政府中进一步强化法治思维和法治意识,切实提高依法行政、依法办事的水平,按照“法定职责必须为,法无授权不可为”建设法治政府的要求,把政府各项工作全面纳入法治轨道。要推进决策科学化、民主化、法制化,建立重大行政决策合法性审查机制、终身责任追究制及责任倒查机制。要认真执行人大及其常委会的决议决定,定期向人大及其常委会报告工作,主动接受人大监督。要认真办理人大代表建议、政协委员提案、人民群众来信来访,做到事事有回音,件件有落实。

(四)加强行政效能建设。按照建设服务型政府的要求,深化“放管服效”改革,持续推进简政放权、放管结合、优化服务,不断提高政府工作效能。要深化行政审批制度改革,继续做好审批事项承接、取消、下放、调整工作。进一步提升政务服务中心和公共资源交易平台服务功能。深入落实好“13710”工作制度,尽快在市县乡三级政府全面建立电子督办平台。要进一步解决好一些干部工作中存在的不作为、

慢作为、乱作为等问题；坚决整治推诿扯皮、敷衍塞责等懒政怠政行为，不断提高政务服务质量和水平。要健全完善工作目标考核机制，把全年工作任务分解到各部门，做到任务到人，责任到人，严明奖惩，严格问责。

（五）加强政府廉政建设。政府党组要切实扛起全面从严治党主体责任，认真落实"一岗双责"，不断加强政府系统党的建设。要严守党的政治纪律，严肃党内政治生活，坚决把纪律和规矩挺在前面，强化对行政权力的监督和制约，对公共资金、国有资产、国有资源和领导干部履行经济责任实行审计全覆盖，切实把权力关进制度的笼子。要严格执行中央八项规定和国务院"约法三章"精神，坚决防止"四风"反弹回潮。牢固树立"过紧日子"思想，厉行勤俭节约，反对铺张浪费，把有限的资金用在改善民生、推动发展上。要深入开展政府系统党风廉政建设和反腐败斗争，努力形成干部清正、政府清廉的良好局面！

各位代表，我们正处于转型发展、创新发展、全面小康的关键历史时期。全市人民对经济走出困境、实现稳定发展充满了期待！对加快发展、振兴崛起充满了期待！让我们紧密团结在以习近平同志为核心的党中央周围，在中共朔州市委的坚强领导下，充分调动各方面的积极性，汇聚起推动发展的强大力量，撸起袖子加油干，以优异的成绩迎接党的十九大胜利召开！

# 朔州市 2016 年 国民经济和社会发展统计公报

朔州市统计局
2017 年 4 月

2016 年，面对复杂多变的宏观经济环境和艰巨繁重的改革发展任务，全市上下在市委、市政府坚强领导下，认真贯彻落实中央和省委省政府一系列决策部署，坚持稳中求进工作总基调，践行五大发展新理念，统筹稳增长、调结构、惠民生、促转型、防风险各项工作，稳步推进供给侧结构性改革，全力推进“两大任务”，加快“六大发展”，全市经济社会发展取得新成就，为全面建成小康社会奠定了坚实基础。

## 一、综 合

据 2016 年人口抽样调查，年末全市常住人口 176.81 万人，比上年末增加 0.59 万人。全年全市出生人口 1.63 万人，人口出生率 9.24‰；死亡人口 1.04 万人，死亡率 5.9‰；人口自然增长率 3.34‰。

**表 1　2016 年人口数及其构成**

单位：万人

| 指　标 | 年末数 | 比重(%) |
|---|---|---|
| 全市常住人口 | 176.81 | 100.00 |
| 其中：城 镇 | 95.84 | 54.21 |
| 　乡 村 | 80.97 | 45.79 |
| 其中：男 性 | 91.59 | 51.80 |
| 　女 性 | 85.22 | 48.20 |

初步核算，全年全市生产总值 918.1 亿元，按可比价格计算，比上年增长 4.2%。其中，第一产业增加值 56.28 亿元，增长 3.1%，占生产总值比重 6.1%；第二产业增加值 395.22 亿元，增长 2.5%，占生产总值比重 43.1%；第三产业增加值 466.56 亿元，增长 6.0%，占生产总值比重 50.8%。

人均地区生产总值 52010 元，按 2016 年平均汇率计算为 7830 美元。

**图 1　2012-2016 年全市生产总值及其增长速度**

亿元　　　　　　　　　　　　　　%

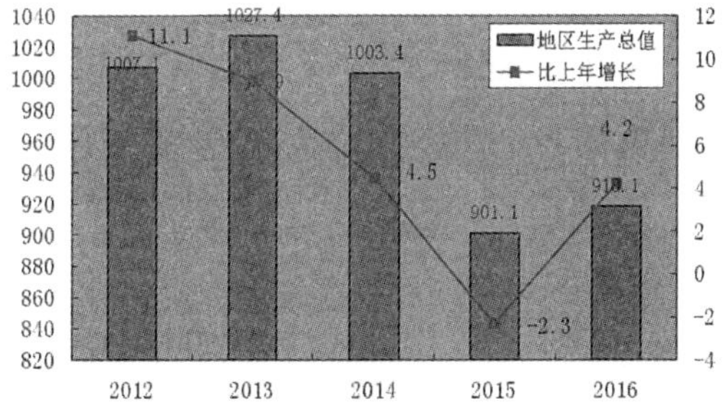


全年全市一般公共财政收入 49.1 亿元，下降 9.5%。税收收入 37.8 亿元，增长 4.1%，其中国内增值税、营业税、企业所得税、个人所得税、资源税和城建税共计完成税收 37.7 亿元，增长 6.5%。一般公共预算支出 127.7 亿元，下降 7.7%。其中，教育、科学技术、文化体育与传媒、社会保障和就业、医疗卫生与计划生育、节能环保、城乡社区事务、住房保障、公共交通运输、农林水事务、交通运输、商业服务业等事务、国土资源气象等事务、住房保障和粮油物资储备

管理事务民生支出 100.2 亿元，下降 11.4%，民生支出占全市一般公共预算支出的比重 78.5%。

图 2　2012-2016 年全市公共财政收入及其增长速度

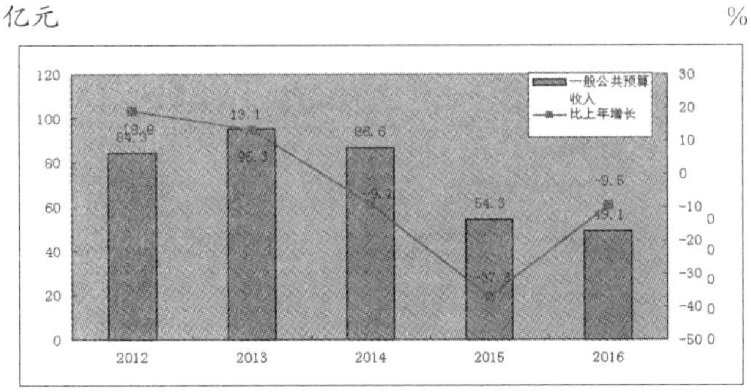


全年居民消费价格总水平比上年上涨 0.8%，其中，食品价格上涨 3.3%。商品零售价格上涨 1.0%。工业生产者出厂价格下降 5.5%，其中生产资料价格下降 5.8%，生活资料价格下降 1.8%。工业生产者购进价格下降 4.8%。

表 2　2016 年居民消费价格比上年涨幅

| 指　标 | 涨　幅(%) |
|---|---|
| 居民消费价格 | 0.8 |
| 食品烟酒 | 2.5 |
| 衣　着 | 1.0 |
| 居　住 | -1.8 |
| 生活用品及服务 | -0.1 |
| 交通和通信 | -1.0 |
| 教育文化和娱乐 | 0.9 |
| 医疗保健 | 3.8 |
| 其他用品及服务 | 2.0 |

## 二、农　业

全年全市农作物种植面积 328.0 千公顷，比上年减少 0.3 千公顷。其中，粮食种植面积 265.2 千公顷，减少 2.9 千公顷；蔬菜及食用菌种植面积 14.3 千公顷，减少 1.5 千公顷；油料种植面积 26.4 千公顷，增加 0.7 千公顷。在粮食种植面积中，玉米种植面积 154.3 千公顷，减少 5.4 千公顷。

全年粮食产量 127 万吨，增加 17.1 万吨，增长 15.5%。其中，夏粮 1.7 万吨，减产 4.5%；秋粮 125.4 万吨，增产 15.8%。

表 3　2016 年主要农林产品产量及其增长速度

| 产品名称 | 产　量 | 比上年增长% |
|---|---|---|
| 粮　食 | 127 | 15.5 |
| 其中：玉　米 | 107.7 | 13.5 |
| 谷　子 | 2.5 | -7.8 |
| 豆　类 | 3.4 | 34.1 |
| 薯　类(折粮) | 6.1 | 34.6 |
| 油　料 | 3.0 | 19.1 |
| 蔬菜及食用菌 | 69.7 | -2.7 |
| 水　果 | 13.0 | 9.9 |
| 其中：瓜果类 | 12.3 | 9.9 |

全年全市肉类总产量 9.1 万吨，下降 2.5%。其中，猪肉产量 2.5 万吨，下降 8.8%；羊肉产量 5.5 万吨，增长 1%。牛奶产量 49.6 万吨，下降 5.1%。禽蛋产量 2.6 万吨，增长 5.8%。

全年生猪出栏 26.4 万头，存栏 22.8 万头；牛出栏 5.4 万头，存栏 18.3 万头；羊出栏 314.3 万只，存栏 176.2 万只。

年末全市农业机械总动力 144.3 万千瓦，比上年末下降 41.3%。机械耕地面积 28.6 万公顷，机械播种面积 23.4 万公顷，机械收获面积 15.1 万公顷，分别比上年下降 1.3%、12.6%和 9.0%。

## 三、工业和建筑业

年末全市规模以上工业企业 245 家，比上年减少 14 家。全年规模以上工业增加值 213.1 亿元，同比增长 2.7%。

表 4　2016 年全市规模以上工业增加值及增速

| 指　标 | 增加值 | 比上年增长% |
|---|---|---|
| 规模以上工业 | 213.1 | 2.7 |
| 其中：轻工业 | 12.0 | 4.0 |
| 重工业 | 201.1 | 2.2 |
| 其中：煤炭开采和洗选业 | 143.8 | 0.7 |
| 食品制造业 | 2.3 | -19.5 |
| 非金属矿物制品业 | 12.5 | 11.1 |
| 电力、热力生产和供应业 | 39.3 | -0.1 |
| 其中：国有控股企业 | 109.8 | -3.1 |
| 股份制企业 | 185.8 | 3.3 |
| 外商及港澳台投资企业 | 11.9 | 24.2 |

表 5　2016 年全市规模以上工业主要产品产量及增速

| 产品名称 | 单 位 | 产 量 | 比上年增长% |
|---|---|---|---|
| 原　煤 | 万吨 | 15201.1 | -16.1 |
| 白　酒 | 千升 | 7011 | -8.5 |
| 软饮料 | 吨 | 31770 | 73.2 |
| 液体乳 | 吨 | 174732 | -14 |
| 水　泥 | 吨 | 2181371 | 7.5 |
| 发电量 | 亿千瓦小时 | 267.5 | -0.1 |

全年规模以上工业主营业务收入 698.1 亿元，比上年下降 3.9%。其中，煤炭、电力热力生产和供应业分别实现主营业务收入 491 亿元和 80.6 亿元，分别下降 2.2%和 8.5%；食品制造业实现主营业务收入 15.4 亿元，下降 18.8%；非金属矿物制造业实现主营业务收入 40.5 亿元，增长 15.3%；汽车制造业实现主营业务收入 1.5 亿元，增长 16.2%；医药制造业实现主营业务收入 1.5 亿元，下降 40.9%。

全年规模以上工业企业实现利税 102.6 亿元，比上年增长 162.5%；实现利润 38.2 亿元。

表 5　2016 年全市规模以上工业主要产品产量及增速

单位：亿元

| 指　标 | 利润总额 | 比上年增长% |
|---|---|---|
| 规模以上工业 | 38.2 | 283.2 |
| 其中：国有控股企业 | 7.3 | 114 |
| 其中：集体企业 | 0 | 0 |
| 股份制企业 | 41.9 | 321.8 |
| 外商及港澳台商投资企业 | -2.3 | 215.8 |

全年全市建筑业实现增加值 24.96 亿元。

## 四、能 源

全年全市一次能源生产折标准煤 1.09 亿吨（原煤折标系数采用 0.7143），下降 16.1%；二次能源生产折标准煤 0.83 亿吨，下降 11.3%。

全年全市全社会用电总量 97.51 亿千瓦小时。其中，第一产业用电 1.89 亿千瓦小时，占全社会用电量 1.9%；第二产业用电 79.43 亿千瓦小时，占 81.5%，其中工业用电 78.76 亿千瓦小时；第三产业用电 7.89 亿千瓦小时，占全社会用电量 8.1%；城乡居民生活用电 4.31 亿千瓦小时，占全社会用电量 4.4%。

## 五、固定资产投资

全年全社会固定资产投资 637.7 亿元，下降 31.9%。

图 3　2012–2016 年全社会固定资产投资及其增长速度

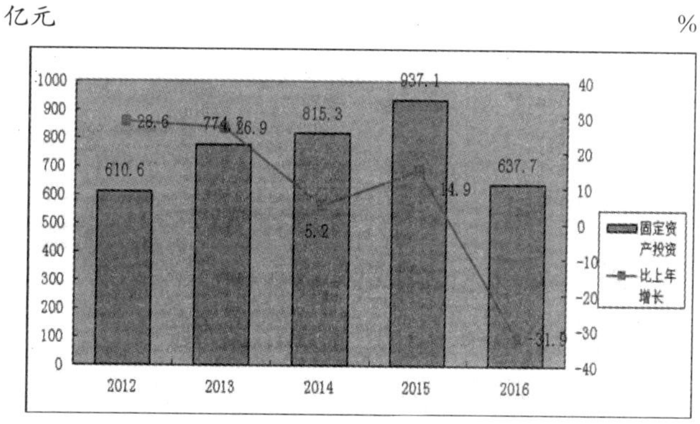


在固定资产投资（不含跨省、农户）中，基础设施投资完成 148.9 亿元，下降 11.1%。国有及国有控股投资 253.9 亿元，下降 52.6%；民间投资 366.1 亿元，下降 4.5%。

分登记注册类型看，内资企业和个体经营投资 618.8 亿元，下降 32.7%；外商及港澳台商企业投资 18.9 亿元，增长 6.7%。

分产业看，第一产业投资 151.1 亿元，增长 3.1%；第二产业投资 236.9 亿元，下降 44.3%；第三产业投资 249.7 亿元，下降 31.7%。

全市工业投资 237.8 亿元，下降 44.6%。其中，煤炭工业投资 44.4 亿元，下降 43.7%；电力工业投资 71.2 亿元，下降 63%；非煤电产业投资 122.2 亿元，下降 22.6%。

表 7　2016 年分行业固定资产投资(不含跨省、农户)及其增长速度

| 行　业 | 投资额(亿元) | 比上年增长(%) |
|---|---|---|
| 总　计 | 637.7 | -31.9 |
| 农林牧渔业 | 154.0 | -4.4 |
| 采矿业 | 49.3 | -44.5 |
| 制造业 | 85.2 | -24.2 |
| 电力、热力、燃气及水生产和供应业 | 103.3 | -54.6 |
| 建筑业 | 0.9 | 7.2 |
| 批发和零售业 | 15.7 | -47.8 |
| 交通运输、仓储和邮政业 | 39.2 | -45.1 |
| 住宿和餐饮业 | 0.8 | -91.5 |
| 房地产业 | 42 | -62.5 |
| 租赁和商务服务业 | 0.7 | 279.6 |
| 科学研究和技术服务业 | 18.9 | 2332.3 |
| 水利、环境和公共设施管理业 | 111.2 | 14.8 |
| 居民服务、修理和其他服务业 | 1.2 | -31.6 |
| 教　育 | 5.18 | -18.6 |
| 卫生、社会工作 | 4.18 | 131.6 |
| 文化、体育和娱乐业 | 3.22 | -75 |
| 公共管理、社会保障和社会组织 | 0.55 | -78.8 |

全年全市在建固定资产投资项目 1454 个。其中,亿元以上项目 119 个,计划总投资 823.3 亿元,完成投资 609.6 亿元。

全年房地产开发投资 28.1 亿元，下降 31.9%。其中,住宅投资 20.6 亿元,增长 35.1%;商业营业用房投资 5.1 亿元,下降 69.3%。

## 六、贸　易

全年全市社会消费品零售总额 291 亿元，增长 7.7%。按经营地统计，城镇消费品零售额 207.5 亿元,增长 7.9%;乡村消费品零售额 83.5 亿元,增长 7.5%。按消费形态统计,商品零售额 254.4 亿元,增长 7.6%;餐饮收入额 36.6 亿元,增长 8.9%。

表 8　2016 年社会消费品零售总额及其增长速度

| 指标 | 绝对额(万元) | 比上年增长% |
|---|---|---|
| 社会消费品零售总额 | 2910719.1 | 7.7 |
| 分地域:城镇 | 2075982.6 | 7.9 |
| 其中:城区 | 929447.9 | 7.4 |
| 乡村 | 834736.5 | 7.5 |
| 分行业:批发业 | 716226.4 | 7.7 |
| 零售业 | 1827873.7 | 7.6 |
| 住宿业 | 64183 | 9.8 |
| 餐饮业 | 302436 | 8.5 |

表 9　2016 年限额以上单位商品零售额及其增长速度

| 指　标 | 绝对额(万元) | 比上年增长% |
|---|---|---|
| 汽车类 | 147915.9 | 8.1 |
| 石油及制品类 | 226951.5 | -1.9 |
| 金银珠宝类 | 8768.8 | -51.2 |
| 家用电器和音像器材类 | 30790.8 | -16.6 |
| 粮油、食品、饮料、烟酒类 | 53410.9 | 8.4 |
| 服装、鞋帽、针纺织品类 | 219705.9 | -0.9 |
| 化妆品类(万元) | 4397.5 | 19 |
| 体育、娱乐用品类(万元) | 787.2 | 5.6 |

全年全市海关进出口总额 52736 万元，增长 44.5%。其中,进口额 28118 万元,增长 60.6%;出口额 24618 万元,增长 29.7%。

## 七、交通、邮电和旅游

全年新增公路通车里程 45.5 公里,年末全市公路通车里程达到 10215.7 公里。其中，高速公路 388.7 公里，普通干线公路 815.5 里，农村公路 9011.5 公里。

年末全市民用汽车保有量 20.1 万辆(包括三轮汽车和低速货车)，比上年末增长 8.9%，其中汽车 16.6 万辆,增长 14.1%。

全年全市完成邮电业务总量 11.99 亿元。其中,邮政业务总量 1.59 亿元，电信业务总量 10.4 亿元。年末移动电话用户 153.1 万户,其中 3G 移动电话用户 10.5 万户,4G 移动电话用户 86 万户。全市宽带接入用户 25.2 万户。

全年全市接待国内旅游者1717.0万人次，增长21.3%。国内旅游收入160.6亿元，旅游总收入160.7亿元，均增长20.3%。接待入境旅游者人数6405人次，同比增长4.4%；旅游外汇收入219万美元，同比增长4.2%。

## 八、金　融

年末全市金融机构本外币各项存款余额1295.95亿元，比年初增加104.25亿元，增长8.75%。全市金融机构本外币各项贷款余额577.33亿元，比年初增加18.73亿元，增长3.35%。

年末全市农村金融合作机构（农村信用社、农村合作银行、农村商业银行）人民币存款余额312.03亿元，比年初增加25.6亿元，增长8.94 %；人民币贷款余额210.29亿元，比年初增加10.42亿元，增长5.21 %。

表10　2016年末金融机构本外币存贷款及其增长速度

| 指　标 | 年末数（亿元） | 比年初增长% |
| --- | --- | --- |
| 各项存款余额 | 1295.95 | 8.8 |
| 其中：住户存款 | 914.33 | 10.0 |
| 非金融企业存款 | 207.11 | 11.5 |
| 各项贷款余额 | 577.33 | 3.4 |
| 其中：短期贷款 | 203.83 | -2.5 |
| 中长期贷款 | 298.66 | 7.4 |
| 其中：个人消费性贷款（人民币） | 28.6 | 20.3 |

全年全市保费收入18.6亿元，比上年增长6.8%。其中，寿险业务保费收入11.2亿元，增长6.4%；健康险业务保费收入0.8亿元，增长76.1%；意外伤害险保费收入0.2亿元，增长44.2%；财产险业务保费收入7.3亿元，增长10.3%。全年保险业赔款和给付支出8.1亿元，增长12.5%。其中，寿险业务给付支出4.3亿元，增长13.6%；财产险业务赔款3.8亿元，同比增长11%。

## 九、教育和科学技术

全年全市中等职业教育学校共招生0.78万人，在校学生达到2.08万人；普通高中共招生1.65万人，在校学生达到5.14万人；初中共招生2.46万人，在校学生达到7.47万人。

表11　2016年全市各类教育发展情况

| 指　标 | 招生（万人） | 在校生（万人） | 毕业生（万人） |
| --- | --- | --- | --- |
| 中等职业教育 | 0.78 | 2.08 | 0.5 |
| 普通高中 | 1.65 | 5.14 | 2.08 |
| 初　中 | 2.46 | 7.47 | 2.76 |
| 普通小学 | 2.08 | 12.88 | 2.16 |
| 特殊教育 | 0.0025 | 0.0236 | 0.0017 |
| 学前教育 | 2.5 | 3.97 | 1.63 |

全年全市共受理各项专利申请313件，比上年增长27%。全市技术市场共签订技术合同18份，成交金额12000万元。全年有1个项目列入国家各类科技计划，获得国家资助50万元。全年全市共取得省级以上3项科技成果。

年末全市有气象台站6个。全市气象系统开展人工影响天气业务的单位7个，全市有卫星云图接收站1个。

年末全市有专业综合地震台站2个，全年小震活动8次，最大震级1.8级。

## 十、文化、卫生和体育

年末全市共有国有艺术表演团体8个，文化馆7个。广播电台4座，电视台3座。有线电视用户17.4万户。广播人口覆盖率100%，电视人口覆盖率100%。全市共有公共图书馆7个，馆藏图书61.7万册。

年末全市共有卫生机构（含乡村诊所）2127个，其中妇幼保健院（所、站）7个。全市卫生机构共有床位 7684 张；卫生技术人员 9874 人。社区卫生服务体系覆盖人口 30 万人。

年末全市拥有群众健身辅导中心、站点 605 个，体育指导员 3270 人，全年举办体育比赛活动 73 次。全年全市销售中国体育彩票 7746 万元。

## 十一、人民生活和社会保障

全年居民人均可支配收入 20113 元，增长 6.0%。按常住地分，城镇居民人均可支配收入 28989 元，增长 5.4%，城镇居民人均消费支出 14364 元，增长 1.9%；农村居民人均可支配收入 11478 元，增长 6.1%，农村居民人均消费支出 7698 元，增长 1.4%。城镇占调查总户数 20%的低收入家庭人均可支配收入 11175 元，增长 6.1%；农村占人口 20%的低收入者收入 3804 元，增长 9.4%。城镇居民家庭恩格尔系数（即居民家庭食品消费支出占家庭消费支出的比重）25.6%，农村居民家庭恩格尔系数 35.3%。

年末参加城镇职工基本养老保险人数达 26.9 万人，比上年增加 5 万人；参加城乡居民基本养老保险 89.9 万人，增加 1.9 万人；参加失业保险 18.3 万人，人数与上年基本持平；参加工伤保险 18.7 万人，人数与上年基本持平；参加生育保险 18.1 万人，增加 0.1 万人。

全年全市纳入城市最低生活保障的居民 4.7 万人，比上年减少 0.2 万人，发放城市低保资金 1.8 亿元，发放资金与上年基本持平；纳入农村最低生活保障的居民 7.8 万人，比上年减少 0.4 万人，发放农村低保资金 2.1 亿元，发放资金比上年增加 0.2 亿元。

## 十二、资源、环境和安全生产

全年市区（不包括平鲁区，下同）空气质量二级以上天数 247 天，比上年增加 31 天，大气综合污染指数为 6.47，比上年下降 4.4%。

全年市区污水处理率达到 98.6%，与上年持平；城市生活垃圾无害化处理率达到 100%；集中供热面积 2650 万平方米，集中供热普及率达到 90.14%，提高 0.11 个百分点。

全年全市共发生各类安全生产事故 25 起，比上年减少 3 起，下降 10.7%；死亡 29 人，比上年增加 1 人，上升 3.6%。其中，道路交通发生事故 20 起，比上年减少 3 起，下降 13.0%；死亡 21 人，减少 2 人，下降 8.7%。

**公报注释：**

1.本公报部分数据为初步统计数据。

2.地区生产总值、各产业增加值绝对数按现价计算，增长速度按不变价格计算。

3.除注明外，所有增长或下降速度均为同上年相比较。

4.部分数据因四舍五入的原因，存在分项与合计不等的情况。

5.2012 年四季度，国家统计局实施了城乡一体化住户调查改革。原有指标“农村居民人均纯收入”和“城镇居民人均可支配收入”变更为“居民人均可支配收入”、“城镇居民人均可支配收入”和“农村居民人均可支配收入”。

6.2011 年起，规模以上工业企业统计标准由过去的年主营业务收入 500 万元提高到 2000 万元；固定资产投资统计起点由项目计划总投资 50 万元提高到 500 万元；限额以上批发零售企业是指年销售额 2000 万元及以上的批发企业和年销售额 500 万元及以上的零售企业。

7.根据国家统计局规定，节能降耗指标单独发布。

# 中国统计出版社最新图书简目

(仅供参考,以实际出版为准)

## 统计资料

| | | |
|---|---|---|
| 中国统计年鉴 | 中国统计摘要 | 中国发展报告 |
| 中国经济普查年鉴 | 国际统计年鉴 | 金砖国家联合统计手册 |
| 中国-东盟国家统计手册 | 中国农村统计年鉴 | 中国县域统计年鉴 |
| 中国城市统计年鉴 | 中国对外直接投资统计公报 | 中国地区经济监测报告 |
| 中国贸易外经统计年鉴 | 中国零售和餐饮连锁企业统计年鉴 | 中国商品交易市场统计年鉴 |
| 大中型批发零售和住宿餐饮企业统计年鉴 | 中国农产品价格调查年鉴 | 中国住户调查年鉴 |
| 中国价格统计年鉴 | 中国能源统计年鉴 | 全国农产品成本收益资料汇编 |
| 中国环境统计年鉴 | 中国建筑业统计年鉴 | 国外资源、能源和环境统计资料汇编 |
| 中国工业统计年鉴 | 中国城乡建设统计年鉴 | 中国县城建设统计年鉴 |
| 中国城市建设统计年鉴 | 中国科技统计年鉴 | 中国房地产统计年鉴 |
| 中国证券期货统计年鉴 | 中国劳动统计年鉴 | 中国第三产业统计年鉴 |
| 工业企业科技活动资料 | 中国社会统计年鉴 | 中国高技术产业统计年鉴 |
| 中国人才资源统计报告 | 中国教育统计年鉴 | 中国人口和就业统计年鉴 |
| 文化及相关产业统计概览 | 中国文化及相关产业统计年鉴 | 中国教育经费统计年鉴 |
| 中国民族统计年鉴 | 中国残疾人事业统计年鉴 | 中国民政统计年鉴 |
| 中国乡镇街道行政区域简册 | 中国基本单位统计年鉴 | 中国妇女儿童状况统计资料（英） |

## 省级综合统计年鉴系列

北京 天津 河北 山西 内蒙古 辽宁 吉林 黑龙江 上海 江苏 浙江 安徽 福建 江西 山东 河南 湖北 湖南
广东 广西 海南 重庆 四川 贵州 云南 西藏 陕西 甘肃 青海 宁夏 新疆 新疆生产建设兵团

## 市(县)级综合统计年鉴系列

滨海新区 石家庄 唐山 邯郸 保定 沧州 邢台 廊坊 承德 衡水 秦皇岛 张家口 太原 大同 阳泉 长治 晋城
朔州 晋中 运城 忻州 临汾 吕梁 呼和浩特 呼和浩特新城区 鄂尔多斯 包头 沈阳 大连 长春 吉林 延吉 四平
通化 松原 哈尔滨 齐齐哈尔 黑龙江垦区 上海浦东新区 南京 无锡 徐州 常州 苏州 南通 连云港 淮安 盐城
扬州 镇江 泰州 宿迁 江阴 丹阳 海门 杭州 宁波 温州 嘉兴 湖州 绍兴 金华 衢州 舟山 台州 丽水 合肥
安庆 马鞍山 福州 厦门 宁德 漳州 龙岩 南昌 九江 上饶 新余 抚州 萍乡 赣州 吉安 景德镇 济南 青岛 潍坊
枣庄 日照 滕州 郑州 洛阳 平顶山 三门峡 商丘 信阳 济源 汝州 武汉 十堰 荆州 宜昌 荆门 咸宁 长沙 广州
深圳 惠州 东莞 汕尾 南宁 柳州 桂林 来宾 河池 防城港 海口 三亚 成都 贵阳 黔南 毕节 昆明 西安 咸阳
延安 宝鸡 安康 铜川 汉中 榆林 兰州 庆阳 银川 乌鲁木齐 兵团一师 兵团十师

## 调查年鉴系列

天津 山西 内蒙古 辽宁 吉林 上海 福建 江西 河南 湖北 湖南 广西 重庆 四川 云南 甘肃 宁夏 新疆

## 统计方法应用/实用手册

实用SAS统计分析教程　马克威统计分析与数据挖掘应用案例　统计公文知识问答
乡镇统计人员岗位知识培训系列教材：辅助调查员岗位基础知识　乡镇统计人员岗位基础知识
县级统计人员岗位知识培训系列教材：Excel在统计工作中的应用　简明统计分析
地市级统计人员岗位知识培训系列教材：统计报告与演示　Excel在统计工作中的应用

## 统计通俗读物/统计科普图书

国家统计局核心统计指标变迁　货架上的统计　账本里的统计

## 重点图书

砥砺奋进的五年——从十八大到十九大　新编英汉汉英统计大词典　中华医学统计百科全书
新常态下的中国服务业：理论与实践　新动能新产业发展报告-2017
挑大学选专业2018—考研择校指南　挑大学选专业2018—高考志愿填报指南

中国统计出版社发行部电话：（010）63376907　63376908　同様行书店电话：68783171　68783172
地址：北京市丰台区西三环南路甲6号　邮政编码：100073　网址：http://www.zgtjcbs.com